VENEZUELA

RAICES DE INVERTEBRACION

EL SER
QUE SOMOS
LOS VENEZOLANOS

PEDRO PAÚL BELLO

VENEZUELA
Raíces de invertebración:
El ser que somos los venezolanos

ISBN 978-0-9915219-1-3
ISBN 978-0-9915219-2-0 (ebook)

Cognitio
Books & Apps

www.CognitioBooks.com

A mi esposa,

a mis hijos,

a mis nietos.

A la memoria de Rafael Caldera,

venezolano insigne.

Agradecimientos

A Don Ramón José Velázquez

A Asdrúbal Aguiar

A Roberto Ruiz Báez

A Asdrúbal Baptista

A Pedro Raúl Villasmil S.

A José Vicente Haro

Cuyos apoyos me fueron invalorables

Indice

PRESENTACIÓN 17

PROEMIO 25

El ser que somos los venezolanos 25

Justificación 39

Avant-propos 41

Introducción 45

El anhelo nacional de paz 45

Hacer y formar pueblo 48

¿Enseñar qué? 51

La territorialidad 56

PARTE I 61

ELEMENTOS DE LA FORMACIÓN INVERTEBRADA DE
VENEZUELA 61

CAPÍTULO PRIMERO 63

Raíces estructurales e instituciones del atraso I 63

Condiciones de borde. 63

Transplante de instituciones asincrónicas y asimétricas 64

Herencia ibérica. Mestizaje. 70

CAPÍTULO SEGUNDO 75

Evolución hacia la República. La colonia. 75

Orígenes de una guerra civil que continuó paralela a la de Independencia. 77

Tardios y negativos esfuerzos centralizadores de la Metrópoli. 93

CAPÍTULO TERCERO 95

Evolución hacia la República. Luchas precursoras 95

Intentos precursores. 95

CAPÍTULO CUARTO 111

Evolución hacia la República. Declaración de la Independencia 111

Declaración formal y separación legal. 111

PARTE II 135

RAÍCES ESTRUCTURALES E INSTITUCIONES DEL ATRASO
II 135

CAPÍTULO PRIMERO 137

Ethos de la subjetividad 137

CAPÍTULO SEGUNDO 141

Modelo de feudalismo criollo 141

CAPÍTULO TERCERO 147

Hiperconstitucionalismo 147

CAPÍTULO CUARTO 165

Emergencia social de las masas 165

Emergencia de las masas en Venezuela. 166

CAPÍTULO QUINTO 171

Populismo 171

CAPÍTULO SEXTO 177

Influencias de lo técnico en la política 177

CAPÍTULO SÉPTIMO 187

Significado del petróleo en Venezuela 187

Cambio del perfil productivo de Venezuela 193

Otro momento crucial en relación al petróleo en Venezuela 197

Las dos caras del petróleo en Venezuela 199

CAPÍTULO OCTAVO 203

Capitalismo rentístico 203

El escenario 203

Investigación sobre la medida contable de la renta del petróleo ..206

Naturaleza del Capitalismo rentístico. 212

CAPÍTULO NOVENO 221

Anómicas consecuencias de la estructuración social de la población
venezolana 221

    Esfuerzos y logros 221

    Matricentrismo de la familia venezolana 225

    Consecuencias en el contexto social 230

    Familismo amoral 231

    Relaciones interpersonales y relaciones impersonales 233

CAPÍTULO DÉCIMO 239

Precariedad de la ciudadanía en Venezuela 239

    Ciudadanía y Libertad. 242

    La ciudadanía en Venezuela. 244

CAPÍTULO UNDÉCIMO 247

El problema secular de la pobreza 247

    Una propuesta válida pero no experimentada. 251

    Propuestas posteriores alternativas. 253

    La pobreza en el presente. 254

    Un aspecto importante relativo a la educación. 255

PARTE III 257

AGOTAMIENTO DE LAS FORMAS HISTÓRICAS DEL ESTADO
Y EXPERIENCIA DEMOCRÁTICA 257

CAPÍTULO PRIMERO 259

Formas históricas de gobierno 259

    Primer régimen de gobierno. 259

    Segundo régimen de gobierno. 260

    Tercer régimen de gobierno. 262

Cuarto régimen de gobierno...263

CAPÍTULO SEGUNDO...265

Inicios del período 1959-1999...265

Introducción...265

Fin del Estado Tradicional...266

Transición hacia un nuevo modelo...267

Democracia representativa...268

Constitución de 1961...274

Primeros y difíciles años...278

Funcionamiento del nuevo modelo populista de Estado.............286

CAPÍTULO TERCERO...289

Primera etapa democrática. Tres primeros gobiernos constitucionales....
289

Gobierno Constitucional de Rómulo Betancourt.......................289

Gobierno Constitucional de Raúl Leoni 290

Gobierno Constitucional de Rafael Caldera 290

CAPÍTULO CUARTO 295

Inicio de la crisis por agotamiento del modelo...............................295

Gobierno Constitucional de Carlos Andrés Pérez.......................295

Inicio de la crisis terminal...297

Variables factores de la crisis...304

CAPÍTULO QUINTO...307

Profundización de la crisis...307

Gobiernos Constitucionales de Luis Herrera Campins y Jaime Lusinchi 307

Pacto Social...309

Manejo monetario 309

CAPITULO SEXTO...311

La década crítica (1989-1999) Manifestación del agotamiento definitivo del modelo 311

Un indicador: abstención electoral 311

Programa de Ajustes Macroeconómicos y el 27 de febrero de 1989.. 315

Contenido del Programa de Ajustes Macroeconómicos de 1989. 317

CAPÍTULO SÉPTIMO 323

Reformas importantes 323

Proyecto de reforma constitucional 325

CAPÍTULO OCTAVO 329

Intentos de golpes de estado en 1992. Profundización del agotamiento definitivo del modelo 329

Douglas Bravo. 332

Presencia de Hugo Chávez. 334

Reminiscencia reveladora de la compleja personalidad psicológica de Chávez. 334

Antecedentes de la subversión comunisto-castrista......................336

Prolegómenos de golpes de Estado. 338

Norberto Ceresole. 341

Influencia de Ceresole en Hugo Chávez. 342

Consecuencias inmediatas de los intentos de golpe de Estado de 1992 344

Gobierno Provisional del Dr. Ramón J. Velásquez 345

CAPÍTULO NOVENO...349

Crisis terminal del modelo 349

Segundo gobierno constitucional de Rafael Caldera. 349

Elecciones de 1993...353

Gestión de gobierno. 355

Agenda Venezuela...357

PARTE FINAL..361

SÍNTESIS CONCLUSIVA 361

CAPÍTULO PRIMERO..363

El comunismo llega la poder en Venezuela....................363

    Hugo Chávez Frías llega a la presidencia 363

    Nuevo submodelo: Populismo totalitario 371

    El régimen de Venezuela. 374

    ¿Qué es totalitarismo?...375

    El pensamiento de Karl Schmitt.....................................377

    El Proceso...381

    El Plan oculto. 383

    El gobierno de Hugo Chávez Frías.................................387

    Desaparición física de Hugo Chávez Frías. 391

CAPÍTULO SEGUNDO 395

Síntesis conclusiva..395

    Raíces de invertebración...395

    El problema general de ingobernabilidad........................395

    Algunos factores de naturaleza social y manifestaciones negativas:
    Matricentrismo, Familismo y Anomia. 399

    Algunos factores antropológico-sociopolíticos. 409

    Reflexión final. 417

CAPÍTULO FINAL...419

Ejemplo para un futuro promisor: Pobreza y el otro progreso............419

    Reflexión final. 425

Epílogo 427

COMPLEMENTO ÚTIL...431

Nuestro problema real...431

    Primera condición: Equidad (o no-tiranía) 434

1ª variante: Solución Normativa: 436

2ª Variante: Solución utilitaria. 439

Cuarta condición: La condición de la viabilidad.......................443

Cómo alcanzar lo posible...443

ANEXO 1° 453

PARTE I: 453

Síntesis histórico-política de Venezuela. 1830-1899...................453

CAPÍTULO PRIMERO...455

Cuarta República Gobiernos de las oligarquías.........................455

CAPÍTULO SEGUNDO...465

Cuarta República La Guerra Federal 465

Evaluación de la Guerra 467

CAPÍTULO TERCERO 473

Estados Unidos de Venezuela:..473

Gobiernos federalistas. Gobierno constitucional de Juan Crisóstomo
Falcón 473

CAPÍTULO CUARTO 479

Estados Unidos de Venezuela:..479

La etapa de Antonio Guzmán Blanco.....................................479

Sección I. El Septenio. 480

Sección II. Gobierno constitucional de Francisco Linares Alcántara.
483

Sección III. El quinquenio..486

Sección IV. Gobierno constitucional de Joaquín Crespo.................486

Sección V. La aclamación 487

CAPÍTULO QUINTO..489

Estados Unidos de Venezuela:..489

Transición de gobiernos civiles.......................................489

Sección I. Gobierno constitucional de Juan Pablo Rojas Paúl 489

Sección II. Gobierno constitucional de Raimundo Andueza Palacio 491

CAPÍTULO SEXTO...493

Estados Unidos de Venezuela:..493

Auge y caída del legalismo liberal. Segundo Gobierno constitucional de Joaquín Crespo. 493

CAPÍTULO SÉPTIMO 496

Estados Unidos de Venezuela:..496

Decadencia y caída del liberalismo amarillo Gobierno constitucional de Ignacio Andrade. 496

ANEXO 1° 503

PARTE II:...503

SÍNTESIS POLÍTICA DE VENEZUELA....................................503

SIGLO XX 1899-1945 503

CAPÍTULO PRIMERO...505

Estados Unidos de Venezuela:..505

Hegemonía de Los Andes Gobierno constitucional de Cipriano Castro.. 505

Conclusión sobre el tiempo de Castro. 513

CAPÍTULO SEGUNDO 515

Estados Unidos de Venezuela:..515

Hegemonía de Los Andes La etapa de Juan Vicente Gómez. 515

Características del modo de gobernar de Juan Vicente Gómez. ...520

CAPÍTULO TERCERO 529

Estados Unidos de Venezuela:..529

Hegemonía de Los Andes Transición hacia la democracia.................529

Sección I. Gobierno constitucional del General Eleazar López Contreras. 529

El Programa de febrero. 533

Reforma Constitucional de 1936. 537

Sección II. Gobierno constitucional del General Isaías Medina Angarita. 538

Síntesis histórico-política de Venezuela. 1945-1958............................553

Parte III 553

De una democracia inmadura a una nueva autocracia progresista 553

CAPITULO PRIMERO..555

Estados Unidos de Venezuela: Una democracia inmadura I..............555

El Trienio 1945-1948 555

Junta Revolucionaria de Gobierno (1945-1947). 555

Constitución de 1947. 561

CAPITULO SEGUNDO 571

Estados Unidos de Venezuela: Una democracia inmadura II..............571

Gobierno constitucional de Don Rómulo Gallegos 571

Balance de Trienio...572

CAPITULO TERCERO 575

Estados Unidos de Venezuela: Una autocracia progresista.............575

Junta Militar de Gobierno. Gobierno de facto. 575

Junta Militar de Gobierno. Presidencia del Tte. Cnel. Carlos Delgado Chalbaud 577

Asesinato del Tte. Cnel. Carlos Delgado Chalbaud. 580

CAPITULO CUARTO 583

Estados Unidos de Venezuela: Una autocracia progresista.............583

Junta de Gobierno. Presidencia de Germán Suárez Flamerich....583

Dictadura de Marcos Pérez Jiménez 585

Limitación de libertades y persecuciones 588

Una concepción del desarrollo.......................................590

Año 1957..592

23 de Enero de 1958...594

ANEXOS...597

ANEXO N° 1...599

Documentos...599

Documento N° 1. 601

Documento escrito por Rómulo Betancourt sobre los juicios del Jurado de Responsabilidad Civil y Administrativa creado el 27 de Noviembre de 1945. (Entrevista de la Revista Resumen)...................................601

Documento N° 2. 605

Los golpes a la constitucionalidad en Venezuela...............................605

Documento N° 2 627

El Pacto de Punto Fijo (Texto Completo)..627

Bibliografía citada..634

PRESENTACIÓN

A propósito de este libro
Una remembranza histórica del
Dr. Ramón J. Velázquez

−Ramón J. Velásquez

Caracas, 29 de septiembre de 2012
Doctor
Pedro Paúl Bello
Ciudad.-

Mi muy apreciado Dr. Paúl Bello:

Recuerdo los cordiales y útiles comienzos de nuestra amistad, cuando usted era un estudiante de bachillerato y yo visitaba la hermosa casa de su familia y tías en búsqueda de papeles sobre la vida y el trágico final de Antonio Paredes. Me llamó la atención su interés por los archivos políticos de su abuelo, el General y político liberal Zoilo Bello Rodríguez, quien actuó como figura fundamental al lado del Doctor Laureano Villanueva en el propósito de crearle al General Ignacio Andrade, figura destacada de esa hora y posible candidato presidencial en las venideras elecciones de 1897, una sólida base política que asegurara al liberalismo amarillo su entrada al Siglo XX, como organización que entendiera el gran cambio de los tiempos y la necesidad de las reformas, como se viera tiempos después al leer las que el candidato presidencial Andrade proclamaba como objetivo de su gobierno.Muchos años después, por iniciativa suya y de ese otro destacado nieto del General Zoilo Bello Rodríguez, quien era Ministro de Defensa de 1986, General Fernando Paredes Bello, se editaron parte de esos importantes papeles políticos de finales del Siglo XIX, en donde se reflejaban los alcances de la alianza política lograda entonces bajo la dirección de Bello Rodríguez y que refleja una situación política, la del liberalismo amarillo, rota pocos años más tarde, para siempre, por la Revolución Restauradora del General Cipriano Castro, que comienza en Capacho (Estado Táchira), el 23 de mayo de 1899.

A petición suya escribí un estudio histórico de esta etapa política, poco conocida y en la que actúan personalidades políticas y militares que luego han de desaparecer con Castro y luego con Gómez, o bien van a formar parte en las filas de ese largo período (1899-1935).

En las numerosas cartas y telegramas que integran el "Archivo de Zoilo Bello Rodríguez", que usted organizó para ser editado por el General Paredes Bello, se refleja un mundo político de inquietudes que, en cada provincia o Estado, tiene como cabeza de acción dos o tres jóvenes generales que se vigilan entre sí, algunos de los cuales, además de los grandes generalatos, han estado en la escuela, en el colegio y en la universidad y han logrado los sonoros títulos de General ó Doctor, ó Doctor y General que establecían zonas de separación con los viejos capitanes analfabetos que habían logrado su ascenso, su gloria y su generalato, en los campos de batalla, con muy escasos informes del alfabeto, o sin ninguno.

Lo más importante de esa parte del Archivo de Bello Rodríguez-Villanueva son los originales del programa que éstos discutieron en 1897 con el candidato presidencial, Ignacio Andrade, puesto que éste se había formado en Alemania y en Inglaterra en cuestiones administrativas, enviado por su padre, y tuvo la oportunidad de ver, en la realidad diaria de los países donde estudiaba, las reformas políticas, económicas, administrativas, que ahora aceptaba proponer como su programa de gobierno. Allí aparece la proposición de transformar los ejércitos rurales y populares en una organización militar moderna y, también, dado el inmenso mar que por el Norte y el Este limitan con Venezuela, la importancia que concedía tanto a la Marina Mercante como a la Marina de Guerra. Es realmente interesante la reforma de aquél que iba a ser candidato presidencial. Andrade propondría en materia de educación y le daba gran importancia, tanto a la educación primaria en los más lejanos lugares de la República, como a la creación de escuelas de artes y oficios para hombres y de labores para mujeres, multiplicando su oferta a todas las regiones del país.

Este fue un momento nacional caracterizado por el propósito de los dirigentes, tanto liberales, como de los opositores nacionalistas, de querer aprovechar la oportunidad de la muerte de Guzmán Blanco, y también del fallecimiento de Crespo, para tratar de encaminar al país por el camino que conduciría a la vida democrática.

Pero un caudillo, Cipriano Castro, exilado en Colombia desde el triunfo de la Revolución Legalista, consideraba que debía aprovechar aquéllas circunstancias, es decir, la ausencia de grandes caudillos, para lanzarse en la aventura de la toma del poder y así lo hizo el 23 de mayo de 1899, atravesando la frontera colombo-venezolana y lanzando su proclama inicial de la Revolución Restauradora en la población de Capacho (Táchira).

En el camino entre el Táchira y Tocuyito, en el Estado Carabobo, no encontró verdadera resistencia militar y así llegó, como lo pensaba, al centro del país a plantear la crisis política y militar nacional.

Después de dos años de dudas, de los partidos liberal y nacionalista y de gobierno del General Cipriano Castro, de prisiones y conspiraciones que fracasan, surge la personalidad de un banquero, Manuel Antonio Matos que asume la dirección de la última guerra civil que iba a sufrir Venezuela (diciembre 1901-julio 1903) y su derrota, y la larga dominación de casi medio siglo de Castro y Gómez que determinan cambios fundamentales en la vida política del país.

La Revolución Libertadora, o la Revolución de Matos, llamada también en el lenguaje bélico popular "La Matera" de Matos, que movilizó toda la reserva guerrera del país, cerró también con las fuerzas del triunfo de Castro en La Victoria y de Juan Vicente Gómez en Ciudad Bolívar, el ciclo de las guerras civiles y abrió un largo período de intentonas de invasión, como la del "Falke" de Delgado Chalbaud en 1929 ó la invasión por Coro, con trabajadores mexicanos, en 1930, encabezada por Rafael Simón Urbina.

Viene entonces la parte novedosa de su obra, porque señala la transformación tanto de los medios de lucha política, como de las fuentes de producción y, con ellos la modificación del pensamiento político del país, como también la de los medios de producción, sus recursos naturales, como usted lo pone de relieve, en sucesivos períodos. Naturalmente que son lentos y complicados los períodos de cambio político, económico y también cultural, entre la aparición en 1918 del petróleo en el pozo de los Barroso, en tierras del Zulia, y su poderío económico que desplaza al café, al cacao, al ganado y a las plumas de garza como fuentes de la riqueza nacional, pero van a pasar largos años, diversas legislaciones venezolanas, golpes revolucionarios y, al final, el acuerdo que traza la política petrolera del país.

Y otro tanto ocurría en el mundo de las ideas y de la acción política, porque el liberalismo y el conservatismo-nacionalismo fueron, desde el comienzo de la República en 1830, la únicas formas de adornar o disimular el dominio personalista de Páez, de los Monagas y de tantos otros héroes de la independencia transformadora, después del triunfo de los llamados caudillos liberales.

Para Antonio Leocadio Guzmán, Tomás Lander, Blas Bruzual y luego Ezequiel Zamora, Antonio Guzmán Blanco, Juan Crisóstomo Falcón, Etanislao Rendón, o Joaquín Crespo, queda el mensaje modernizador del liberalismo que lucha contra el empeño de quienes quieren mantener la legislación monárquica española, una vez lograda la derrota del imperio y la constitución de la República.

En 1935 en que ocurre la muerte del más grande de los caudillos rurales venezolanos, Juan Vicente Gómez, habían ocurrido también acontecimientos mundiales y nacionales que planteaban una profunda modificación, tanto en normas de la política como en el sistema económico mundial, pues la Primera Guerra Mundial (1914-1918), al ocasionar la caída de imperios y la aparición de nuevos órdenes sociales y económicos, había creado en toda América, la urgente necesidad de adaptarse al nuevo tiempo mundial. Y así también ocurrió en Venezuela aún cuando el sistema político y económico, que venía de los tiempos gomecistas, logró hacer más lenta, por las trabas que impuso, a la adopción de esta modificación mundial.

Pero de todas maneras, es entonces, en 1925, cuando empieza a hablarse, primero de la Revolución Rusa y del régimen marxista-leninista, pues Gustavo Machado y Salvador de la Plaza, en 1925, han visitado la Unión Soviética y regresan con ellos buenas nuevas de esa revolución, pero en diciembre de 1935 empieza a hablarse en Venezuela de la revolución democrática, del socialismo democrático, del movimiento cristiano, de nuevas formas políticas en las voces de Rómulo Betancourt, Jóvito Villalba, Luis Beltrán Prieto, Inocente Palacios, Juan Pablo Pérez Alfonso y muchos otros dirigentes universitarios que regresan de exilios que han empezado, para unos, en el año 1918 y para otros 10 años más tarde con la famosa jornadas universitarias de 1928. Pero surgen también los sindicatos obreros organizados por los dirigentes políticos que estimulan la unión de obreros petroleros en el Zulia y Oriente, y la ley del trabajo que promulga el régimen de Eleazar López Contreras, permite la aparición de una clase trabajadora organizada, en la cual el Estado reconoce, en esa ley, todos sus derechos.

Esa aparición, en 1935, de modernos partidos políticos y de sindicatos obreros, son fuerzas desconocidas en el país, nuevas en sus impulsos transformadores, y su presencia va a señalar choques con el Estado que se prolongan, pero no destruyen sino que fortalecen las nuevas organizaciones políticas, sociales y económicas que ya, en 1936, hacen creer en la aparición de un nuevo período en la historia de Venezuela.

El período de la historia de Venezuela con el que Usted termina su obra es llamado la etapa del Siglo XX venezolano, y las nuevas fórmulas de gobierno que en el campo político se discute en Venezuela, así como también las diversas formas de gobierno, así como la presencia del petróleo como determinante de su marcha económica, crearon en Venezuela un largo debate que se traduce, a partir de 1945, en sucesivos gobiernos, en lo que unos marcan el tradicional poderío militar (Marcos Pérez Jiménez) en el seno de la sociedad venezolana, y otros, la presencia de partidos que representan la nueva concepción de la sociedad, así como los distintos sistemas económicos para resolver sus problemas (1959-1998).

La influencia de las reformas científica y técnica, que han determinado avances gigantescos en el mundo, también ha llegado aquí y sí, por una parte, la ciencia médica y los recursos sanitarios, han logrado el crecimiento seguro de una nueva sociedad, por otra, terminado el ciclo de las guerras civiles, la escuela impuso su presencia en toda la extensión del país y, luego, han venido los avances indetenibles de la radiodifusión, de la televisión, de la aviación comercial, las grandes reformas logradas en el campo de la ingeniería de caminos, del teléfono celular que, al acortar las distancias y unificar la forma de lucha, han facilitado el desarrollo de un nuevo período político que apenas comienza.

Este proceso histórico de las naciones de las Américas, del Centro y del Sur, y el empeño de la sociedad de dar libertad para construir y utilizar las instituciones llamadas democráticas, se ha visto interrumpido por la presencia sorpresiva, pero constante, de las Fuerzas Armadas creadas con un fin distinto al de ejercer una dictadura disfrazada con distintos colores institucionales, revolucionarios o reaccionarios, olvidadas del fin mismo que originó su creación.

Dentro de su recuento histórico es fácil señalar las fechas que, en el último siglo, marcaron la presencia abusiva de quienes querían asumir un papel que descartaba la lucha democrática y ponía en manos de un grupo el destino de toda una nación. Ese fue el comienzo de las modernas intervenciones militares: cuando Marcos Pérez Jiménez, Julio César Vargas y Teófilo Velasco descartan la candidatura del doctor Ángel Biaggini para iniciar el período de sus intervenciones en una Venezuela pacífica y en donde los partidos políticos modernos empezaban a enraizarse y a crecer en el campo de la política venezolana. Va a ser el mismo grupo encabezado por Pérez Jiménez, el que, de nuevo, encabeza otro movimiento militar destinado a derrocar al Presidente Constitucional Rómulo Gallegos. Y sigue una sucesión de intentos golpistas que se frustran pues no representaban más que el afán de poder de sus autores.

Esta recuperación de libertades y el empeño de establecer en Venezuela gobiernos que sean producto de la voluntad popular, va a tener su demostración más clara en el movimiento político y militar de 1958, que estalla la madrugada del 1° de enero de dicho año y que va a culminar con la caída de la dictadura militar del General Marcos Pérez Jiménez, el 23 de enero del 58 y con la presidencia del Comandante de la Marina de Guerra, Almirante Wolfgang Larrazábal, el 23 de enero del mismo año.

A diferencia del año 1945, cuando es solamente un grupo político, el partido Acción Democrática, el que se lanza a la empresa de apoyar el movimiento que la juventud militar había iniciado, proclamando la necesidad de un cambio político e institucional que respondiera, tanto a las modificaciones que en el universo había traído el triunfo democrático en la guerra mundial (1934-1945), como los avances, en el mismo campo democrático, logrados en Venezuela desde 1935.

A lo largo de los gobiernos de los Presidentes Betancourt, Leoni, Caldera, Herrera y Lusinchi, hubo intentos de movimientos militares encaminados a los derrocamientos de los gobiernos, pero fueron descubiertos y frustrados.

Ocurrió la división de los partidos políticos que iniciaron el proceso democrático de 1935, que se dividieron y subdividieron en grupos cuya vigencia continuaba, pues tenían su expresión en el Parlamento, en los gobiernos regionales y en todas las otras ramas del poder público. Así, la división en Acción Democrática se llamó MIR, ARS y MEP; en el social cristiano COPEI Proyecto Venezuela y Convergencia; y dentro del Partido Comunista, el MAS y Causa Radical. Esas divisiones, las acusaciones que surgían del seno mismo de los partidos y los nuevos aspirantes al poder presidencial, facilitaron el crecimiento y consolidación de nuevas conspiraciones militares que tuvieron su primera expresión en la sublevación de cuarteles en Maracay, Valencia, Maracaibo y Caracas, el 4 de febrero de 1992, comandadas por el Teniente Coronel Hugo Rafael Chávez Frías, Tenientes Coroneles Francisco Arias Cárdenas, Jesús Urdaneta Hernández y Yoel Acosta Chirinos, quienes habían logrado mantener una relación muy extensa con la oficialidad de las diferentes fuerzas del ejército, y proponían un cambio institucional revolucionario semejante al castrismo cubano. Además, se sublevó un grupo de Generales de la Aviación y Almirantes de la Armada en noviembre del mismo año.

La inteligencia militar, en repetidas oportunidades, había calificado el movimiento que estallaría el 4 de febrero como "fundamentalista" de origen y tendencias distintas a los anteriores movimientos militares y, habían alertado al gobierno civil, acerca de la extensión a que había llegado dicha organización subversiva. Por informaciones logradas, el grupo de Generales y Almirantes de la Aviación y la Armada que asumieron papel subversivo en noviembre de 1992 (Hernán Grüber Odremán, Luis Enrique Cabrera Aguirre y Francisco Visconti) pretendía, también, asumir la dirección de la República para evitar lo que ellos consideraban peligroso movimiento, el del 4 de febrero ya entonces ocurrido. Al estudiar los acontecimientos políticos ocurridos en el período 1992-1998, es necesario examinar las razones de la ausencia de los dos partidos políticos más numerosos y de consolidado poder desde 1958, como eran Acción Democrática y el Social Cristiano COPEI.

Estos partidos, manteniéndose vigentes todas las instituciones que garantizaban su actuación en absoluta paz, fuera de estos golpes, retiraron sus candidaturas presidenciales y afirmaron su ausencia del debate electoral, por lo que dejaron amplia zona electoral al candidato presidencial Hugo Rafael Chávez Frías, pues la única candidatura vigente, la de Henrique Salas Romer, candidato por Proyecto Venezuela, no logro sustituir –en su oferta– en las elecciones de diciembre de 1998, la de los partidos que sin claras explicaciones, se ausentaban de este histórico debate. La historia de estos sucesos, los acontecimientos que aquí señalo, tienen un valor fundamental.

Las demás historias que estamos viviendo es lo que usted en sus manos de historiador y su vocación política nos va a relatar.

Lo saluda, su amigo,

RJV/ba.-

El ser que somos los venezolanos

Exordio a la obra de Pedro Paúl Bello

−Asdrúbal Aguiar

Pedro Paúl Bello reclama de quien esto escribe una suerte de proemio o reflexión anticipada para su última obra, si bien la misma se vale por sí sola: Lo añadido, así lo creo, no hace otra cosa que postergar el disfrute de unas páginas medulares sobre el decurso histórico de Venezuela y como respuestas a sus muchos ¿porqués? en el presente. No obstante, dada su madurez como intelectual y su reconocida cordura de juicio, el autor no admite tal realidad de buenas a primera.

Le resta a su libro pretensiones como obra de historia, que la es cabalmente; si bien y en buena hora, más que una narración farragosa de los hechos y fechas ocurridos y arrumados durante el curso de nuestra existencia republicana y desde mucho antes de alcanzar Venezuela su independencia, es aquél una invitación seria para que los venezolanos, de una vez por todas, logremos cabal comprensión de lo que somos como tales y alcancemos descubrir, además y de modo previo, el Ser que somos como individuos y como personas.

Según Pedro Paúl Bello, amigo personal, catedrático universitario emérito y diplomático, esta es la necesaria condición para que todo pueblo - los venezolanos lo somos, cuando menos - podamos asumir con éxito el desafío del quehacer pendiente y permanente que demanda la misma perfectibilidad humana y social. Es lo esencial, según él, para que en Venezuela podamos asumirnos como proyecto y realidad de Nación y pretender abandonar al Estado o redituarlo, pues es y ha sido – en nuestra realidad particular - cárcel histórica y justificación única de nuestra ciudadanía; todavía más si tras el Estado que sí somos a plenitud, a pesar de su sobrevenida inflexión como expresión de la modernidad política, medra un engaño o la simple prolongación de un régimen o sistema de vocación caudillista, que nos lega para mal de nuestros males la lucha por la emancipación.

El título *"Venezuela: Raíces de invertebración"* o *El ser que somos los venezolanos* - es revelador de las páginas que integran a esta nueva y más que oportuna escritura, la más reciente de Pedro Paúl Bello, ingeniero civil de profesión y también licenciado en filosofía, con estudios de posgrado en París y en Santiago de Chile.

El autor no dirige sus reflexiones hacia la construcción de una apología alrededor de quien, en la actualidad o circunstancia, conduce los destinos del país; menos se ocupa de él, como tal y a profundidad. Es apenas una pieza o si se quiere una decantación inevitable de nuestro acontecer nacional e histórico. Por ende, intenta y logra obsequiarnos una reflexión raizal que nos explica, justamente, el porqué de nuestro saldo histórico y que abandona los odres de la trivialidad, que se ha hecho hábito en la Patria y nos sirve de cómodo escape para nunca asumir, cada venezolano o venezolana, la cuota de responsabilidad que todos tenemos en la fragua del ser que somos; más allá de nuestros caudillos militares o civiles, demócratas o dictadores, sean cuales fueren sus aciertos, sean cuales fueren sus ominosos legados políticos durante nuestros dos siglos recortados de experiencia republicana.

Lo cierto es que tanto autores como hijos a la vez de la llamada República de Venezuela, llegamos con el atraso de una generación a la independencia, en 1830, a la modernidad, en 1935, y todavía nos falta un trecho para afirmar que desde ya confrontamos con los desafíos de la posmodernidad o mundialización en curso.

Tenemos ante nosotros, pues, un libro con serenidad, con responsabilidad y sin apremio, que describe la negación que hace de sí el mismo pueblo venezolano a lo largo de su trecho vital; a un punto que nunca se siente satisfecho ni con la obra ajena ni con la propia y por ello, en búsqueda agónica de su razón de ser y de existir, apela a los mitos que crea o encuentra al azar para luego desecharlos y sucesivamente hacerse de otros, en un continuo que nos impide aún hoy adquirir el perfil de una Nación verdadera. Somos un amago como tal, en medio de un colectivo sin forma e integrado por individualidades cuyo hacer por Venezuela brilla e incluso desborda las fronteras que nos atan – son los casos de Francisco de Miranda y de Don Andrés Bello, en los '800, o, de José Gil Fortoul, José Rafael Pocaterra, Caracciolo Parra Pérez, Rómulo Gallegos, Arturo Uslar Pietri, Rafael Caldera, y del padre de nuestra República de partidos, Rómulo Betancourt, en los '900 - hasta un punto en que el ejemplo de éstos hace menos entendible el porqué somos como somos los venezolanos.

Pedro Paúl Bello nos muestra lo raizal: no se puede pertenecer a una nación o a un pueblo, para reconocerse en él, si cada individuo que la compone no se descubre a sí y en primer término como lo que es: un Ser uno y único, proyecto de vida propio pero a la vez necesitado de los otros dadas sus falencias, de suyo llamado a la alteridad; a realizarse ante sí y ante los otros por poseer una dignidad inmanente. Y su enseñanza no se hace esperar. Primero cabe ser hombres – varones o mujeres – y luego venezolanos.

Con método riguroso, como le es propio a su pensamiento y a toda investigación histórica negada a lo panfletario, el autor realiza el estudio de las estructuras e instituciones de nuestro atraso nacional, las ordena y sistematiza; y en revelación de su disciplina como Ingeniero, luego, dentro de una perspectiva que supera a los límites de lo formal, las arma y coloca de modo sincronizado, lo que le permite interpretarlas de conjunto hasta alcanzar una síntesis teleológica, que no le es difícil dada su igual y sólida formación como filósofo.

La obra de Pedro Paúl Bello, así las cosas, parte de una consideración de base que vuelve por sus fueros e impide otra vez cerrar el debate acerca de nuestros orígenes republicanos. Observa lo que todos quizás sabemos o intuimos, pero no admitimos en ejercicio de nuestro escapismo social reconocido: hemos vivido en medio una farsa constitucional permanente que nos obliga, de tanto en tanto, a emprender de nuevo el camino de la experiencia nacional y republicana, como si nunca lo hubiésemos recorrido.

Y al negar de plano, como lo hacemos y a manera de ejemplo, la influencia profunda que ejerce sobre nuestra condición cultural y social incipiente el dominio español de más de tres siglos, trasplantamos a nuestra realidad otras experiencias que nos son ajenas – la francesa y la americana – y que no resultan de una evolución de las ideas dentro de nuestros colectivos que luego se haya hecho experiencia digerida.

El mismo parto de la Independencia nos hace extraños a la realidad que nos es más propia y cercana y que bulle y se cuece, en medio de la tragedia que significa la invasión napoleónica a España, en los hornos de las Cortes Generales y Extraordinarias reunidas en Cádiz entre el 24 de septiembre de 1810 y el 11 de mayo de 1814. Es el seno dentro del que surge la celebérrima Constitución gaditana de 1812, La Pepa, que influye sobre el constitucionalismo portugués, italiano, mexicano, centro americano y austral, y frente a cuyas enseñanzas Venezuela se revela arguyendo la originalidad y carácter primigenio de su iniciativa emancipadora y constitucional, que al fin y al cabo termina, con el correr del tiempo y poniendo aparte las virtudes del texto constitucional de 1811, en un mal remedo. De allí que Gil Fortoul se refiera a nuestra "historia inconstitucional", que se nutre con 23 constituciones entre 1830 y 1999, habiendo permanecido en el tiempo las dos únicas civiles que nos hemos dado, la de 1830, que dura 27 años, y la de 1961, que rige por casi 4 décadas.

Por lo mismo, tiene razón el autor al destacar la incompatibilidad del modelo de Estado liberal que se instaura a finales del siglo XVIII en naciones con médula para impulsar sus desarrollos industriales capitalistas con naciones que, como Venezuela, carecen entonces de un conglomerado humano mixturado y decantado que le sirva de soporte y antecedente a su esperada condición de entidad política independiente. En otras palabras, llegamos a ser Estado sobre la nada, sin existencia y conciencia previa como nación.

Cabe reconocer, como lo explica y muestra Pedro Paúl Bello con admirable dominio sobre su argumentación, que los venezolanos, antes de ingresar al purgatorio de libertad que viene a ser nuestro Estado postizo, ese que nos hace sociedad artificial primero dentro de las mesnadas revolucionarias que dominan a nuestro siglo XIX, luego dentro de los cuarteles y sucesivamente dentro de los partidos, a lo largo de todo el siglo XX, perdemos hasta el sentido de la libertad económica y de iniciativa desde la más lejana Colonia. Ella nos hace, en su primera etapa, fundo congelado, sujeto a la explotación de nuestro mito originario – El Dorado - y para la explotación - de unas por sobre otras - entre las castas naturales que se juntan en el pórtico de nuestro primer amanecer.

El recelo de unos frente a otros de los venezolanos componentes de nuestro entorno social en forja toma cuerpo desde allí. Y el aislamiento que nos es impuesto nos prepara para la conducta maniquea - la desconfianza o la deificación irracional - hacia todo lo venido desde el extranjero.

No por azar el esfuerzo precursor para la formación de nuestra nacionalidad, a manos de Francisco de Miranda, se frustra ante los suyos y los suyos más tarde le traicionan; con lo cual se hace espacio en nuestra psicología de pueblo la "saña cainita" que bien describe y con suma angustia, como inherente a nuestra realidad política, el padre de nuestra República de partidos, Rómulo Betancourt, hacia 1963. Y es la mirada sobre la anarquía social de coyuntura – que no encuentra molde cultural y político apropiado dada la emergencia – lo que impulsa al Padre Libertador, Simón Bolívar, a ofrecernos como solución el centralismo y su establecimiento por vía de las armas, en enseñanza que luego hace buena para la posteridad, un bolivariano cabal, Juan Vicente Gómez.

Pedro Paúl Bello se resiste al perfil histórico neto de sus páginas escritas, como ya lo he dicho. Pero traza con lucidez y certidumbre los hechos dominantes – políticos y económicos – del período colonial y del tiempo inmediato a nuestra independencia y los ata para indicar cómo influyen ellos sobre nuestro carácter y a la vez son propulsores de nuestros desencuentros intestinos.

El año 1810, que marca nuestra separación de España mediante una "artimaña", como la llama Pedro Paúl Bello, nos hace reincidir en la mentira y el engaño, que se hace crónico desde entonces. Los intérpretes de dicho tiempo, en lectura que hacen de los documentos que se escriben a propósito de la proclamación de nuestra Independencia, afirman que la adhesión confesada a la autoridad de Fernando VII les permite despistar a las autoridades metropolitanas sobre la verdadera intención revolucionaria del Cabildo de Caracas y sobre su avance; pero, como lo muestran también tales documentos, se trata del primer engaño dirigido también a los integrantes del pueblo llano, en procura de evitar su sublevación por el cambio de rumbo político propuesto por una aristocracia política.

"Durante la Colonia, no se formó en nuestro territorio un verdadero pueblo porque la población estaba fragmentada en castas absolutamente separadas y opuestas entre todas ellas", narra Pedro Paúl Bello a manera de síntesis de la primera parte de su obra. Sitúa un fenómeno que se hace presente en las dificultades de unidad que se advierten en Venezuela luego del 19 de abril y que se sostienen una vez declarada la Independencia y al darnos nuestro primer texto constitucional en 1811".

Acaso, ¿porqué no?, junto al asunto de las castas o estamentos primitivos y de base racial, quizás incide, en la falta de nuestra conciencia como entidad hecha Nación, la misma psicología hispana instalada en las Américas y que hace de cada español verdad una y aislada. ¡Y es que el hidalgo, conquistador y luego colonizador, como lo sostiene el autor en esta su obra singular, tampoco ayuda desde nuestro lejano amanecer a la forja de una identidad social en la que aquél tampoco se reconoce como tal!

Tanto es así que, a diferencia del experimento revolucionario francés, que asume la idea de la Nación como expresión colectiva e impersonal, con personalidad propia y distinta de los asociados, amén de expresión sobrevenida de un pueblo amalgamado culturalmente, en el Cádiz de 1812, antes bien, se define a la Nación española como una integrada por los españoles de la metrópolis y de las Américas. Es la simple suma de estos, individuos todos y a secas.

De modo que, como lo vuelve a sugerir el autor sin decirlo expresamente, nuestra historia republicana se funda sobre una guerra civil no con España sino entre los mismos habitantes de Venezuela, animados por la idea de la igualdad social entre estamentos distintos.

La dominación colonial nos intenta dar identidad en la lengua, la religión y las costumbres, y también en nuestro encuentro alrededor de pequeñas patrias o patrias de campanario, que eso son los cabildos; pero esa forma de identidad que nos viene desde España y da soporte y la oportunidad común para avanzar junto a ella o sin ella en la ampliación de su idea de la Nación española o a la búsqueda de alguna parecida, se rompe una vez como se establecen privilegios políticos sobre los criollos; con lo cual nace de modo anticipado a la misma emancipación, el estamento de los excluidos, de los resentidos, quienes desde entonces acopian frustraciones y mascullan sus deseos libertarios, que no de libertad con su contrapartida de responsabilidades, e igualitarios, que no de igualdad como desiderátum del esfuerzo personal en ascenso que se niega al rasero de los mediocres.

La identidad en lo político, para nuestra desgracia, no toma el camino de la integración trascendente a los cabildos – según el modelo mirandino – sino que, en defecto de la unidad anterior alrededor del monarca o de la monarquía, se reafirma entre nosotros la fragmentación social más que geográfica, génesis del caudillismo e invertebración secular.

No huelga reiterar, por ende, sobre el camino inverso de nuestro avance hacia nuestra conformación como Estado nacional bajo la forma republicana; que si en Europa se alcanza a fuerza de bayonetas, es siempre una empresa colectiva dispuesta a la liquidación del Antiguo Régimen para la forja de una sociedad política distinta, en tanto que, aquí, Estado y República nos llegan impuestos a la fuerza – he allí la tarea magna del Padre Libertador, Simón Bolívar – y por sobre una realidad social sin mixtura, hecha rompecabezas, dominada por los personalismos. De allí, qué duda cabe, la visión que nos domina en lo sucesivo, la del Estado – Padre bueno - que todo lo une y controla con propósitos pedagógicos, regenerativos y de unidad social, y no la del Estado como expresión de madurez de una sociedad decantada y que le antecede.

En hilo con su genial esfuerzo de explicación sustantiva de nuestra historia social y política y también institucional, que nos dice sobre los elementos de la formación invertebrada de Venezuela a partir de las llamadas "estructuras e instituciones del atraso [nuestro]", Pedro Pául Bello traza una suerte de síntesis al señalar nuestro defecto de fábrica: "De manera que, luego de la Independencia, en Latinoamérica y especialmente en Venezuela, al haber sido forzada la constitución de Naciones establecidas sobre la base de la división territorial determinada por la Metrópolis para administrar sus colonias, se desarrolló una fuerza o dinamismo político interior a cada sociedad que significó, históricamente, la repotenciación de la forma de feudalismo que, importada de la Península, subsistía en el subcontinente".

A partir de esta consideración nos habla Pedro Paúl Bello de la "emergencia de la sociedad de masas" que finalmente somos, pero tardíamente, condicionada por el "populismo", "el petróleo", "el capitalismo rentístico", que nos vienen como anillo al dedo durante la modernidad.

Se trata de manifestaciones – ethos de la subjetividad, feudalismo, hiperconstitucionalismo, masificación, populismo, petróleo, etc., repito - que, antes que darle sentido y proyección al país como un todo, propician "anómicas consecuencias [en] la estructuración social" nuestra, que se revelan en la "precariedad de la ciudadanía" que a todos los venezolanos nos afecta; todo lo cual se resume al final en el saldo que nos sirve de común denominador luego de despejado el Mito de El Dorado, a saber "el drama secular de la pobreza", que asimismo negamos y a la que nos negamos en repetición de nuestra larga historia de negaciones, de traiciones, y de desengaños.

Para el común seguimos siendo una nación rica, la más rica del Continente y del mundo, de donde, negados a la virtud del trabajo y del esfuerzo propio, al descubrirnos empobrecidos o materialmente carenciados, apelamos como solución al gendarme de ocasión, a un costa de enajenarnos en el espíritu, de reprimirnos en la dignidad que nos es inmanente.

Sobre una obra densa pero de fácil comprensión como la de Pedro Paúl Bello, resulta impertinente y hasta inoportuna, vuelvo a señalarlo, una reflexión prologal que vaya más allá de lo ya dicho y pretenda detallar o juzgar su contenido, irrespetando al lector. La justificación, el avant-propos, y la introducción redactadas por el autor, en mi criterio, son suficientes.

No obstante resulta interesante destacar que el estudio cuidadoso y soportado con datos y contrastes, de los elementos de la formación invertebrada de Venezuela y sobre las raíces estructurales e instituciones de nuestro atraso, en los que Pedro Paúl Bello cruza el discurso sociológico con el económico y político y avanza sobre las etapas particulares de nuestra historia, lo asienta al rompe sobre la experiencia más reciente. De allí que, al referirse a las formas histórica del Estado y de la experiencia democrática, con el propósito nada oculto de darle a su argumentación teórica e histórica un sentido de actualidad, que evite se la juzgue como escritura envejecida que apenas interese a curiosos de la historia o a personas ayunas de perspectiva, Pedro Paúl Bello nos habla al detalle del tiempo del Pacto de Punto Fijo, estigmatizado por quienes hoy distorsionan a nuestra historia para desnudarnos de toda historia y transformarnos a los venezolanos en huérfanos sin destino propio. Antes, como corresponde, revela como en el pasar de cada tiempo generacional cae en Venezuela una forma de gobierno, sucesivamente, primero la de los mantuanos o conservadores, luego la del liberalismo amarillo, a continuación la llamada por mí República militar, y finalmente, la República civil, que prefiero caracterizar como República de partidos.

Explica al efecto y con cuidado Pedro Paúl Bello el modelo, régimen u orientación política que se instala a partir de 1945 y alcanza consolidarse en 1958 a la caída de la década militar perezjimenista. Lo analiza hasta su crisis terminal, desde la primera etapa democrática con Rómulo Betancourt, Raúl Leoni y Rafael Caldera I, pasando por el tiempo en que el modelo hace inflexión y concluye, con Carlos Andrés Pérez, Luis Herrera Campins, Jaime Lusinchi, hasta cuando se inicia la transición sin final que aún nos acompaña y que en la obra colectiva *De la revolución restauradora a la Revolución Bolivariana*, UCAB/El Universal, 2009 me permito calificar como "La última transición". Pedro Paúl Bello prefiere llamarla la década crítica (1989-1999) y explica, antes de comentarnos sobre "el comunismo al poder" con Hugo Chávez., ese tiempo terminal de la República de partidos que alcanza hasta la administración de Jaime Lusinchi, no más allá.

Ha ocurrido una suerte de desencanto democrático. "El desarrollo de ese fatal proceso no ha discurrido oculto, sino que, como es natural, ha tenido manifestaciones diversas de su evolución progresiva", opina el autor y cita como referencia indiscutible la abstención electoral que se instala en Venezuela como fenómeno creciente a partir de 1978.

Así, desde el 27 de febrero de 1989 se abre el momento de la indefinición, por ello la transición, en el que los militares se juntan con los viejos guerrilleros de los '60, en el que la antipolítica llega a la mesa de los políticos de antes y comparte con ellos, y en donde los bolivarianos de antes mutan en neosocialistas, y entre tanto, los estudiantes, al igual que en 1928 avanzan a tientas con sus sueños ahora desnudos de mitos, e imaginan y trabajan para ofrecernos el otro modelo en el que la Nación se sitúe delante del Estado, y mire con segura esperanza el porvenir.

Pedro Paúl Bello nos da, en tal sentido, su mejor aporte, sembrado sobre la experiencia y madurado con su reflexión de hombre de pensamiento y de acción. En su obra – quizás por ello se resiste a calificarla como historia a secas – nos lega una idea fuerza que mal puede escapar al entendimiento de quienes, en esta hora nona, tienen la responsabilidad de abrirle a Venezuela las puertas de otro tiempo inédito, pero que ha de forjarse con la gente de siempre, los venezolanos tal cual y como somos..

"Estamos ante nuevas realidades – afirma Pedro Paúl Bello - que modifican radicalmente las expectativas de los habitantes de este país respecto a la política, los partidos políticos y sus dirigentes. Hay apatía, ciertamente; tenemos poca conciencia ciudadana, es verdad; también conocemos comportamientos que aíslan, por supuesto. Sin embargo nada de eso resulta nuevo. El país es lo que es desde hace mucho: lo que somos y hacemos viene desde los primeros tiempos de nuestra existencia organizada como sociedad, pero hace cuatro décadas, los venezolanos – que no éramos otros distintos a como hoy somos y teníamos los mismos rasgos culturales, defectos y hasta "taras" si así se quiere calificar algunos de ellos– mostrábamos gran participación política".

En fin, hay pasta suficiente para moldear a la Nación que mora y darnos las nuevas y diversas categorías constitucionales que reclama el tiempo que ya nos hace compañía. En el los Estados - hijos de la modernidad - se muestran impotentes para asumir las exigencias de la mundialización, que aprecia extrañas, a la vez que resultan pesados e insensibles para la comprensión y resolución de la anomia que nos viene desde los orígenes a los venezolanos y ahora se profundiza para todos por el cambio monumental que vive la Humanidad en esta hora. Se trata de una transición que es transitoria y en la que la soledad moral nos sobreviene sin distintos al descubrir cada uno de los hombres, varones y mujeres, los efectos del vértigo planetario y de su sociedad digital. Ceden las patrias de bandera que tanta sangre nos cuesta y toman su espacio, paulatinamente, retículas o nichos sociales alrededor de las preocupaciones primarias de la existencia y en espera de otro hilo de Ariadna que las junte y les de sentido de unidad en medio de la diversidad de cosmovisiones.

Un nuevo orden cultural y político espera en Venezuela de nuestro quehacer y reclama de fe militante. Las páginas que siguen y nos escribe Pedro Paúl Bello como su aporte a esta empresa de nacionalidad, son una necesaria guía de navegación para el tránsito por el mar proceloso que nos fustiga y nos muestra horizontes ilimitados para la imaginación. ¿Ahora Chávez?, permite el redescubrimiento de una identidad transversal dentro de la sociedad invertebrada que somos y hemos sido antes, y ahora más.

No por azar, en lúcida descripción que hace un experto en nuestra geografía psicológica como lo es Axel Capriles (*De la Revolución restauradora*, op. cit.), "nada más loco que pensar que pueda existir una relación de identidad entre un taciturno y místico chamán del Alto Orinoco, un introvertido campesino de los Andes, un ardiente y rochelero negro pescador de Choroní y un astuto conductor mestizo de la capital". Y eso que observa Capriles es síntesis de lo que Pedro Paúl Bello nos explica a profundidad en este su más reciente libro.

"La identidad nacional – esa que en apariencia se nos pierde entre las manos y nos muestra a los venezolanos invertebrados e incapaces para la tarea común - pareciera ser – como lo ajusta Capriles - sólo un enlace narrativo que engloba y le da sentido de continuidad a muchas identidades de origen, regionales, culturales" que nos son propias e inevitables. Pedro Paúl Bello, por ende, hace un intento serio y acabado, en buena hora, para armar el rompecabezas histórico de la venezolanidad.

Lo esencial que aprecio en el libro que precede este intento de proemio, es que su artesano advierte con lucidez que la crisis de la democracia que hoy vive Venezuela ocurre dentro de la misma democracia. Es ajena al proceso importado que el gobierno actual intenta establecerse a contrapelo del sentimiento mayoritario del país, obviando la emergencia del otro proceso que avanza subterráneo y no tiene caudillos.

"Las nuevas organizaciones políticas que están floreciendo en Venezuela y las viejas que aspiren honestamente a recuperarse, deben tener presente – según Pedro Paúl Bello - que el populismo se ha derrumbado en las mentes y corazones de nuestro pueblo. Que el comunismo está enterrado y lo que le sobrevive está muriendo. Que no creen más en profetas, porque generalmente han sido falsos. Que nadie los va a seguir porque hablen bonito. Que la gente lo que quiere es que la dejen hacer; que le abran espacios para realizarse y realizar. Que ya ha quedado atrás el contenido formal de la fórmula de Lincoln sobre la democracia. No se trata de hacer política "del" pueblo, porque es la de otros que no lo oyen; ni "para" el pueblo, porque es paternalismo; y menos "por" el pueblo, porque no participa y se le usa como instrumento y con propósitos de corrupción". Pide la gente a la democracia, pero como derecho humano y no, como ha sido, mera fórmula para la organización del poder político.

¡Disfrutemos, pues, de la obra de Pedro Paúl Bello, que es testimonio vivo de su amor profundo por Venezuela!

Caracas, 28 de octubre de 2012

Asdrúbal Aguiar

• Ex ministro de relaciones interiores de Venezuela

36

- Académico de Número de la Academia Científica y de Cultura Iberoamericana
- Académico Correspondiente de las Academias Nacionales de Ciencias Morales y Políticas y de Derecho y Ciencias Sociales de Buenos Aires

Justificación

No se trata de negar la venezolanidad,
sino de saber lo que es y,
consciente de las inmensas fallas y atavismos
proponerse superarlos
para lanzarse hacia el desarrollo.

—Juan Liscano
Los vicios del sistema

Quien esto escribe, tiene la convicción de que los venezolanos hemos formado, a lo largo del tiempo, una sociedad nacional invertebrada, para utilizar acá el mismo término que Ortega aplicara a su España. En los más de quinientos años transcurridos desde el Descubrimiento y los dos siglos vividos en condición independiente, no hemos logrado constituir una sociedad cuyas instituciones, organizaciones y espacios, públicos o privados, se integren y funcionen de manera coherente en vista de finalidades comunes: los hemos amontonado por centenares; muchas veces los hemos duplicado o multiplicado lo que ha generado confusiones y contradicciones que impiden su funcionamiento.

Por otra parte, normalmente —y con las excepciones del caso— la vivencia de la ciudadanía no ha sido más que sentimiento no traducido en hechos concretos, en compromisos verdaderos y sostenibles asumidos con la Nación y la población a las que pertenecemos. Por encima de ello, con frecuencia, prevalecen intereses personales o de cerrados grupos de cercanas afinidades.

La revisión de nuestro acontecer histórico da cuenta, en buena parte, de las causas raigales que explican realidades, como éstas, que parecen propias de nuestro ser nacional. El presente trabajo es esfuerzo orientado a poner en relieve algunas entre ellas y organizarlas en sus conexiones a fin de que, identificadas y conocidas, puedan ser controladas y superadas para que, en tiempo no demasiado remoto, lleguemos a ser una Nación vertebrada.

Finalmente, para restarle pensantes al trabajo en general, así como bien distinguir lo histórico incorporado como tarea auxiliar, buena parte de las referencias históricas sintetizadas y debidamente organizadas en el tiempo, estarán en la Sección separada de Anexos, siendo de éstos el primero y el de mayor cantidad de páginas.

Avant-propos

*"To produce a book is the only way
to study a subject systematically,
purposefully, and retentively"*

—Paul Johnson

Este trabajo no es más que resultado del esfuerzo personal de su autor para explicarse –y tratar de explicar– la realidad que se vive en este, nuestro país, lo que obligó a buscar en la historia de Venezuela, pero no sólo en ésta –sino en conocimientos acumulados en diferentes trabajos que van desde antropología y psicología sociales, y pasan por la ciencia política hasta la económica– para descubrir fuentes y rasgos de fenómenos que, a modo de raíces, puedan esclarecer e informar sobre causas capaces de dar cuenta y algunas razones de lo que hoy acontece en esta Nación.

No se trata, por tanto, de "un libro de historia"; mal podría serlo pues el autor no es historiador, aunque la misma indagación obligue a manejar hechos que pertenecen a la historia –como a otras pertinentes ramas del conocimiento– pues la realidad es una totalidad y las diferentes "ramas" del conocer son, apenas, partes de artificios mentales convenientemente separadas de su todo integral.

El fragmento de realidad que conocemos como Venezuela es parte de otra mayor división del globo terráqueo, cuyo nombre es América del Sur, también fracción, pero del mayor Continente americano, que, según el conocer actual, parece que viene siendo habitado por la especie humana desde hace unos 220 siglos, esto es, después del tercer fenómeno interglacial y antes del cuarto, el cual, según se afirma, separó las masas de lo que hoy es Africa de lo que es América.

En todo caso, lo cierto es que el conocimiento histórico de lo que ocurría en el espacio geográfico venezolano data de aquel día 1º de agosto de 1498 cuando, en su tercer viaje a lo que creía ser "las Indias", Cristobal Colón, el después llamado Almirante de la Mar Océano, "vídola"[1] como "tierra infinita", la tierra firme de lo hoy Venezuela. Pero hay una consideración de suma importancia que es menester indispensable anticipar, en este momento, a fin de evitar malos entendidos sobre el juicio de fondo que haremos de nuestra realidad:

No se puede pretender que, en apenas poco más de 500 años de haber sido descubiertas y a sólo dos siglos de independizadas, las antiguas Colonias de la Península ibérica pudieran alcanzar niveles de desarrollo que para realidades sociales, como las europeas, tomaron más de doce siglos en lograr sus actuales condiciones de evolución.

Cuando nuestras naciones se independizaron, había avanzado tanto el desarrollo de Occidente, hacia lo que hoy es, que resultaba imposible proponer –y menos aún emprender– caminos o alternativas nuevos o diferentes. En este punto acierta en su análisis la Teoría de la Dependencia. Pero ello no era culpa o responsabilidad de nadie. En efecto, por razones de hecho, la única alternativa válida que quedaba en América Latina era imitar o copiar. Eso explica el que nuestra evolución haya sido a saltos y por plazos de avances y retrocesos. El mundo, que para el tiempo del descubrimiento tenía ya ocho siglos de evolución, no podía detener ésta y nunca podría haberlo hecho. Por tanto, su permanente cambio tenía que incidir sobre la evolución de nuestras naciones interfiriendo sobre logros en proceso o ya alcanzados; modificando trayectorias; alterando proyectos; etc., todo como consecuencia de novedades que constantemente aparecían.

De lo que se trata, entonces, es de buscar en nuestro pasado acontecer –lejano o reciente– elementos que respondan, cual explicaciones válidas, sobre acontecimientos y realidades del presente. En efecto, como bien lo expresara Graciela Soriano de García Pelayo: "... *cada tiempo saca a la luz o destaca del pasado aquellos aspectos o parcelas de la realidad que más*

---

[1] Afirmación de Fray Bartolomé de las Casas en "*Historia de las Indias*", Lib. 1, cap 138.

le intrigan o interesan desde su presente, aprovechando los anteriores aportes en la medida de sus preferencias, para conocer e interpretar el pasado desde su propia perspectiva" [2]

Desde luego, para que tengan verdadero valor, las búsquedas exigen una sistemática investigativa muy amplia, vasta y rigurosa, labor que, obviamente, recae, de manera necesaria, en el historiador de ciencia y oficio. En todo caso, tales búsquedas y sistemática tienen por finalidad un saber. ¿Saber de quién? ¿De investigadores en quienes el conocimiento se vaya a estancar sin trascender? Por supuesto, no podría ser o no debería serlo así. Contrariamente, habría de ser un saber puesto al servicio del generar, entre los miembros de la Sociedad, una conciencia que, de particular en pocos de ellos, se haga colectiva y sea capaz y útil para orientar la conducta social de manera más eficaz, en el sentido de lograr que proyectos y realizaciones del todo social, de cierta y mejor manera, alcancen los fines propuestos.

El autor. Caracas, 2012.

---

[2] Soriano de García Pelayo, Graciela. *"Venezuela 1810-1830: Aspectos desatendidos de dos décadas"*. Cuadernos Lagoven., Caracas,1988, pg. 8.

Introducción

Encarar la actual situación del país con el propósito de encontrar vías efectivas de acción que conduzcan a salidas ciertas y no utópicas, implica asumir actitudes de mucha seriedad intelectual, de gran control y de suficiente equilibrio emocional. En lo que sigue vamos, simplemente, a tratar de poner en blanco y negro algunas consideraciones al respecto sin pretender, desde luego, abarcar todos los elementos de un asunto tan complejo y, mucho menos, creer estar en posesión de verdades inconcusas.

Una primera consideración tiene que ver con algunas características muy arraigadas en nuestro modo de ser. Entre varias que destaca este ensayo, en dos de ellas estimo que, en mucho, reside el general modo de lo que hemos devenido: La idea de la paz y nuestro fracaso para constituir un verdadero pueblo.

El anhelo nacional de paz

Tengo la convicción de que, desde fines del siglo XIX, la nación venezolana ha sido un país en desesperada búsqueda de paz. No podía haber sido muy de otra manera, puesto que como lo expresara Juan Liscano en breve libro[3]: *"La integración nacional venezolana se efectuará a sangre y, no precisamente como proyecto explícito, sino como consecuencia de las matanzas y del horror de la historia, como fruto de un exceso de males"*, refiriéndose sin duda a la etapa de Independencia, a ésta y al siglo XIX que se inició casi con esta Guerra. Después de ese siglo que, ya antes de iniciarse venía saturado de conflictos, pero que a lo largo de su desarrollo significaron para Venezuela toda la destrucción, desolación, dolor y muerte que fue precio de la gesta emancipadora y que, luego, no tuvieron solución de conti-

---

[3] Liscano Juan, *"Los Vicios del Sistema"*. Ed. Vadell Hnos., Valencia (Vnzla), 1992, pgs 26-27.

nuidad ni con las seculares anteriores sublevaciones de los oprimidos, ni con las inmediatas guerras intestinas derivadas de permanentes enfrentamientos entre jefes de nuestro primitivo caudillismo feudal en las que se frustraron, para mucho tiempo, las ilusiones subjetivas de los venezolanos: allí nació la sumisión y también la conciliación cual vía histórica preferida –y casi única– para resolver conflictos. De allí brotó el fruto de nuestra subestima fatal: el por ser hijos de Padres heroicos, nada valer ante éstos.

Por eso un primero –pero muy importante– remanso de esa tan ansiada paz, fue la obligada que impuso el terror desatado por Gómez, el tirano telúrico que fundó nuestro Estado moderno. Y no tengo dudas sobre que, en buena parte, la consolidación de éste en el poder, cuyo ejercicio personal duró por veintisiete años, tuvo mucho que ver con ese anhelo ya secular de paz de un pueblo que, por más de cien años, no había cesado de vivir en guerra. En su libro "Los Causahabientes", el Presidente Rafael Caldera anotó: *"La paz de Pozo Salado fue una terrible lección para los venezolanos. A pesar de los sufrimientos generados por incontables abusos, el país, sumido en una profunda depresión moral y en el hermetismo de la tiranía, quedó dispuesto a conquistar la libertad pero decidido a mantener la paz"*.[4]

Fue ese reclamo de paz lo que entendió y dispuso como eje de su plan de gobierno el General López Contreras, cuando asumió el poder a la muerte del tirano. Durante su mandato constitucional, así como también en el de su sucesor Medina Angarita, el país comenzó a respirar aires frescos de paz en una democracia primeriza, pero verdadera. Lástima, a mi manera de ver, que, en mala hora histórica, ese frescor pacífico fuera interrumpido por la presión impaciente de lo que podríamos reconocer como pulsaciones democráticas medio desesperadas, y trata-

---

[4] Caldera Rodríguez, Rafael A. *"Los Causahabientes. De Carabobo a Punto Fijo"*. Ed. Panapo, Caracas 1999. 1ª. Edición. Pg. 83. La Paz de Pozo Salado proviene de una anécdota que Caldera, hombre de fino humor, solía referir de su padre adoptivo, el doctor Tomás Liscano, quien fue alumno del Colegio La Concordia en El Tocuyo. Cuenta que un maestro de éste, Don Egidio, refiriéndose a la paz, relataba que en la aldea Pozo Salado había una mujer muy fea, tuerta y coja y, sin embargo, Don Egidio decía a sus alumnos: *"Muchachos, no olviden: paz, aunque sea la de Pozo Salado.* En el libro, Caldera concluye: *"Esa paz de Pozo Salado, esa paz deforme y negadora absoluta de los derechos humanos* (la de Gómez), *expresión permanente de injusticia y crueldad, era, sin embargo,* paz".

ran de abrirse forzado paso a contramarcha de esa racionalidad de los tiempos que, como en los procesos de la naturaleza ocurre, impone también el acontecer histórico.

Tal impaciencia precipitada, que apenas duró un trienio, costó al país una década de paz impuesta, otra vez, por voluntad arbitraria de un nuevo gendarme innecesario. Mientras, la lograda paz desapareció para de nuevo hacerse sueño.

Cuando al fin, en 1958, de la manera más pacífica y civilizada pensable, salimos de ese hasta entonces último gendarme, los venezolanos pudimos, por fin, disfrutar en la segura calma de una vida democrática e institucional creída definitivamente consolidada. En tan generoso tiempo, de tal manera se acendró la democracia como vivencia que, para la gran mayoría de los ciudadanos, resultaba imposible el mero pensar que el país pudiese volver a aquellos duros avatares de tiempos de oprobio que la propia memoria histórica creyó haber enterrado.

Pero por ello mismo, cuantos llamados de alarma y atención se hicieron abundantes antes de las elecciones de 1998, de poco sirvieron para que el país y su dirigencia, acostumbrados a tiempos cómodos, reaccionasen con fuerza y conjurasen una amenaza que ya se había manifestado en 1992 y que, desde tiempo atrás y a ojos vista, urdía toda clase de recursos cargados de artimañas, mentiras y maniobras, con el protervo propósito de hacer de la libertad opresión y de la democracia espantosa tiranía. Nunca podremos obviar que ese deseo de paz contribuyó, en no poco, para que dirigentes y dirigidos –por largos anteriores y en estos recientes años– se obstinaran en no reconocer evidencias de qué peligros nos amenazaban, aunque obvios por hechos que en ese tiempo se cumplían. No es momento para juzgar, atribuir responsabilidades o acusar supuestas culpas. Ni vale la pena, ni podemos perder en eso tiempo que, por muy escaso hoy, es tanto más valioso. Por encima de errores grupales o personales, de faltas ingenuas por omisión o maliciosas por acción, es verdad que lo ocurrido hasta el presente resulta, principalísimamente, del hecho de que Venezuela, en su afán de paz, se negó a abrir los ojos para defenderla como debía haber sido.

Ahora, a finales del 2012, la Venezuela amante de paz está, por fuerza de los hechos, emplazada definitivamente a defender, sin subjetivos egos heroicos, pero con el coraje, valentía y entrega que siempre le han caracterizado, la libertad y los derechos por los que, sin límites, ha luchado desde que es Nación.

Hacer y formar pueblo

Hoy en día, al referirse a "pueblo", es indispensable aclarar el significado que se quiere dar a ese concepto. En efecto, en este presente se usa el mismo vocablo para expresar ideas muy diferentes: se le entiende como el conjunto de aquellos que tienen derechos civiles y políticos (expresión moderna del concepto romano); como comunidades homogéneas por sus rasgos culturales (Darcy Ribeiro); como los sectores pobres de la población (populismo); o los oprimidos miembros de la clase social proletaria (marxismo). Sin embargo, debemos entender que pueblo es el conjunto de todas las personas miembros de una sociedad que, por ser personas y ser miembros, son en ella sujetos de derechos civiles y políticos.

En su "Mensaje sin Destino" decía Don Mario Briceño Iragorry que Venezuela es un país en permanente crisis de pueblo. Tal crisis consiste en que, en virtud de la *negación* constante de nuestro pasado, en la que históricamente hemos incurrido, no nos ha sido posible el construir esa suerte de piso histórico que sirve de asiento indispensable a todo pueblo. *"Si descabezamos nuestra historia, quedaremos reducidos a una corta y accidentada aventura republicana de ciento cuarenta años, que no nos daría derecho a sentirnos pueblo en la plena atribución histórico-social de la palabra. Y si para esos ciento cuarenta años admitimos la procedencia de los varios procesos segmentarios, de caída y ascenso, que determinan los cognomentos partidistas de Federación, Fusionismo, Regeneración, Reivindicación, Legalismo, Restauración, Rehabilitación y Segunda Independencia*[5]*, habremos de concluir que lejos de ser una Venezuela en categoría histórica, nuestro país es la simple superposición cronológica de procesos tribales que no llegaron*

---

[5] Escribió este libro en el primer tercio de los años 50 y dejó, Don Mario en 1945, esta enumeración de "ismos", a la que podríamos añadir otras más: Nuevo Ideal Nacional, Ancha Base, Cambio, Democracia con Energía, Gran Venezuela…. hasta el Socialismo del siglo XXI, para aumentar la larga e incompleta lista de nuestras negaciones históricas.

*a obtener la densidad social requerida para el ascenso a nación. Pequeñas Venezuelas que explicarían nuestra tremenda crisis de pueblo. Sobre esta crisis histórica se justifican todas las demás, y se explica la mentalidad anárquica que a través de todos los gobiernos ha dado una característica de prueba y de novedad al progreso de la nación. Por ello a diario nos dolemos de ver cómo el país no ha podido realizar nada continuo. En los distintos órdenes del progreso no hemos hecho sino sustituir un fracaso por otro fracaso, para lograr, como balance, la certidumbre dolorosa de que nuestra educación, nuestra agricultura, nuestra vitalidad, nuestra riqueza misma, viven una permanente crisis de inseguridad y de desorientación."*⁶ .

¡Cuánta razón contienen estas líneas! ¿No es acaso, eso último, lo que todos denunciamos en este presente?

Ciertamente, con Liscano podemos entender que antes de la Independencia no existió acá la noción de pueblo, *"porque en las Indias Occidentales, como se sabe, la población estaba rigurosamente dividida en castas.....Esas divisiones, con predominación ostentosa y tajante de los blancos nacidos en la metrópoli o en las Indias, no propiciaban la noción de pueblo, tanto más cuanto añadía a ese mosaico étnico la esclavitud sin categoría social".*⁷ Pero como lo manifiesta repetitivamente Don Mario Briceño, después tampoco ha existido pueblo en un sentido histórico y funcional verdadero. El mal culpable de todo ello ha residido, siempre, en la tentación recurrente de acudir a la negación del pasado: *"Pretender fabricarnos una historia a la medida de nuestras preferencias actuales, desdeñando, al efecto, los hechos y los personajes que contradicen nuestras inclinaciones ideológicas, es tanto como ir contra el propio sentido de la nacionalidad."*⁸.... *"Alejados de una lógica viva que persiga en nosotros mismos, es decir, en nuestro propio pasado nacional, la sustancia moral de nuestro ser social, hemos sufrido una ausencia de perfiles determinantes. Como corolario, no hemos llegado a la definición del 'pueblo histórico' que se necesita para la fragua de la nacionalidad".*⁹

---

⁶ Briceño Iragorry, Mario. Mensaje sin Destino. Obras Selectas. Ediciones EDIME, Madrid-Caracas, 1954, pg. 471.

⁷ Liscano, J. Op. cit, pg 29.

⁸ Briceño I, Mario, pg. 474.

⁹ Idem, pg. 476.

Debemos por tanto, en primer lugar, asimilar el pasado; asumirlo responsablemente como parte inseparable de nosotros pues integra nuestro propio ser, nuestra identidad. Esto, como lo indicaba Don Mario, *"es tanto como saberse parte de un proceso que viene de atrás"*[10]. De lo que se trata, entonces, es de rescatar de ese pasado lo que de verdaderamente válido tiene –y de vigente– como valores contenidos en hechos, actitudes, propuestas y acciones que venezolanos, actuando en singular o en colectivo, realizaron o ejecutaron en momentos y circunstancias precisas, independientemente de compromisos u orientaciones y, sobre todo, de propias maneras particulares de verlos o estimarlos. Pero para asumir tal actitud es menester entender que la tolerancia es resorte amortiguador y fundamental para asentar toda sociedad y todo orden civilizados.

La tolerancia es el principal recurso para oponerse a la negación. Hemos vivido, como antes se señalaba, de negación en negación. Comenzamos con la Independencia en la que negamos a España, como si tres siglos no dejaran huella alguna en mentes, conciencias y espíritus humanos que los vivieron o heredaron. Al referir este comportamiento ante España, decía Don Cecilio Acosta: *"Hubo un tiempo en que mencionar sólo su nombre era un oprobio: celos estos del derecho o recelos de la guerra; más hoy, sellada ya la gloriosa independencia como un decreto irrevocable del destino, es justo que renazcan los antiguos lazos, y que seamos imparciales para juzgarla, como fuimos libres para combatirla"*[11]. Ese último llamado no ha sido oído hasta el presente. No ha mucho, reciente expresión telúrica de salvajismo hecho poder tiránico, al insultar todo lo que España significa, ordenó el neocaudillo a sus huestes primitivas derribar la estatua del Descubridor que Caracas albergaba: triste manifestación de supina ignorancia.

Por lo demás, es en tiempos de escepticismo, de crisis de valores y de fe, cuánto necesario es el más sembrar en conciencias de nuestros ciudadanos las ideas principales de permanencia de los valores e importancia del defender las convicciones. En tal sentido, como lo solicitaba Briceño Iragorry, tenemos indeclinable responsabilidad de formar nuestra gente;

---

[10] Idem, pg. 489.

[11] Acosta, Cecilio. Obras Completas. Ed. Casa de Bello, Caracas 1982, pg 576

de ayudar nuestro pueblo a mirarse a sí mismo, *"ya que él es historia viva que reclama voces que le faciliten su genuina expresión"*[12].

"Ayudar al pueblo es por tanto nuestro deber presente. A un pueblo que no está debajo de nosotros, en función de supedáneo para nuestro servicio, sino del cual nosotros somos mínima parte y expresión veraz. Debemos ayudarle, no a que grite, como aconsejan los demagogos; ni a que olvide sus desgracias, como indican los conformistas del pesimismo, sino a que reflexione sobre sí mismo, sobre su deber y su destino".[13]

Ese ayudar, en la hora presente, especialmente implica combatir rasgos que Manuel Caballero consideró *"prominentes de la idiosincracia venezolana"*, como lo son *"la tendencia a la autodestrucción, la autofagia y como correlato, la autoconmiseración"*[14]. Podemos añadir, al considerar esta última como su origen, que también es menester superar la subestima que nos autodegrada y sólo sirve para fomentar aislamiento y evasión de responsabilidades ciudadanas.

Para tener éxito en ese cometido es indispensable enseñar.

¿Enseñar qué?

Enseñar sobre las estructuras de nuestra sociedad; sus instituciones; la realidad que somos en sus raíces y proyecciones hacia el devenir; las tendencias que de ello se marcan; las prioridades de los cambios; los recursos, las urgencias, las posibilidades e imposibilidades; en fin, la aprehensión de nuestro ser nacional tomado en su totalidad: todo ello es lo que se debe conocer y, a partir de tal saber, actuar para no improvisar.

Ese saber tiene, además, gran importancia para desterrar de nuestras mentes ciertos tópicos que se repiten y terminan por presentarse como verdades inconcusas, cuando apenas tienen validez parcial y son desechables por inservibles como fundamentos para diagnósticos o ac-

---

[12] Briceño M., op. cit, pg 520.

[13] Idem.

[14] Caballero, Manuel. Las Crisis de la Venezuela Contemporánea (1903-1992). Alfadil Ediciones, Caracas 2004, pg. 11

ciones a realizar en nuestro acontecer nacional. Eso, por ejemplo, de que "somos un país riquísimo"; o aquello de que "tenemos el mejor puente del mundo", o "la mejor red de autopistas"; o, lo que, antes del deslizamiento de su valor por la pendiente devaluativa, decíamos tener "una de las monedas más fuertes del mundo" (y no era mentira sino verdad mal fundada). Con frecuencia –y en muchos casos con las mejores intenciones– son propuestos proyectos o fórmulas para solucionar problemas que, por partir de diagnósticos superficiales, no superan el nivel de lo simple o de lo ingenuo.

También, en el pasado reciente, recaímos –dentro de la negación que dice Briceño Iragorry– en el hablar cada vez peor de los políticos y de los partidos políticos; a señalar vicios y defectos que poseían, pero también que se les atribuían. El vocablo "partidocracia" se repitió hasta la saciedad y todo ello en falsa creencia de que aquellos males eran propios y exclusivos de nuestra vida pública. Hoy estamos recogiendo tempestades que son de aquellos vientos que sembramos.

O si no, como ocurre en el presente, nos aferramos a mitos como aquéllos del pasado reciente –para no ir más lejos en la historia– que fueron "la reforma del Estado", o el régimen de representación y sufragio, o el "pacto social", o la "participación", y que llegaron a adquirir atributos de panaceas milagrosas, pero que, en todo caso, poco han significado como esfuerzos profundizadores que permitieran fundar en firme sobre tales ideas o proyectos, valga decir, sobre la realidad raigal de nuestra entidad histórica. Y lo peor es que del fracaso de anteriores "panaceas" salimos en búsqueda de otras nuevas: "socialismo del siglo XXI" o "democracia participativa y protagónica", para señalar cual botones de muestra sólo algunas de sus expresiones. Y del fracaso de tales mitos, de semejantes "panaceas" –tanto más probables fracasos cuanto menos fundados están los "proyectos"– derivaron siempre frustraciones que fue arrastrando, tras sí, toda la vida de la Nación.

Se habla mucho, hoy en día, de la necesidad imperiosa de un modelo o "Proyecto de País". Comparto plenamente la idea de un Proyecto de País (mucho hecho hay, por cierto realmente valioso). Pero, a mi manera de ver, la clave de nuestro histórico problema de país –que es un problema de conciencia de pueblo– es el desconocimiento por parte de ese pueblo –entendido, no en la expresión populisto-demagógica del concepto, sino como el conjunto de todos los miembros de la sociedad nacional– de sus *verdaderos intereses y reales necesidade*s. Un proyecto de país, si no se dirige a un pueblo que sabe y no ignora cuáles son sus verdaderos intereses, caerá de nuevo en el vacío, como lo hicieron los anteriores y parciales proyectos en 1811, 1819, 1830, 1858, 1864, 1868, 1870, … 1899, …1935, 1947, 1952, … 1999 …

Se trata, primero, de verdaderos y auténticos intereses de la población y luego, y solamente luego, de necesidades.

Como ejemplo, el principal y fundamental interés es el que cada venezolano sepa hacer respetar su eminente dignidad de persona humana. Pero, para saberlo, es menester que entienda elemental y simplemente qué es eso. Por tanto, es indispensable ayudarle a saber. Enseñarle en qué consiste esa dignidad y por qué y para qué la posee: cada venezolano debe entender, entonces, que la persona humana –que él es– no es accidente fortuito ni resultado de casualidad alguna, sino de una causalidad que es la voluntad del Creador que diole vida e hízole persona. Que al hacerlo persona le hizo inteligente; le dio una razón para pensar y actuar; una libertad interior por la cual es dueño absoluto de cada uno de sus actos humanos; le dio conocimiento natural que le permite, aún en medio de su posibles pobreza e ignorancia, distinguir entre lo que está bien hacer y lo que está mal, esto es, entre el bien y el mal; y que aunque ese conocimiento natural lo oriente normalmente hacia el bien que el mismo Creador significa y sintetiza, con su libertad interior o libre albedrío –que consiste en ausencia de toda determinación de sus actos– puede, sin embargo, optar por hacer el mal, pero que es responsable de todos sus actos libres, sean buenos o malos; que por esa responsabilidad –que no es sino el responder por los propios actos– habrá de dar respuesta ante Él, su Creador, pero también ante las instancias jurídicas de la tierra en la que *nació* –su *Nación*— o de aquella tierra que voluntariamente haya adoptado para allí vivir.

Que el Creador le hizo para que, durante su vida, desarrollara el inmenso potencial que como persona tiene: capacidades de entender, de crear, de analizar, de juzgar, de apreciar, para aplicarlas en todos los campos del hacer y del saber humano; que deliberadamente Él hizo la

Creación Total incompleta, para que cada ser humano pudiera colaborar en su complementación y ser, de esa manera, co-creador junto a Él. Pero que el Hombre o la Mujer no quedaron obligados a hacerlo, pues ello sólo depende de la voluntad libre de cada cual.

Que el humano es un ser sociable por naturaleza y no por razón de pacto o contrato alguno; que en la Sociedad que constituya con semejantes suyos debe encontrar condiciones indispensables para que le sea posible desarrollar el potencial que ha recibido al ser creado y que no es sólo para él, sino para los demás; que en esa Sociedad hay otra forma de libertad que no es ya la interior o libre albedrío, sino la externa o libertad de independencia consistente en ausencia de coacción o coerción sobre sus actos, la que no le vino como don o dato de su condición humana, sino que debe ser conquistada por él y en unión con sus semejantes en el seno de esa, su propia Sociedad.

Inmediato e inseparable del concepto de libertad viene el de justicia, cuyo significado es que, en las relaciones con los demás, cada cual –él mismo y los otros con quienes se relacione– merece recibir lo que le corresponde; y, también, que cada cual debe respetar y hacer respetar la justicia respecto a los demás y ante quienes tienen la responsabilidad de dirigir la Sociedad como gobierno; después, inseparable en la secuencia, debe saber que todos los seres humanos somos iguales en dignidad, en tanto personas, y que esa igualdad prevalece ante la ley y las instituciones; pero que si somos iguales en tanto personas, cada uno es distinto como ser que existe de manera concreta: somos existencialmente diferentes. Además, que hay otra forma de igualdad, que se desprende de la esencial, pues, en medio de las diferencias que tenemos entre nuestras realidades personales e individuales y puesto que cada persona ha sido hecha por el Creador para algo –todo ser racional actúa para algo, y el Creador es infinitamente racional– ha de haber una igualdad de oportunidades, por la cual, todos y cada uno, en la Sociedad, tenemos derecho a que ésta nos garantice la posibilidad de alcanzar nuestro propio desarrollo personal, que procede del potencial ya referido, pero, eso, cada cual ha de realizarlo de manera libre y, por tanto, voluntaria.

Se trata, entonces, de nociones básicas que, con algunas más, constituyen el fundamento de sus intereses, sin lo cual una población no estará en capacidad de reclamar y defender sus derechos; ni de cumplir sus deberes; y tampoco de exigir la satisfacción de las fundamentales necesidades humanas.

Y no es necesario, como muchos dicen y pretenden, eliminar o desterrar el llamado discurso ideológico para sustituirlo por acciones eficaces, como condición para hacer auténtica política, si en verdad vamos a entender por "discurso ideológico" lo que éste es, valga decir, ideas racionalmente dispuestas y organizadas y no una monserga alocada de disparates inventados, o traídos por los cabellos para encantar, con demagogia, masas ignorantes o deslumbradas por el "carisma" de un personaje político seductor.

Ocurre con alta frecuencia que, en la práctica, se confunda ideología con mito y se construyan supuestas utopías haciendo ver que se trabaja sobre realidades sociales, políticas y económicas, cuando lo que se hace son simples aventuras de la imaginación. En el mundo en que vivimos a comienzos de estos inicios del tercer milenio posterior al nacimiento de Cristo, hay pocas ideologías que puedan considerarse tales. Dejo a la reflexión del lector la tarea de reconocerlas, para no desviarnos del propósito de este trabajo y, también, para no abrir lugar a innecesarias y nada productivas polémicas.

Pero sí es bueno asentar que el evidente debilitamiento que, de la política, en todas las latitudes de nuestro país y del planeta se percibe, tiene mucho que ver con la confusión y el desprestigio que, sobre tan noble actividad humana, han propiciado la demagogia, la inventiva sin metas ni fundamentos y la carencia de sólidas bases de pensamiento que exhibe la mayor parte de quienes asumen la política, más por calculado interés —el famoso *ceux qui font de la politique un metier*,[15] que decía Emmanuel Mounier— que por desprendimiento proveniente de una verdadera vocación de servicio. Este modo de hacer política tiende a restringir o a prescindir de la deliberación de los ciudadanos, cuya participación suele verse limitada al ámbito reducido de los intereses individuales, lo que termina por ser real confiscación de la democracia.

---

[15] "Aquéllos que hacen de la política un oficio". Mounier, Emmanuel. « *Qu'est-ce que le Personnalisme* »

En la mayoría de las naciones, los pueblos están necesitados y hambrientos de políticas responsables, pero ignoran cuáles habrían de ser sus contenidos esenciales. De lo que se trata es de políticas que, sin demagogia, se abran sinceramente a la participación de todos los actores sociales: la ciudadanía toda, esto es, sin exclusión alguna, así como también las sociedades intermedias de la Sociedad General y las instituciones sociales públicas y privadas. Políticas que se desarrollen mediante diálogos serios y responsables, en los que puede ser introducido el discurso ideológico pero sin pretensiones de reclamar la posesión de verdades únicas en el orden de lo temporal contingente; en los que el liderazgo busque asumir tareas de gobierno para poner en práctica técnicas de gobernar con eficacia, fundadas en el consenso que deriva del respeto a normas por todos aceptadas y asumidas, que siempre se orienten al logro del Bien Común General y no a intereses de grupos ni de individuos.

La confiscación de la democracia es la resultante práctica de lo que, con contenido muy confuso, se ha venido denominando bajo el término recientemente acuñado de "antipolítica". La antipolítica ha venido a resultar cual puntilla que, como la de la fiesta taurina que liquida la vida del noble animal, en su práctica, sirve para liquidar el verdadero ejercicio democrático.

La territorialidad

En la parte que sigue, este modesto trabajo se propone desarrollar, con cierta mayor precisión, la caracterización de algunos factores que han sido de permanente presencia en nuestro acontecer histórico como nación y que han determinado, en mucho, lo que hemos vivido y llegado a ser como sociedad política correspondiente a nuestra realidad de Nación o comunidad nacional. Sin embargo, antes de entrar en tales consideraciones, es menester recordar que el concepto de Nación incluye dos elementos constitutivos principales: el pueblo y el territorio, valga decir, el conjunto de grupos humanos que comparten, con cierta coherencia, determinados afectos y modos de vivir, más el espacio terrestre sobre el cual esos grupos sedentariamente se establecen y mantienen su convivencia.

La incoherencia que, siguiendo a Don Mario Briceño Iragorry, hemos ya considerado como ingrediente de nuestra manera de ser —o no ser— verdadero pueblo, se traslada al comportamiento general en relación con nuestra territorialidad.

Como se trata de un tema complejo y muy extenso en su contenido histórico-político, habremos de contentarnos con unos muy rápidos y breves señalamientos al respecto y dejar de lado, de momento, lo relativo a la despreocupación por el medio ambiente y lo botánico, con la importancia que tiene ello en campos como los de la fitogénesis o el equilibrio ambiental.

Para decir lo menos, hemos sido un pueblo indiferente con su territorio. Poco consciente de su importancia y de la necesidad de su conservación y defensa... ¿Por qué será?

La Historia parece marcar una tendencia según la cual las poblaciones que más han defendido sus territorios resultan ser aquéllas que encontraron, en él, lugar adecuado para asegurar su propio sustento y refugio. Así, los pueblos que más tempranamente se hicieron sedentarios, defendieron de manera muy denodada los espacios que originariamente ocuparon. Mucho más tarde, el Imperio Romano se extendió por casi toda la geografía entonces conocida, pero las provincias de conquista se rindieron más fácilmente ante aquellos asaltos e invasiones de los llamados pueblos bárbaros, si se considera esto en comparación al modo como resistieron las poblaciones ubicadas en el península italiana más próximas al centro o corazón del Imperio. Sin embargo, después de la caída de éste, al resurgir en la realidad histórica de lo que fue el mundo medieval, aquellas ciudades que lo conformaron tuvieron un gran sentido de territorialidad. Por eso, desde el momento cuando se constituyeron, la primera institución establecida fue la militar, pues su tarea guerrera tenía por finalidad central y función única la defensa del propio territorio.

El proceso que, siglos después, condujo al desarrollo y establecimiento del Estado-Nación, incluyó al territorio entre los elementos constitutivos del Estado Moderno, cuya definición parcial viene a ser, en una Sociedad determinada, *la organización de la cooperación social-territorial, en una unidad de dominación independiente en lo externo*, y una de cuyas funciones importantísimas es la defensa de ese territorio, pues en el se asienta y mora el tercer y principal elemento constitutivo del Estado: el pueblo. "*El hombre no es para el Estado, sino el Estado es para el hombre*".[16]

Tal vez, como lo consideraramos anteriormente, la actitud hamletiana de nuestro ser o no ser pueblo, podría explicar, al menos en parte, la indiferencia que hemos tenido hacia nuestro territorio. Seguramente, no proviene ello del que tengamos un espíritu "demasiado universal", pues si bien es cierto que acogemos sin resistencias ni malcriadeces –sino todo lo contrario– al extranjero que viene a vivir en nuestro suelo, es también verdad que somos muy apegados a nuestras maneras, usos y costumbres de vida, a tal extremo que no sea infrecuente el caso de quienes viajen al exterior provistos de bienes criollos que van desde arepas hasta maracas. En casos de contraria índole, que tienen que ver con lo que se ha llamado nuestra "mentalidad colonial", es cierto que preferimos lo que es o viene de fuera respecto a lo que tenemos o producimos dentro, pero tal defecto deriva de causas como las que hemos esbozado y de otras que, en conjunto, generan desencantos y frustraciones, padres naturales de nuestra subestima.

Ésta y la indiferencia, que más allá de eso es verdadera estolidez como infame conducta respecto al territorio nacional, han sembrado en nuestra historia tristes expresiones de descuido y hasta de vergonzosas entregas. La Nación venezolana, desde su constitución como tal, ha dejado perder casi una tercera parte de su territorio al rendirse ante argucias de leguleyos y no, precisamente, ante el derecho ajeno y, menos, ante poderosas armas de algún supuesto enemigo. Hace poco, el caudillo de turno que nos devuelve mental y políticamente al siglo XIX en sus peores expresiones, hizo y sigue en esa conducta, aquella "de hacerse la vista gorda" cuando Guyana usa libremente el territorio que tiene en reclamación Venezuela. Ni una nota diplomática, siquiera a título de protesta: Silencio y complicidad. Pero tampoco el ciudadano de la calle manifiesta interés y menos aún protesta: Silencio y complicidad. Peor

---

[16] Maritain, Jacques. "*El Hombre y el Estado*".

aún, integrantes de la dirigencia política de fementida oposición estaban tan ocupados con sus "espacios" de otro orden que, gustosos, se sumaron a las silenciosas corte y comparsa, casi sin pronunciar palabra: Silencio y complicidad.

Debemos, pues, enmendar esa ilógica conducta para que cobremos, todos, conciencia de la importancia que tiene el territorio nacional. Mantenerlo, cuidarlo, conservar sus riquezas medioambientales, defenderlo. No permitir más entregas irresponsables, pero tampoco consentir en que sea mal usado, desaprovechado el inmenso portencial que contiene en su superficie y en el subsuelo que es para la mejor calidad de vida de los venezolanos. El territorio nacional es el patrimonio fundamental que tenemos en el presente y para el futuro de esta Nación.

Finalmente, los propósitos señalados en lo precedente como metas de este trabajo que, como lo expresamos, tiene que ver con el conocer de nuestra historia para mejor asimilar el pasado vivido como pueblo y Nación, nos van a exigir un recorrido relativamente breve sobre los más importantes acontecimientos que hemos experimentado, así como indagar y concluir sobre sus causas y consecuencias. No se trata, por supuesto, de proponer investigaciones históricas sino de recordar y revisar lo que nuestros historiadores han investigado y escrito para, con base en ello, extraer las conclusiones correspondientes en función de aclarar orígenes raigales del presente que estamos padeciendo.

PARTE I

ELEMENTOS DE LA FORMACIÓN INVERTEBRADA DE VENEZUELA

CAPÍTULO PRIMERO

Raíces estructurales e instituciones del atraso I

Condiciones de borde.

Para entender nuestra realidad presente y poder acertar en orientarla hacia soluciones, no sólo posibles sino factibles, es indispensable penetrar en el análisis de lo que podríamos denominar "condiciones de borde" que han actuado y actúan sobre nuestro desarrollo histórico como pueblo. Desde luego, ello debe ser materia de profundos estudios multidisciplinarios, interdisciplinarios y transdisciplinarios que desbordan los propósitos de estas breves reflexiones. Podremos, apenas, asomarnos al realizar algunas consideraciones en el curso del desarrollo de este trabajo.

En el pasado histórico diez principales factores, al menos, vislumbro que destacan entre los múltiples posibles que, a los efectos de fundar la interpretación del proceso vivido por nuestra nación, puedan servir a esfuerzos de equipos competentes para desarrollar una posible y acertada interpretación del mismo. Esos factores son: A) Estructuras e instituciones del atraso, que desarrollamos en este capítulo, pero que completaremos con otros factores en el desarrollo de la Parte II; B) Hiper-constitucionalismo; C) Emergencia de la sociedad de masas; D) Populismo; E) Presencia política de lo técnico; F) Significado del petróleo; G) El capitalismo rentístico; H) Anómicas consecuencias de la estructuración social de la población venezolana; I) Precariedad de la Ciudadanía en Venezuela J) El drama secular de la pobreza.

Estos factores los iremos considerando, en los diferentes capítulos de este trabajo, sea por separado o insertados junto a temas que tengan relación con cada uno de ellos. Así, las estructuras del atraso que aparecen junto al Descubrimiento de nuestro territorio y, dado que están presentes en todo el proceso histórico de nuestra formación como realidad republicana independiente, serán consideradas a partir de este mismo Capítulo I, sin menoscabo de que reaparezcan, según la necesidad, en varios de los capítulos siguientes. El trabajo cierra con una parte en la que, a manera de síntesis, se relacionaran todos los factores que concurren en el desarrollo de la crisis general que siempre hemos estado padeciendo, pero que en el presente amenazan seriamente nuestra permanencia como Nación libre.

No es hoy posible conocer hacia dónde se dirige como destino nuestra Patria. No puede servir, como consuelo, el saber que no vamos solos sino acompañados. Muy próximos vecinos nuestros, pueblos en los que corre sangre como la nuestra, batallan también en medio de turbias y turbulentas aguas que nos arrastran: aguas de ignorancias y miserias.

Desde el comienzo, fueron la ignorancia y la violencia de las guerras las que signaron el atraso. El diagnóstico fue: "estancamiento". En el presente inicial de la segunda década del siglo XXI, es la miseria la que impone la violencia y nos mantiene cada día más atrasados.

Transplante de instituciones asincrónicas y asimétricas

En América Latina, las guerras de independencia liberaron a estos países de la dominación de las potencias coloniales de la Península Ibérica pero, después, no se introdujeron en ellos significativas transformaciones de orden cultural o social que aportara, en los sucesivos tiempos, el ser humano al mundo todo. Las relaciones internas de dominación y las características de las economías diseñadas para cumplir el papel dependiente, propio de la anterior condición colonial, permanecieron inalteradas en las épocas republicanas posteriores a la independencia de nuestras naciones.

Los libertadores trataron de establecer nuevas formas estatales, pero no pudieron evitar que, las que implantaron, tuvieran en su orientación toda la inspiración que ellos habían encontrado en el pensamiento político europeo –en particular inglés y francés y también norteamericano de fines del siglo XVIII– que asimilaron cuales suyos propios. Por eso nuestras instituciones políticas fueron meras copias de modelos pertenecientes a otras realidades los que, además, aparecieron en aquellos, sus propios espacios de origen, sólo luego de largos procesos de evolución histórica. En efecto, el desarrollo de sus formas en los pueblos de orígenes respectivos tomó varios siglos para su maduración.

Sin embargo, sería injusto criticar a los forjadores de nuestras repúblicas por haber propiciado el trasplante de instituciones foráneas a estas tierras. Era el pensamiento que, en el mundo más avanzado, había surgido, desde 1688, con la Revolución Inglesa adelantada en un siglo a las revoluciones de Francia y Norteamérica. El ideario liberal se había enseñoreado a partir de concepciones como la de Locke primero y Montesquieu después y, ante ese pensamiento, la única alternativa que había entonces era la concepción monárquica del Antiguo Régimen. Por tanto, a los libertadores de América Latina no les quedaba ninguna otra posibilidad.

En los países que eran los más avanzados de Occidente, la constitución del Estado Liberal fue fenómeno sincrónico con la necesidad de ampliar y defender mercados internos, lo que hizo posible el posterior desarrollo del capitalismo industrial. Pero el Estado Liberal resultó, al mismo tiempo, instrumento y resultado –que se cumplió en evolución de casi diez siglos– de la consolidación de la burguesía como clase hegemónica en esos países y, al mismo tiempo, de la paulatina realización de su proyecto económico. El poder debía asentar su legitimidad sobre normas estables que determinarían y limitarían el alcance de su ejercicio pues, como certeramente lo expresó Weber, la estabilidad jurídica que ello significó "*garantiza a los particulares el máximo relativo de posibilidad de movimiento y... el cálculo racional de las probabilidades y consecuencias jurídicas con arreglo a fines*"[17].

---

[17] Weber, Max. Economía y Sociedad. FCE México, 1944, tomo I, pg. 605.

Pero no fue sólo eso lo que, entonces, posibilitó la formidable ampliación de los mercados, sino su expansión mundial facilitada por las nuevas técnicas: el orden jurídico liberal fue internacionalizado. En países rectores del mundo, pudo la verdadera y originaria burguesía establecer el aparato jurídico adecuado para el logro de sus fines económicos y para asegurar la permanencia de su hegemonía social.

¿Pero, que pasó en nuestro mundo latinoamericano en el que las nuevas formas institucionales habían sido simples copias trasladadas e implantadas; mundo donde durante mucho tiempo no existiría burguesía, ni proletariado, ni habría clase media, ni mercados, ni acumulación de capitales y en el que no se dio ni se iba a dar nunca una revolución industrial? Acá, con el traslado de instituciones que en nada tenían que ver con nuestras realidades y con nuestro proceso evolutivo, se produjeron determinaciones estructurales provenientes de dinámicas asimétricas y asincrónicas respecto a los modelos originales que desarrollaron los países más avanzados, cuyos estereotipos valorativos y patrones de comportamiento nos resultaron esquizoides por desvinculados y disociados de nuestro ser nacional.

No cabe dudas respecto a que, después de casi dos siglos, ciertos tipos de arraigo o formas de mimetización habrían de haber alcanzado algunas de esas instituciones copiadas, lo que no significaba que no fuesen susceptibles de modificaciones, ajustes o sustituciones para que pudieren tener funcionalidad suficiente en el contexto social en el que fueron arbitrariamente insertadas. Sin embargo, a pesar de que en Latinoamérica han funcionado economías dependientes, el desarrollo mundial del capitalismo ciertamente las condujo a un notable aumento en la complejidad de la organización y funcionamiento de sus correspondientes Estados.

El modelo político de Estado que prevaleció en la subregión ha sido el del Estado unitario y central. Ese modelo favoreció la instauración de gobiernos mal llamados "personalistas"[18], frecuentemente de naturaleza autocrática y dictatorial, como han prevalecido en el subcontinente. Es obvio que las nuevas formas de disposición del Estado debían tender al

---

[18] N del A. Deberían ser llamados "individualistas".

desarrollo de modelos descentralizados, incluso con amplias autonomías dejadas en favor de instancias de gobierno más cercanas a la población, como son las alcaldías y municipios organizados sobre comunidades. A diferencia de los modelos centrales de dominación estatal, los modelos descentralizados favorecen el desarrollo de modos democráticos de organización y vida en las instancias en las que la población puede asumir formas participativas legalmente consagradas de autogobierno o, en todo caso, porque se garantice el mayor control que ejerzan las poblaciones sobre actos de gobierno que afecten su vida cotidiana.

El cambio de modelo político de Estado, desde el tipo unitario central que hemos tenido, hacia el tipo federal descentralizado regional, no era un proceso fácil que pudiera realizarse racionalmente con un puñado de decretos firmados por un autócrata, o sancionados por un congreso dominado por un ejecutivo arbitrario e irracional. Tampoco sería producto de pasiones que desbordaran el fuego de ideas que, más que de la mente, provenían del sentimiento. Al efecto, el desmontaje de viejos modelos políticos y la implantación de nuevos requieren esa gradualidad indispensable propia de toda mutación llamada a funcionar y a perdurar. Como antes indicábamos en ese sentido, la naturaleza, reflejando la razón de su Creador, muestra repugnancia a cambios bruscos, con saltos de discontinuidad y crecimientos poco proporcionados y, a la vez, enseña, cuando esa norma central del devenir no es respetada, que pronto el retroceso, muchas veces catastrófico, vuelve a reponer en el lugar correspondiente en el tiempo todo aquello que precipitadamente se había adelantado a ese ritmo adecuado que marca el reloj natural.

Ese Estado, cuyas formas centrales y unitarias imitamos en nuestras latitudes como copias de realidades que eran propias de Europa en las Francia e Inglaterra de los siglos XVII y XVIII, y con rasgos copiados también de la entonces muy reciente revolución norteamericana, arrastraba tras sí raíces milenarias que habían dado lugar a expresiones institucionales adecuadas para aquel tiempo, pero que, allá, no se detuvieron sino que continuaron en evolución para adaptar esas instituciones o crear nuevas. De lo que se trataba era de legislar; en fin, de dar respuestas a situaciones que, siempre y sin descanso, se van sucediendo según ritmos del fluir temporal de la historia.

De esa manera, a diferencia de lo que ocurrió en nuestro subcontinente, en los países de origen fue necesario ir adaptando el Estado de derecho desde las formas propias de su concepción clásica original hacia otras nuevas, para que respondieran a la necesidad de resolver situaciones de *"difícil coexistencia entre las formas del Estado de derecho con los contenidos del Estado social "*[19], pues a la tradición de los derechos consagrados, inicialmente, por las libertades civiles que conformaron la base de las instituciones originales del Estado liberal de derecho[20], fueron superponiéndose los derechos sociales que, en realidad, eran exigencias de participación, no sólo dentro del poder político sino también en aquellas posteriores instancias que han ido y seguirán surgiendo, continuamente, para hacer posible la participación en la distribución de los diversos beneficios de la vida social. *"La forma del Estado oscila así entre libertad y participación"*.[21] De esta manera, como dicen los mismos autores: *"Si los derechos fundamentales eran la garantía de una sociedad burguesa separada del Estado, al contrario, los derechos sociales representan la vía a través de la cual la sociedad entra en el Estado alterándole la estructura formal"*.[22]

De modo que los continuos cambios que con el tiempo se fueron sucediendo a lo largo del siglo XIX, terminaron por alterar las estructuras del Estado liberal de derecho al punto de que, para fines de ese siglo e inicios del siglo XX, una nueva realidad se mostraba muy distinta en el mundo más evolucionado, respecto al modo como se presentó en sus orígenes.

El principal elemento transformador —inseparable de la evolución del sistema capitalista que, de aquellos inicios como capitalismo comercial todavía muy ligado al mercantilismo, pasó por la Revolución Industrial que lo arrastró consigo— fue el entonces inédito fenómeno de la aparición de la sociedad de masas.

---

[19] Bobbio, Norberto; Matteucci Nicola; Pasquino Gianfranco. "Il Dizionario di Politica". UTET Librería, Torino, 2004, pg 930.

[20] Como libertades personales, políticas y económicas que rechazaban intervenciones estatales.

[21] E. Forsthoff. Stato di diritto in trasformazione. Giuffré, Milano, 1973., citado por Bobbio, etc. Op.cit.

[22] Bobbio, Matteucci y Pasquino. Op cit. Pg. 931

Las estructuras del Estado liberal de derecho son ahora sintetizables de la manera siguiente:

Estructura formal del sistema jurídico, que es el conjunto de las leyes generales y abstractas que aplican jueces independientes y que son garantías de las libertades fundamentales;

Estructura material del sistema jurídico, que hace referencia a todo lo que significa garantizar la libertad de concurrencia en el mercado para los sujetos propietarios que intercambian mercancias;

1) Estructura social del sistema jurídico que abarca todo lo que se refiere a la llamada "cuestión social" y las reformas indispensables para integrar al sector trabajador;

2) Estructura política del sistema jurídico que regula y controla el poder de acuerdo a los principios clásicos de distribución y separación, reconocidos y establecidos unánimemente.[23]

3) Ahora bien, en cuanto a la estructura material, factores como las nuevas tecnologías, desarrollo de grandes empresas, nuevas expresiones de la legislación económica liberal desarrolladas a partir del auge del sistema bancario y las bolsas, concentración de industrias y comercio, así como la organización de modos de planificación económica privada y la unificación de tipos de capital de procedencias diversas (bancario, comercial e industrial) bajo la forma de capital financiero, modificaron sustancialmente la orientación de la política económica del Estado liberal de derecho, hacia otra en la que *"interviene directamente, y no sólo con medidas de protección ante el capital monopolístico, sino a través de maniobras monetarias de la banca central y, progresivamente, mediante la creación de condiciones infraestructurales favorables a la valorización del capital industrial"*. Esto va a ser *"un Estado que interviene activamente en lo interno del proceso de valoración capitalista"*.[24] Es decir, en la hora actual, el sistema capitalista está muy distante de aquel modelo clásico inicial que establecía la absoluta "no-intervención" del

---

[23] Idem.

[24] Idem.

Estado en las actividades económicas: el llamado "Estado Policía". El desconocimiento de esta verdad por parte de muchas personas y en todos los niveles, sólo da testimonio de la irresponsabilidad de quienes, con ignorancia culpable, osan escalar en el Estado las más altas posiciones y responsabilidades de conducción.

4) ¿Pero cómo ha sido el desenvolverse del Estado en nuestra realidad nacional?

En el caso venezolano –tal vez el más radical en este sentido– el Estado Moderno vino a aparecer a más de cien años de nuestra independencia como Nación. Anteriormente vivimos un siglo de feudalismo propio, esto es, a la latinoamericana. Sobre ello volveremos más adelante, de manera separada y al recorrer hechos particulares de nuestra vivencia histórica.

Herencia ibérica. Mestizaje.

Podemos afirmar que al principio fueron el desarraigo y la exclusión: la conformación de nuestro mestizaje, en sus tres fuentes, así lo determinó.

A nuestra América ibera llegó la España de inicios de la Reconquista que culminó con la toma de Granada, el 2 de enero de 1492, precisamente el mismo año que sería del Descubrimiento. Apenas la Península había vivido en breve feudalismo. Éste duró los poco más de dos siglos -entre el VI y el IX- que separaron la ocupación visigoda del inicio de la conquista musulmana. Por tanto, los conquistadores y primeros colonizadores no fueron verdaderos prototipos feudales sino, como veremos, desarraigados de su propio mundo que llegaron a otro mundo muy extraño, lo que hizo de ellos desarraigados en su desarraigo. Por eso, el subcontinente no conoció expresión alguna, ni siquiera incipiente, que asomara avances de capitalismo. La disposición estamentaria de la sociedad que surgió a partir de la conquista y colonización, hizo, de la exclusión, característica fundamental. Allí nació la exclusión que todavía hoy padecemos.

El prototipo humano del conquistador y colonizador fue, en parte, el del hidalgo con mucho de guerrero y, sobre todo, de aventurero, pero no de forjador de pueblos y naciones. No participaban del *ethos* que surgía de los cambios post-medievales, por lo que no eran ni industriosos ni dados al trabajo productivo. Su *ethos* fue el de la subjetividad. Imbuídos en su propio descubrimiento personal y subjetivo como individuos existentes, perseguían realizar grandes hazañas y heroicidades, aunque su objetivo pragmático parezca haberse concretado en hacer fortuna. El caso del misionero que vino fue distinto por su seguimiento a una Fe fundada en el Amor, que lo impulsaba a ocuparse del bien del Otro. Tal, el mejor aporte de España, pero no el único. En su famosa obra "La Formación del Pueblo Venezolano", Don Carlos Siso afirma que el comunero español, a cuyos *"méritos se debe la preponderancia española en los siglos XV y XVI "*, a raíz del Decreto de Carlos V que despojó de su autonomía a las Municipalidades, *"perdió la fe que en sí mismo tenía, le faltó el halago del bienestar que la riqueza proporciona"* y su individualismo, antes fuente de acción social, *"se tranformó en una actividad desviada…hasta convertirse en un sentimiento tendiente a abstenerse a cooperar en la obra común, en un 'individualismo' insociable"*.[25] Ese individualismo se acentuó en mayor falta de solidaridad social una vez que se trasladó a América, como Amo *"lleno de sí mismo"* y sin el apoyo espiritual de fuerzas que en España le hacían algo más sociable.

Después de las numerosas fantasías que se dijeron y escribieron y de los mitos que —como el del inmenso lago de Parima, la ciudad ideal de Manoa o, el más importante y trascendente de El Dorado, vigentes a todo lo largo del siglo XVI— propiciaron la exploración intensiva de nuestro territorio y determinaron en Venezuela, pero también en todo el espacio recientemente descubierto, las primeras disposiciones legales que surgieron, precisamente, para facilitar esa exploración con la fundación de numerosos asentamientos de apoyo. Estas disposiciones fueron las llamadas Capitulaciones, por las que se autorizaba recorrer el espacio sur de la tierra continental que se iba descubriendo y, también, poblarlo mediante fundación de ciudades, muchas de las cuales desapare-

---

[25] Siso, Carlos. *"La Formación del Pueblo Venezolano"*. Editorial García Ensiso, Madrid 1963, pg. 499 (PREMIO CULTURA HISPÁNICA 1951-MADRID).

cieron, como la primera de ellas que en Venezuela fue Cubagua, pero muchas otras más se consolidaron hasta nuestros tiempos.

La estructura legal de la Venezuela colonial se basó sobre instituciones que instalaron acá una forma *sui generis* de modelo feudal, cuyas bases fueron la Composición que garantizó la tenencia de la tierra; las Mercedes por las que éstas eran otorgadas por la Corona y el Repartimiento y la Encomienda, que eran concesiones de la Corona española a favor de los "adelantados" quienes, a manera de señores, tenían toda suerte de esos feudos que llenaron los espacios territoriales. Tales instituciones definieron el modelo de dominación. Posteriormente, con la Compañía Guipuzcoana, que fue el primer intento de centralización del poder de la Corona en Venezuela, se iniciaron actividades productivas, muy principalmente del cacao, pero también el añil, el café, la caña. etc., generadoras de riquezas de las que derivó una sociedad estamentaria al modo propiamente feudal, si bien con características autóctonas impuestas por el medio. Este "modelo" no sólo duró hasta la Independencia, sino se prolongó, bajo nuevas modos y diferentes señoríos, hasta el siglo XIX para finalizar a comienzos del siglo XX, cuando un Caudillo, igual a los anteriores que gobernaron al país, actuando como *"primus inter pares"* pero independizado de tales pares, logró fundar el Estado Moderno venezolano.

Ocurrió, como bien lo apunta Liscano[26], que *"La Corona Española, en la práctica, sólo perseguía los metales preciosos que ofrecía la tierra americana. No elaboró grandes planes de desarrollo privado y autogestión administrativa. Más bien impuso monopolios e impuestos. La aristocracia criolla terminó insurgiendo contra esa dependencia. En Venezuela, las presiones radicales y jacobinas de la Sociedad Patriótica lograron la ruptura total con la Madre Patria, sin darse cuenta del inmenso resentimiento del pueblo llano, el pequeño comercio, los esclavos, los pardos, contra precisamente esa aristocracia privilegiada. La presencia de funcionarios españoles atenuaba más bien el trato de la altiva aristocracia de los amos. La Independencia fue entendida de otro modo por los pecheros, llaneros, esclavos y siervos. Independencia era librarse de los amos"*. Después consideraremos la importancia que todo esto tuvo en la conflictividad que desarrolló, desde tiempos muy primeros, lo que

---

[26] Liscano, Juan. Op. cit. pg72

auténticamente puede llamarse una guerra civil constante que, luego, iba a desarrollarse en paralelo con la Guerra de Independencia.

Sin embargo y pese a la enorme distancia que le separaba de sus tierras americanas, la Corona española no se desentendió de la necesidad de establecer un ordenamiento jurídico que significara, efectivamente, su dominio sobre las nuevas tierras. A lo largo del siglo XVII fue desarrollada una importantísima y muy extensa legislación que obraría en tal sentido, la que, en 1680 y por orden de Carlos II, fue recogida en la "Recopilación de las Leyes de los Reinos de Indias", concebidas estas leyes especialmente para las tierras de América. Es indispensable, en este punto, traer a colación lo que Don Tulio Chissone señaló en su importantísima obra "Formación Jurídica de Venezuela en la Colonia y la República":

"La inmensa legislación que España promulgó para la vida jurídica de sus posesiones de América fue la matriz de la cohesión social y elemento que sirvió para dar fisonomía a las nacionalidades que habrían de surgir de las entidades políticas coloniales, ya modeladas con las grandes instituciones como las Reales Audiencias, la Intendencia del Ejército y Real Hacienda, los Virreinatos y Capitanías Generales. No puede negarse que esa gigantesca labor legislativa fue creando en el mestizaje, que es la generación autóctona de América, el conocimiento de sus derechos subjetivos, que lo conducirá en unos casos a la rebelión y en otros a la fidelidad a la monarquía. Toda esa legislación que fue elemento cohesionador de la vida social durante más de trescientos años, no podía desaparecer de improviso en los países que nacían a la vida libre, y por ello, aunque parezca paradójico, los nuevos legisladores tuvieron que seguir aplicando aquella legislación ante la imposibilidad de crear en cortos lapsos lo que se realizó en siglos" ... *"... en muchas leyes quedaron principios y orientaciones que estaban arraigados en la conciencia nacional, y perduran leyes como la de Patronato Eclesiástico, herencia monáquica, que sólo desaparece en Venezuela después de ciento treinta y ocho años. La Capitanía General de Venezuela, creada en 1777, como institución política, se ha conservado en todas nuestras constituciones como punto de partida para la delimitación del territorio nacional. Sobreviven instituciones como el Colegio de Abogados de Caracas, el cual queda definitivamente con vida propia en 1883, institu-*

ción fundamental si tomamos en cuenta lo que representó el abogado en la época colonial."[27]

[27] Chiossone, Tulio. *"Formación Jurídica de Venezuela en la Colonia y la República"*. Ed. UCV, Instituto de Ciencias Penales y Criminológicas, Caracas, 1980, pgs. 218-219. Cit. por Garrido R. Juan. *"Independencia República y Estado en Venezuela"*. Ed Torino, Caracas,2000,pgs 28-29.

CAPÍTULO SEGUNDO

Evolución hacia la República.
La colonia.

Aunque la Declaración de Independencia fue en 1810 y la constitución de la Primera República fue en 1811, la Guerra de Independencia se inició en 1812. Eran tiempos cuando el movimiento cultural de grandes proyecciones políticas, sociales y económicas conocido como "La Ilustración" decaía ya en Francia e Inglaterra, que fueran sus cunas, así como también en España y en toda Europa.

La Ilustración fue la revolución intelectual de la subjetividad, cuya manifestación primera, la cultural, marcó acento en las virtudes y capacidades de un ser humano cada vez menos atado a la fe y a la ética que sujetaban su conducta a la voluntad divina y a normas de comportamiento, en aquellos tiempos sentidas como impuestas por considerárselas externas a la propia realidad humana.

Los grandes valores que propuso la Ilustración fueron de razón, asiento fundamental de toda una sistemática ética, estética y de conocimientos que, como tendencia, fue conocida por Racionalismo. Luego, funcionaron actitudes pragmáticas de conducta: imitación, pues casi se tenía a la originalidad por defecto; idealismo; universalismo; creencia en la bondad natural del ser humano; laicismo como raíz del anticlericalismo y búsqueda de la felicidad material fundada en la riqueza. En tanto, el optimismo fue basado en un supuesto poder infinito del ser humano para progresar.

La Independencia creó, entre nosotros, ambiente propicio para que estallara toda esa carga de subjetividad que, como legado español, arrastraba el alma de muchos de nuestros habitantes. En tal sentido, su efecto fue soltar riendas a manifestaciones del héroe ansioso de gloria y admiración. Valores guías, por influencias y a imitación de las revoluciones francesa y norteamericana, fueron la libertad y la igualdad. La historiografía –particularmente la más reciente– ha presentado una faceta de la independencia venezolana que, siendo plenamente válida, pareciera acentuar una idea que puede conducir, a muchos no bien informados, a la equivocación de que sólo fue un mito. No fue esa la intención que guió a la mayoria de los historiadores que, recientes o de tiempos más remotos, han manejado y explicado que de la independencia se hizo un mito, lo cual es absolutamente diferente.

Cual estandarte probatorio del pretendido mito, suele izarse la "Venezuela Heróica" de Eduardo Blanco. Así se oye, con frecuencia, de bocas de lectores reunidos en cafés y conversaciones de salón. Este libro de Eduardo Blanco es una hermosa obra que exalta, en la prosa de su tiempo, a modo de cantar o romance, la gesta memorable de nuestros libertadores. ¿O es que vamos a negar o a esconder avergonzados el valor y la heroicidad de sus hazañas? ¿O lo que es aún peor, afirmaremos que no fueron esas ciertas, sino falsas historias? Estuve entre muchos que, niños, vibramos con la prosa –recargada y empalagosa, si se quiere— que Don Eduardo Blanco regaló en su obra. En tiempos aún lejanos para telever, asistíamos con emoción a desfiles militares que, en El Paraíso, retallecían de héroes y tricolores.

Sin embargo, sí se mitificó la independencia. Por cierto que los principales mitificadores fueron los peores tiranos, pero de tales mitificaciones absurdas vieron luz tanto la negación sistemática del pasado, como la subestima del venezolano y, también, su tendencia a la sumisión bajo el poder. Negación, pues a través suyo inicióse la idea de ruptura con los tres siglos antecedentes a la liberación y abrióse un devenir vacío de orígenes profundos y ausente de propósitos concretos; subestima, pues como varios historiadores lo han señalado, nada ni nadie podría igualarse a la gesta emancipadora y a sus héroes; sumisión, porque los caudillos victoriosos de la guerra asumieron el poder como derecho y lo civil hubo de someterse a lo militar. Pero si la guerra emancipadora mucho tuvo como causa en estos males, peor y más grave fue, en tal sentido, el significado de la inútil Guerra Federal. Remito al lector a reflexionar sobre las referencias o citas números 389 y 390 del Capítulo Segundo (en el Anexo N° 1) relativas a la Guerra Federal. Al fin y al cabo, bajo los gobiernos de la llamada Oligarquía Conservadora (Páez, Vargas, Soublette) se orientó una marcha republicana de la Nación. El verdadero desastre –no superado hasta nuestros días– se inició con José Tadeo Monagas y culminó con la Guerra Civil llamada Federal.

Pero, en una Sociedad conformada más por castas que por clases –verdaderos estamentos al mejor modo feudal– supuestos valores guías que todos compartirían (como igualdad y libertad), tuvieron expresiones no sólo diferentes sino contradictorias en sus significados: mientras los peninsulares, o nacidos en España, rechazaban pretensiones de las demás clases "inferiores", los mantuanos pretendían igualdad con los privilegios de aquéllos "puros" españoles y anhelaban, también y principalmente, la libertad de comercio; pero al mismo tiempo rechazaban acerbamente todo igualitarismo pensable así como las pretensiones libertarias que reclamaban los grupos socialmente subordinados. Mientras, los pardos y demás sectores del mestizaje querían libertades e igualdad respecto a los mantuanos. Pero, ocurría que estos mismos pardos que reclamaban igualdad hacia arriba, la negaban hacia abajo y, en ello, se enfrentaron a negros y esclavos. Era el conflicto derivado de la exclusión. Tal conflicto de objetivos frustró toda posibilidad cierta de independencia hasta 1816, cuando El Libertador entendió que eso sólo sería superado sobre la base real de la participación de todos en la guerra.

Orígenes de una guerra civil que continuó paralela a la de Independencia.

Recordemos, en este punto, la expresión de Juan Liscano citada al inicio de este trabajo con la que el escritor y poeta venezolano expresó, con profundo sentimiento, que nuestra integración nacional sólo se efectuaría a sangre y fuego, en el horror de una historia fruto de males en exceso.28 Tratemos ahora de organizar los acontecimientos que esa historia nos muestra y que marcan el inicio de una larga serie de hechos

---

[28] Ver cita N° 1

que van a justificar la aparentemente pesimista afirmación de Liscano Velutini, para entender cómo, desde mucho antes de nuestra separación de la Metrópoli española, se fueron tejiendo causas profundas que generaron lo que en verdad puede señalarse, como se acaba de expresar, una guerra civil que, apenas avanzada la conquista, se desató al interior de la Provincia y posterior Capitanía General de Venezuela para después correr temporalmente paralela a la Guerra de Independencia y, sin real solución de continuidad, perdurar hasta inicios del siglo XX.

1. Fuente social.

El orígen o raíz del fenómeno de la guerra estriba en la ya mencionada organización de castas que caracterizó, con sus particularidades específicas, la población que posteriormente habría de ser la de Venezuela, cuyas consecuencias hemos resumido.

Al efecto, como antes quedó indicado, todos y cada uno de los sectores sociales de la Colonia española que fuimos, tenían fuertes aspiraciones de libertad e igualdad, pero cada uno pretendía alcanzarlas en relación a privilegios que disfrutaba el sector situado en el nivel inmediatamente superior de cada estamento. Pero, simultáneamente, esos privilegios se les negaban, de manera rotunda, a los grupos situados en niveles inferiores de los propios. Así era de profunda la división social que existía en nuestras primeras expresiones poblacionales. Por supuesto, era imposible que de tan enormes contradicciones internas pudiera evitarse que, en el tiempo y en el espacio, se desarrollase indetenible la explosión de la conflictividad.

Ahora bien, si es cierto que la confrontación generalizada y violenta nació de la injusta jerarquía social establecida desde el mismo momento del descubrimiento, también lo es que fueron combustibles de la conflagración que todo abrasó, diversos factores de naturaleza económica, política, social y antropológica que actuaron como catalizadores al acelerar conflictos.

2. Fuente económica. Explotación de los recursos.

Así, en lo económico, pasada la primera y breve etapa de generación de riqueza que derivó de la explotación, hasta su agotamiento, de perlas localizadas en la zonas maritimas próximas a la hoy Isla de Margarita y a la península de Paria, y también agotado el escaso oro que encontraron los Adelantados, se presentó una situación de verdadera pobreza que fue miseria para los más desfavorecidos.

Durante la primera explotación perlífera destacó la fundación de Cubagua, primera ciudad en lo que es hoy nuestro territorio nacional, construída en 1510 como ranchería levantada por medio centenar de buscadores de perlas. Cubagua iba, rápidamente, a convertirse en próspero asentamiento citadino gracias al negocio de explotación y comercialización de dichos frutos del mar. Destruída y reconstruída con el nombre de Nueva Cádiz, duró hasta que, antes de la mitad del siglo XVI, se agotaron esos frutos con la ruina consiguiente. Por eso hubo de ser abandonada en 1541 después de ser nuevamente destruída por un ciclón. La explotación de perlas se trasladó al Cabo de la Vela, pero fue de muy inferior importancia productiva. También fue esa la experiencia con el fugaz oro que se extrajo fácilmente de vetas superficiales en territorios del sur o de lechos de algunos ríos de esas zonas. Las Provincias y Gobernaciones que se fueron constituyendo y que formaron en el mismo siglo la Provincia que, de la ocurrencia de Vespucio, fue llamada Venezuela, se caracterizó, en su conjunto y después de esa primera impresión de inmensa riqueza, por ser una realidad más que pobre, paupérrima; la que, por lo mismo, fue casi olvidada por nuestra Metrópoli europea.

Entonces, y también como factor económico de la mayor importancia conflictiva, la adventicia y fugaz riqueza del oro y de las perlas hubo de ser sustituida por el trabajo de la tierra: la labor agrícola. Pero esa labor se estableció inicialmente —con las Encomiendas y los Repartimientos— como obligada mano de obra indígena, es decir, realizada por personas de naturaleza corporal débil y de hábitos tradicionales que impedían cumplir el trabajo diario y rutinario propio de tal actividad. Como es natural, esto conllevaba gran ineficiencia en su realización, lo que obligó a que los encomenderos recurrieran al trabajo esclavo de negros aberrantemente capturados en territorios de África, para que, en esas duras tareas, ayudaran y sustituyeran a los aborígenes.

Obviamente, en aquellos tiempos de pleno Mercantilismo, poco interesaba la producción agrícola a las Naciones mercantiles de Europa que, fieles a la doctrina de Smith, creían firmemente que la riqueza de las naciones, producto de los intercambios positivos entre ellas, se fundaba en la acumulación de metales y piedras preciosas. Pero la práctica, ante la imposibilidad matemática de mantener entre ellas un juego de intercambios de suma cero, les llevó a adquirir colonias para extraer de ellas esas riquezas. Para colmo de toda esa situación, la Corona española prohibió que sus colonias realizaran cualesquiera tipo de intercambios comerciales entre ellas y menos aún con otras potencias mercantilistas, lo que cerró sobre estas Provincias suerte de férrea cárcel económica, no obstante frecuentemente violada con recurso al comercio de contrabando, especialmente con dominios antillanos de holandeses y franceses y también con piraterias que reinaban en el Caribe.

3. Fuente política.

a. Los Cabildos.

En el aspecto político, y de manera muy especial en el caso particular —y casi único— de Venezuela, el factor que tuvo la mayor importancia, siempre con vista en las causas de la conflictividad, se dió muy principalmente a través de la institución de los Ayuntamientos o Cabildos. Veámos cómo el Cabildo, desde tan tempranos tiempos, se situó en el corazón mismo del acontecer político venezolano al punto de que, hoy en día, sigue siendo piedra angular de la descentralización base original de nuestras libertad y democracia.

Al efecto, desde entonces el Cabildo fue centro de la actividad política en nuestro territorio y, en paralelo, base de gran fuerza política que esa institución ha tenido en nuestro país. Así, también la verdadera independencia que desde entonces existió entre Provincias y Gobernaciones, constituyó motor y tradición política de la incesante lucha que, por la descentralización y frente al centralismo, ha caracterizado siempre a nuestra Nación. Por eso, los Cabildos tienen la mayor importancia en días cuando la aspiración centralizadora de un circunstancial gobierno de fuerza, amenaza con poner todas las actividades de la República en las manos todopoderosas de quien la comanda.

¿Cómo y por qué se hizo así de fuerte el Cabildo en los primeros tiempos de nuestra Colonia?

La historia es muy sencilla: se hizo fuerte como consecuencia del relativo aislamiento y abandono a los que nos sometió la Corona española cuando percibió que lo de El Dorado no era más que un mito fraguado por los aborígenes. ¿Hicieron éstos ese invento de caso pensado? Es posible. Tal vez, sus innatas inteligencia y viveza les permitieron descubrir esa ilimitada ambición de oro que, sin fronteras aparentes, animaba a Adelantados y Fundadores de ciudades. Ciudades en su mayoría establecidas como asientos logísticos y estratégicos para largas incursiones dentro del territorio, cuyo objetivo principal fue descubrir el mítico Dorado. Pero el abandono de España determinó que no se establecieran en el territorio colonial de Venezuela, sino muy tardíamente, las figuras institucionales de las Reales Audiencias mediante las cuales la Corona podía ejercer mucho más directamente el control de sus colonias. Venezuela estuvo siempre adscrita a las lejanas Reales Audiencias de Santo Domingo o de Santa Fe y, sólo fue al final de los tiempos coloniales cuando se estableció, en 1786, la Real Audiencia de Caracas, que trató de limitar a los Cabildos, pero tuvo entronización tardía pues ocurrió cuando ya el fuego emancipador había sido irreversiblemente encendido.

La institución del Cabildo quedó formalmente consolidada hacia el siglo XVII, pero su origen en el territorio venezolano data del siglo XVI, pues se instituía en cada ciudad que se fundaba cuando los fundadores −Adelantados o Capitanes− con títulos de regidores, designaban personas que habrían de ser autoridades de la ciudad en número que era función de la correspondiente población. Normalmente, los regidores nombraban dos Alcaldes, uno de los cuales, el de "primer voto", se encargaba de la justicia y el otro velaba por el orden, el cumplimiento de la organización urbana y la policía. El primer Cabildo de nuestro territorio fue el de Nueva Cádiz. Apunta el historiador Guillermo Morón que *"fue tal el incremento tomado por los Cabildos en sus respectivas jurisdicciones, que en Venezuela lograron una verdadera autonomía, siendo los centros de toda la actividad política"*.[29] Señala el mismo autor que será el Cabildo de Caracas aquel que alcanzó mayor importancia. Morón destaca que en Coro (fundada en 1533), ciudad que tuvo el primer gobernador en Venezuela: *"cuando muere el gobernador Alfinger, los regidores eligen para sustituirle a los alcaldes, desconociendo la autoridad del gobernador Bartolomé Santillana. Desde ese momento, los Cabildos pretenderán siempre gobernar en ausencia del titular"*.[30]

Esa tradición iba a tener la mayor importancia en los sucesos del 19 de abril de 1810, cuando *"El Ayuntamiento, Cabildo o Municipalidad de la ciudad de Caracas, poderoso durante toda la Colonia, en este día glorioso, actuando en sociedad con los Representantes o Diputados del Pueblo, del Clero y del gremio de los pardos, y con apoyo del ejército, asumió el Gobierno Supremo de la Provincia de Caracas y lo desempeñó o ejerció de hecho."*[31].

Para evidenciar la importancia que en Venezuela adquirieron los Cabildos, es de importancia lo que en su obra expresa el mismo historiador Morón: *"Alrededor del Cabildo se agruparon las familias más poderosas de cada ciudad, ejerciendo de este modo una verdadera influencia en el conglomerado. Por lo general, es una fuerza que evita los desmanes del poder ejecutivo representado por el gobernador, y aun las tiranías de algunos eclesiásticos"*.... *"Pero el Cabildo no sólo amparaba los derechos de la clase criolla dominante, sino que oía la voz del común, como se decía entonces, esto es, los clamores de todas las otras clases libres que formaban la ciudad. El Cabildo abierto era a modo de plebiscito, de ejercicio general en el derecho del voto para los negocios públicos. No fue un club cerrado a base de aristócratas de la tierra, sino un campo de iniciativas a favor de la ciudad y aun de la región, como ocurría en los casos en que se reunieron sus representantes para aumentar la fuerza de sus peticiones ante la Corona: 1560 y 1590. Cierto que las oligarquías regionales lo hicieron órgano de su poder; pero esas oligarquías tenían en sus manos la*

---

[29] Morón, Guillermo. *"Historia de Venezuela"* Ed. Rialp, S.A., IV Edición, Madrid, 1967, pg. 169.

[30] Idem, pg. 170..

[31] Ponte, M.M. *Historia Cronológica de Venezuela"*. Obra inédita citada por su hijo Andrés F. Ponte, en *"La Revolución de Caracas y sus Próceres"*, pg 117, citada por Julián Fuentes Figueroa Rodríguez *"La Creación de la República de Venezuela (1810-1812)"*, OCI, Ed. De la Presidencia de la República, Caracas, 1995, pg. 105.

conducción de la sociedad. El gran calor con que se debatieron las familias y las clases, el fervor con que el Cabildo mueve la gran marea histórica venezolana, es precisamente el valor humano en la tradición histórica de esos cuerpos."[32].

"En otras provincias americanas el Cabildo no desempeñó el papel histórico que tuvieron los de Venezuela, lo cual se debió a la presencia de Virreyes y Audiencias, que intervenían de forma poderosa para destruir el influjo de los cuerpos capitulares".[33]

De seguidas, el mismo Prof. Morón hace, en su obra citada, un resúmen que, en varios puntos numerales, sintetiza la importancia de los Cabildos en Venezuela:

"1°. Fueron el centro de la política en la ciudad; 2° Ejercieron un influjo moderado frente al poder central representado por gobernadores, jueces y eclesiásticos; 3° Dieron base a la formación de núcleos directivos de tipo social, clase de donde salió el movimiento independentista; 4° Sirvió al mismo tiempo para ejercitar a la Comunidad en las prácticas de la libertad, mediante la celebración de Cabildos abiertos, y por recoger siempre el anhelo de cada comunidad. Todo el progreso material y moral de las ciudades estuvo animado desde sus Cabildos"[34] Y concluye citando una frase de Vallenilla Lanz, quien consideraba los cabildos como incongruentes con la realidad y destinados a desaparecer: *"La vida entera de los pueblos tenía que girar alrededor de aquellos cuerpos a quienes estaban encomendadas todas las funciones del Gobierno"*[35].

Por su parte, y para finalizar esta consideración sobre el Cabildo como institución propia y muy particular del modo histórico del ser político venezolano, que exige ser igualmente considerado y respetado en nuestro tiempo actual y que reclama el recuperar su condición de piedra angular del ejercicio democrático en Venezuela, veamos lo que al respecto escribió Rafael María Baralt, en su obra escrita con Ramón Díaz: *"... el poder y aun la popularidad de la junta de Caracas se había aumentado considerablemente. Ella no había usado mal de la autoridad de que se revistió: al poner la*

---

[32] Morón, G. Op. cit, pg 172

[33] Idem, pg 172, citando a Laureano Vallenilla Lanz, *Disgregación e integración*", pg 59.

[34] Idem.

[35] Idem, pg 173, citado de la obra de Vallenilla L., pg. 73.

mano en las bases del edificio social, corrigió con discernimiento y oportunidad abusos graves y realmente onerosos; sus medidas de seguridad fueron prudentes y la conducta que observó con los vencidos generosa."[36]

b. La Compañía Guipúzcoana.

El último elemento político que es menester destacar fue la presencia en Venezuela de la Compañía Guipúzcoana. La principal razón que tuvo la Corona para contratar esta Compañía era la de monopolizar el comercio de las Provincias, que tanto había descuidado y que estaban realengas y en manos de criollos productores del agro. Éstos se habían enriquecido con el contrabando que practicaban de manera principal con holandeses, ingleses, franceses y portugueses, aunque siempre estaban bajo amenazas, primero de bucaneros –hasta el tratado suscrito en 1670 con Inglaterra–, pero luego de piratas que pululaban en el Caribe con grave perjuicio para el comercio con la Metrópoli. Los productores criollos, por su parte, ya desde la segunda mitad del siglo XVI, habían ampliado notablemente sus horizontes comerciales que comprendían ciudades de México, como Veracruz; o del Caribe como La Habana, Santo Domingo y Puerto Rico, o del vecino Virreinato como Cartagena. Para recuperar beneficios de este comercio –reforzado notablemente por la venta de cacao– fue entonces otorgado a la Compañía Guipúzcoana el monopolio del comercio lo que, además, significó, en la práctica, importante control político a través del cual se trató de centralizar el poder en el territorio de Venezuela.

La Compañía Guipúzcoana se constituyó en setiembre de 1728. Fue integrada por el propio Rey Felipe V y por comerciantes de Guipúzcoa con sede en San Sebastián; más tarde tuvo algunos accionistas de Venezuela. El contrato fue rescindido en 1781 y la disolución de la Compañía ocurrió en 1785, cuando se transformó para actuar en Filipinas.

---

[36] Baral Rafael M. y Díaz, R. *"Resumen de la Historia de Venezuela, desde el año de 1797 hasta el de 1830"* Desclée de Brouwer, Brujas-Paris, 1939, pg. 59.

Escribe Brewer Carias[37]: *"Pero el control que ejerció la Compañía fue proporcional a la reacción de los Cabildos en defensa de los agricultores, particularmente de Caracas. Las provincias de Venezuela, sin duda por el desarrollo del poder local, ya para entonces eran las más politizadas de América; y en ellas se desarrolló un tenaz pleito por la libertad del comercio que concluyó en 1780, cuando se concedió el comercio libre a la Provincia en todos los puertos habilitados".* Fue una lucha que duró 46 años. En ella, sin embargo, *"el poder de los Cabildos...resultó reducido, para lo cual se comenzó, en 1734, eliminándose el viejo privilegio que tenían, de asumir el gobierno interino de la Provincia en caso de ausencia absoluta de los gobernadores."* Continúa Brewer señalando que toda la población luchaba contra la Compañía: el blanco *"para conservar la autonomía del poder logrado en los cabildos; el indio por defender su libertad; el negro por conquistarla y los pardos para ascender socialmente".* *"En el siglo XVIII, diversos factores contribuyeron a que se desatara en todos esos frentes un fenómeno de insurgencia general que en muchos casos coincidieron en medio de las revueltas".* [38]

Por otra parte, la Guipúzcoana estuvo en el centro de rebeliones cuya naturaleza de fondo era predominantemente social, pero en las cuales tuvo mucha importancia su poder para someter bajo sus dictados a todos los estratos sociales, desde dueños de la tierra hasta mercaderes, cosecheros y peones. Entre tales rebeliones destacan, como las más importantes, la de Andreosote –Andrés López del Rosario— y la de Juan Francisco de León. Ambas serán consideradas con mayores detalles en la sección siguiente. Pero ocurrieron muchas otras contra el poder de tiranizar y la protección oficial que disfrutaba la Guipúzcoana, como las de los Capitulares de Trinidad en 1741; la de 1744 en Puerto Cabello realizada por cosecheros y propietarios con apoyo de la población; o la de la Grita y Mérida en 1777 contra los impuestos y el estanco del tabaco y la posterior de El Socorro cuando comuneros, apoyados por propietarios y labradores llegaron en 1781, año terminal de la Compañía, a apresar las autoridades de la Grita y a extender la rebelión hasta Mérida y Timotes.

---

[37] Brewer C., Allan R. *"Cinco Siglos de Historia y un País en Crisis"*. Academia de Ciencias Políticas y Sociales; Comisión Presidencial V Centenario de Venezuela. Ed. Arte, Caracas julio 1998, pg. 38.

[38] Idem, pg 39.

4. Factores sociales.

a. Conflictividad entre estamentos sociales.

Pero, como ya adelantamos, la conflictividad social fue el más poderoso combustible de la guerra paralela que, antes y después de la Independencia, se enseñoreó en Venezuela. Este trabajo, como se indica en el *avant propos*, no pretende ser una obra de historia, pues su finalidad es tratar de contribuir, en alguna manera, a esclarecer la importancia de algunas de nuestras vivencias que, como Sociedad, deben ser parte importante en la ocurrencia de las horas difíciles que en el presente vive nuestra amada Patria. De lo que se trata, entonces, es de señalar algunos aspectos de esa conflictividad, en orden a poder entenderlos para ayudar en la superaración de sus repercusiones en estos tiempos que estamos viviendo.

En el temprano siglo XVI comenzó la manifestación de la violenta crisis social que derivó de la exclusión y la que, por tan extenso tiempo, padeció Venezuela. La crisis social venezolana ha tenido muchos momentos de grande violencia; otros han habido cuando la violencia ha transcurrido oculta, subterránea, tal vez forzada por la fuerza compulsiva de alguna tiranía, pero podemos afirmar sin temor a equivocaciones que la presencia de la violencia siempre nos ha acompañado. En párrafos que siguen, vamos a tratar, de manera simplificada y sin muchos detalles, de recordar los principales eventos que, desde muy temprano, fueron marcando esa presencia.

Los primeros conflictos se generaron en el siglo XVI, en su mayoría, por esclavos negros que se sublevaban ante las pésimas condiciones de vida a la que estaban sometidos. Entre estas sublevaciones, que fueron muchas, destacan:

1° En 1552 la del Negro Miguel, quien con otros ochenta, escapó de las minas de Buría, en lo que hoy es Lara; se autodesignó rey, hizo reina a su mujer y príncipe a un hijo. Atacó la ciudad de Barquisimeto con muerte de varias personas y fue dominado y muerto, en 1555, por tropas enviadas desde El Tocuyo por Diego de Losada.

2° En 1573 se sublevaron en Maracaibo tres decenas de negros que eran propiedad del Mariscal Castellanos. Recorrieron buena parte de lo que es hoy el norte del Estado Zulia, y pusieron en jaque a diversas poblaciones, desde Maracaibo hasta Río de Hacha y, hacia el oriente, alcanzaron hasta Coro. Sólo fue en 1581 cuando fueron reducidos por Francisco de Cáceres.

3° Desde fines del siglo XVI hasta 1603 hubo una sublevación larga e importante que se originó en Margarita y alcanzó a Cumaná.

4° En 1730, el zambo Andrés López del Rosario, llamado Andreosote, esclavo en la propiedad de un portugués de apellido Silva y situada en Yagua, formó, en lo que es hoy Yaracuy, una banda de contrabandistas que negociaban con los holandeses y llegó a extender sus acciones a zonas como Coro y Puerto Cabello, Barinas, Barquisimeto y Carora. La fama de Andreosote le convirtió en una suerte de lider o caudillo pues constituyó una especie de tropa con complicidades de autoridades y comerciantes. Eran tiempos de la Compañía Guipúzcoana que, como vimos, tuvo gran rechazo de la población en general, pero en especial de productores agricolas y comerciantes.

Andreosote, con su gente, tuvo enfrentamientos con fuerzas militares oficiales a las que derrotó en dos oportunidades. Al fin, las fuerzas públicas lograron destruir sus refugios y matar o apresar sus compañeros, pero no a él, quien escapó a Curazao. Este movimiento, debido a la participación que en él tuvieron muchos hacendados y comerciantes, y en virtud de haber atacado a la Compañía que afectaba esos intereses y estaba muy desprestigiada, significó no propiamente una reacción política, pero si un primer aviso, pues integró intereses sociales y económicos que rechazaban a la Guipúzcoana y con ella al dominio español.

5° Con detalles relata Guillermo Morón[39] en su libro que, en 1741 y en Panaquire de Barlovento, cuando en una parte muy extensa de la región del centro occidental del territorio de Venezuela había ambiente de gran rechazo hacia la Compañía, un teniente-cabo de apellido León, que por el gobernador Castellanos venía de ser destituido de las funciones como Juez de Comisos, de su desepempeño en esa población y fue

---

[39] Op. cit., pg 197 y ss.

sustituido por un candidato de la Compañía Guipúzcoana de apellido Echevarría, levantó a todo el pueblo, el cual, arrastrando tras sí a pobladores de numerosas ciudades situadas en el camino hacia Caracas, llegó el 19 de abril a Chacao con gran alarma para las autoridades. A éstas, Juan Francisco León entregó lo que hoy se llamaría "pliego" de condiciones que significaban "la destrucción total de la Compañía Guipúzcoana". Luego avanzó hacia Caracas en la que, para presionar al Gobernador, se estableció en la plaza principal. El Cabildo, evidentemente opuesto a la Compañía, se reunió el día 22 y acordó que ésta fuese expulsada por el Gobernador quien no actuó, sino que denunció ante la Corona los hechos de León, pero calificándolos como sedición. En el mes de agosto, como el Gobernador no había cumplido lo acordado, Juan Francisco León volvió a Caracas, pero ahora con 8 mil hombres. Como el Gobernador Castellanos simuló la expulsión de la Compañía, León regresó a Panaquire más en noviembre llegó un juez de Santo Domingo para abrirle juicio.

El Gobernador fue sustituido el mismo mes de noviembre por otro de apellido Arriaga, ante quien León insistió en la expulsión de la Compañía vasca. Posteriormente, en junio del año siguiente, un nuevo Gobernador, Felipe Ricardos, sustituyó a Julián Arriaga quien no había sido comprado por los guipuzcoanos, pero Ricardos si, por lo que reprimió fuertemente a León y a los suyos, lo que generó una auténtica sublevación en todos los pueblos de Barlovento, de la Costa y de los Valles de Aragua con la intención de derrocar al Gobernador, pero éste, con fuerzas superiores, lo derrotó, apresó y envió a España con su hijo, siendo luego enviados por el Rey al Africa para que combatieran en la guerra, de la cual retornaron con méritos, lo que les permitió regresar y recuperar la casa y bienes que Ricardos había confiscado.

Escribe en su texto (que en lo anterior ha sido resumido) Morón: *"Ricardos impuso el terror en Venezuela, deportando y encarcelando, pues los principales capitalistas de la provincia, así como los Cabildos y el pueblo todo, estuvieron con León, quien recibió ayuda económica de hacendados y artesanos, y también de los holandeses, que ayudaron a escapar a Curazao a muchos comprometidos"*[40].

---

[40] Idem, pg 200.

Estas sublevaciones –que continuaron a lo largo de los siglos XVIII y XIX, como muchas otras que ocurrieron en la región de Oriente, en la Central y en la de Occidente– no tenían fines políticos, sino fueron consecuencia del régimen inhumano de esclavitud que padecía la gran mayoría de la población y eran muestras externas de una profunda conflictividad social de naturaleza racial.

Pero las rebeliones continuaron multiplicándose en diferentes Provincias, pues diversos factores y actores generaron una suerte de insurrección general. Así, como ejemplos: El Cabildo de San Felipe se alzó, también en 1741, contra el Justicia Mayor de apellido Basazábal, pues éste combatía radicalmente el contrabando; en Trinidad, el mismo año, el Cabildo, también por la misma razón, se rebeló por la designación de Ramón Espinoza, un Sargento Mayor, como Gobernador encargado; en Puerto Cabello, en 1744, la población total apoyada por cosecheros y propietarios se rebeló y marchó a Caracas contra la recluta de tropas para reforzar la defensa de la ciudad; en 1777, en Mérida y La Grita insurgieron propietarios y cosecheros contra el nuevo estanco del tabaco y los impuestos sobre el producto que se sembraba libremente; en 1781, en El Socorro se rebelaron los comuneros, propietarios, cosecheros y campesinos labradores tomando los gobiernos de San Cristóbal, San Antonio y La Grita cuyos funcionarios apresaron, luego de lo cual marcharon sobre Mérida y Timotes.[41]

"Paralelamente a estos procesos de rebelión sociales y políticos, para finales del siglo XVIII el bandolerismo en los llanos era patético, comandado por cimarrones, salteadores de caminos, de pueblos, villas y ciudades, donde ahorcaban a las autoridades, saqueaban las iglesias y robaban las mujeres, especialmente blancas. Tiempo, por tanto, de insurgencias, de esclavos fugados, de indios que cogían monte, de bandidos populares alzados y cuatreros, de cumbre en los bosques tropicales." [42] Es conocido que los cimarrones formaron lo que se llamó "cumbes", que eran sus propios espacios sociales organizados, con relativo abrigo respecto a las persecuciones que les amenzaban constantemente, pero donde podían expresar libremente los usos y costumbres de sus culturas de la negritud, pero no solamente esas, porque en muchas ocasiones, indígenas escapa-

---

[41] Ver Brewer C. Op. cit, pgs. 38 a 41.

[42] Idem, pg 41.

dos de la esclavitud se sumaron e integraron a cumbes, lo que fue propiciando el desarrollo del mestizaje que nos caracteriza. Por otra parte, tal modo de vida fue, tal vez, semilla inicial de lo que se conoce como "familismo", que consiste en la tendencia de grandes sectores de nuestra población a refugiarse en el ámbito de relaciones primarias de convivencias e intereses, lo que ha derivado en característica muy negativa de nuestro modo de ser nacional.[43]

b.   *Real Cédula Gracias al Sacar.*

En 1790 se había dictado una Real Orden, conocida como "Código Negro", con el fin de crear nuevos impuestos y controlar las ventas y reglamentar las relaciones entre propietarios y labradores, pero con aumento de la injusticia para los esclavos. Esta Orden seguramente tuvo mucho que ver con el desencadenamiento de rebeliones en la Provincia. Pero otro acontecimiento, muy relevante y significativo como muestra de la tensión social que vivía la población, fue el repudio que manifestó la casta caraqueña de los criollos mantuanos ante la Real Cédula, dictada por la Corona, que fue conocida como de "Gracias al Sacar".

Como hemos visto, la sociedad venezolana de la Colonia se caracterizaba por lo que Weber llamó "sociedad estamental"[44]. El Profesor Garcia Pelayo escribió al respecto: *"La sociedad estamental tiene una intención estática. Los altos estamentos tratan de hacer eterna su situación privilegiada en cuanto a su modo de vida y posibilidades de dominio. A ello se dirigen una serie de actividades como la educación, la tendencia al hermetismo, el influjo político, etc., pero lo decisivo es la sustracción de una serie de bienes al mercado libre...., es decir los bienes*

---

[43] Ver, Acosta Saignes, Miguel. *"Vida de los esclavos negros en Venezuela"*. Ed. Distribución, Caracas, 1967.

[44] Weber, M., op. cit. pg 245.

vinculados o de manos muertas, pues con ellos se pretende asegurar para siempre la base económica de la existencia del estamento".[45]

Tales intenciones de "eternizar el privilegio" y el "hermetismo" se hicieron patentes en la reacción de los blancos criollos venezolanos, especialmente de los mantuanos de Caracas, para rechazar la Cédula Real emitida en 1773 y ratificada en 1775 por la Corona española en la que, en la apertura, hacia los pardos, de privilegios que hasta entonces habían sido exclusivos de los mantuanos, se estipulaba que tales privilegios podían ser alcanzados mediante simples compras fijadas, con sus tarifas, en el texto de la referida Cédula. Efectivamente, en su respuesta de protesta dirigida al Rey –y como caso único en las colonias americanas de España– los blancos criollos se opusieron contundentemente a la posibilidad de permitir que sus privilegios fueran compartidos con las castas "inferiores", puesto que ello significaría igualarlos con tales castas.

La Académica de la Historia Inés Quintero Montiel citó, en su discurso de incorporación a la Academia, el Informe de rechazo de la Cédula emitido por el Cabildo o Ayuntamiento de Caracas el 28 de noviembre de 1796, una parte del cual reza:

"Este tránsito considerado en la Real Cédula tan fácil que se concede por una cantidad pequeña de dinero es espantoso a los vecinos y naturales de América porque sólo ellos conocen desde que nacen, o por el transcurso de muchos años de trato en ella, la inmensa distancia que separa a los Blancos y los Pardos; la ventaja y superioridad de aquéllos y la baxeza y subordinación de éstos; como que nunca se atreverían a creer como posible la igualdad que les pronostica la Real Cédula, si no hubiera quien protegiéndolos para depresión y ultraje de los vecinos y naturales blancos los animase y fervorizase con la esperanza de una igualdad absoluta con opción a los honores y empleos que hasta ahora han sido exclusivamente de los Blancos ...Los Pardos, Mulatos o Zambos (cuya diferencia en la común acepción no es conocida, o casi es ninguna)

---

[45] García Pelayo, Manuel: "El estamento de la nobleza en el despotismo ilustrado español", Ob.
Cit, pp. 2173–2174. Obras Completas, Centro de Estudios Constitucionales, Madrid, Tomo III, p. 2173. Citado por Quintero Montiel, Inés Mercedes en su Discurso de Incorporación como Individuo de Número de la Academia Nacional de la Historia.

proceden precisamente de los Negros esclavos introducidos en esta Provincia para el cultivo de las tierras habiendo hecho la necesidad lícita un arbitrio censurado antes y detestado hoy como inhumano...Si, Señor, los vecinos y Naturales Blancos de esta Provincia elevan a V.M. el sumo dolor y sentimiento que les ha causado ver en la Real Cédula citada, abierta la puerta para su deshonor y, lo que es más digno de llanto, franqueada la ocasión para que entren a influir en el gobierno público unos hombres de infame y torpe linaje, faltos de educación, fáciles de moverse a los más horrendos excesos y de cuya fiereza propia de sus mismos principios y de su trato, sólo pueden esperarse movimientos escandalosos y subversivos del orden establecido por las sabias Leyes que hasta ahora nos han regido, porque no contentándose con las gracias que ahora se les conceden y poco satisfechos del desdén con que han de ser siempre mirados a pesar de toda la fuerza de ellas, intentarán mayores cosas y se abrirán paso con la violencia a todas sus pretenciones, o para contenerlos harán necesarios los castigos, lástimas y desastres..."[46]

En otra parte, pensando en un futuro ya para entonces en mente, anunciaban "*... el fin del paraiso nacido de la unión de la monarquía con la aristocracia local*" y prosiguen: "*La Cédula de Gracias al Sacar desembocará en la desaparición de valores fundamentales de la ortodoxia, como el honor, el esfuerzo en la búsqueda de un ideal, la lealtad, la limpieza de la sangre y la antigüedad en la fe verdadera. Más aún, toda una historia singular se borrará de la faz de la tierra. Sus legítimos protagonistas serán reemplazados por los actores de una evolución diversa, menor y ajena. Para los criollos, se está ante un Apocalipsis protagonizado por los pardos mediante regia autorización*"[47].

Este documento es revelador de la profundidad de una faceta de los fundamentos que sirvieron de asiento a una situación de beligerancia que, para aquel momento, llevaba más de dos siglos de histórica presencia y, además, es muestra más que elocuente de la condición extremadamente pugnaz y conflictiva que caracterizaba las relaciones entre los

---

[46] Izard, Miguel. 2*El Miedo a la Revolución. La Lucha por la libertad en Venezuela*". Ediciones Tecnós, Madrid 1979. Citado por Quintero Montiel, Inés Mercedes en su Discurso de Incorporación como Individuo de Número de la Academia Nacional de la Historia

[47].Pino Iturrieta, Elías. "La Mentalidad Venezolana de la Emancipación". . Citado por Quintero Montiel, Inés Mercedes en su Discurso de Incorporación como Individuo de Número de la Academia Nacional de la Historia

sectores sociales que conformaban la población de la colonia venezolana de España.

Tanto era así que, aún después del fracaso de Gual y España, la conflictividad no amainó sino que continuó en su vigencia: En 1798 se alzaron negros en Cariaco que, con plan de gobierno preparado, trataron de asesinar a todo blanco residente; lo mismo ocurrió en 1801 cuando en Guárico se produjo un alzamiento similar para hacerse de las propiedades de los blancos españoles. En 1799 se produjo, de nuevo en Maracaibo, una "revuelta" de pardos, negros y mulatos que, bajo el mado de Francisco Pirela, supuesto subteniente quien, con complicidad de un capitan de barcos franceses de apellido Bosset, tenía preparado un vasto plan conspirativo.

Tardios y negativos esfuerzos centralizadores de la Metrópoli.

Ya mencionamos el tardío esfuerzo centralizador que hizo la Corona al establecer, en 1786, la Real Audiencia de Caracas. No fue el único movimiento que ésta intentó para controlar una de sus colonias americanas que tan frecuentemente mostraba su rebeldía libertaria. Al efecto, después de la centralización que, en lo militar, fue la conformación de la Capitanía General de Venezuela en 1777 y que demarcó nuestro territorio, además de la creación un año antes, en 1776, de la Intendencia Real del Ejército y de la Real Hacienda de las Provincias con funciones centralizadores de la economía, en 1786 buscó la centralización legislativa y de gobierno por la Real Audiencia y en 1793 creó el Real Consulado de Caracas, lo que significó la centralización judicial de la Colonia.48

Pero como también se indicó antes, ya la mesa estaba servida para la independencia. Hechos complementarios fueron la intentona subversiva, de gran fuerza y extensión, que encabezaron Gual y España y las posteriores aventuras frustradas de Francisco de Miranda en 1806. Bastaba sólo que se produjese algún acontecimiento de suficiente alcance, para que se facilitase a los criollos dar el paso definitivo. Tal aconteci-

---

48 Ver Brewer C. Allan. Op. cit., pg 45.

miento llegó y fue aquél para España muy triste conocido como "Capitulaciones de Bayona".

Ninguna utilidad tiene en la historia el plantearse esos "si", condicionales que anticipan hipótesis sobre aconteceres que fueron posibles en función de acciones o decisiones que fueron propuestas, pero, por razones diversas, desechadas o no aceptadas. Es asaz conocido que el Conde de Aranda49 (y después ministro de Carlos IV a la caída del Conde de Floridablanca, célebre ministro de Carlos III), plenipotenciario enviado por Carlos III para firmar, en 1783, el Tratado por el que el Reino de España reconoció la independencia de los Estados Unidos, propuso al Rey, cuando después de la firma regresó a España, –para evitar las posibles sublevaciones y guerras de las Provincias españolas de América por derivación del ejemplo separatista norteamericano– que se desprendiera de dichas Provincias a favor de sus hijos, de modo que tres de ellos fuesen Reyes de los grandes dominios de México, de Perú y del resto de las posesiones de Tierra Firme, mientras que el Rey Carlos III fuese Emperador de Cuba y Puerto Rico y de algún otro dominio de interés económico.50

La pregunta inútil sería: ¿Qué hubiese ocurrido en Venezuela y demás Colonias hispanas si Carlos III hubiese aceptado la propuesta?

---

[49] Después ministro de Carlos IV a la caída del Conde de Floridablanca, célebre ministro de Carlos III.

[50] Un ingeniero francés, de apellido Vaubán, había hecho, anteriormente, propuesta similar a Felipe V. Cif. Baralt, R.M. Op cit. Pg 11.

CAPÍTULO TERCERO

Evolución hacia la República. Luchas precursoras

En el proceso de independencia venezolana se puede distinguir al menos cuatro momentos: a) Intentos precursores; b) Declaración formal y separación legal; c) Guerra sin unificación nacional y d) Guerra unificada y separación real.

Intentos precursores.

1. Intentona de Gual y España.

Conforma éste acontecimiento, junto con la expedición de Francisco de Miranda, parte relevante de los episodios "clásicos" de nuestra historia nacional. Por tanto, debemos esforzarnos en resumir, de la manera más sintética posible, sus rasgos fundamentales, sus resultados y sus principales consecuencias.

Una particular coincidencia emparenta la importante hazaña acometida por Manuel Gual y José María España con la intentona fraguada por unas juntas republicanas constituidas en España para sustituir la monarquía por un gobierno democrático. Ese intento ocurrió como consecuencia de la fatal influencia que el tristemente célebre Don Manuel de Godoy ejerció sobre el débil Carlos IV pues, haciendo uso de sus privilegios de valido del Rey y luego de haber sido desplazados sucesivamente del poder los Condes de Floridablanca primero y de Aranda después, ejerció tal poder que, en la práctica, era verdaderamente el monarca. Tiempos esos cuando muchos españoles habían asimilado ideas republicanas y no aceptaban la amistad que, por razones del parentesco Borbón, unía entonces a España con el gobierno de la República de Francia según el tratado de San Ildefonso de 1796, suscrito quizá con la quimérica ilusión de poner en el trono francés a un príncipe de la dinastía española. Renouvin expresa, al respecto, "*.los vínculos familiares fueron el motivo oficialmente invocado para las intervenciones que España intentó a favor de Luis XVI, después del suceso de Varennes*".[51] El caso es que, ya firmado el tratado, para el golpe conspirativo se había escogido la fecha 3 de febrero de 1796, día de San Blas. Descubierta la conspiración fueron condenados a muerte los implicados pero, condonada la máxima pena, algunos fueron enviados a cárceles en posesiones españolas de América y, entre ellas, fue escogida La Guaira, donde permanecieron provisionalmente presos, en 1796, Juan Bautista Picornell, Manuel Cortés Campomanes, Sebastián Andrés y José Laz, quienes estaban entre los principales cabecillas de la aventura, como lo afirma en su obra Rafael María Baralt[52].

Laz fue destinado a un presidio definitivo, pero el 4 de junio de 1797 escaparon de la cárcel de La Guaira los otros tres. Refiere Baralt en su libro que los prisioneros se habían presentado "*como mártires de la causa republicana, tan halagüeña a todos los corazones: como víctimas de aquel despotismo español que los desastres de la guerra, los indignos nombramientos de Godoy, su escandaloso valimiento y una mayor suma de luces en el pueblo empezaban a hacer igualmente despreciable que odioso*"[53]. Eso les ayudó, pues lograron despertar muchas simpatías en un medio que anhelaba librarse del sometimiento al que estaba sujeto. Se les permitió comunicarse libremente, con lo que estimularon a quienes hacían ideales proyectos independentistas. Según Antonio Arellano Moreno: "*La ideología de este movimiento republicano la difundieron en Venezuela cuatro profesores españoles que fueron enviados a prisión perpetua a las bóvedas de La Guaira en 1796, por haber tomado parte en España en la*

---

[51] Renouvin, Pierre. "*Historia de las Relaciones Internacionales*", Tomo I, Aguilar S.A. Ediciones, Madrid-B. Aires-México, pg. 857.

[52] Op. cit., pg 18.

[53] Idem.

conspiración de San Blas que trataba de reemplazar la monarquía española por el sistema republicano vigente en Francia".[54] Escribe Guillermo Morón en su Historia de Venezuela que quienes organizaron el plan subversivo fueron, en La Guaira y Macuto, José María España y Manuel Gual, con la complicidad del comerciante Manuel Montesinos y Rico y muchos criollos influyentes y también pardos, y añade que *"importante intervención tuvieron los españoles Juan Bautista Picornell, Sebastián Andrés y Manuel Cortés Campomanes; éstos se encontraban presos en La Guaira como responsables de la conspiración de San Blas"*[55], criterio compartido por Don Pedro Grases en su ya referida obra, aunque, en ciertos aspectos, el Prof. Morón discrepa [56] de sus criterios.

El proyecto conspirativo de Gual y España feneció por la imprudencia del comerciante Montesinos. *"La imprudencia de un necio"*,[57] quien se lo comunicó a su barbero, el pardo Juan José Chirinos, el cual, a su vez, confió el secreto a otros dos jóvenes barberos, y, entonces, decidieron los tres consultar al común confesor Domingo Lander[58] . *"Éste comunicó la ocurrencia a otro clérigo llamado Don Juan Vicente Echeverría, ambos al provisor Don Andrés de Manzanares, y el provisor al capitán general Don Pedro Carbonell".*[59]

Sea como hubiese sido, lo cierto es que el plan subversivo fue debelado al ser inmediatamente apresado el comerciante origen de la delación y, con documentos descubiertos, lo fue también toda la trama y apresados los cómplices que participaban y que sumaban unas 70 personas entre abogados, mercaderes, agricultores, artesanos, eclesiásticos,

---

[54] Arellano Moreno, Antonio. *"Breve Historia de Venezuela (1492-1958)"*.Italgráfica s.r.l., Caracas 1974, pg. 133.

[55] Op. cit., pg. 221.

[56] Moron, G. Op. cit., pg 222, cita n° 1.

[57] Frase atribuida a Manuel Gual, ver Morón G., op. cit., pg. 221

[58] Según Baralt, op. cit. pg 20, pero Arellano Moreno da ese nombre a un capitán quien sería quien denunció el movimiento ante el Capitan General Carbonell. Arellano M. Op. cit, pg. 133.

[59] Barlat, R., op .cit. pgs 20-21.

militares de carrera, además de las guarniciones de la Guaria y gran parte de la de Caracas. En total 49 criollos y 21 españoles.[60]

Hay que notar que la Corona, como se había aliado con el gobierno republicano francés, entró de manera natural en conflicto con Inglaterra, aunque anteriormente había sido varias veces traicionada por ésta. Así, pronto se vió enfrentada con la potencia inglesa en el combate naval del Cabo de San Vicente en el que sufrió no sólo una vergonzosa derrota, sino que le costó (y más tarde a Venezuela) perder la isla de Trinidad, en la que hubo un arsenal con el que, después, mucho se ayudó la subversión venezolana. Fue por eso que Gual y España huyeron a Trinidad para, con apoyo inglés, continuar su plan conspirativo. El segundo regresó en 1799 pero, delatado, fue ahorcado y descuartizado en la hoy Plaza Bolívar, entonces Plaza Mayor. En cuando a Manuel Gual, se afirma que fue envenedado en Trinidad supuestamente por un realista. Lo que si es históricamente cierto es que en febrero de 1800 Gual vivía, pues el 4 de ese mes escribió a Miranda una carta que está en el Archivo del General, en respuesta a su envío de un estudio del Abate Viscardo, jesuíta expulsado por el gobierno inglés cuyo nombre era Juan Pablo Viscardo y Guzmán, nacido en Arequipa y conocido con el nombre de Rossi.[61] Ese estudio se titula "Lettre aux espagnols-americains" que el mismo Miranda tradujo al español, lo hizo imprimir y envió para que fuese divulgado.

Refiere Polanco que Gual expresó en esa carta, con pensamiento en el estudio de Viscardo, *"He leído con santo entusiasmo la carta de Viscardo; hay en ella bocados de una hermosura y de una energía extraordinaria"*.[62]

2. Primera expedición de Miranda en 1806.

Sobre los movimientos en Europa y esta expedición de Miranda existe publicada una bibliografía de extraordinaria dimensión, en la que

---

[60] Arellano M. Op. cit., pg 132

[61] Ver Polanco Alcántara, Tomás. *"Francisco de Miranda (¿Don Juasn o Don Quijore?)"*.Ed. Ge C.A., Caracas 1997, 2ª edición, pg 386.

[62] Idem, pg. 387.

están incluidas todas las biografías y estudios hechos sobre el Generalísimo, así como trabajos específicos sobre su aventura del Leander. Por tanto, debemos limitarnos a recordar los objetivos fundamentales que El Precursor se había fijado para este propósito, así como sus resultados y consecuencias.

Es bien sabido que el 27 de abril de 1806, el General Francisco de Miranda llegó a Ocumare de la Costa, con tres barcos,[63] doscientas personas, fusiles y lanzas. Tales cifras no se ajustan exactamente a otras referencias o datos atinentes a esta expedición.

Para alcanzar su propósito Miranda hubo de luchar por más de diez años, precisamente desde que dejó Francia para ir a Inglaterra, a la que llegó el 12 de enero de 1798 con el empeño de realizar el plan de liberar la América española. En su equipaje llevaba consigo un Acta, llamada "Acta de París", que comentó con detalles el Dr. Tomás Polanco en su libro antes citado, la que según el historiador *"se le puede considerar como su proyecto de plan de acción política"*.[64]. Escapa del propósito de este trabajo considerar detalles de la misma, así como de las largas y complicadas diligencias que tanto, entonces en Inglaterra como después en los Estados Unidos, tomaron fatigosamente todo el tiempo de esa década de la vida de El Precursor.

De manera muy sintetizada, el plan en el que Miranda se presentó, a título personal, como "Comisario Diputado de las Villas y Provincias de la América Meridional", tenía como objetivos y medios principales para alcanzarlos, los siguientes:

1) Invitar a Inglaterra por parte de las Colonias Hispanoamericanas que proclamarían su independencia, a "que las apoyara en una empresa justa y honorable", con argumentos políticos y éticos: Al efecto, en paz, España y Francia habían ayudado a la independencia de las colonias inglesas de Norteamérica; por tanto, en conflicto con Francia y España, Inglaterra podría apoyar la independencia de las Colonias de España en América.

---

[63] Ver Arellano Moreno, A. Op. cit pg 135.

[64] Polanco A. , Tomás, op. cit.pg 347 y sigs.

2) Inglaterra, previo convenio, "utilizará fuerzas marítimas y terrestres para ayudar, sin grandes convulsiones, al logro de la Independencia".

3) América, como compensación, pagará 30 millones de libras esterlinas.

4) Celebrar una alianza defensiva "que no debería ser por mucho tiempo", entre Inglaterra, Estados Unidos y América Meridional

5) Varias previsiones sobre un Tratado de comercio posible, definiendo, en éste, derechos de importar y exportar así como apoyo bancario.

6) Mantener para América Meridional, Cuba y el puerto de la Habana, pudiendo pasar a Estados Unidos Trinidad, Puerto Rico y Margarita.

7) Construir un "pasaje de navegación" en el itsmo de Panamá y también en el lago de Nicaragua, con uso libre para Inglaterra por un cierto tiempo e igual para los Estados Unidos.

8) El jefe militar sería Francisco de Miranda.

9) Previsiones sobre equipos militares, Escuadra, agentes civiles y militares, contratación de préstamos y representación.

10) América Meridional sería un todo. Diputados de sus Provincias constituirían un Cuerpo representativo.[65]

Desde el ángulo de la viabilidad política y operativa del plan, Miranda encontró múltiples obstáculos, algunos de los cuales pudo superar gracias a sus excelentes relaciones con primeras figuras tanto de Inglaterra como de los Estados Unidos, pero en ambos casos encontró un problema común, diplomáticamente muy válido para ambas naciones, que nunca le fue verdaderamente explicado como no fuese bajo la engañosa cubierta de aceptaciones informales en el caso de ambos gobiernos. El

---

[65] Idem, pgs. 352 a 357.

problema común de Inglaterra y Estados Unidos con el que toparon las esperanzas de franco apoyo para el proyecto de Miranda y cuya realidad no conoció éste durante largo tiempo, consistía en lo siguiente: A pesar de los importantes y muy cercanos vínculos que tenía el General con primeras figuras de la política y la sociedad de ambas naciones, nunca estas personas le expresaron con sincera claridad cuál era la verdadera posición de sus gobiernos. Éstos, de manera separada e independiente, temían la posiblidad de enfrentar conflictos con España derivados del apoyo que, para sus planes, les solicitaba el venezolano. De esta forma, los amigos personales de Miranda, como el propio Primer Ministro inglés, William Pitt[66], o el influyente Ministro norteamericano en Londres, Rufus King, en quien confiaban tanto el presidente John Adams como su sucesor Thomas Jefferson, no le hablaron claro al General venezolano.

En efecto, Londres no podía comprometer conflicto con España mientras el gobierno de este país no definiera claramente su política ante Francia. Tomás Polanco, recogiendo el parecer del Ministro King, anota: "*si España frenaba las aspiraciones francesas para controlar a Portugal y beneficiarse en las Colonias, Inglaterra no colaboraría en ningún proyecto revolucionario para Hispano América. Pero si España cedía ante la presión francesa, inmediatamente Inglaterra iba a apoyar cualquier proyecto y solicitaría la Cooperación de Estados Unidos*"[67], por lo cual "*a Miranda se le hará permanecer aquí hasta que las circunstancias decidan la conducta de Inglaterra*".[68]

Evidentemente, pese a su grande y generosa amistad con Miranda, King estaba obligado a no revelarle esta situación que el Ministro había no sólo conocido en su propia mente, casi desde que llegó el General a Londres, sino que, además, es claro que en ello estaban también involucrados intereses de su país, los Estados Unidos de Norteamérica. Al gobierno norteamericano le interesaba llegar a acuerdos de entendimiento

---

[66] N del A. Fue Primer Ministro de Gran Bretaña entre 1783 y 1801, y entre 1804 y 1806.

[67] Polanco, T. Op. cit., pg 361.

[68] Idem., citando "*Life and correspondence of Rufus Hong*" edited by his grandson Charles R. King, M.D. New York, G.P. Putnam's Sons, New York, 1895, Volumen II, pg. 650.

con Francia, pero el Directorio no había recibido los negociadores que, para tal fin, envió el Presidente Adams. Por esto *"una fuerte coriente de opinión favorecía una actitud bélica y apoyaba medidas militares"*.[69] Polanco anota, con lujo de detalles, la difícil situación en la que se encontraba el Presidente Adams, quien acababa de recibir una carta que Miranda le había escrito desde Londres, en la que solicitaba el apoyo de los Estados Unidos para su proyecto en América Meridional: Adams se preguntaba; *"¿Qué hacer con estos papeles? Nosotros estábamos en paz con España y dedicados a una amistosa negociación para fijar los límites de sus territorios y los nuestros. Negociábamos cuestiones comerciales que ofrecían un feliz término. ¿Acaso debía yo informar de estos documentos al Ministro español Irujo? No. Seguramente no. Yo no estaba obligado a actuar como un espía, un sicofante, ni como un informador de España, ni de ningún otro gobierno. ¿Qué podía hacer? Nada que no expusiera a Miranda a la guillotina en Francia y a sus asociados al peligro de ser apresados."*[70] La situación concluye en que el Presidente Adams no podía *"aceptar ninguna conexión que pudiese impedir o complicar a los Estados Unidos en su propósito de estar en paz con Francia siempre y cuando el gobierno francés mostrase su disposición a tratar a los Estados Unidos con justicia"*.[71]

En tan difíciles circunstancias y con desconocimiento del verdadero fondo del problema, que sus buenos amigos ingleses y norteamericanos no le podían revelar, Miranda viajó, al fin, pero no a los Estados Unidos sino a Francia, después de superar muchas dificultadas. Su objetivo era obtener la autorización tanto para abandonar el territorio británico como para ingresar en el francés. Fue allí cuando, después de cierto tiempo, pudo enterarse del fondo verdadero de sus problemas para conseguir los indispensables y ansiados apoyos inglés y norteamericano. En París no escasearon sus dificultades. Ya había conocido, todavía en Londres, la intentona y fracaso de Gual y España que, sin embargo, acogió con entusiasmo por ver que en Venezuela asomaba un ambiente político favorable a sus planes, mientras que en Francia, el golpe del 18 de Brumario de Napoleón también cambiaba las perspectivas. Escribió, aún desde

---

[69] Idem, pg 365.

[70] Idem, pg 366, citando John Adams a James Lloyd,Quincy, 26, 27 y 28 de marzo de 1815, en The Work's John Adams, op. cit., Tomo VIII, pgs 139 y sig.

[71] Polanco, T. Op. cit, pg 369.

Londres, al Primer Cónsul: "*Soy un antiguo soldado de la República, un ciudadano francés que reclama de usted sus derechos que le fueron violados el 19 Fructidor*".[72] El 29 de setiembre de 1800 partió de Inglaterra rumbo a París donde llegó el 30 de noviembre. Pero, sometido a especiales requisas por sus anteriores implicaciones y sus circunstancias políticas, sumada su clara actitud contra España, aparte de una serie de intrigas con fondos políticos y por algunos aspectos sentimentales personales, hubo de regresar a Londres, dejando Francia el 17 de marzo de 1801.

De nuevo en Inglaterra, a pedido de nuevos Ministros, pudo ajustar y modificar los planes y forma de su proyecto original con mención de un gobierno provisorio. El nuevo Primer Ministro inglés, Henry Addington, destacó al amigo de Miranda, Nicolas Vansittart, como su intermediario con el gobierno inglés. Por otra parte, la situación internacional venía cambiando a favor de los planes de Miranda. El Tratado de Amiens puso fin a la guerra que comenzó en 1796 entre las potencias centrales de Europa (que, como vimos, para fortuna de la causa independentista venezolana dejó a Trinidad en manos inglesas), pero la flota inglesa apresó, en octubre de 1804, varios barcos españoles portadores de tesoros del Perú, lo que determinó que el 12 de diciembre de ese año España declarara guerra a Inglaterra. Ante el creciente peligro que iba significando la Francia de Napoleón, el gobierno inglés designó al Almirante Home Popham para que conociera los planes de Miranda en relación a Sudamérica. Miranda hizo varias modificaciones a su original proyecto de invasión, entre ellas la escogencia de Trinidad como su centro de operaciones. "*Popham consideró evidente que la Independencia de América significaba, tanto el destruir la riqueza española como la reducción de la potencia de su flota, además de una considerable merma de la robustez francesa ante una posible guerra contra Inglaterra*".[73] Continúa Polanco afirmando que "*De allí se deduce una grave consecuencia que él* (Popham) *atribuye ser propia de Lord Grenville, según la cual la atención de la Independencia de América Hispana era de gran interés para Inglaterra y quizá la única manera de salvar su propia existencia*".[74] Como complemento, ocurre el 21 de octubre de 1805 la famosa batalla

---

[72] Idem, pg 385.

[73] Idem, pg. 411.

[74] Ibid, pg 412.

de Trafalgar en la que el casi mítico Lord Nelson destrozó las flotas de Francia y España, lo que hizo de Inglaterra dueña de los mares, mientras el triunfo de Napoleón en Austerlitz, el 2 de diciembre, hizo ver como inevitable una guerra de Inglaterra contra Francia.

Con todo, no era obvio que Inglaterra pudiera vencer a Napoleón. Por eso, y ante nuevas iniciativas para alcanzar un acuerdo de paz con Francia, el ya avanzado viaje de Miranda a Trinidad fue aplazado no sin gran disgusto para éste, a quien se le recomendó ir a los Estados Unidos. Pitt, de nuevo Primer Ministro, pensaba que la efervescente situación política en España podía cambiar la correlación de fuerzas con la entonces existente coalición franco-española y que, por tanto, Inglaterra no debía atacar intereses españoles, como anteriormente había asegurado a España que no lo haría. Miranda, por tanto y pese a su indignación, se vio en la necesidad de ir a los Estados Unidos para realizar su plan, contando con un posterior apoyo inglés.

Miranda el 9 de noviembre de 1805 llegó a New York con la firme disposición de realizar su expedición. Era Presidente de los Estados Unidos el republicano Thomas Jefferson. Miranda llevaba consigo una carta de su amigo Nicolas Vansittart dirigida a Rufus King, el anterior Ministro norteamericano en Londres, que tanto apoyo y sincera amistad le había demostrado durante sus largos años de permanencia en esa ciudad. Miranda se la entregó inmediatamente y éste, con nota personal suya, se la remitió al Secretario de Estado, Madison, para conocimiento y consideración del Presidente. Miranda hubo de ir a Washington para entrevistarse con el Presidente y luego con el Secretario de Estado. Luego visitó el Congreso y conoció a Senadores y Representantes. Al regresar a New York, Miranda se dedicó al problema del financiamiento de la expedición y, para garantizar el préstamo, dio en garantía su importante y muy querida biblioteca. Recibió, después de muchos trámites e inconvenientes, una cantidad equivalente a 217 mil dólares, sin que esté muy claro si su procedencia venía de Inglaterra y en libras esterlinas. La siguiente diligencia fue el encontrar un barco adecuado para la misión propuesta. Tras otras muchas diligencias encontró el Leander (nombre que no viene del de su hijo Leandro), que se encontraba en los muelles de New York. Finalmente fue turno de tripulación, armas y proyectiles. La tripulación era de entre 100 a 120 hombres. Es de destacar que la gran mayoría de los tripulantes desconocía la finalidad del viaje creyendo, muchos de ellos, que se trataba de asuntos de correos.

El Leander zarpó el 2 de febrero de 1806. Cuando la prensa conoció e hizo circular la noticia, se desató un verdadero escándalo que llegó a involucrar al Presidente Jefferson. La prensa norteamericana (The Times y The Morning Chronicle) destacó la partida del barco con referencias a los propósitos de Miranda. Finalmente, en un juicio que por el caso fue abierto, la sentencia para los acusados, William Smith y Samuel Ogden, fue la de inocentes.[75] Por otra parte, el Marqués de Casa Irujo, Ministro de España en Washington, informado por el Senador Dayton de la expedición de Miranda, transmitió esa información a su gobierno, y España protestó ante el gobierno norteamericano. Evidentemente, el gobierno español alertó a los gobiernos de sus colonias en América para que impidieran la ejecución de los planes del general venezolano, lo que, en definitiva, determinó el fracaso de la expedición.

El 18 de febrero el Leander, desplegada la bandera tricolor ideada por Miranda, llegó al puerto de Jacquemel, en Santo Domingo, cumpliendo así la primera etapa del viaje. Allí, por múltiples problemas que surgieron, entre ellos asuntos de disciplina de la tripulación; desavenencias con el Capitán John Lewis; problemas por la incorporación de dos goletas (la Bacus y la Bee) etc., obligaron a que el Leander estuviera mucho tiempo paralizado en el puerto, siendo el 28 de marzo la fecha cuando partió hacia tierra firme. A pocos días de navegación rumbo a Bonaire, se presentaron turbulencias, vientos alisios y corrientes que son fenómenos propios de la temporada, asi como tormentas. Esto hizo que Miranda modificase sus planes originales y se dirigiera a Aruba, donde ancló el 11 de abril. Un nuevo conflicto con el Capitán Lewis provocó que Miranda convocara un "consejo de guerra", lo que determinó la renuncia de Lewis. Llegaron a Bonaire el 23 de abril, en la idea de partir el 24 rumbo a Curazao para seguir a Ocumare. *"Al día siguiente, el Consejo se reune de nuevo y decide que el mejor punto para el desmbarque es el puerto de*

---

[75] Idem., pgs 451 a 467.

Ocumare".[76] Mientras, las dos goletas segurían hasta esta playa para esperar al Leander pero, estando a 6 millas de Ocumare, avistaron dos barcos españoles, el Argus y el Celoso. Derivado de los problemas con la tripulación, habían sido anteriormente designados Rorebbach para comandar los hombres de la Bachus y Powel los de la Bee.[77]. Polanco destaca que hubo mucha confusión respecto a lo que en verdad sucedió y cita dos referencias contradictorias sobre lo ocurrido[78]. Lo cierto fue que para el día siguiente, 28 de abril en la mañana, estaba señalado el desembarque.

"A las 8 de la mañana se inició el fuego. A las 11, el Leander comenzó a cañonear a los buques españoles. Hubo propósito de abordar uno de ellos, pero ninguna de las tres naves de Miranda estaba lo suficientemente cerca. La situación se complicó. Los españoles, en ese momento, enfrentaron las goletas que, para evadir el fuego y en contra de las órdenes recibidas, se mantuvieron algo lejos del Leander"[79]. Los españoles optaron enfrentar las goletas que capturaron y apresaron las tripulaciones. Murió en combate el Capitán Huddle, varios oficiales se ahogaron y fueron detenidos 57 hombres.[80] Varios prisioneros, los mayores de 25 años, fueron decapitados después de un juicio rápido. El Leander escapó y así terminó el primer intento de Miranda.

Es muy interesante tener en cuenta una mención que hace Tomás Polanco sobre las intenciones que movieron a Cochrane, reveladas en un informe a sus superiores: *"Espero que Vuecencia apreciará las ventajas de tomar inmediatamente posesión de Angostura, más acá se forman los vastos deltas del Orinoco. La posesión de este puerto será de grandísima consecuencia, pues da el completo dominio de la navegación del rio ...Gran Bretaña se asegurará también el dominio de bosques inagotables, llenos de la mejor madera del mundo, de cualidad incorruptible para barcos que, con la ayuda de nativos, pueden construirse de cualquier tamaño y a*

---

[76] Idem, pg 490. Ref: *"Minuta de la reunión del Consejo de Guerra a bordo del Leander, el 21 de Abril de 1806"* Archivo del Gral Miranda, Ed. 1950, Tomo XVII, pgs 370 y sigs.

[77] Idem, pg 491.

[78] Idem, pg 492.

[79] Idem, pg 493.

[80] Idem,.

mucho menor costo que en Inglaterra..." y añade el autor: "*No era inocente ni desinteresada la intervención de Cochrane ...*"[81].

No es propósito de este trabajo -que no es una obra de historia, como ya se ha aclarado- el entrar en detalles históricos que, por muy importantes que puedan ser, signifiquen desviarlo de su objetivo. No obstante, no huelga en este caso el referir la ilustración que anota Polanco sobre la reacción del Cabildo de Caracas, como siempre controlado por los mantuanos (quienes a Miranda no le perdonaban el ser hijo de Don Sebastían de Miranda calificado como "*el isleño vendedor de telas*"), que se hizo solidario con el gobernador Guevara Vasconcelos en términos tan sorprendentes −el Acta fue del 6 de mayo de 1806, apenas a 47 meses del 19 de abril de 1810− como "*contribuir por todos los medios a la total destrucción y aniquilación del traidor Francisco de Miranda*", o solicitar que se fije la remuneración a quien "*realice la aprehensión del traidor Miranda vivo o muerto*", o pedir realizar "*una suscripción pública ya que debía colaborarse con la Real Hacienda*" pues Miranda suscitaba en los habitantes "*mortal odio y aborrecimiento y el deseo de verlo reducido a cenizas*"[82]...

¿Eran o no eran, estas reacciones sintomáticas de una sociedad seriamente invertebrada?

3. Segunda expedición de Miranda en 1806.

Esta vez Miranda parte de Trinidad volviendo, en cierta manera, al plan que había realizado en 1804. A bordo del Leander y con cinco embarcaciones, dos cañoneras y dos buques mercantes, zarpó de Puerto España el 25 de julio de 1806 y arribó el 2 de agosto a la Vela de Coro, hecho que produjo la huída de Juan de Salas, jefe de las fuerzas. En dos días Miranda ocupó cómodamente la ciudad de Coro. Indica Tomás Polanco que resulta muy fácil seguir sus movientos en la ciudad gracias a un expediente levantado por los Jueces Antonio Navarrete (en cuya casa

---

[81] Idem, pg 505.

[82] Ver, op. cit, pg 507.

se hospedó el general) y Francisco Labastida, cuyo archivo está perfectamente identificado[83].

Miranda pidió al Almirante Dacres, a la sazón jefe de la escuadra inglesa con sede en Jamaica, *"un regimiento de infantería, uno o dos escuadrones de caballería y una compañía de artillería"*[84], pero obtuvo como respuesta del Almirante que no tenía instrucciones de su gobierno para hacerlo. Por tanto, en vista de que consideraba difícil la defensa de Coro, optó por retirarse a Aruba por su cercanía con la costa de Venezuela y también lugar fácil para ir hacia Jamaica. Finalmente, en vista de los cambios que habían ocurrido en Europa desde su partida, que acentuaban el dominio de Napoleón, decidió en setiembre de 1806, dar por terminada su operación y volver a Trinidad y, luego, el 24 de octubre, salió para Inglaterra.

Comenta Baralt sobre los resultados de los esfuerzos de Miranda: *"...la sola manifestación de su imperiosa voluntad bastó a Vasconcelos para obtener del pueblo cuanto quiso: hombres y dinero. Ricos y pobres, nobles y plebeyos se apresuraron más o menos a manifestar con hechos positivos su celo y su lealtad, y jamás acaso pareció más firme que en aquella ocasión el lazo que unía a España y su colonia. Y sin embargo no estaba lejos el momento de su separación completa, y el de aquella guerra larga y cruda en que una y otra, cual si fuesen antiguas enemigas, hicieron alarde de cuanta saña y crueldad puede caber en el pecho humano"*[85]. Y anotará después: *"...apegado por carácter y por educación a las reglas absolutas: acostumbrado a ver la disciplina como la única prenda del triunfo; mal hallado con las conmociones populares que le traían a la memoria los horrores de aquel terrible trastorno* (la Revolución Francesa) *y hecho con la edad más rígido y severo, Miranda era de todos los hombres el menos a propósito para transigir con los partidos, tolerarlos y vencerlos......llegó a persuadirse que en su suelo la libertad republicana era imposible; que la educación y las costumbres la hacían incapaz de soportar un estado social semejante al de los pueblos cultos..."*[86]

---

[83] Ver op. cit.,cita 16, pg.510.

[84] Idem, pg. 519.

[85] Baralt, R.M. Op cit, pg 38.

[86] Idem, pg 67.

¿Qué sería lo que Baralt leía en la arruinada epopeya marítima mirandina y, seguramente también, extraía del observar en el Precursor el posterior dolor por su rotundo fracaso político y frustración como jefe militar de la Primera República? Hemos venido siguiendo los hilos de lo que hemos llamado "guerra civil paralela" desatada originalmente por causas de naturaleza social, en los más de dos siglos antecedentes a los acontecimientos del tiempo mirandino. ¿Acaso para entonces se había extinguido esa guerra? Por supuesto que no. Antes por el contrario, estaba entrando en momentos cuando alcanzaría su mayor violencia y extensión. Los odios sociales no hicieron sino aumentar y, aún en ese aparente pacifismo que la edulcorada historia muestra de los acontecimientos de tiempos de la independencia, muchas oposiciones, rivalidades y violencias no dejaron de asomar sus rostros descompuestos.

CAPÍTULO CUARTO

Evolución hacia la República.
Declaración de la Independencia

Declaración formal y separación legal.

Son muy conocidos los acontecimientos que llevaron a la declaración formal de nuestra independencia cuando, el 19 de abril de 1810, el Cabildo de Caracas, ampliado con la participación improvisada de representantes de estamentos sociales –como Juan Germán Roscio y José Félix Sosa como "diputados del pueblo"[87], José Cortés de Madariaga representante del pueblo y del clero o Francisco José Ribas del clero– lograron de tal manera presionar al Capitán General Emparan hasta hacerle renunciar al mando lo que, en la práctica, no fue otra cosa que destituirlo.

También, asaz se conoce la gran importancia y significado que, en la realización de esos hechos, correspondió a las llamadas "Capitulaciones o Cesiones de Bayona", acontecimiento urdido por Napoleón para poner en el trono de España a un familiar suyo, pero muy vergonzoso para la Corona española pues, después de haber abdicado Carlos IV en favor de su hijo Fernando –quien muy recientemente había intentado despojarlo de ella–, hecho que Napoleón desconoció al alegar que la renuncia fue obligada por los acontecimientos de Aranjuez, hubo toda la familia real de desplazarse a Bayona, lugar en el que se escenificó el 5 de mayo de 1808 el sainete de devolución de la corona por parte de Fer-

---

[87] Apunta Baralt, Op. cit., pg 50, que esa denominación alegada por Roscio y Sosa es *"nombre desconocido en la legislación española y sobradamente indicativo que animaba aquella trama"*.

nando a su padre quien, en el mismo acto, la regaló a Napoleón, el cual finalmente, después de hacer gobernar en España a su cuñado, el General Murat, la entregó a su propio hermano José Bonaparte.

Lo ocurrido en España en esos años correspondía perfectamente a los planes expansivos que tenía en mente Bonaparte. Tales planes fueron puestos en evidente práctica cuando Napoleón decretó bloqueo económico contra Inglaterra para impedir todo comercio de Europa con su enemigo inglés, al que en 1806 había infructuosamente tratado de invadir, pero que fracasó pues Portugal se resistió a cumplir el papel que le había asignado Napoleón. Como consecuencia y para poder desarrollar los planes en los que arrastraba al débil aliado español, el 27 de octubre de 1807, el valido Godoy por España y el Gral. Duroc por Francia, suscribieron el Tratado de Fontainebleau por el que ambas naciones se compromentieron a invadir Portugal y repartir su territorio, de manera tal que el norte se entregaría al sobrino de Fernando VII, Carlos Luis de Borbón; el centro se negociaría con Gran Bretaña para cambiárselo por Trinidad y Gibraltar; en tanto que el sur sería un principado que se le concedería a Godoy, seguramente para premiar sus buenos servicios a Francia.

Pero las tropas francesas, que ya estaban establecidas en España y que junto a las españolas invadieron Portugal, no sólo ocuparon el territorio luso y obligaron que la Casa Real portuguesa huyese a Brasil, sino que se fueron "quedando" en el territorio español (se habla de unos 65 mil soldados franceses instalados en España) por idea que había anticipado el propio Napoleón.

El descontento y la reacción populares fueron de gran magnitud y el 17 de marzo de 1808 se produjo el Motín de Aranjuez (población en la que poco antes se había refugiado la Casa Real), hecho cuya importancia fue tal que hizo caer a Godoy y provocó la antes referida renuncia de Carlos IV en favor de su hijo. La presión de la inmensa carga emocional y afectiva, pero también los sacrificios personales que involucraba la tensa situación que vivían los españoles en 1808, desembocaron en Madrid, el 2 de mayo de 1808. Fue una insurrección general de la población civil y militar contra las aspiraciones de Bonaparte, lo que desató brutal represión por parte de las fuerzas francesas que ya ocupaban el territorio nacional de España. Por eso el 2 de mayo no marcó, solamente, el hecho de los acontecimientos de Madrid, pues fue el inició de larga guerra que, tras importantes victorias españolas en diferentes batallas –la más famosa, la de Baylen– culminó formalmente con el Tratado de Valençay, el 11 de diciembre de 1813 y, definitivamente, en Toulouse el 10 de abril de 1814, con una batalla que también causó la abdicación de Napoleón.

En tanto, en Venezuela los acontecimientos de España habían despertado al sector social que, pese a la tentativa de Gual y España y, en general, por opuesto a Miranda, se había mantenido indiferente. A partir de Bayona descubrieron sus integrantes, los blancos criollos, que se les abría ocasión inmejorable para deshacer la vinculación con una Metrópoli que prohibía el libre comercio y amenazaba, con hechos, centralizar definitivamente el poder en manos peninsulares.

La constitución de la *Junta Defensora (o Conservadora) de los Derechos de Fernando VII*, no debe entenderse sino como hábil artimaña para despistar las autoridades metropolitanas sobre las verdaderas intenciones alentadas por los mantuanos caraqueños. Resultado de ellas fue que, el 3 de mayo, la Junta Suprema de Caracas se dirigió al Consejo de Regencia de España para hacerle saber que había decidido desconocerle como autoridad. La reacción de ese Cuerpo fue nombrar como Capitán General a Francisco Miyares, quien era gobernador de la Provincia de Maracaibo (que, como la de Coro, no se había sumado a la rebelión), al tiempo que solicitó de Puerto Rico, a través de Antonio Cortabarría, ministro del Consejo Supremo de España e Indias que gozaba de plenas facultades, el envió de barcos contra Caracas.

La separación, que podemos llamar "legal", se perfeccionó con la Declaración que hizo, el 5 de julio de 1811, el Congreso de las Provincias que se reunió por vez primera en Caracas, el 2 de marzo de 1811, bajo la presidencia del jurista, amigo y abogado de la familia Bolívar, Felipe Fermín Paúl, con vicepresidencia del doctor Mariano de la Cova, siendo secretarios Miguel José Sanz y Antonio Nicolás Briceño. Pero ya antes, el Congreso había sustituido, el 28 de marzo, a la Junta Suprema Defensora de los Derechos de Fernando VII constituida luego de la destitución de Emparan. Se designó un triunvirato encargado del Poder Ejecutivo que integraron Cristóbal Mendoza, Juan Escalona y Baltasar

Padrón. También, entre otras medidas, fue creada la Alta Corte Federal de Justicia y se dispuso iniciar la redacción de la primera Constitución de Venezuela.

Pero el hecho más resaltante fue propiciar la ya referida declaración de definitiva independencia de Venezuela, que aprobó el Congreso, el 5 de julio de 1811, con la firma de la correspondiente "Acta Declaratoria de Independencia" suscrita por los representantes de las "Provincias Unidas", adheridas a la Declaración de Caracas del 19 de abril y reconocido la autoridad de la Junta Suprema de Caracas. Estas Provincias fueron: Caracas, Cumana (adherida el 27 de abril 1810), Barcelona (27 de abril 1810), Margarita (4 de mayo 1810), Barinas (5 de mayo 1810), Mérida (16 septiembre 1810) y Trujillo (9 de octubre 1810).

1. Difícil unificación de las Provincias.

Como anteriormente adelantábamos, no fue fácil ni tampoco pacífica la "unificación" de estas Provincias Unidas. En efecto, en las Provincias en general y en particular Cumaná –la primera en adherir, pero en la que la separación de España generó un gran debate— se recelaba que Caracas pretendiera instalar gobierno centrado en ella, de lo que como promotor se tenía a Miranda.

En Barcelona, la Junta Suprema resolvió, el 27 de abril, reconocer la autoridad de la de Caracas al tiempo que separar las Provincias de Cumaná y Barcelona. Pero poco después, el 19 de junio, paso atrás se dio para adherirse al Consejo de Regencia de España. El emisario que Caracas enviara para controlar la situación, Francisco Policarpo Ortiz –el mismo quien antes había sido comisionado para la reunión de la Junta por la que ésta adhirió a la declaración del 19 de abril– fue apresado y enviado a Angostura (Provincia de Guayana) y luego a Soledad (en Provincia de Barcelona) ciudad en la que, junto a José Antonio Anzoátegui, oficiales militares y milicianos, se dio exitoso golpe el 12 de octubre, formándose una Junta Suprema de Gobierno aliada a las de Caracas y Cumaná y, por tanto, enfrentada al Consejo de Regencia de España.

En Margarita, el 4 de mayo y bajo la conducción de Juan Bautista Arismendi (Capitán de Milicias Blancas), se constituyó la Junta Suprema de Gobierno Provisional y se depuso al Gobernador y Comandante Joaquin Puelles, expulsado luego de la Provincia a solicitud popular y disposición de la Junta Suprema de Caracas. Integraron la Junta de Margarita, como Presidente: el Tte Cnel Cristóbal Añez. Vicepresidente: Francisco Olivier. Vocales: Francisco Aguado, Juan de Aguirre, Francisco Javier Benal, Simón Irala, Francisco Maneyro, Pbro. Domingo Merchán, Ignacio Ruata, Vicente Totesan y Sub-Tte. Ignacio Zárraga. Secretario: Capitán Andrés Narváez.[88]

En Barinas la Junta se instaló el 5 de mayo. Después del hecho, el Cabildo Abierto se reunió para oír informes de la Junta Suprema de Caracas sobre los acontecimientos ocurridos y de las decisiones allí tomadas. El pueblo, así reunido, decidió mantenerse autónomo como Provincia separada y, por tanto, formar una Junta Suprema independiente de la de Caracas pero, en caso de disolución cierta del Gobierno Supremo de España, unirse en alianza con las demás Provincias de la Capitanía General pero sin renunciar Barinas a su autonomía. Era, pues, una adhesión condicionada que mantenía, al mismo tiempo, la defensa de los derechos de Fernando VII, mientras fuese Rey de España, y la autonomía de la Provincia de Barinas. El Presidente de la Junta de Barinas fue el Marqués Miguel del Pumar.

En Mérida, la Junta Suprema de Gobierno constituyose el 16 de setiembre, posteriormente a la instalación del Cabildo con asistencia de representaciones de todos los sectores de la población. La Junta Suprema de Caracas había enviado a Luis María Rivas Dávila como representante que informase de todo hecho posterior a los acontecimientos del 19 de abril. En Mérida no hubo conflicto pues la población de la ciudad estaba resentida desde cuando dejó de ser capital para quedar sometida a la creada Provincia de Maracaibo. Por eso, el Cabildo de Mérida, que se reunió el 16 de setiembre, no presentó problemas para sumarse a Caracas toda vez que Maracaibo se había mantenido fiel a la Regencia. Se designó la Junta Suprema de Mérida cuyo Presidente fue Antonio Ignacio Rodríguez Picón, siendo Vicepresidente el Pbro. Ma-

---

[88] Ver Arellano Moreno, op. cit. pg 129

riano de Talavera y Garcés. Sin embargo, por temor a la posibilidad de que Maracaibo reaccionara en contra, la Junta de Mérida pidió apoyo a las Provincias de Caracas y Barinas, por lo que en Caracas se dispuso que el Marqués del Toro organizara esa defensa.

No obstante, en Mérida no dejaron de presentarse situaciones problematicas, principalmente la generada por la intervención del Obispo Mons. Santiago Hernández Milanés quien, en Pastoral del 19 de mayo, se identificó con la línea política adoptada por las Provincias disidentes de Coro y Maracaibo, así como con la tendencia autonómica respecto a Caracas defendida por la Provincia de Barinas. El Obispo exhortó a los fieles a que defendieran los derechos del Rey, al tiempo que, en otra pastoral, expresó: *"Si la Junta de Gobierno de la Provincia de Caracas pretendiere extender su poder o autoridad sobre las demás Provincias de la antigua Capitanía General de Venezuela, estallaría una guerra civil con males incalculables y desconocidos desde el período o época de la Conquista..."*[89]

El Cabildo de Trujillo se constituyó el 9 de octubre como Cabildo Abierto y fue designada por elección una Junta Suprema de Gobierno encabezada por Jacobo Antonio Roth como Presidente.

En cambio, fueron diferentes los acontecimientos en Guayana, Maracaibo y Coro. En la Provincia de Guayana, españoles peninsulares constituyeron la mayoría de la Junta Suprema que instalose en Angostura el 11 de mayo de 1810 y apoyó al Consejo de Regencia de España. Expone Arellano Moreno, citando en su libro a Parra Pérez: *"En la contrarrevolución que se produjo en la Provincia de Guayana se ligaron así los sentimientos de los españoles o peninsulares residentes y la tendencia centrífuga de los criollos respecto a la Junta Suprema de Gobierno de la Provincia de Caracas, vivaz allí como en las demás Provincias de la antigua Capitanía General de Venezuela. Para estos últimos, en verdad, reconocer al Consejo de Regencia significaba entregarse a las dulzuras del Gobierno autónomo. En la Provincia de Guayana se dispararon los primeros tiros contra el movimiento centralizador y revolucionario de Caracas".*

La Provincia de Maracaibo, siguiendo la conducta de la de Coro, se mantuvo fiel a España. Su Gobernador Fernando de Miyares –a quien el Consejo de Regencia designó después como Capitán General– convo-

---

[89] Citado por Arellano M., Idem, pg 145.

có a Cabildo, el 17 de mayo, ampliado con personas extrañas al Cuerpo pero afines a su manera de pensar. Quienes, comisionados de la Junta, llegaron de Caracas, fueron apresados y remitidos a Puerto Rico. Caracas, sin éxito, trató de separar a Maracaibo de Coro, pues la primera insistía en deber acatamiento al Consejo de Regencia que representaba al Rey y no a la Provincia de Caracas.

Gobernaba la Provincia de Coro el Brigadier José Ceballos, el mismo quien después recibiría, en la misma Coro, a Domingo de Monteverde, llegado a esa ciudad con fuerzas conducidas por el Mariscal de Campo Juan Manuel Cajigal. Más tarde, Ceballos actuaría sanguinariamente contra los patriotas en años de la Segunda República. Este gobernador no estaba de acuerdo con la formación de Juntas Supremas en las Provincias y tampoco en el no aceptar funcionarios destacados por la Junta Central de España, por lo que, bajo su autoridad, la Provincia de Coro seguiría fiel al Rey Fernando VII y no aceptaría la autoridad de la Junta Suprema de Caracas. Argumentaban sus miembros que, al destituir al Capitán General Emparan, Caracas había perdido su condición de capital. Esto último esgrimido, tal vez, en la esperanza de recuperarla para Coro. Ante ello, la Junta Suprema de Caracas envió 3 mil efectivos al mando del Marqués del Toro y hubo combates en Aribanache y Guedequis, sin ser logrado el objetivo principal de someter a la Provincia rebelde.

Resalta, en todo lo anterior, el contrario ánimo existente en varias Provincias, pero seguramente bastante generalizado en todas, frente la posibilidad de que Caracas, en uso de su condición de Capital que había sido de la Capitanía General de Venezuela, pretendiera concentrar en ella el poder total de la nueva República independiente. Disidentes no fueron sólo las Provincias de Coro y Maracaibo, pues hubo serios problemas en Guayana, Barinas y Barcelona, mientras en Mérida, si bien por reacción contra la posición de Maracaibo se aceptó la unificación con la antigua Capital, fueron muy serios los condicionamientos y hasta amenazas como la expresada por el influyente Obispo Hernández Milanés.

Es así que la idea descentralizadora se iba a manifestar como recurrente a lo largo de nuestra posterior historia, con expresiones que, hemos visto, tienen sus raíces en las específicas maneras según las cuales los Cabildos, en el territorio de la Provincia y después Capitanía General de Venezuela, se organizaron y desarrollaron.

Por haberle correspondido el gobierno, en todos los Cabildos de las Provincias o de la Capitania, al estamento social llamado de los "blancos criollos", cuyos intereses económicos y sociales eran diferentes a los de los funcionarios enviados por la Corona desde la Metrópoli, el poder que esa fracción social de la población colonial logró alcanzar fue enorme. Ese poder no se redujo, solamente, a la atención de sus particulares intereses sino que, a pesar de las diferencias y conflictos de origen racial –porque eso eran– los blancos criollos se sentían propios de esta tierra generosa, de este mundo suyo, de esta naturaleza frondosa e imponente y, por muy legalmente españoles que pudieran ser, no tenían amor por aquellas tierras lejanas, ni tampoco esa identificación y sintonía especial de las almas que comparten un mismo espacio y similar destino. Vimos anteriormente, que quienes quedaban al frente de los Cabildos no se limitaban a atender sus asuntos e intereses personales, familiares o de grupo, sino que velaban por todas aquellas personas que poblaban sus ámbitos de gobierno.

Nació, pues, en nuestros Cabildos coloniales, como cosa natural y no buscada, la práctica de la descentralización; práctica que contenía fuertes acentos de independencia, como demostró el mayoritario –y a veces violento– rechazo de las diversas Provincias de Venezuela, ante la sóla posibilidad o idea de que, una vez declarada la Independencia, la de Caracas pretendiese someterlas bajo sus poderes.

2. Guerra sin unificación nacional.

Por lo pronto, notemos como la conflictividad social que provenía desde tiempos primeros de la Colonia, no sólo no disminuyó sino que se mezcló con la nueva división que introducirían tanto la separación de España por parte de la Capitanía de Venezuela como la posterior guerra larga que habría de cumplirse[90]. Apenas declarada la independencia, en

---

[90] Ver : Idem, pgs 151 y sigs.

diferentes poblaciones de Barlovento se produjeron masivas y feroces sublevaciones de negros esclavos, muchos de los cuales se incorporaron a fuerzas realistas mientras otros se hicieron patriotas pero, en todo caso, lo que realizaron todos fue asesinar blancos y robar propiedades, demostración esa de que, en el fondo, la insurgencia no tenía carácter político sino social pero que, sin embargo, se fundaba en el arraigado anhelo de libertad y autonomía.

Este fenómeno se manifestó en gran extensión del territorio de la naciente república, con saldo de muchas muertes y multitud de haciendas saqueadas e incendiadas. El orden colonial se había roto y predominaba la anarquía: el 11 de julio de 1811 se sublevaron en nombre de Fernando VII españoles canarios de Caracas; el mismo día, en Valencia, se levantaron españoles y venezolanos que estaban con los realistas pero fueron sofocados militarmente por Miranda después de haber fracasado en el intento el Marqués del Toro. El balance total fue de 800 muertos. Escribe Brewer Carias: *"Puede decirse que toda la relación estamental de la sociedad colonial estalló con la Independencia, de manera que en las primeras de cambio, los pardos se alinearon con el Rey contra los blancos terratenientes y cabildantes que declaraban la Independencia; y lo mismo hicieron los negros y libertos, para luchar contra sus amos, en procura de su libertad. La Revolución la habían iniciado los blancos criollos mediante la toma del poder de los Cabildos, que venían controlando; y contra ellos se rebelaron los otros estamentos de la sociedad Colonial"*.[91]

En 1812, en Siquisique, el indio Reyes Vargas se pasó a los realistas con todo un batallón patriota que tenía a su cargo. Las provincias de Mérida y Trujillo se habían manifestado a favor del Rey, mientras Coro y Maracaibo se enfrentaban a los independentistas. La situación era la de un caos anárquico, lo que completó, en contra de los intereses de la República, la llegada de Domingo Monteverde con suficientes refuerzos militares.

Juan Liscano anota, a mi juicio con acierto: *"No se le concede suficiente importancia a la guerra civil que estalló a raíz de la proclamación de la Independencia"*.[92] Liscano no ignoraba que el origen del conflicto que, en

---

[91] Brewer Carías, A. Op., cit, pg 52.

[92] Op.Cit.

ese párrafo de su libro él llama "guerra civil", era muy anterior a la proclamación de Independencia, pues provenía de la Colonia de tiempos del siglo XVI. Desde entonces hubo en nuestro territorio confrontaciones cada vez más frecuentes, cuya razón provenía del régimen de castas existente, por el cual los grupos sociales de nivel más alto, en cuanto a derechos y privilegios, oprimia a los que estaban en situación inferior; pero, como vimos, entre éstos se reproducía el mismo fenómeno hasta culminar en el grupo de los esclavos negros que era el último de la jerarquía. De entre ellos, sobre todo, y de mezclas de razas como zambos, mulatos y la multiple variedad de otras denominaciones, se levantó la rebelión que, con el paso de los años, se encendió con mayor fuerza hasta constituir verdadera guerra no unificada.

La Independencia declarada en 1810 y realizada en 1811 no fue la primera fragmentación del orden colonial. Los terribles crímenes cometidos por realistas y patriotas desde el propio inicio de la contienda emancipadora, no son atribuíbles —como la ingenua expresión histórica lo pretende— a la maldad personal de los Boves, Monteverdes, Zuazolas, Ceballos, y tampoco a quienes en el bando patriota también los cometieron, como el muy conocido caso de Arismendi y sus intenciones de pasar por las armas todo prisionero y enfermo; o el poco difundido de Casas, de aceptar confinar en un viejo barco numerosos realistas apresados para hundirlos en caso de riesgos. Tales crímenes tienen muy antiguos antecedentes con raíces perdidas en profundidades de nuestra historia, que no era la de un pueblo integrado sino de un opresor mosaico de razas. No deja de ser curioso un caso que, si es históricamente cierto, seguramente no ha de ser ni único, ni obra de casualidad: el de Boves y Páez.

La campaña de José Tomás Boves no puede entenderse como la de un militar español que defendía los intereses de la Corona. Su historia personal es aún muy confusa, pues sus biografías están plenas de contradicciones que van desde versiones sobre su verdadero nombre, pasan por la ciudad y fecha de su nacimiento y llegan hasta los hechos que vivió y su revelación como jefe militar de un ejército formado por venezolanos de las castas más oprimidas.

Se ha escrito, en efecto, que Boves sería de apellido Bobes, hijo de Manuel Bobes y Manuela Iglesias; pero también, según Cesáreo Ferández Duro, de acuerdo a su partida bautismal, habríase llamado José Tomás Rodriguez, nacido en Oviedo y bautizado el 18 de setiembre de 1782, pero con nombre José Tomás Millán. Habría sido bautizado el mismo día de su nacimiento "por estar en trance de muerte". Otra versión expresa que habría adoptado el apellido Boves "en agradecimiento hacía una familia de Puerto Cabello que le había salvado la vida". Otra más atribúyele ser Gijón su lugar de nacimiento, aunque lo más probable es que, efectivamente, haya nacido en Oviedo pero poco después su familia se habria mudado a Gijón, ciudad en la que José Tomás ingresó al Instituto Real Asturiano para graduarse de piloto de la marina mercante. Luego se empleó en una compañía española que hacía comercio maritimo entre las Antillas y Venezuela. Parece que, entonces, se involucró en actividades de contrabando, por lo que fue condenado a 8 años de prisión en el castillo de Puerto Cabello, pena que le fue conmutada por destierro a Calabozo donde se ocupó en el tráfico de ganado.

Al comenzar la guerra de Independencia se sumó a fuerzas patriotas sin inhibirse de criticar errores que, a su juicio, se cometían. Se atribuye a intrigas, por lo que así expresaba, la razón que hizo que fuese apresado, azotado y amenazado de muerte. Entonces se unió a la causa realista, al parecer, el 23 de mayo de 1812, luego de ser salvado de detención y condena a muerte. Otra versión dice que fue liberado en Calabozo por Eusebio Antoñanzas, quien comandaba una columna de Monteverde.[93]. Pero, en todo caso, refiere Arístides Rojas[94] que, *"comerciante en Calabozo, bien relacionado y aun estimado, se decidió por la República; y es un hecho que en la puerta de su tienda fijó una bandera donde se leía: viva la patria. Sea porque se juzgara con talento militar, con don de mando, con constancia inquebrantable y con cierta actividad digna de elogio, Boves aceptó la causa patriota con toda decisión"*.

Finalmente, Rafael Marrón Gonzalez, en documentada publicación que se recoge en Internet, expresa sobre estos episodios de la vida del asturiano: *"Hacia 1803 logra licencia de piloto primero y la ejerce en un barco de la firma española "Pla y Portal" cuyos corresponsales en Venezuela son los hermanos*

---

[93] Ref. Pérez Tenreiro, Tomás. *"Boves, José Tomás"*. Cit. Internet

[94] Rojas Arístides. *"Obras Escogidas"*. Cit. Internet

asturianos García Jove, de nombres Lorenzo y Joaquín. Durante los años siguientes
casi no hay registros de sus actividades salvo que, sorprendido al intentar introducir un
contrabando, fue condenado a prisión en Puerto Cabello. Los hermanos García logra-
ron que se le conmutase la pena por confinamiento en Calabozo, donde estableció una
pulpería y, luego de cumplida aquella, se dedicó también al negocio de ganado, por lo
que debía recorrer los llanos centrales llegando a poblaciones tan alejadas como San
Carlos de Cojedes o Puerto Píritu (en Anzoátegui). Por su generosidad con los llane-
ros, con los que solía departir y compartir sus faenas, comenzaron a llamarlo "taita
Boves" (papá Boves). Era el único blanco en esos tiempos que los consideraba sus
iguales, y amansando potros y enlazando reses y participando en sus tradiciones, este
español se asimiló al llano".[95]

Es muy posible que esa identificación con los llaneros, gente humil-
de de las más sufridas de la Colonia de esos tiempos, haya despertado en
Boves la idea de dirigirlos para oponer sus fuerzas a los privilegios de
quienes, opuestos a España, lo habían ofendido, castigado y defendían la
causa de los opresores. En todo caso, de lo que no cabe duda es que,
incialmente, Boves estuvo en actitud de apoyo a la independencia y luego defendió, feroz, con gran crueldad y zaña, la causa realista de la que,
por un breve tiempo y hasta su muerte llegó a ser el gran jefe.

Resalta entonces, con gran fuerza, el paralelo de su historia personal
con la de José Antonio Páez.

Páez nació el 13 de junio de 1790 en Curpa, caserío del hoy Estado
Portuguesa. Era hijo de Juan Victorio Páez y María Violante Herrera.
Vivió un tiempo en Guama, Yaracuy. Cuando se proclamó la Independencia, Páez trabajaba en las haciendas Calzada y Pagüey propiedad de
Manuel Pulido y situadas en los llanos de Barinas. Parece ser que se refugió allí temeroso de ser apresado y castigado después de haber matado
a un bandolero, cuando un grupo de éstos trató de robarle un dinero
que llevaba como encomienda familiar. Pulido formó un grupo de caballería para combatir a los realistas y Páez le pidió participar. Después de
un tiempo formó su propio escuadrón. Sus primeras batallas importantes fueron las de los Estancos y la de Mata de la Miel. De allí en adelante

---

[95] Google.

continuó en sus hazañas que lo convirtieron en caudillo indiscutible de los llaneros.

Páez nunca combatió a favor de las tropas realistas, como lo hiciera Boves con las patriotas, pero en una ocasión se vió obligado a simularse realista para evitar ser fusilado. Su papel en la independencia de Venezuela es fundamental, no sólo por sus capacidades y astucia en los combates, sino porque, como caudillo, representó la mejor realización de la subjetividad criolla, lo que hizo posible que, actuando al lado de El Libertador, fuera temporalmente superada la antitética posición entre los grupos sociales privilegiados y subordinados que se enfrentaban desde los primeros tiempos de la guerra independentista. Su adhesión al Libertador unida al inmenso prestigio que tenía entre los llaneros fue, sin dudas, factor determinante del logro fundamental para la causa patriota de alcanzar la unificación de la guerra.

De manera que Boves, al frente de los oprimidos, terminó con la segunda República y luego, Páez, también como caudillo de los más humildes fue factor fundamental de la Independencia. Los cimarrones cuyo bandolerismo reinaba en los llanos, los cuatreros, los esclavos fugitivos, todos abandonaron sus malas artes y se integraron a las legiones de combatientes que encabezó José Antonio Páez.

Expresábamos anteriormente que, durante la Colonia, no se formó en nuestro territorio un verdadero pueblo porque la población estaba fragmentada en castas absolutamente separadas y opuestas entre todas ellas, a las que se sumaba una categoría radicalmente distinta e inclasificable: la de los esclavos. En los acontecimientos del 19 de abril y del 5 de julio, la población subordinada no tuvo participación alguna. Posiblemente, aquellos sucesos y hechos transcurrieron en las más absolutas ignorancia e indiferencia por parte de esa población. La oratoria demagógica de los tribunos patriotas no alcanzó oídos de pardos, mestizos, mulatos y zambos. Pero fue lo peor el que, cuando estallaron los combates de la guerra, los sectores socialmente sometidos entendieron como más beneficioso para ellos combatir al lado de los españoles, pues quienes los enfrentaban eran solamente blancos criollos, sus opresores mantuanos y privilegiados de la oligarquía. Por esa razón, nada difícil les resultó a Monteverde y a Boves destruir, aquél a la primera República y éste a la segunda. Quien esto escribe no alcanza a saber —aunque lo supone— si Bolívar, Miranda y los otros principales actores militares de estas dos repúblicas fracasadas estaban, en esos propios tiempos, conscientes de la debilidad que provenía del reducido apoyo del que, en aquellos años, adolecía la causa de la Independencia.

En cuanto a las Provincias que habían formado la anterior Capitanía General de Venezuela, hemos visto ya hasta que punto reinaban entre ellas contradicciones que tenían que ver con el deseo común de ser autónomas. Los tardíos esfuerzos de la Corona española tendientes a centralizar su poder en esta Colonia, que se mostraba de manera tan particularmente dispersa en relación a las restantes de sus dominios en América, no gozaron del tiempo indispensable para producir resultados. Por eso, Brewer Carías escribió *"El nuevo Estado independiente que se comenzó a construir, por tanto, sólo podía responder a una forma federal que uniera lo que nunca antes había estado unido, y ese modelo nos lo suministró la experiencia norteamericana, recién iniciada. En 1810, en toda la historia del constitucionalismo no había otro modelo que pudiera solucionar el problema de Provincias Coloniales aisladas que se independizaban de un Imperio y que pretendían constituirse en un Estado independiente; precisamente, la experiencia era inédita hasta el proceso de Norteamérica."*[96]......*"No había, por tanto, salvo las monarquías, otras ideas que hubieran podido inspirar a nuestros conspiradores de 1810 y 1811, y así sucedió. Realmente hubiera sido insensato que no siguieran esas fuentes de inspiración; la verdad es que no había otras, sino las monárquicas contra las cuales se luchaba"*[97].

Podemos, pues, concluir que —con inicio en tiempos primeros de la Colonia— desde el comienzo de la Primera República y hasta la caída de la Segunda, la guerra de Independencia se formalizó como auténtica guerra civil, cuya orientación, más allá de la liberación de ataduras con la Metrópoli fue la de alcanzar igualdad social. Esto lo percibió perfectamente —y seguramente desde los primeros fracasos de la lucha— el genio político de Simón Bolívar. Tal vez lo había obviado a partir de las satisfactorias conferencias sostenidas, en Londres, por él y los demás Comisionados venezolanos con el Marqués Lord Wellesley; quizá confió demasiado en el apoyo, o al menos en la mediación que podría aportar

---

[96] Brewer Carias, A. Op. cit, pg .50.

[97] Idem.

124

Inglaterra a la causa independentista. Como lo expresa Indalecio Liévano Aguirre, "*De esta entrevista* (el 19 de julio de 1810), *Bolívar salió convencido de que la Gran Bretaña no abandonaría sus intentos de mediación entre España y las colonias*" [98] Pero después del fracaso de 1814, Bolívar comprendió definitivamente que –como se repite en el tiempo actual– si no se unificaba la población en lucha común por la libertad, sería imposible la victoria. Tal vez entendió también el Libertador –como lo recoge el Diario de Bucaramanga– que la guerra a muerte sólo sirvió para hacer más violento y cruel el enfrentamiento de los estamentos sociales opuestos en Venezuela.

Sin embargo, hay una referencia que aporta el mismo Aguirre y que muestra como probable que el futuro Libertador había entendido, muy bien y desde antes, el verdadero fondo de la dificultad. En efecto, el autor, refiriéndose a Miranda, escribe: "*No tuvo en cuenta que, dada la manera como esta contienda había afectado la estructura misma de la sociedad venezolana, la celebración de la paz sólo podía conducir a la continuación de la guerra, adoptando ella formas y modalidades distintas*". Pero acto seguido anota, refiriéndose al Libertador: "*Tal era –dice Bolívar– el infeliz estado de Caracas, cuando reventó en los valles de la Costa, al Este, la revolución de los negros, libres y esclavos, provocada, auxiliada y sostenida por los emisarios de Monteverde. Esta gente inhumana y atroz, cebándose en la sangre y bienes de los patriotas, de que se les dio una lista en Curiepe y Caucagua, marchando contra el vecindario de Caracas, cometieron en aquellos valles y, especialmente, en el pueblo de Guatire los más horrendos asesinatos, robos, violencias y desvastaciones. Los rendidos, los pacíficos labradores, los hombres más honrados, morían a pistolazos y sablazos, o eran azotados barbaramente, aún después de haberse publicado el armisticio.*" [99]

Tal como lógicamente parece, todo lo anterior lo vio y comprendió El Libertador en el preciso momento de aquellos acontecimientos desastrosos para la República y, seguramente, profundizó en su reflexionar sobre cómo levantar sus causas. Por tanto, tuvo que haber concebido que debía –él mismo– buscar una estrategia eficaz para sustraerle, a los realistas, el apoyo de la mayoría preterida de la población venezolana para sumárselo a las fuerzas patriotas.

---

[98] Liévano Aguirre, Indalecio. "*Bolívar*". Ed. Italgráfica. Caracas 1988, pg 102.

[99] Idem., pg 141.

Después del fracaso de la Segunda República; de sus desencuentros e incomprensiones con Ribas y Piar en Carúpano; de sus malas experiencias de la Nueva Granada y de su penoso exilio en Jamaica donde escribió la formidable *Carta*, Bolívar envió carta al Director de la Gaceta Real jamaiquina, en cuyo texto se lee : *"... por un suceso bien singular, se ha visto que los mismos soldados libertos y esclavos que tanto contribuyeron, aunque por fuerza, al triunfo de los realistas, se han vuelto al partido de los independientes que no habían ofrecido la libertad absoluta de los esclavos como lo hicieron las guerrillas españolas. Los actuales defensores de la independencia son los mismos partidarios de Boves, unidos ya con los blancos criollos, que jamás han abandonado esta noble causa"*.[100] Sin dudas, Bolívar adelantó al destinatario de su carta algo que era de sus deseos y esperanzas, más que de la realidad. Morillo había desembarcado ya en Venezuela y la pacificó totalmente, como también a la Nueva Granada. No obstante, los libertos y esclavos, que por venganza apoyaron la causa realista, reclamaban derechos y mejores condiciones sociales que, no satisfechos, generaban en ellos crecientes rechazos y protestas. En el espíritu de Bolívar, como apunta Liévano Aguirre: *"La intuición de que las masas venezolanas no se someterían fácilmente a las circunstancias sociales anteriores a 1810, después de haber conocido las promesas de Boves y de cuatro años de vivir de la guerra y del pillaje, ensancha repentinamente el horizonte de sus esperanzas, pues comprende que ahora, cuando los españoles no pueden ofrecer las vidas y haciendas de los blancos criollos, ha quedado abierta la puerta para que la revolución americana se identifique con las realidades del continente, y se haga fuerte por representar no los intereses de una clase privilegiada, sino las aspiraciones de toda la población."*[101]

Esto último que hemos tratado a propósito de las vivencias del Libertador en aquellos difíciles tiempos, constituye tema que se corresponde a la finalidad propia de este trabajo y que habremos de considerar más adelante. Que las llamadas clases populares no hubiesen acompañado a los patriotas independentistas se justificaba plenamente, pues eran sus opresores. Pero también indica que, en efecto, como lo señala el mismo Liévano Aguirre, *las clases populares de América no eran autenticamente*

---

[100] Idem., pg 196.

[101] Idem.

revolucionarias"[102], y nos podemos atrever a afirmar, desde ahora, que no lo son, ni lo serán, en ningún tiempo pasado o presente, mientras sean masas que viven en la ignorancia y en la pobreza, pero que tampoco lo serán cuando superen la fatalidad de esas condiciones, en tanto *revolución* se invoque como destrucción y no como edificación de lo que es menester.

3. Guerra unificada y separación real.

a. Preparación.

Estando en Jamaica, el Libertador fue invitado desde Cartagena a que regresara para la defensa de esa ciudad, pero ignoraba que la Nueva Granada había caído, ya para entonces, bajo el dominio de Morillo. En viaje hacia ese destino, en diciembre de 1815, supo de boca de tripulantes de una goleta que Cartagena estaba controlada por los realistas, por lo que desvió su ruta hacia Haití. Allí encontró gran apoyo en el Presidente Alejandro Petión quien aceptó que, en Los Cayos, se concentrara toda la oficialidad que se había visto obligada a abandonar el continente. No sin graves choques con personajes como Francisco Bermúdez, Santiago Mariño o Manuel Piar y con el apoyo de otros como Brión, Anzoátegui y Soublette, Bolívar logró que la mayoría lo designara Generalísimo Jefe de la guerra.

Una pequeña flota de seis goletas plenas de armas y municiones, todas proporcionadas por Petión, salió el 31 de marzo de 1816 de Los Cayos con destino a Margarita para encontrar allí a Arismendi, quien habia retomado esa plaza, y partir luego hacia Carúpano sitio escogido para el desembarque. Pese a la divulgación entre la población de una breve proclama en la que Bolívar, conforme a su nuevo plan, ofrecia la liberación de todos los esclavos, la población no acogió a los invasores y se replegó para buscar protección de los españoles. La multiplicación de esa conducta en varias ciudades orientales obligó a que la pequeña flota, luego de probar sin resultados positivos en Ocumare, hubiera de dirigirse a Bonaire y de allí a Güiria donde Bolívar fue desconocido por Ber-

---

[102] Idem, pg 197.

múdez y Mariño, quienes lo acusaron de traidor y dictador, lo que le impuso el regresar a Haití.

Si consideramos oportuno destacar estos hechos es sólo para resaltar las condiciones de anarquías e individualismos que reinaban entre los jefes patriotas y, también, como *la ausencia de unidad* derivada de mezquinos intereses particulares, ha sido, históricamente, causa de muchos de los fracasos de nuestras mejores intenciones.

Informado en Puerto Príncipe por emisarios de Arismendi, Bolívar se impuso de los movimientos de Páez en los llanos y de Cedeño en el Caura, por lo que la generosidad de Petión le proporcionó nuevos recursos para otro desembarque en Venezuela, que tuvo lugar el 31 de diciembre cerca de Barcelona. No faltó, tampoco en esta oportunidad, la presencia de celos, ambiciones e intrigas, especialmente por parte de Piar de cuyos planes conocía mucho Arismendi y se los confió al Libertador. Aislado y cerrado en Barcelona, Bolívar se encontraba en situación deseperada cuando llegó Bermúdez, despachado por Mariño y con refuerzos, lo que consolidó una gran victoria en batalla contra los realistas. Bolívar agradeció a Bermúdez dicéndole: *"Vengo a abrazar al libertador del Libertador"*[103], gesto elocuente tanto de su habilidad política como de su carácter generoso.

b. Logro de la unificación.

Después de muchos otros incidentes del mismo género, Bolívar decidió encontrarse con Páez quien, por presión de sus llaneros y con el desprendido consentimiento de Santander, había aceptado el mando supremo de esas fuerzas. Bolívar, de tal manera, consolidaba su autoridad y poder en toda la región. Antes del encuentro, sin embargo, el Libertador hubo de enfrentar situaciones muy duras y conflictivas, la peor de ellas: la franca rebelión fomentada por Piar que terminó en su pena de muerte.[104]

---

[103] Idem, pg. 209.

[104]De la Croix, Louis Peru. Diario de Bucaramanga , Tomo 2, pg. 150: *"la muerte del Jral. Piar fue entonces de necesidad política, salvadora del país q' sin ella iba a empezar la guerra de los hombres de color contra los blancos con el exterminio de todos ellos y por consiguiente el triunfo de los españoles".*

Bolívar sabía que la causa de la República fracasaría de nuevo si prevalecía la anárquica situación de jefes militares guiados por ambiciones personales. El ajusticiamiento de Piar surtió efecto pues cada jefe, en efecto, anteponía sus intereses locales de mando a la salud de la República..... Ya entonces asomaba en ciernes lo que habría de ser el resto del siglo XIX en Venezuela.

Bolívar había consolidado su autoridad entre la oficialidad de los ejércitos de Guayana. La única salida posible era aquella de la unificación bajo una sola autoridad que fue, evidentemente, la suya. *"Bolívar se sentía ya demasiado cerca del anhelado momento en que todas las fuerzas revolucionarias obrarían bajo su mando y se movilizarían tras las líneas de una estrategia común."*[105]. Hasta entonces –como hoy– cada jefe se preocupaba, solamente, de afirmar su poder en regiones de sus naturales dominios. La unificación definitiva dependía del resultado de su entrevista con Páez.

Páez tenía su cuartel general en San Juan de Payara. El Libertador dispuso que sus ejércitos avanzaran divididos en tres rutas, para así realizar el viaje a Apure. A comienzos de febrero de 1818 Bolívar entró en San Juan de Payara, acompañado de Páez y sus jinetes. El encuentro fue muy fructífero, pero aún se requería algo más de tiempo para que la unidad en las acciones, más allá de las reservas personales, fuera realidad completa y definitiva. Superado ese tiempo y sin alcanzar ilusoria armonía, la guerra se unificó en un solo mando y la separación entre los oponentes reales se mostró clara e irreversible.

"Al finalizar el año 1817, llegaba a su término también una larga y accidentada etapa de anarquía en las fuerzas republicanas, que gracias a la prodigiosa actividad de Bolívar han dejado de ser un conjunto de guerrillas dispersas, para convertirse en un ejército regular y obediente a un mando único. Una frase a la cabeza de los oficios llegados a Angostura desde todos los extermos de Venezuela, 'A.S.E el general en jefe', anuncia su triunfo final en la gran batalla por la unidad del mando, por la unificación de las operaciones militares frente al enemigo español".[106] Lograda por fin la unificación del mando militar y con pleno control de la región oriental del país, el 29 de octubre de 1818 surgió en Angostura la tercera

---

[105] Idem, pg 226.

[106] Idem, pg .230.

República venezolana formada por las Provincias de Guayana y Margarita. Su Constitución, la segunda de Venezuela, sería aprobada por el Congreso de Angostura que, con 26 diputados, se reunió el 15 de febrero de 1819, y fue sancionada el 15 de agosto de 1819.

El mismo Congreso de Angostura dictó, el 17 de diciembre de 1819, la "Ley Fundamental de la República de Colombia", pues la idea del Libertador se había encendido en el espíritu de los legisladores quienes se adelantaron expresándola en dicho instrumento legal que reunía, como Departamentos de la nueva Nación, los de Venezuela, Quito y Cundinamarca, con respectivas capitales en Caracas, Quito y Bogotá. Igualmente dispuso la designación, por parte del Congreso, del Presidente y el Vicepresidente de la República y, además, de un Vicepresidente para cada uno de los Departamentos. Simón Bolívar fue designado Presidente de la República de Colombia, Francisco Antonio Zea el Vicepresidente, mientras que Vicepresidentes departamentales fueron designados Francisco de Paula Santander para Cundinamarca y Juan Germán Roscio para Venezuela. No hubo designación alguna para el Departamento de Quito pues estuvo en manos realistas hasta 1822. Finalmente, el Congreso de Angostura convocó a un Congreso Constituyente. Se entiende la fecha del 17 de diciembre de 1819 --coincidencialmente a once años de la muerte del Libertador y de la Gran Colombia-- como fecha del nacimiento de la República de Colombia (o Gran Colombia) que sólo tuvo vida legal hasta 1830.

"*Después de la guerra de Independencia* –apunta Brewer–[107] *vinieron varias tareas urgentes: por una parte, como respuesta al 'inmenso volcán que está a nuestros pies' en palabras de Bolívar a Páez en carta de 1826, vino el repartimiento de la tierra y de los bienes confiscados a españoles, canarios y criollos opuestos a la Independencia. De allí –por ejemplo– saldría Páez como una de las personas más ricas del país y aparecerían los nuevos ricos y terratenientes, con los esclavos que servían la tierra*". Este fenómeno de *terrofagia* de los gobernantes venezolanos que, posiblemente, haya inagurado y establecido hasta el presente este reparto decidido por Páez, habremos de considerarlo posteriormente. Pero continúa Brewer Carías: "*Por otra parte estaba la tarea de tratar de construir un Estado ya no sólo en Venezuela con la Constitución de Angostura de 1819, sino con-*

---

[107] Brewer Carías, A., Op cit. pg 57

forme a la Constitución de Cúcuta de 1821, en todo el norte de Suramérica con la unión de los pueblos de Colombia"[108]

4. Unión con Colombia.

No hay la menor duda sobre el afecto, llegado hasta devoción, que el Libertador tenia hacia la Nueva Granada. No podía ser muy de otra manera pues fue amplio y generoso el apoyo que recibió de los neogranadinos para realizar su triunfal "Campaña Admirable", la que le hizo merecedor del título de Libertador. Pero no fue esa la única ocasión en la que la vecina hoy Colombia le hubo manifestado su solidaridad. Fueron varias, pero con particular importancia destaca el apoyo que recibió en 1814, después de la pérdida de la Segunda República, cuando el 20 de setiembre entró por Cartagena donde inicialmente recibió fuerte rechazo por obra del coronel Castillo y del brigadier Joaquín Ricaurte, quienes tomaron como argumento en su contra el decreto de Guerra a Muerte. En tal situación, Bolívar viajó a Tunja y apeló ante el Congreso de la Nueva Granada, al que hizo grande y favorable impresión y del cual recibió los auxilios que solicitaba. Pero aparte de estas razones, que pueden ser calificadas como sentimentales, quedan como preguntas por responder: ¿Por qué la unión con la Nueva Granada? ¿Por qué la creación de la Gran Colombia?

En su referido trabajo, Juan Liscano responde esas preguntas: *"Se me ocurre pensar que en medio de los horrores de la Guerra a Muerte y a la entera disolución del orden social y político colonial por obra de las lanzas llaneras y los machetes de los esclavos alzados, Bolívar pensó adherir Venezuela a ese país, donde la estructura social resistió y se modificó gradualmente, sin las degollinas de nuestra contienda civil. No olvidemos que Nueva Granada era un virreinato, lo cual indicaba su desarrollo a los ojos de la Metrópoli. En síntesis, Bolívar pensó salvar a Venezuela juntándola con Colombia en una unidad político-geográfica más vasta que el mismo virreinato: la Gran Colombia"*.[109]

---

[108] Idem.

[109] Liscano, Juan. Op, cit. pgs 38-39.

Para abundar en el argumento de Liscano, es útil, tener presente la realidad de los hechos y, desechado todo pensamiento o intención de discriminación racista, considerar datos relativos a la población, en aquellos tiempos, de esas entonces dos colonias españolas en América:

Según cifras de José Manuel Restrepo citadas por Liévano Aguirre en su libro que hemos utilizado[110], Venezuela contaba con unos 897 mil habitantes en total; Colombia con un millón 410 mil. Ahora bien, en Venezuela había 200 mil blancos, en Colombia 887 mil; pardos libres, en Venezuela 431 mil, en Colombia 140 mil; indígenas, en Venezuela 207 mil, en Colombia 313 mil; esclavos, en Venezuela 60 mil, en Colombia 70 mil. Expresado esto en porcentajes de población total se tiene: Blancos: en Venezuela 22, 2 % , en Colombia 62,9 % ; pardos libres: en Venezuela 48,0 % , en Colombia 9,93 % ; indígenas: en Venezuela 23, 0 %, en Colombia 22,2 % ; esclavos: en Venezuela 6,7 %, en Colombia 5,0 %. Quiere ello decir que, mientras en Venezuela la población blanca, valga decir, de formación más o menos conforme al nivel normal de preparación y de cultura de esos tiempos, era el 22 %, en Colombia era casi tres veces mayor: el 62,9%. En otros términos, mientras la población colombiana (neogranadina en aquellos tiempos) tenia dos tercios de personas mejor desarrolladas culturalmente, en Venezuela esa proporción era apenas poco más de la quinta parte. Esto es muy significativo cuando se trata de comparar niveles de conductas, y es más importante ante las reacciones por situaciones como las de Venezuela por las que todos los habitantes, con excepción de los blancos, estaban sometidos a condiciones abyectas de vida humana. En la Nueva Granada, que fue luego Colombia, el conflicto social era mucho menor que en Venezuela puesto que aquélla no era una sociedad estamentaria como la venezolana. En Colombia, la formación y desarrollo de un pueblo con sentido de arraigo en su territorio y con tendencia a compartir una misma cultura ciudadana era muy factible y, de hecho, ya esto era visible en aquellos tiempos. Infortunadamente eso resultaba prácticamente imposible entre nosotros y, aún hoy tenemos grandes dificultades para lograr extender a todos los venezolanos el significado y la importancia que

---

[110] Liévano Aguirre, I.. Op cit, pg 129.

tiene la ciudadanía para construir un país cuyo principal desarrollo sea el humano.

La reacción en Venezuela tuvo que ser como fue: a la hora de ser declarada la Independencia la gran mayoria fue contra los directos opresores del estrato superior en la jerarquía social-estamentaria, lo que, por las mismas pero inversas razones, no ocurrió en Colombia. Pero hay más: el hecho de ser tan reducida la minoría que en Venezuela representaban los blancos, hizo que se cerraran más en su mundo y que establecieran barreras para incomunicarse y protegerse de los otros. Esto aumentó las diferencias e hizo que la opresión empeorase en detrimento de los sometidos, pero también que fuese muy fuerte la reacción reivindicativa de éstos.

Bolívar, dándose cuenta de la realidad venezolana, pensó en Colombia cual locomotora capaz de arrastrar tras ella hacia su consolidación republicana, cual vagón, a la débil e invertebrada estructura poblacional de Venezuela. Muy posiblemente, pese a ser su patria, el Libertador la "enganchó" a Colombia a la que tuvo que dar mayor peso político-institucional cuando estableció la Gran Colombia. Obviamente, descuidó la posibilidad de que por razones naturales hubiese rechazos, riesgosas reacciones contrarias y oposiciones radicales como las que él mismo experimentó durante su vida. Fueron reacciones de los militares transformados después de la Independencia en jefes políticos de Venezuela y nuevo estrato dominante, las que determinaron el fracaso de la genial idea del Libertador de construir una sola República –la Gran Colombia– como poderosa Nación que ocupara el norte de la América del Sur.

La idea de integrar a Venezuela y Colombia (Nueva Granada) en una sola República llevaba tiempo en la mente del Libertador, pero el planteamiento concreto lo hizo Bolívar ante el Congreso de Angostura –que se había allí constituido el 15 de febrero de 1819— una vez que la Nueva Granada quedó liberada por la batalla de Boyacá, el 7 de agosto de 1819. Cumplido ese indispensable paso, el Libertador presentó al Congreso su proposición de integrar ambas naciones, lo que asumió el Cuerpo colegiado y aprobó el 17 de diciembre del mismo año como "Ley Fundamental de la República de Colombia". Para la fecha ya existía una nueva Constitución de Venezuela que el mismo Congreso había aprobado el 15 de agosto de 1819. Sin embargo, faltaba aún una Constitución para la nueva República. Para cumplir este paso se reunió un Congreso Constituyente en la ciudad de Cúcuta y la Constitución de la Gran Colombía quedó sancionada el dia 3 de agosto de 1821.

Inmediatamente, en Venezuela se produjeron fuertes reacciones contra la Constitución grancolombiana: se alegó en contra que la capital provisional escogida fuese Bogotá; que los venezolanos no habían tenido representación en el Congreso Constituyente; que la Constitución no correspondía a costumbres de pueblos venezolanos. Páez, quien se había constituído en Jefe de Venezuela, se sintió desplazado por el nuevo designado del Congreso que fue el General Carlos Soublette, aunque Páez se mantuviese como Jefe militar. Múltiples conflictos se fueron desarrollando hasta que, el 30 de abril de 1826, se reunió la Municipalidad de Valencia para resolver restituir a Páez como jefe civil y militar, esto es, otorgarle el mando supremo de Venezuela.

Páez se juramentó como tal en la Municipalidad de Caracas, el 29 de mayo de 1826. Todo este movimiento fue el popularmente conocido como La Cosiata. Así, prácticamente, se determinó la separación de Venezuela y el fin de la Gran Colombia. Después ocurrieron otros eventos y acontecimientos como la dictadura de Bolívar, la fracasada Convención de Ocaña y los dos Congresos Constituyentes que se reunieron en Bogotá y Caracas por convocatorias de Bolívar y Páez respectivamente

La ruptura y desintegración de la Gran Colombia no fue obra de la maldad de hombre alguno, sino resultado de las tendencias naturales del ser humano que, cuando no desarrolla en él conciencia verdadera de pertenencia y solidaria responsabilidad a un género de mayor dimensión y alcance, se autolimita en sus perspectivas para situarse encerrado en la limitada dimensión de su propio ego.

PARTE II

RAÍCES ESTRUCTURALES E INSTITUCIONES DEL ATRASO II

CAPÍTULO PRIMERO

Ethos de la subjetividad

Terminada la guerra de independencia y liquidada la Gran Colombia, en Venezuela, la frustración general enterró los sueños subjetivos. Los únicos héroes fueron los generales victoriosos de la guerra. Sólo ellos se granjearon la admiración; sólo ellos se quedaron con el poder y las tierras.

La tierra, en Venezuela, ha sido símbolo de prestigio, poder y riqueza. Antes de 1830 era, para los propietarios, símbolo y fundamento social y económico así como, quizás, asiento de la propia existencia. Lo cierto es que en cada cambio político, fundamental o no, a lo largo de toda nuestra historia y hasta tiempos presentes, los venezolanos, con hambre rabiosa, han acaparado tierras que a su vez habían "conquistado" anteriormente de los vencidos. Los más humildes, los trágicamente llamados "carne de cañón", nunca han vencido verdaderamente. ¿En qué podría haber consistido su victoria? ¡En alcanzar una vida digna de la persona humana!

No tiene este autor explicación para el fenómeno de la "terrofagia" entre nosotros. Tal vez se relacione con las teorías de Jung; quizás represente una suerte de vinculación con lo elemental, lo arquetípico, lo primitivo, lo originario entendido como lugar, morada o refugio. En todo caso, esa pulsión parece como divorciada de la noción de cultura definida cual orden propio que el ser humano crea para enfrentarlo al mundo de lo natural; también se opondría a la noción de modernidad en todas sus acepciones. O tal vez tenga un significado que se asocie a ideas de prestigio o de autoridad ¿Respuesta a la frustración del ego? ¿O, tal vez, a la frustración del sueño subjetivo de la heroicidad heredado de los españoles?

No obstante, en las guerras por la independencia y las posteriores, especialmente en la civil por la Federación, quedó *"definitivamente signado el ethos de la subjetividad criolla con un arraigado sentido del igualitarismo: nuestra cultura rechaza apriorísticamente todo principio discriminador"*.[111] De esta manera, el conflicto real fue sublimado mediante diversos canales de adaptación: *"En vano se buscarán en Venezuela formas de trato reverente o modelos de interacción que expresen y consagren la sumisión de los subordinados que, sin embargo, son tan frecuentes en el resto de América Latina"*.[112] Se trata de vías de liberación como, por ejemplo, *"esa moral sin normas, pero llena de sueños, de proyectos irrealizables, universalmente permisiva en la que la única constante es el sujeto y su más o menos patente rechazo de todo lo que encuentra en la realidad objetiva como límite de sus sueños prometeicos"*.[113]

Ello, junto a la natural solidaridad de nuestra gente, especialmente entre los menos favorecidos o marginados, generó –como en otras partes– una cultura de la pobreza que consiste en aceptar mientras se pueda tolerar y sacar beneficios individuales, familiares y para los más allegados, en la idea de participar en algo de los beneficios de la vida en Sociedad, mecanismo fundamental para poder sobrellevar la miseria.

En este punto surge como reflexión y elemento de la mayor importancia respecto a los objetivos que, sobre Venezuela, se propone este trabajo, la siguiente consideración de los autores que estamos siguiendo en esta fundamental materia:

"El caudillo es el que arrebata. Sus seguidores son los "vivos" si se enrolan con el más fuerte. Está gestándose el "pájaro bravo" criollo, que juega a ganador, que es leal a su señor —no importa quien, con tal de que suba y le deje ir pegado— que gana y ni siquiera empata, sino que arrebata. Es el mundo del avispado en el que hay que saber ubicarse en el retrato y en el reparto. La diferencia con la sociedad colonial está

---

[111] Desiato, Máximo, De Viana Mikel, De Diego, Luis. "El Hombre. Reto, Dimensiones y Trascendencia". Cap. "Ethos y Valores en el proceso histórico-político de Venezuela", pg 5. Caracas, UCAB, 1993

[112] Idem.

[113] Ib idem

en que antes al menos estaba el Rey para decidir el reparto. Ahora reina la rebatiña."[114] .... "*Los elementos que van apareciendo permiten la constitución de un ethos de acento subjetivo —en la subjetividad, no en la objetividad de un orden normativo con valoraciones definidas— que pone su realización no en el trabajo productivo ni en el esfuerzo racional, sino en la acertada ubicación en el marco de las relaciones de las que se pueden derivar ventajas sociales. En este contexto, los modelos altamente estimados son el héroe inalcanzable o los caudillos que ya están completos. Al frustrarse la subjetividad en su intento de alcanzar al héroe o al caudillo, necesariamente deriva hacia su correlativo: peonaje, lealtad como expediente existencial y cohecho como expediente estratégico, carencia de proyecto personal y social, necesidad de caudillo, necesidad de líderes, decimos ahora. No debe pasar por alto que el contenido de sumisión implicado en estos expedientes aparentemente no hace cortocircuito con el arraigado igualitarismo. Una hipótesis al respecto diría que la contradicción es tolerada por la esperanza de ascenso social como premio a la sumisa lealtad La crónica frustración de las expectativas y aspiraciones ha impuesto como regla preferencial el 'agarrando aunque sea fallo' que, en palabras serias, es la exarcebación de la subjetividad como disfrute instantáneo e inmediato de lo no producido. Este hecho se da de la mano con otro severo limitante de la conciencia ética: la incapacidad para diferir las gratificaciones, el rechazo al sacrificio como condición del disfrute, el bloqueo de la sublimación de las pulsiones más elementales.*"[115]

Adelantemos, en este momento, que ese "*disfrute instantáneo e inmediato de lo no producido*" señalado por los citados autores, va a verse reforzado en nuestro mestizaje —muy positivo bajo otros aspectos— puesto que posiblemente incorporó en la conducta del venezolano las herencias aborigen y española que le desapegan del trabajo productivo, a lo que, en tiempos más recientes, iban a incorporarse como refuerzos negativos el hábito de vivir del disfrute de la renta petrolera y el añadido mítico tópico de ser un país "inmensamente rico".

---

[114] Idem, pg. 11.

[115] Idem, pg 12

CAPÍTULO SEGUNDO

Modelo de feudalismo criollo

En el Capítulo Primero de esta Parte I, "Raíces Estructurales e Instituciones del Atraso I", adelantamos factores que, a modo de causas raigales, incidieron en el proceso de formación y desarrollo de nuestra sociedad nacional. Vimos cómo la generación de los libertadores trató de establecer nuevas formas estatales, pero éstos tuvieron que optar por implantar copias de instituciones de otras latitudes más avanzadas en el proceso histórico de desarrollo. De ellas, así como de nuestra particular formación poblacional, derivó un fenómeno, que se verificó también en otras sociedades latinoamericanas, consistente en la particular reproducción en cada una de esas realidad sociales y, según las particulares características de cada país, del modelo feudal que se desarrolló en Europa en un período que abarcó unos diez siglos.

En efecto, durante el siglo XIX y hasta inicios del siglo XX, se reprodujo en Venezuela —y con tiempos menores en otros países de la sub-Región— una versión muy propia del modelo feudal que de manera muy distinta se desarrolló en Europa. Aquí tuvo como bases instituciones de naturaleza feudal creadas por España para enfrentar problemas de la colonización. Se trata de un modelo que se determinó a partir de aquella situación similar que, al generalizarse, alcanzó a definir lo que Weber llamó "tipos-ideales".[116] De esta forma, hubo en España un modelo peculiar de feudalismo que tuvo consecuencias en América Latina. "*Tal*

---

[116] Weber, Max. "*Economía y Sociedad*". . Economía y Sociedad. FCE México, 1944, tomo I, pg. 600

desarrollo de nuestro feudalismo se expresó sociopolíticamente en el auge del caciquismo-coronelismo-caudillismo de nuestro siglo XIX. [117]

Como bien lo indicó el Profesor Alberto Filippi –italiano pero muy ligado a Venezuela– en importante trabajo que presentara ante la Academia Nacional de la Historia de Venezuela[118], por razones que en dicho texto el autor explica, *"el feudalismo aparece desde un comienzo concebido y definido como una realidad histórica exclusivamente europea"* [119], las que, prosigue Filippi, *"por un lado ignoran o desconocen lo que el modelo no abarca, por el otro terminan por otorgarle al modelo carácter de supuesta unicidad que limita su misma capacidad eurística".*[120]

El modelo de feudalismo que históricamente se había acuñado, limitado a un espacio relativamente pequeño, de hecho abarcaba en su extensión territorial como fenómeno no sólo a Europa, pero se pretendió reducirlo sólo a Francia, incluso confinándolo absurdamente a la región francesa que se extiende entre la Loire y el Rhin.

Por otra parte, se consideró en esa visión del feudalismo, que toda realidad feudal habría de desaparecer, automáticamente, apenas surgieran en una sociedad expresiones concretas de relaciones sociales de producción de naturaleza capitalista. Es decir, se partía de la tesis mecanicista según la cual la simple difusión del capitalismo eliminaría automáticamente las formaciones económico-sociales no capitalistas. Sin embargo, de manera contraria, el sistema feudal implantado por traslado de España en América Latina, se transformó y generó nuevos sistemas neofeudales. En este sentido, el profesor Filippi expresó: *"En América, en los años sucesivos al derrumbe del Imperio español, en el momento de la constitución de las repúblicas latinoamericanas, el sistema feudal –lejos de sufrir una rápida eliminación– aprovechando una coyuntura histórica excepcional y del todo inédita para el*

---

[117] Paúl Bello, Pedro, El Populismo Latinoamericano, Equinoccio, Ed. Univ. Simón Bolívar, 1996 . Pg. 141.

[118] Filippi, Alberto. "Instituciones económicas y políticas en la formación de los Estados hispanoamericanos en el siglo XIX: especificidad del caso venezolano".

[119] Op cit. Boletín de la Academia Nacional de la Historia. Caracas, 1981, pg. 50

[120] Idem. Pg. 51.

mundo euro-occidental de aquel entonces, logró transformarse y afirmar su propia (relativa) autonomía respecto a la expansión capitalista industrial europea, generando complejos sistemas 'neo-feudales' " [121].

De manera que, luego de la Independencia, en Latinoamérica y especialmente en Venezuela, al haber sido forzada la constitución de Naciones establecidas sobre la base de la división territorial determinada por las Metrópolis para administrar sus colonias, se desarolló una fuerza o dinamismo político interior a cada sociedad que significó, históricamente, la repotenciación de la forma de feudalismo que, importada de la Península, subsistía en el subcontinente.

Lejos de haber sido disminuido por nuevas formas institucionales que del capitalismo estaban surgiendo, el modo feudal latinoamericano se reforzó y fortaleció en vista del necesario control de la organización social-territorial de cada Nación. Ese fortalecimiento se expresó en el caciquismo-coronelismo-caudillismo que constituye la principal muestra socio-política de ese ulterior proceso evolutivo.

El caudillo fue la realización extrema y poderosa de la subjetividad.[122] Para ejercer su dominio desataba guerras, asolaba poblaciones y robaba tierras y ganado. Sus huestes guerreras eran sus propios peones de haciendas y los de sus caudillos aliados. Cada caudillo carecía de todo proyecto de país y sus peones-soldados eran sacrificados en aras de sus desmedidas ambiciones.

Por esa vía, la formación estatal latinoamericana apareció de manera distinta a la europea que respondía, allá, a los intereses de la verdadera burguesia, pues ésta no existe entre nosotros. Esto es, no hubo acá un desarrollo del Estado en función de dinamismos internos nacionales de naturaleza socioeconómica y de consecuencias políticas, sino se trató de alcanzarlo por lo que en Europa fueron sus condiciones externas de posibilidad: unificación del poder, creación de un ejército único y permanente, creación de una burocracia que se ocupara, principalmente, de los asuntos de recaudación y administración de la hacienda pública.

---

[121] Idem. Pg. 55

[122] Ver Capítulo anterior.

143

Fueron esas las características de la primera expresión del Estado Moderno en la Europa de tiempos de la Francia de Luis XIV.

El caudillo-dictador logró en América Latina, como fenómeno muy extendido, realizar en su país esos efectos del Estado Moderno. Pero, entonces, ese Estado Moderno latinoamericano derivó de un proceso de evolución que fue muy diferente del que se dio en Europa. Acá, fue el mayor fortalecimiento ulterior del feudalismo y no su liquidación por la burguesía, ni la expansión del mercantilismo, primero y del capitalismo comercial después, lo que determinó la aparición del Estado. Tal Estado, en su primera expresión llamado comunmente en la región "oligárquico-liberal" (o también Estado Tradicional), no tuvo de liberal sino la forma externa recogida en las diversas constituciones nacionales.

El Estado moderno que iba a aparecer en la Venezuela regida por Gómez, sería paralelo al que surgió en Europa inicialmente, cuando el "primus inter pares" entre los señores feudales del medievo logró independizarse de sus pares de quienes dependía económica y militarmente, para poder gobernarlos gracias al apoyo económico que logró de una burguesía enriquecida después de casi diez siglos de incesante comercio por rutas y caminos europeos. Acá, en Venezuela, Juan Vicente Gómez derrotó militarmente a los tradicionales caudillos regionales que, al modo feudal pero con raíces que vienen de la Colonia y fortificadas después de la Independencia, se habían repartido el poder dividiendo a la Nación en suerte de espacios de su absoluto dominio y control. Una vez superada esa situación en tiempos de Cipriano Castro, por obra de su propia destreza militar, Gómez, apoyado en los incipientes ingresos del país, pudo crear su propia hacienda pública y organizar unas fuerzas armadas más modernas, elementos que, con la definición y dominación territorial, constituyen las bases históricas que conformaron el Estado Moderno venezolano.

Después, fue la explotación del petróleo y su creciente valoración, la base de asiento para la evolución y desarrollo de nuestro Estado, con todas las vicisitudes que lo caracterizaron a lo largo del resto del siglo XX e inicios del siglo XXI y que, al igual que en otras latitudes, se convirtió en causa y efecto del moderno desarrollo capitalista mercantil e industrial.

El enriquecimiento de un pequeño sector ligado al comercio hizo surgir entre nosotros un mercado interno débil, pero real, mientras determinaciones sociales de la pobreza alimentaron el éxodo campesino a las ciudades principales, haciendo que el fenómeno de urbanización se adelantara a la industrialización del país. El Estado gomecista, que mantenía las características del Estado Tradicional, entró en crisis por falta de comprensión de las nuevas realidades sociales, políticas y económicas del país y del mundo. Su derrumbe, con la muerte de Gómez, generó un vacío de poder.

Los nuevos grupos sociales desarrollados en torno al mercado interno, la mal llamada "burguesía" o sector industrial y los obreros urbanos ya sindicalizados, trataron de llenar ese vacío mediante una alianza que tipificaría al modelo populista –tema a tratar en capítulo posterior– por reunir formas culturales, organizativas, técnicas y sociales que, algunas atrasadas, otras avanzadas, ambas coexistentes en el modelo, eran características que, junto a la contradicción entre los intereses propios de los principales factores de la Alianza, terminarían indefectiblemente por estrangular ese modelo.

CAPÍTULO TERCERO

Hiperconstitucionalismo

Retomaremos en esta parte la consideración fundamental iniciada en el Capítulo I de la Parte I de este trabajo, sobre el tema de las raíces estructurales y las derivadas instituciones del atraso cuya repercusión en la organización de la sociedad venezolana ha tenido muy trascendentales consecuencias.

En el primer volumen de la edición de Obras de Luis Castro Leiva publicado por la Fundación Polar, en el capítulo introductorio titulado "Para pensar a Bolívar", éste insigne venezolano –que, por desconocer los designios del Creador, se nos antoja prematuramente desaparecido–-nos sugiere que en nuestras repúblicas iberoamericanas y desde el momento de su nacimiento, la Constitución fue la respuesta a la pregunta que buscaba fuera de ellas e indagaba por sus comienzo, forma y devenir. Estas Constituciones –nos dice– fueron, entonces, *"principios que arquitectónicamente diseñaron instituciones, movieron y cambiaron espacios, voluntades y creencias"*[123], al tiempo que nos explica que tal pregunta, por ajustarse a Montesquieu en la mentalidad de su tiempo "newtoniano", distaba mucho de la del *principio* aristotélico del indagar por las *causas finales*.

Pero como la forma o estructura de la Constitución era resultado de su diseño, su vida y muerte iban a depender de *las peculiares pasiones* que desatara la vida política de cada Nación. Por eso, bien apunta Castro Leiva que los actores políticos grancolombianos, más allá de sus roles e inclinaciones partidarias, iban a identificar *"existencia pública con principio,*

---

[123] Castro Leiva, Luis. Obras de Luis Castro Leiva, Ediciones Fundación Polar, primera edición 2005, Caracas, pg .60.

principio con pasiones, etc."[124] Por lo tanto, era inevitable el desarrollo conceptual e histórico de una permanente tensión entre la forma o estructura constitucional atada a la naturaleza de las cosas –y por tanto a la del hombre- y la historia misma que el ser humano escribe siempre con el uso de su libertad. El drama proviene del hecho señalado por Montesquieu y citado por Castro Leiva, según el cual *"lo que forma la mayor parte de las contradicciones del hombre es que la razón física y la razón moral (gobernada ésta por la libertad del ser humano) no están casi nunca de acuerdo"*[125]. Y es en esa ambigüedad –concluye Castro Leiva– como *"el devenir histórico se gesta"*[126] pues, y siempre según el pensamiento de Montesquieu, *"El hombre, como ser físico, es, al igual que los demás cuerpos, gobernado por leyes invariables"*[127], cuando, en verdad, su libertad está orientada por la Ley Natural pero, por su libre albedrío, puede seguir sus caminos o proceder contrariamente según su libre voluntad.

Luego, continuando con Castro, *"La instauración de una república se efectuaba primariamente a través del concurso de la voluntad y de la razón. El instrumento que la creaba y la convertía de principio en institución era la constitución. En este sentido, entonces, el comienzo de una república ilustrada era su voluntad constituyente".* [128] Por tanto, *"¿Cómo podíamos entonces acceder al 'concierto de la naciones civilizadas' si ni siquiera nuestra tirana España se había, para las luces, ganado su puesto en él? Era necesario que, dadas esas coordenadas, un hombre se arrogase para sí la neoclásicamente ciclópea tarea de darnos las luces, llevarnos al reino de la República de la Libertad. Fracasado su intento, los héroes se reprodujeron, reinó la voluntad particular disfrazada de republicana."*[129]

Eso explica muy bien por qué la más reciente reproducción del "héroe", identificada con la realidad corpórea y humana del último Presidente, determinó que la principal oferta de *"la voluntad particular disfrazada de republicana"* de Hugo Chávez Frías, durante su campaña electoral y

---

[124] Idem, pg. 61.

[125] Idem, pgs.62 y 63.

[126] Ibid., pg. 63.

[127] Idem, pg. 62.

[128] Idem, pg 60.

[129] Idem, pg 64.

a lo largo los primeros meses de su gobierno, se cimentara en el redactar una nueva Constitución para sustituir la que, en su insólito acto de juramentación como Presidente, llamó "moribunda" Constitución de 1961.

Esa oferta, vinculada desde el inicio a la inconstitucional convocatoria de una Asamblea Nacional Constituyente (posibilidad no prevista en el derogado texto constitucional de 1961), se hizo y se aceptó como válida realidad, dado que se auto-descartó el nuevo Congreso Nacional − electo apenas un mes antes de las elecciones presidenciales donde venciera Chávez− pese a que la correlación de fuerzas políticas, en el seno del mismo, resultó abiertamente desfavorable al para entonces Presidente Electo y posterior Presidente de la República. Al no respetarse lo previsto en el texto de la vigente Constitución de 1961, la convocatoria de dicha Asamblea Constituyente resultaba una flagrante violación constitucional. Sin embargo, ni el Congreso, ni la Corte Suprema de Justicia, y ningún sector del espectro político de entonces, alzaron voces de denuncia de la inconstitucionalidad y, por tanto, nulidad de dicha Asamblea así como de todos de sus actos: Estamos entonces, de vuelta a la presencia de la antes señalada por Castro Leiva identificación de *"existencia pública con principio, principio con pasiones, etc."*.

Pero para para entender la actual crisis político-institucional que vive Venezuela, es muy importante el tener presente la relación, casi siempre problemática que, en los países de la Comunidad Ibero-americana, ha existido entre Constitución y gobierno. Esto implica, necesariamente, dejar de lado la mera consideración del texto constitucional como análisis de las realizaciones históricas del Estado, para ir a alcanzar el conocimiento de aquellas realizaciones concretas, aunque inconstitucionales, con base en las cuales ha sido posible −bajo una suerte de especial y *sui-generis* "derecho consuetudinario"− un cierto grado de funcionamiento y consolidación de esas expresiones reales del Estado, tanto en Venezuela como en el sub-continente .

Como se indicó anteriormente en seguimiento a Castro Leiva, al nacimiento de nuestras repúblicas la Constitución era la respuesta a la pregunta que buscaba fuera de ellas e indagaba por sus comienzos, formas y devenir. De hecho, su instauración y comienzo "se efectuaba primariamente a través del concurso de la voluntad y de la razón" y el instrumento de esa creación era la Constitución.

Y esas Constituciones, entonces, *movieron y cambiaron espacios, voluntades y creencias*, pero no indagaban por las *causas finales*. Entonces, como la forma o estructura de la Constitución era resultado de su diseño, su vida y muerte iban a depender de "*las peculiares pasiones*" que desatara la vida política de cada Nación. Por eso, bien apunta Castro Leiva que los actores políticos grancolombianos, más allá de sus roles e inclinaciones partidarias, iban a identificar "principios" con sus particulares intereses. Es la negativa significación, en términos históricos, de la tragedia republicana en que derivó entre nosotros aquella cínica expresión "*la Constitución sirve para todo*" de José Tadeo Monagas.

En efecto, en Venezuela, con única excepción en la revolución de Independencia, que si fue auténtica revolución en cuanto modificó el sistema político en la idea de fundar una nueva realidad política independiente y la hizo realidad, ninguna de las quince constituciones posteriores a la de 1830, lo fueron en sentido verdadero, pues no introdujeron —ni pretendían hacerlo— cambios que modificaran el sistema político, sino simples sustituciones de intereses personales de anteriores gobernantes por los de otros nuevos, con iguales vicios, deformaciones y comportamientos.

Lo difícil que ha sido lograr la meta de consolidación republicana en América Latina lo prueba el hecho de que entre los diecinueve Estados latinoamericanos y los europeos que componen esta Comunidad de naciones, y durante los 198 años transcurridos hasta 2009, desde la primera Constitución que fue la de Venezuela de 1811 y la de Colombia de 1991, habían sido promulgados más de 200 nuevos textos constitucionales, sin contar en ello las reformas y enmiendas importantes que han sido realizadas. Con la de 1999, Venezuela, precisamente, es el país que con 24 Constituciones tiene el dudoso liderazgo de haber promulgado el mayor número de cartas fundamentales; le sigue la República Dominicana con 18 y cierran la larga lista Argentina y Panamá con cuatro. De todas esas Constituciones, solamente 13 han alcanzado a superar los 50 años de vigencia, sea nominal o real; tres de ellas corresponden al siglo XIX en su primera mitad; nueve fueron promulgadas en la segunda mitad del mismo siglo y tan sólo dos lo fueron en el siglo XX. La más antigua y una de las más duraderas fue la Constitución monárquica del Brasil que duró 65 años, entre 1824 y 1889. Le sigue en antigüedad la Constitución republicana del Uruguay del año 1830 que duró 87 años, es decir hasta 1917. La más longeva había sido la de Chile de 1833 que se mantuvo en vigencia por 92 años hasta 1924. La Constitución de México de 1917, que todavía rige, la superó pues, lleva hasta el presente, 95 años y sería la primera en duración entre todas las de los países iberoamericanos. Nuestra Constitución de 1961, la más longeva del país, duró 38 años.

Puede afirmarse que en Iberoamérica se ha inveterado una mítica creencia en el poder de las Constituciones para resolver los conflictos cuando éstos, en realidad, sobrevienen por crisis de agotamiento de la dirigencia política. Tal realidad conduce, necesariamente, a la consideración del grado de verdadera vigencia de cada Constitución, esto es, a comparar el país real con el país legal. Debe tenerse presente que la vigencia de cualquier Constitución puede ser nominal o real. Se dice que las Constituciones de vigencia nominal "reinan pero no gobiernan", mientras que las de vigencia real "reinan y gobiernan". Por militante acción del gobierno y escandalosa omisión de los ciudadanos, la Constitución venezolana de 1999 corresponde al primer grupo.[130]

El problema de fondo consiste en la forma de existencia real del Estado constitucional. En América Latina –como ocurre también en España y Portugal– se ha presentado entre el Ejecutivo, entendido como "el gobierno" –heredero de toda la tradición del absolutismo autoritario de las Metrópolis– y el Parlamento o Congreso –que es una institución relativamente reciente– una recurrente contraposición histórica. Eso se reveló en nuestra primera Constitución que quiso neutralizar la posibilidad de que en, la nueva República, predominara sobre el Parlamento un Ejecutivo fuerte, cuya reacción opuesta la tipifica, precisamente, José Tadeo Monagas, pero la encontramos en el Discurso de Angostura, en el que el Libertador propone al Congreso el establecer ese Ejecutivo fuerte.

---

[130] Ver Anexo N° 4°, Documento N° 3.

No obstante, en la base de este conflicto está el que –desde tiempos de España– se ha pretendido atribuir al gobierno el objetivo de *"hacer con eficacia"*, mientras que de la función contralora del Parlamento se haya dicho que pareciera entorpecer tal objetivo.

Pero el funcionamiento del Estado constitucional invoca la existencia de un *régimen de gobierno* que puede definirse como el funcionamiento real del par gobierno–parlamento sobre el que debe descansar el régimen, conforme al principio clásico de la división de poderes.

Cuando tal par existe, es porque el gobierno ejecuta y, al mismo tiempo, se realiza la doble función legisladora y contralora del Parlamento. La doctrina aplicada, especialmente en el derecho constitucional de los países iberoamericanos, hace de la función de legislar tarea muy principal de gobierno, por la que el Parlamento también concurre al gobierno. Además, según la tradición del derecho constitucional castellano y portugués heredada en América, correspondería al Parlamento regular y controlar la gestión gubernativa mediante el establecimiento de límites para el ejercicio de la autoridad, a la vez que debe sancionar las eventuales violaciones a la Constitución y Leyes de la República.

La historia de los Estados iberoamericanos muestra patentemente cómo, tanto en el Nuevo Mundo como en la Península, neutralizar o eliminar al Parlamento resultó muy fácil a gobiernos apoyados en una tradición absolutista, incoada en la mayoría de una población que prefiere gobiernos fuertes, realizadores y distribuidores de beneficios concretos.

"¿Cómo podíamos entonces acceder al 'concierto de la naciones civilizadas' –repitamos la pregunta de Luis Castro Leiva– *si ni siquiera nuestra tirana España se había, para las luces, ganado su puesto en él? Era necesario que, dadas esas coordenadas, un hombre se arrogase para sí la neoclásicamente ciclópea tarea de darnos las luces, llevarnos al reino de la República de la Libertad. Fracasado su intento, los héroes se reprodujeron, reinó la voluntad particular disfrazada de republicana."* [131] El resultado fue un modo de feudalismo a la nuestra.

---

[131] Idem pg 64

Fue, entre nosotros y en especial los venezolanos –como antes lo hemos considerado– la eclosión de una forma propia de feudalismo, encarnado en caciques-coroneles-generales con el que saturamos nuestro siglo XIX "neorepublicano y libre", para después del anterior casi medio siglo de modernidad que creyó haber definitivamente todo enterrado, la malhetría de un pretendido caudillo malavenido, nacido en el siglo XX, pero sumergido mental y emocionalmente en los arcanos más profundos del siglo XIX, piense ahora revivirlo con el apellido de "socialismo del siglo XXI".

Eso no es de sorprender: ha sido siempre así. Tan ello es siempre así que, cada vez que se ha producido en estos países el derrumbe del Estado constitucional, la primera manifestación de tal hecho ha sido, normalmente, la disolución fáctica o de hecho del Parlamento. En Venezuela, en estos tiempos, está ocurriendo similar fenómeno bajo la figura de absorción, pues el Parlamento ha sido "absorbido", más que por el Poder Ejecutivo, por la insaciable sed de poder que es la persona del Jefe del Estado y Presidente de la República, en una clásica y ejemplar expresión del fenómeno totalitario. Fue este, sin duda, el camino que el actual gobierno encontró más fácil para alcanzar sus objetivos: tomar todo el poder en Venezuela, por mano de una Asamblea Constituyente absolutamente controlada por el Ejecutivo. Tal Asamblea se hizo carente de legitimidad constitucional al haber sido convocada como vimos, en 1999, mediante referendo consultivo, fórmula no prevista en la Constitución de 1961. Para tal referendo, absurdamente convocado sin quórum mínimo prefijado, sólo concurrió a las urnas el 33% del universo electoral. El voto aprobatorio (el sí) fue del 88% por lo que la aceptación real fue del 29,04%. Posteriormente, para la elección de los representantes miembros de la Asamblea Nacional Constituyente, la concurrencia fue del 49%, de la que los partidos del gobierno obtuvieron el 54% y los de la oposición el 43%; es decir, que la ANC, para cuya elección el gobierno alcanzó tramposamente (mediante un artificio de las loterías) una representación superior al 90% con sólo el 54% de los votos (gracias ese mecanismo electoral *quórum generis* que lo favoreció), siendo que, en la elección, los grupos políticos del oficialismo apenas obtuvieron menos del 27% como proporción del electorado total.

Entonces, se debe tener muy claro que solamente van a existir etapas de funcionamiento y consolidación del Estado constitucional en Venezuela y en la mayoría de los países del subcontinente, cuando haya sido posible conciliar la permanencia de gobiernos realmente eficaces en su función de gobernar con el cumplimiento, por parte de un Parlamento verdaderamente autónomo, de sus funciones contralora y legisladora. Es evidente, pues, que la vigencia real de una Constitución no tiene nada que ver con la nominal. El caso más dramático en América Latina ha sido el de la longeva Constitución de 1830 del Uruguay, ya citada que, pese a sus 87 años de vigencia hasta 1917, era sólo letra muerta pues vio pasar, por lo menos hasta 1903, 25 gobiernos casi todos inconstitucionales por su origen (dos presidentes asesinados, uno gravemente herido, nueve derrocados violentamente y apenas tres que pudieran llamarse "normales" por su desenvolvimiento). Por su parte, la Constitución de Colombia de 1888 alcanzó a cumplir el siglo, pero en medio de cinco interrupciones, por lo que tuvo períodos de vigencia nominal y períodos de vigencia real.

Es de notar, además, que tampoco España tuvo un siglo XIX muy diferente al de sus antiguas colonias americanas. José Luis Comellas así lo refleja en obra de su autoría: *"La primera nota que destaca como característica del siglo XIX es la inestabilidad. Con un poco de paciencia podríamos confirmar esta impresión en forma estadística: 130 gobiernos, nueve constituciones, tres destronamientos, cinco guerras civiles, decenas de regímenes provisionales y un número casi incalculable de revoluciones, que provisionalmente podemos fijar en 2.000, o, lo que es lo mismo, un intento de derribar el poder establecido cada diecisiete días, por término medio"*[132].

El mismo autor añade de seguidas: *"....la sorprendente inestabilidad del siglo XIX ha de obedecer a ciertas causas. Pensemos, ante todo, que la Revolución liberal, que estalla con las Cortes de Cádiz, y que triunfa definitivamente en 1883, derriba unos presupuestos que durante siglos se había considerado sagrados e incontrastables. Se rompe con ello la intangibilidad del poder, de suerte que derribar un régimen dejó de ser un pecado horrendo, y, roto el respeto a aquella entidad sagrada, la*

[132] Comellas, José Luis. *Historia de España Moderna y Contemporánea"*. Ed Rialp S.A., 11ª edición, Madrid 1990, pg. 264.

fuerza moral de la autoridad quedó rota también. La Revolución hizo posibles, en adelante, otras revoluciones."[133]

La "intangibilidad del poder" es concepto jurídico- socio-político, cuya consideración escapa de los fines de este trabajo. Sin embargo, existe un indudable paralelismo de situaciones que presentan el caso histórico español y el venezolano en el siglo XIX y, en lapsos temporales muy semejantes en ambos casos: entre 1833 y 1936 en España ("Siglo Histórico XIX" al decir de Federico Suárez) y entre 1812 y 1908, en el caso venezolano. El mismo José Luis Comellas lo esboza en el párrafo antes citado: la Revolución liberal derribó unos presupuestos que, por siglos, se habían tenido como sagrados, de la misma manera como, antes de 1810-11, era "sagrada" la sujección de la Capitanía General a los principios sociales y jurídicos sobre los cuales había sido establecida.

Dada la actual situación política que vive Venezuela, en la que un gobierno que, encabezado por el Presidente de la República, ha desafiado, vituperado y desconocido los Poderes nacionales legislativo y judicial en las pocas oportunidades cuando no lo han ciegamente obedecido, pero tan legítimamente constituidos como el propio Ejecutivo; dado que la Asamblea Nacional, que para su elección fue convocada bajo una protesta popular nacional que obligó a los partidos de oposición a retirarse de dichos comicios, y que fue instalada con una concurrencia electoral real inferior al 10% de los venezolanos con derecho a participar en la elección, pero que, a falta de reacción política de los partidos para impedir esa instalación ilegal, logró seguir legislando en abierta contradicción con el texto constitucional vigente, situación "permitida" por el Tribunal Supremo de Justicia conformado con la incorporación, "adicional" respecto a la original, de veinte magistrados incondicionales del Ejecutivo elegidos por la Asamblea Nacional mediante ilegales modificaciones de su reglamento interior y de debates que, para su modificación pautaba la mayoría calificada de los dos tercios de los parlamentarios y que, violado lo cual, pudieron designar los nuevos magistrados también por mayoría simple y no mediante la calificada que exigía dicho reglamento; y. en vista del control absoluto que el Presidente ejerce sobre la Asamblea Nacional, se concluye que en el régimen no ha existido

---

[133] Idem. (Subrayado del autor).

y nunca va a existir separación real de Poderes Públicos independientes, sino que todos los Poderes quedarán siempre subordinados a la voluntad del Ejecutivo en la persona del Presidente de la República.

Si bien es cierto que de ninguna Ley, obra de la racionalidad y de la libertad humana, puede pretenderse ilimitada durabilidad, también lo es que toda Ley tiene como fundamento absoluto la convivencia, cuya permanencia es indispensable. Cierto es también que esa permanencia está limitada por la naturaleza dinámica de la Sociedad, dinamismo que según el paso del tiempo cambia y, de hecho, modifica las condiciones necesarias para la convivencia y, por tanto, toda Ley humana está sujeta al cambio. Pero eso no significa que deje de ser externa a la voluntad y subjetividad de las personas, pues toda Ley tiene fundamento en un orden objetivo, es decir, exterior a las personas. De manera que la Ley, en medio de sus cambios, posee intangibilidad inseparable de su naturaleza como Ley.

Si se piensa que la Ley tiene su fundamento en la *voluntas personae*, quien detenta Poder hará de ella expresión de su propio y subjetivo interés, lo que conducirá inevitablemente a la tiranía, pues el interés del tirano se sintetiza en la voluntad de dominio.

1. Mala imitación Federal.

El otro gran conflicto padecido por nuestra constitucionalidad ha sido la enfermedad federalista. De nuevo la imitación tuvo mucho que ver con su contagio. Los Estados Unidos establecieron un Estado perfectamente federal aunque para consolidarlo esa Nación hubo de sufrir la muy dura Guerra de Secesión. El legislador de 1811 que redactó la "Constitución Federal para los Estados de Venezuela" no fue, sin duda, inmune a la tentación de asimilar, en su texto, ese modelo para la naciente República. Sin embargo, tal no era la única ni la principal razón. Recordemos las muchas reticencias y desconfianzas que –guiadas por los Cabildos– mostraron casi todas las Provincias que rechazaron y se resistieron a formar parte de una unidad político-territorial por temor a ser sometidas al dominio de Caracas. Ese modelo reforzó, posteriormente, la subjetividad heroica de los caudillos regionales, militares victoriosos de la Guerra de Independencia y herederos de los bienes de la aristocracia criolla, que se instalaron señores en sus feudos hasta entrado el siglo XX, aún cuando la forma federal hubiese sido suprimida en algunas Constituciones posteriores a la de 1830.

Sin embargo, el innegable avance democrático de Venezuela vivido partir de 1958 puso de relieve la importancia de la descentralización en beneficio del desarrollo de las Regiones, los Estados, los Municipios y las localidades del país. Una nueva visión del federalismo se había abierto paso, ya que implicaba una federación concertada, en la que los poderes centrales y federales lejos de contraponerse compartían una visión única de Nación en sus diferentes expresiones, necesidades y aspiraciones.

2. Dos sugerencias que pueden ser pertinentes con vista al futuro.

Primera:

A propósito de lo anterior, sin embargo, quizás convenga que especialistas constitucionalistas consideren una opción que, si bien no "blinda" contra posibles acechanzas de enemigos de la democracia, permitiría, si los venezolanos la asumen como un valor y así la defienden, que no sigamos aumentando, de manera interminable, la cantidad de Constituciones que nos demos. Se trata de una fórmula similar a la que existe en la Constitución de la República Italiana vigente desde el 1° de enero de 1948, luego de ser aprobada el 22 de diciembre inmediato anterior.

Para muchos, esa fórmula y el ordenamiento jurídico italiano tienen su inspiración en el llamado "Estatuto Albertino" concedido el 4 de mayo de 1848 en Torino, por Carlo Alberto, en el que el Soberano autolimitó su poder y definió una monarquía constitucional para el Reino de Cerdeña. En efecto, la Constitución italiana de 1948 contiene varios artículos muy semejantes a otros del Estatuto Albertino. En efecto, esta Constitución tiene una parte que se le llama "rígida", la cual comprende los primeros doce de sus artículos los cuales, en principio, no pueden ser sometidos a modificaciones. La idea central consiste en que tales artículos definen la especificidad de la República Italiana que, como tal, es indiscutible:

- "Ser democrática y fundada sobre el trabajo" y la soberanía del pueblo "que la ejercita en las formas y límites de la Constitución (art 1);

- Garantizar la inviolabilidad de la persona humana, sea en singular o como formación social (art 2);

- La igualdad ante la ley, sin diferenciaciones de cualquier naturaleza, quedando obligada la República a eliminar todo obstáculo que en tal sentido pueda existir (art 3):

- El derecho al trabajo de todo ciudadano, en cualesquiera de los diferentes modos de hacerlo, así como también el deber de trabajar en beneficio del "progreso material y espiritual de la sociedad" (art 4);

- La unidad e indivisibilidad de la República, así como la promoción de las autonomías locales (art 5);

- La tutela por parte de la República de las minorías lingüísticas (art 6);

- La separación y soberanía en sus órdenes de la Iglesia Católica y el Estado, cuyas relaciones regula el Pacto Lateranense (art 7);

- La libertad de todas las confesiones religiosas ante la ley (art 8);

- La promoción por la República de la cultura y la investigación científica y técnica (art 9);

- La conformación del ordenamiento jurídico italiano a las normas del derecho internacional y la garantía del derecho de asilo de los extranjeros con problemas políticos en sus países, sin que puedan ser extraditados (art 10);

- El repudio a la guerra, sea como ofensa a otros pueblos o como medio para resolver controversias (art 11) y

- La definición de formas y colores de la bandera nacional italiana (art 12).

Mas que por acato a la ley, la tradición constitucional italiana ha respetado estos doce artículos que, de esta manera, son tenidos como inmodificables. Sin embargo, el único artículo que, verdaderamente, define como "inviolable" algo del texto constitucional italiano, es el número 139, que reza: "La forma republicana no puede ser objeto de revisión constitucional".

Como en otra parte tratamos, es claro que los enemigos de la democracia y de la libertad siempre conspiran para derrumbar los sistemas de gobiernos democráticos que, sin embargo, tienen que mantener en su seno a quienes quieren destruirlos y pese a su enemistad. Ciertamente, fijar un articulado "inamovible" puede ser inútil ante un golpe de fuerza que todo eche por tierra. No obstante, en mi modesta opinión, pienso que algo, como en el caso italiano –que era tan difícil por múltiples razones—en el que el "experimento" no sólo ha prevalecido, ya por 64 años, sino que ha permitido elevar el nivel general de la población y hacer de Italia una Nación verdaderamente desarrollada y en camino de mayor progreso. Quizás valga la pena pensar en esto, aunque sea a modo de ejercicio….

Segunda:

En diversas ocasiones y situaciones he expresado, pública y privadamente, la idea de que para optar a los más elevados cargos y posiciones dentro del Estado, aparte de planes y proyectos de acción, los aspirantes o candidatos deben rendir suerte de exámenes completos, tanto sobre la formación, conocimientos, capacidades, aptitudes y experiencia que demuestren, así como también sobre sus condiciones psíquicas, equilibrio emocional y salud mental. Tengo por cierto –pues me encontraba en el exterior— que, para las elecciones de 1998 algunos de los candidatos presidenciales –no se si todos– fueron interpelados por representantes miembros de varias Academias. Parece ser, según las informaciones que recibí, que uno sólo de ellos mereció la aprobación de todos los examinadores; otro u otra fue aprobado con la nota mínima y los demás fracasaron, siendo el peor, según esa información que no me consta, precisamente quien resultó elegido. Obviamente, dichos exámenes –si en verdad existieron– no eran vinculantes pues no existía ley o norma alguna al respecto.

Además, en Venezuela, en la década de los años noventa, se estableció la norma obligatoria según la cual, para optar al cargo de Contralor de alguna institución u organismo del Estado, era menester rendir exámenes sobre los temas del oficio, así como acudir a entrevistas con los directivos de tales ramas del Estado. Podemos preguntarnos, si era así (ignoro si se mantiene la práctica en los tiempos actuales; de ser afirmativa la respuesta, seguramente se tratará de preguntas muy elementales) para funcionarios de cierta importancia, como los Contralores de Ministerios y otros despachos del Estado ¿Por cuál razón no existen pruebas de capacidad y psíquicas para quienes han de detentar las más altas posiciones de conducción y poder en la República? Tratando sobre este tema, un amigo muy cercano me escribió por Internet: *"Para llegar a ser Presidente lo que hay que tener es habilidad para manejar los hilos de la política en el momento adecuado y ser un buen comunicador social. Esta habilidad requiere de una inteligencia y una habilidad excepcionales, pero no garantizan la idoneidad del sujeto para gobernar. Ni su moral. ¿Cómo asegurar que al gobierno de un país (y en concreto de nuestro país) no pueda llegar la delincuencia organizada, la mafia, la narcoguerrilla? Creo que, hasta ahora, la democracia no ha diseñado la fórmula para prevenir que la delincuencia tome el poder. Una vez en la cima, los capos del delito copan la administración pública con sus secuaces y el gobierno se convierte en una empresa del delito con todo el poder. Las consecuencias son funestas"*. Además, añado, están a la vista....

3. Periodos Constitucionales y formas de Estado.

Allan R. Brewer Carías presenta una periodización del proceso histórico constitucional del país que es del mayor interés para constatar de qué manera, en Venezuela, se ha dado cabalmente la expresión de Luis Castro Leiva: *"reinó la voluntad particular disfrazada de republicana"*.

Brewer distingue los siguientes períodos constitucionales:[134]

1° *Período de estructuración del Estado independiente y autónomo* que va de 1811 a 1863 y tiene dos lapsos o subperíodos: *primer lapso* (1811-1821) corresponde a las Constituciones de lo que el autor llama *"proceso primario de formación del Estado independiente"*, que va de 1811 a 1819 e incluye las dos Constituciones sancionadas en dichos años, más la Constitución de la Gran Colombia de 1821; *segundo lapso* que va de 1830 a 1863 y Brewer define como de *"consolidación de la República Autónoma y semicentralizada"*, el cual se inicia con la Constitución de 1830, (reformada parcialmente en 1857 y la nueva Constitución de 1858 producto de la Revolución de Marzo de Julián Castro, que fue anulada por Páez en 1862) para terminar con la Guerra Federal (1858-1863).

2° *Período de federalización del Estado* que va de 1863 a 1901 y comienza con la configuración del Estado Federal mediante la Constitución de 1864 que cambió la denominación de República por la de Estados Unidos de Venezuela. Como lo expresa el referido autor, la vigencia de esta Constitución fue afectada, en 1868, por la Revolución Azul de José Tadeo Monagas y en 1870 por la Revolución de Abril de Guzmán Blanco quien, al modificarla, dio lugar a la Constitución de 1874. El mismo Guzmán, cuando su Revolución Reivindicadora triunfó, en 1879, la volvió a modificar, como siempre a través del Congreso, con la Constitución de 1881, llamada "la Suiza". Una siguiente modificación dio vida a la Constitución de 1891 y, después de la Revolución Legalista de Joaquín Crespo, de 1892, se aprobó la Constitución de 1893 mediante Asamblea Constituyente. Finalmente, la Revolución Restauradora de Cipriano Castro sancionó su Constitución de 1901.

3° *Período del Estado centralizado y autocrático* que va de 1901 a 1945, cuando se consolida el Estado. En otra parte lo hemos referido como de la fundación del Estado Moderno en Venezuela. Se inicia en 1899 con la victoria de la Revolución Restauradora de Cipriano Castro que define la llamada época de la hegemonía andina en el poder. Culmina con Juan Vicente Gómez, se democratiza con los gobiernos de López Con-

---

[134] Brewer Carías, Allan R. *"La Constitución de 1999"*. Ed. Arte, Caracas 2000, pgs. 9 a 14.

treras y Medina Angarita y termina con la Revolución de Octubre de 1945. Durante esta etapa autocrática nueve Constituciones fueron sancionadas: la de 1901, que inició el período y fue sancionada por una Asamblea Constituyente; la de 1904 sancionada por el Congreso que asumió facultades de poder constituyente; la enmienda de 1909 una vez que Gómez asumió el poder; la de 1914 realizada y sancionada por un Congreso de Diputados Plenipotenciarios *ad hoc*; posteriormente, y conforme a los caprichos del Dictador,[135] hubo reformas en 1922; la petrolera de 1925; y las de 1928, 1929 y 1931. Fallecido Gómez, hubo reformas democratizantes en 1936, bajo el gobierno del gral. López Contreras, y en 1945, en el del gral. Medina Angarita. Ese año, con la Revolución de Octubre, finalizó este período.

4° *Período de la democratización del Estado petrolero* que va de 1945 a 1999, año éste cuando, en febrero, Hugo Chávez Frías asumió la presidencia de la República e inició el desarrollo de su modelo totalitario de Estado. En este período hay tres lapsos o sub-etapas: *el lapso del inicio del populismo* con la etapa del gobierno cívico-miltar de una Junta de Gobierno presidida por Rómulo Betancourt (1945-1947) y del gobierno constitucional de Don Rómulo Gallegos (1947-1948); *el lapso del gobierno militarista* (1948-1958) centrado en el poder político del gral. Marcos Pérez Jiménez, con una primera Junta Militar de Gobierno (1948-1950) que, luego del asesinato del cnel. Carlos Delgado Chalbaud, se convirtió en Junta de Gobierno (1950-1952) bajo la presidencia de Germán Suárez Flamerich. En 1953 un Congreso Constituyente, aprobó y sancionó la Constitución de 1953 y el gral. Pérez Jiménez asumió la presidencia, en diciembre de 1952 como Presidente Provisional y en 1953 como Presidente Constitucional conforme al texto aprobado. Este lapso concluye en 1958 con la caída de este gobierno, derrocado por un movimiento cívico-militar. Finalmente, *el lapso del Estado Democrático Centralizado de Partidos*, que significa el más prologado período de vigencia gubernamental de un sistema cuya base de sustentación han sido: el recurso petrolero, los partidos políticos, la Constitución de 1961 y el ejercicio ciudadano del libre sufragio. En este período hay dos Constituciones: la de 1961, que ha sido el texto constitucional de mayor duración en el país (38

---

[135] Ver en el Anexo I: Gobierno de Juan Vicente Gomez.

años, de 1961 a 1999) y la de 1999. La primera tuvo inspiración en la de 1947, a la que desarrolló y le añadió nuevos aspectos; la de 1999, sancionada por una Asamblea Constituyente, tiene elementos de la de 1961 y otros nuevos no contemplados en esta, aunque los más importantes y significativos provienen de los trabajos de la Comisión Bilateral del Congreso que se constituyó en 1989, especialmente en lo relativo a referendos y a participación ciudadana.

CAPÍTULO CUARTO

Emergencia social de las masas

El predominio de las masas es el fenómeno social más relevante de los derivados del desarrollo histórico del capitalismo industrial y financiero. La democracia occidental decimonónica era una oligarquía en la que una clase rectora acaparaba el control político. El sufragio estaba restringido y la doctrina de Burke y Blackstone constituía un principio absoluto: "*los diputados representan a la Nación y solamente pueden obedecer a su propia conciencia*". Pero la industria y la urbanización en gran escala, hicieron surgir una sociedad masiva, densa e impersonal, que obligó a la modificación de los sistemas sociales y políticos imperantes.

La presión de la *realidad* –en particular los problemas del trabajo y de la salud pública– forzó, en el mundo desarrollado, el establecimiento de nuevos mecanismos, la modificación de anteriores y una visión distinta sobre el papel del Estado que se sumó al intervencionismo determinado por las exigencias del capital. Tales cambios obligaron a modificar las maquinarias políticas existentes (clubes políticos) que resultaban ineficaces para sustentar una sociedad de masas la cual irrumpía, vertiginosamente, en el mundo capitalista.

Las primeras modificaciones políticas fueron introducidas en los sistemas electorales. A finales del siglo XIX y comienzos del XX se generalizó el sufragio. Inmediatamente fueron surgiendo en Europa los llamados "partidos de masas". Pero lo que propulsó a tales partidos hacia su predominio fue el surgimiento de las organizaciones socialistas que, reclamándose partidos de clase y representantes de los intereses de los obreros, lograron la afiliación de éstos, fuese en forma directa o a través de los sindicatos. Dichos partidos cuidaron, muy bien, que sus diputados quedaran sometidos a la organización y no controlaran sus órganos directivos. Tal sistema del "mandato socialista" terminó con la teoría de la representación de Blackstone y Burke y determinó la profundidad del cambio que la democracia de masas traía consigo y que hizo de ella una democracia plebiscitaria del sistema de partidos.

A partir de entonces, *"los miembros del Parlamento están sometidos a una disciplina que les convierte en máquinas de votar manipuladas por los directivos del partido"*,[136] mientras, el elector siente que ha sido limitada su libertad de sufragio. En los Estados Unidos, donde el proceso se cumplió de manera distinta, las cosas, en la práctica, no resultaron muy diferentes: pese a la elección nominal, las camarillas y las roscas políticas adquirieron gran importancia y, así, muchas veces el poder económico mediatizó la libre decisión del elector.

En América Latina los partidos políticos nacionales han correspondido a las formas de organización que adoptaron los partidos europeos, como respuestas a exigencias que planteó una política que no podía eludir el atender a las masas, pues el poder del Estado iba, desde entonces, a encontrar en éstas su fuente de legitimación. La diferencia era, como se refería anteriormente, que en Europa se habían suscitado cambios determinados por la dinámica del propio desarrollo capitalista, así como por la desaparición de las pequeñas fábricas e industrias de base familiar. En el subcontinente nada de esto había ocurrido.

Emergencia de las masas en Venezuela.

En el caso particular de Venezuela, lo que había era un profundo atraso[137] y, hasta la tercera década del siglo XX, un incipiente Estado moderno, en vías de estructuración y consolidación bajo la férrea imposición del tirano telúrico, mientras predominaban relaciones de dominación de tipo patrimonial. En tales condiciones, el inicio de la explotación

---

[136] Duverger, Maurice. Los Partidos Políticos.

[137] Hasta fines de la segunda década del siglo XX, Venezuela conformaba junto con Haití y el Paraguay el grupo de países más atrasados del Continente.

166

petrolera y la muerte de Gómez introdujeron modificaciones que determinaron los cambios posteriores.

Pero en este país, el modelo tradicional de Estado ya estaba agotado y, en 1945, se evidenció una suerte de vacío de poder que no era otra cosa sino la paralización de hecho de esa estructura estatal, producida en medio de una crisis política que fue aprovechada para que nuevas expresiones de la vida nacional ascendieran hasta el poder que hasta entonces les había estado vedado. No sabían ellos que estaban inaugurando el modelo populista de Estado en Venezuela.

Al efecto, respondiendo muy de cerca a los caracteres teóricos generales del modelo populista que Vasconi ha estudiado, el populismo venezolano ha sido el resultado de una alianza de clases que incluyó, como actores principales, al sector industrial (incipiente en 1945) propietario de los medios de producción (mal llamado, para todos los países del subcontinente, "burguesía industrial") y al sector de obreros urbanos sindicalizados (naciente aquí hacia 1945), así como a gruesos contingentes, más bien pasivos, del campesinado y a activos sectores de intelectuales, universitarios y de la juventud militar. Ninguno de estos sectores era portador de un proyecto alternativo para organizar y orientar al Estado.

Pero lo importante, en este momento de la reflexión, es que el 18 de octubre de 1945 despertó a las masas e inyectó en la vida nacional el fermento de la pasión política. Las masas, hasta entonces dormidas o amedrentadas por el terror, iban a apoderarse de las calles y, conducidas por un liderazgo populista, a veces muy demagógico, iban a apoyarlo aunque se suponía –los hechos reales muestran todo lo contrario– que aprenderían a reclamar y a exigir. De esta manera, la insurgencia de las masas entre nosotros fue la consecuencia de un hecho político para inmediatamente acentuarse como resultado de nuestras realidades sociales, mientras que el mismo fenómeno derivó, en el mundo industrial, de un complejo de transformaciones que fueron allí de naturaleza jurídica, con efectos preponderantemente económicos y sociales.

Los partidos europeos se constituyeron para vincular a la sociedad civil con la sociedad política y para transmitirle a ésta las demandas que provenían de aquélla. En Venezuela, como en el resto de América Latina, los partidos brotaron de la sociedad política con el propósito de organizar y movilizar a la sociedad civil a fin de inducirla a respaldar y legitimar el nuevo modelo populista de Estado. De allí, los particulares rasgos y características de nuestra sociedad civil.

En este punto, es importante traer a la consideración del lector –para así complementar el diseño de la realidad de entonces– el señalamiento de que a mediados de la década los los años 40 la "clase media" era muy poco significativa en Venezuela. Fue a partir de entonces, cuando en la capital de la República y en las dos o tres más importantes capitales de Estados se iniciaron procesos de producción económica y se reforzó la existente, pero limitada, actividad comercial del país, fenómenos que ocurrieron en paralelo con el desarrollo y ampliación de los diversos mercados. En la medida en la que esos procesos se extendieron y, de manera particular, cuando la actividad educativa cubrió una mayor proporción de jóvenes, al tiempo que las Universidades existentes ampliaron sus matriculas y se abrieron nuevas carreras y aumentó el número de estas instituciones, se fue manifestando el crecimiento de una clase media cuya importancia numérica, pero sobre todo social, económica y política se incrementaría con el tiempo.

En Europa, los partidos, en particular los socialistas, se establecieron como organizaciones unitarias constituidas con gran cohesión sobre la idea del llamado "centralismo democrático" y fueron organizadas en secciones o "ramas", que Duverger designó como "invento socialista". Para mantener la costumbre de imitar y no inventar, sea por inercia o por carencia de ideas, este modelo fue plenamente copiado por los modernos partidos venezolanos que, como vimos, fueron fundados en la década de los años 40 del siglo XX. Similar fenómeno se produjo en casi toda la subregión.

La diferencia ha sido que los partidos europeos fueron concebidos para funcionar en un sistema político de tipo parlamentario, mientras que en Venezuela, como en el resto de América Latina, ha habido sólo el sistema del tipo centralismo presidencial. Pero el hecho de proceder los partidos de la iniciativa de la sociedad política, especialmente de sectores del poder gubernamental, ha determinado que, en ningún momento, esos partidos hayan respondido a verdaderas exigencias y necesidades de la sociedad civil –y menos a los intereses válidos de los ciudadanos singulares— sino que, progresivamente, se fueron volcando en acciones para alcanzar propósitos determinados por sus particulares intereses, por lo que era evidente y previsible la crisis de tales partidos, que, en Venezuela, se hizo patente en la década de los años noventa y pasó a ser dramática en el posterior colapso que vivimos en el presente. Esto resulta mucho más grave en consecuencias, al tratarse de una sociedad dirigida por más de 50 años de orientación populista, inestable en sí misma y fundada sobre el frágil equilibrio de una alianza de intereses de clases naturalmente opuestos de manera contradictoria[138].

De manera que, muy a la ligera y por supuesto de manera más que incompleta, quedan planteadas las carencias que en el orden institucional ha presentado nuestra sociedad política nacional. Dichas carencias, plenas de incoherencias, lagunas, atrasos y deficiencias, sea en lo jurídico como en lo político, económico, social e internacional, se han visto más que agravadas en los últimos doce años, habiendo llegado hasta dibujar el panorama de este gigantesco caos desarrollado -—de caso pensado— como obra única de la administración que ha tenido bajo su responsabilidad el regir los destinos de Venezuela en estos años.

---

[138] Ver Paúl Bello, Pedro. Op. cit. Cap II-2, pg 109 y ss.

CAPÍTULO QUINTO

Populismo

El modelo populista se implantó entre nosotros como lo hacen esas epidemias que llegan para asolar poblaciones enteras. Pero en Latinoamérica la enfermedad populista no llegó por contagio, sino que, como algunos virus en los cuerpos humanos, estaba latente en el organismo social de las naciones. Las condiciones que caracterizaron nuestro nacimiento nos formaron susceptibles de padecerlo. Por eso, en el subcontinente existe un populismo propio que, en su modo y maneras, nos es exclusivo.

Lo que caracteriza −y al mismo tiempo diferencia− al populismo latinoamericano de otros es, por una parte, el hecho de que no surgió en lo político como producto de fuertes antagonismos de clases opuestas, sino que, por el contrario, fue resultado de una alianza entre sectores sociales que, con todo lo circunstancial y difícil que pueda ser, tuvo y mantiene la virtud de unir grupos socialmente contrapuestos en sus intereses, con la finalidad de llevar a cabo un proyecto común que no existía de antemano, ni tan sólo como diseño, pero con el que se pretende −y cada sector social y político aspira en él− alcanzar y satisfacer sus particulares aspiraciones.

Son muy profundas las raíces de la génesis del populismo en nuestro Continente: la investigación antropológico-cultural conduce a descubrir, entre usos y costumbres del ser humano asentado en este territorio, predisposiciones que favorecen un cierto y particular modo de comportamiento individual y colectivo que, en estas sociedades nacionales, conforma un modo de ser característico de nuestro populismo.

El análisis socio-económico permite indagar sobre relaciones entre el fenómeno populista y la condición económico-dependiente determinada por la Colonia y mantenida luego de la emancipación y el proceso de surgimiento y diferenciaciones de las clases sociales.

Lo socio-político, a su vez, aporta claridad entre la emergencia de esas clases sociales, en especial la presencia del fenómeno universal de las masas, y sus repercusiones en América Latina.

Por último, la consideración de la problemática político-institucional ilumina la formación de estos pueblos a la luz de su desarrollo y evolución institucional.

Debemos recordar, además, que las tres principales vertientes étnicas, fuentes originarias del ser y la cultura latinoamericanos, se caracterizaron por un común desarraigo respecto al mundo que constituyó su propio entorno y le dio sentido. Desarraigo por esa ausencia de identificación con las consecuentes provisionalidad e inseguridad que, de manera necesaria, han de sentir quienes no tienen algo propio, ni siquiera el suelo sobre el cual habitar o asentar los pies; es decir, algo que puedan nombrar suyo para, desde allí, poder afirmarse y proyectarse hacia el futuro.[139] Como anteriormente señalábamos, vamos a recordar que:

El aborigen se vio despojado de lo suyo y condenado a vivir en un espacio que ya no le pertenecería más: Se enemistó, así, de la naturaleza que había sido su propio recinto y morada; odiaría un trabajo impuesto por la fuerza, mientras la opresión introdujo en los más recónditos genes de su raza la desconfianza, la hostilidad, el miedo y la inseguridad cual baldones que ha venido arrastrando por siglos.

No fue mejor la suerte del negro: trasladado forzosamente, en condiciones de abyecta esclavitud, desde su asiento africano a otro medio desconocido y radicalmente diverso del propio, sea en lo cultural o en lo geográfico, no pudo identificarse con ese mundo nuevo y, menos aún, quererlo o sentirlo como cosa suya, ni esperar en él un destino humano.

---

[139] Cfr. Paúl Bello, Pedro. El Populismo Latinoamericano, Equinoccio, Ed. Univ. Simón Bolívar, 1996.

El europeo que vino a esta América, con gran frecuencia fue aventurero desarraigado de su propio mundo; segundón, cautivo o perseguido, fue un nadie que se embarcó para una aventura más en la que no tenía nada que perder. Llegó a un medio en el que todo le resultaba extraño: espacio, vegetación, montañas y ríos. Tuvo que experimentar, improvisar, inventar.

En tal mundo se sintió desarraigado en su desarraigo, pero tuvo que enfrentarlo y dominarlo. Lo logró. Pero siguió como desarraigado en un mundo con el cual jamás iba a identificarse totalmente. De allí que sus descendientes, por generaciones enteras, arrastraran y casi generalizaran, ese cierto dejo de nostalgia por la Europa, que se muestra en las actitudes extranjerizantes, negadoras de lo propio, imitadoras de lo europeo primero y de lo norteamericano después, aún propias de ciertos sectores de la población de nuestras naciones que autores han denominado "mentalidad colonial"[140]. No se identificaron plenamente con su nuevo mundo, pero no pudieron evitar que éste les absorbiera. Y si intentaban regresar a la tierra de origen, tanto habían cambiado en su modo de ser y querer que les era imposible readaptarse. *"El conquistador hispano del siglo XVI, -escribió Rufino Blanco Fombona- dentro de la comunidad de carácter con el hombre de su país y de su tiempo, posee un sello especial que le viene del teatro en que actuó y que lo inviste de un especial aspecto. Como ciertos insectos asumen el color del árbol o de la tierra donde se crían, el conquistador de América, por un mimetismo inesperado, toma carácter del medio, tan distinto del europeo, en que su acción se desenvuelve"[141]*.

De modo que las tres vertientes étnicas, fuentes originarias de nuestros ser y cultura latinoamericanos, se caracterizaron por el desarraigo respecto a la realidad que constituyó su primer entorno americano. De allí la poca identificación, la provisionalidad y la improvisación que son fenómenos comunes en nuestros pueblos productos de esas etnias y propias de quien no tiene algo propio, algo que reconozca como suyo y a partir de lo cual poder afirmarse y proyectarse hacia el futuro.

---

[140] Rafael Tomás Caldera. "Mentalidad Colonial" en Nuevo Mundo y Mentalidad Colonial. Ed. Centauro, Caracas, 2000.

[141] Rufino Blanco Fombona. "El Conquistador Español", Ed. Edime, Madrid, 1956, pg 177.

Muestra de tales productos lo son principalmente los mestizos latinoamericanos quienes, más allá de todos los valores que nuestro mestizaje incorpora, al decir de Octavio Paz, "*no tenían lugar ni en la estructura social ni en el orden moral*[142]....*"Frente a las dos morales tradicionales —la hispana fundada en la honra y la india fundada en el carácter sacrosanto de la familia— el mestizo era la imagen viva de la ilegitimidad. Del sentimiento de ilegitimidad brotaban su inseguridad, su perpetua inestabilidad, su ir y venir de un extremo al otro: del valor al pánico, de la exaltación a la apatía, de la lealtad a la traición. Caín y Abel en una misma alma, el resentimiento del mestizo lo llevaba al nihilismo moral y a la abnegación, a burlarse de todo y al fatalismo, al chiste y a la melancolía; al lirismo y al estoicismo*"[143].

Este piso antropológico, único como fenómeno propio de la América ibera, introdujo en las raíces mismas de estos pueblos condiciones y determinaciones que iban a levantar el terreno cultural en el que germinaría nuestro populismo. Una de sus primeras manifestaciones fue la tribu aborigen con su cacique, antepasado y precursor del clientelismo característico de nuestros líderes populistas. ¿No son características de ese populismo la inmediatez, la improvisación, la falta de decisión, la ambigüedad y la evasión? Al efecto, tal manera de concebir la realidad conduce al inmediatismo, a la irresponsabilidad, al parasitismo vital y a la improvisación que procede del vivir al día. Todo ello conduce a la entronización y aceptación del caudillismo mesiánico en el que los pueblos delegan responsabilidades, lo que refuerza el servilismo y la dependencia personal engendrada en la relación amo-esclavo y, todo ello, se institucionaliza haciéndose irreversible al socaire de instituciones como el padrinazgo en lo social o el oportunismo partidista en lo político, con resultados frustrantes ante todo intento de institucionalizar una verdadera democracia, en lugar de la mascarada poco decorativa y menos decorosa que, cultivada por el populismo, crece estructuralmente deformada.

En este punto, nuestra reflexión torna de nuevo a señalar la imperiosa necesidad, ya referida, de enseñar al pueblo. Esa enseñanza tiene que incorporar, como condición indispensable, el hacer de cada uno de

---

[142] Octavio Paz. "Sor Juana Inés de la Cruz o las trampas de la fe". Seix Barral, Barcelona 1982, pg 53

[143] Idem

los miembros de la sociedad nacional alguien que sienta que es digno como persona; que aprenda a defender sus derechos y que esté dispuesto a trabajar siempre, en el seno de esa sociedad, para alcanzar un mayor espacio para la libertad de independencia de todos los ciudadanos, presupuesto básico para ampliar el horizonte en el que pueda ejercer su libre albedrío. Es inconmensurable la importancia de la educación para la formación de ciudadanos que superen vínculos familiares y relaciones encerradas en restringidos círculos primarios de pertenencia.[144]

El populismo es ya cosa vetusta y desgastada –pero todavía viviente– en las naciones iberoamericanas. No será posible erradicar definitivamente su presencia sin esfuerzos que vayan mucho más allá de las instituciones políticas, económicas y sociales, porque consistan en provocar conversiones radicales de las maneras de hacer y concebir la cultura personal y social, puesto que aquél, cual irreductible fantasma, buscará reaparecer constantemente para ocupar de nuevo posiciones de las que haya sido desplazado. Sólo así dejaremos de ser esa *"superposición cronológica de procesos tribales"*, que dijera Don Mario Briceño, y llegar a ser pueblo y no masa; pueblo, en el sentido estricto de la palabra, que constituya cada Sociedad como unión moral, racional y estable de personas humanas, esto es, de seres racionales, conscientes, libres y, por tanto, responsables de sus actos.

---

[144] Ver en el Anexo 4° resumen sobre características de la Educación.

CAPÍTULO SEXTO

Influencias de lo técnico en la política

Ya decíamos en la Introducción que, como condición para hacer auténtica política, no es necesario, como muchos dicen, eliminar el discurso ideológico para sustituirlo por acciones eficaces, en el entendido de que "discurso ideológico" son ideas racionalmente dispuestas y organizadas y no monsergas alocadas de disparates inventados por políticos seductores.

Ocurre con alta frecuencia que, en la práctica, se confunda ideología con mito y se construyan supuestas utopías haciendo ver que se trabaja sobre realidades sociales, políticas y económicas, cuando lo que se hace son simples aventuras de la imaginación. En el mundo en que vivimos a comienzos de estos inicios de tercer milenio posterior al nacimiento de Cristo, hay pocas ideologías que puedan considerarse tales. Y hemos dejado a la reflexión del lector la tarea de reconocerlas, para no desviarnos del propósito de este trabajo y para no abrir innecesarias polémicas.

En la mayoría de las naciones, los pueblos están necesitados y hambrientos de políticas responsables, pero las masas ignoran cuáles habrían de ser sus contenidos esenciales. De lo que se trata es de políticas que, sin demagogia, se abran sinceramente a la participación de todos los actores sociales: La ciudadanía toda, esto es, sin exclusión alguna; las sociedades intermedias de la Sociedad General y las instituciones sociales públicas y privadas.

La confiscación de la democracia resulta también de los elementos técnicos que la modernidad ha introducido en la práctica política, quedando indefinido si de lo que se trata es de la tecnificación de la política o a la politización de la técnica.

En cuanto a la técnica, es obvio que es un fenómeno que, en el presente, va tomando todos los espacios de la vida humana y hace posible que realidades sociales antes muy atrasadas en su desarrollo general, den saltos cualitativos en espacios de gran significado tecnológico sin necesidad de pasar por las etapas que, en su momento, hubieron de ser experimentadas en las realidades sociales en las que surgieron dichos avances. Es claro que en cualquier Sociedad, avanzada o atrasada, la incorporación de tecnologías puede conllevar efectos secundarios indeseados, bien porque alteren o distorsionen normas, actitudes, usos, instituciones, etc., bien porque la aplicación de las mismas, con propósitos aviesos, sea desviada de sus fines originarios.

Tales circunstancias tienen más probabilidades de hacerse presentes en Sociedades que no hayan salido del atraso o que, estando algo más evolucionadas, sufran la calamidad de estar orientadas bajo sistemas de gobierno del tipo populista o neopopulista.

Todo artefacto técnico tiene un valor *per se* que corresponde a su naturaleza instrumental relativa a los fines para los cuales fue diseñado y construido. Ello no quiere decir que la voluntad y racionalidad del ser humano no pueda desviar el debido uso hacia otros distintos a los que correspondan. Estamos en un mundo en el que, desde hace algunos siglos, el hombre acostumbra el alterar fines y razones de las cosas y de las instituciones sociales, para ponerlas al servicio de sus intereses particulares. Ello es trágicamente cierto en el caso de la política. El artefacto técnico es susceptible de ser transformado en instrumento ideal, en el campo político, para manipular conciencias; alterar cifras de significados económicos, sociales o políticos, tales como modificar cifras estadísticas; inducir comportamientos de multitudes masificadas o alterar resultados de procesos electorales.

De manera particular, el fenómeno del populismo como estilo y modelo de gobierno, que se ha manifestado en diversas latitudes de la Tierra por tener liderazgos que corresponden al tipo carismático de Weber, se muestra muy proclive al voluntarismo y al abuso de poder y ha encontrado que la técnica moderna, en muchas de sus expresiones, le sirve en bandejas de oro los más adecuados instrumentos de engaño y confusión.

Nuestro populismo venezolano se caracterizó, bien avanzada ya la segunda mitad del siglo pasado, por generar una burocracia extensa y compleja, muchas veces improductiva, ineficaz en sus servicios, proclive a la corrupción y poco comprometida con los fines propios del Estado. La burocracia es inseparable del Estado Moderno, que nace monocéntrico al sustituir las funciones del sistema pluralista oligocéntrico pero diversificado, por otro subordinado al centro de poder –en los inicios, el soberano absoluto– pero, posteriormente, más permanente incluso que el régimen político que se hizo contingente. Desde entonces, la burocracia tuvo la tendencia histórica de crecer constantemente en las sociedades democráticas, precisamente por la ampliación de sus competencias en las funciones de gestión y administración que les corresponden, a las que, para su funcionalidad, Weber asignó carácter de totalidad[145].

Sobre este particular, el eminente científico político Manuel García Pelayo[146] en su obra "Burocracia y Tecnocracia"[147], expresa que *"está en la misma dialéctica de las cosas que los requisitos para la funcionalidad del sistema burocrático....puedan transformarse en la disfuncionalidad...."* cuyo resultado es la ineficacia y su característica actuar con un formalismo ignorante de la realidad; por la sumisión de lo concreto vital a abstracciones desvitalizadas; por la pedantería (es decir, por el detallismo); por la rutina administrativa (ritualismo); por la dilación en las resoluciones; por la evasión de responsabilidades y la sumisión dogmática a criterios de la superioridad o del precedente; por la 'incapacidad adiestrada' (que dice Veblen) o, en fin, por ser *'un sistema de organización incapaz de corregirse en función de sus errores y cuyas disfunciones se convierten en uno de los elementos esenciales de su equilibrio interno'[148]"*. Y luego, citando a Von Beck, acota que *"...Ningún gobernante en el mundo está capacitado para atender, por su sola persona, todos los asuntos públi-*

---

[145] Weber, Max. Economía y Sociedad., México, 1964.

[146] N del A. Este autor tuvo el privilegio de ser alumno suyo.

[147] García Pelayo, Manuel. "Burocracia y Tecnocracia". Ed. Alianza Editorial, Madrid 1987, pg. 17.

[148] Crozier Michel. « *Le phenomène burocratique* « Paris, 1963. Op. cit por García Pelayo, op.cit. pg 17.

cos del Estado, tanto internos como externos. Por eso establece ministros, consejeros y autoridades que, en su nombre y con arreglo a sus preceptos, atiendan los negocios y le alivien las cargas del gobierno... La obligación y la inteligencia del príncipe requieren que cada uno de aquellos a los que se les ha confiado un cargo, tengan la capacidad y los méritos para ello..."[149]

El modelo populista latinoamericano, en general, y el venezolano, en particular, caen en la denominación de Estado Popular que el notable suizo F. Fleiner[150] definió distinguiéndola del Estado Burocrático, en el entendido de que en éste los cargos administrativos los desempeñan funcionarios profesionales, mientras que, en el primero son elegidos popularmente, de manera que, finalizado el lapso para el desempeño de sus funciones, vuelven a su normal vida privada y que este modelo de Estado Popular ha correspondido a la concepción republicana que es (o debe ser) la de nuestra Nación y la de las democracias occidentales, caracterizadas por una racionalidad jurídico-burocrática.

Hacia los años 30 del siglo XX surgió, principalmente en los Estados Unidos, el término Tecnocracia. Explica Garcia Pelayo, en la obra antes referida, que tal término *"tiene como supuestos (i) la imagen –aunque no siempre la clara concepción– del Estado, de la sociedad global y de las sociedades sectoriales, como sistemas técnicos o, simplemente, como 'sistemas' en el sentido genérico que el vocablo ha tomado en las concepciones científicas de nuestro tiempo; (ii) partiendo de este supuesto, más o menos latente o expreso, se llega a la conclusión de que tales entidades han de ser configuradas y orientadas fundamentalmente según los principios y los objetivos propios de la razón técnica, a la que llega a identificar con la razón política o, incluso, con la razón en general."*

Luego, citando a Roszak[151], dice que también ha sido definida como *"aquella sociedad en la cual quienes la gobiernan se justifican a sí mismos por apelación a los expertos técnicos, quienes, a su vez, se justifican a sí mismos por apelación a*

---

[149] Beck, C.A. Von. "Kern des Natur-und Völkerrechts zum Unterricht eines Grossen Prinzen Entworfen", 1961.

[150] Fleiner, F. "Ausgewälte Schriften und Reden". Zurich, 1941.Cit, por García Pelayo, op.cit, pg 22.

[151] Roszkak, T. "The Making of a Counter Culture". Reflections on Technocratic Society and its Youthful Opposition, New York, 1969, pgs . 7 y ss. Cit. Garcia Pelayo, op cit., pg 32.

las formas científicas de conocimiento. Y contra la autoridad de la ciencia no hay apelación".

Finalmente, en lógica conexión con ello, se entiende también por tecnocracia una estructura de poder en la cual "*los técnicos condicionan o determinan la toma de decisiones, tendiendo así a sustituir al político (o sustituyéndolo definitivamente) en la fijación de las polícies y a los burócratas tradicionales en la operacionalización de las decisiones o en su participación en la decisión misma*"[152]. En todo caso, ello significaría que los tecnócratas y expertos en las diversas áreas del hacer y, particularmente, en la teoría de sistemas, conformarían una nueva clase política.

Como quiera que entre nosotros, los venezolanos, ese problema, así como sus enormes consecuencias, que dan pie a inagotables consideraciones sobre la materia, no tiene prioridad presente, baste, "gracias" al subdesarrollo, con estas necesarias consideraciones.

Pero, lo que si nos concierne —y mucho— en este presente es la importancia que asume la técnica ante la figura, nada extraña en nuestro mundo, de lo que en la misma obra que hemos venido utilizando destaca el Prof. Garcia Pelayo cómo la figura del político manipulador, que, apoyado en técnicos reales o, a veces convenientemente titulados, utiliza máquinas y elementos teóricos y prácticos de lo técnico para fortalecer y acrecentar su poder sobre los ciudadanos, en especial sobre las llamadas masas populares.

Afirma nuestro eminente autor que, pese al reconocible impacto que la técnica y sus derivaciones sociales y políticas tiene sobre la política, "*no parece que se haya llegado a una auténtica tecnologización de la dirección política y, por ahora, la machine a gouverner —imaginada como un gigantesco sistema cibernético— yace en el seno de la ciencia ficción o, según algunos, ha de esperar la consolidación definitiva de la sociedad comunista*"[153]. Por tanto sigue siendo necesario el político.

Sin embargo, García Pelayo plantea el interrogante de "*si esta civilización y sociedad tecnológica no está dando lugar a un tipo de personalidad política*"

---

[152] García Pelayo, M. Op. cit, pg 33.

[153] N. del A. *La primera edición de este libro data del año 1974*

distinto a las de otras épocas, desde Platón hasta Max Weber, de políticos que utilicen los artefactos técnicos para ejercer indebidamente su poder sobre los demás y que, como lo expresa Wiener[154]: *"intenten manejar la población no mediante las mismas máquinas, sino utilizando técnicas políticas tan estrechas y tan indiferentes a las posibilidades espirituales como si hubieran sido concebidas mecánicamente".* En este punto si que ciertamente nos encontramos en el drama que hoy vive Venezuela. Basta con recordar las triquiñuelas acostumbradas por el organismo electoral. Ese personaje que, según refiere García Pelayo, Karel Kosik llamó "político pragmático", pero que el Profesor prefiere denominar como "político manipulador", *"representa una percepción tosca, empírica y elemental de las cosas y se caracteriza, según Kosik, por varios rasgos entre los que destacamos los siguientes"*[155]:

(i) *"Sustituye el pensamiento crítico por una conciencia sistémica falsa, que funciona por frases y por un sistema de equívocos y de mistificaciones generalizadas"*;

(ii) Tiene la virtud de reducir todo a su nivel: sean las esferas de la técnica, de lo útil y del efecto inmediato. Consecuentemente piensa la realidad con esquemas de manipulación, de utilitarismo y de dominación, pues sólo considera real aquello que es dominable, manipulable y útil. Todo lo demás decae a sus ojos al rango de nadería, insignificancia e irrealidad. La política es para él "un sistema de manipulaciones generales", de una tecnicidad más o menos primitiva e inteligente, en el que se incluye él mismo con sus pensamientos, actividades y sus discursos.

(iii) Es esclavo de lo inmediato, del tiempo presente ante el que meramente reacciona; su actividad es jornalera, puesto que vive al día. Es incapaz de rebasar el horizonte del sistema instituido a través de sus acciones y al que él mismo se sacrifica y, por tanto, no puede entender más que aquellas cuestiones que caen dentro de su horizonte o que está en disposición de reducir a un esquema de manipulaciones; consecuentemente:

---

[154] Wiener, N. "Cibernética y Sociedad", Ed. Sudamericana, B. Aires, 1969 pg 169, Cif. Garcia Pelayo M., op. cit. Pg 61.

[155] Garcia Pelayo, Manuel. "Burocracia y Tecnocracia", Ed. Alianza, Madrid 1987. pg 61.

(iv) Sólo puede resolver algunos problemas sociales y determinadas áreas de crisis, pero es impotente frente a una realidad que rebase su horizonte y sus posibilidades; puede tratar de superar crisis económicas y constitucionales, pero queda perplejo ante las crisis morales, entendiendo por tales no lo que tiene que ver con la moral convencional, sino lo que afecta existencialmente a un pueblo y a unos hombres. Con ello es claro que *"tiene éxito en asuntos secundarios, pero no en los fundamentales, y que, por tanto, fracasa y no está a la altura del tiempo"*.[156]

Conducido en tales condiciones, el Estado *"despoja a la democracia de su sustancia y la convierte en una ilusión pues, de un lado, si las decisiones técnicas han de someterse a la voluntad del pueblo carecen de toda eficacia y, por otro lado, el pueblo, sujeto de la democracia, se convierte, él mismo, en objeto de la manipulación técnica a través de los investigadores de opinión, expertos en propaganda y medios de comunicación de masas, etc., que transforman la formación de la voluntad política popular en un proceso de producción técnicamente manejable"*.[157]

Obviamente, estos acentos negativos que destaca el Prof. García Pelayo no son atribuibles a la técnica o a los sistemas tecnológicos, sino que son de la exclusiva responsabilidad del ser humano quien es capaz de hacer inadecuado uso de su libertad y, en ello, puede llegar hasta la auto-alienación cuando instala a lo técnico como valor absoluto. Es indispensable detenerse para reflexionar en profundidad sobre estas consideraciones del Profesor García Pelayo, a fin de entender los fenómenos susceptibles de ser distorsionados o alterados por manipulaciones con base técnica, a lo que son tan proclives los regímenes totalitarios de gobierno.

Cazenueve y Victoroff expresan que el tecnócrata, al poder dirigir indirectamente un Estado, deja de ser propiamente técnico, pues asume "una función de dirección y coordinación" que escapa de tal condición y que *"esto lo diferencia...de la masa de técnicos que tiene bajo sus órdenes: no repre-*

---

[156] Idem. Pg. 62

[157] Idem. Pg 30

senta la técnica en el poder, pero asegura la elección de una política a partir de los datos técnicos".[158]

Maurice Duverger[159] propone dos conceptos que podemos citar a propósito de esta reflexión: tecnoestructura y tecnodemocracia. El primero, *tecnoestructura,* viene a ser una suerte de nivel subyacente al de los poderes de decisión de los *holdings* de grandes empresas y grupos financieros y, expresa, que su poder viene a ser como *"el de los príncipes de sangre real en la antigua aristocracia"*[160]; mientras que el segundo, *tecnodemocracia,* ocurre en los partidos políticos de masas y los grupos de presión de mucho poder económico y social, cuyas decisiones quedan sometidas a las instancias de la razón técnica que impone este nivel.

En tal situación, las decisiones políticas no se orientan más al Bien Común General, ni a consideraciones o juicios de naturaleza ético-política y tampoco jurídica, sino a dictados que provienen de una razón técnica que se ha liberado de toda sujeción a la conciencia humana. Cuando la instancia política que, supuestamente, es la que decide, se caracteriza por ser conformada por el tipo populista o comunista de políticos manipuladores y falaces, cuya única meta es la conservación y extensión de su poder individual (y peor aún en el caso de regímenes totalitarios que practican la represión apoyada también en elementos producto de las técnicas de armamentos y en mecanismos técnicos o psicológicos generadores de terror), el ejercicio de la democracia es desdibujado para someterla a ese interés particular, con ayudas y "autoridad" de elementos tecnológicos —máquinas electrónicas de votación, encuestas técnicas de opinión pública, etc.—que deforman y alteran la verdad democrática para convertirla en engaños y trampas útiles para inventar mayorías y, así, desvirtuar la voluntad popular en una Nación o, en el caso de totalitarismos, amenazar la libertad de otros pueblos para someterlos como al propio.

---

[158] Cazeneuve, Jean y Victoroff, David « La Sociología » Ed. Mensajero, Bilbao, 1974, pg. 500.

[159] Duverger, Maurice. "Las dos caras de Occidente". Ed. Ariel, Barcelona, 1974.

[160] Op. cit. pgs 167-168.

Huelga todo comentario sobre nuestra presente realidad.

CAPÍTULO SÉPTIMO

Significado del petróleo en Venezuela

Especiales condiciones de la realidad social y política latinoamericana, al igual que en todos países de la Región, han tenido mucho que ver con el desarrollo histórico y formación de Venezuela como Nación. Desde sus inicios, nuestra conformación social fue condicionada por una estructura económica puesta siempre al servicio de un Centro dominante. Nuestra estructura productiva fue configurada de manera de corresponder a decisiones fundamentales que se tomaron desde afuera, con afectación de aquello que tenemos que producir, cómo lo debemos producir y según ciertas definiciones de unas formas y características de producción. Este hecho, negada toda tesis de determinismo económico, modeló sin dudas nuestra realidad político-social.

El petróleo sirvió en el pasado como fuente de recursos que, en cierta forma, comprometían nuestra independencia. En su primera etapa exportadora alimentó codicias del tirano telúrico y su corte de áulicos quienes, para satisfacerlas, −suma de ignorancias y egoísmos− no vacilaron en dejar en manos de compañías explotadoras la casi totalidad del beneficio derivado de dicha actividad petrolera. Sin embargo, es menester reconocer que en aquel tiempo no había otro camino disponible.

Luego, primero unos privilegiados y después el país entero, comenzamos a embriagarnos con líquido negro. Ebrios de petróleo, nos dio por creernos ricos; por pensar como ricos y por vivir como tales. Por tal vía se modeló una mentalidad, aún no superada, pero que habremos de superar si es que, en verdad, no solamente deseamos −sino queremos− alcanzar metas humanas, culturales, políticas y económicas que el deber ciudadano nos impone.

Tal falsa mentalidad de nuevo, rico derivada de una mal aprovechada riqueza real y aunada a nuestra inmensa pobreza cultural, se conjugó con actitudes y conductas desgajadas de otras raíces de nuestro acontecer nacional: ser pueblo pasivo; pueblo siempre a la expectativa de lo inmediato; pueblo "en crisis de pueblo", al decir de Briceño Iragorry. Tal vez, un pasado de esclavitud y paternalismo soportado por centurias; tal vez ese desprendimiento de quien, despojado de lo suyo, se reduce a estrecho recinto donde apoyarse en equilibrio inestable; tal vez en ellos gravite un siglo de alzamientos, montoneras y caudillos; todo ello y muchos otros elementos habrían de concitarse para explicar actitudes de provisionalidad, falta de compromiso y autodefensa frente a un futuro que todos venezolanos siempre hemos tenido como incierto.

En todo caso, sobre un pueblo así, esa riqueza adventicia transformó al hombre común venezolano en individuo de vida al día y que muere esperando satisfacer ilusiones de riqueza y de poder.

Beneficiarias de todos los frutos de la riqueza petrolera, las clases dirigentes –con sus excepciones– se han dedicado a gozar, en mediocres mundos parciales de sociedades pseudomodernas que asumen como moradas, de todo el "confort" y apariencias que, en definitiva, no han sido creados sino pagados con el regalo de las entrañas de nuestro territorio.

De esa borrachera amanecimos, un día, con pesadez y amargura, como la de quien perdió toda fortuna en vicios y juegos, sin dejarle al mañana lo indispensable para garantizarle vida a sus hijos. Amanecimos, si, pero parecemos aún no haber despertado: la crisis que se acentúa hoy en día, aproximándonos al extremo del colapso, así parece demostrarlo.

Pasada la Independencia y por hasta casi un siglo, continuos conflictos caracterizaron nuestro acontecer político, económico y social, que, como vimos, reprodujeron entre nosotros formas correspondientes al modelo feudal heredado. Ello impidió, no sólo organizar económicamente al país y desarrollarlo conforme a la marcha de aquellos tiempos, sino que aplazó por décadas la formación de un Estado moderno y hasta la misma configuración de una Nación, en el sentido propio del término.

¿Por qué ha sido así? Don Mario Briceño Iragorry adelantó, hace casi sesenta años, respuestas cuya superación continúa como el más importante reto para toda nuestra población: *"Pueblo que no medita el valor de sus propios recursos ha de caminar los opuestos caminos que conducen ora a la desesperación, ora a la presunción"*.[161]

Mene. Esa fue voz indígena para designar manantiales naturales de petróleo pues, naturalmente, afloraban en territorios que escondían bajo ellos el llamado oro negro, el cual servía a esos pueblos primitivos para usos tan lejanos de los actuales, como son los de pinturas para sus cuerpos o aplicaciones con fines medicinales.

Cuando Venezuela se hizo Nación independiente, no se vislumbraban aún usos posibles y menos aún la importancia que alcanzaría el petróleo como fuente de energía mundial. Sin embargo, algunas personas que se adelantaron solicitaron de autoridades nacionales permisos para explotar el producto. El primer caso del que se tenga noticia fue el del Sr. Camilo Ferrand, quien en 1865, solicitó y le fue concedido permiso del Presidente del Estado Zulia para "taladrar, sacar y exportar petróleo" en todo dicho Estado. Esa "concesión" duró apenas un año, supuestamente por no haber sido cumplido el respectivo contrato. Una siguiente concesión, sobre la que se tenga noticia, favoreció en 1878 a Don Manuel Antonio Pulido, quien descubrió petróleo en su hacienda llamada "La Alquitrana" en el Estado Táchira. Pulido constituyó la primera empresa llamada "Petrolia", que extrajo y vendió este producto transformado en kerosene, única forma que permitía comercializarlo en la zona.

También en 1878, Jorge Phillips y Horacio Hamilton lograron concesión de explotación en el lago natural de asfalto de Guanoco en el Estado Sucre, concesión que fue traspasada a la empresa New York & Bermúdez Co., en la que participaban conocidos políticos que posteriormente hicieron oposición y guerra al gobierno de Cipriano Castro, jefe de la Revolución Restauradora, quien se había hecho del poder en 1899. Por eso, dicha empresa fue perseguida por Castro al punto de pa-

---

[161] Briceño Iragorry, Mario. Pequeño Tratado de la Presunción. Obras Selectas. Ed. Edime,Caracas Madrid-Caracas, 1953. Pg 449.

ralizar sus actividades, puesto que financiaba la Revolución Libertadora, después derrotada con ayuda del Vice Presidente Juan Vicente Gómez en 1903, quien luego, en 1909 y ya como Presidente de la República, restableció dicha concesión a la misma empresa.

Cipriano Castro, en 1905, promulgó una Ley de Minas, que serviría para regular el otorgamiento y régimen de concesiones de petróleo en el país. Sobre esta base, la empresa inglesa The Venezuela Development Co., recibió en sus apoderados Jhon A. Tregelles y N. Burch, concesión para explotar en unos 27 millones de Has., que comprendían varios Estados del Oriente, Centro y Occidente de la República pero, a poco tiempo, en 1911, fue cancelada la concesión y posteriormente traspasada al Sr. Max Valladares, venezolano, representante de la empresa Caribbean Petroleum, subsidiaria desde 1912 de la Royal Dutch Shell holandesa que detentaba la mayoría de las acciones de la empresa New York & Bermúdez Co. y trabajaba desde 1913 en el lago de Guanoco en la explotación del pozo Barbabui 1.

Fueron tales, y otros más, primerizos movimientos de explotación petrolera en Venezuela. Pero como primer paso de importancia internacional tuvimos el "reventón", en 1914, del pozo Zumaque 1, en el campo de Mene Grande, Estado Zulia, cuya producción inicial era de unos 200 mil barriles diarios de petróleo. Luego, en 1922, produjo reventón el pozo Barroso 2, también en el Zulia, cuya producción alcanzó unos 100 mil barriles diarios. Para finales de la segunda década, Venezuela ya exportaba casi 300 mil b/d de crudo, lo que la hacía primer exportador y segundo productor mundial de petróleo, posición que mantuvo hasta 1970, cuando exportaba más de 3.7 millones de barriles diarios.

En cuanto a la remuneración de las exportaciones petroleras del país, es lógico que en tiempos primeros de incipiente producción tal remuneración fuese muy poco significativa. Sin embargo, en 1917, el ministro de Fomento, Gumersindo Torres, suspendió todo otorgamiento de concesiones hasta tanto no existieran instrumentos legales para regular esa materia. En 1918 se dictó, por decreto, un Reglamento del carbón, petróleo y sustancias afines, que estableció la regalía entre 15 y 18 por ciento; posteriormente, en 1920, fue aprobada la primera Ley de Hidrocarburos que fijó esta regalía en un mínimo del 15%, así como estableció la reversión gratuita para la Nación de todos los activos aportados por las compañías para la explotación de los pozos.

El Presidente Rómulo Betancourt, figura sin dudas central del proceso de evolución venezolano y, por tanto, referencia indispensable para todo análisis al respecto, escribió, en su ya citado y muy conocido libro "Venezuela, Política y Petróleo",[162] páginas capitales para esclarecer la verdad de hechos y circunstancias que condicionaron aquellos primeros tiempos de esa industria sobre la que Venezuela basó, de modo determinante, su evolución a lo largo de todo el siglo XX.

No es posible sintetizar el contenido de páginas que conforman la primera parte de esa obra, ni es tampoco objeto de este trabajo detenerse en detalles que caracterizaron aquellos hechos. Baste hacer algunas referencias que complementen e ilustren lo anteriormente considerado. Así, sobre la primera Ley de Hidrocarburos de 1920 y algunos hechos posteriores, vale la pena citar algunos párrafos incluidos en el libro de Betancourt: Bajo el subtítulo "Leyes complacientes y concesiones al voleo", Betancourt apuntó lo siguiente:

"Las leyes petroleras de Venezuela son las mejores del mundo para las compañías", señalando que *"escribió en 1930 el ministro de Fomento de Gómez, Gumersindo Torres... El observador menos avisado comprobaría la verdad de esa afirmación tan enfática con sólo asomarse al volumen escandaloso de las utilidades percibidas por las empresas y la mínima participación del Estado, de los trabajadores de la industria y del país en su conjunto, en esos beneficios"*[163].

Esa primera ley (1920)...*"contenía algunas tímidas providencias nacionalistas..." Antes de su promulgación, algunos de los más jugosos contratos otorgados a particulares habían sido traspasados por éstos a compañías extranjeras"*[164].

"En el momento de entrar en vigencia esa legislación, las empresas concesionarias de los contratos referidos (contratos Vigas, Aranguren y Jiménez Arráiz traspasados a las empresas británicas The Colon Development Company, The Venezuela Oil Con-

---

[162] Betancourt, Rómulo. "Venezuela, Política y Petróleo". Ed Senderos. Caracas, 1967.

[163] Op.cit Pg. 62.

[164] Idem

cessions, The North Venezuelan Petroleum Company y The British Controlled Oil-field, Ltd.) sólo habían denunciado 12 yacimientos. Estaba vencido el plazo de nuevos señalamientos. No podían aspirar, en consecuencia, sino a la explotación de los yaci-mientos ya señalados y sobre el resto de la inmensa área que abarcaban los primitivos contratos recobraría la nación el derecho de otorgar concesiones nuevas, bajo el régimen creado por la legislación promulgada. Tal fue la tesis sustentada por el Procurador General de la Nación en demanda judicial presentada en contra de la Colon y de la Venezuela Oil Concessions. Pero no hubo litigio, sino enjuague y farsa sangrientos. Sin esperar el fallo tribunalicio, el diferendo fue zanjado transaccionalmente."

"La primogénita entre las leyes petroleras de Venezuela, nació para morir asfixia-da en la cuna. Tenía un grave defecto: no era del agrado de las compañías extranjeras. Y dos años después fue reformada"[165].

"La legislación del año 22 -calco y copia de la cual fueron las posteriores, hasta la de 1936- sí les agradó sobremanera a los trusts. La razón era obvia: la habían redactado sus propios abogados... "Gómez −escribe Horn (periodista de la revista Fortune, de Nueva York, marzo de 1939)− llamó a los representantes de las compa-ñías y les dijo: 'Ustedes saben de petróleo. Hagan ustedes las leyes. Nosotros somos novatos en eso'..."[166].

Según Edwin Lieuwen, en el libro de su autoría citado por Betan-court,[167] *"Petroleum in Venezuela. A History", pg 27, "por presión de las petrole-ras, el Dr. Gumersindo Torres salió de su cargo de Ministro de Fomento: El Ministro Torres fue destituido y representantes de las compañías americanas fueron llamados a cooperar en la redacción de una ley más agradable. Un abogado de las compañías, Rafael Hidalgo Hernández, fue encargado por Gómez de redactarla".*

Entre las ventajas que obtuvieron las compañías con la ley de 1922, Betancourt señala *"la exoneración de derechos de aduana sobre todo cuanto impor-tasen del exterior... Lo que dejó de percibir el Fisco por concepto de impuestos de expor-taciones alcanzó sumas mucho más altas que cuanto pagaron las compañías petroleras por el conjunto total de los gravámenes que afectaban a la industria"*[168].

---

[165] Ibid. Pg 63.

[166] Idem.

[167] Idem, pg. 64.

[168] Idem. Pg 73.

El propio Ministro Torres, en Memorándum secreto a las compañías de 1930, afirmaba: *"durante los siete años precedentes, las exoneraciones aduanales de que se había beneficiado la industria petrolera, alcanzaron a doscientos diecinueve millones de bolívares, mientras que en el mismo lapso el total de lo recaudado por el Fisco en el ramo de hidrocarburos sólo ascendió a 187 millones de bolívares", añadiendo, 'con acento de miserere': 'De la comparación de esas cifras resulta el caso desconsolador de que hubiera sido preferible no cobrar impuesto alguno de explotación en cambio del pago de los derechos de aduana exonerados' "*[169].

Cambio del perfil productivo de Venezuela

Renta es aquella remuneración en dinero que reciben propietarios de tierras por el sólo hecho de ser propietarios, es decir, sin trabajarla ellos mismos. Basta con arrendarlas a quien la trabaje para que el terrateniente perciba ese beneficio. Es sabido que, en la actividad agrícola, al entrar en el mercado ofertas de tierras con calidad inferior a las que en dicho mercado existen, la renta de tierras mejores aumenta en igual proporción como sea esa diferencia de calidad –que depende de la fertilidad y otras características– medida en rendimientos por superficie y que supere rendimientos de nuevas tierras de inferior calidad antes incorporadas al mercado. Ese diferencial, percibido por propietarios de tierras de mayor rendimiento potencial, derivado de calidades inferiores de tierras concurrentes en el mercado, es lo que Marx denominó "renta absoluta". Tal factor tiene, sin dudas, importante presencia en la compleja estructura de generación de precios del petróleo y sus subproductos derivados, cuando se le compara con inferiores fuentes alternativas de energía como el carbón.

Al iniciarse la explotación en Venezuela, el primer debate que se produce tiene lugar, precisamente, sobre el origen y destino de la renta petrolera. Existe un libro que se ha convertido en un clásico de la literatura venezolana sobre el petróleo: es el publicado por el IESA y escrito por los doctores Asdrúbal Baptista y Bernardo Mommer con el título

---

[169] Idem. Pg 74.

"El petróleo en el pensamiento económico venezolano"[170]. Contiene este libro, junto a un profundo análisis de la materia, importantes referencias históricas sobre los primeros tiempos del desarrollo de la actividad productiva de petróleo en el país.

Nuestros autores inician su trabajo con la indicación sobre el hecho de que las revoluciones sociales se vieron históricamente emplazadas a eliminar o reducir los ingresos de terratenientes por rentas de la tierra en cuanto deriven de formas de "monopolio de la propiedad territorial". En lo que a minas se refiere, señalan el hecho de que, en Europa, "*los productores de la superficie, en principio, nada tienen que hacer con las minas*".[171]

La tradición nacional venezolana, desde la Colonia, estableció el principio de que las minas son propiedad del Estado. Sin embargo, los citados autores refieren que en la Ley de Minas de 1909 "*se hallaban presentes las aspiraciones de los terratenientes, quienes exigían que en los terrenos de su propiedad se les concediera un tercio de los beneficios que con la producción pudieran obtenerse*"[172], lo que fue anulado por la Corte Federal por demanda de inconstitucionalidad incoada por el entonces Ministro de Fomento Gumersindo Rodríguez.

En 1920, el mismo Ministro Rodríguez se lamentaba porque en Venezuela el Fisco no recibía ningún pago por derechos de explotación de yacimientos de petróleo en terrenos nacionales: "*...en Venezuela hay impuestos, pero nada pagan las empresas por el derecho mismo a la explotación*"[173], lo que no ocurría en los Estados Unidos, pues allí, por ser el petróleo propiedad privada, los productores pagaban una renta a los propietarios de la tierra con independencia de los impuestos que debían pagar al Estado. De esta forma, el Ministro Torres propuso que, aparte de los impuestos, el Estado percibiera rentas por explotación de petróleo en tierras de su propiedad, mientras que los propietarios de tierras en las que existieran

---

[170] Baptista Asdrúbal y Mommer Bernardo. "El petróleo en el pensamiento económico venezolano". Ed. IESA, Caracas, ediciones 1987 y 1992, reimpreso en 1997, 1999 y 2006.

[171] Idem.

[172] Idem.

[173] Citado por Baptista y Mommer, op. cit., pag. 6

yacimientos percibieran, también, rentas por el mismo concepto a partir de concesiones de explotación otorgadas por el Estado en beneficio de aquéllos.

El Dr. Vicente Lecuna, entonces Presidente del Banco Venezuela, discrepaba del Ministro Torres sobre lo relativo a las concesiones para los terratenientes, pero estaba de acuerdo en que el Estado percibiera rentas que debían pagar las empresas por explotación ya que, como él sostenía, el petróleo es propiedad nacional.

Ante las alternativas abiertas en aquellos tiempos por los eminentes venezolanos Gumersindo Torres y Vicente Lecuna, los autores Baptista y Mommer se plantean un juicio en los siguientes términos:

"Los terratenientes venezolanos, posibles beneficiarios de la renta petrolera, no eran agricultores modernos y dinámicos, farmers norteamericanos, sino gente de mentalidad precapitalista, valga decir, de escaso espíritu empresarial. La renta petrolera, en sus manos, bien hubiera podido tener un uso no adecuado para el desarrollo del país. En cambio, al centralizarla en manos del Estado, se abría al menos la posibilidad de que se canalizara hacia fines productivos y hacia la modernización de la sociedad."[174]

La Ley de Hidrocarburos de 1920 sancionó definitivamente y para el resto de nuestro proceso petrolero, la propiedad estatal de los yacimientos. Nuevas leyes de Hidrocarburos que fueron dictadas en 1921 y 1922 ratificaron esa decisión. El Ministro Torres fue derrotado y dejó ¿obligado por las petroleras? el Ministerio de Fomento.

En su fundamental libro "Venezuela, Política y Petróleo", el Presidente Rómulo Betancourt expresó, con su característico y apasionado verbo, en páginas indispensables para quien quiera entender el proceso económico, social y político de nuestro país, conceptos que son básicos para alcanzar esta comprensión:

Afirmó Betancourt[175]: *"En el transcurso de dos décadas, la deformación de la economía y del Fisco venezolano se perfiló netamente. Como nación y como Estado, Venezuela comenzó a depender, en forma alarmante, de una sola industria y de una*

---

[174] Idem.

[175] Betancourt Rómulo.Op. cit. pg 85.

sola fuente de ingresos: el petróleo", y continúa: *"De haberse utilizado el producido fiscal del petróleo como riqueza instrumental, esa industria minera lejos de entrabar más bien habría estimulado el desarrollo de una economía campesina próspera... ..Lo que sucedió fue que la avalancha de dólares y de libras esterlinas afluyó a un país que no había democratizado ni modernizado sus sistemas de producción; que en el siglo XX producía dentro de unos módulos del siglo XVIII y, gobernado por una tiranía zafia y rapaz, incapacitado para reformar la estructura económica y para utilizar el petróleo, siquiera fuera la precaria participación entonces recibida, como para impulsar el progreso colectivo, para distribuir entre la población bienestar y cultura"[176]...."El ininterrumpido fluir de dólares estimuló las importaciones, se hipertrofió el comercio y se configuró, por años, esa fisonomía de nación principalmente consumidora de mercancías extranjeras que por muchos años tuvo Venezuela"[177]*.

Podemos, entonces, preguntarnos: ¿Qué hubiera hecho el terrateniente si se hubiese generalizado la posición de Gumersindo Torres como Ley? ¿Hubiese destinado ese ingreso, progresivamente creciente, a la superación de sus niveles de producción agrícola mediante las debidas tecnificación y organización superior de sus actividades productivas? ¿No habría sido, como lo asoma Betancourt, el comienzo de un proceso para hacer de Venezuela una fortaleza agrícola y ganadera y servido también de posterior punto de partida para un verdadero y coherente desarrollo industrial del país, realizado, todo ello, con independencia de un Estado hegemónico, hecho tan omnipotente por los recursos habidos del petróleo y sometido a los vaivenes derivados de los variables caprichos de sus gobiernos, con el riesgo de facilitar el acceso de comunismo al poder con un Estado todopoderoso?

Podemos, también, hacer otra reflexión: Desde luego que el tiempo es irreversible y que, lo hecho, hecho está. Pero, ¿con base en cuáles razones se puede presuponer que aquellos terratenientes, que pertenecían al sector social de más elevados niveles de educación y conocimientos, hubiesen destinado los excedentes de ingresos que les hayan podido proporcionar esas hipotéticas rentas por petróleo, para darse la buena vida, despilfarrarlos en frivolidades, o en inversiones improductivas o colocadas fuera del país?

---

[176] Idem, pg.86.

[177] Ibid. pg. 87.

196

Otro momento crucial en relación al petróleo en Venezuela

La lectura del importante libro de Asdrúbal Baptista y Bernard Mommer nos lleva, en su segundo capítulo, al encuentro con otro venezolano de excepción: Alberto Adriani.

Alberto Adriani, a la edad de 38 años fue llamado por el presidente López Contreras para asumir el Ministerio de Agricultura y Cría el día 1 de marzo de 1936. Luego, en el mes de abril del mismo año, fue designado Ministro de Hacienda con el encargo de reorganizar la hacienda pública nacional, pero poco después, el 10 de agosto, sorpresivamente murió de un infarto. Destacó por tener brillante mente, enriquecida con una formación multidisciplinaria.

A raíz de la crisis económica mundial de 1929, Adriani reflexionaba sobre la realidad económica y social de una Venezuela cautiva de capitales internacionales que tenían en sus manos la extracción del petróleo de nuestro subsuelo, sin que el país quedase equitativamente situado en la distribución de las ganancias derivadas de esa actividad que captaban, en una gran proporción, las compañías que significaban un auténtico enclave extranjero en el país. Por eso, la población venezolana mantuvo insuperaradas condiciones de vida y gran atraso, sin que Venezuela pudiera integrarse productivamente en la industria petrolera.

Por otra parte, Adriani notó que nuestra agricultura era muy rudimentaria y que, después de las caídas, primero del cacao y luego del café, que fueron nuestras fuentes tradicionales de participación en los mercados internacionales, el país no tenía un solo cultivo que tuviera la importancia que en el mundo habían alcanzado esos productos. Por eso consideraba que, al margen de lo que pudiera significar un petróleo en manos extranjeras –no era posible prever sus alcances en aquellos tiempos– era indispensable conformar un Proyecto Nacional, propiciado por el Estado, para modernizar y fortalecer la organización productiva y administrativa del país a fin de desarrollar sus actividades de producción.

Pero, como lo afirman en su ya citada obra Asdrúbal Baptista y Bernard Mommer, dos años antes de la muerte de Adriani, era *"ya palmario que el petróleo se estaba convirtiendo en el eje de una nueva visión del país que amenazaba con desplazar sus propias concepciones*"[178]. Entonces, en enero de 1934, el dólar norteamericano fue devaluado y la paridad cambiaria con el bolívar pasó de 5,20 Bs/$ a 3,06 Bs/$, lo que significó un duro golpe para los tradicionales exportadores de productos agrícolas nacionales, pues quedaban muy encarecidos los precios de tales productos en los mercados externos.

Adriani consideró que la mejor solución era devaluar paralelamente al signo monetario venezolano para proteger a los productores del agro. Pero otras personalidades –principalmente Vicente Lecuna, Presidente del Banco Venezuela– asumieron una posición diametralmente opuesta: la devaluación era desfavorable para el interés nacional pues, de su principal fuente de ingresos que era el petróleo, el país iba a recibir pérdidas ya que los gastos en el país de las compañías extranjeras se hacían en moneda nacional y, según Lecuna, esas pérdidas *"eran más importantes que todo lo que podría ganarse con la reactivación de las exportaciones tradicionales que seguiría a la devaluación"*[179]. Las cartas estaban ya sobre la mesa, pero al final, triunfó la tesis de Lecuna y el bolívar no fue devaluado.

En este punto, otra reflexión tardía se impone por su propio peso: Si se hubiese impuesto la tesis de Adriani y el bolívar hubiese sido devaluado, ciertamente, con la propuesta del Proyecto Nacional para modernizar y desarrollar la producción agrícola del país y la mayor competitividad de nuestros productos en los mercados externos, era de esperarse que Venezuela, si bien tal vez no se hubiera convertido en un gigante agrícola, sin duda que habría alcanzado ser un país autosuficiente en materia alimentaria y, por tanto, no sujeto a una condición tan extremadamente lábil, como la que padecemos, de carecer absolutamente de seguridad en esa materia, lo que nos hace definitiva y peligrosamente dependientes de fuerzas exógenas que no podemos controlar.

Es bueno tener presente y considerar la más reciente opinión de los economistas José Guerra y Julio Pineda en su trabajo "Temas de Política Cambiaria en Venezuela": *"Históricamente, ese elevado tipo de cambio del bolívar era necesario para la etapa de transición de una economía agrícola y semifeudal, a*

---

[178] Op. cit, pg 11.

[179] Idem. Pg. 12

una moderna y capitalista. La modernización de Venezuela reclamaba una moneda con alto poder de compra internacional, que facilitara la adquisición de los bienes de consumo y de capital indispensables para tal propósito".[180] Señalan los mismos expertos que, en 1941, el gobierno decidió –al reconocer las diferencias entre la economía petrolera y la de la agricultura exportadora– establecer la modalidad de cambios diferenciales para favorecer a los productores de café, cacao y ganado.

Hasta el presente, en todas las oportunidades que ha tenido el país para desarrollarse agrícolamente, han sido pospuestas o desechadas alternativas que favorecieran ese sector productor. Hoy en día, la tesis de Adriani tiene mayor y más urgentes validez y exigencias.

Las dos caras del petróleo en Venezuela

Las importantes definiciones que en Venezuela, en aquellos tiempos, se tomaron sobre el manejo del petróleo y que hemos resumido, definieron un modo de concebir su inserción en nuestra economía que, si bien no es ni puede ser irreversible, ciertamente ha determinado, por más de ochenta años, una dicotomía al mismo tiempo conceptual y práctica, que trazó –a mi juicio, más para mal que para bien– la trayectoria de un proceso de desarrollo radicalmente distorsionado, no sólo de la economía sino de toda nuestra sociedad nacional. Su origen está en las concepciones o visiones absurdamente divergentes del petróleo como renta que va a ser fundamentalmente consumida, o como recurso preferencialmente destinado a inversiones productivas.

En los primeros tiempos de explotación petrolera en Venezuela, al menos hasta los primeros años de la década de los cuarenta, no cabe duda de que los beneficios económicos generados por las actividades extractivas se convirtieron en inversión productiva, no sólo como resultado de la acción del Estado sino principalmente de las propias compañías petroleras que, necesariamente, debían instalar infraestructuras

---

[180] Guerra, José; Pineda, Julio. "*Temas de Política Cambiaria en Venezuela*" B.C.V.

2004, Pg http://www.bcv.org.ve/upload/publicaciones/temaspolcambven.pdf

adecuadas para la mejor y más eficiente explotación del producto: eran indispensables carreteras, transportes, servicios de electricidad y agua potable, viviendas para los obreros y empleados de las empresas, escuelas, centros de salud, etc., todo lo cual tuvo por lógica consecuencia el desarrollo, en tales centros de explotación, de economías locales con sus correspondientes mercados de productos y servicios.

Después, con el tiempo y como no pudo haber sido distintamente, de forma cada vez más grave la renta del petróleo se fue convirtiendo en fuente de consumo de la población sin la necesaria contraprestación del correspondiente trabajo productivo. Al respecto, el Dr. Arturo Uslar Pietri expresó, en 1948 que la *"Venezuela anterior al petróleo era.....un país que vivía de su trabajo"*, mientras que, *"con el petróleo...la riqueza creciente que va a haber no proviene del trabajo del venezolano"*.[181]

En su referido libro, Baptista y Mommer hacen interesante interpretación del pensamiento de Uslar sobre el asunto petrolero del país. Me voy a permitir resumirla en sus líneas principales:

1) Como, por razones de falta de capacidad técnica y de capital, era imposible que Venezuela −sectores público y privado− asumiera la explotación de su petróleo, así se tuvo que optar por la vía rentística que representaba, por sus dimensiones, una fuente de acumulación de capital que *"podía bien encaminar al país hacia una existencia progresivamente parasitaria"*.[182]

2) Rápidamente, fue evidente que el crecimiento de esa renta superaría, largamente, las posibilidades que presentaba el sector agroexportador de ser generador de recursos suficientes para propulsar el desarrollo productivo del país.

3) Para asumir ese rol, la renta petrolera debía ser destinada -−expresó Uslar en su primer artículo sobre "la siembra del petró-

---

[181] Usalr Pietri, Arturo. "Venezuela en el Petróleo". Urbina y Fuentes Editores Asociados, Caracas, 1948, pg 17. Citado por Baptista y Mommer, op. cit., pg. 20.

[182] Baptista y Mommer, op. cit., pg. 15.

leo", publicado en el diario Ahora, el 14 de julio de 1936– a un presupuesto de inversión y no al gasto corriente.[183]

4) Un criterio muy importante que definió el Dr. Uslar Pietri sobre el petróleo, fue el de considerarlo no como una cosecha o como una renta, sino como *"el consumo continuo de un capital depositado por la naturaleza en el subsuelo"* de Venezuela. De ser así, como bien lo expresan Baptista y Mommer al indicar que *"el petróleo sí es una renta"... "no le cabía otro destino que la reinversión de sus proventos"*[184] significando su consumo, en caso contrario, una grave irresponsabilidad. Pero la gran dificultad que presentaba esta tesis radicaba en que el capital, que significaría que el petróleo fuese productivo, era indispensable que pudiera ser absorbido por la economía nacional y que ésta tuviera una gran capacidad para hacerlo, incluido el excedente rentístico derivado de su explotación, capacidad de la que, obviamente, carecía nuestra economía.

Tal incapacidad de poder absorber el excedente petrolero se hizo mucho mayor cuando, a partir de 1943, como consecuencia de los aumentos impositivos determinados por la reforma petrolera y por el auge del consumo del producto al término de la II Guerra Mundial, se pasó a una nueva y muy distinta etapa en la historia petrolera venezolana, caracterizada por la preponderante orientación de esa renta al consumo, lo que terminó por casi anular las posibilidades productivas del país y, así, liquidar toda posibilidad de destinar al petróleo como fuente para alimentar un verdadero desarrollo productivo de Venezuela.

---

[183] Idem, pg. 16.

[184] Idem

CAPÍTULO OCTAVO

Capitalismo rentístico

El escenario

Intimamente relacionado con el tema del petróleo considerado en el capítulo anterior, en el presente sintetizaremos el tema asociado naturalmente del capitalismo rentístico y sus graves consecuencias para nuestro desempeño económico. El capitalismo rentístico es el título que dio el doctor Asdrúbal Baptista a otro importantísimo trabajo suyo, que fue publicado en uno de los Cuadernos del Cendes, el correspondiente al N° 60, Tercera Época, de Septiembre-Diciembre de 2005, pgs. 96-111.

En lo sucesivo de este Capítulo, nuestro trabajo se limitará a sintetizar la referida obra del Dr. Baptista, de manera de incorporar sus conceptos y aportes para facilitar la comprensión de la compleja realidad que ha significado el petróleo en nuestro país, en la esperanza de que, conociéndola, podamos los venezolanos corregir –algún día– las graves distorsiones que presenta nuestra economía.

Con breve introducción, comienza el Dr. Baptista indicando que en el siglo pasado, desde los inicios de la década de los años 20, nuestra economía se estructuró sobre la base de la renta petrolera como su principal determinante. Apoyado en una "definición operativa" del concepto de renta petrolera, introdujo el nuevo concepto de *"producto interno no rentístico"* para relacionarlo con indicadores tales como el ingreso nacional y el producto interno neto; el tamaño relativo del empleo público; el desenvolvimiento de la tasa real de cambio; o con la relación consumo-ingreso a fin de *"darle su caracterización cuantitativa"*. Destaca Baptista, como muy importante, "*la medida del desequilibrio en la crítica relación capital-producto, que marca el colapso del capitalismo rentístico*".

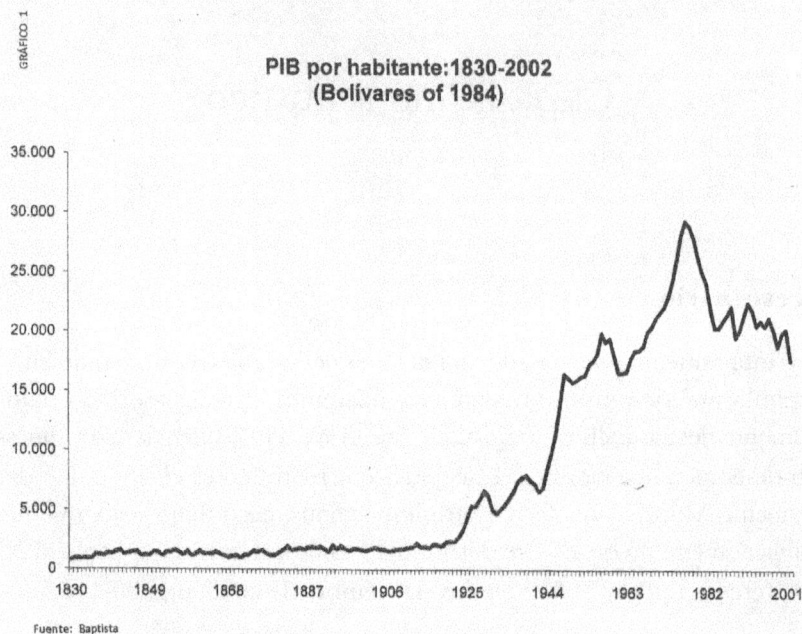

GRÁFICO 1

PIB por habitante:1830-2002
(Bolívares of 1984)

35.000
30.000
25.000
20.000
15.000
10.000
5.000
0

1830 1849 1868 1887 1906 1925 1944 1963 1982 2001

Fuente: Baptista

Con el fin de aportar una visión global de la economía venezolana desde sus inicios, el trabajo presenta un gráfico del PIB por habitante desde 1830 hasta el 2002 en Bs. constantes de 1984. Se observa en el gráfico cómo, desde 1830 y hasta 1920-21, la curva del PIB/hab describe una linea que recorre casi en paralelo el eje de las abscisas, con un promedio de crecimiento año a año muy irregular, que parte con menos de 1.000 Bs. hasta unos 2.000 Bs. por habitante; de allí inicia un ascenso muy pronunciado (pendiente de unos 65°) con máximo hacia 1927 de unos 5.300 Bs. y, luego, con descensos y ascensos, marca picos de cerca de 7.500 Bs. en 1938; 17 mil hacia 1944; 20 mil entre 1955-57; toca casi los 30 mil en 1975 para descender abruptamente hacia 1979 y marcar un ziz zag descendiente hasta el 2001, que muestra nuestra caída económica de casi 30 años, y se pregunta el autor "*qué aconteció entonces y qué causó tamaño desarreglo"*, para indagar, al mismo tiempo, si *"hay una experiencia contemporánea que pueda asimilarse a la de Venezuela, dadas sus excepcionales condiciones"*.

Con razón afirma Baptista que el siglo pasado y lo vivido del actual giran necesariamente alrededor del tema de las consecuencias económicas del petróleo. Pero un punto eje de su trabajo va a ser su original consideración y dudas sobre su *recta contabilización*.

"El petróleo es un medio no producido", escribe nuestro autor para explicar cuándo tiene significado de renta y añade, para aclarar el concepto con la acertada diferenciación: *"es parte de la riqueza de la humanidad, más no lo es, ciertamente, del capital de la humanidad"* contraponiendo así las nociones de renta y capital.

Además, el petróleo *"es sujeto a propiedad privada"* (por parte de los Estados, en este caso de E.U.), entendido "privada" en el sentido privativo o excluyente. Y esa propiedad privada genera una renta; una renta territorial que es de la misma naturaleza de la renta que captaría el propietario de una tierra que –como vimos en el capítulo precedente– la haya alquilado a un agricultor para que, con su capital -–entendido en su sentido económico y no simplemente financiero–, genere producción, intereses y beneficios. El monto del alquiler que recibe el propietario de la tierra es renta y el monto de ésta va a variar, en función progresiva, según las calidades inferiores de otras tierras destinadas a explotación agrícola que estén ubicadas en el mismo contexto territorial. Se trata pues, en una relación económica *"moderna"*, como lo expresa Baptista, *"de la clase de remuneración a la que tiene derecho el propietario de unos medios de producción no producidos"* y, por ello, culmina brillantemente con la expresión de Marx[185]: *"la renta es una consecuencia de la sociedad, no de la tierra"*.

Asdrúbal Baptista ha preparado así, todo el escenario necesario para desplegar el contenido de su investigación. El telón de fondo contiene la pregunta: *"Dada esta renta ¿qué papel juega en la vida económica de Venezuela, y lo que es más, cómo ha de procederse para su recta contabilización?"*.

---

[185] Sobre la renta absoluta.

Investigación sobre la medida contable de la renta del petróleo

Es más que obvio que las medidas contables del petróleo deben ser tomadas del comercio mundial en el cual se negocia el producto. De esta forma, dada la importancia de los Estados Unidos en ese comercio, sea como exportador o como importador, es natural que sean sus medidas las tomadas como referencia. Es así en especial, como lo expresa Baptista, porque las condiciones de explotación del petróleo dentro de ese país sirven "*como patrón referencial toda vez que a las mismas se las puede tomar como las 'peores' condiciones productivas del mercado*". En efecto, aclara el mismo autor, "*que para el año 2000, la producción de petróleo por pozo en el mundo era de unos 75 barriles por día; en Venezuela esa magnitud era de unos 150/barriles por día, mientras que en E.U. era de 10,9/barriles día* (OPEC, 2002; Department of Commerce, 2004)."

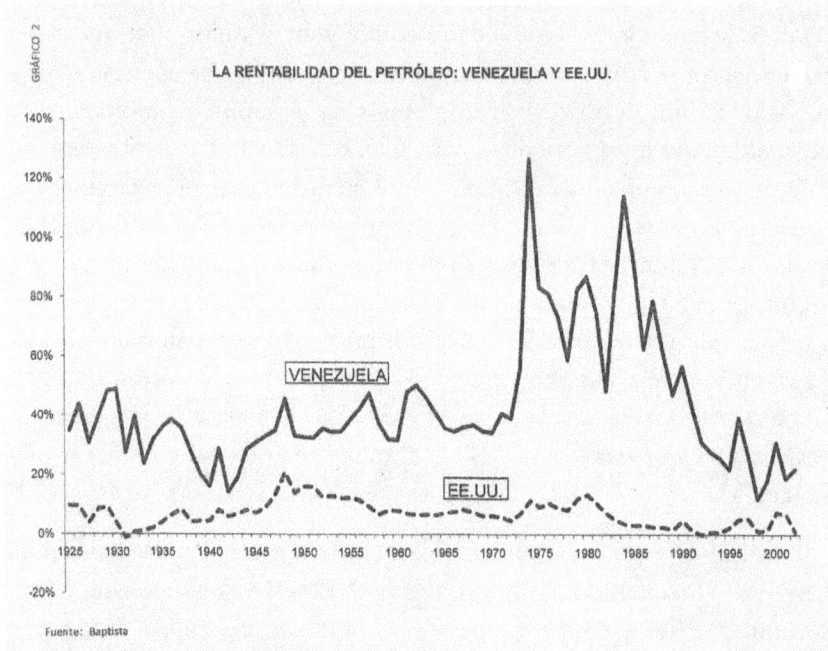

LA RENTABILIDAD DEL PETRÓLEO: VENEZUELA Y EE.UU.

Fuente: Baptista

De lo que se trataría, entonces, sería de buscar en los Estados Unidos la información que permita conocer la expresión económica de *"esas peores condiciones"* y, en lo contable, para *"conseguir allí la tasa general de rentabilidad del capital invertido en el sector petrolero."* Ello será, entonces, referencia para calcular el verdadero resultado económico del petróleo venezolano. El gráfico muestra esa tasa de rentabilidad en los Estados Unidos entre los años 1925 y 2000, así como también la de Venezuela. La diferencia, o brecha, que existe entre ambas curvas de tasas de rentabilidad define el espacio económico de la *renta* que el propietario (el Estado venezolano) capta por el sólo hecho de serlo; *"este es un punto decisivo de todo el argumento"*, afirma Asdrúbal Baptista quien añade: *"esa remuneración, es entonces una renta territorial originada en el mercado mundial*[186] . Tal renta, como lo asienta Baptista, no forma parte del producto (pues para su generación no incorpora ni trabajo ni capital, aunque sí, como dice el mismo Baptista, lo que en el mercado haga el Estado para revalorizar su propiedad), pero, por supuesto, si forma parte del ingreso nacional.

Con base en las anteriores consideraciones, en el gráfico n° 3 el autor presenta la comparación, siempre en Bs. de 1984, entre el PIB petrolero de Venezuela calculado en las cuentas de manera "convencional" equivocada, esto es, incluyendo la porción de renta y otra sin tenerla en cuenta o PIB petrolero no rentístico.

---

[186] N del A. Igual que en el caso de la tierra agrícola en el que es por condiciones de mayor fertilidad de la tierra respecto a las de menor fertilidad por lo que el propietario capta la renta, acá, en el caso del petróleo es por razones de las naturalezas de los yacimientos que permiten mayores volúmenes de extracción del petróleo que contienen, valga decir, una forma de fertilidad.

PIB petrolero, convencional y no rentístico: 1922-2002
(Bolívares de 1984)

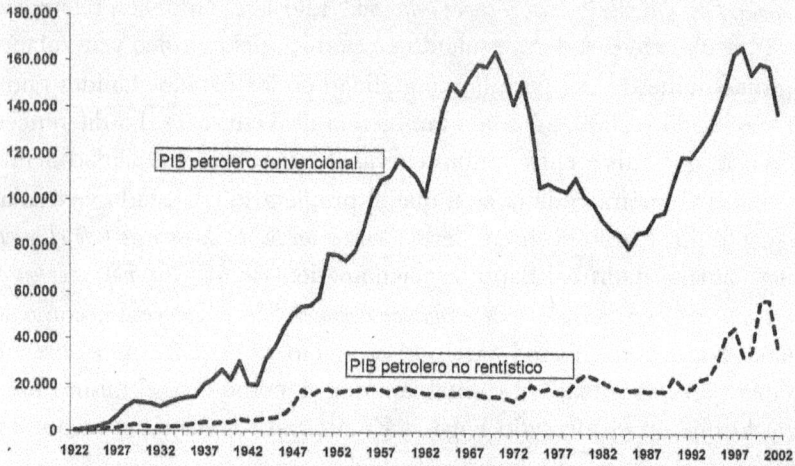

PIB petrolero convencional

PIB petrolero no rentístico

Fuente: Baptista

PIB convencional y PIB no rentístico:1922-2002
(Bolívares de 1984)

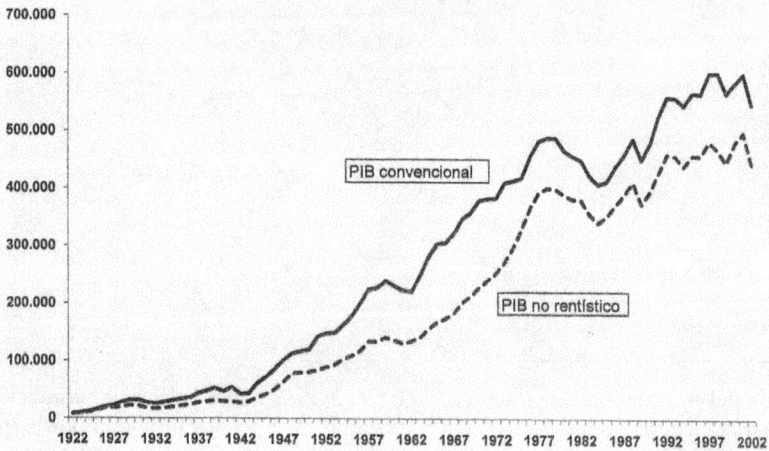

PIB convencional

PIB no rentístico

Fuente: Baptista

208

El gráfico n° 4 muestra el desempeño económico general del país y compara el PIB de Venezuela de manera convencional es decir, incluyendo la renta petrolera y el PIB excluida ésta o PIB no rentístico. Baptista añade que *"la consideración meticulosa de este gráfico sustentaría un análisis muy detallado de las bondades estadísticas de los métodos propuestos, tanto como de la práctica económica"* lo que de momento queda para otra oportunidad. Sin embargo, destaca una consecuencia importante: el gasto bruto interno tiene el mismo defecto que, con razón, Baptista califica de severo, de incluir el monto de la renta del petróleo y subraya, de nuevo, que dicho excedente *"no se origina en el esfuerzo productivo representado por el trabajo y el capital nacionales"* por lo que no debe aparecer en estos cálculos.

INGRESO NACIONAL/PRODUCTO NACIONAL NETO: VENEZUELA 1936-2002

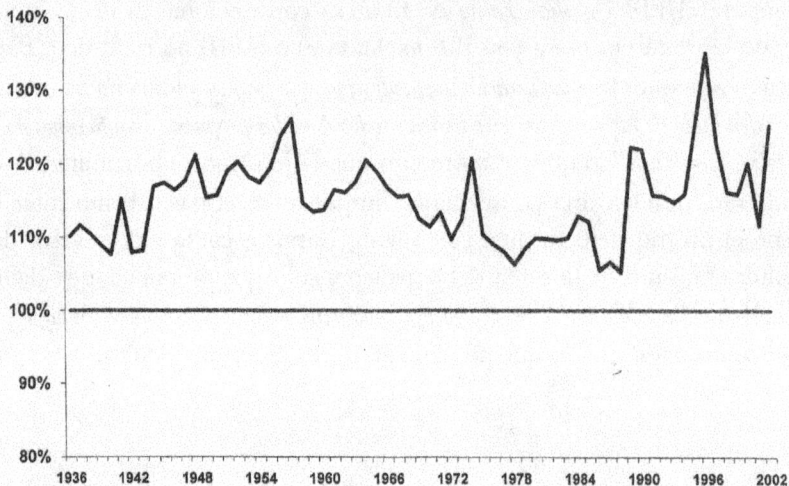

Fuente: Baptista

EXPORTACIONES PETROLERAS Y PIB: EL ESPACIO DE LA RENTA: 1922-2002

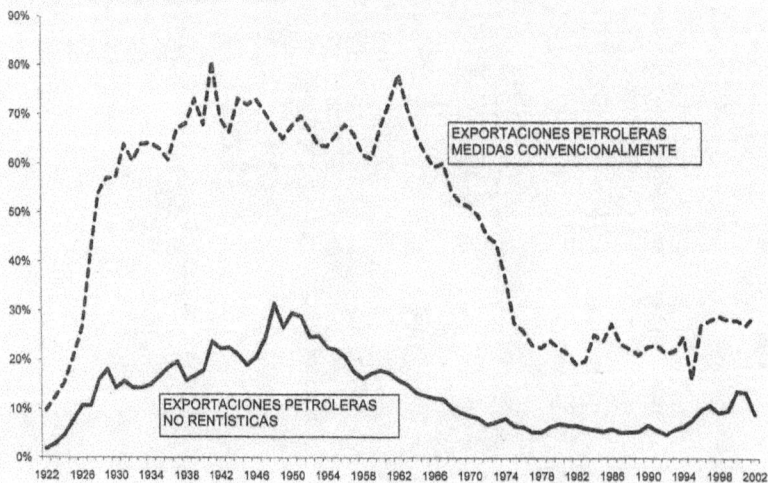

EXPORTACIONES PETROLERAS
MEDIDAS CONVENCIONALMENTE

EXPORTACIONES PETROLERAS
NO RENTÍSTICAS

Fuente: Baptista

El gráfico n° 5, hace el mismo tratamiento de los anteriores, esta vez referido a las exportaciones petroleras calculadas de manera convencional y las mismas excluida la renta.

Como conclusión, el Dr. Asdrúbal Baptista arriba a que, sobre este punto, *"la estructura de la economía venezolana contiene un rasgo muy singular, a saber: que su ingreso nacional es significativamente mayor que el producto nacional neto de depreciación"* lo que viene representado en el gráfico n° 6 para el período 1936-2002, demostrativo de que, como promedio, la diferencia es de un 20% para dicho período *"lo que es una peculiaridad histórica merecedora de toda atención"*... que *"justifica con creces que a dicha estructura se le de un nombre propio: capitalismo rentístico"*.

GRÁFICO 6

INGRESO NACIONAL/PRODUCTO NACIONAL NETO: VENEZUELA 1936-2002

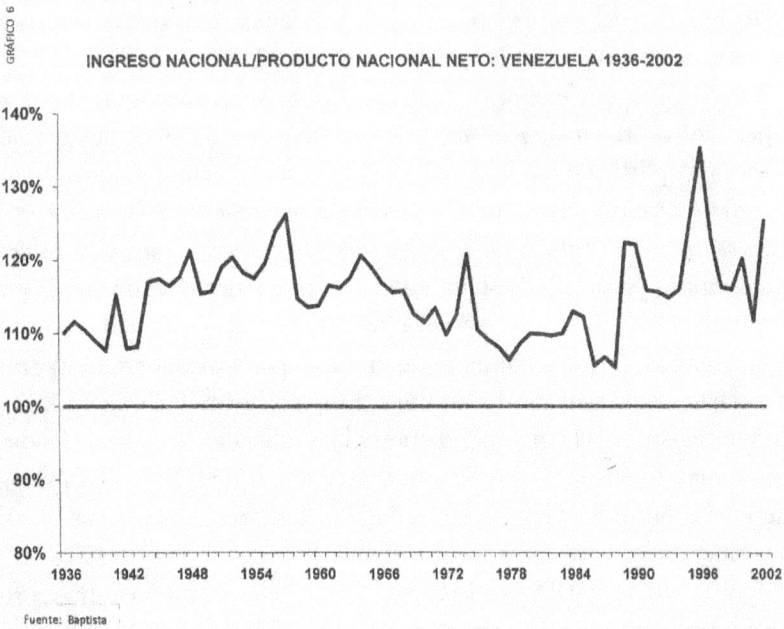

Fuente: Baptista

211

Naturaleza del Capitalismo rentístico.

En esta parte del trabajo, el Dr. Baptista va a destacar algunos aspectos de la estructura del capitalismo rentístico: El tamaño del empleo público; las relaciones del mercado de trabajo; el patrón de acumulación; la sobrevaluación del tipo de cambio y la inviabilidad del capital rentístico.

a. El tamaño del empleo público.

Señala Baptista que, por el hecho de ser propietario del recurso petrolero y perceptor de la renta, el Estado venezolano *"goza de márgenes de acción excepcionales"*. El primero señalado es su *"capacidad de ofrecer empleos directos sin generar presiones inflacionarias"*. Pasa entonces a considerar el tamaño relativo del empleo público en Venezuela en comparación con otras experiencias en Occidente que muestran la existencia de una relación muy sólida entre el nivel de desarrollo de los países −que miden sus respectivos productos *per cápita*− y los relativos tamaños de sus empleos públicos. A partir de esa larga experiencia estadísticamente documentada, señala nuestro autor, que *"es posible dar una idea de cuáles pueden ser los volúmenes de empleo público que se espera tenga una economía cualquiera en unas circunstancias específicas"*. Presenta entonces un cuadro (Cuadro n° 1) para el período 1950-2002, que muestra las cifras medias calculadas para cada cinco años, de los volúmenes de empleo que correspondían al grado de desarrollo del país en dichos años (Empleo normal) comparadas con los que registran las correspondientes cifras oficiales (Empleos efectivos) y presenta el cálculo de los Empleos excedentarios que resultan de las diferencias entre los "empleos efectivos" y los "empleos normales". Dichas diferencias son enormes: El menor porcentaje excedentario es el 42% alcanzado en 1955 y el mayor es 65,1% correspondiente a 1980, con un promedio para los 50 años del 56%. Ello ha sido posible, precisamente, por ese "margen excepcional de acción" derivado de la renta que percibe el Estado como propietario del recurso petróleo.

CUADRO 1

EL EMPLEO PÚBLICO EXCEDENTARIO: VENEZUELA, 1950-2001

(Número de personas)

	Empleo efectivo (Personas)	Empleo normal (Personas)	Empleo excedentario (Personas)	% de empleo excedentario
1950**	174.918	99.460	75.458	43,1
1955*	210.717	122.116	88.601	42,0
1960*	277.150	142.918	134.232	48,4
1965*	371.346	169535	201.811	54,3
1970*	520.392	215.404	304.988	58,6
1975*	682.229	280.116	402.113	58,9
1980*	1.006.762	350.886	655.877	65,1
1985*	1.077.515	377.939	699.576	64,9
1990*	1.241.368	459.311	782.057	63,0
1995*	1.308.877	547.714	761.164	58,2
2002**	1.369.190	711.557	657.623	48,0

* Los valores son medias móviles de cinco años en torno a la fecha referida.
** Los valores corresponden a la información para el año señalado

Fuente: Baptista

Al relacionar este "fenómeno" con la realidad política y social de nuestra Patria, el lector fácilmente encontrará vínculos con temas como clientelismo, populismo, corrupción, familismo amoral, precaria ciudadanía, débil conciencia política, inadecuada educación, débiles instituciones, precaria familia, enorme pobreza. No hay, evidentemente, relación alguna del tipo causa-efecto entre la renta petrolera y esas características que buena parte de nuestros ciudadanos posee; menos aún a la inversa. Sin embargo, es indudable que la renta "potencia" tales defectos en la medida en la que los gobiernos se desinteresen de superarlos o los utilicen en beneficio de sus particulares intereses. En tal sentido, la presente realidad venezolana confirma, de manera patética, lo antes expresado.

b. Relaciones del mercado de trabajo.

La principal relación del mercado de trabajo es aquella que determina cómo las variaciones de los salarios se ajustan a las de la productividad. Afirmado esto, Baptista trae como referencia el caso de los Estados Unidos: el crecimiento de su productividad entre 1950 y 2004 marcó la tasa anual de 1,34% y los salarios crecieron al 1,22%, siendo el cociente mayor que la unidad. Pueden existir desviaciones, pero por lapsos muy breves, aclara el autor.

Para evidenciar la anomalía que supone el caso venezolano, Baptista elaboró el gráfico n° 7 que muestra cómo, entre 1950 y 2002, la curva que representa los salarios reales aparece siempre por encima de la correspondiente a la productividad. La separación comienza a crecer a partir de 1956 y se hace muy fuerte entre 1974 y 1977 (Gob de CAP) cuando se invierte, casi simétricamente y en sentido decreciente, la orientación de ambas curvas, pero en especial la de los salarios reales, hasta la proximidad de ambas que se da en 1995 para mantenerse moderadamente la superioridad de esta curva sobre la de la productividad cuyo máximo crecimiento ocurrió entre 1970 y 1978.

GRÁFICO 7

PRODUCTIVIDAD Y SALARIOS REALES: VENEZUELA 1950-2002
1950=100

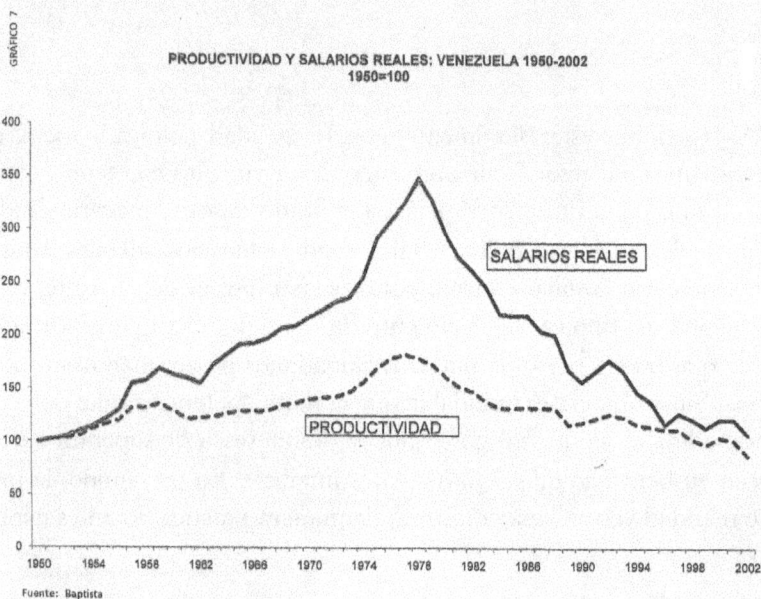

Fuente: Baptista

El crecimiento de la productividad, entre 1950 y 1978 promedió una tasa anual de 1,5%, mientras los salarios reales aumentaban a 3,8%, más del doble, siendo la relación productividad/salarios reales igual a

214

0,39. Destaca Asdrúbal Baptista que el excedente rentístico de origen internacional, que explica lo que muestra este gráfico n° 7, demuestra que a la economía venezolana nada le cuesta producirlo y constituye *"un rasgo sobresaliente del capitalismo rentístico"* y sin parangón alguno en la normal economía contemporánea.

c. *Patrón de acumulación.*

El problema de la asignación de los recursos en la sociedad es uno de los retos principales en la economía capitalista. Los recursos pueden orientarse a la inversión o al consumo. Baptista cita el caso de los Estados Unidos donde *"el consumo por habitante se expande, en el extremo, a la misma tasa a la cual lo hace la producción en general "* y refiere que entre 1929 y 2004 el producto *per cápita* creció al 2,30% y el consumo al 2,28%. Casi idénticos.

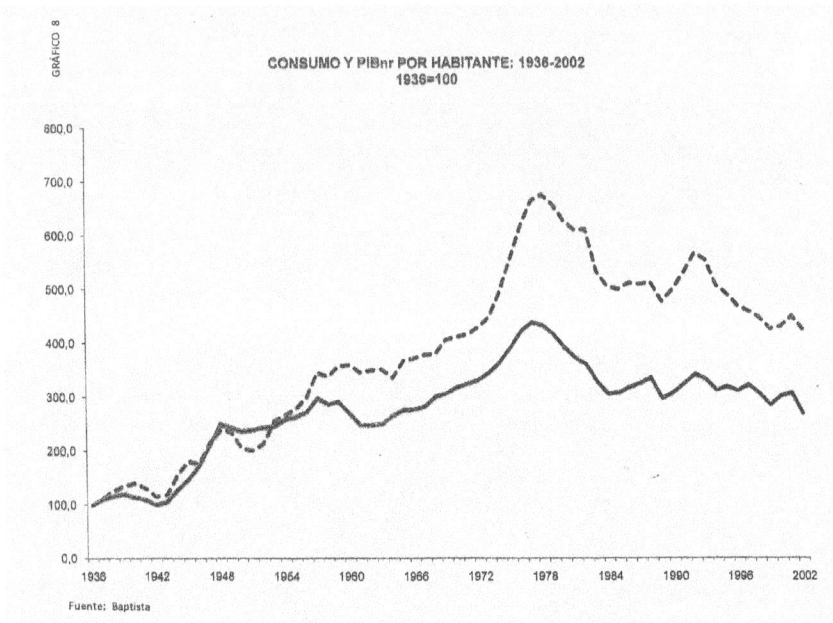

GRÁFICO 8

CONSUMO Y PIBnr POR HABITANTE: 1936-2002
1936=100

Fuente: Baptista

El gráfico n° 8 de Baptista representa la relación entre el consumo y el PIB por habitante y muestra que en Venezuela, una vez más, el comportamiento no es el normal: entre los años 1936 y 1978 el crecimiento del consumo ocurrió al promedio del 4% anual, mientras que el producto crecía menos, al 3,1%, siendo la relación entre ambos de 1,35, la que se eleva al 1,86 para el lapso 1950-1978.

GRÁFICO 9

CAPITAL NO RESIDENCIAL PÚBLICO Y PRIVADO
EE.UU. 1925-1997

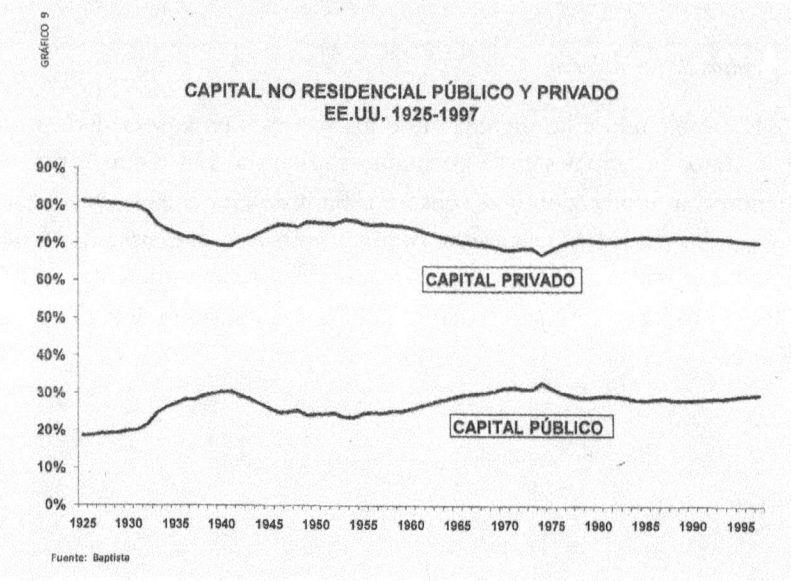

Fuente: Baptista

216

CAPITAL NO RESIDENCIAL PÚBLICO Y PRIVADO: VENEZUELA 1922-2002

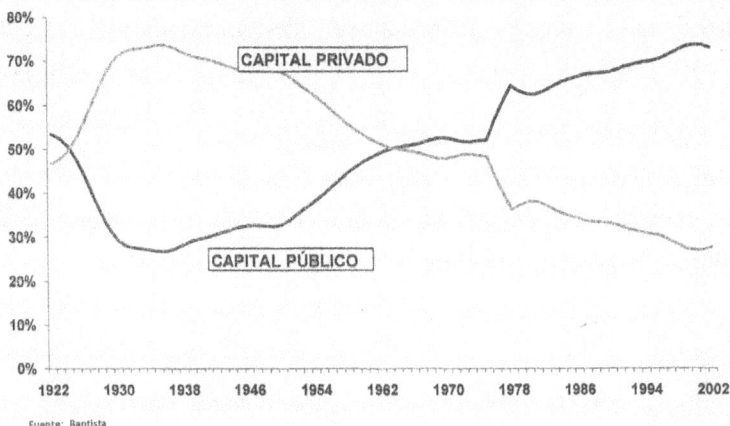

Fuente: Baptista

El gráfico n° 9 que aporta Baptista muestra la relación que se da en Estados Unidos entre el capital no residencial público y el privado. Dicho gráfico muestra que, en promedio, el capital privado es el 73% y el público el 27%. En cambio, el siguiente gráfico n° 10 que presenta la misma relación entre esos capitales, pero en Venezuela es completamente distinto: el capital privado crece fuertemente de un 46% en 1922 hasta un 71% en 1929, fecha cuando el crecimiento se hace menor y continua muy moderado hasta 1936 cuando inicia un decrecimiento hasta 1945 que alcanza el 67%, subiendo levemente hasta el 69% en 1948 cuando toma una pendiente de descenso más acentuada que se corta, en 1967, con la curva en crecimiento del capital público, la que viene creciendo desde 1936 con curva que, como es natural, es casi un espejo de la decreciente del capital privado que se inicia en el mismo año. De 1967 en adelante, casi en perfecto espejo, ambas curvas siguen estas tendencias, la del capital privado decreciente y la del capital público en ascenso hasta el 2002 que es el límite del gráfico. La propiedad pública de capital llega en este gráfico (2002) al 70%, mientras que la del privado baja del 30%. El gráfico no incluye el valor hipotético de los yacimientos de petróleo pues no son capital.

217

d. Sobrevaluación del tipo de cambio.

Es muy propio del capitalismo rentístico –apunta el autor– la sobrevaluación del tipo de cambio. El siguiente gráfico del Dr. Baptista, el n° 11, presenta el indice de sobrevaluación del bolívar entre 1934 y 2002. La mayor parte de ese tiempo nuestra moneda ha estado sobrevaluada, excepto los 10 años que van de 1986 a 1996. Esto indica, expresa Baptista, *"que los compradores de dólares a cambio de bolívares han conseguido, como resultado de la compra venta, más poder adquisitivo del que tenían antes de la transacción en cuestión"*. Por supuesto, el financiamiento de la diferencia viene del ingreso rentístico del Estado.

GRÁFICO 11

INDICE DE SOBREVALUACIÓN DEL BOLÍVAR: VENEZUELA 1934-2002

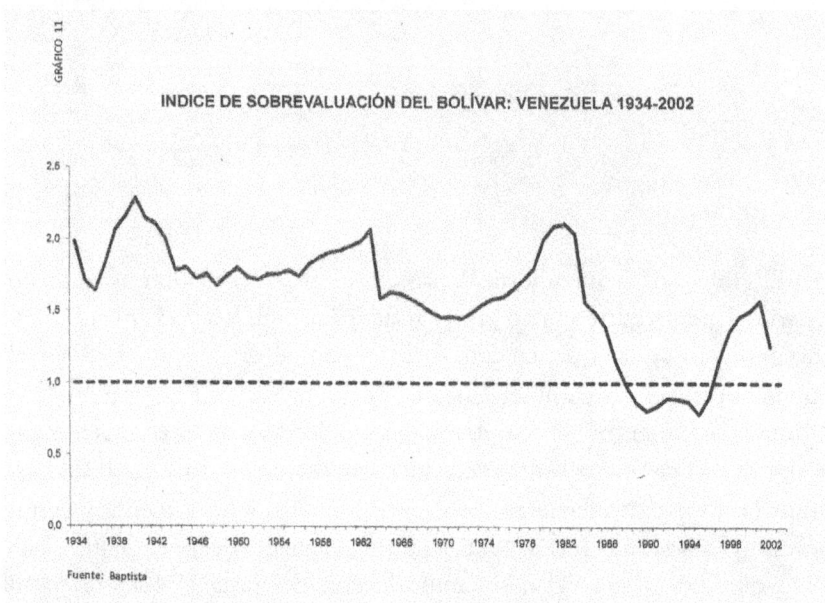

Fuente: Baptista

e. Inviabilidad del capitalismo rentístico.

"El capitalismo rentístico es una estructura inviable, en el estricto sentido de que carece de mecanismos de autorregulación, valga decir, y en los términos convencionales de la teoría económica, carece de un equilibrio estable". [187]

---

[187] V. Baptista, 1997, *passim.*

Por tanto tiene *"imposibilidad de autorreproducirse y por lo tanto de garantizar un crecimiento sostenido de su actividad económica"*.

El autor incluye un cuadro comparativo de la relación capital-producto de varios países y Venezuela. Señala que, para conocer el estado general de una economía, esta relación es un indicador tal vez insustituible y es, también, un índice que revela la intensidad de las crisis económicas pues refleja *"la capacidad autorreproductiva de la estructura económica"*. El cuadro n° 2, muestra cómo el índice varía en situaciones de crisis económicas agudas y viene expresado en porcentajes.

CUADRO N° 2
Variaciones de la relación capital-producto experiencia internacional
(porcentajes)

		A	B
EE.UU.	1928-1933	44,2	36,1
Francia	1929-1932	26,1	
Alemania	1928-1932	18,1	
Reino Unido	1929-1931	14,8	25,5
Argentina	1976-1983	29,1	22,3
Chile	1980-1982	17,3	19,3
México	1979-1986	20,6	23,4
Japón	1995-2001	22,1	33,1
Venezuela	1977-1984	48,5	82,2

A = capital no residencial
B = capital en maquinarias y equipos
Fuente: Baptista, 1997, cuadro 15.1

Del análisis de dicho cuadro, el Dr. Baptista concluye: *"Es patente, pues, cómo el colapso que experimenta Venezuela en los años decisivos de finales de los setenta, resulta de un desequilibrio sin paralelo en la vida económica contemporánea. Ello, valga la afirmación si se desea dogmática, es expresión fehaciente del capitalismo rentístico*" que....... "*lleva en su interior un desbalance primordial en sus relaciones de poder que, igualmente, hacen su reproducción insostenible*". [188]

"*La sociedad moderna, –continúa– bien se sabe, descansa sobre la recíproca necesidad que entre sí tienen, de una parte, el poder político, encarnado en el Estado, y de la otra parte, el poder económico, monopolio de la sociedad civil. A la pobreza material del Estado, compensada por lo que representa el poder político, se le contrapone la riqueza material tras los intereses privados, huérfana siempre de garantías políticas para poder florecer. Este balance de fuerzas, de recíprocas codependencias, asienta un marco de cosas que hace propicio el desenvolvimiento de los intereses privados y, por consiguiente, la creciente marcha de los asuntos económicos.*"

"*El capitalismo rentístico carece de este balance primordial. Su Estado es económicamente autónomo, por ser propietario de unos medios de producción que remunera el mercado mundial. Ello cobra un altísimo precio, que no es otro que su inviabilidad.*"

---

[188] V. Baptista, 2004; cap 11

CAPÍTULO NOVENO

Anómicas consecuencias de la estructuración social de la población venezolana

Esfuerzos y logros

La ausencia de Ley, de su respeto o cumplimiento, así como la presencia de situaciones sociales consecuentes a carencias de normas o de su degradación en el seno de una Sociedad determinada, es lo que se conoce como anomia.

En toda Sociedad bien constituida y que funcione adecuadamente dentro de una éticamente válida jerarquía de valores, todo esfuerzo debe conducir, normalmente, al alcance de un logro pretendido por la persona que se esfuerza; del esfuerzo mismo deriva la atribución de méritos cuando se ha alcanzado el logro de manera bien cumplida, es decir, recta, de tal modo que, de los logros que se alcancen con tales esfuerzos, es lógico esperar reconocimientos que puedan expresarse en premios, cualesquiera que sean los tipos de éstos, por cierto, no necesariamente pecuniarios o materiales.

Pero ocurre que, en Venezuela, la normal y sana lógica de semejante acontecer no se cumple, porque nunca ha existido la indispensable vinculación que debe haber entre esfuerzos y logros con méritos y premios; así como también, en la opuesta situación, en la que faltas o crímenes deben tener su correspondencia en sanciones o castigos. Esa relación no ha existido por gracia de una sorprendente e irregular mediación desviada por desórdenes de raíces históricas según los cuales, el poder, en las diferentes expresiones que tiene en una Sociedad y que van desde el poder político –que según sus alcances cubre desde toda una nación hasta una fracción muy pequeña de la misma–, pasa por el poder social que varía desde grandes corporaciones o asociaciones de considerable influencia, hasta expresiones pequeñas –pero determinantes en su ámbito– por el que pequeños grupos de personas puedan tener prestigio o influencia sobre el comportamiento de otras, sin excluir las formidables y extensas influencias que pueden ejercer sectores sociales relacionados con la delincuencia.

Pues bien, por vía de tales desviaciones se ha llegado a que, en muchas ocasiones, la víctima o el acusador resulta ser convertido en acusado y el delincuente o criminal pueda ser premiado. Tan curioso fenómeno no es exclusivo de estos tiempos, sino que viene obrando desde nuestro pasado histórico, aunque en el presente, ciertamente, se reproduzca de manera desparpajada y contumaz. Pero lo más grave es que ese inmoral proceder se traduzca, como de hecho ocurre, en importantes factores de desarmonía y disgregación de la Sociedad, así como lo es el que induzca merma de las aspiraciones de logro y realización de los ciudadanos cuyas aspiraciones de ascenso van viendo cerrarse.

Escriben Desiato, Viana y De Diego [189] que, en el caso venezolano, no se puede considerar que la anomia sea simple carencia de normas, sino que *"...tiene que ver con una situación casi secular en la que se ha perdido la relación entre los esfuerzos y los logros; entre los méritos y los premios; entre los crímenes y los castigos. Los premios son para los truhanes y pájaros bravos; los castigos son para los esforzados".*

¿Cuál puede ser esa *"situación casi secular"* a la que hacen referencia los citados autores?

El ser humano es convertido en social por medio de la cultura, entendida ésta como mundo que el hombre construye y opone al mundo natural, esto es, al que le proporciona la naturaleza. Aunque es muy prolongado en el tiempo, ese proceso no determina la conducta individual

---

[189] Ver, Desiato, Massimo; De Viana, Mikel y De Diego, Luis. *"Ethos y valores en el proceso histórico-político de Venezuela"* en "El Hombre, Retos , Dimensiones y Trascendencia". Ed. UCAB, Caracas, 1993.

de la persona humana pero, evidentemente, significa un muy fuerte condicionamiento. En otro lugar de este trabajo hemos muy brevemente considerado características y efectos propios de nuestro mestizaje poblacional. Ese fenómeno antropológico, característico de toda Latinoamérica, aunque particularizado según y cómo se produjo en cada realidad nacional y dentro de ella, constituyó una suerte de piso de condiciones sobre el que se ha levantado el ambiente cultural propio de cada país.

Las fuentes étnicas de nuestros pueblos aportaron, por ejemplo, una concepción cíclica y geocéntrica del tiempo, radicalmente opuesta a la rectilínea y antropocéntrica propia de la racionalista civilización occidental. Ese elemento temporal parece estar presente en características muy generalizadas de comportamientos poblacionales tales como indecisión, improvisación, ambigüedad y evasión. En expresión de Rafael Ernesto Carías, nuestro hombre latinoamericano *"...con la dejadez se ha puesto a distancia del tiempo y no le quiere dar la cara"*[190].

Vimos también que las tres vertientes étnicas, fuentes originarias de nuestro ser y cultura, en todo el sub-continente se caracterizaron por su original desarraigo respecto a la realidad constitutiva del entorno humano, cultural y geográfico y que de allí proceden las faltas de identificación, provisionalidad e inseguridad que siente quien no tiene algo propio, algo que reconozca como suyo, a partir de lo cual poder afirmarse y proyectarse hacia el futuro. Por tanto, en el decir de Octavio Paz[191], *"no tenían lugar ni en la estructura social ni en el orden moral. Frente a las dos morales tradicionales —la hispana fundada en la honra y la india fundada en el carácter sacrosanto de la familia— el mestizo era la imagen viva de la ilegitimidad. Del sentimiento de ilegitimidad brotaba su inseguridad, su perpetua inestabilidad, su ir y venir de un extremo al otro, del valor al pánico, de la exaltación a la apatía, de la lealtad a la traición."*.

A condicionamientos como estos, procedentes de los más profundos orígenes de nuestra cultura y modo de ser, habrían de ser añadidos otros factores: Primero, muy acentuados desde tiempos más recientes, los va-

---

[190] Carías, Rafel E. *"El Latinoamericano y el Tiempo"*, Mimeo, UCAB, 1970, pg. 2.

[191] Paz, Octavio. *"Sor Juana Inés de la Cruz o las trampas de la Fé"* Seix Barral, Barcelona, 1982, pg. .

lores supremos de nuestra cultura parecen ser el éxito económico y el prestigio social, pues son transmitidos *"como metas incontestables para todas las clases sociales"*[192], mientras no se ofrece nada consistente como medios, canales o normas para alcanzarlos. Segundo: a lo anterior se suma la ineficacia real, entre nosotros, de aquéllos valores que, como el trabajo productivo son correctamente considerados legítimos para obtener los pseudo-valores del éxito económico o del prestigio social.[193]. Pero, de nuevo con Octavio Paz, como *"...en una sociedad en la que la división del trabajo coincidía más estrictamente que en otras con las jerarquías sociales, el mestizo era, literalmente, un hombre sin oficio ni beneficio"*[194], se hace muy cuesta arriba la consecución del logro como fruto del legítimo trabajo por parte de quienes no disfrutan de condiciones u oportunidades privilegiadas.

De los fracasos derivados se autoculpabiliza la persona, pero como los valores que prevalecen son el "éxito" que da riqueza y el "prestigio" que se traduce en poder, es muy fácil que sus nuevos esfuerzos, en vez de orientarse de manera legítima, se desvíen hacia actividades ilícitas como reproducción imitativa de los muy rápidos "logros" alcanzados por personas conocidas que así han procedido.

De manera que la persona honesta y bien orientada desde el punto de vista ético, busca alcanzar ciertos logros mediante su propio y bien ordenado esfuerzo. Pero para la mayor parte de la población, tal esfuerzo resulta ser muy penoso, pues los recursos de que se dispone son muy reducidos. Un joven que desee estudiar para adquirir una profesión o poder desempeñarse con conocimiento en un oficio determinado, es muy probable que sólo pueda asistir de noche a los cursos, pues durante el día seguramente deba trabajar. Tendrá limitaciones para asistir normalmente; para adquirir materiales necesarios como libros y demás instrumentos; para movilizarse en la ciudad sin vehículo propio, etc. Estas circunstancias, entre otras más, pueden incidir negativamente en los resultados concretos en vista del alcance del logro propuesto: perder años de estudios con retrasos en la obtención de su objetivo o, tal vez, enfren-

---

[192] Desiato, De Viana y De Diego, Op. cit.

[193] Idem.

[194] Paz, Octavio. Op. cit, pg. 146.

tar un fracaso definitivo. Mientras tanto, un conocido del lugar, por caminos ilegítimos, muy rápidamente hace fortuna, posee carro, se ubica socialmente en forma ventajosa, alcanza prestigio, etc. Habría de ser verdaderamente virtuoso quien, ante esa realidad, logre mantener su honesta conducta. En la práctica de la realidad, quien se esfuerza con intención legítima no ve recompensados sus esfuerzos, mientras quien procede de modo ilegítimo "triunfa" y es premiado.

"La presión dominante empuja hacia la atenuación gradual de los esfuerzos legítimos, pero en general ineficaces, y al uso creciente de expedientes ilegítimos pero más o menos eficaces".... *"Cuando el sistema de valores culturales exalta, virtualmente por encima de todo lo demás, la meta del éxito económico y el prestigio para la población en general, mientras la estructura social reduce severamente, o simplemente bloquea, el acceso a modos legítimos de alcanzar la meta a la inmensa mayoría de la población, es inevitable la conducta desviada en gran escala".* [195]

Matricentrismo de la familia venezolana

La realidad de nuestras familias define otro importante factor. A partir de concepciones teóricas y de metodologías muy diferentes, dos reconocidos estudiosos e investigadores del tema de la familia venezolana, el P. Alejandro Moreno y el Dr. Samuel Hurtado, alcanzaron separadamente la coincidencia en dar una descripción aplicable a la familia popular venezolana que, hipotéticamente, es extensible a los demás estratos sociales de nuestra población, quizás con la sola excepción de la familia andina, especialmente en los Estados Mérida y Táchira.

Hay, pues, un modelo de familia venezolana que, por lo demás, no es exclusivo de Venezuela porque se encuentra en todo el Caribe de comunes raíces étnicas, históricas y culturales. *"El modelo familiar-cultural popular venezolano es (...) el de una familia matricentrada, o matrifocal, o matricéntrica. De todos éstos prefiero el término matricentrada"* [196]. El Padre Moreno aclara que no se trata de familia matriarcal: *"El matriarcado lleva, en la misma*

---

[195] Desiato, De Viana y De Diego, Op. cit.

[196] Moreno, Alejandro. *"La familia popular venezolana"* Publicaciones UCAB (Serie: Temas de formación sociopolítica), 3ª Edición, Caracas, 2007, pg. 6.

etimología de la palabra, el poder de dominio como contenido definitorio. Si bien el poder de la madre es una realidad presente en la familia matircentrada, no la define. En todo caso no es un poder de gobierno femenino sobre la comunidad." [197].

Sin embargo, los investigadores antes nombrados no son los únicos en coincidir en esta apreciación de la familia venezolana. Otros muchos nombres pueden citarse entre una larga lista de notables venezolanos que han investigado sobre esta materia y han llegado a similares conclusiones, si bien con enfoques y detalles particulares.

La familia *matricentrada* se define, pues, como la de *"una mujer-madre con sus hijos"*.[198] Su origen en el subcontinente ibérico seguramente se remite a la etapa de su colonización por parte de España y Portugal. El conquistador, que se trasladó solo a este nuevo mundo, más que poligamia constituyó *poligineas* con las aborígenes primero, extendidas luego de a las africanas y a todo el conjunto del mestizaje posterior. Al efecto, al satisfacer de manera totalmente desordenada su apetito sexual, formó numerosas familias de "mujeres-madre e hijos", en la expresión de Moreno, que no fueron otra cosa que familias matricentradas, una de cuyas principales características es, no tanto la ausencia de padre, sino la indiferencia de su presencia.

Que el conquistador fuese así resulta explicable. En una frase en la que no expresa su habitual severo juicio ante la Conquista, Rufino Blanco Fombona lo dice con bastante ecuanimidad: *"Son simplemente españoles, aventureros españoles del siglo XVI. En ellos vemos resplandecer virtudes del país y de la época a la que pertenecen. También advertimos en ellos defectos nacionales contemporáneos, agravados tal vez por el teatro bárbaro y distante en que actúan y por la casi completa irresponsabilidad con que manifiestan y expanden su personalidad. "*[199] Y no exagera este sobresaliente venezolano con la expresión de "casi completa irresponsabilidad" que utiliza, pues los grupos familiares que genera ─y los que serían generados en el futuro por una gran mayoría de nuestra población─ van a estar privados de verdadera pareja así como de suficiente durabilidad como para que las comunes responsabilidades

---

[197] Idem. Pg. 7

[198] Idem.

[199] Balnco Fombona. R. Op. cit. pg 24.

y cuidados del hombre y la mujer que generan la familia fuesen –en beneficio de sus hijos y de ellos mismos– debidamente asumidas por ambos integrantes de la pareja.

De allí derivó uno de los rasgos, constantes en su manifestación, que caracterizan a la familia matricentrada: la irrelevancia de la presencia del padre. No es que la figura del padre esté ausente, que si lo está. Lo relevante es que su presencia sea normalmente indiferente. A partir de esa realidad, la mujer-madre queda sometida a permanente inestabilidad tanto afectiva como económica. La inestabilidad económica la va a resolver mediante una poliandra en la que lo afectivo no tiene papel alguno, pero va a repetir, en nuevos hijos, el drama de la figura ausente del padre. En cambio, lo afectivo va a ser totalmente descargado en el hijo, particularmente el mayor.

Investigador cabal y a todo tiempo, el Padre Alejandro Moreno ha profundizado sobre la familia a partir de la pregunta sobre el por qué de las diferentes maneras del pensar en las culturas, con respuesta de que esas expresiones son funciones de los diferentes contextos o situaciones humanas particulares que él llamó "mundo de vida" y que, esas formas diferentes de pensar, *"se van codificando de diferentes maneras y llegan a formar grandes reglas que orientan y determinan todo el proceso de conocer"* [200]: es la "episteme". Pero como la episteme se desarrolla en y con el mundo de vida, surgirán formas diferentes pero contemporáneas y co-espaciales de convivencia social que pueden entrar, entre ellas, en diferentes formas de comunicación y hasta en incomunicabilidad. Con en mente tales premisas, Moreno inicia una descripción fenomenológica e interpretativa de la familia popular venezolana. Moreno, luego de haber comprendido la imposibilidad gnoseológica de entender, desde el exterior, el lenguaje propio del mundo de vida popular, se ve obligado a instalarse en un barrio de Caracas para alcanzar su vivencia permanente, pero diariamente nueva. Desarrolla, así, toda una muy compleja metodología propia, que incluye un glosario de palabras significativas indispensables para entender y penetrar en la comprensión del mundo de vida en que se ha

---

[200] Moreno, A. Op. cit., pg. 3.

situado.[201] Como lo expresa el P. Moreno en la obra que hemos venido considerando: *"Todos los caminos emprendidos me condujeron a una misma Roma, todos los hilos a un mismo nudo: la familia. Y, ya en ella, a un único centro: la madre."*[202].

En este trabajo, el tratamiento del tema tiene por fin el resaltar rasgos de la realidad familiar en Venezuela que tienen consecuencias en el comportamiento social de los venezolanos. Por tanto, no insistiremos en profundizar sobre las conclusiones que han ido alcanzando Moreno y otros investigadores con sus experiencias. Bastará, pues, con tomar los rasgos gruesos de sus resultados que, como en toda investigación científica —y con mayor fuerza en las del campo social— son siempre provisionales, pero van marcando hitos válidos en la prosecución de avances sobre un mismo camino.

Hemos visto, pues, que la madre la familia matricentrada es precisamente eso: el centro; no el poder. Que a partir de una primera relación que puede dejar uno o varios hijos, vive un primer abandono —que es histórico, por previsto— a partir del cual viene una sucesión indefinida de aparejamientos, ninguno de los cuales, por no tener la indispensable continuidad en la convivencia, pueden ser calificados como formación de pareja. El fundamento de todos los aparejamientos es la doble insatisfacción de la mujer-madre por su carencia en lo afectivo y en lo económico.

El hijo varón en la familia matricentrada, especialmente el mayor de ellos, va a desarrollar una vinculación muy particular con la madre, de cuya experiencia —como la de ausencia del padre— van a derivar importantes consecuencias en su repercusión social. ¿No es acaso el hogar la puerta de entrada a la comunicación del ser humano con la sociedad y con el mundo? Pues bien, en la familia matricentrada los *"hilos de la trama están en manos de la madre la cual controla firmemente su propio extremo"*.[203] La rígida sujección a la madre que impone la necesidad —y que *"lo hace nece-*

---

[201] Para profundizar ver, también, del mismo autor: *"El aro y La trama"*. Ed. Universidad de Carabobo. Valencia, 2005

[202] Moreno A. . *"La familia popular venezolana"* Op. cit., pg 4.

[203] Idem, pg. 11.

sitante"– [204] determinará permanentemente toda su vida de "siempre *como hijo"* [205], por lo que, pese a que lo buscará sin fin, nunca madurará verdaderamente. Inevitablemente, ese hijo tenderá a reproducir, en su experiencia marital, la figura de padre-ausente.

Al respecto, el Padre Moreno cita una expresión de José Luis Vethencourt: "probar padre", cuya significación es que la gran mayoría de hombres prueba padre, sea el propio o los sustitutos. Esa expresión revela lo transitorio y superficial de la presencia del padre en la vida del hijo de familia matricentrada. El padre biológico no es sino el hombre que reproduce en su propia vida maridable la ruta ya antes recorrida por el padre suyo. Para la mujer, el hombre es simple medio para ser madre; para él y cada vez, la paternidad sólo es simple demostración de que no es homosexual. A cambio, la mujer recibe de él un hogar que será permanentemente renovado por sus sustitutos.

Pese a todo, el padre no es una figura prescindible como podría pensarse. Según Moreno, *"el padre significa como vacío no colmado, como ausencia....objeto de deseo frustrado y de rechazo. Amor y odio en conflictiva ambivalencia. Demanda añorante, reproche y alejamiento....su significatividad es muy débil"*. [206]

En cuanto a los hermanos y hermanas, hay que distinguir que las mujeres están destinadas a reproducir la misma experiencia de la madre, lo que viene a ser una suerte de conducta impuesta por un automatismo tradicional de comportamiento imitativo. Las hermanas serán, pues, nuevas mujeres-madre en la repetición de un proceso generacional sin fin. *"Si para el varón 'mi familia es mi mamá', para la hembra, 'mi familia son mis hijos' ".* [207] Tal "cadena" se traslada de la hija a la madre cuando ésta, por diversas razones, siendo abuela asume el ser madre de dos o más generaciones.

---

[204] Idem.

[205] Idem.

[206] Idem., pg., 18.

[207] Ibid. , pg. 14.

Consecuencias en el contexto social

Si como sabemos, es cierto que la "casa", independientemente de su calidad y ubicación, es la puerta por la que el ciudadano da su primer paso de ingreso en la sociedad (primero el sector; luego el barrio, la urbanización; después la ciudad y finalmente la nación), la familia como primer e inmediato elemento de socialización juega un papel principalísimo en lo que será su conducta ciudadana. A partir de la casa se va a definir si la persona se integra en la sociedad o se mantiene separada o al margen de la misma. Si en la casa se siente aceptada y valorada, la persona va a ser *de* una familia y, por ello, será también *de* una sociedad, *de* una nación; de todo un mundo. Tendrá, pues, sentido de pertenencia *a*, sentido de formar parte *de*: estará integrada, insertada en la realidad.

Pero este punto de partida no es sólo de la condición social, sino también de la propia autorrealización personal y ambas vías se recorren simultánea e inseparablemente. Quien se siente sólidamente plantado y afirmado en su hogar primero, va sentir que también su *yo* está afirmado en su propio ser y, a partir de tales sentimientos va a poder actuar con vitalidad creadora en ambas situaciones porque se interpreta o concibe positivamente. Por el contrario, se concibe de manera negativa quien no está así plantado y afirmado, por lo que ni va a ser factor de dinamismo social, ni tampoco promotor del desarrollo en acto del inmenso potencial que contiene cada ser humano por el simple hecho de ser persona.

De las breves consideraciones anteriores sobre la familia matricentrada venezolana podemos extraer las siguientes consecuencias principales:

1) La conducta del varón, primero como hijo-de-madre y luego con padre ausente, se va a caracterizar por el inmaduro y definitivo desarrollo de la persona consecuencia de la rígida sujección a la madre.

2) También el machismo, en su expresión popular, va a caracterizar esa conducta del varón, cuyos elementos son expresión del poder de la fuerza física propio del macho y, especialmente, la libertad sexual que procede de la relación materna.

3) La búsqueda de un padre, cuya expresión política es la entrega al "líder" que es rasgo inherente al viejo cacquis y al modelo populista de gobierno.

4) Dificultades para la integración en la sociedad general por carencias que derivaban, tanto de negativas interpretaciones de la propia personalidad, como por vivencias en un "mundo de vida" desligado de la sociedad general.

5) Tendencia, derivada de lo anterior, es el de cerrarse en el estrecho horizonte de la familia extendida, lo que va a ser base del fenómeno llamado "familismo amoral", que inmediatamente consideraremos. Anota Moreno lo que sería factor de ese fenómeno: *"en amplios sectores del pueblo venezolano, el sistema de parentesco, para darle un nombre, prevalece sobre el sistema estamental de clases, de producción, etc."* [208]

6) La conducta de la mujer-hija tenderá a reproducir indefinidamente el rol jugado por la madre en la familia y, por tanto, se ensanchará cada vez más la presencia social de la familia matricentrada.

Familismo amoral

Esta es la expresión original de Edward C. Banfield que afirman utilizar y seguir de cerca los autores Massimo Desiato, Mikel De Viana, y Luis De Diego, en el antes citado trabajo *"Ethos y valores en el proceso histórico-político de Venezuela"* publicado en *"El Hombre, Retos , Dimensiones y Trascendencia"*, de la UCAB, con la que se significa *"una regla preferencial de conducta"* cuyo contenido sería: *"maximizar las ventajas materiales inmediatas para mí y para mi estricto grupo primario de pertenencia, suponiendo que todos los demás harán lo mismo"*[209]. Según los autores, es válida la hipótesis según la cual, en alta proporción de los casos, los actores asumen en nuestra cul-

---

[208] Ibid. Pg . 21

[209] Banfield, E.C. *"The Moral Basic of a Backward Society"*. Chicago, The Free Press of Glencee, 1968, Cap. V. Cf. Op. cit.

tura esa "regla preferencial de conducta". En virtud de ello, las personas centran su interés en su exclusivo grupo primario de pertenencia y no en la colectividad, siendo por ello leales y responsables sólo con ese tipo de grupo particular, lo que bloquea las iniciativas propuestas en función del Bien Común General. En el fondo, el único interés que rige a esta conducta familista cuando los individuos se interesan por los asuntos públicos, es el alcance rápido y fácil de ventajas materiales y pecuniarias.

En realidad, tal "regla preferencial de conducta" parece derivar directamente del tipo de familia matricentrada que ha sido anteriormente considerado. En efecto, el grupo familiar que deriva de ese tipo de familia, constituye un mundo particular de intereses y de relaciones, con total prescindencia del grupo general de la comunidad y de los otros grupos familiares de naturaleza similar.

La inmediata consecuencia de esta extendida actitud es el bloqueo de las iniciativas que se proponen voluntariamente para servir a la comunidad, pues sobre las personas que las alientan van a recaer sospechas de tener intereses propios, pues sus propósitos parecen insólitos en medios en los que la mayoría de la gente no actúa de semejante manera. De esa forma, "*sólo los funcionarios públicos se ocuparán de los asuntos colectivos pues sólo ellos son pagados para hacerlo*".[210] Otra consecuencia es la de que, de ser válida la hipótesis, los grupos de población más débiles del país se sentirán inclinados a favorecer opciones de regímenes autoritarios y de fuerza, ya que atribuyen a los gobiernos democráticos y no autoritarios la debilidad de permitir situaciones caóticas en las que cada cual actúa como más le conviene a sus intereses.

Los autores indican también que los partidos políticos se desacreditan por obra de conductas semejantes de sus dirigentes y militantes, cuando tratan de sacar el mayor provecho de sus cargos públicos y, así mismo, el valor del voto se pervierte y la democracia se desacredita, cuando la gente va a sufragar con mente no en el bien general sino en su egoísta bien individual.[211]

---

[210] Op. Cit.

[211] Idem

Relaciones interpersonales y relaciones impersonales

En el seno de las familias, y con extensión hasta alcanzar parientes y amistades de muy cercana confianza, se desarrollan vinculaciones entre las personas que corresponden al llamado tipo de relaciones interpersonales, cuya característica fundamental es la de que el tratamiento entre tales personas funciona con base en el conocimiento que se tiene sobre el carácter, la conducta o modo de ser de ellas, características que, prácticamente, todos los miembros del grupo familiar conocen. En cambio, en la sociedad general, en la ciudad grande o pequeña, las relaciones ampliamente predominantes entre las personas no son las interpersonales, sino las impersonales, que están caracterizadas por el hecho de que las personas que entran en contacto lo hacen, generalmente, de manera fortuita, por lo que no conocen, en absoluto, el carácter, las costumbres, la educación y la conducta del otro.

Ahora bien, como lo expresa en su trabajo "La Cultura Pública en Venezuela"[212] el Dr. Raúl González Fabre S.J., en la vida pública social las personas se relacionan *"a través de las instituciones que norman la relación"*. Si no existiesen las instituciones se haría imposible el funcionamiento de la Sociedad, puesto que ellas permiten, a todas las personas, entrar normalmente en relación sin necesidad de conocer sus respectivas maneras de ser y comportarse, cosa que sería absolutamente imposible alcanzar. En la Sociedad, y en sus diversos espacios, la inmensa mayoría de las relaciones habituales de las personas son de tipo impersonal: en calles, banca, tráfico, etc. Por tanto, el porcentaje de relaciones impersonales supera ampliamente al de las diarias, de tipo personal, que las personas realizan.

Toda familia y toda institución tienen unas ciertas normas de comportamiento que han sido consolidadas, en las primeras por costumbres y en las segundas por normas legales. Tales normas son *pautas* de comportamiento que, cuando *"se refieren a la vida pública"*[213] en su conjunto,

---

[212] González Fabre S.J., Raúl. *"La Cultura Pública en Venezuela"* en Programa de Formación Política. Ciudadana, Centro Gumilla Caracas, 2005.

[213] Idem, pg. 5

son denominadas "cultura pública"... *"que influyen cada vez más en el éxito o fracaso de nuestros proyectos colectivos".*[214]

Ahora bien, el problema ciudadano que plantea el fenómeno antes considerado del Familismo, influye muy negativamente en todos los ámbitos de la sociedad general y, en particular, en el político de su orientación institucional general y especial. En efecto, como el círculo de relaciones que supone el Familismo es muy limitado pero, al mismo tiempo, extremadamente cerrado en beneficio de los integrantes del círculo primario, cuya prioridad en las relaciones contradice y normalmente resulta opuesta a los intereses que suponen las relaciones institucionales, se favorece el ámbito privado de las relaciones respecto al ámbito público que, para una gran proporción de nuestra población –precisamente esa que proviene de hogares matricentrados– pasa a ser el ámbito de todos, lo que equivale al de nadie.

De esta manera, el fenómeno de la familia matricentrada, cuyo principal derivado social es el Familismo, va a significar formidable obstáculo opuesto y bloqueador de la institucionalización de las relaciones y, por tanto, de la expansión de las relaciones institucionales y del conjunto de pautas y normas de convivencia social que de tales derivan, al tiempo que va a hacer prácticamente imposible que surjan espacios públicos, condición indispensable de la modernidad y de la vida republicana.

Por supuesto, la cultura pública no puede ser fija pues, por una parte, la sociedad está en constante y permanente cambio y, por la otra, porque en ella hay muchas tradiciones culturales que difieren entre ellas en usos, costumbres y maneras de actuar de las personas. Sin embargo, las pautas sobre la vida pública suelen caracterizarse por su mayor permanencia temporal y porque a éstas se somete la inmensa mayoría de las personas sin importar su pertenencia cultural. En este sentido, González Fabre hace una muy importante distinción entre *"las prácticas habituales y los discursos predominantes"*, que tiene singular importancia cuando se trata de conocer e interpretar la conducta de las personas: Las *"prácticas habituales"* consisten en las conductas reales y de hecho de las perso-

---

[214] Ibid.

nas en casos de la vida ordinaria; en cambio, los *"discursos predominantes"* se refieren a lo que éstas *dicen* que se debe o no se debe hacer en dichos casos. Desde un punto de vista lógico, los "discursos" deberían coincidir -—en la mayor proporción— con los comportamientos reales. No obstante, sobre este particular *"en Venezuela, sin embargo, encontramos a menudo lo contrario: la mayoría de las personas tienen claro que deben respetarse rigurosamente los semáforos, pero se los saltan siempre que pueden, y así en muchos otros casos"*[215].

Sobre ese último particular, el mismo autor expresa consecuencias de esa disonancia entre lo que las personas *hacen* y lo que *dicen* que se *debe hacer:* Gonzalez Fabre concluye con la hipótesis de que *"en Venezuela hay una aspiración no realizada de construir una cultura pública distinta a la que tenemos, una aspiración que espera oportunidades institucionales de realizarse"* y, señala, que el sector político debe *"mirar"* preferencialmente sobre lo que la gente hace y aquello que dice debe ser hecho. En efecto, de ser válida la hipótesis, esto último revela esa aspiración que oculta la conducta opuesta de la gente, pero que es real manifestación de deseos sobre una sociedad que tenga diferentes comportamientos y objetivos: *"una aspiración que espera oportunidades institucionales de realizarse"*.[216] De allí que Gonzálcz Fabre proponga algo que podemos considerar de la mayor importancia en la aspiración de modificar nuestros comportamientos sociales, en orden a construir un país verdaderamente moderno y en vías auténticas de desarrollo, para poder superar el retorno a los peores atraso y estancamiento que, en el presente actual nos caracterizan: *estudiar las causas de nuestros fracasos sociales, observar lo que la gente dice que se debe hacer pero no lo hace,* para proponer, sobre esas bases, reformas institucionales que recojan las aspiraciones verdaderas pero ocultas de los ciudadanos.

Tanto la reflexión y el conocimiento de los fracasos como las reformas institucionales que deriven, suponen un mínimo de integración entre los sectores sociales que permita establecer la base real de apoyo para los cambios. Por tanto, el país, para alcanzar un verdadero y moderno desarrollo institucional, debe considerar muy en serio la prioritaria tarea de formar ciudadanos que superen limitaciones familiares que han conducido, a buena parte de la población, a vivir inmersos en los cerrados

---

[215] Idem, pg 6

[216] Idem.

espacios de las relaciones interpersonales propias del familismo, cuya causa histórica principal es el matricentralismo de la familia. En este sentido, como ya se mencionó y es obvio, el tema de la educación juega un rol principalísimo. *"Producir un cierto cambio cultural es asunto de educar hasta que la mayoría considere deseable ese cambio y, simultáneamente, crear las instituciones que lo hagan posible y beneficioso para quienes lo asuman. Si esas instituciones funcionan bien, ello llevará a más personas a ver deseable ajustarse a ellas, tendrá pues un efecto educativo que a su vez reforzará las instituciones en un círculo virtuoso. También es posible el proceso contrario, un círculo vicioso: las instituciones no funcionan bien, saltarse las reglas resulta más beneficioso que seguirlas; la gente ve esas reglas como desventajosas, impracticables e incluso indeseables, lo que a su vez quita base social a las instituciones y contribuye a su deterioro. El arte del político consiste, en buena medida, en romper círculos viciosos y crear círculos virtuosos de cambio cultural a través de la construcción institucional".*[217] Recordemos palabras del insigne venezolano que fue Arístides Calvani: *"La Política es el arte de hacer posible lo que es menester".*[218]

Una de las tareas prioritarias que, en un próximo futuro, debe enfrentar una nueva dirigencia del país es la de crear espacios públicos, pues el desarrollo cívico y el alcance de la modernidad en Venezuela pasan, necesariamente, por la generación de sistemas de relaciones institucionales que, fundadas sobre la base de una "moralidad universal" que sea adoptada, comprendida y compartida por todos los ciudadanos y genere, así, una cultura pública que oriente y cubra todas las acciones y comportamientos que se relacionan con el Bien Común General.

En nuestro país, por razones consideradas anteriormente, no hemos sido capaces de generar esa moralidad general cuyos valores y normas sean normalmente adoptados, seguidos y defendidos por los venezolanos: aquí no ocurre, como en otras latitudes, que la verdad sea respetada por la gran mayoría de los habitantes. Hay países, como Estados Unidos, Suiza, Inglaterra –para citar ejemplos sin ánimo de extranjerismos– en los que la Verdad tiene significación universal, lo que la hace obligante. Lo mismo puede afirmarse de otros valores. Recordemos de Suiza un ejemplo muy manido: los puestos de periódicos y revistas están en las

---

[217] Idem, pg. 7.

[218] Calvani, Arístides. *"Curso de formación política"* IFEDEC, Caracas, 1967.

calles normalmente sin vigilancia, pero a ningún ciudadano se le ocurre llevarse el diario sin dejar su pago. En los Estados Unidos, el significado de la palabra tiene primordial importancia pues se presupone que la persona no miente cuando afirma algo y, si lo hace, hay fuertes sanciones que le castigan, pues en ese país la verdad es base fundamental de la convivencia. En Francia se paga obligaciones, como alquileres de casas o apartamentos, enviando cheques por correo; aparte del eficiente funcionamiento de este medio, nadie es capaz de alegar ante el propietario que envió el cheque sin haberlo hecho y, por su parte, el propietario devuelve al inquilino, también por correo, el recibo debidamente firmado, sin que éste tenga temor alguno, ni dudas, sobre la posibilidad de que aquél pueda dejar de hacerlo. De esta manera es posible el poder afirmar que "modernidad", más que aparataje técnico de última hora, pasa a significar valores expresados en normas generales de comportamiento que, en un determinado tiempo, son aceptadas por todos. Se trata de la capacidad de analizar y de entender, con conocimientos e instrumentos del tiempo actual, la realidad que nos entorna y, al mismo tiempo, de actuar con las instituciones para modificar esa realidad en el sentido de las exigencias de los verdaderos valores y creencias que sustentan la vida humana. Esto es actuar para modificar esa realidad a fin de alcanzar el Bien Común General.

CAPÍTULO DÉCIMO

Precariedad de la ciudadanía en Venezuela

"Nada importa el valor teórico de un principio o de una ley, si no ha penetrado en la conciencia de un pueblo; el nuestro viola las suyas porque las ignora casi siempre, y no porque estén en pugna con su naturaleza, sino porque en su naturaleza no está el respetarlas."

—Rómulo Gallegos
La Alborada, 1909

El concepto de ciudadanía significa hoy la idea de plena pertenencia a una comunidad, al margen de todas las desigualdades que existan en ella, porque ese concepto define, de hecho, una igualdad que es de base y más profunda. En efecto, en lo más hondo, esa igualdad se funda en la existencia de una Naturaleza humana que es común a todas las personas por el sólo hecho de ser tales. De ello dimana un conjunto de derechos correlativos de deberes que tiene la persona humana miembro de la sociedad y, por tanto, ciudadana. Así, no es que el Estado, porque garantice los derechos humanos, vaya a ser fuente de la cual los derechos provienen. Lo que corresponde al Estado como obligación es el garantizarlos, pero de la misma manera como, si bien al policía corresponde garantizar la vida de la persona pero no es la fuente u origen de esa vida, el Estado tampoco es la fuente del derecho. Por supuesto, de esa misma concepción no solamente se postula la igualdad de las personas, sino que se reconoce la existencia de una igualdad esencial que, en el plano de la esencialidad, es común a todas. Pero lo que no es posible es pensar en una inexistente igualdad existencial, pues todos los seres humanos somos existencialmente distintos. Y, lo somos de tal manera radical, que el fenómeno humano, significado por la existencia de cada cual, es irrepetible en el espacio y en el tiempo, a tal punto que no existirá otro igual a lo que cada cual es, ni en toda la extensión del cosmos y por los siglos de los siglos.

El moderno concepto de ciudadanía debe entenderse en las tres dimensiones de la Sociedad: civil, política y propiamente social. La dimensión civil comprende el conjunto de relaciones que entre ellos entretejen los miembros de la Sociedad, las cuales, a su vez, se agrupan en dos categorías: relaciones interpersonales y relaciones impersonales. En esta dimensión tiene su asiento el derecho, en cuanto garantiza la justicia en esas relaciones y, además de significar garantías para las diversas expresiones de la libertad individual, asegura también el general derecho a la justicia. La primera de las categorías, la de las relaciones interpersonales, hace referencia a los diversos tipos de intercambios que genera la proximidad o vecindad del Otro: familiares, amistosos, laborales, comerciales, culturales, deportivos, etc. La segunda categoría abarca también intercambios con semejantes, pero estos no corresponden a una sistemática más o menos orgánica, como los anteriores, sino a la casualidad de encuentros, muy frecuentes y diversificados, que en cada movimiento dentro de su espacio social -o fuera de él- cada persona tiene con multitud de semejantes que no conoce de manera personal, sino que encuentra de manera accidental. Ciudadanos desconocidos: el policía de tránsito, los asistentes a un espectáculo musical o deportivo, el dependiente de una tienda, etc. Estos encuentros son de gran importancia pues se producen en espacios que llamamos "públicos", pero que no son simples ámbitos espaciales, puesto que, normalmente, definen contextos institucionales.

La dimensión política comprende la participación de los miembros de la Sociedad en actos que tienen que ver con la orientación del Cuerpo Social hacia el alcance de su finalidad, que es el Bien Común General, función propia del Estado, en cuyas acciones y decisiones al ciudadano le corresponde influir, sea de manera directa cuando ejerce funciones de gobierno, o indirecta cuando de alguna manera influye sobre dichos actos. La dimensión social, finalmente, es aquella que reúne los actos por los cuales los ciudadanos participan de los beneficios de la vida social que, como Bien Común General, debe proporcionar logros para el desarrollo del potencial que cada persona tiene, de manera que, para todos, exista una verdadera igualdad de oportunidades en orden al conocimiento y a la participación de los servicios que en distintos contextos debe proporcionar la Sociedad. Ejemplo de esto es la Educación.

En las sociedades antiguas, como en la medieval y aún en la democracia liberal de los primeros tiempos, las señaladas dimensiones, además de no existir claramente diferenciadas, no reconocían participaciones iguales para todos los miembros de la Sociedad, sino que la participación era posible en función del "status" que tenía cada persona en el seno del todo social. Hoy, en cambio, los países más desarrollados del mundo actual y aquellos que han alcanzado un grado suficiente de desarrollo, se caracterizan porque el único "status" que existe en relación a lo civil, lo político y lo social es el de ciudadano y la condición para serlo es la sola pertenencia a la Sociedad.

Como bien se sabe, la separación de las tres dimensiones mencionadas es relativamente reciente. En el medievo y hasta el surgimiento del Estado-Nación, al no existir la idea de igualdad sino la de desigualdad estamentaria, dichas dimensiones estaban confundidas en una sola unidad, así como también las instituciones que hoy si se distinguen. La separación se dio, por supuesto, primero en Inglaterra, nación que históricamente fue la matriz de todos estos cambios en el orden de la justicia y del derecho, los que luego se fueron extendiendo a otras naciones. Lo primero en separarse fue lo civil, desde tiempos que van −sin límites anteriores o posteriores rígidos− aproximadamente, entre el siglo XII con la *Common Law* , que por encima de la costumbre le impuso el Parlamento a Juan Sin Tierra, hasta el siglo XVIII. Después fue el turno de lo político que abarcó todo el siglo XIX, con cambios como la supresión del derecho censitario para elegir y la progresiva apertura de la participación a sectores sociales antes excluidos de los procesos electorales, mientras que el siglo XX fue, fundamentalmente, el de la modernización en la dimensión social que quedó marcada por el primero de mayo, las luchas sindicales, el reconocimiento del valor de la mujer y por todos los extendidos derechos sociales del mundo actual.

Ciudadanía y Libertad.

El paso de una sociedad estamental hacia una sociedad igualitaria tenía que estar en íntima relación con el alcance la de libertad de independencia o libertad externa. Esa libertad evidentemente era muy restringida en la sociedad estamental, pues los estamentos establecidos determinaban que ni siquiera quienes pertenecían a los niveles más importantes gozasen plenitud de libertad. Pero se fue flexibilizando la rigidez estamental, lo que no debe ser considerado como inseparable del cambio profundo que significó la aparición del mercantilismo, con la tesis básica de Adam Smith sobre la definición y significado de la riqueza de las naciones. Ello es así pues, entre éstas, se hizo de la competencia para acumular bienes que constituían esa riqueza (oro, plata y piedras preciosas) tarea fundamental de los entonces recientes Estados nacionales y ello, sin lugar a dudas, ha de haber influido sobre la orientación general del comportamiento de sus habitantes, en especial los de los estratos más elevados de dichas Sociedades. Pero la acumulación de riqueza individual que ello generó en algunos estamentos sociales —-cuyo caso emblemático fue la burguesía inglesa— operó, cual "efecto demostración", en los estratos inferiores en los que el *status* era símbolo de desigualdad, pero en cuyos miembros se generaron lógicas aspiraciones de alcanzar mejores condiciones de vida.

Lo antes afirmado se presentó de modo muy claro en los sectores de quienes trabajaban para vivir. El estatuto isabelino para artífices,[219] por el cual los oficios se determinaban según las clases, limitaba uno de los derechos civiles básicos como lo es el derecho al trabajo, así como las reservas de empleo realizadas en las ciudades para beneficio exclusivo de sus habitantes. Estos cambios fueron ejemplos de graduales procesos de flexibilización que fue causada por paulatinos abandonos de viejas costumbres en beneficio de nuevas, determinadas por las entonces presentes realidades. Así, con el tiempo, el trabajo servil fue haciéndose libre. La *Commun Law* continuaba siendo la referencia fundamental, pero también se ajustaba a los nuevos usos.

---

[219] Statute of Artificiers.

El proceso de cambios se vio fuertemente intensificado gracias a la aparición de nuevas técnicas que procedían de descubrimientos físicos generadores de máquinas aceleradoras del comercio, como la de vapor que dio lugar al transporte, por el que adquirió nuevos y antes insospechados alcances, como fue el caso del transporte marítimo. Alcanzados estos puntos, los derechos civiles se fueron extendiendo hasta cubrir todos los ámbitos que les corresponden en la vida en Sociedad, hasta definir, al amparo del liberalismo, el principio de la libertad económica individual. Para finales del siglo XIX e inicios del XX la aceptación de la libertad económica individual era axioma en el mundo capitalista. Pero ello mismo arrastraba y conducía a la concreción y conquista de otras aspiraciones, como las del derecho de huelga obrera antes de entonces negado. Fue también tiempo de aceleración en el alcance de las libertades políticas, cuyo espacio se había ampliado sensiblemente a lo largo del siglo anterior.

Las grandes concentraciones urbanas que generaron las metrópolis, significaron la emergencia de masas como fenómeno característico del siglo XX y base de apoyo de los movimientos populistas. Las dos grandes guerras, con la tragedia que en términos humanos significaron, condujeron, sin embargo, a la profundización de las democracias en el camino de su perfeccionamiento así como también para que despertara una conciencia mundial sobre los derechos humanos, cuya declaración universal realizó la Asamblea General de las Naciones Unidas el 10 de diciembre de 1948. La consolidación alcanzada en el campo de los derechos políticos –pese a la realidad de primitivos regímenes de carácter totalitario tanto en Occidente como en Oriente– abre hoy fundadas esperanzas sobre el futuro de la Humanidad en ese tan importante campo. Una nueva definición de ciudadanía podría generarse entendiéndola, además de cómo pertenencia a una Sociedad determinada, como disfrute pleno de los derechos civiles, políticos y sociales que en la misma deben ser garantizados.

La ciudadanía en Venezuela.

La multiplicidad de factores que de todo tipo hemos venido considerado en esta reflexión larga, no podía dejar de reflejarse al momento de considerar el tema de la ciudadanía entre nosotros. Del tema, con gran claridad de razonamientos y propiedad en sus conclusiones, se han ocupado muchos estudiosos extranjeros y venezolanos, por lo cual pretender profundizar en el mismo sería vano esfuerzo. Confieso que no se si en Venezuela carecemos completamente de toda noción de ciudadanía, ni si ello proviene de ese *"individualismo insociable"* con que Don Carlos Siso calificaba al español que vino a fundar ciudades y poblar las tierras de Sudamérica. No obstante, a mi manera de ver, lo veo como débil producto de varios de los factores que, según hemos considerado, se han opuesto al normal desarrollo de nuestro país y estimo que un gran aporte para los fines propuestos en este trabajo puede venir del discurso que, en 1990 y con el título "Es hora de comenzar a ser ciudadanos", ofreciera el Dr. Moisés Naïm a los graduados del IESA con Master en Administración. Me voy a tomar la libertad de resumir los aspectos que he considerado más importantes de dicha conferencia:

La primera idea que destacó Naïm fue que *"no es lo mismo ser ciudadano que habitante de un país"*, para añadir inmediatamente: *"Habitante puede ser cualquiera, ser ciudadano, en cambio, requiere ciertas cualidades"*. En efecto, como antes señalábamos, el ciudadano que tiene derechos políticos en su país debe, además, ejercer esos derechos pues son parte integrante del Bien Común General en cuya realización concreta todos y cada uno de los miembros de la Sociedad debe cumplir con su efectiva cuota de responsabilidad para, así, poder participar de sus beneficios. Moisés Naim estima que la mejor manera de cumplir con esa responsabilidad consiste en intervenir sobre el gobierno del propio país. No obstante, aclara de seguidas –y lo hace repetidas veces a lo largo de su Discurso– "intervenir sobre el gobierno" no necesariamente significa desempeñar un cargo público o ser elegido para cualquier Poder Público, ni tener posición en el aparato del Estado. No lo niega, pero no es la única forma de intervenir sobre el gobierno. Lo que es importante, señala, es *"ejercer derechos interviniendo"* desde cualquier posición que se tenga en la Sociedad.

¿Qué pasa si el ciudadano no interviene sobre el Estado? Naïm toma la expresión de Burke: *"la única condición para que prevalezcan las fuerzas del mal es que los hombres de bien no hagan nada"* y añade con acierto *"Si entendemos que situaciones como éstas emergen porque los hombres de bien, los ciudadanos, lo han permitido, comienza a resultar un tanto inútil mantener el torneo de acusaciones mutuas en las que se transforma toda discusión sobre los problemas de Venezuela y sus soluciones"*. Compara entonces la actitud de tantos que criticamos, pero no actuamos, con el comportamiento de un antropólogo que viniera al país para realizar algún estudio: se pasa varios días entre nosotros, al cabo de los cuales se va y publica su informe o trabajo en el que opina sobre nuestras características y conducta. No opina ni actúa en manera alguna dentro de nuestra Nación pues no le corresponde hacerlo. Es más, no puede o no debe hacerlo. Pero los venezolanos solemos hablar y criticar, siempre iniciando con la frase *"este país"* con la que se pretende declarar la propia ausencia de culpa o responsabilidad, como si fuésemos antropólogos o expertos extranjeros que hemos estado de paso por Venezuela.

"No debe haber reto mayor para la Venezuela de estos tiempos que romper con la apatía y la indiferencia hacia cualquier esfuerzo dirigido al bienestar colectivo. Y es aquí donde veo el inmenso potencial de gente como la que se gradúa esta noche, o en las demás noches como ésta que se han celebrado en este edificio. Al fin y al cabo, en los valores y actitudes que acompañan una formación como la que aquí se recibe, están las semillas de lo que, bajo ciertas condiciones, se puede transformar en un proceso antídoto contra esa adaptación fatal de la que he hablado. Son los valores y actitudes que definen instintos y conductas muy eficaces para solucionar problemas complejos y enfrentar situaciones de crisis."

¿Qué se debe hacer? *"Aprovechar las oportunidades que ofrecen las crisis y no dejarse abrumar por las amenazas y los peligros que ellas encierran"*... *"entender cuáles son las fuerzas ajenas a uno y sobre las cuales no se puede hacer nada; pero no con el ánimo de sentirse víctima de las circunstancias o buscar factores externos a quien echarle la culpa; sino más bien, con el fin de buscar cuáles son los intersticios que dejan espacios para la actuación individual"*... *"no permitir que la confusión, la gravedad, la falta de información o de tiempo para actuar lo paralice a uno"*.... *"saber actuar entre la incertidumbre y la confusión e ir tanteando, equivocándose, frustrándose y seguir buscando, hasta ir vislumbrando un camino; camino que, por lo demás, es siempre sinuoso, lleno de intersecciones y muy poco alumbrado"*...porque *"quienes más efectivos son en enfrentar problemas, son aquellos que no lo hacen solos. Son quienes no se aíslan, que saben motivar a otros a participar del esfuerzo y que dominan el arte de trabajar en equipo y saben, por lo tanto, crear un ambiente de confianza y mutua solidaridad "* ...

Después de todo *"la verdad es que, a estas alturas, es menos importante el contenido específico del esfuerzo que lo que implica recuperar o asumir, por primera vez, el rol de ciudadano en el país que es de uno. Es, también, la única manera de reducir las posibilidades de las tendencias despóticas y totalitarias que, a pesar de todas las experiencias históricas, aún pululan entre nosotros, disfrazadas de cinismo y amparadas por la apatía y la indiferencia".*

Recordemos que estas palabras las pronunció Moisés Naïm en 1990. En la obra "País Archipiélago.Venezuela, 1830-1858", el historiador Elias Pino Iturrieta incluye textos publicados en el periódico El Mercurial de Valencia, en 1831, después que se ha consumado la desaparición de la Gran Colombia y ha asumido Venezuela su vida de República independiente. De uno de esos textos, de fecha 10 de marzo, vale la pena tener conocimiento pues pareciera destinado no a los venezolanos de la naciente Cuarta República de entonces, sino para todos los compatriotas de hoy: *"La felicidad no puede salir de las acciones del gobierno, como pensaban hasta hace poco los venezolanos. La felicidad sale de los interesados, y únicamente de ellos, que pueden reclamar a la autoridad política los elementos para lograr el propósito, como es su obligación. Una obra como la que comienza, garantiza su existencia en la voluntad de los ciudadanos, cuyo interés debe ser, primero, la industria constante; después, la vigilancia de la administración para que la autoridad proteja el fruto de la industria y le permita el crecimiento en que se apoye la subsistencia y florezcan los placeres ganados de la industria."*[220]

---

[220] EL MERCURIO N° 3, 10 de Marzo de 1831. Cit, Pino Iturrienta, Elias. *"País Archipiélago. Venezuela 1830-1858"* – Fundación Biggot, Caracas 2004.

CAPÍTULO UNDÉCIMO

El problema secular de la pobreza

En Venezuela la pobreza nació con el Descubrimiento. Ciertamente, los aborígenes que ocupaban nuestro territorio, así como fue en casi todo el resto de las tierras descubiertas por Cristóbal Colón y conquistadas por España y Portugal, tenían como poblaciones condiciones de vida muy precarias, pero suficientes en relación a sus necesidades. El nuevo mundo, que para ellos llegó con la Conquista, los desplazó de ese hábitat que la naturaleza y su primitiva cultura les habían proporcionado, para someterlos bajo formas de vida de cuyas mejores expresiones no tuvieron participación alguna. En condición de cuasi esclavos debieron servir a nunca antes conocidos amos y acostumbrar a sus hijos, y a las sucesivas generaciones, a la misma condición abyecta. Apenas los misioneros proporcionaron una luz que tardó en ser entendida y reconocida.

Con el tiempo, la sociedad colonial fue evolucionando; llegaron nuevos esclavos, negros comprados para aliviar el trabajo indígena o para sustituirlo pues no lograron, ni el conquistador ni el encomendero, que el aborigen se adaptase a sus requerimientos. La evolución social dio lugar, en la Provincia llamada Venezuela, como antes vimos, a una sociedad radicalmente estamentaria en la que las buenas condiciones de vida, para los patrones entonces posibles en estos territorios, fueron exclusivo beneficio de peninsulares y blancos criollos. Para el resto de la población, denominada de los "pardos", lo que quedó fue exclusión y pobreza.

Problema secular es la pobreza. Ciertamente, ha sido eso, porque desde los primeros tiempos de la Humanidad, las asociaciones societarias que conformamos los seres humanos se caracterizaron por diferenciar, en su interior, entre grupos que se constituyeron de acuerdo a usos, costumbres, ideas, modalidades de vida, conductas y maneras de ser distintas. Esto fue lo que determinó tratos sociales diferenciados. Ese mismo proceso que, en cada una de sus manifestaciones en el tiempo, fue cambiando y se transformaba sin cesar, dio lugar a la aparición del concepto de *pobreza* cuya primera y fundamental significación es *ausencia de*, esto es: carencia o privación. Por ello mismo, el vocablo "pobreza" no puede ser limitado a su significado de naturaleza económica, esto es, carencia de bienes con valor económico o simplemente dinero. En efecto, los diferentes y múltiples aspectos de la pobreza interactúan entre ellos y cada uno se hace causa de otras formas de la misma. Así, como ejemplo, la pobreza de conocimientos o ignorancia, es causa de pobreza económica y, viceversa, la carencia de medios económicos es causa de ignorancia.

Es más. Como lo expresara el doctor Carlos Zubillaga Oropeza en entrevista que le hiciera el periodista Ernesto Villegas Poljak en El Universal[221], a propósito de su importante libro "La Marginalidad sin Tabúes ni Complejos", la marginalidad cultural engloba todas las formas de pobreza pues "*encierra a todas las anteriores clases de marginalidad. Es la radicación permanente, en la conciencia del individuo, de maneras de pensar y hábitos de conducta enmarcados dentro de una estructura humana que está jurídica, económica, intelectual y hasta éticamente al margen de la sociedad constituida*".

Allí es, precisamente, donde vamos a encontrar que todos los elementos aparentemente separados (algunos de ellos los hemos venido considerando en esta parte del trabajo) –cada uno de los cuales se erige en poderosa dificultad que interfiere nuestro proceso de desarrollo como Nación que progresa– están íntimamente vinculados en un complejo de relaciones causa-efecto que genera como producto resultante nuestra realidad invertebrada, pues carecemos de una estructura social integral que articule e incorpore cada característica de nuestro modo de ser en una sólida y coherente unidad que, sin menoscabo de la diversidad, sino con ella y por ella, tenga como productos verdadero pueblo y verdadera Nación.

---

[221] El Universal. 6 de Agosto 2000, pg 1-10.

En el referido reportaje de El Universal antes citado, así como en su libro, Zubillaga Oropeza coincide con el punto de vista que hemos expresado anteriormente, así como también en la comprensión de la pobreza o marginalidad como factor "causa-resultado" de marginalidades económica, jurídica, intelectual, política y ética que, con otros aspectos, son parte de una global marginalidad cultural.

Es importante, en este punto, aportar las excelentes y sintéticas definiciones de Zubillaga relativas a los anteriores tipos de marginalidad:

a. *"Económica:* Puede referirse como la pertenencia a una economía de mera subsistencia que, en el extremo, implica estar al margen de la economía de mercado. Estas personas sólo pueden derivar ingresos de una labor manual poco calificada. A esta falta de capacidad en un oficio determinado, suele estar ausente la capacidad empresarial y el concepto de ahorro. La persona vive al día, con dependencia absoluta de un empleo o subempleo de subsistencia, sin capacidad para prever su futuro mediante el ahorro y mucho menos la opción de crear una unidad empresarial. La falta de una existencia productiva coloca al individuo en situación subhumana."

b. *"Jurídica:* La marginalidad económica es el sustrato de la marginalidad jurídica. Esta es la más radical y definitiva de todas, porque al situarse al margen de lo jurídico, el marginal no es un verdadero sujeto de derechos y deberes. Desconoce las prácticas de la vida social bajo el imperio de la ley. Se considera consciente o inconscientemente exonerado del cumplimiento de la ley. No tiene manera de hacer valer sus derechos en la vida cotidiana. Vive en un ambiente donde la ley está ausente".

c. *"Intelectual:* Es algo peor que el analfabetismo, el cual no siempre coloca a la persona en la marginalidad intelectual. Esta es la disminución de la capacidad práctica de ejercer el uso de la razón, la falta de ejercicio de la facultad de discernir, causada por el empobrecimiento del ambiente físico y cultural en que se vive. La marginalidad intelectual, combinada con la económica, hace imposible la escolaridad. En el mejor de los casos, este tipo de marginalidad está sujeta a tantas vicisitudes que el sistema escolar no logra sus objetivos."

d. *"Política:* Es consecuencia directa de la jurídica e intelectual: Al no ser verdaderos sujetos de derechos y deberes, los marginales no son verdaderos ciudadanos, sino más bien parias, escorias de la sociedad. Los grupos que viven en el extremo del espectro de la marginalidad se colocan al margen de la actividad política más elemental, como el ejercicio del voto. La economía (entiéndase marginalidad económica) alimenta la marginalidad política porque coloca al trabajador al margen de esa escuela de ciudadanía y de civismo que son los impuestos.... La marginalidad jurídica contribuye a la marginalidad política, porque cuando alguien puede construir, en un terreno que no le pertenece, una vivienda que no responde a ningún ordenamiento urbanístico y en condiciones físicas que impiden el emplazamiento de las instituciones de la civilización....ese alguien se sitúa para siempre al margen de lo jurídico."

e. *"Ética:* A ésta puede llegarse por una degradación del ser humano impuesta por las extremas condiciones de marginalidad, donde el individuo o el grupo pierden conciencia de su propia dignidad de personas humanas. Es la más extrema y degradante de todas. Se manifiesta por la debilidad, cuando no la falta absoluta, del concepto de familia monogámica y estable. Es cierto que ella está en crisis en todo el mundo, pero en la Venezuela marginal no puede hablarse de crisis porque nunca ha existido como condición consolidada.... También se expresa en la falta de una ética del trabajo y en la ausencia de un verdadero derecho de propiedad y de la obligatoriedad de las relaciones contractuales."

Las anteriores consideraciones del doctor Zubillaga Oropeza abundan, cual elementos claramente demostrativos para concluir, al hacer referencia a la pobreza, que este concepto no se agota en solas consideraciones de naturaleza económica, sino que es fenómeno total de la vida social cuando inhumanamente es organizada. Pero hay más: Los sectores sociales llamados marginales, o excluidos, por las mismas características culturales que hemos considerado, son susceptibles de masificarse, esto es, de actuar inconscientemente agrupados con pérdida total de la autonomía y de la voluntad individual. Subsumida en el grupo masificante, la persona marginal fácilmente pierde toda expresión de su individualidad, pues carece de pensamiento y de eticidad mínimos. Por eso, la masa, así constituida, es indispensable elemento de apoyo y legitimación, así como principal sostén de los regímenes totalitarios. *"Los movimientos totalitarios se posibilitan donde haya masas que, por una u otra razón, descubren un interés de organizarse políticamente.*[222]

Una propuesta válida pero no experimentada.

La lucha para erradicar la pobreza ha estado en las agendas de muchos gobiernos así como de Organismos Internacionales como la ONU, el Banco Mundial, UNICEF o CEPAL. La visión general de las formas que debe asumir ese combate ha sido la globalidad integrada de las diferentes áreas propias de la vida social; esa fue la orientación que tuvo el programa para América Latina, concebido en la CEPAL en 1990, "Transformación Productiva con Equidad", que consideraba orientar las estructuras sociales de los países para alcanzar mayor equidad.

Como se sabe, sobre el desarrollo y en el pasado reciente dos tendencias aparentemente contrapuestas –pero concurrentes en el fondo– diferían, entre ellas, en sus formulaciones teóricas y en sus expresiones sobre políticas al respecto. Para una de las tendencias, había absoluta incompatibilidad entre las ideas de desarrollo, entendido como crecimiento económico, y las nociones de justicia y equidad. Según esta teoría, llamada "del sacrificio", si se quería desarrollo era menester sacrificar la justicia y la equidad; si se prefería éstas, había que renunciar al crecimiento económico. El argumento era que "la justicia supone distribución de riquezas", mientras que el crecimiento "supone su concentración". Por tanto, para esta forma de apreciar, es inútil iniciar con la búsqueda de equidad pues ello no proporcionaría crecimiento y no habría posibilidad alguna de atenuar la pobreza.

---

[222] Arendt, Hannah. *"Le Systéme totalitaire.* Editions du Seuil, Paris, 1972, pg. 31.

Según la segunda concepción del asunto, algo menos extrema si se quiere, la incompatibilidad entre los referidos conceptos no era absoluta, es decir, lo uno o lo otro, sino temporal o hasta gradual. Aceptando que no se puede lograr crecimiento y equidad de manera simultánea, habría que sacrificar *temporalmente* uno de los términos: comenzar con crecimiento para luego lograr equidad, o viceversa. Iniciar creciendo significaría despegar con algunos sectores mientras el resto permanecería en su condición de atraso. Las desigualdades aumentarían pero, en la medida en que se avanzare, se ensancharía el sector de la pirámide correspondiente a ingresos mayores, pues se desarrollaría más la clase media urbana por la progresiva incorporación en la economía moderna de la fuerza de trabajo rural. Sería entonces tiempo de ajustar a favor de la equidad y así sucesivamente.

Obviamente, ambas posturas resultaban inaceptables: la primera, porque no se puede sacrificar el desarrollo de personas humanas al logro de crecimiento económico; la segunda, porque es algo plenamente comprobado que en los países subdesarrollados los sectores más ricos de la población no ahorran porque sus patrones de consumo no corresponden al tamaño de las economías de esos países, sino a los de los sectores ricos de los países más desarrollados, por lo que el supuesto ahorro individual, en lugar de invertirse internamente, se fugaría hacia los países de mayor desarrollo.

En cambio, la fórmula propuesta al inicio de los 90 por la CEPAL incluía cuatro elementos muy importantes que, manejados de manera simultánea, podrían resolver la aparente imposibilidad de conciliar conjuntamente ambas líneas de acción:

1) Incrementar la competitividad internacional de los países en desarrollo, lo que exige incorporar el progreso técnico de punta a sus actividades productivas.

2) Alcanzar, gracias al progreso técnico, importantes incrementos de productividad.

3) Apoyar el incremento de la productividad con la capacitación humana a todo nivel lo que, conjuntamente, disminuirá los nive-

les de pobreza, lo que se reforzará mediante la aplicación de eficaces políticas sociales.

4) Establecer programas igualmente eficaces para que las personas de los sectores pobres puedan acumular capital.

5) Es sabido que el ahorro y la inversión son las palancas eficaces para dinamizar las economías; por otra parte, la distribución del ingreso, que se consideraba contraria al ahorro, es la mejor forma de aumentar la equidad.

Por lo demás, hay equivocaciones graves en las visiones tradicionales para buscar el desarrollo: No es cierto que el aumento de las tasas, que puede evitar la fuga de capitales, signifique, necesariamente, aumentos proporcionales del ahorro. Por el contrario, los tipos de interés muy elevados inducen incertidumbres y desestimulan la inversión productiva. Es ejemplo palmario de esto fue el "IV Plan de la Nación" o "la Gran Venezuela" del primer gobierno de Carlos Andrés Pérez.

Propuestas posteriores alternativas.

El Banco Mundial, en 1998, propuso que se ampliara la visión, no tanto sobre la equidad como sobre el desarrollo, ampliando las metas de niveles de vida y desarrollo sustentable, equitativo y democrático, mediante la promoción de la educación y el fortalecimiento de los valores de la democracia y, al mismo tiempo erradicar la pobreza. Esta propuesta, indiscutible en sus intenciones, tenía inferior fuerza operativa que la de la Cepal antes considerada. Posteriormente, el BM presentó otra propuesta (Marco Integral del Desarrollo) por la cual se establecía, para cada país, las orientaciones, prioridades y estrategias convenientes para reducir la pobreza. Lo positivo de esta propuesta sería que no era un planteamiento global, sino que apuntaba a las realidades de cada país a fin de definir caminos propios para lograr la superación de la marginalidad.

Estas propuestas, así como las posteriores del Banco Mundial, tenían la virtud de ir haciendo, de manera progresiva, que el Estado descentralice sus funciones y abra al sector privado, en sus diferentes manifestaciones, la responsabilidad de ejecutar proyectos tendientes a eliminar la pobreza, pues las instituciones, organizaciones y empresas privadas tienen más capacidades y actúan con mayor responsabilidad en la ejecución de las correspondientes iniciativas.

En el segundo gobierno del Presidente Pérez, a raíz de la reacción popular ante el programa de ajustes, así como en los gobiernos de transición del doctor Ramón Velásquez y en el segundo del Presidente Caldera con el Plan de Solidaridad Social, se mantuvieron y desarrollaron programas sociales dirigidos a aliviar la situación de pobreza de una importante mayoría de familias venezolanas, entre ellos podemos señalar, Programas de: Alimentario Materno Infantil; Ampliación de la Cobertura de los Pre-escolares; Apoyo a la Economía Popular; Atención Comunitaria; Atención en Salud; Beca Alimentaria; Beca Láctea; Beca Salario; Bono de Cereales; Capacitación y Empleo Juvenil; Comedores Escolares; Compensación Socio-Pedagógica y Cultural; Dotación de Uniformes y Útiles Escolares; Hogares de Cuidado Diario; Inversión Social Local; Lactovisoy al Escolar; Mejoramiento Urbano en Barrios; Merienda Escolar; Pasaje Preferencial Estudiantil; Seguro de Paro Forzoso; Vaso de Leche Escolar; Vivienda Rural. Ello, sin duda, se reflejó en el Informe del PNUD *"Desarrollo Humano en Venezuela"* de 1995, en el que el país alcanzó una puntuación promedio nacional de 0,8210 como Índice de Desarrollo Humano, lo que lo ubicaba en el Nivel Alto Desarrollo Humano, que comprende países situados entre 0,800 a 1 del índice promedio nacional.[223]

La pobreza en el presente.

Después de la llegada al poder de Hugo Chávez, las cifras oficiales de Venezuela han perdido toda credibilidad, por cuanto los analistas y estudiosos de los problemas económicos o sociales manifiestan no encontrar en ellas elementos de coherencia y sustentabilidad. No obstante, son

---

[223] Ver: OCEI-PNUD-FNUAP. *"Informe sobre Desarrollo Humano en Venezuela."*

OCEI- Caracas, 1995.

evidentes los aumentos de la marginalidad pues ésta ha aumentado a ojos vista: el desempleo, la economía informal, la carencia de vivienda y servicios de infraestructuras, los precios de alimentos y medicinas, los precios de alquiler de viviendas, etc. A esto hay que añadir la influencia de las devaluaciones del signo monetario y el rezago, de años, que presentan los aumentos compensatorios de las remuneraciones laborales – especialmente las dependientes del sector público– lo que indica, muy a las claras, que las condiciones de pobreza se han agravado notablemente.

Las denominadas "Misiones", que nacieron como artificio electoral en la ocasión del referendo revocatorio presidencial del 2004, no han dejado de ser meros instrumentos de propaganda oficial, que lejos de asentarse y progresar creciendo tanto en beneficios aportados como en alcances de población asistida, han ido perdiendo aliento y decayendo notablemente. Es éste un país que ha visto ingresar en sus arcas, sólo por el negocio petrolero, la gigantesca suma de más de 1 billón de $ (un millón de millones de dólares), con lo que en trece años se pudo haber aumentado enormemente la calidad de vida de nuestro pueblo; resuelto definitivamente el problema del déficit de viviendas; mejorados todos los servicios de seguridad y asistencia social y erradicado la pobreza extrema, pero que se encuentra, hoy en día, en condiciones peores respecto a las que tenía en 1998, cuando el precio del barril de petróleo llegó a ser de apenas de siete dólares.

Un aspecto importante relativo a la educación.

Es obvia e innegable la determinante influencia que la educación tiene en relación al tema de la pobreza de los pueblos en todas las naciones. En otro nivel de reflexión muy diferente al anterior, es de la mayor importancia el tener presente que los sistemas educativos, en las naciones de inferior desarrollo o subdesarrollo, deben propiciar, de manera principal, que la formación de los educandos que aspiran a recibirla en instituciones de alto nivel, tales como universidades o institutos especializados, les proporcione a éstos una visión integral no sólo de su país, sino del conocimiento universal y del mundo en general. En efecto, la realidad es una totalidad y cada disciplina del conocimiento no es sino un aspecto particular de ésta que se percibe desde un ángulo específico y limitado de esa realidad, como ocurriría a observadores que contemplen un mismo paisaje pero desde ángulos diferentes. La formación científico-tecnológica y humanista de alta especialización limita la comprensión holística de la realidad, pues se detiene en puntos muy específicos de la misma. La que debe ser factor de desarrollo en países atrasados requiere de visiones integrales de la globalidad universal y de la específica realidad nacional de cada país. El profesional necesario en estos países es el formador con visión multidisciplinaria o, mejor, interdisciplinaria, pues ello le capacita para tener respuestas globales a los problemas de estas naciones. [224]

---

[224] En el Anexo "Documentos", ver, sobre educación, Doc. N° 4, pg. 472

PARTE III

AGOTAMIENTO DE LAS FORMAS HISTÓRICAS DEL ESTADO Y EXPERIENCIA DEMOCRÁTICA

CAPÍTULO PRIMERO

Formas históricas de gobierno

Siguiendo en orden cronológico, pasemos a considerar las crisis que, por agotamiento de lo que por comodidad llamaremos "modelos", han padecido las principales formas históricas que, desde 1830, caracterizaron al Estado venezolano. Sobre el particular, expresa en términos generales Allan R. Brewer Carías que: "*La incomprensión de lo hecho y a pesar de todas las advertencias, de la necesidad de renovar y transformar el sistema, en cada caso, fue lo que contribuyó a su deterioro final y a su colapso*"[225].

Podríamos afirmar que nuestro país ha tenido, hasta el presente, cuatro diferentes regímenes de gobierno o de ejercicio del Poder social.

Primer régimen de gobierno.

El primero de ellos se inauguró con Páez en 1830, el de las llamadas Oligarquías, término que con Don Augusto Mijares podemos rechazar pues, como este eximio venezolano lo expresara, no puede llamarse oligarquía a grupos en los que "*ningún vínculo de cohesión subsiste*" o que "*se renueva con cada gobernante*"[226]. Entonces, el Poder Social estaba en manos de los en Caracas llamados mantuanos y de los dueños de las tierras, quienes fundieron sus intereses con las ambiciones de mando y de figuración social de los militares victoriosos de la Independencia. Grupo

---

[225] Brewer C. Allan R. Op. cit. pg. 9

[226] Mijares, Augusto. "Documentos". "*Oligarquías, partidos y camarillas*". Semanario Quinto Día

social generado en ambiente y mentalidad de la Colonia, su hegemonía habría de extinguirse en la medida en que sus integrantes no pudieran interpretar la realidad fáctica de una República que –pese a su atraso– al inscribirse en un mundo en el que el capitalismo evolucionaba y se desarrollaba, debía experimentar tensiones y situaciones que no estaban en capacidad de entender y, menos aún, de dirigir.

En tal situación, sobrevino una primera "crisis por agotamiento" que va a ser una suerte de "modelo" de las crisis recurrentes tras las cuales iban a ocurrir profundos cambios de mano del poder en Venezuela.

Va a ser también característico de este tipo de crisis, otro elemento según el cual, en lo interno del sector social dominante, siempre va a existir un grupo que no permitirá acceder a la dirección en las diferentes ramas de la política, la economía, lo militar, lo intelectual, etc., a personas o grupos que, aún provenientes del mismo ambiente socio-cultural, no le sean absolutamente incondicionales y subordinadas en cuanto a la orientación, manejo y goce del poder: existe una suerte de impermeabilidad que no permite compartir el Poder Social. De esta forma, las nuevas generaciones –en cuanto definidas por diferentes maneras de ver la realidad y dar respuesta a sus exigencias– van a encontrar sobre ellas un estrato, una costra endurecida e impenetrable. Con la crisis sobreviene entonces la irrupción: la única manera de penetrar la costra endurecida será hacerla saltar por la violencia. Toda esa época que incluye la dictadura de Páez, el nuevo intento del anciano José Tadeo Monagas y de su sobrino José Ruperto, no significó más que manifestaciones de esa impenetrabilidad del Poder. Fue la Guerra Federal la explosión que reventó el duro e impermeable estrato establecido.

Segundo régimen de gobierno.

Habían transcurrido 40 años desde que se inició la hegemonía "conservadora" en 1830, cuando en 1870 se instaló el segundo régimen histórico de Venezuela, el de la llamada hegemonía del liberalismo amarillo. La Guerra Federal estalló en 1859 y duró hasta agosto de 1863. El día 13 de ese mes, como se ve en el Anexo N°1, José Antonio Páez abandonó Venezuela para nunca más regresar, treinta y tres años después de haber asumido el poder en 1830. Entre 1863 y 1870 hubo una suerte de transición anárquica. Falcón, a su modo, tuvo mando por tres años hasta 1868, cuando la débil Revolución Azul que le siguió se derrumbó con José Ruperto, el hijo de Monagas, en febrero de 1870. En total, 40 años duró el gobierno de las llamadas oligarquías, si se toma como su final el de sus relevantes personajes de poder político.

Dos grandes caudillos fueron polos del poder en el primer régimen: Páez y Monagas. También dos caudillos iban a concentrar el mando de la etapa liberal: Guzmán Blanco y Crespo. Comenzaba el tiempo del liberalismo amarillo. Guzmán tuvo gran influencia en el gobierno de Falcón. Varias veces, como Encargado, ejerció la Presidencia, así que su tiempo y, en cierta forma, el tiempo de la nueva generación puede ser contado a partir del año 1866. En1899 finalizaría con la llegada de Cipriano Castro al poder.

Con Guzmán Blanco comenzó, pues, el predominio de la segunda generación en el poder político de Venezuela. De la misma forma como ocurrió con las llamadas oligarquías, la hegemonía liberal viviría igual crisis por agotamiento en su capacidad de respuesta frente al país, la misma incapacidad de comprender una realidad que había seguido evolucionando según la fuerza de las transformaciones que ocurrían en el mundo exterior y en el interior de Venezuela. Afuera, en el mundo más desarrollado, evolucionaba el capitalismo: Estados Unidos asumía, a fines del siglo XIX, la hegemonía que mantuvo Inglaterra tanto en lo político como en lo económico de Occidente; surgían nuevas situaciones y respuestas en lo monetario; los grupos del comercio exportador venezolano entraban en contacto con realidades del mundo más desarrollado y se enriquecían con los beneficios de la actividad del sector externo. Todo ello, necesariamente, determinaría el divorcio entre el sector social y político dominante y una realidad nacional en la que se manifestaba un gran vacío de poder a raíz de la desaparición de los dos grandes caudillos, Guzmán y Crespo. Otra vez, el duro estrato impedía el acceso a quienes con otras visiones esperaban asumir la conducción de los destinos del país. De nuevo irrumpiría la violencia para romper la costra que se oponía al paso de los nuevos. Fue en 1899, al momento de la "Revolución Restauradora".

Tercer régimen de gobierno.

Entonces, se inauguró así el tercer régimen de poder en Venezuela. Como en los anteriores, serían dos caudillos sus principales exponentes: Castro y Gómez. Todo el tiempo transcurrido desde 1830 y hasta 1945, abarca una misma forma o modelo de Estado: El así llamado Estado Tradicional. Habrían de pasar 36 años para que desapareciera el principal motor humano de este período, Juan Vicente Gómez. Sin embargo, una década más habría de transcurrir para que, de nuevo, la crisis por agotamiento produjera la irrupción capaz de hacer pedazos el duro estrato impenetrable: el régimen establecido, extraño al sector social y humano que era gobernado. Ello ocurrió el 18 de octubre de 1945. Como en el anexo lo apuntamos, aunque se estuvo muy cerca de alcanzar una transición normal, pacífica y civilizada, tampoco esta vez fue posible eludir la crisis, dispensar la ruptura. La crisis era muy profunda pues el sector dominante nacido del andinismo, no podía entender ni manejar un Estado que se había tornado mucho más complejo de lo que era en aquella aún informe materia estatal de los primeros años del siglo XX. Faltaba comprensión de los dirigentes del poder sobre las realidades del mundo de ese tiempo, que había vivido la etapa de la primera guerra mundial y estaba terminando las vivencias consecuentes de la segunda; que era muy complejo en sus nuevas manifestaciones políticas y económicas; éstos, como los anteriores, tampoco alcanzaban a comprender las ansias de una población que, por más de un siglo, había vivido la frustración de sus aspiraciones. Pero en el país había cambios de fondo que exigían nuevas condiciones para el futuro inminente: se abría paso una industria que, aunque incipiente, significaba cambios cualitativos muy importantes; obreros que, urbanizados, pretendían apoyarse en sus nuevas organizaciones para mejorar las condiciones de trabajo; ideas inspiradas en el marxismo que se abría caminos como fermento de nuevo pensamiento y acción política; aspirábase a vivir una democracia política que se tradujera en la organización de nuevos partidos, sindicatos, voto universal, nacionalismo y mejores condiciones de vida. Nada de esto cabía en muchos cerebros de hombres con origen político de 1899 y, así, saltó la costra del gomecismo.

Cuarto régimen de gobierno.

El 18 de octubre nació una nueva forma de orientación del Estado cuyo diseño y funcionamiento se ajustaba a lo que se ha llamado el modelo populista, que ya consideramos en el Capítulo Quinto de la Parte Segunda. Los tiempos del presente que vivimos son, precisamente, tiempos que de nuevo marcan otra radical crisis, que no es sino la consecuencia política, económica y social del agotamiento del modelo populista de Estado, ya más que superado por las realidades mundiales y por las aspiraciones y esperanzas de los pueblos de Venezuela y de todo Latinoamérica.

En el Capítulo siguiente y posteriores de esta Parte Tercera habremos de considerar, a la luz de las "condiciones de borde" referidas, el proceso que caracteriza esta crisis y sus posibilidades de salida.

Esta periodización corresponde al período que se inició en 1830 con la conformación de la República venezolana, una vez separada de la Gran Colombia. Es oportuno, sin embargo, tener presente la periodización del doctor Allan Brewer Carías[227] que parte del nacimiento de la República independiente para llegar al tiempo actual y, que se ajusta, principalmente, a destacar las Constituciones que, conforme a las características del Estado en cada etapa, fueron aprobadas en los correspondientes períodos. Ver en Parte I Capítulo Séptimo, "Hiperconstitucionalismo".

---

[227] Brewer Carías, Allan R. *"La Constitución de 1999"*. Ed. Arte, Caracas 2000, pgs. 9 a 14.

CAPÍTULO SEGUNDO

Inicios del período 1959-1999

Introducción

En este Capítulo, así como en los sucesivos que vamos a desarrollar, no nos detendremos en recuerdos y consideraciones de hechos propios de ejecutorias ocurridos durante diferentes gobiernos que Venezuela tuvo en esas cuatro décadas, que transcurrieron entre 1959 y 1998. Tampoco interesan, ahora, acontecimientos que ocurrieron en cada uno de los correspondientes ejercicios gubernamentales. Buscaremos, en cambio, entender tales hechos no en su aislamiento como tales, sino en sus vinculaciones con otros acontecimientos que –anteriores o posteriores– sean de alguna manera vinculables, bien a modo de elementos causales o como consecuencias de ellos.

Después del 23 de enero de 1958 y de múltiples acontecimientos políticos ocurridos en restantes y muy cargados días de ese año, el 7 de diciembre, los venezolanos electoralmente aptos ocurrieron a las urnas para elegir nuevo Presidente de la República y Senadores y Diputados de un nuevo Congreso Nacional. El 13 de febrero fue día escogido para que Rómulo Betancourt asumiera la Presidencia que una mayoría de la Nación le había confiado. Esa confianza tenía fundamento en la convicción del país de contar con una dirigencia política seria y responsable. Tantas experiencias vividas desde 1945 hasta el 23 de enero de 1958, habían generado el doble fruto de enseñar a tal dirigencia, aún juvenil en la primera mitad de aquellos años cuarenta, que ejercer función política es asumir compromisos muy serios con la Nación y consigo mismo. Pero con la así llamada "clase" política —de gobierno y de oposición– madurada durante los breves años del Trienio y los largos de la dictadura, parecía que también esa experiencia había sido bien asimilada por muchos ciudadanos venezolanos.

Poco importa si apreciaciones hechas, en su tiempo o después, fueron acertadas o no. Lo que si es muy importante, en la segunda década del siglo XXI y para los venezolanos de hoy, es saber, conocer y tener decisión y coraje para poder actuar a fin de que errores, vacíos y desaciertos sean debida y oportunamente subsanados y, por ello, el futuro nos encuentre nutridos de confianza y decisión para superar todos sus retos e ir más allá de nuestras carencias y debilidades.

Todo parece indicar que los acontecimientos de las dos últimas décadas del siglo XX, lejos de significar la aparición de un nuevo tipo de régimen político en nuestro país significan, más, ser el final del cuarto régimen ya referido, que el inicio de una nueva etapa que necesariamente le sucederá pronto en la vida política nacional.

Para avanzar en estas reflexiones, debemos sintetizar los más importantes hechos de la vida nacional que han tenido incidencia en el desarrollo de la presente crisis. A tal efecto, tomemos los acontecimientos del siglo XX comenzando por el agotamiento del modelo de "Estado Tradicional" que antecedió a la realidad republicana que Venezuela inició en 1959.

Fin del Estado Tradicional.

Aquel modelo de Estado, de organización semifeudal del poder y todavía con sus relaciones de dominación patrimonial; económicamente dependiente del Centro mundial más desarrollado; con explotación extensiva de la tierra de producción agrícola –especialmente café— y ganadera; cuya economía se caracterizó por el progresivo deterioro de los términos de intercambio generado por la disminución del consumo de los productos importados por los países centrales y el forzado aumento de los volúmenes de exportación colocados en los mercados internacionales, no era capaz de aportar soluciones al inevitable estrangulamiento económico al que rápidamente se acercaba. Nuestro pensamiento se sitúa en los años finales de la segunda década del siglo pasado y en el propio inicio de la tercera de los años veinte, tiempos cuando el mundo vivió la Primera Guerra Mundial y la Revolución Soviética. Entonces, en Venezuela, comenzó a cobrar fuerza –que como sabemos llegó a ser enorme– la explotación y comercialización de la actividad petrolera. Entre 1920 y 1943 vimos los venezolanos cómo el producto petróleo desarrollaba su importancia como factor productivo y como factor de rentístico y, también, cómo este último factor tomaba cada vez mayor preponderancia sobre el primero. Son de recordar, en este momento, las dos decisiones tomadas en 1920 y en 1938[228] cuya influencia fue definitiva en la definición de un modelo de capitalismo rentístico para el futuro de este país.[229]

Transición hacia un nuevo modelo.

El año 1943 marcó el comienzo de lo que sería el final de la aventura nazi que generó la II Guerra Mundial, hecho que, entre sus consecuencias, significó el auge sin precedentes del poder mundial político, militar y económico de los Estados Unidos. La realidad mundial que en esos campos venía cambiando aceleradamente desde la Gran Crisis económica de los años 29-30, así como la Guerra, habían frenado los intercambios internacionales de productos y capitales e influido muy negativamente en las economías que dependían del sector primario de producción, entre ellas las de los países menos avanzados de América Latina. Pero en Venezuela, que era país muy subdesarrollado, el petróleo fue sustituyendo, con rendimientos cada vez superiores, productos primarios anteriores bases de nuestras exportaciones. Ello, como se indicó anteriormente, produjo la emergencia de nuevos sectores y fenómenos sociales así como el desarrollo de incipientes mercados.

Agotado el modelo tradicional y en ausencia de modelos alternativos para su sustitución, se produjo en Venezuela la emergencia de un modelo populista de conducción del Estado, fenómeno socio-político

---

[228] Ver Parte II, Cap. Séptimo, pgs. 1116 y sig, "El cambio del perfil productivo en Venezuela" y pgs. 121 y sig. "Las dos caras del petróleo en Venezuela"

[229] Ver Parte II, Cap Octavo, pgs. 124 y sig. "El Capitalismo Rentístico".

que ya experimentaban otros países de la Región.[230] Ese nuevo modelo, conformado como en otras realidades nacionales del subcontinente, generó gran desarrollo urbano en ciudades que no habían preparado sus espacios y tuvo apoyo en la amplia alianza que formaban industriales, obreros urbanos sindicalizados, sectores de profesionales liberales, juventud militar, así como en un campesinado que migraba a las ciudades, aunque en buena proporción se mantuvieron, todavía, en su original hábitat rural. Todo ello se acumuló y coincidió en los acontecimientos políticos de octubre de 1945, que significaron la así llamada Revolución de Octubre o primer efectivo ensayo democrático venezolano.

Factores, principalmente de orden político, determinaron que ese ensayo fracasara. Ello aconteció en 1948, a poco más de tres años de iniciado. Sin embargo, pese a que la fortaleza del poder político correspondió de manera preponderante al sector militar del país, no fue desintegrada la trama social sobre la que se asentó la alianza populista antecedente. La inicial dictadura militar que luego se transformó en personal del gral. Marcos Pérez Jiménez, pese a su vasta política de construcción y desarrollo de obras públicas, infraestructuras de energía eléctrica, autopistas, carreteras, acueductos, viviendas, petróleo aguas abajo y, en general, modernización del país, no fue suficiente para evitar, una vez derrocada, que sobre la misma fundación populista, antes establecida, renaciera duradera y segura paz democrática.

Democracia representativa

a. *El Pacto de Puntofijo.*

No podríamos entrar a considerar diferentes aspectos de la etapa democrática, emprendida en 1958, sin tener en previa cuenta el definitivo significado que tuvo el llamado Pacto de Puntofijo, factor principalísimo que posibilitó el nunca antes logrado desarrollo en Venezuela de esa vivencia, experimentada tanto como sistema político que como experiencia de convivencia ciudadana.

---

[230] Ver Parte II, Cap Quinto. "El Populismo".

b.   ¿Por qué el Pacto?

Con absoluta independencia de la razón y de la voluntad individual o colectiva de sus fundamentales actores, lo cierto es que el Pacto de Puntofijo resulta haber sido engendrado en los duros tiempos del llamado "trienio adeco", vivido en Venezuela entre octubre de 1945 y noviembre de 1948. No fue precisamente un fruto de amor, sino de pugnaz conflictividad. Podemos afirmar, sin temor a equivocaciones, que todos los sectores políticos que fueron actores relevantes en aquellos acontecimientos, actuaron de buena fe; valga decir, de manera honesta. Lo hicieron conforme a convicciones, ideas e incluso intereses que, según mentalidades y puntos de vista diferentes, fueron por ellos considerados como justos y aplicables para la realidad en la República de entonces. Todos los actores eran, para entonces, novicios debutantes en la real arena política, fuese como gobierno o como oposición. Todos, igualmente, cometieron errores; algunas veces, graves errores. Desde luego, el peso de las responsabilidades habría de gravitar, con mayor fuerza, sobre quienes ejercían gobierno, pero ello no anularía responsabilidades opositoras. Lo que todo exculpa es la buena fe. La honestidad de recta conciencia. La exculpación que fue primeramente encontrada en la vecindad infame y compartida de años de cárceles, persecuciones, exilios, asesinatos de compañeros o adversarios, se hizo armónico reencuentro de almas en la lucha común desarrollada para vencer la tiranía y recuperar las libertades. En esas almas silenciosas de cada actor individual, multitudes de "si yo…" o "si nosotros…" despertarían imposibles retrocesos o enmiendas. El futuro común lo era todo. Ese futuro nació en enero de 1958. Como lo expresara el ex Presidente Rafael Caldera, "*La experiencia de las ilusiones perdidas y de los fracasos sufridos en el curso de nuestra historia pesaba gravemente en la conciencia de todos. Y como primera respuesta a las inquietudes que nos mortificaban, se sentía la necesidad de fomentar un espíritu de solidaridad. Corría en esos días lo que se llamó 'el espíritu del 23 de enero'…que traducía la necesidad de coordinación, de entendimiento, de cooperación*".[231]

[231] Caldera Rodríguez, Rafael. "*Los Causahabientes. De Carabobo a Puntifijo*". Ed. Panapo, Caracas 1999, pg. 137.

c. Nuevas amenazas contra la estabilidad democrática y dificultades pre-electorales.

Derrocada el 23 de enero la dictadura, de inmediato surgieron problemas a raíz de la constitución de la Junta de Gobierno que presidió el contralmirante Wolgang Larrazábal. Los máximos dirigentes de los principales partidos políticos, Rómulo Betancourt, Rafael Caldera y Jóvito Villalba estaban aún en el exterior por exilios forzados. La nueva Junta inicialmente fue formada sólo por militares: Presidida por Larrazábal, la completaban los coroneles Abel Romero Villate, Roberto Casanova, Carlos Luis Araque y Pedro José Quevedo. La protesta popular obligó, a pocas horas de su instalación, la salida de ella de los dos primeros nombrados, señalados de ser connotados defensores del régimen caído. Fueron sustituidos, sobre la marcha, por dos civiles: el empresario Eugenio Mendoza y el doctor Blas Lamberti. El 23 de julio, el Ministro de la Defensa, gral. Jesús María Castro León, desconoció la autoridad de la Junta y, encerrado en su despacho, le extendió perentorio ultimátum. Como mediadores se movilizaron importantes figuras, entre ellas el doctor Martín Vegas y Rafael Caldera, logrando que Castro León renunciara a sus propósitos de ese momento pues, en 1960, reincidió contra el gobierno de Betancourt al entrar amenazador por el Táchira, siendo apresado y condenado en juicio militar. Luego, se produjo otra rebelión, esta vez de parte de la Guardia del Palacio de Miraflores. En esos tiempos la estabilidad de la Junta de Gobierno lucía muy precaria. Otro acontecimiento fue la violenta protesta de sectores de la población contra la visita del Vicepresidente de los Estados Unidos, Richard Nixon, que estuvo a punto de generar una situación muy grave con esa potencia.

Superadas tales dificultades, la dinámica de la vida nacional desembocó en el tema de las elecciones presidenciales, pautadas para el mes de diciembre de 1958. A pesar de que existía clara conciencia sobre la imperiosa necesidad de constituir un gobierno de unidad, las negociaciones para lograrlo parecían ser interminables. Cada idea, cada propuesta que surgía chocaba con objeciones de las diferentes partes interesadas. Era, no sólo el amenazador resurgir de antiguos celos y pretensiones partidistas, sino también conflictos internos en el seno de algunas de las organizaciones, como en el caso de Acción Democrática. Fueron presentados nombres de importantes venezolanos, entre ellos los doctores Martín

Vegas y Rafael Pizani. Las reuniones de la Mesa de Acuerdos se prolongaban, día tras día, sin que se vislumbrase acuerdo alguno. Hasta surgió la fórmula de gobierno colegiado que fuese integrado por los jefes de los principales partidos políticos (Betancourt, Caldera y Villalba), un miembro de las Fuerzas Armadas (mencionándose a Larrazábal) y un quinto participante del sector empresarial. Aunque esta idea prosperó por algún tiempo, no hubo consenso definitivo. Surgió entonces la idea de dejar que cada partido fuera con sus propios candidatos a Presidente y a Congresistas, pero que se diseñara un acuerdo entre las corrientes políticas para que se comprometieran, tanto en sumar sus particulares apoyos electorales a favor de quien resultase el más votado, como a participar solidariamente en el nuevo gobierno. Para esto debía elaborarse un programa mínimo de gestión gubernamental y de acción política, cuyo apoyo prevalecería, como compromiso contraído, aún en el caso de los partidos que no se integraran el gobierno y quedaran en la oposición, especialmente en casos de presentarse amenazas insurreccionales contra el sistema democrático. Aceptada con gran consenso esta idea, quedaba sólo redactar el acuerdo que, una vez concretado, fue el Pacto de Puntofijo.[232]

d. Síntesis del contenido sustancial del Pacto de Puntofijo.

El 31 de octubre de 1958 los representantes de los partidos políticos Acción Democrática, Copei y Unión Republicana Democrática, se reunieron en la quinta Puntofijo del doctor Rafael Caldera, en Caracas, para suscribir el documento correspondiente al acuerdo político que habían convenido establecer, *"ante la responsabilidad de orientar la opinión pública para la consolidación de los principios democráticos"*.[233]

En su cláusula segunda, el documento del Pacto presenta dos objetivos, o principios generales de una *"política nacional de largo alcance"*: a) que los Poderes Públicos surgidos del proceso electoral de diciembre de 1958, *"respondan a las pautas democráticas"* y b) que se fortalezca el frente

---

[232] Puntofijo (y no Punto Fijo, la ciudad de Falcón), que era el nombre de la casa de habitación de Rafael Caldera y su familia, situada en la urbanización La Campiña de Caracas, donde se firmo el pacto por estar Caldera enfermo.

[233] Documento completo. Ver Anexo N° 4, Documento N° 5, pg.

unitario constituido *"mediante la prolongación de la tregua política, la desperso-nalización del debate, la erradicación de la violencia interpartidista y la definición de normas que faciliten la formación del Gobierno y de los cuerpos deliberantes"* para que *"agrupen equitativamente a todos los sectores de la sociedad venezolana interesa-dos en la estabilidad de la República como sistema popular de gobierno"*.

En la cláusula tercera, los tres partidos signatarios *"comprometen su acción y responsabilidad"* mediante: a) La defensa de la constitucionalidad y del derecho a gobernar, emanado del resultado electoral para el período 1959-1964. De esta manera, tal era el lapso acordado de aplicación del Pacto de Punto Fijo. Es, por tanto, craso error (por descuido o ignorancia), el frecuente señalamiento, acuñado por la izquierda marxista radical, según el cual el "puntofijismo" cubriría los cuarenta años transcurridos entre 1959 y 1998.

La defensa de la constitucionalidad consistiría en: a) señalar como delito contra la Patria toda intervención de fuerza contra autoridades surgidas de la decisión electoral; declarar como deber patriótico el resistir permanentemente contra cualquier situación de fuerza derivada de hechos subversivos o la colaboración con ella; b) Constituir un Gobierno de Unidad Nacional por el tiempo en que perdurare la amenaza contra el ensayo democrático, sin que ninguna de las organizaciones ejerza hegemonía en el Gabinete Ejecutivo; cumplir un Programa Mínimo Común de los partidos signatarios, que se consideró parte integrante del Acuerdo, sin menoscabo del derecho de las organizaciones de defender puntos no contenidos en el Programa Mínimo, siempre que no estén en contradicción con éste y que su correspondiente discusión pública sea tolerante y respetuosa y se atenga a los intereses superiores de la Nación.

En la cláusula cuarta del Acuerdo, se declara que hubiese sido lo ideal la escogencia de un candidato y planchas para el Parlamento que fuesen únicos entre los partidos signatarios. No obstante, se declaró compatible con la unidad la pluralidad de candidaturas presidenciales y planchas para elegir los representantes al Congreso. Ello exigía fortalecer el común interés patriótico y la tolerancia entre los partidos, sobre la base de lo acordado. A efecto del logro de esto, se estableció crear una Comisión Interpartidista de Unidad.

La Cláusula quinta contiene una serie de previsiones relativas a las inminentes elecciones de diciembre 1958: todos los votos emitidos serían considerados y sumados como votos unitarios a favor de los vencedores en los comicios; la campaña electoral ha de ser positiva y de afirmación, sin desviaciones individualistas; el resultado, una vez hecho público, sería acatado por todos y celebrados en un gran acto común. Luego, se hace referencia a la importancia de la cooperación de los organismos profesionales, gremios, cívicos y culturales, mediáticos, etc., en la consolidación de la convivencia nacional y el desarrollo estable de la constitucionalidad. Finalmente, se aclaró que el Acuerdo, al no fijar *"condiciones contrarias al derecho de las otras organizaciones existentes en el país"*, las invitaba, como organismos democráticos, *"a respaldar, sin perjuicio de sus concepciones específicas"* el proceso electoral y *"la aptitud de Venezuela para la práctica ordenada y pacífica de la democracia"*.

El Pacto de Puntofijo fue firmado por los candidatos presidenciales de los cuatro partidos que concurrieron a las elecciones, incluido el Partido Comunista de Venezuela pues, si bien ese Partido no participó en las discusiones ni fue signatario del Pacto, su candidato presidencial Wolfgang Larrazábal, firmó el Pacto en representación del PCV y de URD, así como Rómulo Betancourt lo hizo por AD y Rafael Caldera por Copei.

Vale la pena, en este punto del tema, incluir una nota de Caldera que aparece en su libro antes citado, en referencia al Pacto de Puntofijo: *"Puedo asegurar, en conciencia, la rectitud de intención que nos llevó a la celebración de este acuerdo. Su mérito principal estuvo en haberse cumplido; porque cien años atrás, en 1857, se había hecho un pacto parecido por los actores de la Revolución de Marzo que derrocó al General José Tadeo Monagas, pero la diferencia estuvo en que aquel no se cumplió lealmente y al poco tiempo las desavenencias y desencuentros produjeron la crisis que abrió el espacio histórico para la Guerra Federal. El de 1958 sí se cumplió en lo fundamental"*.[234]

Bien lo expresó Ramón Guillermo Aveledo: *"Lo primero que hay que destacar es lo inusual de este pacto.Nunca antes en nuestra historia hubo algo igual y nunca después lo ha habido. En su génesis está el aprendizaje de los anteriores fraca-*

---

[234] Caldera, R. Op. Cit., pg 149.

sos de los intentos de implantar la democracia en Venezuela y, especialmente, la dolo-rosa experiencia dictatorial."[235]

Una reflexión final que propongo al lector: considerar si, ante la grave situación que vive Venezuela en el presente[236], con las oscuras perspectivas que para nuestra Patria asoma el año presente (crisis económica por la forma incapaz de conducir esta materia; crisis energética por estulticia gubernamental, crisis en el suministro de agua; crisis en las exportaciones petroleras; crisis educativa general; crisis por agotamientos del anterior y del presente modelo político; crisis de nuestra, hoy en día, "moribunda" democracia y moribundas libertades), ¿No es hora de reproducir, con la expresión propia de este presente, una manifestación similar de acuerdo político unitario con vista a los procesos electorales que vengan en el futuro y, también, para todas las acciones y medidas que corresponda tomar y asumir para salvar así nuestra democracia y nuestras libertades personales y ciudadanas?

Constitución de 1961.

Esta Constitución, que nació para conformar un Estado democrático después de que el país hubo de padecer 10 años de gobierno autocrático contenía, en su Preámbulo, los siguientes propósitos:

Con el propósito de mantener la independencia y la integridad territorial de la Nación, fortalecer su unidad, asegurar la libertad, la paz y la estabilidad de las instituciones;

Proteger y enaltecer el trabajo, amparar la dignidad humana, promover el bienestar general y la seguridad social; lograr la participación equitativa de todos en el disfrute de la riqueza, según los principios de la justicia social, y fomentar el desarrollo de la economía al servicio del hombre;

Mantener la igualdad social y jurídica, sin discriminaciones derivadas de la raza, sexo, credo o condición social;

---

[235] Aveledo, Ramón G. *"La IV República. La Virtud y el Pecado"*.Ed. Libros Marcados, Caracas, Oct. 2007.

[236] Escrito esto a inicios de diciembre de 2010.

Cooperar con las demás naciones y, de modo especial, con las Repúblicas herma-
nas del Continente, en los fines de la comunidad internacional, sobre la base del recí-
proco respeto de las soberanías, la autodeterminación de los pueblos, la garantía uni-
versal de los derechos individuales y sociales de la persona humana, y el repudio de la
guerra, de la conquista y del predominio económico como instrumentos de política in-
ternacional;

Sustentar el orden democrático como único e irrenunciable medio de asegurar los
derechos y la dignidad de los ciudadanos, y favorecer pacíficamente su extensión a
todos los pueblos de la tierra; y conservar y acrecer el patrimonio moral e histórico de
la Nación.

De manera que el legislador, al aprobar el texto constitucional en 1961, tenía la voluntad de sustentar un orden fundamentalmente democrático, con respeto a la dignidad de los ciudadanos a quienes asegura sus derechos a través de ese orden, que es declarado como *"único e irrenunciable medio"* para hacerlo. De esta forma, sobre la orientación plenamente democrática de ésta Constitución no puede caber la menor duda. Sin embargo, a raíz de las consecuencias económicas que derivaron del IV Plan de la Nación asumido por el gobierno del Presidente Pérez iniciado en 1974, se inició una tendencia que luego se desarrolló mucho, según la cual la Constitución habría de ser modificada para poder enfrentar dichas consecuencias problemáticas. Posteriormente, a raíz de la devaluación del bolívar, el llamado "vienes negro" de febrero 1983, cuando se hizo evidente que el modelo sustitutivo estaba en crisis, se reforzó dicha tendencia de atribuir al entonces vigente texto constitucional, la razón de tales males.

Es lógico que toda Constitución al alcanzar una cierta vigencia prolongada –a la sazón, la Constitución de 1961 alcanzaba más de 20 años de sancionada– amerite normales ajustes o reformas. Pero respecto a esa Constitución hubo tres tipos de objeciones por las que se solicitaba convocar a una Asamblea Constituyente:

1) Ser factor del establecimiento y desarrollo de un modelo político de partidos y cerrado que, con apoyo en el Pacto de Puntofijo, favorecería el bipartidismo clientelar (AD y Copei) y excluyente de cualquier otra opción;

2) Que era el origen de un Estado de gigantismo socializante, que estableció el modelo rentístico petrolero que hacía fracasar la democracia;

3) Haber conducido, por supuesta orientación neoliberal, al fracaso de la democracia en Venezuela.

Ninguna de las tres objeciones era plenamente verdadera:

-La primera interpretación es errada respecto al Pacto de Puntofijo, cuyo verdadero conocimiento y apreciación es, hasta el presente, muy limitado por parte de la mayor parte de la ciudadanía. Como anteriormente vimos, el Pacto de Puntofijo duró sólo hasta el término del gobierno de Betancourt, en 1964. No hubo, en ese documento, mención alguna a una supuesta hegemonía de los partidos políticos y menos aún al bipartidismo que se inició en las elecciones de 1973, no por decisión de esos grupos políticos, sino por expresión de la voluntad popular manifestada en esos comicios y en los posteriores hasta 1993. Tampoco es cierto que el Pacto –y menos aún la Constitución– favoreciera un sistema cerrado de partidos, lo que no aparece en ninguna parte del documento constitutivo del primero y tampoco en el texto de la segunda, cuya mención de los partidos políticos se limitó al contenido de sus artículos n° 113 y n° 114, del Capítulo VI sobre Los Derechos Políticos: en el 113, apenas para afirmar que, sobre los organismos electorales, "*no predomine en ninguno de ellos partidos o agrupación política*" y que, "*los partidos políticos concurrentes tendrán derecho de vigilancia sobre el proceso electoral*"; y en el 114, que "*El legislador reglamentará la constitución y actividad de los partidos políticos con el fin de asegurar su carácter democrático y garantizar su igualdad ante la Ley.*" Esas son las únicas dos veces que en la Constitución de 1961 fue utilizada la palabra "partido". En ninguna parte de su texto se dice que los Senadores o Diputados serían de partidos; ni los Ministros del Gabinete Ejecutivo, o los miembros de la Corte Federal, o los jueces. Sobre la condición apolítica de los integrantes de las Fuerzas Armadas Nacionales, artículo 131 del Capítulo I, Disposiciones Generales correspondiente al Título IV, Del Poder Público, dice: "*Las Fuerzas Armadas Nacionales estarán al servicio de la República, y en ningún caso al de una persona o parcialidad política.*" Si, de hecho, los partidos políticos penetraron y coparon casi todas las instituciones de la vida ciudadana, fue ello producto de la voluntad, decisión y aceptación de los propios ciudadanos.

Ciertamente, el fenómeno de politización general que se dio en el país todo, tuvo efectos perjudiciales pues, como se decía en los años críticos "los partidos estaban en todo" y el carnet partidista —muchos venezolanos se los procuraban de todos los partidos— en la etapa descompuesta servían de llaves que abrían puertas y prebendas. Pero esto nada tiene que ver con la Constitución de 1961, sino con la relación líder-pueblo, heredera de las históricas "jefe-pueblo" y "caudillo-pueblo" de la profunda y tradicional relación de poder que, desde su nacimiento, eran las de Venezuela. ¿No era esa la relación post-independencia que prevaleció en el siglo XIX del feudalismo vernáculo? ¿No era la que se instaló en la Colonia con la subordinación de los estamentos sociales? ¿No era, acaso, la precolombina relación tribal del Cacique con el indígena? Hemos visto que tales fueron raíces originarias de nuestro modelo populista.

-La segunda interpretación: es cierto que el Estado venezolano fue creciendo y, en ese crecimiento, fue alcanzado dimensiones gigantescas que, fundadas en la renta petrolera, no es que era *per se* socializante, sino que, como muchas veces oí de labios del doctor Arístides Calvani, le hacían Estado fácilmente socializable o comunizable, pues todo prácticamente estaba bajo su control o poder. En contradicción con la tesis de Marx, la realidad es que son los pueblos atrasados política, cultural o económicamente, los más proclives a caer bajo la engañosa e ilusoria oferta comunista. El fenómeno de la economía rentística venezolana hunde sus raíces en los propios tiempos del gobierno de Juan Vicente Gómez, como lo hemos ya tratado en el Capítulo Séptimo de la Parte II sobre el Petróleo, y en el Octavo de la misma Parte, sobre la Economía Rentística. Nada tiene que ver aquí la Constitución de 1961.

-La tercera interpretación que versa sobre una orientación neoliberal que habría hecho fracasar la democracia venezolana, tampoco nada tiene que ver con la Constitución de 1961. En ninguna parte de su texto podremos encontrar mención alguna u orientación al respecto. El supuesto "neoliberalismo" se atribuyó al Plan de Ajustes Económicos del segundo gobierno de Carlos Andrés Pérez. Para tal momento, ya la

Comisión Bicameral del Congreso había iniciado sus trabajos y tanto en el seno del Congreso, como en los partidos políticos y en la sociedad civil, existía clara conciencia de la necesidad de la reforma.

No fue el texto de la Constitución de 1961 causa del agotamiento del modelo populista implantado en Venezuela desde 1945, ni de nuestra economía rentística para favorecer multitudes clientelares que, indistintamente, apoyaban a los partidos para ampararse a la sombra del paternalismo improductivo, lo que causó el derrumbe.

Después de jurado el entierro la "moribunda Constitución" nos podemos preguntar: ¿Qué ha sobrevenido? ¿Acaso el desarrollo económico? ¿La eliminación de la pobreza? ¿La superación de la inseguridad ciudadana? ¿Aumentó, acaso, la calidad de vida, de alimentación, de educación de los venezolanos? ¿Hay más igualdad de oportunidades para el ascenso social honesto, fundado en la formación y en la preparación de las personas? ¿Hemos ganado en libertades ciudadanas, en información, en expresión? ¿Hemos ascendido en la escala de los pueblos según el desarrollo?

Es que, como lo tratamos en el Capítulo Tercero de la Parte II, sobre el Hiperconstitucionalismo, volvemos de nuevo a la presencia de la identificación allí señalada, que nos viene de Luis Castro Leiva, que es la identificación de *"existencia pública con principio, principio con pasiones"* y de *"la voluntad particular…* del nuevo Caudillo… *disfrazada de republicana"* .

Primeros y difíciles años.

Entre 1958 y 1998, por vez primera en su historia, la Nación venezolana vivió en larga e ininterrumpida democracia. Una democracia representativa cuyo primer gobierno se ejerció entre el 13 de febrero de 1959 y el 11 de marzo de 1964. Para dicho quinquenio los venezolanos votaron mayoritariamente por Rómulo Betancourt, quien recibió 1.284.092 votos, lo que entonces representaba poco menos del 50% de la votación.

Antes del proceso electoral, los partidos políticos suscribieron el pacto. Sus dirigentes convencidos de que la unidad de todos los sectores nacionales y de los movimientos políticos había sido el factor determinante de la caída de la dictadura de Pérez Jiménez –con la experiencia de la dura lección del Trienio 1945-1948, pues cuando por haber permitido que prevalecieran el sectarismo y los intereses particulares de los partidos se había derrumbado ese primer ensayo por un siglo esperado por los venezolanos– asumieron con firme determinación el compromiso de trabajar unidos para que, finalmente, Venezuela fuese un país con pleno ejercicio y desarrollo progresivo de la democracia como sistema de gobierno. Como lo apunta el doctor Velásquez, "...*la experiencia de la década 1948-58 había sido fecunda en severas lecciones y las conversaciones de New York, entre Betancourt, Villalba y Caldera no fueron sino un examen de conciencia y un propósito de enmienda pues abrieron el camino a una descarnada visión de la realidad y aceptaron que al menos en primeros tiempos de la experiencia democrática que se avecinaba, era aventurado repetir el experimento del gobierno monopartidista*".[237] De tal convicción nació el Pacto de Puntofijo.[238]

No fue fácil este gobierno de Betancourt. Desde el mismo 7 de diciembre de 1958, día de su victoria electoral, con una actitud que ponía en evidencia limitada vocación de ciudadanía, sectores descontentos por la derrota de Larrazábal tomaron calles de Caracas y otras ciudades principales en protesta por el resultado de la elección, situación que continuó hasta el día de la toma de posesión del nuevo Presidente (13 de febrero de 1959), lo que obligó al gobierno a disponer rigurosas medidas de orden público durante todo ese lapso. Según peregrino argumento esgrimido por los protestantes, Betancourt habría ganado por el apoyo de sectores rurales del país, pero había sido derrotado en las ciudades importantes, "que eran las que debían decidir". Posteriormente, apenas instalado el nuevo gobierno de coalición acordado en el Pacto de Puntofijo, surgieron por todo el país manifestaciones de desempleados en reclamo de trabajo; solicitudes de tierra y trabajo por parte de agrupaciones campesinas; reclamos de construcción de hospitales, viviendas,

---

[237] Op. Cit, "Venezuela Moderna", pg. 227

[238] Ver en Anexo 4°, el documento N° 5: "El Pacto de Puntofijo" completo. Pg. 478.

escuelas y servicios públicos que provenían de organizaciones y juntas representativas de las diversas poblaciones. Para colmo de dificultades, bajaban los precios del crudo y, con esto, los ingresos por concepto del impuesto sobre la renta.

El 1° de enero de 1959 triunfó la revolución cubana que desde la Sierra Maestra encabezó Fidel Castro y que, para los venezolanos, significaba júbilo que se añadía al vivido por la reconquista de nuestra democracia. Como es conocido, al poco tiempo de asumir el poder y después de una triunfal visita a Caracas en solicitud de apoyo que esperaba de los gobiernos de Venezuela, Brasil y Argentina, Castro inició brutal represión en la Isla, que no sólo afectó al sector político ligado a la derrocada dictadura de Fulgencio Batista, sino a militantes de su propio movimiento que la combatió y derrocó, pero quienes no compartían las ideas comunistas que se estaban implando desde La Habana fueron severamente reprimidos: Juicios sumarios con sentencias inmediatas llevaron al paredón de fusilamiento a centenares de cubanos. En los planes del nuevo Jefe de Cuba estaba el extender su revolución de inspiración marxista por todo América Latina, siendo Venezuela –por su privilegiada ubicación en el centro del Continente, su realidad privilegiada como país petrolero y su inmenso potencial de riquezas naturales– la presa más apetecida en los planes del proyecto castrista. En los años 1960-61 la subversión comunista –pese al muy minoritario apoyo político e ideológico que tenía en el país– se extendió bajo formas de guerrillas urbanas por las ciudades venezolanas, para transformarse luego en guerrillas rurales. La firme actitud de los gobiernos democráticos de entonces, así como la disposición y valentía de nuestras fuerzas armadas –que añoramos hoy los venezolanos– derrotaron, en todos los terrenos, ese primer intento comunista de adueñarse de Venezuela.

La subversión comunista no dejó de ejercer influencias sobre la realidad política nacional. Los principales partidos experimentaron en sus sectores juveniles, pero también en sus organismos de dirección, negativas consecuencias de tales influencias. Acción Democrática sufrió una muy importante división al separarse del partido, para fundar el Movimiento de Izquierda Revolucionaria (MIR), un sector de izquierda radical cuya expresión en su Comité Directivo Nacional (CDN) contaba con dirigentes como Domingo Alberto Rangel, Simón Sáez Mérida y Gumersindo Rodríguez, pero que arrastró consigo importante número de jóvenes dirigentes universitarios (Américo Matín, Héctor Pérez Marcano, etc), liceístas y naturales líderes populares. También URD sufrió esa influencia, pero en menor proporción (casos de Fabricio Ojeda, José Vicente Rangel, Luis Miquilena) así como COPEI, que tiempo después vio desprenderse un sector juvenil que formó el movimiento de Izquierda Cristiana.

El reflejo del proyecto castro-comunista no dejó de sentirse en el seno de la coalición triple que, para gobernar, habían constituido AD, URD y COPEI desde antes de las elecciones del 7 de diciembre. Tan grave fue, en un caso, que determinó la ruptura parcial de dicha coalición de gobierno: Ello ocurrió el mes de agosto de 1960. Se reunía entonces, el día 26 y en San José de Costa Rica, la VII Reunión de Consulta de los Cancilleres Americanos convocada por la OEA. El tema era tratar sobre la injerencia en nuestro Continente de potencias mundiales comunistas encabezadas por la URSS. La delegación cubana, que encabezaba el Canciller de ese país Raúl Roa, se sintió involucrada en la propuesta condenatoria a las potencias intervencionistas, ya que se incluía en el texto de la misma la utilización, por parte de éstas, de Estados americanos pues eso significaría "quebrantar la unidad continental" y "poner en peligro la seguridad del Hemisferio". En protesta, la delegación cubana se retiró de la Reunión y Cuba lo hizo de la OEA. El Canciller de Venezuela, Ignacio Luis Arcaya, miembro de URD quien indirectamente defendió la posición del régimen cubano, no votó la resolución y fue sustituido al frente de la delegación nacional por el doctor Marcos Falcón Briceño. Poco después URD abandonó la coalición de gobierno que continuó con sólo Acción Democrática y Copei. Más tarde, en noviembre de 1961, Venezuela rompió relaciones con Cuba.

Pero no quedó detenido allí el asedio comunista procedente de Cuba contra la democracia que se había instaurado en Venezuela. Desde La Habana se proyectaron desembarcos en costas venezolanas que, efectuados, fueron neutralizados por nuestros oficiales y soldados; llegaron armas para fortalecer fuerzas guerrilleras que ocupaban montañas en el Oriente (Sucre) y Centro-occidente del país (Falcón, Mérida) y se propiciaron –con apoyo en cómplices oficiales venezolanos– al menos dos graves alzamientos militares (en Carúpano el 4 de mayo de 1963 y en

Puerto Cabello el 2 de junio) con importantes saldos de heridos y muertos entre militares que combatieron y derrotaron a los insurgentes e invasores y numerosos civiles. Otra grave insurrección se produjo antes en Barcelona.

Por otra parte, desde el inicio del gobierno presidido por Betancourt, el violento asedio comunista había sido precedido por un constante conspirar de miembros de las fuerzas armadas, algunos vinculados a la derrocada dictadura; otros que, por enemistad, no aceptaban a Betancourt como Presidente de la República; otros por simples aspiraciones personales de poder, sin que faltaran los que estaban comprometidos con el proyecto comunista, como se hizo evidente en los referidos episodios subversivos popularmente llamados "porteñazo" y "carupanazo" y en su antecedente que fue llamado "barcelonazo". El primer alzamiento militar importante lo encabezó el gral. Castro León, el mismo que había intentado derrocar a Larrazábal y la Junta de Gobierno y quien, a comienzos del año 60 había dirigido al Presidente, desde Londres, una carta muy irrespetuosa. El 20 de abril, acompañado de varios ttes. cnles., mayores y capitanes, entró desde Colombia, llegó a San Cristóbal y, con apoyo del Jefe del Agrupamiento Militar de la ciudad, cnel. Francisco Lizarazo y del Comandante del Batallón Simón Bolívar, tte. cnel. Alcides González Escobar, así como del mayor Luis Alberto Vivas Ramírez, tomó el Aeropuerto de La Fría e intentó tomar la ciudad de San Cristóbal, declarando guerra al gobierno de Betancourt. Viéndose derrotados, los golpistas huyeron esa misma noche a Colombia, pero fueron detenidos por campesinos en la zona de Capacho. Entregados a las autoridades, fueron juzgados y condenados a presidio. No obstante, hubo multitud de planes conspirativos que no trascendieron a la opinión pública pues eran debelados o neutralizados por la Secretaría de la Presidencia ejercida por el doctor Ramón J. Velásquez, o por los organismos militares, y casi siempre se hizo posible que los implicados desistieran de sus propósitos.

Pese a todos los conflictos que enfrentó el Presidente Betancourt al inicio de este mandato presidencial, el peor y más peligroso que confrontó fue el atentado urdido por su tradicional enemigo José Leonidas Trujillo, "Chapita", personaje que por varias décadas tiranizó con férreo dominio la República Dominicana. El Día del Ejército y conmemoración de la Batalla de Carabobo, 24 de junio de 1960, el vehículo que ocupaba el Presidente entró en Los Próceres, Avenida en la que tradicionalmente se celebra esa fecha con un desfile militar. Fue poco después del ingreso a ese lugar, cuando una bomba de alto poder explosivo estalló en un vehículo que estaba estacionado en la avenida. Ello ocurrió, con gran precisión, en el justo momento cuando a su lado pasaba el carro presidencial. El impacto fue tremendo. El auto quedó destrozado y en llamas. Murió en el instante del impacto el Jefe de la Casa Militar Presidencial, cnel. Ramón Arias Pérez, quien viajaba en el asiento delantero al lado del conductor. El Presidente, que se encontraba en el asiento posterior, exactamente detrás del cnel. Arias, sufrió quemaduras en las manos pues, al salir del carro incendiado, abrió la puerta lateral correspondiente a su asiento. Sus oídos quedaron afectados por la violencia de la explosión ocurrida. El Ministro de la Defensa, gral. Josué López Henriques y su esposa, quienes viajaban en el mismo auto, sentados a la izquierda del Presidente, quedaron severamente heridos.

Las investigaciones realizadas demostraron fehacientemente que la autoría intelectual del atentado correspondía al dictador dominicano, pero que tuvo varios cómplices venezolanos autores materiales del hecho, los cuales fueron detenidos, juzgados y sancionados conforme a la ley. La Comisión Investigadora designada por la OEA coincidió en su dictamen con lo demostrado por la investigación de las autoridades venezolanas, por lo que el Organismo internacional sancionó al gobierno de Santo Domingo, que fue aislado por parte de todos los Países Miembros de la Organización de Estados Americanos, los cuales no negociaron más intercambios comerciales y de productos con ese gobierno.

Completamente alienados y obsesionados por el esquema desarrollado desde la Sierra Maestra por la revolución cubana, jóvenes estudiantes de la Universidad Central, la Universidad de Los Andes y la Universidad del Zulia, dejaron sus hogares y ciudades de residencia para internarse en regiones montañosas de Los Andes, Falcón y de Oriente. Las sedes universitarias, cuyas actividades propias se desarrollaban trabajosamente, se transformaron en auténticos cuarteles para la insurrección armada; las residencias estudiantiles escondían centenares de armas de todo tipo, así como a combatientes guerrilleros.

El frente guerrillero se encontraba dividido entre numerosas fracciones que discrepaban entre ellas, desde en temas como tácticas y estrategias de la guerra, o sobre fundamentos ideológicos de la lucha armada, pasando por la conveniencia o no de ésta, hasta cuestiones tan triviales como rivalidades o diferencias personales entre líderes de los diversos comandos insurreccionales, tema éste que resulta demasiado extenso y no corresponde a los objetivos de este trabajo.

Pero lo que sí es importante tener presente, pues está en el origen de los acontecimientos vividos posteriormente en Venezuela y hasta los días presentes, es que más tarde, en tiempos del gobierno de Raúl Leoni, quien en 1964 sucedió en la Presidencia a Rómulo Betancourt, una vez que las Fuerzas Armadas Nacionales habían logrado derrotar militarmente a las guerrillas y, de éstas apenas quedaban aislados grupos diseminados en el territorio nacional, el gobierno inició una política de pacificación cuya culminación definitiva se alcanzó bajo el siguiente gobierno que presidió el doctor Rafael Caldera (1969-1974). Esto generó profundas discrepancias surgidas en el frente subversivo, entre quienes estaban dispuestos a acoger la política de pacificación propiciada por los presidentes Leoni y Caldera, que constituían la gran mayoría de los dirigentes guerrilleros en armas y sus seguidores, y quienes no aceptaron esa política pacificadora y optaron por mantenerse en las montañas. Entre estos últimos hubo jefes guerrilleros que, como Douglas Bravo, decidieron sustituir la lucha armada por una política especialmente organizada para penetrar las Fuerzas Armadas. Esta nueva estrategia fue colocando en posiciones dentro de las diferentes Fuerzas, poco a poco pero de manera constante, a jóvenes del alferezado y a quienes habían egresado como subtenientes y tenientes de las distintas Escuelas Militares.

Para 1975 ya estaba en marcha la nueva estrategia. En una reunión personal con el gral. Fernando Paredes Bello, a la sazón Ministro de la Defensa, este autor supo de la preocupación del Ministro por el avance que había alcanzado esta línea estratégica de los comunistas. En libro que escribió Alberto Garrido[239] en 1999, expresó que Douglas Bravo le

[239] Garrido, Alberto. "Guerrilla y Conspiración Militar en Venezuela". Ed. Venezolana, Mérida,1999, pg. 27

había dicho: "*Chávez se incorpora en 1982*[240] *a los oficiales rebeldes que ya venían trabajando en las FAN*", y añadió que quien lo acercó a ellos fue su hermano Adán Chávez, quien era miembro del Partido Revolucionario Venezolano (PRV) fundado por el propio Douglas Bravo. Pero en otro pasaje del mismo libro afirmaba en la entrevista, el mismo Bravo, que, en 1957, el aparato armado del Partido Comunista lo organizaron entre Teodoro Petkoff, el cnel. Arráez Morles, Eloy Torres y él mismo,[241] y añadió luego[242] que para 1971 contaban con 170 oficiales.

Es momento de destacar una primera conclusión sobre esta parte de la vivencia histórica venezolana correspondiente a lo que, como hemos visto anteriormente, mal por errado, se ha llamado "Cuarta República" (pues es la Quinta): Los acontecimientos políticos de naturaleza militar ocurridos en la Venezuela de las últimas dos décadas del siglo XX, están íntimamente conectados con las vivencias experimentadas en los primeros años de la única etapa democrática vivida por este país. Sin embargo, como se tratará más adelante, no es éste –el político-militar– el único componente que concurre en la explicación de las razones por las que hemos llegado a padecer la grave situación que todos los venezolanos, – sin excepción y aún quienes se dicen partidarios o defensores del régimen– estamos sufriendo en el presente tiempo. En efecto, hay otros componentes muy importantes en el determinar que la actual situación social, política y económica de nuestra Patria haya llegado a ser cómo es. Pero lo político en su aspecto militar y sus resultados recientes, tiene sus orígenes en aquellos difíciles años iniciales de la década de los sesenta. Todas las conspiraciones ocurridas en los años ochenta, y los fallidos intentos de golpe de Estado que se produjeron, tuvieron sus orígenes en la estrategia comunista de penetración de las Fuerzas Armadas Nacionales, diseñada hacia y puesta en práctica durante la década de los setenta.

---

[240] Otra fuente que no tengo a mano se refiera a los años 71-72.

[241] Idem, pg. 30

[242] Idem, pg. 36

Funcionamiento del nuevo modelo populista de Estado.

En el Capítulo Quinto de la Parte II tratamos algo más en extenso el tema del Populismo. En esta oportunidad vamos a tratar brevemente sobre los resultados políticos, económicos y sociales de la aplicación de este modelo.

El primer gobierno de la etapa democrática, presidido por Rómulo Betancourt, definió el modelo populista de manera mucho más firme que como se hizo en el Trienio (1945-1948), cuando por vez primera fuera ensayado. La mayor madurez de la dirigencia partidista y con más experiencia sus principales conductores, determinaron que se avanzara sobre sólidas bases en el desarrollo y estabilización de una efectiva democracia, que llegó a convertirse en ejemplo para toda América Latina. Como en el citado Capítulo dedicado al Populismo fue ya tratado, a la crisis por agotamiento del modelo tradicional de Estado (también conocido como "Modelo de crecimiento hacia afuera") sucedió el ensayo populista caracterizado por una alianza de sectores sociales de intereses antagónicos, principalmente el de dirigentes de industrias que habían nacido cuando se produjo el crecimiento y concentración humana en las principales ciudades del país, resultado de los procesos migratorios de parte importante de la población rural.

A partir de 1959-1960 y para los años siguientes, los gobiernos venezolanos asumieron la política de sustitución de importaciones que entonces propiciaba la Cepal. Lo que había sido fugaz aparición, durante el Trienio, de instituciones y valores democráticos de la población, se convirtió en permanente institucionalización progresiva de una voluntad de ser democrático que se había generalizado en el país. La industrialización por sustitución de importaciones no era la solución adecuada para países "en vías de desarrollo", que dependieran de uno o dos productos de exportación a mercados internacionales, pues así se cerraba un círculo vicioso al depender las nuevas industrias, que se pretendía desarrollar, del aporte financiero de esas exportaciones pues, al bajar el valor de las exportaciones de esos productos, operaría naturalmente el deterioro de los términos de intercambio cuyo significado es que, los países se ven obligados a exportar, cada vez, mayores cantidades de esos productos base de la economía nacional sus precios, naturalmente, iban a deteriorarse más aún en un proceso de repetición creciente que terminaría por estrangular la industrialización que se pretendía lograr. En los primeros tiempos, sin embargo, el proceso sustitutivo funcionaría hasta el momento cuando, en toda su gravedad, se presentara la situación antes descrita.

Sin embargo Venezuela, gracias a las características que en aquellos años tenía el petróleo como producto de exportación –cuyos precios crecían con el paso del tiempo dado el sostenido aumento de la demanda internacional– escapó de ese riesgo durante dos décadas. Tal circunstancia iba a posibilitar que los primeros gobiernos de la etapa democrática, presididos por Rómulo Betancourt, Raúl Leoni y Rafael Caldera pudieran, con tranquilidad, mantener crecimientos sostenidos e inflación casi nula en sus políticas económicas y sociales.

Sin dudas fue ese un factor de primera importancia a la hora de analizar la estabilidad social y política que caracterizó al país a lo largo de los doce años transcurridos entre 1962 y 1974 (los 2 años finales del gobierno de Betancourt y los 10 años de los gobiernos de Leoni y Caldera). Pero no sería justo atribuirle exclusividad al factor petrolero, ya que fueron años de paz, de desarrollo institucional, y de notables progresos en áreas de educación, salud y asistencia social, disminución de la pobreza, movilidad social, infraestructuras urbanas y rurales, vivienda, energía eléctrica, vialidad urbana y vías de comunicación, trabajo y estabilidad laboral, etc., alcanzados gracias a gobiernos guiados por líderes comprometidos y pulcros, y con dirigentes que asumieron con seriedad y responsabilidad las tareas para las cuales fueron designados.

CAPÍTULO TERCERO

Primera etapa democrática.
Tres primeros gobiernos constitucionales

Gobierno Constitucional de Rómulo Betancourt

En el gobierno de Betancourt, apoyado políticamente en sólido respaldo político garantizado por la coalición tripartita y, luego del retiro de Unión Republicana Democrática, con el apoyo nacionalmente mayoritario de los partidos Acción Democrática y Copei —y pese a los convulsionados primeros años de gobierno— se alcanzaron muy importantes logros en materia de desarrollo, comenzando por la determinante fundación de la Organización de Países Exportadores de Petróleo (OPEP) el 14 de octubre de 1960, a propuesta de Arabia Saudita y Venezuela con apoyo de Irán, Iraq y Kuwait, en la que el Ministro venezolano Juan Pablo Pérez Alfonso jugó un rol muy principal, lo que fortaleció la producción de crudo y dinamizó la renta petrolera.

Bajo esa égida, el Estado pudo estimular y subsidiar la producción, lo que generó nuevos pactos sociales así como acuerdos obrero-patronales. Logró, también, alcanzar metas como: cubrir las necesidades básicas de la población; niveles satisfactorios de empleo; desarrollo democrático y pacífico de la Reforma Agraria; establecer mecanismos arancelarios para proteger la producción interna de bienes; subsidios para protección de los productores (aunque con mediocres respuestas del sector privado industrial); notable expansión de la matricula de educación que, en cinco años, pasó de 847 mil educandos en 1958 a más de 1 millón 603 mil en 1963.

Gobierno Constitucional de Raúl Leoni

El gobierno de Raúl Leoni, candidato de Acción Democrática vencedor en las elecciones de 1963, se ejerció con una coalición distinta a la generada a raíz del Pacto de Puntofijo en la que no participó el partido Copei, pero sí el Frente Nacional Democrático (FND), movimiento que había respaldado la candidatura presidencial del doctor Arturo Uslar Pietri. Se mantuvo sustancialmente el diseño económico que funcionó durante el quinquenio anterior, así como la tendencia favorable a la satisfacción de las necesidades sociales, en particular el empleo: El ingreso familiar promedio se incrementó; se construyeron represas y viviendas; hubo importantes crecimientos en los sectores agrícola e industrial; la matrícula escolar alcanzó para 1968 casi 2 millones 100 mil alumnos duplicando la cifra dejada por el gobierno antecedente; el país tuvo superávit presupuestario; se redujo la deuda pública; los precios del petróleo cuyo valor inicial en 1964 era de $ 0,80 por barril, terminó a inicios de 1969 en $ 0,94, cifras incomprensibles hoy en día, siendo la producción promedio de crudo de 3.604.759 barriles diarios.

Es de recordar, como ya señalamos, que la política de pacificación nacional –que dio fin a la insurrección de guerrillas comunistas—se inició bajo este gobierno al ser derrotadas éstas en todo el territorio por las Fuerzas Armadas Nacionales. El clima político fue mucho más tranquilo que el del anterior quinquenio, si bien se inició una fuerte pugna interpartidista y dentro de los partidos que en el futuro iba a crecer, con graves consecuencias.

Gobierno Constitucional de Rafael Caldera

El 1° de diciembre de 1968 el país eligió nuevos Presidente y Congreso de la República. El doctor Rafael Caldera, fundador y máximo dirigente del partido Copei resultó favorecido con la primera mayoría de votos presidenciales. Acción Democrática que, con la separación del grupo que seguía al doctor Luis Beltrán Prieto Figueroa, venía de sufrir su tercera división importante, no logró vencer a Copei. Los escrutinios cuyos resultados tardaron más de una semana de grandes tensiones, dieron para Caldera casi 1 millón 83 mil votos, mientras que su principal oponente, Gonzalo Barrios de AD, alcanzaba casi 1 millón 52 mil sufragios. Es decir, el resultado oficial favorecía al líder de Copei por apenas 31 mil 69 votos. El día lunes 9 de diciembre, Caldera hubo de presentarse personalmente y sin invitación a un popular programa de televisión que se realizaba en horas de la primera mañana. En esa oportunidad, Caldera, con gran fuerza expresiva y decisión, hizo saber al país que había ganado las elecciones y que tácticas dilatorias retardaban, innecesariamente, que la población conociese los resultados, lo que aceleró el reconocimiento de su victoria. El resultado electoral del Congreso favoreció a Acción Democrática, partido que obtuvo 19 senadores y 66 diputados, mientras el nuevo partido de gobierno, Copei, obtuvo 16 senadores y 59 diputados, con la particularidad de que el resto de los partidos concurrentes sumados eran todos de oposición al nuevo gobierno, cuyo programa social no fue aceptado por las Cámaras, especialmente lo relativo al de Promoción Popular diseñado por Arístides Calvani.

El Presidente profundizó la propuesta de pacificación nacional iniciada por su antecesor. La gran mayoría de los insurrectos se acogió a esta propuesta, excepto el reducido sector que se mantuvo en las montañas, neutralizado, pero con el propósito comentado de ir penetrando en el futuro los diversos componentes de las FFAA. En lo político el período fue menos apacible que el anterior del Presidente Leoni: frecuentes disturbios estudiantiles y universitarios alteraron la paz de las ciudades, a veces por situaciones generadas en el exterior, como fue el caso de la invasión de Camboya por tropas norteamericanas. También la inhabilitación política de Pérez Jiménez, anteriormente acordada, constituyó fuente de frecuentes protestas de sus partidarios

En lo económico, se mantuvo el crecimiento sostenido de la producción e ingresos petroleros. Los ingresos petroleros, que al inicio del período eran de $ 0,94/b, fueron subiendo hasta $2/b, pero en los meses finales de 1973, casi ya para entregar Caldera al nuevo Presidente, alcanzaron $ 14/b. El gobierno, con apoyo en el Congreso, logró que se establecieran las bases para la nacionalización del petróleo. Se continuó la construcción de represas y se estableció una política en materia de viviendas que, siendo candidato, había prometido el Presidente construir en número de 100 mil soluciones habitacionales por año. El último año de gobierno fueron realizadas más de 100 mil pero entre 1969 y 1972 fueron construidas otras 250 mil viviendas, por lo que la producción total en el período superó las 350 mil viviendas, cifra nunca más alcanzada en el país. En ese tiempo, Venezuela culminó un proceso que había nacido en el reciente pasado y que le hizo líder latinoamericano en materia habitacional, posición que lamentablemente hemos perdido. La matrícula escolar aumentó a 4 millones 222 mil inscritos. Por otra parte, la industrialización sustitutiva comenzaba, ya para entonces, a mostrar primeras manifestaciones de sus debilidades, haciendo evidente para los expertos que las características constitutivas del modelo lo llevarían a su estrangulamiento. No obstante, el brusco incremento de los precios del petróleo, que se hicieron muy superiores en el período siguiente de gobierno alcanzando hasta $ 34/b, sirvió entonces para crear la ilusoria idea de que el sistema económico sustitutivo podría mantenerse indefinidamente.

Destacan, por otra parte, esfuerzos por desarrollar regiones preteridas de Venezuela, como fue el caso del proyecto denominado "Conquista del Sur", orientado a desarrollar nuestra Guayana y los Llanos del sur. También, la intensa y positiva actividad desplegada en materia de política internacional dirigida por el Presidente Caldera con apoyo en su brillante Canciller Arístides Calvani, particularmente la tesis de la Justicia Social Internacional, llevada por ellos a los más elevados escenarios y foros de la política mundial, así como también la integración de la América del Sur, ejemplarizada por la incorporación y contribución de Venezuela al Pacto Andino.

Durante esos primeros quince años, como lo expresara en magnífica síntesis Miriam Kornblith[243], "A *partir de 1958 se solidificó un acuerdo entre diversos sectores en torno a algunas reglas fundamentales. Se le atribuyó al Estado un papel central en la estructuración de las principales coordenadas de la nación; al sector privado se le asignó un papel secundario en la activación de la vida económica; mediante el Pacto de Punto Fijo* (sic) *se garantizó la plena vigencia del juego político-electoral, y las reglas del juego político le atribuyeron un papel crucial a los partidos políticos como principales canales de agregación y articulación de intereses sociales, y*

---

[243] Kornblith, Miriam. "*Las Crisis de la Democracia*". Ed.IESA-UCV-Caracas, 1998- Pg. 163-164.

como agentes privilegiados de mediación entre el Estado y la sociedad. La economía tuvo como factor dinamizador a la renta petrolera, se impuso progresivamente el intervencionismo estatal, a través de mecanismos como la regulación, protección y los subsidios generalizados. En la Constitución de 1961 se consagraron muchos de estos principios y reglas, y sobre esas bases quedó plasmado un proyecto sociopolítico de largo alcance."

"Se consolidó un modelo democrático denominado por Rey como 'sistema populista de conciliación de élites', basado en el reconocimiento de la existencia de una pluralidad de intereses sociales, económicos y políticos. Este sistema dependió de la presencia y adecuada interacción de tres factores fundamentales: la abundancia relativa de recursos económicos provenientes de la renta petrolera, con los que el Estado pudo satisfacer demandas de grupos y sectores heterogéneos; un nivel relativamente bajo y relativa simplicidad de tales demandas, que permitió su satisfacción con los recursos disponibles; y la capacidad de las organizaciones políticas (partidos y grupos de presión) y de su liderazgo para agregar, canalizar y representar esas demandas, asegurando la confianza de los representados (Rey, 1991)."[244]

---

[244] Rey, Juan C. *"La democracia venezolana y la crisis del sistema populista de conciliación"*.Revista de Estudios Políticos, N° 74, Madrid, pp 533-578. Cit. Kornblith M, Op. Cit. Pg. 164.

CAPÍTULO CUARTO

Inicio de la crisis por agotamiento del modelo

Gobierno Constitucional de Carlos Andrés Pérez.

El 9 de diciembre de 1973 el electorado venezolano volvió a las urnas para elegir nuevo Presidente de la República y Congreso Nacional. El país vivió una campaña de nuevo estilo, con gran apoyo mediático y gigantesca propaganda partidista. El candidato de Acción Democrática, Carlos Andrés Pérez, sobreponiéndose con nuevo estilo electoral a los señalamientos que la izquierda le hacía como represivo Ministro de Relaciones cuando ejerció ese cargo en el gobierno de Betancourt, pero representando la imagen de un dirigente fuerte, alcanzó el 48,77% de los votos, para así derrotar al candidato de Copei, Lorenzo Fernández, quien obtuvo el 36,74%. El porcentaje de abstención fue sólo del 3,07%, y el total de votos válidos emitidos alcanzó 4.351.444 sufragios, mientras los votos anulados fueron el 3,69%. En este proceso electoral el bipartidismo (Ad-Copei) sumo el 85,51% de los votos válidos, cifra que indica claramente el grado de polarización que, para entonces, había alcanzado la política en Venezuela. El resto de los diez candidatos que concurrieron a estas elecciones obtuvo, en su totalidad, menos del 15% de los votos, siendo entre ellos Jesús Ángel Paz Galarraga quien obtuvo 5,09%, como el más favorecido. Fue la gran derrota de los cuatro partidos de la extrema izquierda que impugnaban al sistema democrático en su globalidad: Los candidatos de estos partidos sumaron apenas el 9,30% de los sufragios.

De esta forma, la democracia en Venezuela se mostraba como una realidad definitivamente lograda: los militares regresaron a sus cuarteles para ocuparse de su desarrollo profesional y de la creciente mejora de sus cuerpos institucionales de pertenencia; en lo político, se había consolidado un sistema bipardista como en las grandes democracias del mundo, que era estimado y respaldado por casi toda la población como lo mostraba la constante y elevada participación electoral de los ciudadanos; se expandía y desarrollaba la educación nacional que cubría todos los niveles sociales del país; los ingresos del país mejoraban día a día, lo que posibilitaba el desarrollo de otras fuentes productivas tanto fundadas en recursos naturales como en actividades de la industria; despuntaba en el país una clase media fuerte y en crecimiento cuya ausencia en el pasado fue importante factor de atraso y subdesarrollo…..

¿Quién podría haberse imaginado, entonces, que esa aparente cúspide alcanzada era, apenas, el inicio de la muy inclinada pendiente por la que en menos de 20 años habrían de comenzar a deslizarse nuestra estabilidad económica y nuestra democracia social y política?

El Presidente Pérez, apoyado en el aumento de los precios del petróleo, que fueron subiendo a fines de 1973 hasta alcanzar $ 14/b, pero cuya alza se concretó al iniciar su gobierno (hasta alcanzar $ 34/b), presentó un plan económico –integrante del IV Plan de la Nación– cuyo propósito era desarrollar en el país, durante su período de gobierno y de manera masiva, áreas diversas de producción de bienes generadores de capital. El Plan suponía la creación de varias nuevas industrias pesadas y lograr el desarrollo industrial aguas abajo del crudo, reforzar la industria del acero y llegar a vender energía a Sudamérica sobre la base del mayor desarrollo del gran potencial energético de Venezuela…

Como los precios del crudo se elevaron en poco tiempo hasta alcanzar los 34 dólares, el Ministro Juan Pablo Pérez Alfonso propuso un fondo, que se creo como Fondo de Inversiones de Venezuela, para contener la inmensa masa de dinero que ingresaba al país e impedir que desatara una inflación muy alta. También se constituyó un fondo para favorecer el desarrollo agropecuario, cuyo monto fue irresponsablemente consumido en apenas nueve meses, mientras que los recursos del FIV, lamentablemente fueron pasando de manera continua a circular en la economía nacional para convertirse luego en factor determinante de gran inflación futura.

Por otra parte, el gobierno decidió instalar una serie de empresas no relacionadas con la normal actividad productiva que podía asumir el país (como ejemplo: Astinave, que era un astillero para construir barcos en Venezuela) cuyos costos requerían grandes y crecientes inversiones anuales lo que, sumado al creciente clientelismo; a la falsa creencia venezolana de creernos un país "inmensamente rico"; al gasto dispendioso del gobierno y de los ciudadanos; hizo que la Nación se comprometiera en deudas internacionales cuyo servicio incidió, desde entonces, pesadamente en el presupuesto del país.

Inicio de la crisis terminal.

No corresponde a los objetivos de este trabajo analizar las características propias del "IV Plan de la Nación", ni sus consecuencias económicas y sociales. Sin embargo, de manera referencial, este Plan podría tomarse como punto de partida del inicio de la crisis por agotamiento del modelo populista de gobierno que, en el pasado para entonces reciente, pudo ser obviada porque el crecimiento en los diversos sectores económicos y sociales del país había sido gradual y, hasta cierto punto, equilibrado. Pero, en los tiempos que estamos considerando, la riqueza adventicia generada por el petróleo abrió puertas a un crecimiento que no fue desordenado, sino caótico, en casi todas las manifestaciones de la vida nacional.

En capitulo correspondiente de este trabajo, vimos que el populismo se funda en una alianza de clases sociales cuyos dos principales integrantes se caracterizan por tener intereses que son contradictorios entre ellos: el sector industrial y el sector laboral urbano sindicalizado. También vimos que, aunque los sectores aliados carecían de proyectos alternativos para garantizar la gobernabilidad y el desarrollo socio-económico del país, al ser finalidad inmediata, que se propusieron, el llenar el vacío de poder dejado por el Estado Tradicional a su derrumbe, la improvisación vivida en el día a día fue determinando que las mejores intenciones se estrellaran al chocar con los pequeños y particularizados intereses de los aliados. De esa forma, por sanas y acertadas que pudiesen ser las acciones propuestas en algún momento, dado el interés de los gobernantes en "mantener la imagen" y la permanente tensión electorera que orientaba la vida política, significaron que los mejores planes o proyectos pasaran a ocupar segundos planos.

En Venezuela, país petrolero que entró de último en el nuevo modelo de sustitución de exportaciones o crecimiento hacia adentro, se pensó ilusoriamente que el petróleo no estaría sujeto a los vaivenes del mercado que padecían los productos de los demás países de la Región, pues se trataba de un bien de obligado consumo energético. Por ello, se pensó que no se produciría, en nuestro caso, el fenómeno de deterioro de los términos de intercambio que arruinaba las economías de esos otros países. Por tanto, se creía y decía que nuestra sustitución de importaciones contaría con financiamientos por tiempos indefinidos y que éstos serían permanentes. No se contó con la posibilidad –que se realizó– de que los países centrales desarrollaran, en tiempos cortos, formas alternativas de energías que bajarían los consumos y los precios del crudo y que, por eso, nos veríamos obligados, año tras año, a conspirar contra los propios precios, al aumentar nuestros volúmenes de exportaciones para poder cubrir las necesidades del país en cuanto a ingresos para el consumo de la población y la satisfacción de las ascendentes exigencias de inversión para la nueva industrialización asumida. Ello ocurrió así.

Los primeros avisos sobre lo que inexorablemente nos iba a ocurrir datan de los mediados de la década de los setenta. Tiempos cuando grupos de turistas venezolanos, llamados popularmente "tá- baratos", viajaban a las grandes capitales y criticaban que los franceses, obligados por los altos precios del petróleo, apagaran en París las luces que resaltaban sus hermosos monumentos y edificaciones. Pero ignoraban que Francia había limitado sus gastos por energía y estaba desarrollando alternativas energéticas de fuentes atómicas, solares, eólicas, etc., y que lo mismo hacían los restantes e importantes países industriales: ciudades que se iluminaban con energía proveniente del aprovechar basuras recicladas; construcción de automóviles de bajo consumo de combustibles y hasta eléctricos que no han prosperado; calefacción de bajo consumo y costo, etc. La presencia dramática y contundente de la crisis la vivimos en Venezuela en los años ochenta, especialmente a partir de 1983, cuando el gobierno de Luis Herrera Campins se vio obligado a devaluar nuestro signo monetario. Las consecuencias políticas tomaron cuerpo desde entonces para expresarse de manera dramática el año final de esa década.

Pese a desajustes iniciales de naturaleza política, el modelo del V Plan de la Nación comenzó, en sus primeros tiempos, a dar señales alentadoras: cierta tendencia a la diversificación de las exportaciones públicas y privadas; disminución del desempleo; incremento de los niveles de consumo de la población y aumento de la productividad petrolera. El dinero "corría por las calles".

Ello no bastaba, sin embargo, para que fuese superada la dependencia estructural del consumo público respecto al sector petrolero y, con éste, el consumo de toda la sociedad y su economía. El hecho antes mencionado de no haber sido mantenido el Fondo de Inversiones (FIV) con ajuste a los fines para los que fue creado, determinó que creciera, de manera desproporcionada, la liquidez o dinero circulante (en manos del público) en la economía nacional. Naturalmente, la consecuencia fue de fuerte desarrollo de la inflación que –como siempre ocurre– afectó más a las personas de los estratos débiles de la población. Por otra parte, la dimensión de la nueva masa monetaria incorporada a la economía tuvo el efecto de un tsunami, pues arrasó con las instituciones y los mecanismos operativos del sistema establecido. La necesidad de financiar el programa industrial, concebido con gigantismo en el V Plan, no sólo devoró los excedentes de la explotación petrolera, sino que obligó a que, para ese financiamiento, el gobierno contrajera préstamos en el exterior en condiciones de pago no favorables. En la oportunidad, Juan Pablo Pérez Alfonso expresó: *"¿Cómo alguien se atreve siquiera a pretender que Venezuela pueda llegar al extremo de comprometer con préstamos reales, que deben ser pagados con intereses y todo, a esas mismas generaciones futuras que hemos ido desposeyendo de recursos no renovables?"*[245]

---

[245] Pérez Alfonso, J.P. *"Hundiéndonos en excremento del diablo"*. Ed. Lisbona, Caracas 1976.pgs 370-371. Citado por Romero, Aníbal en "El Sistema Político Venezolano" Rev. Ciencia Política, Oct-Dic. 1988, pg. 11.

De manera que, repitiendo con Aníbal Romero, el V Plan de la Nación abrió la crisis del modelo de desarrollo venezolano y derrumbó, para siempre, la ilusoria práctica según la cual ese desarrollo podía cumplirse *"sin austeridad, sin ahorro y sin sacrificio económico"* [246].

Fue el llamado "viernes negro" de febrero de 1983 cuando el país sintió en propia carne las consecuencias de la aventura que significó el V Plan de la Nación. Entonces, todos los venezolanos supieron que "la torta" del reparto petrolero se había empequeñecido y que el Estado tendría menos recursos para satisfacer las expectativas de todos los sectores sociales. El Estado populista comenzó a incumplir sus ofertas demagógicas y sus compromisos con su clientela que, mediante el sufragio electoral, era el asiento de su legitimación política. Fue el inicio de la larga etapa en cuyas peores expresiones actualmente nos encontramos venezolanos y extranjeros que vivimos en el país. Etapa aún no concluida, sino en fase de sus más perversas manifestaciones, de restricciones y penurias económicas, de carencias en servicios básicos –con el gravísimo añadido político de sistemática limitación de libertades– en todo lo que, como siempre, los más perjudicados resultan ser los menos favorecidos en lo económico y en lo social.

A partir de allí se acentuó también, hasta límites graves, la pugna entre los partidos y, lo que fue peor, la pugna al interior de éstos, y, así, se terminó por destrozar el crédito y la confianza de los ciudadanos en los dirigentes políticos. El derrumbe progresivo de las bases de apoyo del modelo populista hizo que sus propósitos y planes, cuya difusión realizaban los dirigentes partidistas, quedaran sin sustentación y que, también, se fueran derrumbando las reglas de juego del sistema político que había regido las relaciones entre sus actores principales, así como la conducta social y política de los ciudadanos.

Acá se conecta el tema que tratamos en el Capítulo Noveno de la Parte II sobre "el familismo amoral". Esta característica, socialmente muy negativa, pero presente en una parte muy extensa de nuestra población, se reforzó con la crisis económico-política en la que se avanzaba. En efecto, tal ocurre inevitablemente si, sobre la tendencia de cerrar-

---

[246] Idem.

se en el limitado círculo de un grupo de relaciones primarias de pertenencia —esto es, familia extensa ampliada con compadres y amigos muy próximos, que por sus lejanos orígenes está muy enraizada en buena parte de los venezolanos— actúan, además, restricciones y dificultades económicas, pérdida de confianza en los dirigentes y quiebra de las normas de comportamiento social, pues se trata de factores negativos que naturalmente acentúan el aislamiento de las personas, limitan la participación social y política y se constituyen en elementos de rechazo o indiferencia respecto al desarrollo de la vida democrática.

Todos los factores negativos, antes señalados, incidieron en el aumento de lacras nacionales íntimamente conectadas con la realidad instalada del sistema económico de capitalismo rentístico adoptado en Venezuela, ya considerado en el Capítulo Octavo de la Parte II, que, en este momento del presente trabajo, conviene reconsiderar.

En efecto, hay elementos que permiten comprender parte importante de la situación que ha venido padeciendo el país en los últimos 34 años, es decir, desde finales de los años setenta hasta el presente. El doctor Asdrúbal Baptista, en documento que fue considerado en ese capítulo, afirmaba que lo que hemos vivido en el antes referido tiempo era un verdadero colapso resultante del desequilibrio sin precedentes en la contemporánea economía mundial el cual, para nuestro capitalismo rentístico, consiste en que "lleva en su interior un desbalance primordial en su relaciones de poder", que determina la insostenibilidad de su reproducción.

En efecto, nuestro sistema se caracteriza por un Estado autónomo, muy poderoso en lo económico, pero con recursos que le llegan sólo de los mercados internacionales sin los cuales sería económicamente pobre. El deseable equilibrio consiste, precisamente, en que el Estado detente el poder político, mientras que la Sociedad Civil sea depositaria del poder económico y, entre ambos, exista –como debe ser– constante relación complementaria. Pero, por las razones y orígenes que anteriormente hemos considerado, hay un desequilibrio en nuestro sistema que deriva del inmenso poder económico que el petróleo ha dado al Estado y hace que se rompa el equilibrio al asumir éste el monopolio de todo el poder. Por otra parte, si la Sociedad Civil carece de las garantías que debe asegurarle el poder político que administra y dirige el Estado, no puede progresar. Por eso, bien apuntaba Baptista: "*El capitalismo rentístico carece de este balance primordial. Su Estado es económicamente autónomo, por ser propietario de unos medios de producción que remunera el mercado mundial. Ello cobra un altísimo precio, que no es otro que su inviabilidad.*"

Ese poder económico ha sido, en buena parte, destinado por los gobiernos populistas, en tanto administradores del Estado, en satisfacer la necesidad de conservar su clientela que, por las elecciones, constituye base de legitimación y de sustentación del poder político que detentan. Ello explica situaciones tan absurdas como las que pudimos observar en el mismo capítulo antes citado, en el que se nos muestra que en países democráticamente desarrollados, como es el caso de los Estados Unidos, la remuneración del trabajo conserva una relación proporcionada y estable con el crecimiento de la productividad: entre 1950 y 2004, de acuerdo al gráfico del trabajo de Baptista que corre en el anexo, la productividad norteamericana creció en 1,34% y, en paralelo, la remuneración del trabajo lo hizo en un 1,22%. En cambio, en nuestro país, cuando la productividad creció en 1,5%, el incremento de la remuneración del trabajo fue del 3,8%. O, para citar solamente otro de los desequilibrios: el nivel promedio de la proporción existente en Venezuela entre empleados públicos no necesarios o excedentarios con el de los necesarios es de un 60%.

Es el efecto, como lo apuntara Baptista y recogimos en el mismo capítulo referido, de haber asumido el Estado la propiedad del petróleo y que, en las cuentas nacionales, se haya incluido la renta petrolera como parte integrante de cuentas como el PIB, supone una muy grave alteración puesto que así se disfraza nuestra realidad económica. Entre las lacras nacionales que crecieron con la situación antes citada, contemos el constante incremento del gasto público; la descarada corrupción administrativa y de ciertos grupos empresariales que decidieron aprovechar la falsa bonanza económica; la mayor dependencia, respecto a los gobiernos, del sector productivo industrial; el gigantismo económico y político que adquirió el Estado, que así estableció bases muy propicias que facilitarían el advenimiento de sistemas de gobierno de inspiración marxista; la pérdida de mística democrática tanto al interior del sector político partidista como en el conglomerado social, unido esto al distanciamiento de factores sociales que brindaban, más allá de las afiliaciones y cercanías ideológicas o partidistas, apoyo democrático a los gobiernos y legitimación moral.

La grave crisis que existía, avanzaba de manera soterrada, pero en 1983, con la devaluación del signo monetario, se hizo pública y notoria. Disminuidos los proventos provenientes del petróleo, se manifestó claramente abierta la crisis del modelo populista de Estado que, hasta ese momento, pudo asistir –a través del gasto público que alimentaba la renta petrolera– las demandas de todos los sectores sociales sin que fuera necesario sacrificar unos para asistir otros. Pero entonces, al ser más pequeña "la torta", fue imposible evitar que los menos favorecidos, en cada caso, hicieran notorio su descontento. Era el clásico inicio de la crisis por razones económicas del modelo populista de Estado. Al no ser satisfechas las demandas de los sectores sociales, la población, en general, fue progresivamente perdiendo su confianza en el funcionamiento de la democracia representativa. Se trata de la clara situación descrita por George Burdeau en su pequeño ensayo "La Democracia", cuando de la percepción de los derechos como facultades inherentes a individuos o ciudadanos abstractos, propia de la democracia clásica, se pasa, con asiento en la realidad, a su percepción como exigencias de satisfacción de necesidades de seres humanos concretos y situados.[247] Cuando tal satisfacción no puede ser plena, surge la frustración y el escepticismo se extiende entre los ciudadanos con mengua de la gobernabilidad.

En tales condiciones, los tres factores que anteriormente citábamos definidos por Miriam Kornblith, de los cuales dependía el sistema: la abundancia relativa de recursos económicos, los niveles relativamente bajos y simples de la demanda y la capacidad de las organizaciones políticas de asegurar la confianza de sus representados, se fueron desplomando simultánea y progresivamente. Eso fue haciendo cada vez menos posible la negociación y conciliación de intereses contrapuestos e hizo que cada sector de la vida social se sintiera afectado y se perdiera, paulatinamente, la anterior confianza en el funcionamiento del sistema establecido.

---

[247] Burdeau, George. *"La Democracia"*. Ed. Ariel, Caracas-Barcelona, 1957, pg. 58.

A partir de la situación inicial del proceso que venimos de reseñar, ocurrida entre 1974 y 1978 en el primer gobierno del Presidente Carlos Andrés Pérez; de su manifestación económica entre, 1979 y 1983, en el gobierno del Presidente Luis Herrera Campins –especialmente en ese último año de 1983– dado que el factor principal y dinamizador de la economía, la renta petrolera, lejos de restablecer sus anteriores condiciones continuó deteriorándose, obviamente, la estabilidad alcanzada durante los tres primeros gobiernos de la etapa democrática del Siglo XX se fue haciendo cada día más precaria.

No hay lugar a dudas, entonces, sobre el hecho cierto, de que el intrínsecamente inestable modelo populista de gobierno había iniciado el recorrido por el camino que conduce a su estrangulamiento final.

Variables factores de la crisis.

Tanto el profesor Juan Carlos Rey, al menos en dos obras suyas (la ya citada "La democracia venezolana y la crisis del sistema político de conciliación" y "El futuro de la democracia venezolana"), como la profesora Kornblith en la obra que estamos utilizando, han identificado como las tres "Variables básicas del modelo" venezolano:

1) La renta petrolera;

2) Las expectativas societales y

3) La representatividad de las organizaciones.

Ambos coinciden en afirmar que cualquier situación negativa que se produzca en alguna de esas "variables básicas" amenazará la estabilidad del sistema. Sin embargo, ésta podría ser razonablemente compensada y superada. Pero si la situación negativa, al mismo tiempo, afectare las tres variables, el sistema político habrá llegado a su estado crítico en una crisis total. La profesora Kornblith afirmó en su libro que, en aquel momento (1998) se había ya alcanzado esa situación extrema.[248] Empero, para llegar a ese punto, el país hubo de pasar los segundos manda-

---

[248] Kornblith, M. Op. Cit., pg 166.

tos de Carlos Andrés Pérez y Rafael Caldera y el provisorio de Ramón Velásquez.

CAPÍTULO QUINTO

Profundización de la crisis

Gobiernos Constitucionales de Luis Herrera Campins y Jaime Lusinchi

a. Gobierno de Luis Herrera Campins.

El gobierno Herrera Campins (1979-1984) se inició con la oferta de restablecer en el país las bases morales, la sobriedad y la racionalidad económica, así como el realizar grandes esfuerzos por hacer más perfecta nuestra democracia. Sin embargo, a pesar de tan laudables intenciones, un nuevo aumento en los precios internacionales del petróleo con niveles aún superiores a los alcanzados en el anterior período de gobierno, desató exageradas expectativas societarias, estimuló las demandas económicas e impidió que el país, en general, volviera a tiempos de equilibrio y sensatez.

El gobierno, bien intencionado, pero en sus decisiones débil por incoherencias en su conformación humana, no logró revertir esas tendencias pese a que, seriamente, intentó establecer una política de "enfriamiento de la economía" a través de restricciones monetarias para frenar el irracional crecimiento del gasto público, sincerar los precios y disminuir protecciones arancelarias e indiscriminados subsidios. Por estas razones, el gobierno no pudo evitar volver al esquema fundamental del anterior gobierno de Carlos Andrés Pérez. Baste, como ejemplo, recordar que el gasto público no sólo no disminuyó o, al menos, se contuvo, sino que aumentó a tasas del 33% anual, mientras que, en dos años (1979-1981), casi se duplicó el presupuesto nacional. El "viernes negro" (12 de febrero de 1983) fue, como complementación, el resultado final.

b. *Gobierno de Jaime Lusinchi.*

El gobierno de Jaime Lusinchi (1984-1989) se caracterizó por la singular adhesión personal que captó el Presidente, quien terminó su mandato sobre el 60% de popularidad, pero en lo económico el gobierno aumentó los precedentes desórdenes y desbarajustes.

Desde el inicio del gobierno de Lusinchi había claros síntomas de agotamiento del modelo sociopolítico-económico, porque crecía un sentimiento profundo de frustración y escepticismo sobre las posibilidades de que la democracia superara las distorsiones económicas y los problemas políticos del sistema venezolano; se percibía clara crisis en la aceptación del sistema por parte de la población, pero sobrevivía el acuerdo a nivel de élites políticas y económicas, así como el amplio respaldo popular al Presidente.

Parece ejemplarizarse, en el caso venezolano, la tesis de George Burdeau, según la cual la democracia debe pasar de ser una declaración teórica de principios y propósitos, para convertirse en maneras de realizaciones concretas en función de las expectativas y necesidades reales de la sociedad. Caso el nuestro, absurdamente contradictorio en su riqueza adventicia enorme y desproporcionada para nuestras dimensiones sociales, junto a la también enorme e igualmente desproporcionada miseria de la mayoría de nuestros habitantes. Se trataba, entonces, del pasar desde la entelequia del "ciudadano" de la democracia liberal clásica, ente abstracto y sujeto de derechos en igualdad con los demás, al ciudadano concreto, situado en sus propios tiempo y espacio en los que aspira satisfacer sus necesidades fundamentales y encontrar, en el seno de la sociedad, el modo de desarrollar sus aspiraciones personales y familiares. Más que de una igualdad, sólo declarada, de seres abstractos y vacíos de toda realidad, de lo que se trataba era de la igualdad concreta, igualdad de oportunidades alcanzables por cada cual en medio de su situación real.

Pacto Social

En medio de una situación que, para observadores entendidos, presagiaba el agravarse muy severo de la crisis, el gobierno Lusinchi presentó lo que fue llamado un proyecto de "Pacto Social". No fue el primer surgir de idea semejante en la historia sociopolítica de Venezuela, pero la idea había sido uno de los factores más importantes del triunfo de Jaime Lusinchi en las elecciones de 1983, cuando fue acompañada del compromiso de revisar profundamente "los acuerdos y compromisos que rigen el sistema político venezolano". Pero el prometido Pacto jamás llegó a concretarse en hechos más allá de las palabras.

Manejo monetario

Igual como ocurrió en el pasado, continuaba fija en la mayoría de los venezolanos, miembros del alto gobierno incluidos, la idea errónea de que la estabilidad de los precios del petróleo era bastión inexpugnable, pese a que lo contrario ya se había puesto en evidencia el "viernes negro". A caballo sobre esa ilusión, el gobierno estableció un sistema de cambios controlados con un dólar fijo, "preferencial" a 4,30 Bs/$, y la fijación de diversos niveles diferenciales que, al paso de la inevitable depreciación, con el tiempo fueron aumentando sus desproporciones con la moneda norteamericana. Se creó una oficina para manejar esta materia, cuyas siglas fueron "Recadi" y que en poco tiempo alcanzó un inmenso desprestigio por causa de diversos y múltiples señalamientos de impune corrupción. La tradicional "chispa" criolla se activó con el caso del "Chino de Recadi", supuesto único detenido por delito cambiario en todo el país.

Por otra parte, el gobierno inició negociaciones para refinanciar la muy alta deuda externa que la Nación había contraído en tiempos del V Plan de la Nación del Presidente Pérez, pero que se había incrementado durante los dos gobiernos posteriores. Después de largo tiempo y esfuerzos, los negociadores gubernamentales alcanzaron lo que fue llamado por el sector oficial "el mejor refinanciamiento del mundo". Poco después el país conoció que otras naciones, entre ellas México, habían logrado, con sus acreedores, condiciones de refinanciamiento mucho más favorables que las de Venezuela.

Mientras el descenso del signo monetario venezolano continuó indetenible, con pérdida de su valor relativo, el país de nuevo eligió, en 1988, a Carlos Andrés Pérez para otro mandato presidencial. Es de recordar, en este momento, que durante el período del Presidente Lusinchi (1984-1989) sectores comunistas radicales que, como se ha visto anteriormente, decidieron en los años 70 penetrar los componentes de la Institución Armada, desarrollaron varios planes conspirativos contra el sistema democrático venezolano. Fueron prolegómenos de los intentos de golpe de Estado de 1992 y antecedentes del régimen comunista que se instaló en Venezuela desde el año de 1999.

CAPITULO SEXTO

La década crítica (1989-1999) Manifestación del agotamiento definitivo del modelo

Un indicador: abstención electoral

Vivimos la profunda crisis que padece la Nación venezolana que, en el presente, amenaza de muerte nuestra democracia conquistada con gran esfuerzo y apoyo ciudadano, pero bien sabemos que, con ella, morirían nuestras libertades, condiciones indispensables para la realización de una digna existencia humana y, también, nuestros valores personales y comunes sobre los que se asienta nuestra identidad. La crisis no resulta de acontecimientos o cambios políticos relativamente recientes, sino que –como hemos visto antes– se ha ido desarrollando conforme a una lógica inmanente a la interacción de realidades y comportamientos humanos relativos al modelo de Estado, a la organización social, a relaciones societarias y a hechos de naturaleza económica, entre otros.

El desarrollo de ese fatal proceso no ha discurrido oculto, sino que, como es natural, ha tenido manifestaciones diversas de su evolución progresiva. Podemos tomar, como ejemplo ilustrativo, uno de esos indicadores, como lo es la abstención electoral.

Las elecciones presidenciales, celebradas el día 4 de diciembre de 1988, dieron el triunfo a Carlos Andrés Pérez, candidato de Acción Democrática, con el 52,89% de los votos válidos que, en total, sumaron 3 millones 868 mil 843 votos. Pérez aventajó con un12% a su principal adversario, Eduardo Fernández, candidato de Copei, quien obtuvo el

40,40% representados por 2 millones 955 mil 61 votos. La previa campaña electoral de los partidos políticos dejó asomar el segundo de los aspectos de la crisis del sistema político venezolano tratado por la profesora Kornblith en su citado libro: "Crisis del modelo de representación y de legitimidad", esto es, la crisis de la variable relaciones societarias, consecuencia inmediata de los desajustes económicos y desaciertos políticos que se originaron a partir del primer gobierno del Presidente Pérez.

La crisis del modelo de representación y de legitimidad mostraba su latencia con diferentes expresiones que, para muchos, pasaban casi inadvertidas. Una de ellas, que podemos mostrar, es la abstención ciudadana en los procesos electorales. El manejo de estas cifras aplicadas, en la Ciencia Política, a la medición de valores como ciudadanía y legitimidad, no es simple como puede parecer a primera vista, sino asaz complicado. Al efecto, procederemos de manera bastante elemental, comparando cifras oficiales del Consejo Supremo Electoral relativas a ese proceso de 1988, con las de los procesos presidenciales anteriores y posteriores. Ello muestra lo siguiente:

Año	abstención en %	Presidente electo
1946	13,90	A.N.Constituyente
1947	37,50	Rómulo Gallegos
1958	6,58	Rómulo Betancourt
1963	7,79	Raúl Leoni
1968	3,27	Rafael Caldera
1973	3,48	Carlos Andrés Pérez
1978	12,45	Luis Herrera Campins
1983	12,25	Jaime Lusinchi
1988	18,08	Carlos Andrés Pérez
1993	39,84	Rafael Caldera
1998	36,55	Hugo Chávez
2000	43,69	Hugo Chávez
2006	no disponible	Hugo Chávez
2012	no disponible	Hugo Chávez

Con gran claridad se observa que, a la caída de la dictadura en 1958, la concurrencia a las elecciones alcanzó cifras superiores al 90%

del electorado, lo que viene a significar una importante comprobación de la muy alta legitimidad que el sistema político tuvo entre 1958 y 1973. En las primeras elecciones libres celebradas después de la caída de la dictadura de Pérez Jiménez, en diciembre de 1958, la abstención electoral fue de 6,58%, cifra que comparada al primer proceso verdaderamente democrático que, en octubre de 1946, se realizó en Venezuela para elegir Asamblea Nacional Constituyente que, calculado de forma aproximada, sin descontar votos nulos, alcanzó el 13,9%, revela un resultado más que satisfactorio por cuanto, en 1946, el país se entregó con gran entusiasmo a participar en esa primera y fundamental prueba de democracia. Es posible que el resultado efectivo de abstención haya sido una cifra muy cercana a la de 1958 (cuando el entusiasmo ciudadano fue similar que entonces), porque la aparente diferencia proceda de los referidos votos nulos que serían relativamente altos (del orden del 6 a 8%) en razón de ser la primera experiencia comicial de toda la población hábil para votar.

Es de destacar, en este momento, la gran desviación que al año siguiente, en diciembre de 1948, presentó la elección presidencial en la que se eligió a Don Rómulo Gallegos como Presidente de la República. El patrón de inscripción era sensiblemente el mismo. Sin embargo, la abstención casi se triplicó en esa oportunidad (incluidos también los votos nulos). Obsérvese que la votación de Acción Democrática, que para la Asamblea Constituyente alcanzó, el año anterior de 1947, más de 1 millón 86 mil votos descendió a 871.752, es decir, bajó en más de 200 mil votos; en cambio, la de Copei subió de 179 mil 200 a 267 mil doscientos, es decir en 90 mil votos. La diferencia entre los votos de AD y Copei, que en 1947 fue de unos 900 mil votos, disminuyó al año siguiente en 300 mil sufragios. Es posible que la gran pugnacidad política, exacerbada ese año de 1948, haya llevado a que se abstuviera una parte de quienes antes habían sufragado por el partido blanco, mientras otra porción de sus electores se sumó al partido Copei.

En todo caso, regresando a la etapa democrática que estamos considerando y en la cual deseamos permanecer, en 1963 Raúl Leoni, de AD, fue elegido con baja abstención: apenas 1% superior a la elección en 1958 de Rómulo Betancourt. Pero en 1968, cuando fue electo Rafael Caldera, la abstención bajó al 3,27% y se mantuvo en el mismo rango cuando fue llevado electoralmente, en 1973, Carlos Andrés Pérez a la presidencia (3,48%). Se puede inferir, con estas cifras (aunque como señalábamos, de manera simplista) que en la década que transcurrió entre 1963 cuando se eligió a Raúl Leoni y 1973 cuando se eligió a Carlos Andrés Pérez (gobiernos de Leoni y Caldera), el país se interesó altamente por la política; participó ciudadanamente y con esperanzas en ella y le dio a los gobiernos su mayor cuota de legitimidad democrática.

Después, se inició un proceso con cifras de creciente no participación electoral, que pudieron ser clarinada que anunciara que una crisis se había engendrado y estaba en proceso de desarrollo:

En 1978, cuando fue electo Luis Herrera, la abstención casi se multiplicó por cuatro (12,45), para mantenerse en el mismo nivel (12,25) cinco años después, cuando la elección de Jaime Lusinchi. Posiblemente, ello fue efecto de la inesperada, por nuestra población, debilidad real del signo monetario que se pensaba era inconmovible. Pero para la segunda elección de C.A. Pérez a la presidencia la cifra de abstención se elevó en un 50%, al 18,08, y en 1993, en la oportunidad de la segunda presidencia de Rafael Caldera, más que se duplicó al llegar a 39,84%.

Es de señalar que la abstención presente en cada proceso electoral, no necesariamente significa una suerte de rechazo al neopresidente, sino es más producto del pasado y de la secuencia creciente que se inició en 1978, en la oportunidad de las elecciones que llevaron a la presidencia a Herrera Campins. Muestran estas cifras, en efecto, el descontento derivado de hechos políticos, económicos y sociales ocurridos en el país desde la primera presidencia de Carlos Andrés Pérez y, de la misma forma, el fenómeno iba a reproducirse respecto a los siguientes procesos en los que se muestra que la democracia venezolana o, mejor, el modelo tipo populista que le servía de asiento, había entrado en una fase de agotamiento final.

De esta forma, el casi 40% de abstención registrado en la elección presidencial de 1993, indica que es producto del impacto de los muy graves acontecimientos antecedentes (el Caracazo de febrero 1989, los dos intentos fracasados de golpes de Estado de 1992, la prisión y enjuiciamiento del Presidente Pérez), hechos que mostraron la poca capacidad de respuesta de la existente "clase" política, en general, ante la alta gravedad de la situación que se estaba desarrollando.

Finalmente, las cifras de abstención electoral en los tres procesos que eligieron y confirmaron a Hugo Chávez como Presidente, mostraron, en 1998, una leve disminución del 3% (36,55%), para aumentar fuertemente a 43,69% en el proceso del año 2000, cuando se reajustó el mandato presidencial de Chávez conforme al nuevo texto constitucional de 1999. Por otra parte, los procesos referendario y aprobatorio de la nueva Constitución, así como los de consulta y elecciones de la Asamblea Constituyente, se caracterizaron por cifras de abstención muy superiores al 50% del electorado, siendo caso especial la elección de 2005 para Asamblea Nacional, cuando la ciudadanía impuso sobre los partidos políticos su voluntad de abstenerse, alcanzando la votación válida emitida porcentajes siempre inferiores al 10%. En ese proceso, la "clase" política deformó a su saber y querer la voluntad popular: el país se negó a concurrir a un proceso amañado –por decir lo menos– como, por lo demás lo han sido todos los realizados en estos once años (excepción hecha del consultivo para Asamblea Constituyente) e impuso su criterio por sobre el de los dirigentes políticos quienes se vieron obligados a aceptar la voluntad del pueblo. Los venezolanos esperaban de esa "clase" política, que aprovechara el rechazo a la elección parlamentaria de 2005 para dar un vuelco democrático definitivo al "proceso" que toda Venezuela rechazaba y continúa rechazando.

Sin embargo, la "clase" política, acompañada de cierta ingenuidad y la mucha temerosidad comprometida de otros sectores de la vida nacional, manipuló en beneficio suyo –hecho cínicamente llamado conservación de "espacios"– para satanizar y echar todas las culpas sobre la voluntad democrática y libertaria de la inmensa mayoría de los venezolanos, incluida parte del sector llamado "chavista".

Programa de Ajustes Macroeconómicos y el 27 de febrero de 1989.

A pesar de la popularidad de Jaime Lusinchi, que al dejar la presidencia superaba el 60%, su gobierno dejó mucho que desear en lo administrativo. A los pocos días de asumir el poder, el Presidente Carlos Andrés Pérez, elegido para el mandato 1989-1994, se dirigió a la Nación para explicar su nuevo programa de Ajustes Macroeconómicos, que el país llamó popularmente "El Paquete". Este programa, elaborado con gran coherencia y seriedad, proponía realizar cambios sustanciales en la economía venezolana, hasta entonces determinada por el sucederse de exigencias y solicitaciones internas y externas. En el momento cuando se concibió el Programa de Ajustes, el país –aparte de acentuado debilitamiento de la legitimidad política y como resultado de la crisis petrolera que se inició en los ochenta– atravesaba también por una grave crisis fiscal y debía ajustar fuertes desbalances en el sector externo. Por ello, preparándose para asumir la presidencia, el todavía candidato Carlos Andrés Pérez había convocado un notable grupo de distinguidos economistas a quienes encomendó la formulación de un plan apropiado para resolver tales dificultades, restablecer los equilibrios económicos y frenar la inflación galopante que se acentuaba amenazadoramente, la cual perjudicaba mayormente a la población más vulnerable, base del apoyo y legitimidad del sistema político. Por otra parte, era indispensable tarea el acometer la reforma estructural de la administración pública. El trabajo avanzado por los expertos permitió al Presidente, a pocos días de su toma de posesión como tal, presentar a la Nación el Plan elaborado.

El 16 de febrero de 1989, el a pocos días de posesionado –por segunda vez– como Presidente Constitucional de la República de Venezuela, se dirigió al país a través de la televisión y la radio para exponer el contenido de lo que se denominó popularmente como "el paquete de medidas económicas" del nuevo gobierno. Podríamos afirmar, con la mayor y objetiva neutralidad, que el Presidente Pérez, al pronunciar su discurso, estaba asumiendo –y padeciendo– las consecuencias de los errores económicos en que incurrió su primer gobierno (1974-1979), cuyo plan de la "Gran Venezuela" había adelantado su tiempo de llegada a la inevitable crisis congénita de todo modelo populista. El programa de Ajustes que ese día iba a presentar a la Nación, significaba responder a una situación de emergencia por la realidad macroeconómica venezolana que presentaba la referida crisis fiscal, junto a un nivel extremadamente bajo de las reservas operativas. Se trataba, pues, de medidas para detener, en plazo corto, una hiperinflación cuyo indeseable desarrollo se percibía como muy probable.

Dada la definitiva importancia que, en el posterior desarrollo de la política venezolana ha tenido este acontecimiento que, en principio, parecía ser sólo de naturaleza económica, hemos de repasar de manera sintética, el contenido básico del Programa de Ajustes Macroeconómicos propuesto por el gobierno nacional en febrero de 1989. Para cumplir esta tarea, vamos a apoyarnos, de manera resumida y básica, en el extraordinario artículo que escribiera el profesor Ignacio Purroy en la Revista SIC del Centro Gumilla de Caracas.[249]

Contenido del Programa de Ajustes Macroeconómicos de 1989.

1) Realidad de la economía venezolana en 1988.

2) Desequilibrios económicos.

    a. Balanza de pagos externa.
    -Déficit en US$ acumulado en cuenta corriente (entre 1966 y 1988), con total agotamiento de las reservas internacionales (excepto el oro): $ 7.376 millones.

    b. Fiscal.
    -Déficit público en 1988: Bs. 60.000 millones (aprox.) lo que significa el 7% del P.I.B.

    c. Monetario.
    -Tasas reales negativas de las tasas de interés: 20% (aprox.) bajo la inflación.

    d. -Tasa oficial sobrevaluada y tasa libre. Brecha entre ellas: 70% (aprox.).

3) Ideas económicas del Programa:

---

[249] Purroy Ignacio. "*El 27 de* febrero". Revista SIC N° 513. 1989. Pg. 39 y sig.

a. El libre mercado es el mecanismo adecuado para restablecer equilibrios y asignar recursos.

b. Plena apertura comercial internacional: libres importaciones y exportaciones-

c. Ajuste: reducción de la demanda interna (contracción de salarios reales y del déficit fiscal) con el binomio inflación-devaluación.

4) Objetivos principales.

a. Promover exportaciones no petroleras.

b. Sustituir eficientemente las importaciones.

c. Aumentar el ahorro del sector público (cerrar la brecha fiscal).

d. Expandir la inversión privada.

e. Establecer programas directos de ayuda social.

f. Realizar sustancial reducción de la deuda externa.

7) El Caracazo.

En su formulación –y más allá de todo "ismo"– el Programa era perfectamente coherente y, muy probablemente, funcional. Pero dos hechos, ambos de naturaleza política, concurrieron para que se desarrollaran los conocidos y trágicos acontecimientos bautizados como "El Caracazo", ocurridos los días 27 y 28 de febrero, apenas a once días de la presentación pública del contenido de ese Programa hecha por el Presidente Pérez el antecedente día 16 de febrero:

El primero, que fue doble, lo protagonizó el propio Presidente: Por una parte, consistió en no haber preparado a la población mediante campañas inteligentes y de muy amplia difusión sobre el contenido del Programa pero, sobre todo y muy especialmente, dirigidas a convencer a la población que le había dado amplio apoyo electoral. Se debía informar y explicar, respecto a la imperiosa necesidad en función del futuro inmediato, las razones y alcances de aplicar los ajustes propuestos con sus inevitables sacrificios ciudadanos, sin lo cual la Nación caería inevitablemente en la profunda y peligrosa crisis en la que se precipitó después.

¿Soberbia por exceso de autoconfianza y prepotencia de vencedor? Puede ser; el autor no puede ni afirmarlo ni negarlo pues, más allá de convencionales saludos de ocasión, no trató de persona al Presidente Pérez. Quizá haya sido simple omisión que, derivada del reciente triunfo, le hizo pensar que contaría con grande e incondicional apoyo.

Por la otra parte, el Presidente Pérez fustigó muy duramente la gestión económica del saliente Presidente Lusinchi, también de AD, quien –como vimos– había salido de Miraflores con más de un 60% de apoyo popular, incluso superior al del entonces reciente triunfo electoral de Pérez que obtuvo el 52%. Esto debió generar gran desilusión entre sus partidarios quienes, desengañados respecto al Presidente Lusinchi, seguramente no encontraban seguridad ni razones para apoyar el duro plan que les ofrecía Carlos Andrés Pérez.

Para comprender la fuerte reacción de rechazo popular, tanto al discurso presidencial como a las medidas propuestas, hay que tener presente que los sectores de menores ingresos y la clase media baja tenían cinco años padeciendo los rigores, cada vez más duros, de la inflación y de la crisis económica que se acentuó durante la Administración Lusinchi. En cambio, la candidatura de Carlos Andrés Pérez, por haber tenido el país, en su primer mandato, una renta petrolera de niveles hasta entonces sin precedentes, había generado ambiente de abundancia y prosperidad nunca antes alcanzado (aunque se trataba sólo de un alocado despilfarro de recursos) determinó que la mayoría del electorado pensara, erróneamente, que su retorno a la Presidencia traería, como por arte de magia, la repetición de aquella situación de riqueza aparente anteriormente disfrutada.

La exposición de los ajustes, las disminuciones anunciadas de sueldos y salarios, el alza de costos de los servicios públicos y la iniciada aplicación del aumento de los precios de la gasolina y del transporte público, fueron la chispa que encendió la mecha colocada por el sector comunista y sus militares interesados que ardiera el fuego.

Efectivamente, el otro factor político que intervino fue externo al gobierno y a su partido: los hechos ocurridos el 27 y 28 de febrero de 1989 formaba parte de planes subversivos de la extrema izquierda comunista que, desde los años sesenta había decidido acabar con la democracia en Venezuela. El "caracazo" no fue tan espontáneo como se pensó, sino en buena parte provocado y encendido por militantes comunistas orientados para ese propósito, quienes, desde semanas antes de los sucesos subieron cerros y entraron en barriadas populares con la consigna de promover disturbios y saqueos en la fecha cuando ocurrieron. Quien esto escribe recibió informaciones en tal sentido y hasta volantes que habían sido distribuidos en los barrios de Caracas, en los que se llamaba a huelgas y acciones de protesta en esos días precisos. Ello era parte de la conspiración que adelantaban, en las Fuerzas Armadas, los militantes comunistas que las habían venido infiltrando y quienes, a lo largo de la década de los ochenta, habían intentado, en tres ocasiones, producir golpes de Estado. El Caracazo, como lo han confesado públicamente sus principales actores y el propio Presidente Chávez, fue el antecedente de los intentos de golpe de Estado del año 1992. En efecto, en su incontenible verborrea, Chávez mismo hizo referencia a estos hechos, en particular en el discurso anual que pronunciara ante la Asamblea Nacional en enero de 2006.

Continuando con nuestro seguimiento del trabajo ya citado del profesor Purroy, vamos a considerar esta síntesis de parte del mismo:

8) Síntesis del análisis de Ignacio Purroy

a. El país, durante mucho tiempo apoyado en la renta petrolera, había vivido muy por sobre su nivel real de productividad interna.250 El "paquete" decretaba el final de la alegre distribución o reparto de la renta. De allí, en lo sucesivo, el regulador de la economía sería el libre mercado. La oferta y la demanda determinarían los precios; se acabarían subsidios, controles de precios y protecciones arancelarias. Los ciudadanos todos, y no unos sectores entre ellos, tendrían que asumir su trabajo en serio. La economía nacional se ajustaría a las líneas del FMI.

---

250 Ver el papel de la Renta en el Capítulo Sexto de la Parte V, sobre trabajo del prof. Asdrúbal Baptista.

b. Uno de los principales factores que condujo al diseño de las medidas del Plan fue la deuda, cuyo servicio se acercaba al 50% del presupuesto anual de la Nación. A ello se sumaba la continua devaluación –desde 1983– de nuestro signo monetario y la caída progresiva de los salarios reales. La vida nacional la sustentaba el uso indiscriminado de las reservas internacionales que nos permitía el lujo de importar productos, subsidiando así el consumo de los venezolanos. Por esta vía, al agotarse aquellas, el gobierno de Lusinchi "raspó la olla" y se produjo el derrumbe de la situación.

c. La más importante respuesta fue, entonces, adoptar un cambio único, libre y flotante, con liberación de todos los precios y tasas de interés, así como la eliminación de subsidios a bienes y servicios del Estado. Desde luego, la medida de mayor impacto económico era la liberación del cambio monetario, pues definía la inflación interna y el ingreso real de la población, así como la distribución del ingreso entre el sector público y el privado y entre los sectores sociales. La liberación de tasas de interés tenía como propósito evitar la colocación de capitales en el extranjero y propiciar el hacerlo en Venezuela, al tiempo que estimularía el ahorro y favorecería la inversión interna resultante de la acumulación de capitales. El propósito era abrir posibilidades al mayor desarrollo de la producción de bienes nacionales, así como su consumo interno, con la finalidad de desarrollar la industria nacional y diversificar nuestras exportaciones.

Las medidas, del así llamado "paquete" económico, debían conducir a la anulación del déficit fiscal (que se encontraba entonces en el orden del 4% del PIB); bajar el déficit en cuenta corriente del 5% al 2%; disminuir las importaciones del 12% al 7%; estimular la inversión privada para que ascendiese del 6% al 11%, al tiempo que descendiera la pública del 15% al 6%. Medidas éstas que conducirían al saneamiento de la economía nacional, a la disminución del desempleo (que se estimaba pasaría del 7% al 5%) y, sobre todo, a rebajar la inflación que se encontraba en el 35%, estimándose su reducción, al menos, hasta el 5%.[251]

Era, sin dudas, un plan coherente y consistente. Los acontecimientos del 27 y 28 de febrero conocidos como "el caracazo" y la conflictividad política derivada, determinaron que no fuera posible desarrollar el Plan en toda su magnitud y alcances, al tiempo que precipitaciones indebidas se sumaron para anular algunos de sus posibles efectos. En tal sentido, en el artículo señalado, comentó Purroy:

"Podemos coincidir en la tesis de que el tradicional sistema de control de precios no sirve para nada. Pero pasar de allí a la liberación total de precios, es algo que debe pensarse mejor. Las mismas empresas se sentirán incómodas en ese nuevo contexto de 'desrregulación'. Llevará un buen tiempo antes de que se decidan a desmontar ese sistema de artilugios que tradicionalmente han venido usando....Por el momento no lo van a usar porque desconfían de que el Estado vaya a renunciar a su rol controlador". Algo semejante expuso respecto a la liberación súbita de precios.

---

[251] Purroy, Ignacio, Op. Cit. Revista SIC.

CAPÍTULO SÉPTIMO

Reformas importantes

Bajo la potestad de la Comisión para la Reforma del Estado (CO-PRE), creada en 1984 para la tarea de emprender una reforma integral del Estado, se procedió a emprender varias reformas parciales del sistema político venezolano, con acento principal sobre la descentralización del Poder en beneficio de los Poderes Regionales y Locales, la reforma electoral y la del sistema de partidos políticos regido éste por la Ley de Partidos Políticos, Reuniones Públicas y Manifestaciones, promulgada en 1965. En efecto, había consenso sobre la idea de que tales reformas, así como la reforma integral del Estado, eran indispensables para ajustar mecanismos de funcionamiento de la democracia venezolana que existían hacía ya 23 años, cuando la prioridad política era garantizar su estabilidad ya alcanzada, mientras que desde 1984 era menester facilitar la participación ciudadana en el ejercicio democrático.

Fue gradual la aplicación de las reformas que se realizaron y fue aprobando el Congreso. La primera de ellas fue, en 1979 (antes de la Copre), la de celebrar elecciones separadas para elegir los miembros de los Concejos Municipales. En 1989, ya bajo la presidencia de Carlos Andrés Pérez, se realizó la primera elección popular de gobernadores y alcaldes, pues se aplicó el artículo tercero de la Constitución de 1961 mediante la aprobación y promulgación de la Ley correspondiente que así lo estableció. En esas elecciones Acción Democrática logró once gobernaciones, Copei siete, el Movimiento al Socialismo (MAS) y la Causa R uno cada partido.

De manera sorprendente y en contra de lo que se esperaba, la abstención fue del del 54,8%, en evidente contradicción respecto al esperado "entusiasmo" de la población regional del país, uno de cuyos anhelos era, precisamente, alcanzar ese grado de autonomía respecto al poder central. Sirva como posible explicación que, ya para entonces, estaba en pleno desarrollo la crisis que después iba a expresarse de manera mucho más grave. En efecto, la abstención electoral del año anterior, 1988, cuando se eligió a C.A. Pérez por segunda vez como presidente, fue del 18,8%, la más elevada después de las primeras elecciones democráticas de 1958 y en fecha anterior a los hechos del "Caracazo" y de la implantación del Programa de Ajustes del Presidente Pérez.

Otra reforma importante que emprendió la Copre fue la electoral. Mediante esta reforma se incorporó el concepto de uninominalidad, como posibilidad para los electores de seleccionar sus candidatos, de manera personal y sin tener que atenerse, obligadamente, a las rígidas listas de candidatos o planchas que escogían y presentaban los partidos políticos al electorado nacional y local. La abstención sorprendió pues, precisamente, la fórmula uninominal tuvo grande apoyo en las encuestas de opinión que entonces fueron efectuadas.

Además de ese aspecto, la reforma electoral incluyó también, en beneficio de las minorías, ajustes al sistema de representación proporcional que se atenía al conocido método D' Hondt pues éste tiende a favorecer, en el reparto, a los partidos minoritarios.

Frente a las campañas de descrédito que se lanzaron contra los partidos políticos mayoritarios del país, AD y Copei, estas reformas propuestas y concretadas en tiempos de su supuesta "hegemonía", han debido tener como consecuencia, no sólo mejorar la opinión pública respecto a sus propósitos, sino provocar reacciones positivas en su favor, así como alentar a las minorías para tomar posiciones más activas en el trabajo político en beneficio de sus ideas y aspiraciones. Lamentablemente, los grandes partidos no lograron sustraerse a la vana y perjudicial conducta de atacarse mutuamente, de atribuir al adversario y a sus pasadas gestiones supuestas culpas por los males del presente y, lo que es peor, de implicarse en luchas intestinas para cerrar caminos a liderazgos emergentes, lo que terminó de convencer a los sectores independientes y a sus militantes menos activos, de que la política era una actividad "sucia" por naturaleza, por lo que muchos venezolanos muy valiosos se alejaron más aún de ella para refugiarse, exclusivamente, en sus intereses y asuntos particulares.

Finalmente, el proyecto de reforma del sistema de partidos políticos, que contemplaba temas del mayor interés como la democratización de los partidos mediante modificaciones de los sistemas de democracia interna; los sistemas de financiamiento de las campañas electorales y de sus actividades normales; la constitución de partidos y grupos de electores; las postulaciones a cargos públicos; la participación del Consejo Supremo Electoral para financiar campañas y la limitación de los costos y extensiones de éstas; los procesos internos de selección de candidatos a cargos de elección popular; etc., fueron siendo aplazados en el tiempo a lo largo de los años 90, seguramente justificable en razón de situaciones altamente críticas que se venían presentando de manera continua y muy exigente.

Proyecto de reforma constitucional

Mención aparte requiere este notable esfuerzo, emprendido en junio de 1989, mediante la designación, por parte del Congreso de la República, de la Comisión Bicameral Especial para la Revisión de la Constitución de 1961, tarea que se hacía indispensable en vista de los casi 30 años de vigencia del texto constitucional. Se trataba de emprender una "reforma integral de la Constitución", ante la otra alternativa que era la de convocar una Asamblea Constituyente.

La Comisión, como antes se indicó, se instaló en junio de 1989. Fue encargado de su presidencia el Senador Vitalicio y ex Presidente de la República doctor Rafael Caldera. No podría haber quedado en mejores manos la conducción de los trabajos por cumplir que en las de este eminente venezolano, jurista de muy alto nivel y demócrata cabal, cuya participación en la elaboración del texto constitucional de 1961 fue de la mayor importancia. Lamentablemente, los intentos de golpes de 1992 influyeron de manera muy negativa sobre la posibilidad de que los importantes trabajos de la Comisión pudiesen haber sido utilizados, como se pretendía, en beneficio de la continuidad del sistema democrático y de la paz ciudadana en Venezuela. La Cámara de Diputados creó también una "Comisión Especial para el Estudio del Proyecto de Reforma de la Constitución", bajo la presidencia del doctor Luis Enrique Oberto.

Pese a las dificultades habidas, la Comisión Bicameral, cuya importancia pública y mediática creció enormemente, precisamente a causa de la crisis, pudo cumplir un mandato del Congreso para que entregara su trabajo en marzo de 1992. El resultado del mismo fue un Proyecto de Reforma General de la Constitución de 1961 que contenía 70 artículos nuevos o reformados.

Como el lector comprenderá, escapa a los fines de este trabajo la consideración detallada de las reformas que incluía este proyecto. Baste con señalar que, en el mismo, se habían adoptado ciertas disposiciones novedosas que fueron incluidas después en el texto constitucional aprobado en 1999, como la inclusión de los cuatro referendos: consultivo, aprobatorio, abrogatorio y revocatorio; la calificación como participativo añadida al gobierno de la República; o la afirmación de que la soberanía reside en el pueblo, que la podía ejercer directamente, según previsto en la Constitución reformada, o indirectamente mediante el sufragio.

Una vez introducido el Proyecto de Reforma en el Congreso y dilucidado que su discusión se iniciaría en la Cámara de Diputados, fue cuando este Cuerpo colegiado designó su Comisión Especial para el Estudio del Proyecto cuyo presidente fue Luis Enrique Oberto, quien era entonces el Presidente de la Cámara de Diputados.

En lo sucesivo, los debates en ambas Cámaras se tradujeron en múltiples e inútiles enfrentamientos entre posiciones e intereses políticos, con incidencias también de sectores particulares, como los medios de comunicación. Las discusiones llegaron hasta el mes de agosto de 1992, cuando el día 17, el Senador Tarre Murzi propuso diferir el debate hasta oportunidad más propicia. Esa propuesta, que alargó más las discusiones, fue aceptada el día 21 por AD y también por sectores empresariales y gremiales, así como otros sectores, por lo que se suspendieron los debates el día 28 de setiembre. Ocurrió después, en noviembre, el segundo intento de golpe y ya en 1993, algunos factores políticos intentaron que se reanudaran los debates, especialmente Copei, pero el proceso y posterior destitución del Presidente Pérez y su sustitución por el Presidente Ramón Velásquez, fueron hechos que pospusieron definitivamente la reconsideración de la Reforma Constitucional.

Quedó así, en el aire para la especulación de los ciudadanos, la pregunta sobre si la aprobación de la Reforma hubiese cambiado los acontecimientos que, en el futuro, reservaba el destino inmediato de la Patria.[252]

---

[252] Para una más amplia información sobre detalles de los hechos y opiniones de la autora, ver: Kornblith, Miriam, op., cit., pgs 63 a 115.

Intentos de golpes de estado en 1992. Profundización del agotamiento definitivo del modelo

Para entender de manera cabal las razones y significados de los dos intentos fracasados de golpes de Estado, ocurridos el 4 de febrero y el 27 de noviembre de 1992, es menester ir algo atrás en la historia que revela antecedentes de estas subversiones militares.

Considerábamos anteriormente la decisión tomada por una importante fracción de la subversión comunista, en los años sesenta, de no acogerse a la política de pacificación nacional iniciada por el Presidente Leoni y culminada por el Presidente Caldera. Esta tendencia, que encabezó el jefe guerrillero Douglas Bravo, propuso y ejecutó con singular eficacia la estrategia de penetrar, con adiestrados militantes comunistas, los diversos componentes de las Fuerzas Armadas Nacionales. Varias obras producidas a raíz de los referidos intentos de golpe de Estado del año 1992 hacen referencias históricas sobre el desarrollo y culminación de tal estrategia.

En realidad, no hubo un solo frente o grupo que conspirara para dar término al sistema democrático que los venezolanos habíamos adoptado para regir nuestro destino social, político y económico, así como nuestra convivencia ciudadana y nuestra vida común, sino varias organizaciones que, con tan artero propósito se formaron dentro de las fuerzas armadas.

El libro "La Revolución Bolivariana. De la Guerrilla al Militarismo" escrito por Alberto Garrido y publicado el año 2000, contiene lo que este fallecido autor denominó (y destacó en la carátula de la obra) "revelaciones del Comandante Arias Cárdenas". La lectura de este libro debe hacerse teniendo en cuenta que el mismo año de su publicación (2000), Arias Cárdenas opuso su nombre al del Presidente Chávez en lo que se conoció como "relegitimación" del mandato de éste, quien si bien fue electo conforme a la Constitución de 1961 y, por tanto, ha debido atenerse a las regulaciones de ésta y cumplir el período de cinco años para el cual fue designado. Pero Chávez pudo lograr, sin que dificultades opusieran la Corte Suprema de Justicia, el Congreso de la República ni los partidos políticos, que pudiera iniciar un nuevo período de gobierno con lo que obtuvo un año más como presidente.[253]

Según lo expresa el autor Garrido en la Introducción del referido libro, en 1984 se realizó en San Cristóbal un Congreso de conspiradores civiles y militares cuyo propósito era *centralizar en las Fuerzas Armadas la organización y desarrollo del movimiento insurgente*[254]. También anotó que la decisión de ese Congreso *representó el fin de la influencia que Douglas Bravo...ejercía sobre los jóvenes oficiales del MBR-200*.[255] Es interesante notar que, en la misma Introducción, se lee que Arias Cárdenas afirmó que entre los conspiradores militares y la guerrilla colombiana si existieron vinculaciones: Señaló *"que los vínculos si existieron, y que* [se] *dieron en torno al interés nacional venezolano, porque los bolivarianos temían que Colombia utilizara cualquier respuesta internacional contra el levantamiento....en ese momento actuaría la guerrilla, como muro de contención que le permitiría a los revolucionarios venezolanos establecer la defensa territorial"*.[256]

---

[253] N. del A: Entonces, muchos venezolanos sospechamos que se trataba de un ardid tramado en acuerdo con Chávez, pese a lo agresivo, hasta el insulto, de la campaña hecha por Arias. La posterior "reconciliación" entre ambos "candidatos", así como el triunfo de Arías arrojado por exit-polls realizados por varias instituciones muy serias, pero no defendido por éste, demostró que no estábamos equivocados. Por eso la lectura de este libro sobre Arias Cárdenas debe hacerse con atención y cuidado.

[254] Garrido, Alberto. Op- Cit. Pg. 7.

[255] Idem.

[256] Idem, pg. 8.

Otro trabajo de interés, también obra del finado Alberto Garrido, se titula "Guerrilla y Conspiración Militar en Venezuela".[257] Se trata de tres entrevistas realizadas por el autor a connotados jefes de facciones guerrilleras que actuaron en Venezuela desde tiempos de la subversión comunista de los años sesenta: Douglas Bravo, William Izarra y Francisco Prada. El primero de ellos, Bravo, jugó, como hemos visto, fundamental papel en las conspiraciones militares de los años ochenta que desembocaron en los intentos militares de golpes de Estado en 1992, especialmente, porque importantes militares que tomaron parte en dichos movimientos procedían de la línea de penetración de las FFAA concebida por Bravo como respuesta a la política de pacificación de los Presidentes Leoni y Caldera. William Izarra, quien estuvo como piloto de helicóptero y apoyo en los tres Teatros de Operaciones antiguerrilleras que existieron entre 1967 y 1970, jugó luego principal rol subversivo dentro de la Fuerza Aérea. Prada, por su parte, militante del Partido Comunista, en cuya juventud inició su vida política, fue preso de la dictadura perejimenista en la Cárcel de Ciudad Bolívar, de la que salió libre el 24 de enero de 1958.

Pero, antes de entrar en consideraciones sobre contenidos del referido trabajo, es muy interesante constatar que, en la Nota Preliminar de la antes citada obra, quien la escribió, Alberto Arvelo Ramos, reveló una verdad muy propia y de frecuente actitud de nuestros conciudadanos ante acontecimientos que, como los previos a los de febrero de 1992, pero desarrollados a lo largo de toda la década de los ochenta, revestían la mayor trascendencia: el no darles su merecida importancia.

Expresó allí Arvelo Ramos: *"Se sabía algo de esto. Pero los ecos, los rumores subterráneos, fueron declarados, en el tiempo en el cual ocurrieron, hechos carentes de sentido. Era ceguera, no porque no había destellos hacia donde mirar, sino porque no se quería ver en ellos otra cosa que bulla de ilusos, patrañas y cuentos de camino."* [258] (Es la misma actitud que prevaleció antes y se ha mantenido después de la elección presidencial de Hugo Chávez Frías, en diciembre de 1998).

---

[257] Garrido, Alberto."*Guerrilla y Conspiración Militar en Venezuela*". Ed. Venezolana, Mérida. Noviembre 1999.

[258] Op. Cit. Pg. 14.

Por otra parte, es muy importante la observación que el mismo Arvelo Ramos hace —y así ratifica su verdad— sobre la nunca interrumpida continuidad, desde los años 60, de la acción subversiva de la izquierda radical encabezada por el Movimiento Político Revolucionario (MPR, luego Movimiento Venezolano Revolucionario: MVR, y finalmente Partido Revolucionario Venezolano, o Partido de la Revolución Venezolana: PRV) iniciado por Douglas Bravo después de su expulsión del PCV en 1965:

"...*mientras todo el mundo los consideraba dormidos, emprendieron una campaña más intensa que todas sus guerrillas. Visto desde hoy comprendo que lo que hicieron fue regresar a la estrategia fundamental del Partido Comunista de los inicios de los 60. Este jamás se planteó derrocar a los militares con las guerrillas, sino derrocar al gobierno con una alianza de los comunistas y los militares. El Porteñazo y el Carupanazo dan testimonio de la profundidad que había alcanzado esa campaña*".[259]

Otro elemento de gran significación que aporta Ramos Arvelo en su Nota Preliminar del citado libro, es lo que llama: "*falta de flexibilidad de la izquierda...frente a los nuevos problemas y los nuevos escenarios internos del país*": "*las definiciones y diagnósticos políticos resultan asombrosamente ciegos a los desarrollos de las fuerzas productivas de la nación venezolana, y a las abismales transformaciones del entorno planetario*".[260]

Podemos coincidir perfectamente con tal aseveración y, apoyados en ella, explicarnos la sorprendente asincronía histórica y real que, hoy en día, significa el así llamado "socialismo del siglo XXI".

Douglas Bravo.

Para Douglas Bravo, ese "*compromiso revolucionario entre sectores civiles y sectores militares...es la especificidad del proceso insurgente venezolano*".[261] Bravo parte de una particular concepción de la historia venezolana, que la divide en cuatro principales momentos de conmoción o "*sacudimiento en las*

---

[259] Idem. Pg. 17.

[260] Idem, pg 19.

[261] Ibid., pg 23.

clases sociales"[262]. Esta división, ciertamente, se apoya en su visión marxista de la realidad:

1) Conmoción del Descubrimiento, 12 de octubre de 1492, que afectó todo el Continente;

2) Conmoción de la Independencia, 1810-1811, "que hace estallar todo el estamento social."[263];

3) Conmoción de la Guerra Federal, 1859-1863, "que enfrenta en una guerra a las clases altas y las clases pobres"[264]; y

4) Conmoción del 23 de enero de 1958, cuando cae el régimen dictatorial de Pérez Jiménez, fecha en la que se abre su primera etapa, y el 27 de febrero de 1989, cuando se produjo "el Caracazo" que definió una segunda etapa de la cuarta conmoción, parte de la cual son los intentos de golpe en 1992 y el, aún en curso, proceso que se desarrolla y vivimos en el presente.

Aunque no se comparta el criterio de periodización de Bravo, sin dudas, tiene interés desde el punto de vista de los acontecimientos de Venezuela a partir de 1960. Se trata de la ratificación, por parte de un actor de la subversión tan importante como Bravo, de la inicial infiltración y posteriores intentos subversivos de la izquierda marxista, concebidos y practicados, desde los años 60, para liquidar la democracia venezolana. En efecto, como lo afirmó Alberto Garrido[265], es cierto que *"hay una insurgencia que no levantó bandera blanca, que siguió moviéndose en los cuarteles, en las Universidades, en algunos sectores sindicales, internacionalmente, con más o menos fuerza de acuerdo a las épocas y a los espacios, y que pareciera haber arribado a su meta con Hugo Chávez en la Presidencia de la República."*

---

[262] Idem, pg. 24

[263] Idem.

[264] Idem.

[265] Idem, pg. 25.

Presencia de Hugo Chávez.

En este entrevista, Bravo confirmó lo anteriormente afirmado, según lo cual fue a través de su hermano Adán, militante del PRV, como se produjo el encuentro con Hugo Chávez, lo que quizás precisó el punto de partida, o la definitiva concreción en hechos, de las inquietudes revolucionarias de éste. Antes de reunirse ambos, indica Bravo, Chávez tuvo un primer contacto con Nelson Sánchez, profesor que tenía como alías Harold y miembro del PRV que organizó el Frente Militar de Carrera. Posiblemente Harold condujo al tte. Chávez a participar en el movimiento hacia 1980. Sin embargo, no aparece nítida la presencia de Hugo Chávez en los acontecimientos que transcurrieron en la década que va entre finales de los años 70 y de los ochenta. Hay referencias de muy temprana data que aparecen en el libro de Juan Carlos Zapata titulado "Plomo más Plomo es Guerra."[266] Sin embargo, en la historia de vida de Hugo Chávez Frías, hubo hechos anteriores de mayor significación existencial. El más lejano de ellos es de 1974, "*durante la celebración de los 150 años de la Batalla de Ayacucho, el todavía estudiante Chávez y otros nueve cadetes más —entre ellos el fallecido comandante del 4-F Jesús Ortiz Contreras— conocieron a Juan Velazco Alvarado y su proyecto peruano. En ese viaje a Lima también pudo relacionarse con oficiales panameños militares del proyecto torrijista. Hasta el día de su detención el 4-F, Chávez siempre conservó entre sus libros de cabecera, uno que le regalarían en aquel viaje al Perú: 'Revolución nacional peruana'.*[267]

Reminiscencia reveladora de la compleja personalidad psicológica de Chávez.

Otra referencia en la misma obra es de 1975, en la que se expresa que, Chávez, después de graduarse ese año, "*fue enviado como oficial de comunicaciones del Batallón de Cazadores Manuel Cedeño en Barinas y jefe del pelotón acantonado en La Marqueseña, a una finca ubicada en tierras que en el pasado pertenecieron a Pedro Pérez Delgado*",[268] su bisabuelo. En la historia que relata,

---

266 Zapata, Juan Carlos. "Plomo más Plomo es Guerra". Alfadil Ed. Caracas, abril 2000.

267 Idem, pg. 77.

268 Idem, pg. 104.

Zapata prosigue citando que en esas mismas tierras acampó Zamora en 1859, uno de los líderes ideales de Chávez y también admirado por su bisabuelo, pues el padre de éste había sido coronel del ejército del Caudillo. Continúa el relato –con aspectos de su vida de la mayor importancia personal y nacional – en el que, como el citado autor expresa, *"las coincidencias abundan y alimentan el cuerpo de ideas e intenciones de Chávez"*,[269] pues, entonces, *"Chávez se encuentra en la zona un cementerio de guerrilleros. Eso lo hace reflexionar. Un año después, 1976, persigue por la región del Nula una patrulla de guerrilleros. Otra vez reflexiona y lo cuenta a Blanco Muñoz: <<Guerra de guerras, ejército, pueblo miserable, niño muerto. Entonces uno que viene de abajo…, la reflexión es mayor>>. Primera consecuencia de estas reflexiones: las lecturas del Che Guevara, Mao Tse Tung. Segunda consecuencia: la observación de la conducta de los jefes militares. Tercera consecuencia: la observación del modelo político venezolano. Ahí comienza el choque contra el <<establecimiento militar>>. El mito Chávez empieza a estar en los labios de los amigos más cercanos. Es el subteniente que come con los subalternos. Que se opone al castigo físico de los soldados. Que observa la corrupción en los altos mandos y ve la miseria en la tropa. Que tiene contradicciones cuando sus superiores ordenan, ahora en el oriente del país, alguna misión antiguerrillera. Estamos a finales de 1977 y el Chávez ahora teniente decide crear junto a tres soldados, un grupo que denomina Ejército de Liberación del Pueblo de Venezuela. Días después, no ha terminado 1977, Jesús Miguel Ortiz y Jesús Urdaneta, tenientes como él, oyen el paso que Chávez ha dado y se involucran en el proyecto. Será éste el antecedente más lejano del MBR-200, organizado en 1982-83, en medio de la emoción del Bicentenario del Natalicio de Simón Bolívar, el Libertador. Primero se pasaría por la formación del EBR-200, que surge de las primeras letras de Ezequiel (Zamora), Bolívar (Simón) y Rodríguez (Simón). Pero además, el mismo juego de palabras podía traducirse como Ejército Bolivariano y Revolucionario. Hacia tiempo que la palabra revolución era familiar en su vocabulario. Y nunca dejaría de pronunciarla. Un concepto concreto para llamar adeptos, para levantar ánimos, para generar reacciones."* [270] La cifra 200, parece que propuesta por Chávez, indicaría homenaje al Bicentenario de El Libertador.

---

[269] Ibid.

[270] Idem, pgs. 105-106.

Antecedentes de la subversión comunisto-castrista.

El movimiento subversivo de izquierda radical contra lo que, luego, fue llamado "puntofijismo", tuvo como antecedente el aparato armado del PCV constituido con algunos oficiales de las FFAA con vista en el derrocamiento de Pérez Jiménez, lo que, de acuerdo a lo que declara Bravo, se inició en 1957 cuando ya estaba estructurada la Junta Patriótica. Menciona éste, entrevistado por Garrido, que se efectuó una reunión en el Paraíso, en la casa y con participación del dueño, el entonces Coronel Arráez Morles. Estaban presentes el propio Douglas Bravo, Eloy Torres y Teodoro Petkoff, para organizar en el seno de las FFAA un "Frente Militar de Carrera".

La insurrección que, apoyada por la Cuba de Castro estalló en 1960, no iba a cristalizar sino hasta 1963. El Movimiento de Izquierda Revolucionaria (MIR) que, el 9 de abril de 1960, nació de la ruptura con Acción Democrática de importantes sectores de la Dirección Nacional y de la juventud de ese partido, se lanzó decididamente y desde el inicio a la lucha subversiva. Después de un intento inicial conocido como el Barcelonazo, el 4 de mayo de 1962 se involucró activamente en el alzamiento de las Guarniciones de Infantería de Marina y Naval con base en Carúpano, movimiento que se llamó "el Carupanazo". En menos de dos días, las fuerzas leales dominaron la situación que fue sumamente violenta y causó numerosas bajas. Sin embargo, al siguiente mes de junio, el día 2, se produjo otro alzamiento ("El Porteñazo) aún más grave, en la Base Naval de Puerto Cabello, cuyo comandante, Pedro Medina Silva – después importante líder de la izquierda subversiva– tenía vínculos con el régimen de Fidel Castro y apoyaba el plan castro-comunista de someter a Venezuela. Esta acción, mucho más sangrienta que la de Carúpano, dejó como saldo más de 200 militares muertos, así como numerosas víctimas civiles. Como en los hechos de Carúpano, el MIR estuvo muy involucrado y, desde luego, participaron milicianos cubanos que habían estado penetrando en el territorio nacional.

Al probarse su participación en estos acontecimientos subversivos, fueron ilegalizados por el gobierno los partidos PCV y MIR, por lo que éstos optaron definitivamente por la lucha armada. Aparecen así las guerrillas venezolanas, cuyo primer frente se estableció en las zonas montañosas del Estado Falcón, bajo el comando de Douglas Bravo y con participación, entre otros, de Teodoro Petkoff. Posteriormente, en 1963, se iba a constituir el movimiento de Fuerzas Armadas de Liberación Nacional (FALN), parapeto inicial del PCV, que se presentó como máxima expresión guerrillera en Venezuela.

Todo lo anterior formaría parte de lo que Douglas Bravo llamaba "primera etapa de la cuarta conmoción". Es sabido que se formalizó, entonces, la intervención de Castro en la subversión comunista venezolana, al punto de haber enviado uno de sus hombres de mayor confianza, de apellido o alias Colome, cuyo papel fue el de organizar estratégicamente los combates de las guerrillas en el territorio nacional. Posteriormente, hubo participación directa de jefes militares cubanos de la talla del comandante Arnaldo Ochoa, posteriormente ejecutado de acuerdo a órdenes de Fidel Castro, en julio de 1989, por supuestas vinculaciones con el narco-tráfico.

En las FALN quedaron agrupados cinco movimientos subversivos principales:

1) Movimiento José Leonardo Chirinos, cuyo comandante era Douglas Bravo, con el capitán Elías Manuit Camero, quien participó en los hechos de Puerto Cabello y había sido actor, junto al coronel Hugo Trejo y Simón Sáez Mérida, en la rebelión para derrocar a Pérez Jiménez que estalló el 1° de enero de 1958 en paralelo a la subversión de la Fuerza Aérea comandada por Martín Parada;

2) Movimiento 2 de junio, comandado por Manuel Ponte Rodríguez con el capitán Pedro Medina Silva.

3) Movimiento 4 de mayo, comandado por el capitán Jesús Teodoro Medina y el comandante Pedro Vegas Castellón.

4) Unión Cívico Militar, comandada por el tte. cnel. Juan de Dios Moncada Vidal y el comandante Manuel Azuaje. Posteriormente, Manuel Ponte Rodriguez asumiría el comando general.

5) Un movimiento denominado Comando Nacional de la Guerrilla que agrupaba guerrillas en distintos Estados de Venezuela.

Era inevitable que una organización tan diversificada no pudiese, con efectividad, controlar tan variadas organizaciones dirigidas por mentalidades diferentes, tanto en sus puntos de vista, como en objetivos y maneras de pensar sobre las acciones que pretendían realizar en conjunto. Ello, en poco tiempo, condujo a que surgieran conflictos entre los diferentes comandos organizados para la lucha guerrillera, a los cuales se sumaron grandes diferencias de algunos jefes guerrilleros con las líneas impartidas desde Cuba, sujetas a los intereses continentales de Fidel Castro. Tales hechos conformaron un conjunto de situaciones divergentes, por lo demás asaz complejo y complicado, cuyo tratamiento y consideración escapa a los fines del presente trabajo.

La división de los frentes guerrilleros, sumada a las contundentes respuestas de los gobiernos democráticos masivamente apoyados por las Fuerzas Armadas Nacionales, condujo, en relativo corto plazo, a la derrota definitiva de la subversión guerrillera, pero quedaron potencialmente activos algunos grupos de reducidas dimensiones en cuanto al número de sus integrantes y a su capacidad ofensiva, por lo que la tesis de Douglas Bravo, de no integrarse a la política de pacificación diseñada por los gobiernos de Leoni y Caldera, se convirtió en la única senda viable, con cara al futuro, para realizar una revolución comunista en Venezuela. Empero, a lo largo de dos décadas, el lento trabajo de penetración iba a manifestarse en los años ochenta, cuando ya el número de oficiales integrados a las FFAA hubo alcanzado número suficiente como para probar, de nuevo, pero esta vez mediante recurso a golpes militares de Estado, la posibilidad de derrocar cualquier gobierno democrático en ejercicio.

Prolegómenos de golpes de Estado.

El propio diseño del plan ideado por Douglas Bravo para penetrar los componentes de las Fuerzas Armadas Nacionales determinó que no se formara un solo grupo conspirador, sino varios. Quizás la primera iniciativa, en tal sentido, fue la de William Izarra. En la ya citada obra de Alberto Garrido, "Guerrilla y Conspiración Militar en Venezuela", Izarra explica detalles al respecto. Pero es "público notorio" que en Venezuela, por lo menos desde 1983, los grupos que conspiraban dentro de las FFAA contra la institucionalidad democrática venezolana habían intentado, en tres o cuatro ocasiones, realizar sus protervos propósitos. Uno de esos intentos fue el conocido como "golpe de las tanquetas" ejecutado contra el gobierno de Jaime Lusinchi cuando, en ausencia del Presidente y siendo Encargado del Poder Ejecutivo el Dr. Octavio Lepage, varias tanquetas salieron y se dirigieron a Miraflores. Fracasado el plan conspirativo, se ocultó al país la verdad con la afirmación falsa de haber sido movilizado ese contingente militar por "una orden mal interpretada". El último conato se produciría el 6 de diciembre de 1989, como lo reveló públicamente el gral. Carlos Julio Peñaloza, a la sazón Comandante del Ejército, quien lo debeló y detuvo al entonces tte. Cnel. Hugo Chávez, quien encabezaba ese nuevo movimiento subversivo. Lamentablemente, el Presidente Pérez en esa oportunidad, como tampoco después, en 1992, creyó que fuese posible intentar derrocarlo, por lo que Chávez siguió en libertad.

En el mismo inicio de su entrevista para el libro, Izarra refiere cómo y por qué su formación de militar que, según su parecer, impone la misión de defender el sistema establecido, se ve modificada y también cambia ideológicamente su propia orientación vital, tanto en la Fuerza a la que entonces pertenecía –la Fuerza Aérea Venezolana– como en su condición ciudadana. Dada la importancia general de su relato, haremos una síntesis del mismo:

Cumpliendo servicios como piloto de helicóptero, Izarra servía de apoyo a los tres Teatros de operaciones antiguerrilleras que existían entonces en el país. Cuando se produjo el desembarco cubano en Machurucuto, hubo de ir a ese Teatro para entrevistar a un oficial cubano, de nombre Briones Montoto, que había sido capturado por las fuerzas venezolanas. Durante la entrevista, se percató de que Briones era una persona sensible y muy lógica, cuyos argumentos justificaban la revolución cubana como vía para resolver la injusticia social que padecía el pueblo. El día que siguió a dicha entrevista, Izarra supo y verificó que Briones había sido destrozado por una bala, hecho que lo impactó mucho. Tuvo otra experiencia similar, esta vez con una mujer médico pediatra, detenida en el Teatro de Operaciones TO5 de Yumare. Con ella tuvo una conversación similar a la que sostuvo con Briones, de la que expresó en la entrevista con Garrido *"de esa mujer me llegaron sus palabras, su sensibilidad social. Al igual que el cubano, ellos sabían por lo que estaban luchando"*.[271] Posteriormente, continúa en la entrevista manifestando que sus charlas con su hermano Richard definieron su pensamiento. Por él, cuando éste fue hecho preso por un artículo que publicara en el número 2 de Reventón (publicación de la izquierda independiente), pudo conocer –en visitas que le hicieran en la cárcel– a personas como Francisco Prada, Tirso Meléndez, William Fajardo y los hermanos Luben y Teodoro Petkoff, y afirmó: *"me vinculé con ese grupo, con el que encontré similitud en varias posiciones"*.[272]

Su nueva manera de pensar condujo a Izarra, después de haber conocido a Douglas Bravo y haber establecido y mantenido cercana relación con él, para ir a Harvard enviado por la Fuerza Aérea a fin de estudiar, pero con su objetivo secreto de *"plasmar una tesis revolucionaria para las FAN"*.[273] Primero había solicitado al Comandante de la Fuerza, autorización para estudiar en el CENDES, pero Luis León Aranguren, general de brigada quien era ese comandante, lo envió al Director de Personal quien, a la sazón, era el coronel Radamés Soto Urrutia y, refiere Izarra en la entrevista, que éste le había dicho *"Vete para EEUU, porque si te vas para el CENDES te vas a convertir en comunista"*. Izarra se fue a Boston y llegó de allí con el proyecto de un "sistema social diferente", que pasaba por un alzamiento militar con apoyo del pueblo. Ese proyecto lo bautizó R-83 (revolución o rebelión 83) y lo que indicaba el 83 era el año que, pensaba Izarra, sería el apropiado para dar un golpe de Estado, independientemente de quien fuera entonces la persona que ejerciera la Presidencia de la República. El plan se fue desarrollando mediante contactos con oficiales del Ejército y la Fuerza Aérea; con Douglas Bravo, captación de comprometidos para el plan y diseño de una organización interna y constitución de una dirección colegiada en la que participaba Izarra. Realizó varios viajes al exterior entre 1980 y 1985 (Iraq, Cuba, Londres, Francfort, Praga, Toronto, Libia, México, Barbados) con similares fines, conociendo importantes líderes en esos países. La dirección

---

[271] Op. Cit. Pg 64.

[272] Idem. Pg 66

[273] Idem, pg 68.

del R-83 estaba integrada por el propio Izarra, Emilio Arévalo, Ramón Guillermo Santeliz y Sánchez Paz. El plan R-83 progresaba, aumentaba sus integrantes, pero no encontraba aún garantías de su triunfo. En 1983 se constituyó ARMA (Alianza Revolucionaria de Militares Activos) que incorporó varios de los comprometidos que habían ascendido a grados de generales, lo que hacía más viable el proyecto. Izarra confió en la entrevista que en el grupo que había sido constituido, algunos no querían nada que fuera marxismo o socialismo, pero él mismo si se identificaba con el socialismo y que la situación planteada condujo a una división del movimiento, que terminó desintegrado. Más tarde, prosigue, hacia 1990, por iniciativa de Douglas Bravo iba a constituirse el Frente Patriótico como instrumento de unificación de las conspiraciones revolucionarias. Mencionó, como integrantes, nombres como los de Luis Miquilena, Manuel Quijada, Lino Martínez, Francisco Navarrete y Hugo Barillas. Sin embargo, como Quijada quería atraer al movimiento conspirativo personalidades de lo que llama "derecha", Izarra entró en conflicto y se separó del grupo.La conexión de Izarra con Chávez se había iniciado antes, pero no participó en los intentos de golpe de 1992, pues se encontraba fuera de Venezuela. Fue en 1995 cuando se reencontraron Chávez y él. Más tarde, en 1996, iba a producirse la incorporación de Izarra al MBR-200. Cuando se decidió participar en las elecciones de 1998, el MBR-200 cambió el nombre a Movimiento Quinta República (MVR). Lo que si parece claro es que el elemento de "bolivarianismo" lo introdujo Bravo desde los inicios de la conspiración, pese a la negativa y ridiculización pública por parte de Chávez hecha el 26 de abril de 1998.

Norberto Ceresole.

No se comprendería el desarrollo del "proceso" que, desde febrero de 1999 ha venido, cual grave enfermedad, padeciendo la nación venezolana, si se desconoce la importancia que tuvo en su líder único la persona e ideas de Norberto Ceresole. De nuevo, será Alberto Garrido[274] quien nos apoye con sus confiables investigaciones expresadas en libros.

Argentino, nacido en Buenos Aires en 1943, con estudios en Alemania, Francia e Italia; sociólogo y politólogo, especializado en estrategia, geopolítica y sociología militar; guerrillero en Argentina en los años 70; peronista; asesor en Perú del gral. Velazco Alvarado; interlocutor de Juan Domingo Perón y Salvador Allende; miembro de la Academia de Ciencias de la URSS; autor de muchos libros traducidos al ruso, inglés, árabe, farsí y español; de estrechas relaciones con gobiernos y movimientos árabes y musulmanes; le prologó un libro a Roger Garaudy; negaba ser antisionista aunque muchos lo sostienen así; fue amigo y consejero de Hugo Chávez, pero éste lo expulsó del país en 1999.

Influencia de Ceresole en Hugo Chávez.

Quien esto escribe y pese a lo mucho que se ha escrito y dicho sobre una supuesta gran influencia de este argentino en el pensamiento político del mandatario venezolano, tiende a creer que tal influencia se limita a un específico ámbito, reducido en su dimensión e importancia: se trata de la importancia que Ceresole otorgaba a lo que, en el citado libro, Alberto Garrido recoge en la parte titulada "Pensamiento estratégico y producción para la defensa".[275] En efecto, como el mismo Ceresole lo asiente en una parte de la entrevista[276] al referirse al tema de la producción para la defensa: "*hay una relación muy estrecha entre tecnología militar, estrategia, y pensamiento estratégico*". De lo que se trata, en la tesis de Ceresole, es que los países o regiones produzcan propios elementos de uso y aplicación militar para que, así, puedan liberarse de su actual dependencia teconológico-militar. El resto del discurso "ceresoliano", por interesante que pueda haber sido, no debe haber añadido mucho a lo que ya existía

---

[274] Garrido, Alberto. "*Mi amigo Chávez*". Ediciones del Autor. Caracas, Sept. 2001.

[275] Op., cit. Pg. 129.

[276] Idem, pg 28.

en la mente de Chávez antes de 1994, cuando se produjo el primer encuentro entre ambas personas.

Por lo demás, no parece que había una "química" común en la manera de entender la política: Ceresole, peronista convencido, sostenía el modelo populista pero a lo Perón, es decir, decisivamente distribucionista; mientras que Chávez es *"negación de cualquier práctica económica distribucionista"*[277]: *"Discursos delirantes hablan hasta la saciedad del << poder popular>> y de la <<democracia directa>> , pero se le niega al pueblo un simple y sustancial aumento salarial, que es el inicio y la base insoslayable de cualquier proyecto mínimo de justicia social. Estamos en el núcleo de todos los proyectos izquierdistas, que cuando se transforman en gobierno, en cualquier parte del mundo, constituyen la negación de cualquier práctica económica distribucionista."* ….. *"No hubo ningún gobierno <<de izquierda>> que, para lograr la tan anhelada <<acumulación original>>, no haya acudido, en primer lugar, a la superexplotación del proletariado y <<del bajo pueblo>> en general.*[278]

Sobre el mismo asunto, Ceresole refiere su experiencia de Tirana, en la que *"nunca se resolvieron los pequeños detalles de la vida: con el tiempo el régimen cayó y aún no se había siquiera diseñado el alcantarillado y no había luz eléctrica fuera de algunas manzanas del centro de Tirana".*[279] Afirmaba, entonces (1999), que Venezuela seguía por el mismo camino "progresista". Continuando con el mismo tema, afirmó luego: *"Esta estrategia lleva a las Fuerzas Armadas a una actividad puramente asistencialista y coloca al estamento militar en una posición extremadamente débil e insostenible en el mediano plazo…. En estas condiciones hablar de <<poder popular>> o <<democracia participativa>> es algo más grave que expresar una mentira disfrazada de verdad…que…[se] coloca dentro de las más estrictas tradiciones de la política económica marxista-leninista. En todos los casos, sin excepción, el "socialismo" trató de construir un sistema económico a partir de la superexplotación y de la esclavización de los trabajadores y de los marginales…. El primer derecho que pierden los trabajadores y los <<pobres>> es el más básico y fundamental: el derecho a percibir un salario <<sustancialmente digno>>.* Según Ceresole, el fondo de conflictos, en esta perspectiva, consistiría en

---

[277] Idem, pg 103.

[278] Idem. Pg. 104

[279] Idem.

la contradicción entre en nivel "estratégico" de la legitimidad del Caudillo, cuya naturaleza es carismática y se realiza por *acclamatio*, y el nivel "táctico formal" que viene determinado por "el ámbito de competencia" del sistema político que deriva del anterior, pero que carece en absoluto de legitimidad y arrastra un "*fuerte parasitismo ideológico*", que es un factor entrópico que afecta la totalidad del proceso.

Consecuencias inmediatas de los intentos de golpe de Estado de 1992

En el análisis conclusivo que realizó en el antes utilizado artículo de la Revista SIC, el profesor Purroy indicaba la peligrosa posibilidad de "*un desquiciamiento*" del Programa de Ajustes, si no se cumplían, en su aplicación y desarrollo, una serie de importantes premisas: a) realizarlo "*hasta el final, sin parches y sin concesiones*"; b) no retroceder, una vez que se ha comenzado su aplicación, en lo que se refiere al ajuste de precios y a su consecuencia inevitable de mayor empobrecimiento de la población pues, de hacerse una contramarcha, el resultado sería llegar a situaciones "*más atrás del punto de partida*", pero con una inflación muy superior y creciente. La clave para el éxito del programa era controlar la inflación en un plazo razonable. Diversos factores, de índoles políticas, económicas, sociales y hasta psicológicas, actuaron conjuntamente contra el logro de esa meta. Los intentos de golpes de Estado, pese a fracasar, fueron en tal sentido los más relevantes. El del 4 de febrero, ocurrido al cumplirse tres años del gobierno de Pérez, tuvo efectos de dinamita para fulminar las esperanzas que aún quedaban de rehabilitar el programa. Siendo acontecimientos relativamente recientes, son ampliamente conocidos y, por tanto, no vale la pena entrar en sus detalles. [280]

La más grave consecuencia fue la de generar la salida del Presidente Pérez de su cargo, por disposición mayoritaria del Congreso de la República, previo antejuicio de mérito acordado por la Corte Suprema de Justicia. El Presidente Pérez hubo de dejar el poder el 21 de mayo de

---

[280] Sobre algunos detalles del intento de golpe, ver: Anexo 4°, documento 2°, pg y sig.

1993. El delito habría sido "malversación de fondos públicos". Las razones esgrimidas para procesarlo tenían escasa justificación real y legal: el Presidente había hecho uso de la partida secreta (que legalmente está a la disposición de los mandatarios para aplicar esos fondos en los casos que considere prudente y necesario hacerlo) para apoyar la democracia en Nicaragua, amenazada por la subversión comunista. Más parece, como fue la común opinión política que se generalizó, de una posible sanción aplicada a Carlos Andrés Pérez por su propio partido como revancha por haberlo alejado de las cuestiones de gobierno. En todo caso, ese hecho definitivamente abrió compuertas a una crisis política de gran envergadura, cuyo efecto final se tradujo en las elecciones de 1998 con la victoria de Hugo Chávez.

Todo ello, así como esas consecuencias políticas posteriores, deben de estar al cargo de la cuenta histórica de los Poderes Públicos que actuaron entonces, así como a las de quienes, como parlamentarios y magistrados, apoyaron tales decisiones.

Gobierno Provisional del Dr. Ramón J. Velásquez

Después de que, el 20 de mayo de 1993, la Corte Suprema de Justicia aprobara el correspondiente ante-juicio de mérito, indispensable para juzgar a un Presidente Constitucional de la República, el 5 de junio siguiente, el Congreso Nacional juramentó al Dr. Ramón J. Velásquez, ilustre ciudadano y prestigio historiador, como Presidente Provisional hasta completar el período constitucional del destituido Presidente Carlos Andrés Pérez.

El Dr. Velásquez hubo de asumir la presidencia de la Nación cuando ésta vivía situaciones muy difíciles y comprometidas, como lo fue la crisis financiera sin precedentes originada como consecuencia de una serie de manipulaciones ocurridas en importantes bancos del país, cuyo déficit comprometió el presupuesto nacional del año siguiente; cuando el año anterior se habían presentado dos intentos fracasados de golpes de Estado; todo esto, además, en medio de una crisis política desconcertante y en vísperas de elecciones presidenciales que tendrían lugar seis meses después. El Dr. Velásquez, en su discurso al juramentarse como Presidente, el 5 de junio de 1993, dijo: *"Se hace indispensable el retorno a una vida institucional normalizada y sana. El país no puede seguir viviendo de sobresalto en sobresalto. Los ciudadanos no pueden estar sometidos a la extenuación interminable de una crisis recurrente. Invito a los diversos sectores de la sociedad a retornar al espíritu de solidaridad que se nos ha esfumado entre amenazas, rumores y procesos dramáticos"*[281]

Pese a tales dificultades mayores, fue un gobierno serio que mantuvo la paz y la democracia en el país y se ocupó de alcanzar ciertos logros importantes como fue, entre otros, la descentralización política y administrativa del Estado para lo cual fue creado el Ministerio de Estado para la Descentralización. Además, se realizaron los primeros convenios relativos a transferencias de competencias con varios Estados, entre ellos Aragua, Anzoátegui, Bolívar y Carabobo. En la Capital de la República fue constituido el Consejo de Alcaldes Municipales de la ciudad y, en el ámbito de todo el país, fue creado el Consejo Nacional de Alcaldes. Por otra parte, se continuaron políticas en curso en materia de construcción de viviendas, vialidad y obras públicas en general para, de esta manera, no interrumpir lo que se venía realizando en la antecedente gestión de gobierno.

El Presidente Velásquez, profundo investigador y agudo conocedor de nuestra historia, estaba plenamente consciente de que su corto gobierno significaba, apenas, una transición, pero no escaparían a su despierta mente los peligros que acechaban la vida democrática de la República. El Presidente y su nuevo gobierno no fueron respaldados por los mismos sectores políticos que le habían confiado la dura –y no buscada– tarea de conducir al país en uno de los más graves momentos de su historia republicana. Sin embargo, esa circunstancia no paralizó la acción de gobierno que, en sus breves meses de ejercicio, pudo presentar importantes logros. Apenas a dos meses del inicio de su gobierno, Velásquez solicita y obtiene del Congreso una Ley Habilitante para, por decreto, promulgar varias leyes en materia financiera, siendo de particular

---

[281] Mejía Betancourt, José Armando. *"El gobierno de transición de Ramón J. Velasquez"* En "Tierra Nuestra: 1498-2009. FUNDACIÓN VENEZUELA POSITIVA. Caracas, 2009, Tomo II, pg. 404-405.

importancia la Ley de Impuesto al Valor Agregado. De la misma manera, destaca la trascendencia del apoyo del gobierno de transición a todo lo relativo al tema de la Descentralización: se designó un Ministro de Estado para la Descentralización; fueron creados el Consejo Territorial de Gobierno; el Consejo Nacional de Alcaldes y el Consejo de Gobierno del Área Metropolitana, todo ello como instrumentos para avanzar, rápidamente, en el proceso descentralizador de la Administración Pública Nacional.

Hay, a propósito de la designación de Don Ramón Velásquez como Presidente Provisional, un hecho que, por habérmelo referido el propio Dr. Velásquez, en conversación con otro amigo, no puedo dejar de referir: El día de esa conversación, estaba el Dr. Velásquez muy molesto. Se trataba del contenido del punto 90 (titulado "Fuera del Poder"), del libro "Carlos Andrés Pérez: Memorias Proscritas", en las que se afirma y detalla –en boca del Presidente Pérez– que Velásquez maniobró arteramente para lograr su designación como Presidente Provisional. Como fui testigo, en esa conversación, de la indignación del Dr. Velásquez, y como lo conoce quien escribe desde que era un adolescente, se de su conducta verticalmente honesta, al tiempo que llamo la atención, de todos los compatriotas, para que el estilo perverso y pervertidor sea desterrado de nuestro hacer política.

CAPÍTULO NOVENO

Crisis terminal del modelo

Segundo gobierno constitucional de Rafael Caldera.

A dos años del proceso electoral que se habría de realizar en diciembre de 1993, el país político se movilizaba ya sobre el tema de las candidaturas presidenciales. A partir del mes de setiembre de 1991, tal comenzó a ser un tema muy relevante. El "paquete económico", que nació golpeado por los acontecimientos de febrero de 1999, no pudo ser cabalmente aplicado conforme a la voluntad del gobierno y al diseño de sus autores. Importantes desajustes afectaban al Ajuste económico y la población se resentía de consecuencias como el aumento del costo de la vida. Entre tanto, en el seno de los partidos el interés se concentraba en las eventuales candidaturas presidenciales. Mientras, en la calle, se acentuaba el descontento y hasta el rechazo a la dirigencia política que el país había tenido en los últimos años. Muchas personas comenzaron a volver sus ojos en busca de otras alternativas y, entre éstas, no pocos pusieron su mirada en el ex Presidente Rafael Caldera. Sondeos de opinión que fueron realizados a fines de 1991 y en enero de 1992 mostraban una inclinación marcadamente favorable a su nombre. Sirva como referencia anecdótica lo vivido por este autor hacia noviembre de 1991: invitado por Caldera, hube de acompañarle una tarde a Valencia, donde él había sido invitado por el entonces Gobernador del Estado Carabobo, Henrique Salas Römer, para inaugurar un conjunto de viviendas populares. La salida fue, en las primeras horas de la tarde y desde Tinajero, la quinta de Caldera en Los Chorros. Pero el Presidente debía pasar previamente por su oficina que estaba en la Avenida Urdaneta, por lo que encontramos tráfico muy denso: era de impresionarse el ver cómo la gente se acercaba al carro y se dirigía a Caldera para pedirle que "se lanzara", es decir, que fuera candidato. Tal situación se repitió luego en las calles que recorrimos en Valencia. Encuestas de las que no dispongo pero bien recuerdo, mostraban ya para finales de 1991 clara inclinación en favor de Caldera .

Estos hechos desmienten lo que, de tiempo atrás, ha estado circulando como suerte de "cliché", o banalidad repetida, según la cual habría sido a raíz de su conocido discurso del 4 de febrero de 1992, cuando el nombre de Rafael Caldera se posesionó del vértice de las encuestas electorales; sin negar que el apoyo se haya reforzado aún más, la verdad es que, para ese momento, Caldera ya encabezaba la mayoría de los sondeos que habían sido realizados. Es, sin embargo, importante recordar algunos pasajes del referido discurso, cuyo significado histórico es innegable, pues contiene afirmaciones del ex Presidente que son esclarecedoras de aspectos críticos relativos a vivencias de la crisis política en la Venezuela de entonces, pero también en la de hoy: *"…no estoy convencido de que el golpe felizmente frustrado hubiera tenido como propósito asesinar al Presidente de la República. Yo creo que una afirmación de esa naturaleza no podría hacerse sino con plena prueba del propósito de los sublevados. Bien porque hayan confesado y exista una confesión concordante de algunos de los comprometidos o algunos de los actores del tremendo y condenable incidente, o bien porque exista otra especie de plenas pruebas que difícilmente creo se puedan haber acumulado ya, en el sumario que supuestamente debe haberse abierto por la justicia militar."*

En efecto, se recordará que el Gobierno nacional había anunciado, formalmente, que tal había sido el propósito de los sublevados, hecho que nunca fue probado y, cuya ausencia de elementos probatorios, se podría explicar, en parte, la tardanza en abrir juicios a los principales implicados; juicios que, como se sabe, nunca fueron formalmente abiertos. Caldera prosiguió:

"Por eso, pues, yo me siento obligado en conciencia a expresar mi duda acerca de esta afirmación, y considero grave que el Ejecutivo en su Decreto de Suspensión de Garantías y el Congreso en el Acuerdo aprobatorio, hayan hecho tal afirmación que, además de ser conocida en el país está supuesta a difundirse en todos los países del exterior."

Más adelante dijo:

"Yo pedí la palabra para hablar hoy aquí antes de que se conociera el Decreto de la Suspensión de Garantías, cuando esta Sesión Extraordinaria se convocó para conocer los graves hechos ocurridos en el día de hoy en Venezuela, y realmente considero que esa gravedad nos obliga a todos, no sólo a una profunda reflexión sino a una inmediata y urgente rectificación."

Cuatro factores de gran importancia a los que se debía la anterior estabilidad alcanzada después del 23 de enero y de la elección de Betancourt:

"Por una parte, a la inteligencia que existió en la dirigencia política de sepultar antagonismos y diferencias en aras al interés común de fortalecer el sistema democrático.

En segundo lugar, a la disposición lograda, a través de un proceso que no fue fácil, de las Fuerzas Armadas para incorporarse plenamente al sistema y para ejercer una función netamente profesional.

Tercero, a la apertura que el movimiento empresarial demostró, cuando se inauguró el sistema democrático, para el progreso social, comprensión que tuvo para el reconocimiento de los legítimos derechos de la clase trabajadora.

Pero, en último término, el factor más importante fue la decisión del pueblo venezolano de jugárselo todo por la defensa de la libertad, por el sostenimiento de un sistema de garantías de derechos humanos, el ejercicio de las libertades públicas que tanto costó lograr a través de nuestra accidentada historia política."

"Debo decir con honda preocupación que la situación que vivimos hace más de treinta años no es la misma de hoy. Por una parte, la inteligencia de la dirigencia política ha olvidado en muchas ocasiones esa preocupación fundamental de servir antes que todo al fortalecimiento de las instituciones. Por otra parte, el empresariado no ha dado las mismas manifestaciones de amplitud, de apertura, que caracterizaron su conducta en los años formativos de la democracia venezolana. En tercer lugar, porque las Fuerzas Armadas, que han sido ejemplares en su conducta profesional en las garantías de la instituciones, están comenzando a dar muestras de que se deteriora en muchos de sus integrantes la convicción de que por encima de todo, tienen que mantener una posición no deliberante, una posición obediente a las instituciones y a las autoridades legítimamente elegidas. Y cuarto, y esto es lo que más me preocupa y me duele, que no encuentro en el sentimiento popular la misma reacción entusiasta, decidida y

fervorosa por la defensa de la democracia que caracterizó la conducta del pueblo en todos los dolorosos....[hechos anteriores]."

"El país está esperando otro mensaje. Yo quisiera decirle desde esta tribuna, con toda responsabilidad, al Señor Presidente de la República que de él principalmente, aunque de todos también, depende la responsabilidad de afrontar de inmediato las rectificaciones profundas que el país está reclamando. Es difícil pedirle al pueblo que se inmole por la libertad y por la democracia, cuando piensa que la libertad y la democracia no son capaces de darle de comer y de impedir el alza exorbitante en los costos de la subsistencia, cuando no ha sido capaz de poner un coto definitivo al morbo terrible de la corrupción, que a los ojos de todo el mundo está consumiendo todos los días la institucionalidad...... Hay un entorno, hay un mar de fondo, hay una situación grave en el país y si esa situación no se enfrenta, el destino nos reserva muchas y muy graves preocupaciones...." "...la democracia no puede existir si los pueblos no comen, si cómo lo dijo el Papa Juan Pablo II. <<no se puede obligar a pagar las deudas a costa del hambre de los pueblos>>".

"Esto es necesario que se diga, que se afirme y que se haga un verdadero examen de conciencia. Estamos hablando mucho de reflexión, estamos haciendo muchos análisis, pero la verdad verdadera es que hemos progresado muy poco en enfrentar la situación y que no podemos nosotros afirmar en conciencia que la corrupción se ha detenido, sino que más bien íntimamente tenemos el sentir de que se está extendiendo progresivamente; que vemos con alarma que el costo de la vida se hace cada vez más difícil de satisfacer para grandes sectores de nuestra población; que los servicios públicos no funcionan y que se busca como una solución que muchos hemos señalado para criticarla, el de privatizarlos entregándolos sobre todo a manos extranjeras, porque nos consideramos incapaces de atenderlos. Que el orden público y la seguridad personal, a pesar de los esfuerzos que se anuncian, tampoco encuentran un remedio efectivo. "

"Esto lo está viviendo el país. Y no es que yo diga que los militares que se alzaron hoy o que intentaron la sublevación que ya felizmente ha sido aplastada (por lo menos en sus aspectos fundamentales) se hayan levantado por eso, pero eso les ha servido de base, de motivo, de fundamento, o por lo menos de pretexto para realizar sus acciones."

Contrariamente a la especie que se propagó en tiempos más recientes, el Presidente Caldera no justificó el golpe en su discurso. Dijo, sí, lo que aparece en esa última frase: no se levantaron por la corrupción, ni por el costo de la vida, ni por la deficiencia de los servicios públicos, pero ello les sirvió "de base, de motivo, de fundamento, o por lo menos de pretexto para realizar sus acciones". En momentos como los que está viviendo la República, estas palabras, pronunciadas hace más 20 años, tienen tanta o aún mayor vigencia que cuando salieran de la boca de tan ilustre venezolano ya desaparecido.

Elecciones de 1993

El 5 de diciembre de 1993 el país estaba convocado para elegir nuevo Presidente de la República. Concurrieron cuatro candidatos principales: Claudio Fermín postulado por Acción Democrática; Oswaldo Álvarez Paz por Copei; Andrés Velásquez por la Causa R y Rafael Caldera, candidato de Convergencia apoyado por una coalición de partidos entre los cuales el Movimiento al Socialismo (MAS), MIN, PCV y otras organizaciones. Caldera obtuvo la victoria al alcanzar 1 millón 710 mil 772 votos (30,46%), seguido de Claudio Fermín, con 1.335.287 votos (23,60%), Oswaldo Álvarez Paz 1.276.506 (22,75%), Andrés Velásquez 1.232.635 (21,05%) y otros sumados, con el 1,26%.

Ante la profunda crisis que vivía Venezuela, Caldera asumió la responsabilidad de ser candidato para tratar de reorientar la Nación por el camino de una recuperación democrática con justicia social. En agosto de ese año, el grupo que organizaba su proyecto de programa de gobierno conoció que la crisis económica, generada por operaciones de algunos bancos, significaba un déficit fiscal del orden de 6 mil millones de dólares. Pero la verdad resultó en que equivalía a un presupuesto de la Nación. Quienes entonces estuvimos, en la amistad, muy cerca de él, podemos dar testimonio de su resistencia, y la de su familia, ante la posibilidad de presentarse como candidato en las elecciones de 1993.

Mi Carta de intención con el Pueblo de Venezuela.

Tal fue el título del pequeño libro que recogió ese documento que sintetizaba, en sus líneas generales, el programa que Caldera se proponía desarrollar si alcanzaba la Presidencia en las elecciones de 1993. Refleja una de las orientaciones de su pensamiento político de entonces, que incluía una suerte de superación, por parte de lo que sería su gobierno, respecto a las líneas que dictaba el Fondo Monetario Internacional, organismo con el cual los anteriores gobiernos de Lusinchi y Pérez habían suscrito cartas de intención cual instrumentos indispensables para acceder a préstamos provenientes de fondos para apoyos de esa institución. La Carta de Intención sería con el pueblo venezolano y no con el FMI. Sin embargo, una cosa es lo que se desea hacer y es otra la que se puede alcanzar; ya vimos que la situación que encontró al llegar a la Presidencia obligó a que su gobierno, con la fuerza que imponen las realidades, acudiera al FMI, devaluara la moneda e impusiera controles de precios y de cambios. El contenido de esa carta surgió, como lo expresa su primera página, de "numerosos foros organizados por los más variados grupos y entidades"; de "múltiples Jornadas de Diálogo y Consulta sobre la situación del país en sus más diversos aspectos con la participación de muy calificados venezolanos de los más variados sectores", todo con el objetivo de "conjurar la grave crisis existente" en aquel tiempo: "una crisis económica sin precedentes, una crisis administrativa injustificable, una crisis en el funcionamiento de los servicios, una crisis de confianza en las instituciones, una crisis de credibilidad en el liderazgo en general…Pero, sobre todo, una crisis moral." La carta significó:

1) *En lo político:* Que el Congreso asuma su función constituyente para complementar la democracia representativa con democracia participativa; que incluya el referéndum en sus cuatro expresiones y sometido a consulta popular; que el Jefe del Estado pueda disolver las Cámaras Legislativas si no cumplen sus funciones; que los venezolanos naturalizados accedan a la Cámara de Diputados y a las Asambleas Legislativas; que se constituya una Alta Comisión de Justicia para recuperar la confianza de la sociedad civil en los jueces y se fortalezca la autonomía del Poder Judicial y de la Fiscalía General, bajo cuya dirección estaría la PTJ; establecer la figura del Primer Ministro, sujeto a censura del Congreso; también la del Defensor de Derechos Humanos. Revisar y ampliar Derechos Constitucionales y afirmar la soberanía nacional; previsión constitucional de convocar Constituyente; avanzar el proceso de descentralización; crear marco claro para el funcionamiento de los partidos políticos y garantías

para la nitidez en el ejercicio del sufragio; realizar esfuerzos máximos para eliminar la corrupción.

2) *En lo económico:* aminorar hasta su eliminación el déficit fiscal; reducir y reorientar el gasto público; mejorar la recaudación de impuestos; reforma tributaria con equidad; suspensión del IVA; diversificar la economía abriendo espacios para la economía privada en las áreas petróleo, minas, siderúrgica y alumínica; estimular la inversión privada, el desarrollo del turismo como actividad de primera importancia; establecer Ley de construcción por concesiones; privatizar empresas del sector público según necesidades y conveniencias, aplicando el provento a mejorar la situación económica; apoyar el mayor desarrollo de la pequeña y mediana empresa industrial, agrícola, comercial, de servicios, etc.; buscar y alcanzar equilibrios macroeconómicos fundamentales: cambiario; fiscal; entre costos, precios y salarios; financiero; externo; distributivo y ambiental.

3) Seguridad alimentaria de la Nación.

4) *Dimensión Humana:* protección de la persona del ciudadano; estrategia nacional de seguridad pública; espacios físicos de la población; protección de la salud; desarrollo de la educación en sus diferentes escalas; educación para el trabajo; deporte; desarrollo cultural; trabajo y bienestar social.

5) *Dimensión internacional:* presencia de Venezuela; nuevo orden internacional; integración subregional que apunte a la plena integración regional.

Gestión de gobierno.

El Presidente Caldera tenía plena conciencia de la situación en la que se encontraba el país cuando, en febrero de 1994, asumió la responsabilidad de gobernarlo. En las palabras que pronunciara en la sede del Consejo Supremo Electoral, en la oportunidad del Acto de Proclamación como Presidente Electo, dijo:

"La crisis fiscal me impone la obligación de un gobierno de austeridad….la austeridad es una obligación que a todos nos incumbe"….."Encuentro pues una situación realmente difícil y es mi obligación….la de decirle a todos los venezolanos que vamos a atravesar una situación de dificultad, pero que lo haremos con mucho coraje, con mucha voluntad, con mucho amor patriótico y con una decisión inspirada en la justicia, que trata siempre de distribuir equitativamente los beneficios y las cargas de la vida económica del país, entre los diversos sectores".

Luego, en el Acto de Toma de Posesión, dijo en el Congreso:

"El momento en que asumo el gobierno es grave y complejo. Estamos padeciendo los efectos de una honda crisis que se inició —paradójicamente— hace veinte años, cuando el logro de precios más justos para nuestro principal producto, el petróleo, trajo consigo una avalancha de dinero que nos hizo caer en la equivocación de creernos muy ricos. Esa ilusión de riqueza nos hizo cometer infinitos errores."… "han ocurrido hechos decididamente negativos, cuya presencia ha llegado a amenazar la propia institucionalidad democrática".

Cuando en febrero de 1994 asumió la Presidencia, el nuevo gobierno supo que, en verdad, la profundidad de ese déficit significaba el equivalente al presupuesto de un año de la Nación venezolana. Por ello, las líneas básicas del programa de gobierno de Caldera —contenidas en el ya citado libro "Mi Carta de Intención con el Pueblo de Venezuela"— fueron pospuestas en razón de tan enorme dificultad. La situación impuso la necesidad de acudir por ayuda financiera al Fondo Monetario Internacional, así como de congelar los precios al consumo básico y de establecer provisionales controles de cambios monetarios.

El 27 de junio hubo de dirigirse a la Nación: los efectos de la crisis financiera habían generado efectos especulativos con el dólar y la fuga de divisas amenazaba la estabilidad monetaria. Dijo el Presidente:

"…dije en mi discurso de inauguración el 2 de febrero que no se establecería un inmediato control de cambios. Y lo dije con absoluta sinceridad…Pero la verdad es que la gravedad del sistema financiero, la ola insistente de rumores, los movimientos especulativos que han tratado de llevar el Bolívar al suelo, nos han obligado a tomar esta medida, cuyos inconvenientes conocemos, cuyos problemas y peligros sabemos. Pero que ha sido inevitable."

Junto a las medidas económicas, por razones de seguridad, el gobierno suspendió las garantías constitucionales. Por otra parte, la condición minoritaria del gobierno en el Congreso significaba que sus movimientos eran bloqueados por una mayoría adversa de opositores, lo que generaba fuertes tensiones políticas en el país. La población que apoyaba a Caldera le pedía " ¡Calderazo! ", es decir, actuar como lo hiciera el Presidente del Perú en situación similar, que fue popularmente bautizado como "Fujimorazo" lo que rechazó categóricamente el Presidente Caldera.

Agenda Venezuela.

En 1966 se concibió la "Agenda Venezuela", consistente grupo de medidas para racionalizar la economía que tuvo rápidos resultados al punto que, al cerrar el año 1997, la inflación, que había alcanzado en 1996 la enorme cifra de 103%, se redujo significativamente al 29,6%; el nivel de las reservas internacionales que, por efecto la crisis financiera alcanzó, al final de 1995, apenas a $ 9.723 millones, ascendió en 1996 a $ 15.229 millones y en 1997 a $ 17.377 millones. La pobreza, según informe de la Cepal, había descendido de 37,1% a 30,2%, mientras la pobreza crítica o indigencia descendió del 9,1% al 7,2%; el desempleo pasó del 10% al 6%; hubo superávit fiscal; el sistema bancario fue reestructurado y modernizada su supervisión; la deuda pública fue reestructurada, bajando de $ 27 mil millones (aprox.) a $ 23 mil millones (aprox.). En materia de vivienda, se construyeron 350 mil unidades y se equiparon más de 2 mil barrios en todo el país, de los cuales unos 200 en la Capital; se edificaron, además, 18 centros penitenciarios Igualmente, se dio impulso a un mayor desarrollo en materia de recursos hídricos, de los cuales está padeciendo gravemente el país luego de 13 años de abandono. En efecto: fue terminada la primera etapa de Tuy IV, garantizando así agua para Caracas; se realizó en un 85% el sistema Yacambú-Quíbor, con tres cuartas partes terminadas del túnel de transvase; se dotó de agua corriente a una docena de ciudades del país; se construyó la autopista El Vigía-Mérida y en las autopistas Centro Occidental, Rómulo Betancourt y José Antonio Páez se terminaron varios tramos en cada una de ellas e igualmente en Margarita se concluyeron varías vías y el distribuidor Guacuco, iniciándose las obras construcción ferrocarilera Caracas-Puerto Cabello con el tramo inicial hasta Cúa. Todo esto lo hizo la Agenda Venezuela del gobierno Caldera II, pese a la severa crisis económica que recibió desde su inicio

La Agenda Venezuela, que fue el instrumento creado para superar la crisis económica se definió así: *"La Agenda Venezuela implica un régimen de políticas que requiere de un conjunto de medidas y compromisos institucionales, lo cual trasciende la acción del Gobierno y reclama el concurso de la sociedad organizada. En tal sentido, la Agenda estará acompañada de una estrategia política y comunicacional que, entre otros objetivos permita iniciar una red de acuerdos con agentes sociales en áreas básicas, crear un espacio de consulta que se amplíe a los sectores de la sociedad civil, así como fomentar la cooperación con el Poder Legislativo en áreas de interés nacional, a los fines de lograr acuerdos parlamentarios, en materias económicas básicas (Ministerio de Hacienda, 1996)"*.

La Agenda previó incrementar los impuestos, suspender los controles de cambio, liberar las tasas de interés y disciplinar el gasto público, entre otros aspectos. El paquete tenía como objetivo, a corto plazo, la implementación de ajustes macroeconómicos para intentar sanear la economía y reducir el déficit fiscal, en un escenario en el que el precio del petróleo (principal producto de exportación de la Nación) se hallaba en mínimos históricos.[282] Su principal premisa era liberalizar la economía, los precios y el empleo, además de privatizar empresas públicas deficitarias. La balanza de pagos tuvo superávit global derivado de saldo positivo en la cuenta corriente (US$ 5.867 millones) y déficit en la cuenta de capital inferior en US$ 963 millones al registrado en 1996.

Los principales objetivos de la Agenda fueron[283]:

- Control del déficit fiscal. (Se ejecutó una reforma tributaria para tal fin)

- Liberación del precio de los carburantes, permitiendo un aumento de hasta 800%.

---

[282] Mínimo de $ 7,00 el barril de petróleo.

[283] Tomado de http://es.wikipedia.org/wiki/Agenda_Venezuela.

- Liberación de las tarifas de los servicios públicos.

- Reducción de la tasa de inflación y establecimiento del IVA, con excepción de alimentos, medicinas y libros.

- Aumento de las reservas internacionales (Privatización de empresas no prioritarias, tales como hoteles y centrales azucareros).

- Liberación del tipo de cambio, con la subsecuente devaluación del bolívar.

- Apertura petrolera (retorno a las asociaciones petroleras en el sector gasífero y traspaso de actividades conexas al sector privado).

- Disminución de la deuda externa.

- Reforma del régimen de prestaciones sociales, para establecer el pago anual de beneficios en lugar del pago al final de la relación laboral (Creación de los sub-sistemas de prestaciones en vivienda y turismo para los trabajadores).

- Creación de un fondo para la protección de los usuarios del sistema bancario (FOGADE).

- Mayor eficacia en la aplicación de los programas sociales (subsidios al transporte público y familiar y el programa alimentario)."

- Las cifras de pobreza en el país, tanto en su cuantificación total nacional como en el sector de la misma denominado pobreza extrema, descendieron muy significativamente, en 1998 respecto a los de los años inmediatamente anteriores, cuando la crisis económica derivada del fraude bancario se manifestó de modo muy severo. El índice global de pobreza en el país fue de 52,7% (era de 64,2% en 1997 y de 67,6% en 1996), mientras la pobreza extrema marcó el 22,1% (en 1997 fue 31,4% y en 1996 33,4%).

Sin embargo, el extremadamente bajo precio del petróleo que alcanzó el piso de $ 7/b determinó que los índices económicos de 1998 disminuyeran, lo que se reflejó en el resultado de las elecciones de ese año.

En su último Mensaje como Presidente Constitucional, el 28 de enero de 1999, antepenúltimo día de democracia en Venezuela hasta el presente, Caldera pudo, con limpia conciencia, expresar ante el país:

"Habría querido, desde luego, realizar una obra mayor. Las circunstancias no lo permitieron y espero que mis compatriotas me perdonarán las fallas que haya tenido en mi gestión. Lo que sí puedo asegurar es que dudo que alguien hubiera podido superar el esfuerzo y la recta intención que caracterizaron la gestión presidencial del quinquenio 1994-1999. Al fin y al cabo, lo más importante que había que cumplir, lo cumplimos: 'armar el rompecabezas' y entregar el país en paz y en democracia. Hagamos todo de nuestra parte para que no se desarme de nuevo".

Al Presidente Caldera mucho se le criticó, y todavía se le critica, por el beneficio de sobreseimiento que otorgó a Hugo Chávez, por lo que se le señala como responsable de su llegada al poder. También, muchas respuestas han sido dadas a esta afirmación, entre ellas la de su hijo Juan José Caldera quien, de manera contundente, prácticamente agota el tema.

PARTE FINAL

SÍNTESIS CONCLUSIVA

El comunismo llega la poder en Venezuela

Recapitulación introductoria.

Hugo Chávez Frías llega a la presidencia

Seis años después de los fracasados intentos de golpe de Estado contra el gobierno constitucional del social-demócrata (partido Acción Democrática) presidente Carlos Andrés Pérez, el líder visible de los *putchs* de febrero y mayo de 1992, el ex tte. cnel. Hugo Rafael Chávez Frías, venció, con cerca del 58% de los votos válidos, en las elecciones presidenciales celebradas en Venezuela el 6 de diciembre de 1998. Esos intentos de golpes de Estado fueron la culminación de un proceso continuo de subversión militar que, como vimos, se engendró en la década de los 70, concretamente hacia 1974 o 1975, siendo hacia 1977 cuando, a relativo poco tiempo de egresado de la Escuela Militar, Hugo Chávez Frías inició sus andanzas conspirativas. Sin embargo, no nos detendremos en la consideración de esos eventos pues son muy conocidos de todos los venezolanos, aunque para la inmensa mayoría de ellos, lo acontecido el 4 de febrero de 1992 fue inesperada sorpresa. El balance de esa aventura golpista fracasada, en términos de participación militar fue:

1) Total de Oficiales que participaron efectivamente movilizados: 249.

   a. Oficiales superiores: 25

   b. Oficiales subalternos:160

c. Sub Oficiales Profesionales: 64

4) Total de Tropa efectivamente movilizada: 2.021

   a. Tropa profesional:101

   b. Tropa alistada: 1.920

En 1996, dos años antes de las elecciones de 1998, ningún analista u observador político que no tuviera una extraordinaria capacidad profesional, junto a una privilegiada información, hubiese osado arriesgar como posible el pronóstico del triunfo electoral de Chávez. Se necesitaba mucho más que datos, que encuestas e informaciones políticas, para concluir que ese desconocido oficial, que había violado su juramento y atropellado la Constitución de la República vigente desde el 23 de enero de 1961 al insurgir el 4 de febrero de 1992 contra el poder constituido, después de haber sido rechazado por todos los sectores del país en los momentos mismos de su aventura golpista, prisionero y después liberado por sobreseimiento presidencial, enemigo de las elecciones democráticas a las cuales rehusaba presentarse, hubiese podido ganar las elecciones presidenciales de diciembre para las que, hasta inicios del año 98, se encontraba de último y con bajos dígitos porcentuales en relación a otros candidatos que se habían presentado para dichos comicios.

Las elecciones de 1998 se realizaron en el centro mismo de una crisis la cual, más que política, envolvía en ella todo el acontecer de la Nación. Como lo hemos considerado anteriormente, la crisis efectiva (no la permanentemente potencial) del modelo populista de Estado en Venezuela data de 1974-75. El factor que la activó fue el enorme e incontrolado incremento del ingreso petrolero del país que se presentó desde fines de 1973, para alcanzar sus más altos niveles en 1974. El doctor Leopoldo Díaz Bruzual comparó los efectos de ese ingreso adicional con los de un tsunami: Entonces se frenó el crecimiento institucional que fortalecía la democracia venezolana; comenzó el progresivo deterioro de la confianza y respeto que tenían los ciudadanos a los partidos políticos pues, infortunadamente, como bien lo expuso Brewer Carías, floreció gran corrupción dentro y fuera del gobierno, cuyo conocimiento se hizo público y notorio; después del tiempo de ilusión que hacia de Venezuela rico país de Jauja, la realidad demolió las fantasías: la inflación devoró rápidamente los fáciles réditos que habían proporcionado las altas tasas de intereses y todo ello derrumbó la falsa "ilusión de armonía". Era el inicio de la pasión y muerte del petropopulismo venezolano.

Luego de CAP I, todo fue un deslizarse por irreversible pendiente. El nuevo incremento de los precios del crudo, en tiempos del gobierno Herrera Campins, presentó la cara de la realidad el 13 de febrero de 1983, viernes llamado negro, cuando fue necesario devaluar el signo monetario o bolívar, antes identificado como moneda "de las fuertes del mundo". Y llegó a la presidencia Jaime Lusinchi, cuya simpatía no fue suficiente para borrar el desastre de la gestión económica y política de su administración. Y llegaron entonces CAP II acompañado del "paquete" que sirvió de excusa para el "Caracazo". Mientras, los partidos políticos ya se habían destrozado entre ellos y dentro de ellos. ¿En todo ese tiempo hubo algo positivo, acaso? ¡Claro que lo hubo! Se inició la descentralización administrativa y política de la República; se abrieron puertas a la elección uninominal de los representantes en el Parlamento y Legislaturas; se alcanzó la elección directa de los Gobernadores de Estado, pero la fractura del modelo no era subsanable. El Presidente Carlos Andrés Pérez, después de los dos acontecimientos golpistas de 1992, recibió un "pase de factura" de su propio sector político que se había sentido desplazado de las funciones gubernamentales. La Democracia Cristiana había enviado a su fundador a la reserva y se sentía y vivía, con gran consternación ciudadana, que el país iba a la deriva. Como bien lo expresó Brewer Carías: *"Lamentablemente, las crisis del sistema político de partidos condujo a que se la confundiera con una supuesta crisis de la democracia como sistema político, contribuyendo a su desprestigio, cuando en realidad de lo que se trataba era de perfeccionar la democracia y liberarla del despotismo o autocracia de los partidos. Por ello, hemos insistido en que no es la democracia la que ha estado en crisis, pues régimen político democrático no es lo mismo que sistema político de Estado de Partidos, que sí es el que ha estado en crisis"*.[284]

Es entonces cuando el caudillo que acampó en el Museo Histórico Militar, convencido por cercana camarilla, invirtió su convicción pública de no concurrir a elecciones de la "corrupta democracia" y se presentó para los comicios de 1998. Tuvo más visión que confianza. Prefirió con-

---

[284] Brewer Carías, Alla R. *"La Constitución de 1999"*. Op. Cit., pg 17.

currir a pesar de que, como algunos lo sabían, contaba con más de quinientos oficiales que estaban comprometidos con lo proyectado para el 3 y 4 de febrero de 1992 y permanecían en la Institución Armada. La presencia de Rafael Caldera en la Presidencia de la República, entre 1994 y 1999 fue lo que impidió un nuevo intento de golpe comunista en esos cinco años. Después, seguramente pensó Chávez, ante el desastrado comportamiento de los principales partidos, se le haría más seguro el ascenso al poder con votos y no con fusiles. Intentarlo con riesgo de nuevo fracaso no era entonces recomendable, pues el camino hacia ese otro logro ya le había sido despejado.

En el Capítulo Sexto de la Parte III intentamos una explicación sobre el post-populismo en Venezuela. La crisis del modelo en el país, evidente desde fines de la década de los años setenta, iba a hacerse manifiesta en febrero de 1983 cuando una economía hasta entonces tenida por sólida y relativamente inconmovible –por estar fundada en su base petrolera y a pesar de indicadores económicos que, como la violenta y sostenida caída de la inversión privada y pública, anunciaban la latencia de un mal que no tardaría en manifestarse– dio claras muestras de sus debilidades al verse obligadas las autoridades monetarias venezolanas a tomar la insólita medida de decretar la primera fuerte devaluación del bolívar en casi medio siglo.

Tal como se explica en el Capítulo Quinto de la Parte II de este trabajo, la característica principal del fenómeno populista en América Latina es la alianza de clases que surgió para llenar vacíos de poder dejados por los modelos tradicionales de Estado, incapaces ya de manejar sociedades que, de una u otra manera, habían incorporado modificaciones sustanciales en paralelo a las evoluciones del pensamiento, la economía, así como de la ciencia y tecnologías de los nuevos tiempos. Fue, en el caso particular de la América Latina, un movimiento que iba más allá de la simple toma del poder político, sino que se ordenaba, principalmente, a satisfacer intereses propios de los sectores fundamentales de la Alianza, a fin de que, al amparo de la protección estatal, fuere posible lograr sobrepasar naturales contradicciones que, entre tales intereses, derivaban de la oposición social característica de los principales sectores aliados, esto es, entre los de la mal llamada "burguesía" industrial y los sectores obreros organizados en los medios urbanos.

Como también se señala en el mismo Capítulo, en Venezuela particularmente, la actitud conciliadora vino a ser la estrategia fundamental sobre la que iba a descansar la estabilidad del modelo. La tendencia conciliar viene de los años de guerra padecidos en nuestro territorio; por eso, la búsqueda de la conciliación fue elemento fundamental de la acción socio-política que, de manera natural, diseñó el Estado populista. Su principal táctica tuvo que ser la evasión del conflicto en sus diversas expresiones regionales y nacionales pues, precisamente, por su raigal diseño constitutivo y a diferencia de lo que ocurre en sociedades política e institucionalmente más avanzadas, el modelo populista latinoamericano carecía de mecanismos institucionales para resolver las naturales diferencias entre los sectores socialmente opuestos en sus intereses.

Trágicamente y de cara al futuro, el modelo populista venezolano se convirtió en un modelo de acumulación social de pobreza, en vez de haber sido, como pudo ser, un modelo de acumulación social de riqueza. Por supuesto hubo acumulación de riqueza en algunos segmentos del sector socialmente hegemónico de la Alianza, pero la carga de la pobreza gravó peligrosamente sobre la inmensa mayoría de la población nacional, fuese central o periférica en el sector social subordinado de dicha Alianza. Bajo tal condición, la devaluación del signo monetario de Venezuela, el bolívar, que ocurrió en febrero de 1983, acentuó esa perversa característica del modelo, acelerando los factores económicos y políticos y sus resultados de un estrangulamiento que era inmanente a su constitución y, por ser congénito, inevitable.

Desde la década de los años cuarenta y hasta el comienzo de la de los ochenta, la economía de Venezuela se caracterizo "*por mostrar un sostenido crecimiento económico con bajas tasas de inflación, estando ajena a los problemas coyunturales que confrontaban otras economías del área. Las condiciones económicas permitían la ejecución de una política cambiaria extremadamente sencilla, fundamentada en la libre convertibilidad del bolívar a una paridad fija con respecto al dólar.*"[285] Pero la coyuntura petrolera de los años 74-76 significó, para

---

[285] Alejandro Belisario, Edgar Loyo, Francisco Manzanilla, Catherine Martínez, Elisabeth Di Pasquale. "Modalidades de participación del BCV en el mercado cambiario. Febrero 1983-Diciembre 1999". Cuadernos del BCV, Serie Técnica, Nº 10, Caracas, 2000.

este país, inusitado incremento de la renta obtenida por la comercialización del producto base de su actividad económica. Lamentablemente, en lugar de represar buena parte de ese incremento para mantenerla fuera de la masa de circulación monetaria e invertir gradualmente en función de las necesidades del desarrollo social y económico del país, la Administración de turno tomó la errada decisión de desarrollar numerosos proyectos de altos vuelos pero de enormes costos iniciales y crecientes inversiones anuales por retardados retornos de capital. Las consecuencias inmediatas de esa decisión fueron el notable incremento de las importaciones del país con menoscabo de su ya reducida producción interna; notables incrementos del gasto público corriente y la siembra, a corto plazo, de ese mortal enemigo de toda economía que es la inflación.

Para colmo, las exigencias de inversiones anuales generadas por los nuevos proyectos, absolutamente no prioritarios para el país, obligaron a la Administración Nacional a contraer continuos endeudamientos externos cuyos monto y servicio de la deuda han significado, desde entonces y hasta el presente, pesada carga para la economía y severas limitaciones para el presupuesto anual del país. *"En la década de los ochenta, la tasa de crecimiento se volvió inestable, la tasa de inflación alcanzó niveles desconocidos y la baja del precio del petróleo generó fuertes fluctuaciones en la cuenta corriente de la balanza de pagos. La crisis de la deuda externa en 1982, que significó una abrupta restricción del financiamiento externo, aceleró la aparición de una fuerte recesión económica que se ha repetido con frecuencia, generando ciclos económicos de duración cada vez menor, a tal punto que en los últimos cinco años el PIB ha cambiado de signo cada año."*[286]

A partir de febrero de 1983 Venezuela fue entrando, progresivamente, en una crisis económica —y por tanto social— cada vez más acentuada. En efecto, no era sólo la tan señalada entonces crisis económica que podría simplificarse en el hecho de disminuir los ingresos de un país pobre que se creía muy rico, y que, ignorante de sus verdaderas necesidades, derrochaba, en lo superfluo, buena parte de lo que nunca había alcanzado para satisfacer aquéllas. Tampoco era, simplemente, la crisis social derivada, pues las carencias que alimentan los grandes conflictos dormían todavía en el letargo de la falaz paz social del populismo; ni era

---

[286] Idem

la crisis política, pues los conflictos se resolvían, aún, dentro del común interés de los adversarios y según reglas previstas en el marco institucional. Pocos alcanzaban a avizorar que la crisis era mucho más honda, mucho más grave y profunda: era el comienzo de la crisis terminal y total del modelo de Estado populista en Venezuela.

Era, en efecto, la crisis total del modelo de Estado populista venezolano. Pero era sólo su comienzo ¿Cuánto habría de durar? Imposible pronosticarlo con seriedad científica. Todavía no se ha extinguido del todo la llama que ha venido ardiendo en ese proceso, sino que, antes por el contrario, se ha convertido en angustiante variante de un presente que pareciera insinuarse a manera de coda fatal. Pero es crisis total, sí, porque abarcaba y aún abarca esos dos componentes críticos principales que analizamos anteriormente [287] y que, tarde o temprano, habrían de presentarse (juntos o por separado) para impedir que esa base del modelo o alianza entre clases con intereses contradictorios pudiere ser mantenida: a) el componente económico-sociopolítico, que no puede no hacer crisis como consecuencia inevitable del agotamiento del modelo de sustitución de importaciones, y que se hace factor determinantemente político, en cuanto significa para el Estado imposibilidad de asistir las necesidades del país dentro de un modelo fundado en alianzas de clases o grupos sociales disímiles, de intereses contrapuestos, pero al mismo tiempo coincidentes en la expectativa compartida de satisfacer sus particulares aspiraciones. De modo que la crisis se abrió con la ruptura de ese equilibrio, inestable por naturaleza, que derivaba del compromiso originario de satisfacer, contemporáneamente, las exigencias particulares y opuestas de los sectores sociales aliados; b) el otro componente de la crisis, que podría ser llamado "cultural", más complejo de analizar pero no por ello menos relevante, tiene que ver con la capacidad de los estratos dirigentes de la sociedad para entender, interpretar, juzgar y pronosticar los fenómenos y los hechos que iban surgiendo, a fin de darles adecuadas respuestas a las urgencias que presentaban los procesos de la vida nacional. Tal capacidad se mostró muy reducida. La dirigencia, en todos los sectores (político, empresarial, sindical, militar, religioso, intelectual, etc.), y con las excepciones de siempre, se caracterizó por su muy estre-

---

[287] Ver Cap. Quinto Parte II, El final del populismo.

cho universo cognoscitivo, todavía producto de esa mentalidad propia de comienzos del siglo pasado, precaria, poco evolucionada que, además, se cerró sobre ella misma para hacerse impenetrable a expresiones de pensamiento distintas y más actualizadas. Fue un problema de carencias de visión de mundo, de amplitud de horizontes, de dimensiones de profundidad. Así, tal dirigencia –en su mayor proporción– no fue capaz de interpretar un país que se le hizo muy complejo y no pudo seguir el hilo del devenir y, aún menos podía hacerlo provista como estaba de recetas y paliativos de los años 20 a 60. No tuvo, pues, capacidad de presentar respuestas para una Venezuela que, avanzada en la década de los setenta, exigía ya asomarse al solio del siglo XXI.

En otros países del continente latinoamericano la crisis del populismo fue consecuencia, casi inmediata, del agotamiento de la etapa sustitutiva o de crecimiento hacia fuera. Cuando escasearon los recursos que permitían a las alianzas populistas acudir a la satisfacción de las aspiraciones de los aliados sociales, la alianza se rompía y, en medio de la crisis, cada uno de los grandes grupos aliados presionaba para conservar la mayor cuota de poder y de los menguantes recursos del sistema económico. El sector llamado burguesía industrial, en cuyas manos, solapadamente, habían estado los hilos del poder verdadero del modelo, reclamaba abiertamente ese privilegio y no vacilaba en acudir a factores de fuerza bruta para alcanzarlo. Ocurrieron entonces golpes militares de derecha auspiciados por los grupos del poder económico que, así, se adelantaban a los de izquierda, reales o supuestos, que eran la otra alternativa potencial de salida[288].

Venezuela, dadas sus excepcionales condiciones rentísticas, pudo escapar por más de seis lustros a esa situación, pero a poco de concluir en 1990 el séptimo lustro, en 1992, el país vivió la ya referida dolorosa experiencia de dos intentos de golpe de Estado que venía planificando, desde la década de los ochenta, una izquierda militar asociada con grupos civiles del extremismo marxista. Se evaporaba, así, la "ilusión de

---

[288] Como el caso del Perú con Velasco Alvarado.

armonía" que existía en el país y que dos destacados analistas venezolanos habían considerado en un estudio de mucha enjundia.[289]

Nuevo submodelo: Populismo totalitario

El investigador social argentino, Torcuato di Tella, en su trabajo "Populismo y Reformismo"[290], presentó un esquema general de Movimientos Populistas y Tipos de Movimientos, que clasificó en función de los grupos que, ajenos a los obreros, constituían las alianzas.[291] Los principales elementos que intervienen en la alianza populista en América Latina son: [292]

1) Élite ubicada en niveles medios o altos de la estratificación social que se caracteriza por motivaciones anti *status quo*.

2) Masa formada y movilizada como resultado de la "revolución de las aspiraciones".

3) Ideología o estado emocional difundido que favorece las comunicaciones entre líderes y seguidores, generadoras de entusiasmo colectivo.

Con base en esta estructuración de fundamentación, Di Tella estableció dos criterios para elaborar una tipología del populismo en Latinoamérica:

1) En función de las características propias de la composición social de grupos *opuestos al status quo*:

    a. Con predominio en el conjunto de elementos de la burguesía, el ejército o el clero, o

---

[289] Moisés Naim y Ramón Piñango. "Caso Venezuela: una ilusión de armonía". Ed. IESA, 1984.

[290] Di Tella, Torcuato. *"Reformismo y Populismo"* en Populismo y contradicciones de clase en Latino América. Ed. Era, Serie Popular, México, 1973.

[291] Op. Cit., pgs 50-53.

[292] Ver, Paúl Bello, Pedro. *"El Populismo Latinoamericano"*, Op. Cit., pgs. 118-122.

b. Con predominio de las clases media inferior e intelectuales de avanzada.

2) En función del *grado de legitimación*, esto es: la aceptación o el rechazo que los grupos antes indicados puedan tener en el seno de la clase social a la cual pertenecen:

Aplicados estos dos criterios, de manera conjunta, a la Alianza Populista, Di Tella construyó un gráfico que permite identificar el grado de radicalismo de los movimientos populistas según su oposición contra el orden establecido, consintiendo esa identificación la identificación de los movimientos y partidos concretos que responde a ella.

El cuadro en cuestión:

CARACTERISTICAS DE LOS MOVIMIENTOS POPULISTAS Y TIPOS DE MOVIMIENTOS (CASO SUBDESARROLLADO) SEGUN TIPOS DE GRUPO AJENOS A LAS CLASES OBRERAS QUE FORMAN LA ALIANZA[120].

Alianza	Incluye grupos legitimados dentro de su propia clase. (1)	Incluye grupos ilegitimados dentro de su propia clase. (2)
Incluye elementos de la burguesía, ejército o el clero (aparte de los estratos inferiores). (A)	Alternativa más moderada. Puede perder fácilmente su carácter populista y hacerse conservadora	Alternativa intermedia. Fuerte tendencia a utilizar medios violentos pero aceptando los valores básicos vigentes
Ejemplos de partidos populistas.	Partidos integrativos policlasistas. PRI mexicano	Partidos reformistas militaristas. Rojas Pinilla (nasserismo)
Incluye sólo elementos de las clases medias inferiores o intelectuales (aparte de las clases obreras). (B)	Alternativa intermedia tendencia a utilizar medios legales pero con crítica bastante radical de los valores vigentes.	Alternativa más radical. Orientada hacia una revolución social que altere el patrón básico de la propiedad
Ejemplos de partidos populistas.	Partidos apristas (APRA Perú).	Partidos social-revolucionarios (castrismo).

[120] Di Tella, Torcuato. Op. cit. pgs. 50 y 53.

Como puede ser apreciado, según Di Tella la alternativa más moderada sería la A-1, tipo en el que la Alianza incluye elementos de estratos de situación social relativamente alta, sin menoscabo de la presencia de estratos de nivel más bajo. Esa Alianza da lugar a partidos "integrativos policlasistas" y moderados siendo, para Di Tella, modelo característico el PRI de México.

En el mismo nivel horizontal está la Alianza A-2, en la que la diferencia con la A-1 consiste en que en ésta, como se indica en la parte alta de la segunda columna, los grupos integrantes están "legitimados dentro de su propia clase", mientras que en la tercera columna están "los ilegitimados dentro de su propia clase". Este elemento, para Di Tella, introduce en estos partidos la característica de un mayor radicalismo político-social, pero con aceptación de los valores sociales. El ejemplo propuesto es el partido que sostuvo la dictadura de Rojas Pinilla en Colombia.

La segunda horizontal incluye, en ambos lados, movimientos conformados "sólo por elementos de las clases medias inferiores o intelectuales", más las siempre presentes clases obreras. La presentación de grupos "legitimados en su propia clase" hace que, sin menoscabo de su mayor radicalismo (en comparación con los grupos del nivel A-1), los del sector B-1 tienen tendencia "a utilizar medios legales", lo que sin duda significa una suerte de moderación en el actuar, pese a la crítica radical de los valores vigentes. El prototipo que propuso Di Tella fue el Apra del Perú.

En cambio, los grupos que corresponde a la columna B, tanto los B-1 como más fuerza aún los B-2, no tienden a utilizar medios legales sino que, por el contrario, su tendencia es a utilizar medios violentos, aunque con respeto a los valores vigentes en el caso del B-1, pero no en el del B-2, cuyo ejemplo es su radicalismo contra la propiedad que es de fuente comunista. En efecto, el vértice derecho-inferior presenta el caso en que siendo ilegitimados en su propia clase e integrados por elementos de los sectores de menor significado en lo social, hace que utilicen medios violentos y no tiendan a respetar los valores. Es el caso del castrismo comunista de Cuba.

El régimen de Venezuela.

Si en el día de hoy se nos solicitara ubicar el régimen que existe en Venezuela, sin lugar a dudas y apoyados en la experiencia que en 13 años hemos vivido los venezolanos, ubicaríamos al gobierno con su partido único en el espacio B-2 del cuadro propuesto por Di Tella. Tendría, como corresponde, –y quizá para orgullo de sus dirigentes– la misma ubicación del castrismo cubano.

En Cuba, para desgracia de su pueblo, una de cuyas partes vive exilada de su patria y la otra esclavizada en ella, hace 53 años gobierna, implacable, un régimen totalitario de radical signo comunista. Ya han caído las máscaras en Venezuela y el régimen, por boca de su único líder, ha proclamado decidida y definitiva convicción marxista y comunista. Ninguna persona ha debido ser sorprendida en Venezuela. El propio Hugo Chávez ha expresado, sin ocultarlo nunca, su admiración y seguimiento al "modelo cubano" que ha llamado, sin recato, "mar de la felicidad". No han sido sólo palabras. Incontables hechos públicos y notorios dan fe de ello. Están grabados. Recogidos en videos, en la prensa nacional y estatal, en documentos oficiales. Provienen de discursos y de innumerables apariciones de Chávez en televisión, radio y prensa y en reuniones internacionales del más alto nivel. Hay alianzas concretas con regímenes totalitarios de los más cínicos y despóticos del mundo. En los primeros años, un pueblo que no lee, que por explicables razones vive alejado de la realidad política, económica y social del país, fue vilmente engañado y masificadamente conducido –atraído por despreciables prebendas– a seguir, borregamente, a quienes le conducían al matadero de sus libertades, de sus esperanzas y de sus vidas.

Tenemos y padecemos un modelo "populista, comunista y totalitario" como lo es el de Cuba. Con siniestra habilidad, sus creadores tomaron del antecedente populista el mascarón de proa indispensable para realizar el felón engaño. Lentamente, entre sus grietas, fue develándose la cara verdadera de la mentira canalla. Ya pocos dudan. Pueden mentir para protegerse, pero la miseria deteriorante del cuerpo y del alma nos va envolviendo a todos. Sabemos que pretende asfixiarnos ¿Lo permitiremos?

¿Qué es totalitarismo?

Se entienden como "totalitario" y por "totalitarismo" las cualidades y las características de constitución de un Estado[293] que concentra en un solo Poder facultades que, en un sistema democrático, corresponden a varios Poderes, cada uno de los cuales ejerce las suyas específicas con plena independencia y autonomía respecto a los otros. En el Estado Totalitario la regulación jurídica, inmanente al Estado democrático de derecho, deja de ser precisa y no está preestablecida para conocimiento de todos los ciudadanos, así como tampoco el Estado tiene otros límites que los que determine el agente decisorio del Estado totalitario, normalmente la sola persona de un Líder, Caudillo, Duce o Führer.

Según esta definición, los gobiernos de la Antigüedad (en Egipto, Persia, Roma o Esparta, como ejemplos) fueron totalitarios. Pero en los tiempos recientes, fue en la década de los años 30 del siglo pasado cuando el fenómeno reapareció con modalidades propias de la modernidad. Fue en la Europa de un mundo que creía haber alcanzado las cúspides de la cultura y de la civilidad.

Hannah Arendt (1906-1975), ciudadana alemana natural de Hannover, doctor en Filosofía en Heildelberg, Universidad en la que fue discípulo de Karl Jaspers, quien en 1933 huyó del nazismo a Francia y en 1941 se radicó en los Estados Unidos. Arendt escribió un libro sobre el totalitarismo, titulado "El Sistema Totalitario", que ha sido traducido en todos los idiomas y significa una suerte de "Biblia" de esta materia de las Ciencias Políticas. Por cierto, su obra se inicia con un acápite de David Rousset: *"Los hombres normales no saben que todo es posible"*, que puede ser muy aplicable en nuestra querida Venezuela, especialmente a buenos

---

[293] Podemos definir como Estado de Derecho o democrático (sintetizando definiciones y puntos de vista jurídicos y propiamente políticos, de Georg Jellynek y Herman Heller respectivamente) como "La organización de la cooperación social-territorial en el seno de una unidad de dominación, independiente en lo externo y en lo interno (una Nación), que actúa de modo continuo y con medios de poder propios, según una regulación jurídica precisa y pre-establecida con conocimiento de todos los miembros de la sociedad, que tiene facultades claramente delineadas y definidas tanto en lo personal, como en lo operativo y en lo territorial, todo ello legalmente limitado y sujeto a controles establecidos."

amigos y a conocidos y desconocidos que decían, a pleno pulmón y con sincera convicción "En Venezuela no puede venir el comunismo".

Para Arendt, la condición necesaria –si bien no suficiente– para que se pueda desarrollar un movimiento totalitario es que exista la presencia de las masas: *"Los movimientos totalitarios son posibles donde quiera haya masas que, por una razón o por otra, descubren tener un apetito de organización política."*[294] Esto es así porque quienes conforman la masa no están unidos por conciencia de un interés común; no tienen objetivos definidos y realizables; no se integran en organizaciones; son política e ideológicamente neutros; no tienen relaciones sociales pues viven replegados sobre ellos mismos y su grupo mínimo de pertenencia; tienen bajo instinto de conservación lo que les hace indiferentes o torpes ante los peligros y la muerte. La masa colectiva es variable por carente de estructuración social; uniforme; con mente pendiente de lo ilegal o criminal; atraída por la violencia y la fuerza; olvida con gran facilidad y reemplaza lo olvidado o desechado. Esas masas *"políticamente neutras o indiferentes pueden fácilmente constituir la mayoría en un país democrático".*[295]

Las mayorías de masas viven fuera de todo partido u organización política. Las masas emergen allí donde se hunde el sistema natural de clases el cual arrastra, en su caída, la red de hilos invisibles que relacionan a la población con las instancias del cuerpo político de la sociedad.[296] Estas características es menester observarlas muy bien y con gran atención en el caso venezolano del tiempo actual. De manera particular, debo destacar la importancia que tienen factores que hemos considerado, como la anomia o el familismo, a la luz de la siguiente afirmación de Hannah Arendt: *"La atomización social y el individualismo extremo preceden los movimientos de masas que siempre atraen a la gente que vive desorganizada, individualistas radicales que rehusan reconocer los compromisos y las obligaciones sociales".*[297]

---

[294] Arendt, Hannah. *"Le systéme totalitaire"*. Editions du Seuil. Paris, 1972, pgs. 31-32.

[295] Idem, pg. 33.

[296] Idem, pg. 36.

[297] Idem, pg. 39.

El pensamiento de Karl Schmitt.

Para complementar la síntesis del muy amplio tema del totalitarismo, pero en aspectos que se ven reflejados en el presenta caso venezolano, es oportuno hacer algunas referencias a Carl Schmitt.

En 1888, en Plettenberg de Renania, Alemania, y en el seno de una familia católica, nació Carl Schmitt: fue importante jurista, pensador y estudioso de la Ciencia Política. Su interés se fijó en el conflicto social y, de manera particular, en lo que concierne a la guerra. Elaboró una teoría del Estado y de la Constitución y, en la linea de Jean Bodin, sostuvo que la soberanía del Estado no puede ser sino absoluta para ser autónomo, y para esta autonomía hacerse posible sólo es en la medida en que, más allá y por encima de la norma jurídica, el Estado realice acciones que prueben esa su soberanía. Pero "la soberanía es absoluta o no es" (Hobbes).

Profesor en la Universidad de Berlín, en 1933 Schmitt se integró al Partido Nacionalsocialista de los Trabajadores (NSDAP) de Hitler, en el que se le designó como consejero político. Posteriormente Hermann Göering le hizo Consejero de Estado. Como para Schmitt la acción política consistía fundamentalmente en decisión, concluyó en la necesidad de establecer un poder de decisión que condujera la guerra interna. En efecto, el pensamiento de Schmitt estaba también muy influenciado por el de Hobbes. De allí su interés en la guerra interna o civil, que se genera a partir de los intereses siempre contradictorios de los ciudadanos. De allí, igualmente, que sostuviera que todo lo político es polémico: Todo lo político es antagónico y generador de conflictos. El conflicto que genera lo político será siempre confrontación "amigo-enemigo" que, en todo momento, significa posibilidad de guerra. Es pues, la misma actitud y conducta que ha asumido el presidente venezolano. Del lado del Estado -que Schmitt prácticamente identificaba con lo político- lo esencial es decidir sobre la emergencia. Es decir, decretar estado de emergencia para suspender la ley y usar la violencia necesaria para mantener el poder (clara inspiración en Maquiavelo).

Escribió el Dr. Tulio Álvarez, en su libro "La Reelección Indefinida. Camino a la Violencia"[298]: *"Chávez Frías ha citado varias veces a Carl Schmitt, en esa subespecie de ensalada intelectual que lo caracterizaba. Tal cita refleja que alguien se lo explicó y él lo entendió, además lo utiliza".*[299]

Es posible que haya sido Ceresole quien lo instruyó al respecto. En todo caso, cualquier observador interesado puede fácilmente comprobar -por ejemplo en una hemeroteca- de qué manera y en cuán alto grado, el presidente venezolano acudía a lenguajes, actitudes, incitaciones, amenazas, instrucciones, arengas y demás elementos del género, para expresar su pensamiento y defender su gestión política. Revolución armada es liquidar, eliminar, disolver, aniquilar, pulverizar, verbos que están siempre presentes en la mente y en la boca presidencial. ¿Por qué? ¿Porque es militar?: No. Todos conocemos a muchos militares que no utilizan ese lenguaje. Hemos tenido presidentes militares que no lo han hecho. El Gral. López Contreras, por caso, lejos de hablar de violencias guerreras, hizo famosa su expresión "calma y cordura". Tampoco el Gral. Medina Angarita, siempre cordial y democrático. Ni el sencillo V.A. Wolfgang Larrazábal. Ni siquiera quienes fueron dictadores, como Gómez, quien pecaba de parco y jamás amenazaba; y tampoco Pérez Jimenez. Ambos actuaban, pero en silencio. De manera que ello no es inherente a la condición militar ni al ejercicio del poder, sea democrático o no.

¿Entonces, por qué? Seguramente porque asimiló parte del pensamiento de Schmitt y lo integró en su conformación psíquica de ser...

Lo que más destaca es que en el pensamiento de Schmitt es fundamental la idea según la cual lo político genera conflicto y éste siempre se expresa en confrontaciones *amigo* v.s. *enemigo*. Enemigo -lo expresaba el presidente venezolano- será "todo aquél que está en mi contra", mientras que, amigo, será "todo aquél que está conmigo" y, por la experiencia de otros, podemos añadir "mientras no me moleste".

---

[298] Älvarez, Tulio. La Reeledción Indefinida. Camino a la Violencia. Ed. Libros Marcados. Caracas, 2007.

[299] Op cit., pg 7

Hay una muy interesante e importante explicación de la conducta del avaro y del tirano, uno de cuyos brillantes expositores en Venezuela ha sido el Dr. Ernesto Mayz Vallenilla, eximio filosofo nacional. En apretado resumen general consiste en lo siguiente:

El hombre es un ser finito. Por tanto, es limitado y carente. Todos –o casi todos los humanos- tenemos conciencia de nuestra finitud. Finitud en el tiempo porque esta vida que tenemos necesariamente termina. Finitud en nuestro modo de existir, porque tenemos límites: nuestro cuerpo define nuestra frontera y nos separa de lo que no somos, esto es, de todos los entes (cosas, vegetales, animales, humanos) que no somos, pero nos rodean y están en nuestro mundo, el cual se constituye en nuestro horizonte de sentido. Frente a esta realidad hay sólo dos actitudes: aceptar la finitud o rechazarla, valga decir, negarla y no aceptarla.

La aceptación de la finitud invoca -eo ipso- orientar la existencia por la vía de la voluntad de amor. Cuando la acepto, el mundo que me rodea y los entes que están allí no son mis enemigos: antes por el contrario, son fuente indispensable de mi desarrollo personal y ayudan para mi realización como persona humana. Tales entes, en toda su variedad, me complementan en la medida en que no soy ellos: me alimentan material y espiritualmente. La relación de complementación es fuente de paz, de armoniosa relación con todos los entes que están en ese, mi mundo, que es mi horizonte de sentido.

Por el contrario, la no aceptación de la finitud invoca necesariamente el conflicto con los entes que están mi mundo; en el mundo. Esa actitud inexorablemente encamina la existencia de la persona por la vía de la voluntad de dominio, que es la opuesta a la de la voluntad de amor.

En esta segunda vía, puede haber dos modalidades que se presentan bien sea separadas o bien sea unidas: Una primera modalidad tipifica la figura del avaro. Detesta las cosas, los entes que le rodean porque su sola presencia para él es, precisamente, prueba de su finitud. En efecto, en la medida en que las cosas existen, si soy avaro, me demuestran permanentemente que soy finito: Son lo que no soy, por tanto, confirman que tengo límites. Mis límites están determinados por mi cuerpo. El cuerpo define mi frontera: aquello hasta donde yo soy. Hasta donde llego. La única salida para quien no acepta su finitud es borrar los límites que impone lo Otro. Pero ¿cómo hacerlo? Simplemente, mediante su aniquilamiento. Pero, *"al no serle realizable la aspiración de destruir todo lo que el sujeto humano no es, intenta otro procedimiento: el de ejercer sobre ello un dominio o dominación tal, que, aparentemente, haga desaparecer sus confines o límites"*[300]: ¡apropiarse de todo! Ese dominio destructivo es ilusorio; es un autoengaño. Pero, en su ilusión falsa, la persona avara, así enferma, se dispersa en la multitud de cosas poseídas que acumula sin cesar; se aliena confundida en el indefinido y amorfo amontonamiento de las entidades cuantificables y en el engaño de sentir que expande infinitamente su realidad personal en la medida en que las posee. De esta forma, el avaro poseedor se cosifica –se hace cosa– en el seno de las cosas que posee. La posesión se falsifica y, en vez de obrar para el más ser, se hace un nudo tener por el más tener.

Idéntica es la modalidad orientada por el poder: para el tirano los sujetos dominados son falsamente percibidos como extensión infinita de la propia realidad. Nuevamente surge el conflicto y la aspiración de destruir a estos sujetos humanos para borrar la prueba de la propia finitud que, para el enajenado, ellos significan. Como no puede destruir a todos, el sucedáneo es dominarlos, domeñarlos, someterlos absolutamente, despojarlos de su libertad externa y, cuando posible, de su existencia. Fue el terrible caso del nazismo y el holocausto, conducido por el sociópata Adolfo Hitler, en campos de concentración y hornos crematorios.

En ambas modalidades, la personalidad de quien niega la finitud supone un egocentrismo tal, que el enajenado se siente dios dueño del mundo. En la fase terminal de su enfermedad, el tirano va a negar toda realidad. Su palabra se transforma en caos de contradicciones e incoherencias: los fracasos los identifica como éxitos; la ruina como riqueza.

A los médicos psiquiatras corresponde el diagnosticar situaciones y casos concretos. Quien esto escribe no lo es; por tanto, no pretende hacerlo.

Pero en la difícil coyuntura por la que atraviesa el país, sólo se puede opinar como observador político. Se constata que el timonel había per-

---

[300] Paúl Bello, Pedro. *"Lo Humano. Ensayo sobre el Personalismo Cristiano"*. Ed. UCAB, Caracas, 2005, pg 55.

dido el rumbo y que nuestro porvenir era muy incierto. La propuesta de reelección, en la práctica indefinida y complementada con la extensión general de su alcance a todos los cargos de elección popular, aparte de haber sido una evidente y constatable contradicción del proponente, quien desdijo lo que antes había dicho y, al margen de su palmaria inconstitucionalidad, por razones de todos conocidas se nos presenta o antoja como evento precipitado del desarrollo del así llamado "`proceso", suerte de anuncio de su crisis final. En razón de la crisis económica mundial, para el proponente era un "ahora o nunca". Para la salud del país también lo es. Pero si una crisis total que se vislumbra lo alcanzara –como parece inevitable– sin haber obtenido su propósito, seguramente que no habría mañana. Por eso aquel empeño obsesivo de lograrlo, era que lograrlo inmediatamente y como fuere.

El país democrático, por su parte, está encarando lo que parece ser el más riesgoso reto de su historia. De nuestra historia republicana. ¿Será la hora de aquella frase, trágica sin duda, de Don Mario Briceño Iragorry? : *"¡Vivir libre o vivir muerto! Porque es vida la muerte cuando se la encuentra en el camino del deber, mientras es muerte la vida cuando, para proseguir sobre la faz semi-histórica de los pueblos esclavizados, se ha renunciado al derecho a la integridad personal"*[301] .

Retengamos las consideraciones de esta Parte del presente trabajo para considerarlas en el próximo capítulo final.

El Proceso.

En esta parte final de este capítulo, vamos a intentar una síntesis del llamado "Proceso". Obviamente, no tendría cabida en este trabajo la descripción, aunque fuese sólo sintética, de la gestión realizada en más de trece años de gobierno. Por lo demás, ha sido en verdad un "proceso" que, sin aparente diseño previo –aparente, pues los objetivos si estaban muy claramente definidos desde mucho antes del inicio del gobierno– ha presentado avances y retrocesos, así como orientaciones generales

---

[301] **Briceño Iragorry, Mario. "El Caballo de Ledesma" . Obras escogidas. Ed. EDIME. Caracs 1954, pgs 387-388.**

que fueron inicialmente presentadas como cabalmente justas y democráticas, pero torcidas luego hacía propósitos muy distintos y opuestos respecto a esas primeras expresiones.

Bien sabemos que la Política es, al mismo tiempo, una ciencia y un arte. Como en toda ciencia, el científico de la Política se detiene en la observación de los fenómenos y hechos políticos para verificar, en ellos y a partir de ellos, su correspondencia o no con las leyes de la Ciencia Política y, de esa manera, comprobar la aplicabilidad de tales leyes o ampliar la Ciencia con su desarrollo en nuevas orientaciones que extiendan el campo de aplicación del conocimiento.

El actor político, por su parte, *debe* actuar orientado por la ética, principalmente por la vía de la Política entendida como "arte de hacer posible lo que es menester" y, en ello, moverse, valga decir, empeñarse en lograr fácticamente aquello que, a su juicio y dentro de las posibilidades reales, es justo, necesario y legítimamente alcanzable.

Pero hay otra actividad en el hacer político que, en cierta manera, cabalga entre ambas tendencias y las reúne: la del *observador político*, que no actúa políticamente y tampoco hace ciencia, pero observa el tejido de relaciones que van creando los actores, así como sus campos o espacios de actuación que, en función de intereses y conveniencias, éstos ocupan en un momento determinado, o pueden ocupar de acuerdo a tendencias o dinamismos inherentes a dichas relaciones. De esta forma, la tarea de observar incluye vislumbrar escenarios que se constituyen a manera de hipótesis, cuya comprobación –que debe recaer sobre el resultado de los hechos de los actores– la realidad confirmará o negará como tesis válidas o no.

Valga, a manera de introducción, lo anteriormente expresado para que el lector entienda cuál es el sentido cabal de lo que expondremos a continuación. Ello es el resultado de la observación detenida sobre el proceso político que Venezuela ha venido experimentando desde 1999 y que, a nuestra manera de ver, ha arribado a una situación de crisis terminal que necesariamente ha de abrirse, en cualquier sentido, ojalá que hacia soluciones de mayor estabilidad relativa.

El Plan oculto.

Si algo ha caracterizado el crítico proceso venezolano que se viene desarrollando desde 1999, es que –excepto en los primeros meses– ninguno de los actores que recibieron parte protagónica en el mismo, alcanzaron cuotas de poder suficientes como para hacer prevalecer, sobre las de los demás, sus particulares visiones, intereses o aspiraciones. Por otra parte, el núcleo de verdadero poder gubernamental ha contado, desde el inicio, con un plan acción que se ha ido adaptando a un proyecto cuyas raíces provienen de ideas que no se ajustaban a la realidades del país y que, por el contrario, resultaban absolutamente anacrónicas frente a las características de gobernabilidad que presenta el mundo de hoy. En efecto, el llamado *proceso bolivariano* no constituyó un proyecto de país; siempre fue un plan de dominio hegemónico con aspiraciones universales.

a. Orígenes.

Recogiendo en el tiempo informaciones muy diversificadas en sus fuentes, podría afirmarse que, como es normal y lógico, el proyecto nació antes del "proceso", pero sin conocimiento y participación de sus ejecutores. En efecto, todo indica que el origen estuvo en la mente de Fidel Castro Ruz. Imposible saber desde cuándo. Posiblemente fue a raíz de la guerra de los Estados Unidos en Vietnam. Como sabemos, ese conflicto estalló en 1959 y se prolongó hasta 1975. En el turbio ambiente mundial de la guerra fría, se originó serio conflicto entre las dos fracciones territoriales de Vietnam: la República Democrática de Vietnam, del territorio Norte, apoyada por la Unión Soviética, Camboya y China, y la República de Vietnam, del territorio Sur, que contó principalmente con los Estados Unidos, pero también con ayuda militar de varias naciones como Tailandia, Corea del Sur, Filipinas, Nueva Zelandia y Australia; pero también reforzada con suministros aportados por Inglaterra, Alemania, Irán, Marruecos, Suiza, España y Taiwan.

Vietnam del Norte, favorecido por su tupido territorio, acudió a la práctica de la guerra de guerrillas; la República del Sur y sus aliados, principalmente los Estados Unidos, practicaron guerra convencional destructiva que logró superar las ventajas territoriales del Norte, las cuales favorecían la estrategia guerrillera del Vietcong en la llamada "guerra de la pulga", después denominada como "guerra asimétrica". Fue guerra de inusitada crueldad por parte de ambos contrincantes, en la que el obligado –por la opinión pública nacional e internacional— retiro en 1973 de las fuerzas norteamericanas, significó el encaje de la primera derrota militar para gran la potencia armada y hegemónica mundial, cuyo perdedor personalizado –como ocurre con el pitcher en el béisbol— resultó ser el Presidente Nixon.

Posiblemente, inspirado en los resultados de esta guerra, Fidel Castro concibió –es probable que de acuerdo con el Comandante Ché Guevara, héroe de la Sierra del Escambray y, tal vez la figura más carismática de la Revolución Cubana– probar en América del Sur el ensayo de una guerra similar, plan que llegó a conocerse como de la Media Luna. En líneas muy generales, se trataba de iniciar en Sudamérica y al amparo de las impenetrables selvas propias de su inmenso territorio central, un conflicto subversivo que, con base inicial en las selvas de Bolivia, se extendiese ascendiendo por las regiones orientales del Perú y Ecuador, al sudoriente colombiano y sudoeste y sudeste venezolanos hasta el norte del Brasil. Ese intento, suponían, atraería a los Estados Unidos –que se presumía quebrantado y desmoralizado por la reciente derrota de Vietnam– a una lucha igualmente desigual como aquélla, en una región de la importancia estratégica que ésta tiene para la gran potencia. Como es muy conocido, el ensayo fracasó de manera rotunda y culminó con la muerte de Guevara, quien había llegado al territorio boliviano el 3 de noviembre de 1966 y había iniciado su actividad guerrillera el siguiente 7 de noviembre. El Ché Guevara murió, a poco menos de un año, el 8 de octubre de 1967.

Al margen de los comentarios, falsos o ciertos, equivocados o acertados que después se tejieron sobre la muerte del Che, lo cierto es que la idea no murió en la mente de Fidel Castro. En efecto, pareciera que, después de la caída del Muro de Berlín y del derrumbe de la Unión Soviética, Castro, sin tan importante sostén político y sobre todo económico, pensó en repetir el proyecto de la "Media Luna". Pero, esta vez, modificó su concepción y estrategia. Entonces se trataría de ir fortaleciendo las fuerzas de la extrema izquierda que actúan en la región norte del subcontinente sur para que, una vez alcanzado por éstas el poder en varios países, iniciar situaciones conjuntas de conflictividad entre los correspondientes países y la gran potencia del Norte. El paso inicial fue la constitución del Foro de Sao Paolo, organización que contaría con las fuerzas más radicales de las izquierdas nacionales latinoamericanas, pero también con participación de las moderadas a fin de disfrazar convenientemente las verdaderas intenciones. Al efecto, era menester muy importante tener presente los fracasos de los intentos de subversión de los años 60, como lo fueron el plan de la Media Luna y los intentos derrotados de tomar el poder en Venezuela.

b.   El Foro de Sao Paolo.

El Foro de Sao Paolo,[302] por iniciativa de Fidel Castro, fue fundado en 1990 bajo convocatoria de Lula Da Silva, entonces presidente del Partido de los Trabajadores de Brasil, que tenía una muy importante representación en el Parlamento de ese país. El Foro se instaló el 3 de julio de 1990 *"con la presencia de 68 fuerzas políticas pertenecientes a 22 países latinoamericanos y caribeños, incluyendo las FARC y el ELN colombianos"*[303] El objetivo concreto era tomar el poder en los países del norte de la América del Sur: Venezuela, Brasil y Colombia. Tal vez se consideraba que este último sería el menos dificultoso por la presencia de las guerrillas de las FARC y el ELN que ocupaban parte importante del territorio colombiano y llevaban ya cuatro décadas de ininterrumpida lucha. Venezuela estaba en grave crisis política, económica e institucional, mientras que en Brasil, Collor de Melo había asumido la presidencia con un nuevo movimiento político y era exponente de la emergente tendencia en el subcontinente bautizada después como "antipolítica". Alejandro Peña Esclusa, quien sin dudas es el estudioso que más ha profundizado en el conocimiento del FSP, denunció, desde 1995, que Chávez se había incorporado a esa organización y demostró el peligro para nuestro país, anotando que en la reunión celebrada en San Salvador como sede, en 1996, participaron 52 organizaciones miembros y 144 invitadas.[304] Con

---

[302] Ver su página web: www.forosaopaolo.org

[303] Peña Esclusa, Alejandro. *"Cómo salvar a Venezuela"*. Ed. Fuerza Productiva. Caracas, 2005, pg. 19. Ver: www.forosaopaolo.org

[304] Idem.

el fracaso del marxismo, la organización incorporó nuevas banderas como la *"del indigenismo, o supuesta lucha por los derechos de los indígenas, para encubrir la formación de grupos guerrilleros, como el Ejército Zapatista de Liberación Nacional; y también la promoción del separatismo, argumentando que los territorios ocupados por los indígenas son propios y no del Estado Nacional"*[305]. El mismo Peña Esclusa, en otro trabajo titulado "El Plan del Foro de Sao Paolo para conquistar Venezuela", expresó: *"Una transnacional del terror autodenominada Foro de Sao Paolo, dirigida por Fidel Castro y conformada por criminales, narcotraficantes y asesinos, pretende tomar a Venezuela por asalto muy pronto* [y] *utilizar nuestro territorio para exportar la Revolución Cubana a toda América Latina. El instrumento para materializar este macabro plan es Hugo Chávez Frías"*.

c. *Un presente muy difícil y peligroso.*

En el segundo año de la segunda década del siglo XXI, los venezolanos, quienes hemos vivido intensamente este "proceso" de creciente opresión física e institucional; que hemos visto el ejercicio de las libertades ciudadanas reducido a un mínimo cada vez más restringido; que hemos seguido y sufrido el desastre económico que ha padecido la Nación, cuya principal fuente de recursos se percibe en peligro de desaparecer dada la ruinosa gestión de Pdvsa; que padecemos restricciones de servicios públicos fundamentales; que tenemos un gobierno públicamente declarado por su más alto exponente como marxista; que hemos sido invadidos por el extranjero cuya *"planta insolente"* , como nunca antes ocurrido, veja y profana no sólo el suelo sino las instituciones fundamentales para la seguridad de la Patria; para estos venezolanos del siglo XXI, huelgan más explicaciones y detalles sobre lo que está ocurriendo en nuestro país: lo sentimos y sufrimos en carne propia, en la de nuestros hijos y nietos y en la de sus generaciones por venir.

Sin embargo, si algo resta por añadir a estas reflexiones, es el recordar que el ciudadano Presidente de la República en ejercicio *de facto*, de sus funciones, innumerables veces violó, de manera expresa y personal, casi todos los artículos de la Constitución Nacional vigente aprobada en diciembre de 1999; que bajo sus órdenes o según sus instrucciones o no, sus funcionarios gubernamentales que han copado los diversos Poderes

---

[305] Idem, pgs. 19-20.

Públicos de la República, también lo han hecho; que han desaparecido de manera total tanto la separación y autonomía de los Poderes Públicos así como todos los mecanismos constitucionales y legales de control y limitación de esos Poderes. Apenas a dos años y nueve meses de haber asumido la presidencia, Chávez y su gobierno habían violado 100 artículos de la Constitución de 1999, 6 de la Constitución de 1961 mientras estuvo vigente hasta diciembre de 1999, además de otros 6 de la Convención Americana de Derechos Humanos. Muchos de los antes referidos artículos fueron transgredidos en varias oportunidades y en diferentes actuaciones. En el documento N° 2 del Anexo 1, Documentos, va el artículo escrito en octubre de 2002 por el doctor Asdrúbal Aguiar, en el que este autorizado y muy calificado autor expuso detalladamente las distintas violaciones realizadas.[306]

En el momento en que es escrito este capítulo, el país muestra signos de total agotamiento económico, político y moral. El temor que induce en el ánimo presidencial la evidente pérdida de apoyo popular y el temor derivado de la derrota en todas las elecciones recientes, ha desatado una ola de agresiones contra ciudadanos opositores, medios de comunicación y sus trabajadores, instituciones y empresas particulares, universidades, Iglesias en especial la Católica, mientras muestras patentes y extremas de corrupción en todos los niveles de gobierno refuerzan el rechazo a la gestión gubernamental y a sus inmediatos planes de hacer de Venezuela un país comunista y de los venezolanos esclavos autómatas privados de libertad. Mientras, la crisis se agudiza y la Nación venezolana parece acercarse a padecer una pavorosa desgracia general.

El gobierno de Hugo Chávez Frías.

Escribir detalladamente sobre el gobierno que a lo largo de trece años ha ejercido, sin interrupción, Hugo Chávez en Venezuela, implicaría escribir todo un largo libro. Debemos, entonces, limitarnos a exponer, de manera muy sintética y sin detalles, algunos de los principales rasgos que lo han caracterizado teniendo presente que la visión y los

---

[306] Ver Anexo N° 4°, Documento 3°, pg. 453

planes del actual Presidente de la República se orientan, prioritaria-mente, más hacia la realización de un proyecto de alcances y dimensio-nes continentales y mundiales que al compromiso, que dos veces juró cumplir, para beneficio de la Nación y del pueblo venezolano.

A. REPARTO INTERNACIONAL DEL DINERO NACIONAL.

Para lograr el desarrollo y logro de sus desmesurados y absurdos planes, Chávez no vaciló en preterir las urgentes necesidades sociales y económicas de desarrollo y prosperidad de la Patria y de su pueblo. De la enorme cifra de más un billón mil cien mil millones de dólares que, sólo de sus ingresos petroleros, percibió Venezuela en más de once años y medio, un porcentaje muy bajo ha sido invertido en mejoras que ha-yan beneficiado al país y elevado la calidad de vida de sus ciudadanos y residentes. La mayor parte de ese inmenso capital ha sido destinada a fortalecer economías extranjeras con la intención proterva de favorecer otros países, principal pero no exclusivamente de América Latina, con el intencionado propósito de hacer de sus gobiernos aliados incondiciona-les y serviles de la causa comunista que le vendiera el tirano de Cuba: Bolivia, Nicaragua, Ecuador, Argentina y, por supuesto Cuba, han sido los más "favorecidos", sin dejar de lado los intentos por controlar los gobiernos izquierdistas de El Salvador, Uruguay y Paraguay (que no les han respondido como deseaba), así como a Honduras, que se le escapó de sus manos. Intentó imponer un aliado en el Perú, pero fracasó gracias a sus imprudencias, así como también en el propio México. Con Chile no pudo, pues los gobiernos de izquierda que tuvo ese país de sólidas instituciones no les respondieron. En Brasil tuvo importante aliado en la persona del Presidente Lula, tal vez el más radical izquierdista entre to-dos, pero ese gigantesco país cuenta también con instituciones muy fuer-tes como el Congreso, las Fuerzas Armadas y, especialmente, porque tiene un Estado verdaderamente Federal y por tanto realmente descen-tralizado, lo que impide intervenciones y acciones no previstas en Leyes Federales y Estadales.

B. VIOLACIÓN SISTEMÁTICA DE LA CONSTITUCIÓN DE 1999.

Como ya fue señalado, la Constitución de 1999 ha sido violada en casi todos sus artículos que, como se expresó ya, consta en el trabajo del Dr. Asdrúbal Aguiar que corre en la Sección de Anexos (Anexo 4, 2° Documento). Sin embargo, el Dr. Aguiar ha completado ese trabajo que apenas cubre hasta el 2002, para ponerlo al día en tiempos más recientes, y me ha hecho saber que el número de violaciones constitucionales es mucho mayor que el de las identificadas en ese primer trabajo. Por tanto, las violaciones afectan, prácticamente, a toda la Constitución, con graves consecuencias sobre la vida política e institucional del país y los derechos ciudadanos.

C. DESTRUCCIÓN, EN TODOS LOS ÁMBITOS, DE LA CAPACIDAD PRODUCTIVA DE VENEZUELA.

Para realizar el perverso plan de dominación total del país, el Jefe del proyecto no vaciló en destruir los sectores productivos de la Nación. La primera víctima fue la empresa nacional petrolera (PDVSA), reconocida mundialmente entre las más importantes. En el presente, su capacidad de producción es, apenas, la tercera parte de lo que fue en el pasado. Ha destruido masivamente, mediante ilegales expropiaciones o invasiones, las fincas de mayor capacidad productiva y las empresas que producen bienes alimenticios, lo que ha retraído a Venezuela a la grave situación de ser país dependiente, en altísimo porcentaje, de las importaciones foráneas. Ha descuidado hasta el abandono el mantenimiento de las infraestructuras viales, que se encuentran en condiciones deplorables. Se ha dejado de cuidar, mantener y renovar el sistema de energía eléctrica del país, por lo que se ha llegado a situaciones de carencia e interrupciones del servicio a lo largo de todo el territorio nacional. La acción gubernamental en materia de construcción de viviendas ha sido deplorable: en once años de gobierno, apenas se han construido para alcanzar la cifra que en el pasado reciente se obtenía en un quinquenio. La Cámara Venezolana de la Construcción registra 385.869 viviendas construidas por el Ejecutivo Nacional durante el período 1999-2009, lo que corresponde a un promedio anual de 38.587 casas por año. Se puede constatar el fracaso de esa gestión al compararla con lo construido en la década 1989-98 cuando se produjeron 655.699 unidades y con el período 1979-88 cuando se construyeron 759.632 casas. La salud y sanidad pública está abandonada: han resurgido enfermedades endémicas como malaria, mal de chagas, dengue, fiebre amarilla, etc., con muy altos niveles de ocurrencias. Las atrocidades del régimen incluyen la "expropiación" (léase confiscación) de la principal empresa productora y distribuidora de semillas para hortalizas que asistía a casi el 80% de los productores del país y la también confiscación de conjuntos de edificios residenciales en construcción, tal vez porque no soporta que las cifras y calidades de sus soluciones habitacionales superan largamente las del gobierno.

D. INSEGURIDAD Y ATROPELLO A LAS LIBERTADES CIUDADANAS.

La inseguridad es el problema más señalado en las encuestas. La oposición señaló la inexistencia de cifras oficiales para los últimos años. En 1998 el número de personas asesinadas fue de 4.500. Para el 2009 la cifra extraoficial alcanzó 16.094. Se estima que para el año 2010 debe estar en unas de 20 mil, promediando más de 16 mil por mes. Para 2011 no se tienen cifras. Por otra parte, aumenta la represión oficial contra trabajadores que protestan por faltas de pagos y contra los medios de comunicación en general, opuestos al régimen, así como también contra las Universidades. El hecho más importante, entre muchos otros de violación de derechos humanos, que ocurrió el 11 de abril de 2002, fue contra una gigantesca marcha de protesta que se dirigió al palacio de gobierno (Miraflores) en la oportunidad cuando el gobierno intervino la petrolera PDVSA y despidió más de 20 mil personas entre funcionarios y trabajadores. En esa fecha, el Presidente se vio obligado a renunciar porque sus jefes militares se negaron a obedecer su orden de lanzar tanques de guerra contra los manifestantes. Restituido en el poder, por graves errores políticos y jurídicos del gobierno que por dos días lo sustituyó, Chávez acusó a los militares de haber dado un golpe de Estado. El poder judicial (Tribunal Supremo de Justicia), entonces no totalmente controlado por el Presidente, declaró inexistente dicho golpe. Hay serias sospechas de que fue un autogolpe urdido para debelar una conspiración que estaba en marcha. El propio Presidente afirmó ante el Parlamento, que él había provocado los sucesos generados en la empresa PDVSA que dieron origen a una huelga general y a la marcha. Hay muchas evidencias de que el atropello a la marcha había sido planificado días antes de los sucesos. Los periodistas Sandra La Fuente y Alfredo Meza publicaron un libro[307] en el que indican que hospitales de emergencia y toma de edificios adyacentes al Palacio habían sido preparados desde el día 7 de abril. El político y escritor Nelson Chitty La Roche, publicó un libro sobre los sucesos[308], en el que confirma dichas observaciones y añade un alegato jurídico que introdujo ante el Tribunal Supremo, con graves acusaciones adicionales sobre la responsabilidad de Chávez por la muerte de 18 personas y las heridas de otras 147. Ademas, confirma la ocupación de Edificios de Oficinas del gobierno cercanas al Palacio y un Hotel[309], así como la previa preparación de hospitales en la calle.[310]

Desaparición física de Hugo Chávez Frías.

Aún no se sabe, a ciencia cierta, cuándo murió Hugo Chávez. En tiempos cercanos, cuando quien esto escribe se preparaba para contactar editoriales para su publicación, desde mediados del año 2011 era de público conocimiento la enfermedad que Chávez padecía. Médicos venezolanos y extranjeros, bien sea por estar debidamente informados, o por haber asistido al paciente durante su larga convalencia en La Habana, así como también prestigiosos profesionales de los medios de comunicación, adelantaban noticias sobre su estado de salud que ya había adelantado el propio Presidente desde dicha ciudad.

Antes de las elecciones del 7 de octubre 2012, una vez más Chávez volvió a La Habana para continuar sus tratamientos. Regresó para integrarse a la campaña electoral, pero para quienes, sea directamente o a

---

[307307307] S. La Fuente y A. Meza. *"El Acerijo de Abril"*. Ed Melvin. Caracas, Nov. 2003.

[308] Chitty La Roche, Nelson. *"Expediente 001"*. Ed. Esmeralda. Caracas, 2003.

[309] Op. Cit. Pgs. 242.

[310] Idem, pgs 159 y 64. Pg. 70.

través de los medios, lo vieron en ese empeño, era evidente que tanto su natural fortaleza física como su combatividad evidenciaban síntomas alarmantes. Declarado vencedor en los comicios por el cuerpo electoral, regresó a la capital cubana para continuar tratándose su mal en el hospital en el que todo el tiempo había sido tratado. A comienzos de diciembre volvió a Caracas por última vez. El día ocho del mismo mes se dirigió al país por los medios de televisión y radio. Conocedor de su gravedad, pero sin expresarlo directamente, de manera indirecta, al referir que debía regresar a Caracas para prestar juramento constitucional ante la Asamblea Nacional, como Presidente de la República, expreso: "*Si por causa sobrevenida, no pudiera venir para juramentarme*", deben celebrarse en treinta días elecciones, y completó: "En ese caso el candidato debe ser Nicolás Maduro."

Todavía o se sabe, a ciencia cierta, cuando murió Chavez. Hay ciertos hechos consumados que contribuyen a levantar dudas en la población venezolana respecto a la veracidad o falsedad de la fecha oficialmente establecida por el gobierno, que en boca de Nicolas Maduro, el día 5 de marzo, se anunció que el Presidente había fallecido la tarde de ese día. Dichos hechos son los siguientes: 1°. Reunida la Asamblea Nacional, el día 8 de enero de 2013, dos días antes de la fecha señalada en la Constitución, 10 de enero, la mayoría oficial en la Asamblea decidió que tal no era una fecha obligada, argumentando que se trataba de un Presidente reelecto y que, en consecuencia, había continuidad del gobierno establecido. La oposición rechazó ese argumento, pero la mayoría lo aprobó. Al día siguiente, 9 de enero, el Tribunal Supremo de Justicia confirmó la tesis de la mayoría parlamentaria con el argumento de que no se trataba de una ausencia por falta absoluta sino de una falta temporal (Art. 234). El día 10 de enero, supuesto para la juramentación del Presidente, la Asamblea Nacional decidió que el Vicepresidente Maduro asumiera la presidencia como "Presidente encargado" en vez de "Encargado de la Presidencia", como constitucionalmente procedía, de acuerdo al artículo constitucional 233 (falta absoluta) y que el Presidente de la Asamblea Nacional sería, en ese caso, quien debía asumir la presidencia. Además, el Sr. Maduro no renunció a la presidencia una vez que se conoció que el Presidente Chávez había fallecido el día 5 de marzo, como correspondía constitucionalmente, porque en todo caso él no era un presidente en ejercicio de sus funciones, aún con la decisión del Tribunal Supremo de Justicia.

Después, la confusión se hizo mayor pues comenzaron a llegar informaciones aún no definitivamente confirmadas, según las cuales el Presidente Chávez había fallecido el 30 de diciembre de 2012; otras afirmaban que la muerte fue antes, los días 12 o 13 de diciembre, pero nada ha sido aún confirmado. De ser ciertas estas fechas, otra razón más se sumaría, en estos casos muy graves, porque la ausencia definitivamente absoluta del Presidente Chávez habría sido ocultada y la candidatura y posterior elección del Sr. Maduro –aún bajo protesta de la oposición– serían nulas de toda nulidad.

CAPÍTULO SEGUNDO

Síntesis conclusiva

Raíces de invertebración.

Hasta este momento, en el presente trabajo hemos venido recorriendo características de nuestro modo de ser como Nación que tienen orígenes y causas diversas, pero cuya integración significa serios obstáculos para que el país se pueda enrumbar, de manera irreversible, hacia el desarrollo integral y humano de su población cual objetivo final. Pero necesariamente requiere que los referidos obstáculos, derivados de realidades y características inherentes a la misma población y a los procesos políticos, sociales y económicos que se han conformado a lo largo de toda nuestra historia, sean superados en sus causas y consecuencias. La presente y muy grave crisis general que está sufriendo el país, de una manera u otra será superada, pero si las distorsiones que están en las profundidades de sus orígenes no son neutralizadas y corregidas, nada se habrá logrado pues éstas de nuevo reaparecerán posiblemente con peores expresiones.

El problema general de ingobernabilidad.

Un diagnóstico histórico-político de Venezuela seguramente nos demostraría que nuestra Nación ha sufrido un problema general de gobernabilidad. Gobernabilidad no es un concepto fácil de explicar y mucho menos de aplicar. En principio, como lo expresara Ricardo Combellas, sería que el gobierno pueda *"demostrar la posibilidad de ser obedecido sin violentar las reglas de la democracia, y los principios y valores reconocidos por la*

Constitución"[311] La ciencia política y la filosofía política no pueden limitarse a observar y estudiar problemas de naturaleza específicamente social, sino que deben considerar, para explicar en el fondo las crisis de los sistemas políticos en general y de la democracia en particular, que junto a factores políticos intervienen otros de variadas naturalezas económica, sociológica, ética, antropológica, jurídica, psicológica, cultural, etc., todos los cuales concurren en el hacer que la gobernabilidad sea posible o imposible.

En efecto, la Sociedad General —esa que puede tener varias denominaciones y para nosotros, en Venezuela, es República— no es ni será nunca obra acabada y definitiva, como lo son las realizaciones del artista o del artesano que son obras terminadas, es decir, confinadas en aquellos límites y características que les dieron sus autores.

Nos podemos preguntar ¿Por qué la Sociedad? ¿Quién la hizo? ¿Para qué la hizo? La Teoría Contractualista nos explicaría que la hicieron los ciudadanos, según ficción que todos conocemos; esto es, la de un supuesto contrato ideal que habría servido para fundar la Sociedad. Contrato que no fue suscrito por persona alguna, pero si fue útil para que Hobbes construyera su teoría que justificaba el poder absoluto ejercido por un soberano. Pero, en la realidad, es la naturaleza humana la causa eficiente de la Sociedad. La razón de ello radica en que los humanos somos naturalmente sociables, valga decir, tenemos que vivir agrupados, no sólo ya por obra del instinto gregario que compartimos en común con todos los animales, sino porque necesitamos al semejante para vivir la vida, es decir, para amar, progresar y realizarnos como personas humanas. Somos todos iguales en cuanto tenemos una misma y sola naturaleza, esto es, somos esencialmente iguales. Pero desde el ángulo o punto de vista existencial, todos somos radicalmente distintos; tanto lo somos, que el fenómeno humano que cada uno significa es irrepetible en la eternidad del tiempo y en la aparente infinitud del cosmos finito.

---

[311] Combellas, Ricardo. En *"Gobernabilidad y Sistemas Políticos Latinoamericanos"*. Acto de Apertura de Seminario Internacional "Gobernabilidad y Sistemas Políticos Latinoamericanos", 13 y 14 de junio de 1995. Ed. COPRE-Fundación Konrad Adenauer, 1996. Pg. 12.

Las tendencias antidemocráticas utilizan las características de esa dualidad humana para insistir, demagógicamente, en la oferta de una imposible igualdad material y social que no existe sino en las utopias y, al mismo tiempo, para aprovechar las dificultades para acusar a la democracia de indeterminada, vacilante e incierta. La democracia ciertamente carece de esa unanimidad política sólo alcanzable en las masas y por las tiranías mediante el terror. Sus enemigos omiten informar a las masas de sus seguidores -–quizás no de mala fe sino por ignorancia– que la igualdad es de orden ontológico mientras las diferencias corresponden al orden de lo existencial, que no es intangible sino tan concreto como el ser bajo o alto, delgado u obeso, matemático o animador de circo, músico o torero; tampoco les dicen que de lo existencial también es el pluralismo, que consiste en pensar, querer y actuar no como idénticos soldaditos de plomo, sino como la propia voluntad de cada cual *quiere* hacerlo. En su extraña manera de pensar y de actuar, los marxistas –y los totalitarismos en general– pretenden y prefieren sociedades de soldaditos, todos exactamente iguales, repetidores de lo mismo, a quienes instruye el amo y, con orgullo, se muestran vestidos por el mismo color que éste. Los enemigos de la libertad se especializan en aprovechar la oportunidad que les concede la democracia al alojarlos en su seno, a conciencia de que pensarán destruirla y tratarán de hacerlo. Tal "debilidad" no es, como muchos piensan, inherente a la democracia misma, sino que cuando sus detractores actúan para lograr sus perversos fines, ello ocurre por descuido o ingenuidad de los ciudadanos cuando, cual avestruces, tienden a cerrar los ojos ante peligros evidentes que les amenacen.

Una equivocada concepción de la gobernabilidad es la de entenderla cual situación en la cual, desde el aparato Estatal, el gobierno pueda, sin conflictos, imponer su voluntad, mientras que se avanzaría en el camino de la ingobernabilidad en la medida en que no pueda hacerlo. Una gestión política, así formulada, se entendería como perfecta y por lo tanto indispensable. No se aceptaría que los gobernantes puedan ser contradichos. Pero de ese modo desaparecería toda expresión pluralista para substituirla por unanimidades obligadas.

En cambio, la gobernabilidad –que no es absoluta quietud– supone mayoritario respeto y observancia de las disposiciones legales vigentes, franca posibilidad de que las sociedades intermedias y los ciudadanos puedan realizar actividades de trabajo, desarrollo, descanso y diversión, al tiempo que toda la unidad social propicie el progreso individual y colectivo, el avance tecnológico y una creciente calidad de vida. Los conflictos, que normalmente se suceden en la vida social, encuentran soluciones, sea mediante el diálogo que conduce al entendimiento sin menoscabo de la justicia en sus diferentes ramas, o mediante recurso a ésta en el marco del ordenamiento legal establecido.

Nuestra historia nacional contiene tiempos de auténticas expresiones de gobernabilidad en democracia, como fueron los de la etapa vivida entre 1959 y 1983; y muchos de gobernabilidad forzada o autocrática o de absoluta ingobernabilidad. Infortunadamente y para mal de todos, a partir de 1999 comenzamos a transitar, con cada vez mayor intensidad, tan peligroso camino. La ingobernabilidad ha sido riesgo siempre presente, fuese de manera activa o latente. La hubo en tiempos de la Conquista: Casi cien años tomó la absoluta pacificación de la Provincia. Sin embargo, ya a mediados del siglo XVI se presentaron rebeliones de esclavos negros y también de indígenas, que se refugiaron en las montañas y fueron constituyendo comunidades que recibieron el nombre de Cumbes. De estas provienen mezclas entre africanos negros y aborígenes, parte integrante de nuestro mestizaje. Estos amotinados, que recibieron el nombre de "cimarrones", asaltaban a cuantos traficaban por las precarias vías de comunicación de entonces, sin que fuera posible ejercer sobre ellos ningún tipo de control. Tal situación empeoró con la Guerra independentista y no fue superada en tiempos de la República, cuando se agravó como consecuencia de los ininterrumpidos alzamientos de caudillos que arrasaban pequeños –y a veces grandes— poblados del país. Iba a ser solamente con Gómez, una vez consolidado en el poder, cuando el clima de paz se extendería en todo el territorio nacional. Pero fue forzada paz de dictadura terrible.

La violencia incontrolable puede percibirse cual fuente principal de ingobernabilidad, pero no única. Como lo hemos tratado en la Parte II bajo los conceptos de estructuras e instituciones del atraso, en nuestra Venezuela, históricamente, hemos tenido un conjunto de estructuras, instituciones o formas de organizar la convivencia que han entorpecido o impedido acabar nuestra vertebración como Nación. Unas de ellas tienen que ver con la población: hay temas como el origen de nuestra población; mestizaje; sumisión; subestima; bajas aspiraciones de logro; rechazo al esfuerzo; poca atracción por el trabajo, etc. Otros consisten en deformaciones institucionales: familia matricentrada; familismo o relaciones primarias de pertenencia, inmediatismo. Algunos corresponden a formas institucionales del Estado: paternalismo y populismo; baja capacidad productiva; capitalismo rentístico; peculado. Lo específicamente político nos confronta con la conflictividad del pasado y del presente, con su carga de negaciones de las que derivan miedos aún presentes y ausencias de continuidad histórica; militarismo con su ficciones heroicas y realidades fracasadas; guerras y revueltas malamente llamadas "revoluciones" con cargas de miseria y más miedo; centralización que todo asfixia y todo separa. Y todo esto, y mucho más que omitimos, se resume en carencia de ciudadanía, anómia y añoranza o preferencia por lo extranjero.

No se vaya a pensar que planteamos interpretaciones negativas sobre nuestro pueblo. Todo lo contrario. El venezolano se caracteriza por su coraje, valentía y desprendida entrega, generosidad, acojida, apertura, gracia y buen humor. Las deformaciones que han influido exteriormente en su desarrollo provienen de circunstancias externas como costumbres ancestrales de los primeros pobladores; de determinaciones a partir de comportamientos generados de situaciones de injusticia social; de siglos de opresión y subordinación; de formaciones familiares que fragmentan y anulan lo positivo de esa importantísima institución; del ethos de la subjetividad heroica tomado de los conquistadores; de antecedentes de nomadismos propios de la mayoría de nuestros pueblos aborígenes o tantos otros y sus derivados.

Algunos factores de naturaleza social y manifestaciones negativas: Matricentrismo, Familismo y Anomia.

a. Familia matricentrada.

Ensayemos ahora presentar algunos vínculos entre factores de señalada influencia negativa, con el propósito de resaltar la importancia que han alcanzado en el proceso de evolución nacional y, de manera particular, sobre lo que se refiere a la grave crisis que desde los años 80 se ha venido desarrollando en el país hasta llegar a la presente situación de características terminales.

Comenzaremos con el tema ya tratado en el Capítulo Noveno de la Parte II sobre la familia matricentrada, cuyo desarrollo hicimos con base principal en los trabajos y consideraciones del P. Alejandro Moreno. Recordemos que Moreno expresa que son muy variados los modelos familiares en los sectores llamados populares, pero que el modelo preponderante es el de *madre-hijos*.[312] Señalaba, si, en sus trabajos, que con respecto a este modelo las excepciones son tan escasas que hace posible referirse al mismo --menos en los Andes-- como forma cultural de la familia popular venezolana, lo que no impide que se presente --y en considerable proporción-- en familias de sectores socialmente bien posicionados. Con diferencias en lo que acontece en el modo convencional de organizarse en familias que podemos llamar "normales", en la que los hijos al relacionarse abiertamente con padre, madre, hermanos y hermanas, así como con demás miembros del grupo familiar, tienen múltiples y diversas experiencias cuyas diferencias y semejanzas definen una suerte de indeterminación que significa espacios libres abiertos al ejercicio de elecciones y libertades, en la familia matricentrada la madre controla la relación en función de sus propias necesidades y tal vinculación, rígida, permanecerá aún cuando el hijo haya llegado a la edad adulta. Eso va a determinar, en buena parte, el *precario sentido que sobre libertad y autonomía tienen tantos venezolanos*. Debemos observar que, por lo demás, ese modelo de familia no es reciente pues viene desde los tiempos iniciales de la Conquista y de nuestra vida colonial.

Otra consecuencia social-general de la familia matricentrada proviene la de ausencia de padre en ella. El Padre Moreno, en la obra que hemos considerado, expresa: "*La ausencia de un hombre permanente en el hogar, la falta de experiencia de pareja, la pobre vivencia de filiación paterna, y la relación peculiar que se anuda entre madre e hijo, forman a su vez una red de relaciones en la que la identificación sexual del varón adquiere peculiaridades particulares*".[313] Esto

---

[312] Familia constituída por madre con sus hijos, en la que se puede hablar del "padre ausente" en el sentido que no hay un padre único o siempre presente.

[313] Moreno Alejandro. Op. Cit., pg. 12.

va a tener varias consecuencias derivadas, pero en este punto nos interesa más el machismo *"como mecanismo social y cultural de control."*[314] Moreno diferencia entre dos tipos de machismo: 1° Machismo-poder; y 2° Machismo-sexo como actividad genital. El primer tipo procede de hogares con fuerte y ejercida presencia del padre en el hogar, quien será imitado y, por identificación, será reproducido por los hijos varones con cada pareja que generen. El segundo tipo proviene de la relación con la madre del varón (en especial el mayor) en hogares sin padre. En este caso prevalece también el abuso de autoridad pero expresado, sobre todo, en función de actividades sexuales sin control. En este Segundo caso, de acuerdo a la hipótesis de Moreno, la función principal del ejercicio de ese machismo-sexo es la *"defensa contra la homosexualidad que acecha desde las entrañas del vínculo madre-hijo."* [315] Afirma Moreno que el machismo entrará en crisis cuando lo haga la familia matricentrada. Las consecuencias en la vida social de este tipo de machismo son evidentes: agresividad, atropello y violencia.

Llegaremos sólo hasta aquí en la consideración del tema, antes más desarrollado, de la familia venezolana, pues nuestro propósito, ahora, es el desvelar enlaces o vínculos que existen entre los diversos factores, tales que engendren consecuencias negativas para el normal desarrollo de la vida en sociedad.

b. Participación.

Pensemos ahora en lo que, desde el comienzo, caracteriza e implica la normal pertenencia a una Sociedad general en la que participa la persona; es decir, uno cualquiera de los ciudadanos. Por lo pronto, para participar es menester, antes, el ser parte. En efecto, si participar significa tener parte, para tenerla hay que ser parte, es decir, sentirse y actuar como parte, lo que quiere decir ser beneficiario-actor de lo bueno y perjudicado-actor de lo que no es bueno. Es esto, precisamente, lo principal de la idea de ciudadanía: ser parte humana de la ciudad, de la sociedad.

---

[314] Idem, pg. 13.

[315] Idem, pg. 14.

Pero toda Sociedad es, a su vez, parte de una más amplia totalidad. Al fin y al cabo, toda la realidad define una sola totalidad.

Ahora bien, podemos preguntarnos –como puede hacerlo o hacérselo cualquier miembro de la Sociedad– lo siguiente: ¿Para que estoy puesto allí, en ella? Pregunta que recoge excelentemente Rafael Tomás Caldera: [316] *"Esto significa para el hombre, también desde el comienzo, una cosa muy suya: que no estamos simplemente puestos allí en la realidad, en la totalidad de lo que es, sino que debemos (o podemos) estar en ese conjunto de una forma positiva, integrada; pero podemos estar de forma negativa. Digámoslo así: podemos sentir que pertenecemos al conjunto o, por el contrario, sentirnos extraños, alienados o separados. Más que afectar al resto, ese sentimiento nos afecta en primer término a nosotros mismos. Es una suerte de substrato de nuestra existencia –si nos sentimos bien o mal en el mundo– que se traduce de inmediato en sentir como nuestro y bueno el ambiente que nos rodea o en sentirlo como ajeno y malo… Sentirnos perteneciendo a la realidad es entonces sentir que de alguna manera aquello es propio nuestro; que nuestra relación con el conjunto está bien, que nos hallamos en la realidad."*

Quiere decir, entonces, que hay un sitio, un donde, a partir del cual y mediante relaciones en general, conectamos con el mundo que nos rodea; mundo que va a devenir, para cada cual, en horizonte personal de sentido pues contiene aquello que le rodea y que él conoce. Pero a ese sitio se tiene que entrar, para estar dentro y no fuera de él. La puerta de entrada y primera estancia de ese sitio es la familia. Como lo expresa en la misma obra R.T. Caldera, la familia es *"una mediación inicial"*. Y continúa nuestro autor: *"no estamos ante el mundo sino, en primer término, ante lo que podríamos llamar un lugar acotado, la casa y la ciudad. …. Nuestra comunicación inmediata es con la familia, en el hogar; y con los conciudadanos, en aquella ciudad y país a los que pertenecemos. Esas mediaciones cobran por eso mucha importancia para nuestra posición como integrados y pertenecientes; o alienados, excluidos, separados. Lo cual quiere decir algo que sabemos bien: que si una persona no tiene hogar desde el comienzo es muy difícil que se reconcilie luego con la vida y con el resto de la gente. Debería haber sido bien recibido; debería haber encontrado quienes le dijeran con su*

---

[316] Caldera, Rafael T. *"Mentalidad Colonial"*, en Nuevo Mundo y Mentalidad Colonial. Centauro Ediciones, Caracas 2000, pg. 72.

actitud que él era algo en sí mismo bueno; un lugar donde pudiera sentirse reconocido y como necesitado. En cambio, no tuvo nada de eso."[317]

Cuando se nace en el seno de una familia matricentrada, al fin y al cabo se tiene hogar, pero sin dudas las características del mismo van a significar la adquisición de algunos condicionamientos deformantes en cuanto a sus relaciones sociales, formación de familia, etc. La ausencia de padre se puede reflejar en la conducta ciudadana, en la conducta política y, en especial, puede tener importancia en fenómenos como el populismo, pues desde niño el varón busca un "sustituto" de padre, entendido "sustituto" en el sentido de superación del abandono que la ausencia de padre involucra, cuyo sucedáneo puede ser el líder en quien se deposite toda la confianza. La relación de sujección estricta con la madre puede debilitar el sentido de propia autonomía y distorsionar la valoración de la libertad.

Otro significado, de mucha trascendencia en relación a lo que estamos considerando, es que la familia matricentrada se extiende notablemente a través del llamado "parentesco", pues incorpora la lista larga de hermanos hijos de distintos padres y la misma madre, más padrinos o compadres y similares extensiones que cada hija va reproduciendo según el modelo de la madre. Este grupo de relaciones primarias e intereses particulares, va a cerrarse sobre sí mismo, más allá de todas las relaciones que provengan del trabajo, las clases o cualesquiera manifestaciones de relaciones sociales externas a ese grupo primario de pertenencia. Es el origen del "familismo" considerado anteriormente en el mismo Capítulo Noveno de la Parte II, ya referido a propósito de la familia matricentrada.

Entonces, tenemos que la familia matricentrada es también puerta de ingreso a la sociedad, pero sus distorsiones y sus limitaciones, como hogar incompleto, son fuentes de posibles resentimientos con consecuencias posteriores o de actitudes en la vida social que, si bien no son insuperables, es menester adquirir conciencia de la necesidad de tener condiciones para poder luchar y vencerlas.

---

[317] Idem, pg. 73.

c. Familismo amoral.

Retornando ahora al tema del familismo amoral, recordemos que, siguiendo a los autores del trabajo "Ethos y Valores en el Proceso Histórico-Político de Venezuela" (Massimo Desiato, Mikel de Viana y Luis De Diego), ellos lo definieron como *"maximizar las ventajas materiales inmediatas para mí y para mi estricto grupo primario de pertenencia"*[318] cuyo origen es, o tiene mucha relación con la familia matricentrada. La conducta social de los integrantes de estos grupos (que significan un altísimo porcentaje de nuestra población) se resume en lo siguiente:

1) Su lealtad: es sólo hacia el grupo.

2) Cierran posibilidades de acción a iniciativas orientadas al bien común.

3) Impiden el trabajo voluntario al servicio de las comunidades.

4) Consideran al voluntariado como orientado a beneficios económicos, pues, a sus ojos, no tiene otra explicación.

5) Desalientan todo trabajo en beneficio de las comunidades.

6) No tienen sentido del deber ni del servicio.

7) Favorecen regímenes políticos de "mano dura".

8) Son factores para que los partidos políticos sean organizaciones clientelares.

9) Votan por el candidato que les ofrezca beneficios materiales, no importa su veracidad, competencia o moralidad..

10) Consideran como corrupto a todo gobierno y sus integrantes los que, junto a los ricos, serían la causa de su pobreza.

Los grupos primarios de pertenencia se erigen, pues, en formidable obstáculo ante toda iniciativa de cambio que proponga al país soluciones efectivas de modernidad y desarrollo. Con su fuente originaria, el

---

[318] Ver, Desiato, Massimo; De Viana, Mikel y De Diego, Luis. *"Ethos y valores en el proceso histórico-político de Venezuela"* en "El Hombre, Retos , Dimensiones y Trascendencia". Ed. UCAB, Caracas, 1993

matricentralismo, inconscientemente tienden a impedir el ejercicio verdadero de la democracia en Venezuela.

d. Anomia.

En el mismo Capítulo Noveno de la Parte II –al cual hemos vuelto en esta síntesis conclusiva sobre los factores negativos que han sido determinantes para mantener nuestro subdesarrollo como país, impedir la modernización y retardar la democracia en Venezuela– hicimos algunas consideraciones relativas al tema de la anomia y su muy importante incidencia en fracasos de esfuerzos de quienes, especialmente los jóvenes, desean progresar humana e intelectualmente mediante la consagración al estudio y al trabajo honesto y productivo.

Sabemos que nuestra sociedad no está bien constituida. El problema fundamental es que, desde el principio, se ha asentado sobre inestables bases que, fundadas en opresión y violencia, fueron establecidas desde tiempos de la conquista y extendidas a lo largo de nuestra historia hasta el primer tercio del siglo XX. No es que no se haya hecho nada, como podría inferirse de una lectura superficial de lo que estamos afirmando. Se ha hecho y se ha hecho mucho. Se ha hecho a lo largo de toda nuestra historia y, de manera particular, en los 40 años del siglo XX, cuando funcionó la injustamente vituperada y mal llamada Cuarta República. Pero lo que se debe superar, si queremos no retroceder como nos ha ocurrido en estos últimos años, son características como las consideradas, que casi son determinantes y que hemos arrastrado desde nuestras lejanas raíces de pueblo.

La más importante recuperación que hemos vivido ha sido, precisamente, la de los años transcurridos entre 1958 a 1983. Es importante haber acumulado esa experiencia que, en su declive, se extendió hasta 1998. La primera recuperación democrática y de experiencia ciudadana, vivida a raíz de la muerte de Juan Vicente Gómez, fue mucho más breve. Truncado por el 18 de octubre, el ascenso gradual iniciado en 1935 iba a renovarse con diferente impulso en los años del posterior Trienio, para caer de nuevo el 24 de noviembre de 1948. Pero la grande y dilatada experiencia que se inició a partir del 23 de enero de 1958, por ser más profunda y duradera, tiene raíces suficientes como para renacer con fuerza de permanencia definitiva. La condición necesaria para que así sea, es la de erradicar factores de atraso como los que hemos considerado. Es profundo el trabajo por hacer para la liberación y dignificación de un pueblo al fin de que deje de ser masa y como masa no actúe más, para que cada uno de sus integrantes asuma su condición y dignidad de persona humana.

La anomia es, precisamente, uno de los factores por erradicar primero. Como en el capítulo correspondiente se expresó, aunque el significado de anomia es carencia de normas, en el caso venezolano tal carencia se traduce en que aquellos logros que se proponen muchos de nuestros ciudadanos no tendrán relación con los esfuerzos que realicen para alcanzarlos, lo que conduce a otra distorsión, según la cual los premios suelen no corresponder a méritos de los premiados como tampoco los castigos corresponden a faltas.[319]

Recordemos la antes citada expresión de estos autores sobre las consecuencias de la anomia que no se reduce a simple carencia de normas, pues *"...tiene que ver con una situación casi secular en la que se ha perdido la relación entre los esfuerzos y los logros; entre los méritos y los premios; entre los crímenes y los castigos. Los premios son para los truhanes y pájaros bravos; los castigos son para los esforzados.*[320] Este fenómeno consiste en conductas *"que conspiran contra la cohesión y armonía sociales"* pues bloquean todo acceso honesto a metas en la Sociedad. Pero lo más grave es que las personas que ven fracasar todos sus esfuerzos y ser premiados los delitos de otros; que escogen la fácil vía de rápidos ascensos en prestigio y riqueza; se sienten tentadas de cambiar su comportamiento correcto para tomar caminos desviados. En este caso es necesario apuntar contra los antivalores sociales del sistema de hecho establecido, verdadero desorden que privilegia el éxito económico del cual hace derivar un falso pero reconocido prestigio. Mikel De Viana en su trabajo "La Sociedad Venezolana y su Resistencia al Cambio"[321], señala que la matriz cultural dominante en Venezuela bloquea el mínimo alcance posible de modernidad, por cuanto en ella están

---

[319] Idem.

[320] Idem.

[321] Ver: Revista SIC n° 600, Caracas, diciembre 1997.

ausentes la voluntad de dominar y transformar la naturaleza, una ética racional y universal y un sistema de normas que regulen la convivencia. En cambio, constituyen la matriz existente: el consumismo para la sobrevivencia, la fiesta o el enriquecimiento; los grupos primarios de pertenencia con sus éticas particularistas y excluyentes; y redes particularistas e informales de relaciones para la convivencia concreta. De Viana cita, en este punto, una expresión de Samuel Hurtado: *"se tienen todas las formas, instituciones, ideas de sociedad, pero a las formas de las leyes les falta contenido cultural, a la institución de la ciudad le faltan los ciudadanos, a la idea de democracia le faltan los demócratas."*[322]

e. Subestima.

Escribió Mario Briceño Iragorry: *"Pueblo que no medita el valor de sus propios recursos ha de caminar los opuestos caminos que conducen ora a la desesperación, ora a la presunción".*[323]

La subestima del venezolano nació con la sumisión al caudillo que salió victorioso de la Independencia, cuyo triunfo frustró los sueños heroicos del ethos subjetivo de quienes no alcanzaron la gloria de ser héroes. Como lo expresáramos anteriormente,[324] entonces surgieron el vivo, el "pájarobravismo", el *"pónganme donde haiga"* enterradores del esfuerzo personal y del trabajo productivo. Fue un adaptarse para superar la frustración que obró en perjuicio de la propia estima, pues nadie podía ocultarse a si mismo el autodesprecio que ello significaba. *"Vivimos negándonos a nosotros mismos, declarando a voz en cuello nuestros defectos, olvidando nuestras cualidades y esto nos lleva inevitablemente a la inhibición"*, escribió en la prensa un gran venezolano[325], Don Pedro Mendoza Goiticoa, recientemente fallecido, quien hizo campaña permanente para que rescatemos

---

[322] Hurtado, Samuel. *"Cultura matrisocial y sociedad popular en América Latina"* Fondo Editorial Tropykos, 1995, pg. 20. Cit. Deviana, Mikel, Op. Cit.

[323] Briceño Iragorry. M. *"Pequeño Tratado de la Presunción"*. Obras Escogidas, op. cit. Pg15.

[324] Ver, Parte II, Cap I., pgs 77 y sig.

[325] Mendoza Goiticoa, Pedro. *"La Subestimación 2"*. El Universal 21 dic 2007, pg. 1-10.

nuestro valer y orgullo nacionales. *"Es necesario auscultar lo más que se pueda la Venezuela auténtica, y así rectificar y mejorar nuestra condición humana. Es indispensable tener un gran concepto de la nación venezolana, y cada venezolano estimarse en su justo valor. Para lograr éxito en nuestra campaña, tenemos a nuestro favor los medios que ha creado la ciencia física: radio, televisión, internet, pero lo más importante en esta lucha será nuestra convicción. Las creencias son un poderoso instrumento. Si creemos firmemente en el aserto de que el venezolano adolece del mal de la subestimación y de su posible curación, triunfaremos."*[326] De manera contradictoria con los falsos mitos o tópicos que se repiten, como el de ser "un país riquísimo" que tiene las mejores autopistas, puentes y lo que se imagine del mundo, no estimaremos la realidad permanentemente presente de los éxitos que alcanzan los venezolanos en el exterior, y no solamente en el baseball. Por ello, con razón, expresó Mendoza Goiticoa: *"Este mal nacional de la subestimación se hace evidente, por ejemplo, en el absoluto silencio en que se tiene a los médicos héroes que dieron salud al pueblo venezolano, labor que comenzó al inicio del período presidencial del General Eleazar López Contreras"*…*"Al compatriota no se le comunica entusiasmo, no se le apoya para que gane, en cambio, al forastero sí."*…*"El venezolano tiene entusiasmo por lo extranjero y desestima lo propio. Cuando hablamos de nuestro pueblo sólo enumeramos sus defectos porque, según nosotros, cualidades no tiene".* Mendoza, en el mismo artículo, citó una referencia a Richard Páez, el entrenador de la selección nacional venezolana de fútbol, publicada en El Nacional del 09-07-2007: *"El mismo Richard Páez lo dejó ver claramente cuando vio a aficionados venezolanos aupando más a equipos foráneos, caso Brasil, Argentina, que por la Vino Tinto."*[327]

Hemos, pues, recorrido hasta aquí un primer "paquete" de factores negativos que se oponen a nuestro desarrollo nacional en modernidad y democracia: familia matricentrada, familismo, anomia y subestima. Todos interactúan entre ellos reforzando su particular desarrollo, por muy que el tema que afecta a la familia luce como elemento inicial de otros.

---

[326] Idem.

[327] Ref. cit. El Universal 18-10-2007.

La gravedad de este "paquete" es la de cubrir una gran mayoría de venezolanos.

Ahora bien, carecería de sentido la presentación de éste y otros grupos de factores con presencia negativa en la sociedad venezolana, si no tuviese como propósito abrir ojos a personas con competencia en estas materias, así como a quienes tengan medios y posibilidades para intervenir, a fin de que sean presentadas propuestas y planes para ir aminorando estos fenómenos hasta alcanzar su definitiva eliminación. Tales esfuerzos, en la hora actual, son retos a instituciones y para ciudadanos formados en variadas disciplinas del saber y del hacer, a fin de que Venezuela pueda ir liberando a tan alta proporción de sus hijos de la situación de vivir marginados respecto a beneficios que derivan de la vida en sociedad que, en justicia, corresponden al fundamental principio de igualdad de oportunidades, fundamento de la verdadera democracia.

Algunos factores antropológico-sociopolíticos.

a. Mestizaje.

Mestizo es vocablo que se aplica, en general, al nacido de progenitores de raza diferente. De manera particular, en el caso de las colonias españolas de América, el vocablo se aplicó a los hijos de padres en los que uno de los dos era blanco y el otro indio, de acuerdo al nombre dado a estas tierras por su descubridor Cristóbal Colón. Por extensión, el vocablo mestizo se ha aplicado a mezclas de culturas o de religiones, más conocidas en relación a estas últimas como sincretismo.

Sin embargo, el término, cuyo significado último es mezcla, contiene no pocas vaguedades, imprecisiones e incertidumbres. En efecto, lo que se mezcla, en principio, es lo que de suyo es puro: cuerpos cualesquiera, elementos homogéneos, colores fundamentales, etc. Pero el mestizaje biológico de personas humanas ¿invoca o significa la existencia de grupos o razas homogéneas, es decir, puras? La sola referencia a ello evoca desagradables recuerdos. Entonces hay una deformación forzada del término pues ¿quién puede afirmar que los españoles peninsulares eran una raza pura? ¿o que si lo eran los aborígenes que encontraron descubridores y conquistadores? Por ese camino a lo que se llega es al fijismo de absolutizaciones falsas como las de las dos leyendas dorada y negra, por las que, para la segunda, los indios o salvajes bondadosos fueron masacrados por malos europeos mientras que, para la otra, santos eran los europeos. En realidad, de lo que se trata es que el descubrimiento y la conquista generaron una nueva y variada realidad humana y social, occidental y amerindia, que desarrolló sus propias aspiraciones. Por eso, bien apuntó Picón Salas que habrá de llegar un *"instante de combatir el mito que opone en la cultura occidental, como anverso y reverso de la misma moneda, un viejo y un nuevo mundo, ya que Europa no es tan irremediablemente anciana como muchos se empeñan en creerlo, ni en América todo es juvenil esperanza."*[328] En efecto, cada ser humano, que fue y es parte de ese llamado mestizaje, aporta sus modos de ser, hacer y querer, es decir, sus aspiraciones, sus realizaciones y sus esperanzas tanto las suyas personales como las colectivas de su sociedad de pertenencia. Pero también aportó, y sigue aportando, los modos de ser y de proceder que recibieron y siguen recibiendo de las más remotas generaciones hasta la antecedente de sus padres, pues la realidad social es un continuo histórico hecho de conductas y valores humanos. Y también debemos tener presente que, como bien decía Octavio Paz, en lugar de concebir nuestra historia continental como un continuo lineal *"deberíamos verla como una yuxtaposición de sociedades distintas."*[329]

En el caso venezolano, entre otras raíces importantes, destacamos en el Capítulo Quinto de la Parte II, la inadaptación del aborigen al trabajo obligado y sistemático y la rebelión libertaria del negro esclavo, todos ellos desarraigados en su desarraigo.[330] Las fuentes étnicas de nuestro ser pueblo aportan concepciones del tiempo distintas a la occidental. Son, las aborígenes y africanas, concepciones geocéntricas y no la rectilíneo-atropocéntrica propia de civilizaciones racionalistas. Nuestro poblador originario *"con la dejadez se ha puesto a distancia del tiempo y no le quiere dar la*

---

[328] Picón Salas, Mariano. *"Viejos y Nuevos Mundos"*. Obras Selectas. Ed. Edime, Caracas 1962, pg. 939.

[329] Paz, O.. *"Sor Juana Inés de la Cruz o las trampas de la fe"*. Ed. Seix Barral, Barcelona 1982, pg. 26.

[330] Ver, Parte II Capítulo Quinto (El Populismo).

cara".[331] De tal manera de concebir el tiempo derivan: inmediatismo, irresponsabilidad, parasitismo social e improvisación, todo lo cual desemboca en delegación de responsabilidades y conduce al mesianismo caudillista al tiempo que refuerza el paternalismo nacido de la originaria relación amo-esclavo. *"El mal se hace irreversible cuando el parasitismo se institucionaliza en las formas del padrinazgo (en lo social) y del oportunismo partidista (en lo político).....como las instituciones y en especial las democráticas suponen una estabilidad basada en el realismo y en el futurismo, la actitud oportunista, improvisadora y voluble del hombre latinoamericano arroja bastante luz sobre sus frustraciones al intentar institucionalizar la democracia (democracia decorativa)."*[332] Por su parte, Octavio Paz, ante la actitud del latinoamericano frente al trabajo dice: *"en una sociedad en la que la división del trabajo coincidía más estrictamente que en otras con las jerarquías sociales, el mestizo era, literalmente, un hombre sin oficio ni beneficio."*[333] Arturo Uslar Pietri, al referir el problema de la cultura como condición del desarrollo recuerda que los indígenas no trabajaban pues rechazaban hacerlo, y no podían entender algo que era tan normal para la mentalidad del europeo: *"No conocían el dinero, no comprendían el trabajo, tenían otra noción del tiempo, carecían del concepto de riqueza a la europea y era difícil o imposible someterlos a un horario de labor, a un sistema de producción y ganancia y a una novedad social.... A aquellos primeros encomenderos no les parecía posible lograr que los indios vivieran y trabajaran 'como labriegos cristianos de Castilla'. La experiencia había sido negativa. Entre sus observaciones aparecen muchas indicaciones de carácter cultural. Señalan que 'no muestran codicia ni deseo de riqueza, que son los principales motivos que impulsan a los hombres a trabajar y a adquirir bienes'. "*[334] Tales rasgos, agravados por las condiciones vividas en el país a lo largo de su historia, incluidas en ellas la pésima realidad sanitaria, así como la marginalidad y sus secuelas, están presentes en la conducta de una alta proporción de los integrantes de nuestra fuerza de trabajo.

---

[331] Carías, Rafael Ernesto. *"El Latinoamerica y el Tiempo"*. UCAB, 1970, pg. 2.

[332] Idem, pg. 4.

[333] Paz Octavio, Op. Cit,. Pg. 53.

[334] Uslar Pietri, Arturo. *"Godos, Insurgentes y Visionarios."* Ed. Seix Barral, 3ª edición, Barcelona, 1986, pg. 146.

b. Aspiración de logro.

David McClelland, norteamericano, nacido en Vernon, Estado de New York el 20 de mayo de 1917, bachelor en artes en la Universidad de Wesleyan, Master en la Universidad de Missouri, alcanzó el PHD en la Universidad de Yale y fue profesor en el Connecticut College y en la Universidad de Weleyan antes de serlo en Harvard University en 1956, en la que trabajó por 30 años siendo Chairman del Department of Social Relations. Pasó luego, en 1987, a Boston donde recibió el Premio de la American Psychological Association como Distinguished Scientific Contributions. Durante su carrera publicó varios trabajos entre ellos su famoso Human Motivation que le dio gran renombre. Murió en marzo de 1998 a la edad de 81 años.

En su obra fundamental, Teoría de las Necesidades, plantea que el ser humano, en sus relaciones societarias y para desarrollar capacidades propias, tiene tres necesidades básicas: necesidad de logro o de realización cuya satisfacción le permite destacarse personalmente pues es una necesidad que corresponde a la medida en que se desarrolla, e incluye aceptar con éxito responsabilidades en la sociedad y hacer bien lo que se propone asumiendo éxitos y fracasos; necesidad de poder que le permite influenciar positivamente sobre los demás, controlar sin competir e influir favorablemente sobre los actos ajenos que, sin significar dominio permite alcanzar prestigio social; mientras que la tercera, necesidad de filiación, consiente ser comprendido, aceptado y solicitado por los otros, cooperando con ellos en vez de luchar y manteniendo buenas relaciones.

Es conocido que, hacia finales de la década de los sesenta, McClelland realizó una investigación en Latinoamerica que consistió en un estudio comparativo sobre las aspiraciones de logro en diferentes países, en la que Venezuela obtuvo entre los más bajos resultados sobre ese particular[335]. Estando en un seminario en Santiago de Chile tuve la oportunidad de conocer ese estudio. Sin embargo, quizás por lo remoto de la fecha, no he logrado recuperarlo de modo que actualmente no dispongo de las cifras comparativas correspondientes. Hay, empero, un estudio de

---

[335] N del A: aunque en las mediciones realizadas presentó siempre los más altos índices de aspiraciones de poder.

la IESAL-UNESCO citado en investigación propiciada por la Universidad Rafael Belloso Chacín y otro realizado por la UNIMET de Caracas, que pude localizar en Internet, en cual, en una sección del mismo sobre Motivación de Logro a nivel universitario, se establece que, junto a Colombia –que vivía años trágicos de su problema de guerra interna ante la subversión de las Farc y otros grupos de inspiración marxista– Venezuela estaba clasificada entre los índices más bajos.[336] En el estudio de UNIMET se puede encontrar también indicadores relativos al familismo amoral y, en ambos, informaciones muy valiosas. Tales resultados se corresponden, cuales consecuencias, con los fenómenos sociales de nuestro país anteriormente señalados en este mismo Capítulo.

c. Miedo.

Del miedo hemos ya tratado suficientemente. Como decíamos allí, de manera natural todos los humanos sentimos miedos. Nuestros primitivos antepasados lo experimentaron pues, carentes de conocimientos, recursos e instrumentos propios de etapas superiores de la evolución humana y con la sola y precaria ayuda de sus propios medios se vieron obligados a enfrentar los peligros que les presentaba la naturaleza. La proporción de fracasos hubo de ser altísima y sus consecuencias mortales: el primer miedo que el humano ha debido conocer fue, seguramente, el de la posibilidad de perder la propia vida. No es cierto que –como se suele decir– el miedo es libre. No lo es pues nadie decide tener miedo: con presencia coercitiva, el miedo se impone sobre nuestra voluntad. Por eso, tener miedo no es cobardía. Cobarde es quien se somete al miedo, como anteriormente lo expresábamos. Valiente será quien quien se enfrente a su miedo, o mejor, a las razones por las cuales teme y las desafíe a cualquier riesgo. Pero ser valiente no significa actuar irracionalmente, como sería el caso de quien, conscientemente, enfrente una fuerza que no podrá superar. En tales casos hay que huir o buscar protección adecuada. Eso es prudencia: hacer lo que es prudente.

336

http://www.urbe.edu/publicaciones/redhecs/historico/pdf/edicion_5/12-mercedes-y-flor-la-correlacion.pdf

Decíamos anteriormente que, en Venezuela, por la historia de conflictos que se prolongaron por tres siglos y dejaron espantosas secuelas de destrucción y muerte, el miedo secular hizo que en la conciencia nacional se alojara, poderoso, el deseo de paz. Pero ni la violencia, ni la guerra que es su expresión, serán jamás suficientes para doblegar la voluntad libertaria de los venezolanos. Siempre, tarde o temprano, el atropello generalizado y el abuso de poder terminan alcanzando sus límites, que son los de la tolerancia de los ciudadanos. El problema es que, casi siempre, mientras la fuerza del poder se va desnudando, perdemos tiempo en la engañosa espera de que no sea así y que podamos negociar para llegar a un entendimiento, lo que resulta siempre ilusorio. En frase muy manida, el Libertador decía que "*el poder absoluto corrompe absolutamente*"; quiere decir que engañará y mentirá por lo que nunca se alcanzará el acuerdo. Entonces, es la "llegada al llegadero" del decir criollo. En tales definitivas horas, ha sido siempre abanderada la juventud venezolana.

d. Negación.

Las sociedades nacionales que han logrado establecer verdaderos pueblos, sobre ellos han construido instituciones y afirmado bases del progreso y desarrollo que han alcanzado y sobre las cuales continúan edificando futuros de creciente bienestar. No quiere ello decir que no hayan enfrentado graves dificultados, tenido conflictos internos o librado guerras contra fuerzas externas que hayan amenazado su integridad y soberanía nacionales. Precisamente, si las han preservado ha sido porque las han superado por haber contado con plena solidaridad de sus ciudadanos. Cuando hubieron de enfrentar la amarga cara de la derrota, fue porque esa solidaridad se vio fragmentada en porciones que se negaron entre ellas, como fue el caso triste en Francia cuando padeció tiempos llamados de la República de Vichy.

Expresábamos en la Introducción, mediante cita de Don Mario Briceño Iragorry, que Venezuela ha vivido permanente "crisis de pueblo" porque ha sido constante y sistemática nuestra negación del pasado, lo que constantemente ha impedido que podamos construir esa base histórica sobre la cual se levanta todo pueblo. En lo político, conocemos bien que desde que se fundó la República hemos sufrido el sucederse de mal llamadas "revoluciones", cada una de las cuales ha pretendido ser el inicio –o reinicio, pues al menos han aceptado la fundación originaria de 1811— de una nueva república; de una nueva independencia. Como lo hemos considerado, factores de gran importancia del componente político presente en la crisis actual, pero que se desarrollaron en los años 80 del siglo pasado fueron, precisamente, la negación entre partidos y la negación intrapartidista que terminó por fraccionarlos y, lo que es más grave, destruyeron la confianza en ellos y, con ésta, el inmenso apoyo de legitimación que habían alcanzado desde 1959 hasta entonces. Hoy en día, los "ni – ni", ese mayoritario porcentaje de los inconvenientemente así designados en la política, no son sino resultado concreto y viviente del efecto demoledor derivado del desprestigio y desconfianza que, sobre el liderazgo político, adquirió y conserva aún más agravado el ciudadano venezolano.

No es ese el único factor, por supuesto, tal como lo hemos venido considerando. Pero si es muy influyente en la increíble permanencia en el poder de un gobierno que ha atropellado todos los derechos ciudadanos; violado N veces la Constitución Nacional; cerrado y perseguido propietarios y profesionales de plantas televisoras y radiodifusoras; agotado los recursos del país, comenzando por la destrucción de lo que era considerado y respetado por todos los gobiernos, desde los años 30, como nuestra "gallina de los huevos de oro": nuestra industria petrolera, que fue, hasta este oprobio, considerada en todo del planeta como una de las empresas más sólidas y capacitadas del ramo. Con una negligencia de cuya irresponsabilidad y culpa no tendrán tregua jamás sus actores, el venezolano de estos tiempos carece de servicios de energía eléctrica; de agua corriente; de las más elementales y mínimas garantías de sobrevivencia, pues el crimen organizado, el secuestro y el hampa acechan a toda hora, día y noche, a cuantas personas residen en esta Nación. Ante todo esto, el venezolano ha guardado una pacificidad que más parece irresponsabilidad y estolidez.

Mientras, la estafa que esconde el llamado Poder Popular del Régimen implica: a) Dividir la noción de Pueblo entre "quienes son" y "quienes no son", pero en la verdad de la práctica, nadie es, sino la Nomenklatura; b) Marginar un sector del pueblo real del poder y de la historia; c) Aumentar la ingobernabilidad presente al establecer algo tan precariamente definido y carente de toda lógica legal y social, cuya perspectiva más próxima pareciera ser alentar la guerra civil.

Sin embargo y para abrigar grandes esperanzas, de nuevo la emergencia de las juventudes, cuya aparición en los peores momentos de nuestra historia es tradicional, "salva la honra" y con ella la dignidad venezolana. Es tiempo para que nuestro pueblo, insistamos en ya citada frase de Briceño Iragorry, sepa *que él es historia viva que reclama a voces que le faciliten su genuina expresión*.[337]

En la parte de historia en este trabajo, así como en la síntesis histórica que, como apoyo, corre en el Anexo N° 1, el lector podrá ampliar las circunstancias propias de nuestro desarrollo como pueblo; las consecuencias de innumerables guerras y revueltas; la presencia del paternalismo estatal y las raíces del populismo; la tragedia del peculado, "institución" que viene desde tiempos primeros de la Colonia. Por eso, la necesidad urgente de descentralización del poder y la lucha por alcanzarla que nació y se desarrolló en los Cabildos, propulsores primeros y legítimos de nuestra sed de independencia y libertad. Por lo demás, en capítulos anteriores se encontrarán aspectos relevantes de la contradictoria ambivalencia —a la vez bendición y maldición— que la forma de entender el uso y disposición de la natural riqueza que, cual regalo en nuestro subsuelo sembrara el Autor de todo, ha significado para nosotros el recurso petrolero, ora factor de desarrollo productivo, ora elemento de perversión de nuestro debido hacer humano.

Una de las principales estrategias de todo totalitarismo es infundir miedo en la población que oprime: el miedo paraliza las acciones, acalla las protestas, pone en fuga las personas que pueden irse al extranjero. El miedo se suma a la miseria para reforzar al poder totalitario. De caso pensado, los regímenes totalitarios someten, con grandes penurias físicas y económicas, aquellos pueblos que caen bajo su dominio. El terror es el principal instrumento psicológico del poder opresivo. También es muy importante la pobreza, pues, ante la fuga de quienes poseen capacidad para oponérseles, las tiranías totalitarias se quedan solas, oprimiendo a

---

[337] Op. cit., pg. 520.

pueblos masificados de poca conciencia y ninguna capacidad para resistir.

No huelga una importante nota final: en sus múltiples discursos e intervenciones públicas, Chávez siempre se caracterizó por anunciar públicamente los planes y propósitos de su proyecto. El Dr. Asdrúbal Aguiar ha insistido constantemente en afirmarlo. Quizás entre las más importantes de esas manifestaciones está la presentación que ante toda la Nación hiciera los días 12 y 13 de noviembre de 2004, en el Fuerte Tiuna, de lo que llamó "El nuevo mapa estratégico", en el que describió con claridad sus planes futuros y que el país todo, en particular el sector político, parece no haber tomado en cuenta.

Este trabajo no quiere dejar, en el ánimo de quienes puedan ser sus pacientes lectores, sabores negativos, ni espíritus deprimidos. Todo lo contrario. La presente es hora estelar para asumir nuestras seculares responsabilidades de ser el privilegiado pueblo de ésta, bautizada desde su principio, "Bendita tierra de gracia". No es una quimera. No es un sueño imposible. Es un reto que emplaza a las presentes generaciones, y a las por venir, para asumirlo a fin de hacer de Venezuela, de esta hermosa y querida Patria, tierra libertaria por siempre; lugar de encuentro de gentes de todos los pueblos; templo de respeto a la dignidad de la persona humana y fuente de paz y entendimiento.

Reflexión final.

Hoy en día, de lo que se trata, como decía Maritain, es de existir con el pueblo, que es vibrar, soñar, compartir y sufrir con él, todas sus angustias y todas sus esperanzas y alegrías. La vacilante luz que va separando paso a paso las tinieblas que envuelven a Venezuela y que, no sin grandes luchas e inmensos sacrificios, pronto, como estrella de gran magnitud iluminará todos los rincones de la Patria, podrá ser luz de permanencia humana sólo si abraza ideales y acciones como éstas, que no son obra de algún "iluminado", sino que brotan del propio corazón del pueblo, engendrados por éste en las bodas de sus sufrimientos seculares con sus esperanzas rotas. Todos los venezolanos estamos frente a la gran tarea de reconciliarnos. El odio, la mentira y la miseria nos han dividido y fraccionado en separadas parcelas de egoísmos y proyectos grupales. Es hora de regresar a la unidad nacional. Tenemos que buscarnos y afirmarnos en lo común que nos une y desechar lo particular que nos separa. Que quien pueda extienda la mano a quien no puede; que quien sabe ilumine a quien ignora; que quien ama enseñe a quien odia; que quien trabaja a quien no lo hace; que quien crea en Dios a quien no crea.

Mientras no sea así, todos los esfuerzos se tornarán en fracasos, pero sabemos que como éste −"el otro proceso"− muchos otros semejantes y posibles, continuarán creciendo hasta realizar los sueños que alimentamos en esta bendita tierra de gracia.

Ejemplo para un futuro promisor: Pobreza y el otro progreso

Estamos ante nuevas realidades que modifican radicalmente las expectativas de los habitantes de este país respecto a la política, los partidos políticos y sus dirigentes. Hay apatía, ciertamente; tenemos poca conciencia ciudadana, es verdad; también conocemos comportamientos que aíslan, por supuesto. Sin embargo nada de eso resulta nuevo. El país es lo que es desde hace mucho: lo que somos y hacemos viene desde los primeros tiempos de nuestra existencia organizada como sociedad, pero hace cuatro décadas, los venezolanos –que no éramos otros distintos a como hoy somos y teníamos los mismos rasgos culturales, defectos y hasta "taras" si así se quiere calificar algunos de ellos– mostrábamos gran participación política; la abstención electoral era mínima; disfrutábamos de paz y tranquilidad y la vida se desenvolvía normalmente. Consideramos y conocemos los acontecimientos y problemas que se desarrollaron a partir de los años 80, así como las consecuencias derivadas que condujeron a la muy difícil situación que estamos padeciendo en este presente.

Estamos en crisis que podemos llamar general pues, en medio de una gran pobreza que afecta seriamente a dos terceras partes de los ciudadanos venezolanos, sufrimos graves desajustes que son, a la vez, económicos, políticos y sociales, con carencias de servicios básicos como electricidad y agua corriente, desabastecimiento de bienes de consumos permanentes, dificultades monetarias e impedimentos cambiarios, falta de viviendas y condiciones globales de inestabilidad y desasosiego y, entre toda una larga lista, la inseguridad ciudadana.

Sin embargo, pese a esa tan difícil situación, en medio de críticas y protestas, es evidente que la población aspira conscientemente a superar todo ello y emprender un camino de recuperación, progreso y paz ciudadana.

Se siente que la participación ha dejado de ser consigna vacía para transformarse en aspiración profunda de los ciudadanos; de esos seres humanos "situados" en su tiempo, espacio y necesidades, que aspiran a progresar en democracia. Particular importancia reviste la creciente aspiración de tomar parte y de tener injerencia en aquellas decisiones que afectan directamente la vida cotidiana de la gente en sus localidades. He hecho referencia, en otras oportunidades, a lo que he llamado "el otro proceso", para confrontarlo, a la vez, con el viejo estilo de gobernar de corte marcadamente populista que ha predominado desde comienzos del siglo XX en América Latina, incluido también el estilo y "modelo" que en Venezuela venimos padeciendo, desde hace más trece años, bajo el llamado "proceso" chavista. El país aspira y tiende a realizar otro proceso.

Creo, firmemente, que si no se toma en cuenta esa importante tendencia que es "el otro proceso", cualquier esfuerzo que se realice, después de superada la presente dictadura de corte totalitario, va a resultar decepcionante para las multitudes desamparadas. En el umbral en el que nos encontramos, que indefectiblemente y más temprano que tarde significará cambiar de conducción política en Venezuela, cuando a ojos vista y por sí mismo se derrumba un régimen que, por decenios, aspiraba ejercer en el país el poder totalitario que ha tratado de completar, la respuesta a los interrogantes que plantea dicha tendencia es sumamente importante.

Lo primero que habría de ser acotado es que no se trata de un fenómeno exclusivo de Venezuela. En toda América Latina –y no sólo en los países que han asumido la "franquicia" cubano-venezolana– la actitud de lejanía, de aparente indiferencia, de escepticismo y de separación, es un hecho que está presente y lo está también en otros Continentes, aún los muy "desarrollados", pero por razones distintas que allá pueden ser muy explicables con base en razones y realidades diferentes.

Nos podemos preguntar ¿por qué? Podríamos decir que, especialmente en América Latina que es lo que nos incumbe ahora, hay dos "procesos", para usar la muy manida expresión de los amigos del señor Chávez. Por una parte está el proceso que, en tiempos en los que estamos, se ha hecho "tradicional" por común. Es el proceso que, normalmente, han conducido los gobiernos del Continente que siguen ciertos patrones establecidos y ciertas "recetas", casi siempre provenientes de regiones e instituciones extrañas a nuestra realidad. Hay un "modelo" – digamos tradicional– de gobernar que no atiende directa, verdadera y sinceramente las necesidades y aspiraciones de las grandes mayorías de nuestros pueblos, que se sienten y están al margen, excluidas de la atención y de los propósitos de sus gobernantes. Que más parecieran ser "rellenos", apenas útiles para legitimar gobiernos, pero que no son centro de preocupación ni objetivo principal de los planes, programas e intenciones de éstos.

Los rostros verdaderos de ese pueblo doliente se ocultan tras montañas de papeles que la burocracia genera en su estolidez, para ser olvidados en "importantes" reuniones que multiplica la dirigencia. Mientras, los partidos políticos, que se van alternado en gobiernos de nuestros países, de manera progresiva han venido perdiendo apoyo real y no cuentan más con aquéllas multitudes que, entusiasmadas, los respaldaron y acompañaron en el pasado. La gente se ha saturado de sus frases, de sus poses, de sus consignas repetitivas, de sus inconsistencias, de sus evasiones de conflictos, de sus miedos, de sus ofertas engañosas. Se cansaron definitivamente de ellos. Los pueblos suelen, históricamente, perder la confianza en sus dirigentes. Cuando eso ocurre, aquéllos se quedan sin credibilidad alguna. Tal desgaste lo conocemos muy bien los venezolanos. Es el desgaste inmanente al populismo, más raído ahora con el "refuerzo" de las instituciones financieras que conocemos y que han abierto espacio al fugaz disfraz del "neopopulismo".

Por otra parte, debo confesar que estamos en un vacío que, por omisión, hemos dejado abrir quienes no compartimos ni el populismo, ni el llamado neo-liberalismo salvaje y menos aún ese cadavérico proyecto de "socialismo del siglo XXI", propiciado por los eternos derrotados de la ultra-izquierda latinoamericana, reliquias de un pasado doloroso que fue enterrado bajo el Muro de Berlín. Están imbuidos ellos en el "proceso" tan caro al señor Chávez y a su corte de alucinados que, puestos de espaldas a las realidades de los nuevos tiempos y apoyados en las líneas internacionales del Foro de Sao Paulo y de ciertos dictadores del Oriente, pretenden restablecer (con gran ineptitud ¡gracias sean dadas a Dios!) aquellos viejos procedimientos que incompetentes ex-alumnos quisieron extraer de las visiones y enseñanzas del viejo Marx.

Percibimos, con los ojos y oídos de la razón, el inevitable derrumbe de este "proceso", perverso en sus principios y objetivos, preñado de odios y retaliaciones y sazonado con la concupiscencia del dinero y la voluntad de poder propios de los adoradores de Mammon, Wotan y Príapo, que pretendían imponer a fuerza de una hace mucho tiempo acariciada "guerra bihemisférica", asimétrica por terrorista y con todos los medios y recursos disponibles, a pueblos como el nuestro que sólo sabemos y queremos vivir en libertad, con justicia, en paz y en armonía.

Pero los gestores de ese proceso desconocen que, al menos en América Latina, los pueblos que tanto ellos invocan –pueblos de los excluidos, de los desamparados, de los marginales– han entendido que solamente ellos mismos y sólo mediante sus acciones, empeño y tenacidad propios alcanzarán, más temprano que tarde, acceder a los derechos y beneficios de una vida digna en Sociedad, como corresponde a la condición de persona humana que el Creador a todos ha regalado. Ignoran, los actores del proceso que está haciendo aguas en Venezuela, todo lo que estos pueblos están haciendo en el tiempo presente por rescatar su dignidad.

Ignoran que los llamados "pobres" se están organizando desde la frontera norte de México hasta Tierra del Fuego. Que están tomando en sus propias manos la gestión de sus vidas personales y familiares mediante acciones concertadas a través de diversas formas comunitarias de organización y de acción, pero no para hacer ninguna guerra, ninguna revolución de destrucciones y venganzas, sino para no depender de los cantos de sirena de un liderazgo en el que ya no creen, el peor de ellos el de nuestra más reciente y presente experiencia venezolana.

Ignoran que los esfuerzos de estos "pobres" están creciendo desde las bases donde hoy habitan y están logrando progresiva, pero sistemáticamente, conquistar cuotas importantes de poder en gobiernos locales.

Hay ejemplos, desde hace más de diez años, en multitud de localidades del Continente. En Perú, para dar algunos ejemplos; en la propia ciudad de Lima; en Cuenca, Ecuador; en Sao Paulo; en Manizales de Colombia; en varias zonas de Buenos Aires; en Talca, Chile; en Montevideo; en Quetzaltenango de Guatemala; en la región de Pará en Brasil; también en Brasil en Fortaleza y Maruhuapí; en Bolivia, en las cercanías de Cochabamba; en Santiago de Chile las mujeres mapuches; en todo el Uruguay...

¿Qué han logrado?

A veces apoyados por ONGs, pero en igual proporción mediante actuaciones generadas a partir de sus propias organizaciones,
han creado Mesas de Concertación que son verdaderos concejos de articulación entre el poder público local y municipal con las ONGs y los grupos de participación; han logrado compartir atribuciones con los Concejos Municipales en cuanto a las decisiones que les atañen;
han alcanzado llevar a su realización propuestas que provienen del sector popular; han constituido Foros Mixtos para el desarrollo económico de sus zonas; han hecho que sean reconocidas diversas expresiones de economías informales; han cambiado usos de suelos de zonas urbanas; han creado bancos de segundo piso; han incidido en intervenciones en las que se reconoce al sector informal en áreas de servicios públicos, campo ambiental, recolección y aprovechamientos de desechos y basuras.

Existen Concejos Municipales que se han entendido con representantes de la Comunidad organizada y no solamente los ediles electos, para aprobar presupuestos participativos con posibilidades de que los pobladores determinen y controlen las secciones y partidas que se destinan a ellos; han logrado que se constituyan Fondos para financiar grupos de productores populares; han propuesto, como derechos constitucionales, políticas que concibe la población organizada; han hecho crear mecanismos contra su exclusión informativa.

En materia de hábitat y vivienda, hay importantes acciones de gestión participativa a niveles de barrio, sector, calle, etc. En Argentina, por ejemplo, hay regadas en casi todo el territorio de esa Nación muchas organizaciones sociales integradas por vecinos y empleados que han desarrollado cooperativas de participación comunitaria que, con autogestión (que no es necesariamente autoconstrucción), proveen servicios, construcción y mejoramiento de viviendas y pueden administrar directamente fondos públicos consignados para ello. Una de ellas —hace ya algunos años— controlaba el 40 por ciento de los ingresos municipales recaudados mediante impuestos y derechos de construcción en su Municipio. Hay multitud de casos de Fondos Rotativos de créditos para financiamientos de cooperativas y organizaciones comunitarias de vivienda. En el Uruguay, después de tres décadas, han desarrollado y fortalecido el sistema de cooperativas de vivienda de ayuda mutua, cuya Federación es, tal vez, la organización popular más importante de ese país, incluidas las Centrales de trabajadores.

El proceso popular en lo que concierne al hábitat no se limita a la producción social de éste y las viviendas, sino que interviene en temas como los de: la educación formal; abasto y consumo; salud en cuanto a atención y prevención; seguridad interna de sus zonas; equipamientos urbanos en general; cultura y deportes; atención de grupos especiales, sean por defecto o por exceso; trabajos de atención para niños, jóvenes y ancianos; mejoramiento ambiental, con casos en los que tratan el agua y con ella se cultivan flores que generan economías. Hay, por lo demás, innumerables formas de generar recursos. Con ellos se fortalecen las economías populares.

Toda esta acción popular comunitariamente organizada, supone, como es obvio, una fuerte incidencia en el refuerzo de la lucha por los valores democráticos. La organización popular es esencialmente democrática, porque en ambientes de opresión y sin libertades no florecen las indispensables armonía, solidaridad y entendimiento entre los seres humanos.

Durante la última década el crecimiento del otro proceso, no dirigido ni manipulado por gobiernos o partidos, ha sido enorme. Si hace diez años había unas quinientas municipalidades que, en la América del Sur y en íntima relación con sus comunidades, desarrollaba tales actividades, esa cifra, para el presente, debe ser multiplicada por diez. El crecimiento y desarrollo de "el otro proceso" es continuo e irreversible.

Ese es el otro proceso. El proceso propio de esas mayorías que han sido llamadas marginales y excluidas porque no habían tenido acceso a los beneficios de la vida en Sociedad. La democracia, para esa parte sufriente de pueblo que es el pueblo nuestro, es cada vez menos un conjunto abstracto de postulados según los cuales cada uno es "ciudadano", abstracto sujeto de derechos intangibles e inalcanzables, para venir a constituirse, sobre la aspiración de realidades concretas que corresponden a las necesidades de un hombre situado, como lo llamó George Burdeau, esto es, inserto en un tiempo y en un espacio reales y en contacto con semejantes, también reales, con quienes comparte aspiraciones, pretensiones, angustias, ilusiones y esperanzas.

Por ello, las nuevas organizaciones políticas que están floreciendo en Venezuela y las viejas que aspiren honestamente a recuperarse, deben tener presente que el populismo se ha derrumbado en las mentes y corazones de nuestro pueblo. Que el comunismo está enterrado y lo que le sobrevive está muriendo. Que no creen más en profetas, porque generalmente han sido falsos. Que nadie los va a seguir porque hablen bonito. Que la gente lo que quiere es que la dejen hacer; que le abran espacios para realizarse y realizar. Que ya ha quedado atrás el contenido formal de la fórmula de Lincoln sobre la democracia. No se trata de hacer política "del" pueblo, porque es la de otros que no lo oyen; ni "para" el pueblo, porque es paternalismo; y menos "por" el pueblo, porque no participa y se le usa como instrumento y con propósitos de corrupción.

Reflexión final.

Hoy en día, de lo que se trata, como decía Maritain, es de existir con el pueblo, que es vibrar, soñar, compartir y sufrir con él, todas sus angustias y todas sus esperanzas y alegrías. La vacilante luz que va separando paso a paso las tinieblas que envuelven a Venezuela y que, no sin grandes luchas e inmensos sacrificios, pronto, como estrella de gran magnitud iluminará todos los rincones de la Patria, podrá ser luz de permanencia humana sólo si abraza ideales y acciones como éstas, que no son obra de algún "iluminado", sino que brotan del propio corazón del pueblo, engendrados por éste en las bodas de sus sufrimientos seculares con sus esperanzas rotas. Todos los venezolanos estamos frente a la gran tarea de reconciliarnos. El odio, la mentira y la miseria nos han dividido y fraccionado en separadas parcelas de egoísmos y proyectos grupales. Es hora de regresar a la unidad nacional. Tenemos que buscarnos y afirmarnos en lo común que nos une y desechar lo particular que nos separa. Que quien pueda extienda la mano a quien no puede; que quien sabe ilumine a quien ignora; que quien ama enseñe a quien odia; que quien trabaja a quien no lo hace; que quien crea en Dios a quien no crea.

Mientras no sea así, todos los esfuerzos se tornarán en fracasos, pero sabemos que como éste −"el otro proceso"− muchos otros semejantes y posibles, continuarán creciendo hasta realizar los sueños que alimentamos en esta bendita tierra de gracia.

Epílogo

En *Venezuela: Raíces de invertebración* el lector encuentra historia viva, inteligentemente interpretada. **El libro explica quiénes somos ahora y por qué nuestro pasado origina lo que somos y padecemos hoy en Venezuela**. No somos así, por casualidad, diferentes a los suizos o a los chinos. Cada uno de los hechos que nos preceden afecta a la vida diaria de cada venezolano.

El objetivo del libro es contribuir a entender a Venezuela y a los venezolanos, a formar una identidad venezolana, a formar un pueblo coherente, un país armónico. Para lograrlo, Paúl analiza las causas históricas de nuestra desarticulación, nuestra falta de identidad y pertenencia, las raíces de nuestras carencias como pueblo y los pasos que debemos dar para integrarnos como nación, en torno a una identidad, a unos valores, a la búsqueda de los mismos fines comunes a todos. Es un ensayo profundo y auténtico, pues va mucho más allá que la coyuntura del régimen actual. El caos actual que vive Venezuela es sólo la culminación grave y dolorosa de un proceso de desintegración social largamente incubado.

Este libro es iluminador. Provee a los dirigentes jóvenes del país una base intelectual indispensable para entendernos y para elaborar cualquier plan de acción que aspire a ser verdaderamente eficiente. Carl Gustav Jung dijo: "No podemos cambiar nada a menos que lo aceptemos".

La idea central del libro es: Más allá de una identificación superficial con el país, **los venezolanos nunca hemos sido una sociedad articulada, cohesionada, con la convicción y el sentimiento de que somos uno o de que todos estamos en el mismo barco**. A pesar del mestizaje, y de nuestro carácter cordial y amistoso, desde el comienzo de nuestra historia hemos estado divididos en estamentos. La estamentatización hace que las personas se sientan miembros de un estamento, de una clase, de un grupo. Cada estamento, clase o grupo sí

427

tiene identidad, cohesión, valores comunes, sentimiento de pertenencia a lo mismo; simultáneamente tiene sentimiento o conciencia de ser distinto que el otro estamento, clase o grupo. Ese sentimiento o conciencia no es sólo subjetivo. Las ideas, los valores, la conducta, los ideales y aspiraciones de una persona de un grupo difieren totalmente de las ideas, valores, conducta e ideales de una persona del otro grupo. Hasta el significado de las palabras y el vocabulario puede variar. El tono de la voz, los gestos, los temas de que se habla y la forma de hablarlos, la forma de reunirse, de relacionarse, de nombrar a los hijos, de casarse y separarse, de divertirse… todo es diferente. Entonces, se puede afirmar, sin ser hiperbólicos, que en un país con dos estamentos definidos, coexisten dos países en uno.

Al leer el libro, los venezolanos comprendemos que **los males que sufrimos en Venezuela no son un fracaso de las pasadas dictaduras, ni de AD, ni de Copei, ni del régimen actual. Quienes hemos fracasado hemos sido todos los venezolanos. Somos todos, que hemos sido incapaces de entendernos a nosotros mismos, a nuestra propia realidad, nuestra propia sociedad, nuestros propios problemas**. Hemos estado divididos y no nos hemos fijado metas comunes, como pueblo. La desarticulación referida en el libro no es sólo social. Es total. Al leer el libro se me ocurre que, de alguna manera Venezuela ha sido la historia de un fracaso. Esta idea suena muy cruda, dura y pesimista. Pero tiene que ver con nuestra incapacidad histórica para entender y resolver nuestra realidad, a pesar de los ingentes recursos naturales y económicos de que hemos dispuesto. Venezuela es un país de carencias, un país en crisis de pueblo, (cita el autor a Mario Briceño Iragorri), un país en busca de su madurez. El expositor no es pesimista. El expositor retrata la realidad cruda y objetivamente. El paciente está enfermo de gravedad y el médico se lo dice. Y la única forma de reaccionar y curar al paciente, debe ser a partir del conocimiento y aceptación de la realidad, por cruda que sea. El expositor, por el contrario, es optimista, porque al leer el libro el lector percibe su confianza en la propia capacidad del pueblo venezolano para superar las carencias. Uno concluye, como lector, que **somos los venezolanos los únicos que podemos convertir a Venezuela en un país de ganadores. Como si pudiéramos crear la camiseta vinotinto**

para todo el país. No para ganar contra nadie. Ni sobre nadie. Sino para salvarnos a nosotros mismos. Como una comunidad de adultos, de personas maduras, personal y comunitariamente integradas. Si esa fuera la premisa de las nuevas generaciones de políticos, estudiosos y gente preocupada por el país, tendríamos cierta esperanza de poder encontrar algún camino.

Casi hay que partir de cero, pero no como lo han hecho muchos de los caudillos y gobernantes que han llegado al poder. Ellos han destruido lo anterior para imponer su propia voluntad y sus propios antojos. Comenzar de cero es crear un pueblo unido, una visión conjunta de nuestra realidad. Sería como firmar un "Superpacto de Puntofijo" que aglutine a todos los pensadores y actores de buena voluntad, que dirijan su pensamiento y su acción a crear una sociedad de todos y para todos. Que por primera vez dejemos de echarnos las culpas unos con otros, al gobierno anterior o al imperialismo, y veamos hacia adentro y nos sintamos "habitantes" y "ciudadanos" del país. Que caigamos en la cuenta de que lo único que tenemos es a nosotros mismos. Con nuestras grandes virtudes y nuestros lacerantes defectos. Somos tal cual somos y no otra cosa. Parecidos, pero diferentes a otros pueblos hermanos, incluso de Latinoamérica. Somos nosotros y nuestras circunstancias. Y por nosotros tenemos que echar el resto. O creamos entre todos y para todos, o nos hundimos todos. En otras palabras, no debemos vivir de ilusiones, viendo hacia fuera (USA, Europa), o buscando en la cartilla de doctrinas y revoluciones llenas de odio y de división y modelos fracasados en otros contextos, despreciando nuestra propia realidad, lo que somos y lo que tenemos; debemos comenzar a entendernos a nosotros, a formar nuestra autoimagen, nuestra autoestima, basada en la realidad tal y como ha sido expuesta en el libro...

Para que el país llegue a ser uno, para que todos y cada uno de sus integrantes se sientan que están en el mismo barco, que el país es de todos, que no podemos vivir bien unos y los otros mal, tiene que producirse un cambio radical de conciencia y de pensamiento en todos. En los de uno y otro estamento. Un cambio radical en las estructuras de pensamiento, emociones, valores, actitudes y conducta de todos. Estamos ante un problema social, pero también, con la misma intensidad y profundidad, ante un problema psicológico de todos y cada uno de los pobladores de este país. Los psicólogos y los psiquiatras saben lo difícil que es cambiar los patrones inveterados de conducta y de pensamiento de las personas. Frecuentemente una psicoterapia o un psicoanálisis de diez años no bastan para que una persona modifique el bloque de patrones de conducta arraigado en el fondo de su psique. Pensar en una posible solución profunda y definitiva, con consecuencias a largo plazo, del problema de la identidad de Venezuela, es materia de trabajo y planificación imaginativa y creativa de profesionales de varias ramas de la ciencia: Políticos, economistas, sociólogos, psicólogos, psiquiatras, comunicadores, publicistas y quien sabe cuántos más. Más de uno pensará que el problema es insoluble, por la profundidad y rigidez de las estructuras mentales de las personas involucradas. Sólo los más osados, creativos y valientes emprendedores podrán hacer algo para resolver, para prender una luz en la oscuridad y echar a andar. Finalmente el título escogido para el libro es excelente, pues refleja el contenido profundo y el mensaje total de la obra.

Roberto Ruiz Báez
Abogado
Profesor universitario (UCAB, UCV)

COMPLEMENTO ÚTIL

En estos tiempos de tempestad que antece la calma del buen tiempo, y para aquéllos a quienes pueda serles útil, anexo en el texto principal y a manera de sintetizado epílogo, este trabajo del Prof. Juan Carlos Rey, cual reflexión muy importante para enfrentar futuras situaciones problemáticas de nuestras realidades y vida nacional.

Nuestro problema real

Ante la realidad de nuestro proceso de desarrollo histórico, y toda la carga de fracasos y frustraciones que significó el siglo XIX y, con la gravitación del peso inmenso de lo que hemos analizado anteriormente, incluidos los elementos aportados por el trabajo de Juan Liscano, "Los Vicios del Sistema"; más el horror que, desde puntos de vista humano, económico y social, significa hoy una mal llamada "revolución" inventada, desde las entrañas de su enfermedad de sociópata, por Hugo Chávez quien, instalado en su Corte incondicional de adulantes y rastacueros, bien denominados "focas" por la chispa popular, tiene como balance que, en trece años transcurridos entre 1999 y 2012 haya sido dilapidada la impensable cifra de más de un billón cien mil millones de dólares norteamericanos obtenidos por el sólo concepto del petróleo. Se trata de recursos desviados de lo que, con buen gobierno, hubiere sido afortunada circunstancia propiciada por ese mercado que, en tal período, más que cuadruplicó los precios "record" del crudo alcanzados, en tiempos también mal aprovechados, entre 1974 y 1982. El principal y gran responsable de este desastre es Hugo Chávez, quien, para beneficio de la satrapía de Cuba, más otros tiranuelos de baja ralea, junto a un par que la chispa popular bautizo de "gigolós", así como de la popularmente llamada "boliburguesía" de la "robolución", hizo desaparecer esos recursos en aras de un alocado "proyecto" comunista de dominación nacional e internacional. Tal proyecto generó la mayor corrupción nunca habida en la tradicionalmente corrupta administración de nuestro Estado y, así, dejó empequeñecidos los peores peculados y fraudes perpetrados a lo largo de toda nuestra historia nacional.

La dura realidad de nuestra historia justificaría el que pudiésemos denominar de "enferma" a la Sociedad de nuestra amada Nación. Pero queda como reto ineludible para todo venezolano que, en su más prístinos significados no haya perdido el sentido auténtico del gentilicio, ni el de la Patria, el hacernos la pregunta: ¿Qué debemos hacer, sobre este caos de humeante destrucción en el que —a lo largo del tiempo- hemos sumido a Venezuela, y cómo levantarla creando otra realidad por la que, cual nueva Ave, podamos renacer por *el Fénix de los ingenios*?

En su extraordinario libro "El Futuro de la democracia en Venezuela", el Profesor Juan Carlos Rey, al plantearse similar pregunta en orden a la posibilidad futura de crear, en condiciones sociales adversas, una nueva realidad político-democrática, expresa que, para ello, es necesario *"crear un orden político que satisfaga, en forma simultánea e independiente"*, cuatro condiciones (tres de ellas de *"deseabilidad)"*:

- EQUIDAD (o no-tiranía);

- CONSENTIMIENTO (o no-despotismo);

- INSTITUCIONALIDAD (o no-ocasionalidad):

- VIABILIDAD (o no-utopía, que es de "posibilidad)".

Añade el Profesor Rey: *"las tres primeras condiciones se refieren a criterios acerca de la deseabilidad o conveniencia del orden en cuestión; la cuarta se refiere a su posibilidad o compatibilidad, dadas las condiciones empíricas existentes"*. [338]

Me propongo, en esta parte conclusiva del presente trabajo, y a modo de ejercicio intelectual cual material para quienes corresponda ac-

---

[338] Rey, Juan Carlos. *"El Futuro de la Democracia en Venezuela"*. Ed. IDEA, Caracas 1989. Pgs. 45-46.

tuar, presentar y seguir de cerca el desarrollo de las ideas que en el Capítulo I (#4) de su libro, expone Juan Carlos Rey, bajo el título "El problema de la creación de un orden político democrático," pues en los días cuando se escriben estas líneas, es pensable que nuestro país se vaya a encontrar –más temprano que tarde– en una situación muy difícil para recomponer la armonía y el entendimiento entre sus ciudadanos, valores esos que han sido muy dañados y comprometidos en estos últimos trece años tan conflictivos y desintegradores. Entonces, hay que tener el ánimo para, de alguna manera y en la medida de las propias posibilidades, poder ayudar a abrir mentes y voluntades hacia esa indispensable y prioritaria necesidad de reconstruir la paz y la convivencia prácticamente perdidas.

Sin embargo, al retomar el estudio de las condiciones de Rey, que inmediatamente antes han sido expuestas, introduciremos algunas consideraciones y reflexiones propias sobre *"las condiciones empíricas existentes"*, para así incluir las hoy presentes en Venezuela, a fin de sumarlas a las que ya existían cuando el Profesor Rey escribió el libro en 1989, pues los veintitrés años transcurridos desde entonces han añadido nuevos e importantes condicionantes.

Al efecto, cuando Chávez ganó la elección presidencial, en diciembre de 1998, encontró situaciones políticas, sociales y económicas que, de manera muy importante, fueron factores que determinaron su victoria. Hasta allí, las *"condiciones empíricas"* correspondían a las propias de la etapa que el "chavismo", ya gobierno, denominó IV República (con los errores histórico y político que tal asignación significa). Pero el gobierno de Chávez, en trece años de ejercicio, ha introducido nuevas condiciones que agravan sensiblemente el escenario nacional que existía para cuando se realizaron las referidas elecciones de 1998. Sin embargo, dejando de lado toda consideración teórica sobre la naturaleza y tipos de diferentes formas de dictaduras o tiranías, quedaría aérea nuestra reflexión si no parte de una realidad que, indiscutiblemente, califica al régimen que se inició en 1999 como intento en marcha para establecer en Venezuela un régimen que no sólo es de inspiración marxista, sino de naturaleza totalitaria, leninista-staliniana. En casos como éste, tal como lo expresa el profesor Rey, lo que se pretende es crear una *"nueva normalidad"*, ya no con el "clásico" propósito de restaurar una perdida normali-

433

dad pre-existente, sino de *"crear la 'normalidad' entendida como un ideal cuya realización se considera deseable y para el cual es preciso un largo proceso de regeneración o renovación social"*[339], que será a cargo de inmensos sacrificios y costos sociales y humanos de Venezuela y de los venezolanos, que fueron obligados a renunciar a sus derechos humanos y a la libertad y, todo, como parte de montajes erigidos en aras de trasnochada utopía.

Volviendo, entonces, a las cuatro condiciones presentadas por el Profesor Rey en el Capítulo I de su ya citado libro, será imprescindible, al considerar aquéllas, incorporarles, en su momento, nuevos desajustes y distorsiones aportadas por la administración que se inició el 2 de febrero de 1999.

Primera condición: Equidad (o no-tiranía)

El Profesor Rey aclara, al iniciar en su libro la consideración de esta condición que, de lo que se trata es de crear *"un orden justo y equitativo* y no *"cualquier tipo de orden"*. Se refiere, aclara, a *"un orden dotado de eticidad"*.[340]

No cabe duda sobre el hecho de que la *eticidad* —a lo largo de la mal llamada "IV República" y del resto de nuestra historia republicana— no ha existido siempre y como condición constante. Pero pese a errores políticos, jurídicos y económicos que hayan estado presentes en los tiempos de la democracia venezolana, recuperada como ordenamiento jurídico, social y político a partir del 23 de enero de 1958, los tres primeros períodos gubernamentales posteriores pueden ser calificados con nota de alta eticidad. En su obra *"Una Nación llamada Venezuela"*[341], el historiador Germán Carrera Damas manifiesta su crítica a la periodización que se ha venido tradicionalmente haciendo de nuestra Historia. Dice al res-

---

[339] Idem, pg. 42

[340] Idem. Pg. 45

[341] Carrera Damas, Germán. *"Una Nación llamada Venezuela"*. Mote Avila Ed., Caracas, 1998.

pecto Juan Liscano[342], que *"hay que estudiar nuestra historia en función estructural admitiendo, dentro de una concepción superestructural, subestructuras periódicas"*. En tal sentido, en el periodo que va de 1959 a 1998, si bien todo puede ser señalado como democrático –en el mismo Venezuela se caracterizó, y en los primeros momentos de manera ejemplar, por ser un Estado de Derecho– hemos de distinguir, de manera radical, dos grandes sub-períodos que van, uno, de 1959 a 1973 y otro, de 1974 a 1998.

Entre estos dos subperíodos hay enormes diferencias –sobre todo en lo que a *eticidad* se refiere– pues, como anteriormente se señaló, en el primer sub-período reinó una alta eticidad, mientras que en el segundo, el deterioro que, de esta condición vivimos, fue cada vez más lamentable, con la grave consecuencia de que no se limitó al ámbito gubernamental; esto es, a los funcionarios, a los gobernantes, sino que, tras sí, concitó y arrastró la conducta venal de muchos ciudadanos. Consecuencia lógica, sin duda, toda vez que el gobernante es *per se* y ante los ojos de los ciudadanos, *maestro.* ¿No se dice del Presidente de la República que es el Primer Magistrado nacional? Y, si el primer maestro y quienes le acompañan en su gobierno como conductores no dan ejemplos de comportamiento ético, ¿qué se le puede pedir al súbdito subordinado o al contratista a quien se retienen debidos pagos con fines calculadamente deliberados?

No basta –dice nuestro autor– con que el orden aspirado consista en simple regulación fáctica, sino que ha de ser justo. Su eticidad debe, necesariamente, orientarse a la realización, concreta y no abstracta, del *bien común general*[343] y en ningún caso favorecer intereses particulares. Por lo demás, queda por descontado que, tratándose de un orden democrático, ha de ser libremente consentido. Esta última condición implica que no puede ser un orden impuesto, sino que ha de brotar del seno mismo de la sociedad civil.

---

[342] Liscano, Juan. "Los Vicios del Sistema" Ed. Vadell Hnos., Valencia (Vnzla),1992, pg 41..

[343] Rey, J.C. Op cit, pg 46..

Dejaremos de lado, de momento, dificultades que esta implicación contiene, para continuar como si éstas o no existiesen o hubiesen sido superadas. Tomaremos, entonces, las dos variantes que Rey presenta en el contexto de esta primera condición de eticidad: 1ª variante: Solución Normativa; 2ª variante: solución utilitaria.

1ª variante: Solución Normativa:

Nuestro autor parte del supuesto según el cual, al tener los ciudadanos, o miembros de la sociedad, sus propios y privados intereses y saber que los de los demás son generalmente diferentes, necesariamente habrán de reconocer que ha de haber un interés público o general y, por tanto, que éste tendrá primacía sobre los intereses particulares *"en virtud de una 'fuerza' moral que ejerce sobre aquellos"*[344]. Esto, que tiene mucho que ver con el tema de la soberanía, el cual implica que ésta no puede consistir en la voluntad de una simple mayoría sino en la razón de *eticidad* que contempla la necesidad de alcanzar el bien de todos. Esta condición implica la superación, por parte de todos y cada uno de los miembros del cuerpo social, del propio egoísmo individual en beneficio del derecho de los demás a alcanzar su propio bien en el seno de una misma sociedad compartida. Se trata, entonces, de un interés público compartido. Pero, en verdad: ¿Es que hay un interés público objetivo? Esta condición va a imponer, inmediata y necesariamente, una detenida revisión y recomposición del derecho de sufragio o voto, sobre todo en cuanto a la formación de la conciencia del ciudadano de manera que entienda que, con el sufragio, no se trata de satisfacer su propia conveniencia ni la de una corriente política de su simpatía o pertenencia, sino lo que su conciencia y saber le indican e imponen: que hay un bien general propio de la Sociedad y es ese el que éticamente exige ser favorecido con el voto de cada cual.

Es tal la única forma según la cual, la orientación ética no la podrá asumir el Estado como su imposición externa —sea por ausencia de capacidad del ciudadano o por inexistencia de eticidad en la sociedad civil. Así debe ser, puesto que ello puede degenerar en tiranía. Esto pre-

---

[344] Idem. Pg 48.

senta la necesidad de desarrollar, de manera muy profunda y extensa aunque nada fácil –lo que en absoluto justificaría su omisión– la tarea de romper esa realidad que hemos considerado anteriormente y que los especialistas han llamado "*familismo amoral*" que, como en su oportunidad antes vimos, consiste en la tendencia tan extendida en la población venezolana –por razones que han devenido estructurales– en interesarse sólo de lo que concierne al "bien" del reducido grupo con el que se está ligado por relaciones primarias de pertenencia, sin que al actor le importe para nada el bien de los demás, valga decir, el Bien Común General.

La solución normativa va, pues, a imponer la implantación de una democracia en la que, efectiva y garantizadamente, de la discusión se produzca no el conflicto sino el acuerdo alcanzado de manera intensa y extensa, pero, sobre todo, que exista previo al ejercicio del voto. En las diferentes instancias de la sociedad, antes de cualquier decisión propuesta para el sufragio de los interesados (instancias locales, municipales, estadales, regionales o nacionales), el objeto sobre el cual se ha de decidir debe ser sometido a la consideración y participación *consciente y no manipulada y orientada*, de todos los afectados, con la sola excepción de aquellos quienes libremente deciden no tomar parte o abstenerse de votar, pues, obviamente, en una democracia no se les *debe* obligar a hacerlo. Es menester, por otra parte, el que existan suficientes mecanismos legales de control y de coacción, para impedir la tentación –que inmediatamente se percibe como principal peligro– por la cual, sea de la parte de gobiernos, o sea de la de sectores en diversas maneras interesados, haya quienes se apresten para imponer, mediante coacciones físicas, psicológicas o de otros tipos diversos, lo que a sus intereses particulares conviene política o económicamente.

Entonces, de lo que se trata es de lograr que cada ciudadano que ejerza el sufragio lo haga teniendo en mente el bien general, valga decir, su percepción de la voluntad general, lo que no significa volver al principio de Rousseau que, en la práctica, reduce estadísticamente la voluntad general a la decisión simple de la mayoría que se exprese. Como decíamos, ello supone un enorme esfuerzo humano y social de formación o "concientización" ciudadana, que se requiere, de manera indispensable, para que cada cual sea capaz de neutralizar y controlar su propio interés o el de su grupo de pertenencia. Ello se inscribe en lo que Jacques Maritain denominó como "*Racionalización moral de la vida política*".

Dice con razón nuestro autor que "*las dificultades teóricas y prácticas de esta posición son enormes*" pues, a falta de aquella anterior condición, "*la tentación de obligar a los hombres a que sean racionales, virtuosos o incluso libres, no ya por la simple fuerza moral que sobre ellos ejercería esa voluntad general, sino mediante la coacción y la violencia física, es enorme*". Y aún añade, como si lo hubiese escrito en estos tiempos, "*Y así el terror revolucionario puede desatarse, con la buena conciencia que proporciona el estar convencido de que se sirve a la causa de la eticidad universal*". Incluso, Rey añade que es posible −como indicamos− lograr esa conciencia ciudadana mediante un largo proceso educativo, pero se pregunta de inmediato ¿*qué hacer mientras eso se consigue?* [345]

De seguida, en el capítulo de la obra que estamos siguiendo, Juan Carlos Rey añade que "*una solución típica consiste en diseñar una serie de mecanismos institucionales a través de los cuales los intereses privados sean 'filtrados' o 'decantados', de manera que, tras ser sometidos a algún proceso de agregación, se desprendan de sus impurezas o particularismos para dar lugar a un interés general o público*" [346] Asiente, inmediatamente, que tal función la puede cumplir la representación, pero, consciente de que los partidos políticos puedan, por su intermediación, permitir que los intereses privados contaminen la vida pública, los *representantes* no deben entenderse como portavoces ni de sus electores ni de sus partidos, sino los más llamados a determinar "*cuál es el interés general*" [347].

Evidentemente, lo que tampoco debe dar una solución normativa será una democracia paternalista en la que "hasta que el pueblo supere sus limitaciones históricas", ejerza su tutelaje una élite cuyos designios interpreten lo que es el "bien general". En este sentido, se incorpora como punto, sobre la ineludible necesidad de que, desde las profundidades e implicaciones que tiene el aceptar que todos los seres humanos comparten una sola *naturaleza humana*, y que, al ser cada uno *persona*, tienen -*eo ipso*- una misma e igual *dignidad*, es menester que, con base en el

---

[345] Idem.

[346] Idem. Pgs. 48-49.

[347] Idem. Pg . 49.

principio de la igualdad de oportunidades, sean creadas y provistas las condiciones para que, a todos los miembros de una sociedad verdaderamente democrática les sea posible desarrollar, libremente, las potencialidades que su naturaleza humana y su realidad personal contienen.

Concluyendo con la solución normativa, variante alternativa de la Condición I de equidad o no-tiranía, de no institucionalizarse en nuestra Sociedad Nacional las referidas "racionalización moral de la vida política" y la posibilidad, cierta para cada cual, de alcanzar libremente su propio desarrollo humano y personal, permanecerá frustrado, en Venezuela, el anhelo y la esperanza de llegar a vivir en una auténtica democracia. Sin embargo, si una disposición de los partidos conduce a que los representantes por ellos propuestos se desprendan, para sus decisiones, de los compromisos partidistas para buscar objetivamente el bien general, puede alcanzarse un desarrollo democrático que, teniendo en paralelo la formación ciudadana en términos de aprendizaje para la identificación y búsqueda del Bien Común, haga posible conducirnos al desarrollo de una Sociedad cada vez más democrática en nuestro país.

2ª Variante: Solución utilitaria.

En esta otra alternativa, el Profesor Rey considera la posibilidad de que, en vez de posponer el alcance de lo que les propongan sus intereses privados, los ciudadanos miembros de la Sociedad hagan que esos mismos intereses –Rey dice *"los vicios privados"*– *"se conviertan en virtudes públicas"* [348] . Esto es, *"con palabras de Mandeville, se aspira a que los vicios privados se conviertan en virtudes públicas: que la propia interacción entre intereses particulares genere el orden sociopolítico".*[349] Y continúa, esta vez con apoyo en Hirschman[350]: se trata de una sociedad que no sea ya "reino de las voluntades caprichosas o de pasiones desordenadas, sino de los intereses individuales, previsibles y calculables", que generen un orden que no sería estric-

---

[348] Idem. Pg 50.

[349] Idem.

[350] Hirschman, A.O. "Las Pasiones y los Intereses". FCE, México, 1978. cit por Rey, J.C, idem.

tamente ético, sino equitativo que *"se justifica de acuerdo a algún criterio obje-tivo de racionalidad u optimalidad"*[351] es decir, que sea, precisamente, lo que le permite a Rey la denominación de solución "utilitaria".

Sin duda, el interés general incluye, necesariamente, intereses que son también particulares, de manera especial, aquellos que son los más fundamentales. Jeremy Bentham (1748-1832: *"the greatest happiness of the greatest number is the fundamental and self-evident principle of morality"*)[352] fue el más significativo entre quienes desarrollaron la concepción "utilitarista" del orden social pero, a lo particular, en la interpretación utilitaria ex-trema o más radical (*act utilitarism*), se le atribuía prioridad sobre lo gene-ral, con prescindencia del principio general del conocimiento según el cual "el todo es superior a las partes".

Al considerar esto, Rey aclara que se refiere al denominado *rule utili-taris* (John Stuart Mill- 1806-1873) corriente utilitaria que, en contrapo-sición al referido extremismo (*act utilitarism*) original –que no era capaz de aceptar, por razones utilitarias, un orden institucional de relativa permanencia– incorporó la aceptación de reglas sociales y no sólo de actos individuales o particulares, lo que impondría la previa aceptación de unas "reglas de juego" válidas para todos en la Sociedad. De esa ma-nera, nuestro autor va inmediatamente a distinguir dos etapas de la al-ternativa utilitaria: una primera, que denomina *"etapa constitucional* y una segunda *etapa de las decisiones políticas.*[353] (O bien, "Cuestiones de Regula-ción" y "Cuestiones de Acción" según Ricker y Ordeshook[354]).

"Se trata -continua Rey- *en la 'etapa constitucional' (o en la de la 'cuestión de regulación') de elegir las reglas en virtud de las cuales se tomarán las subsiguientes decisiones cotidianas, en tanto que, en la 'etapa operacional' (o en la de la 'cuestión de*

---

[351] Idem, pg. 50

[352]. Bentham, Jeremy. *Morals and Legislation* (1789).

[353] Cfr. Buchanan, J.M. y Tullok, G. *The Calculus of Consent".* An Arbor Univ. of Michigan Press, 1962 y Buchanan J.M. "Una Teoría Individualista del Proceso Político" , en Easton D. *Enfoques sobre Teoría Política.* B. Aires, Amorrortu, pgs 49-66. Citados Rey, J.C. Op cit., pg 515.

[354] Riker W.H. y Ordeshook, P.C. *An Introduction to Positive Political Theory.* Pren-tice Hall, 1972, Cap X. Citados Rey, J.C. Idem.

acción'), lo que se plantea es la lucha entre quienes tienen intereses individuales o colectivos antagónicos". [355]

Ahora bien, si no hay Constitución ni institucionalización, la única alternativa para mantener el orden sería la continua negociación entre intereses antagónicos. Rey se pregunta si será entonces posible que se produzca la aceptación, por parte de todos, *de unas reglas de juego comunes.* Su respuesta es afirmativa, pero a condición de que las partes interesadas no conozcan *"de antemano en qué medida la elección de una regla determinada afectará sus intereses privados"* [356] y, así, se elijan reglas que todos estimen justas y equitativas, pues ninguno aparecerá como privilegiado ni como excluido.

Sin embargo, Rey hace ver que en la realidad práctica puede esto significar, apenas, una manera de "correr la arruga de la alfombra" pues, en efecto, nada descarta el que una parte interesada descubra, al cabo de repetidas experiencias, que una regla determinada pueda hacerle siempre perdedora, lo que la llevará a desconocer dicha regla. El caso planteado corresponde al mercado de libre competencia propio del capitalismo. En la práctica, todos los concurrentes al mercado aceptan unas reglas que todos estiman equitativas para sus intereses: sea entre vendedores y compradores (oferta y demanda), como al interior de los oferentes (vendedores) y de los demandantes (compradores). Si, como resultado de la creación de coaliciones poderosas (monopolio u oligopolio, por ejemplo), se distorsiona el normal y justo funcionamiento del mercado, hay previstas intervenciones del árbitro (gobierno) que impiden, así, todo abuso semejante. Igual ocurre en el sector de la demanda (con el acaparamiento, por ejemplo) y entre oferta y demanda, para las que se supone que "el libre juego del mercado" restituye siempre, en el tiempo y por vía de las "leyes del mercado", el equilibrio perdido.

En el caso de América Latina, Rey se pregunta si es posible *"concebir una solución utilitaria al problema del orden".* [357] Dada la interpretación "pesimista" de la historia del sub-continente, afirma Rey que habría de espe-

---

[355] Rey, J.C. Idem. Pg. 51.

[356] Idem.

[357] Idem, pg 52.

rarse "una solución de tipo hobbesiano", pero las propuestas han sido en otro sentido, como la del positivismo y cita a Vallenilla Lanz, para quien el caudillo o "gendarme necesario" surge espontáneamente e impone un orden de carácter personal y no institucional, que generará una "solidaridad mecánica" que, con el tiempo, sería reemplazada por una "solidaridad orgánica", en lo que se acerca a una visión utilitaria de la institucionalización, aunque Vallenilla perciba ese proceso como producto de inconscientes fuerzas naturales y no de hechos racionales.[358]

El modelo populista de conciliación responde más a la iniciativa utilitaria de Bentham y se diferencia de los gobiernos oligárquicos (de participación limitada) en que, por sus características, el populismo de conciliación ha debido ampliar sus bases populares de sustentación por lo que la participación, más teórica que real, se presenta mucho más extensa y ampliada. La clave del orden populista descansa en un sistema de conciliaciones y compromisos entre los componentes de la Alianza, entre diferentes sectores sociales y, en unas "reglas de juego" que van a ser respetadas en la medida en que la "unidad" de esa Alianza permanezca, pero que van a producir la crisis general del modelo cuando se rompa, por chocar entre ellos los particulares intereses de sus integrantes. *"En el caso de los 'sistemas populistas de conciliación' la tarea de lograr la aceptación sincera de las reglas es aún más difícil, aunque no imposible y exige condiciones de liderazgo y cultura políticas poco comunes, además de recursos económicos y fiscales considerables que permitan desarrollar simultáneamente políticas distributivas y de acumulación de capital".*[359]

Después de considerar en detalle los aspectos del tema de la "eticidad", nuestro autor deja de lado las dos condiciones siguientes: II, Consentimiento o no-despotismo y III. Institucionalidad o no-ocasionalidad, pues son evidentes. En efecto, en la II, el consentimiento implica, por el principio de la soberanía popular, que el orden sea libremente aceptado por los miembros de la Sociedad, lo que niega la posibilidad de despotismos; y en la III, la institucionalidad significa negar todo acuerdo circunstancial u ocasional, pues aquella define *per se* el mantenimiento de

---

[358] Idem,

[359] Idem, pgs 52-53.

un orden por un tiempo prolongado. En cambio, sobre la condición de eticidad, consideró ampliamente sus significados. Sin embargo, se detuvo con mucha amplitud en la última condición propuesta: la viabilidad. Pasaremos pues, inmediatamente, a considerar esta cuarta condición.

Cuarta condición: La condición de la viabilidad

Así como decía Arístides Calvani, de la Política, que es *"el arte de hacer posible lo que es menester"*, el Prof. Rey inicia esta parte de su trabajo afirmando que la política, que no se reduce a un orden deseable, es también el arte de lo posible y que, por tanto, además de las consideraciones de conveniencia y utilidad, debe ocuparse de la *factibilidad de los proyectos* puesto que lo posible se expresa como factible.

Lo que diferencia a todas las utopías de un verdadero "realismo político" es que, lo que aquellas se proponen establecer como orden de vida y convivencia, no es factible; mientras que, en cambio, lo que éste se propone sí que lo es; es más, sólo se podrá decir de un proyecto político que es realista si todo lo que se propone es realizable.

Es cínico atropello a la dignidad de la persona humana el proponer irrealizables proyectos políticos a una población que, no sólo va a poner sus esperanzas en ese proyecto y a otorgar su confianza a los proponentes, puesto que ello constituye un engaño y luego, porque seguramente va a someter a los ciudadanos a inútiles restricciones y sacrificios. Pero es también cínico oponerse a la concreción de todo proyecto con la pretensión de que todos sean ideales o utópicos y que los ciudadanos acepten *"la factibilidad en toda su eventual sordidez"*[360]

Cómo alcanzar lo posible

El orden democrático se funda, primeramente, sobre la posibilidad de la existencia de un *pueblo* que, organizado en una Sociedad, *conozca sus*

---

[360] Idem, pg. 23.

verdaderos intereses. Esta expresión, que se lee en la obra de Juan Carlos Rey [361] es, exactamente, el mismo concepto que se entiende contenía la angustiada expresión de Don Mario Briceño Iragorry, cuando sabiamente en sus obras y especialmente en "Mensaje sin Destino" [362], asentó la idea de que no somos pueblo: *"no somos 'pueblo' en estricta categoría política, por cuanto carecemos del común denominador histórico que nos de densidad y continuidad de contenido espiritual del mismo modo que poseemos continuidad y unidad de contenido en el orden de la horizontalidad geográfica"*. Destaco lo que considero el fondo de la afirmación de Don Mario: ¿Que significa que *"carecemos del común denominador histórico que nos de densidad y continuidad de contenido espiritual"*? Pues que no sabemos cuáles son nuestros verdaderos intereses.

Hace mucho tiempo, involucrado en tareas que realizaba relacionadas con la preocupación política por nuestro país, supe que se había realizado, por parte de alguna autoridad y en alguna población venezolana, una encuesta para conocer las necesidades "más sentidas" de sus habitantes. Se trataba de una pequeña ciudad rural en la que no había suficientes viviendas y las que existían eran ranchos con techos de paja o zinc; no había agua corriente; transporte permanente hacia otros sitios de la región; luz eléctrica continua; escuela acondicionada ni otros servicios y bienes indispensables para una vida precariamente digna. Sin embargo, la primera necesidad detectada por la encuesta fue la de reparar la plaza.... ¡Pero la afirmación de Briceño Iragorry muestra mucho más! No se trata sólo de lo que se necesite, de los intereses en sentido material, aunque están incluidos en su frase. Se trata de *"un común denominador histórico"* que es también *"de contenido espiritual"* y, nada nos impide inferir de su obra que ese ilustre venezolano tenía en mente valores que son base de la democracia y de una digna vida humana: libertad, justicia, verdad, igualdad, educación.... aquello que permite el desarrollo de la persona como tal: ¡nuestros verdaderos intereses!

Hoy en día, *"es preciso que nos planteemos ahora el problema de la viabilidad o posibilidad del orden democrático.....esto va a depender, en definitiva, de la respuesta*

[361] Idem, pg 55.

[362] Briceño Iragorry, Mario. Obras Selectas. Edit. Edime. Madrid-Caracs, 1954, pg- 464.

que se dé a la siguiente pregunta: *¿conoce el pueblo cuáles son sus 'verdaderos intereses'?"* [363] . Cuestión decisiva, como lo afirma el Prof. Rey, pues, a los efectos de la solución *normativa*, si *"el pueblo no es sabio, ni virtuoso, ni conocedor de sus verdaderos intereses"*...o *"bien le imponemos la voluntad general aun contra su voluntad particular*...pero *"entonces violamos el principio de la libre aceptación o consentimiento"* (Condición II), o *"bien respetamos su voluntad particular pero, en tal caso, el orden resultante no cumplirá con la condición de eticidad "* [364] (Condición I). La coincidencia de ambas condiciones sólo ocurre cuando coincidan la voluntad particular de los ciudadanos y la voluntad general, lo que supone que el pueblo conoce sus verdaderos intereses, pero, en este caso, el orden representaría intereses privados y no el interés público y, además, no sería objetivo.

Descartada así la alternativa normativa, quedaría como solución acudir a la alternativa empirista utilitaria que se funda en la preferencia de cada sujeto. En efecto, en ella "interés" viene definido como equivalente a conceptos hedonistas como placer o deseo, pero también, como en el conductismo, identificado con preferencia de elección,[365] con lo que se supera la antítesis verdadero-falso, pero se cae en graves peligros y amenazas contra la democracia.

Llegado a este punto, el Prof. Rey adopta una posición muy audaz pero igualmente interesante: afirma que, sin imponer un patrón de valores externos, se puede todavía distinguir entre intereses verdaderos y falsos, o racionales-irracionales. Parte del hecho cierto de que todo actor, cuando fundado en sus valores actúa o elige, comete errores que lo desvían del alcance de la finalidad que se propuso alcanzar, por lo que resulta posible afirmar que *"no conocía sus verdaderos intereses"* y erró.[366] De esta manera, apoyado en Harsanyi[367] quien *"considera que es posible hablar*

---

[363] Rey, J.C. Op cit., pg 55.

[364] Idem.

[365] Idem.

[366] Rey, J.C. "Individualismo v.s. Holismo en el estudio de Sistemas Complejos.

[367] Harsanyi, J.C. *"Ethics in Terms of Hypothetical Imperatives"* and *Rational Behaviour and Bargaining Equilibrium in Games and Social Situatios.* Cambridge; Cambridge Univ. Press. 1977, pp 62-64. cit. Rey J.C. pg 56.

de preferencias 'racionales' o 'verdaderas' como aquellas que una persona 'manifestaría 'tras la debida reflexión y en posesión de toda la información relevante'. Esto le permite introducir la idea de 'reglas morales' o 'eticas' concebidas como aquellas 'que tienden a producir consecuencias conforme a las 'verdaderas' preferencias de la gente más bien que a sus preferencias explícitas actuales* (que pueden no siempre representar sus 'verdaderas preferencias')" [368] , pero aclara Rey que, "*pese al nombre que Harsanyi utiliza -reglas morales o éticas-* " [369] la condición no es de eticidad sino de racionalidad pues, de nuevo con Harsanyi: "*Esta regla lograría la finalidad de excluir preferencias 'irracionales'* " *pues provienen de condiciones que "impiden la decisión racional*"[370] .

En realidad, desde un punto de vista estrictamente ético, en tal caso se estaría en presencia de una conciencia recta, pero no verdadera: recta porque actuaría según lo que cree verdadero como actos que conduzcan a un fin legítimo que el actor se propuso alcanzar, pero no verdadera por cuanto intervinieron errores de falta de información (ignorancia), descuido, olvido o cualesquiera otros posibles.

Como señala Rey, para el juicio normativo no sería un error de orden intelectual sino falta de "virtud" en tanto "*supone la existencia de un standard objetivo de valores*".[371] En cambio, en coincidencia con el relativismo, para el utilitarismo sería simple error a falta de la existencia de un criterio objetivo de verdad.

Por lo demás, respecto al mayor obstáculo que confronta el orden democrático, para el enfoque normativo será que "el pueblo no conozca sus verdaderos intereses", mientras que para el utilitarismo, tal desconocimiento impediría alcanzar el orden político democrático o, mejor, "racional", pero tampoco el conocer sus verdaderos intereses garantiza que se logre establecer, pues el hecho de conocer los intereses puede ser, precisamente, la causa de la imposibilidad de logarlo, pues, en virtud de la óptica relativista que anima esta visión utilitaria, se concibe que es muy

---

[368] Rey, J.C. "El futuro de la Democracias en Venezuela". Op. cit, pg 56.

[369] Harsanyi. Op. cit. Idem. Cit.Rey J.C. pg 56.

[370] Idem.

[371] Rey J.C. El futuro de la Democracia, op. cit., pg 57.

difícil negociar un acuerdo racional que sea libremente aceptado por la multiplicidad de intereses contrapuestos que existen en la Sociedad.

De todo este debate concluye Rey: "En todo caso, el tipo de orden político que se propugnará variará de acuerdo a la concepción que se tenga acerca de cuáles son los verdaderos intereses del pueblo y acerca de si este conoce o no tales intereses" [372],

El autor establece las siguientes alternativas:

1ª. Si se piensa que el pueblo nunca se equivoca surge el populismo, que puede degenerar en oclocracia o en tiranía.

2ª. Si se piensa que el pueblo puede equivocarse, no ser en ocasiones ni racional ni virtuoso, surge la democracia liberal que puede dejar de lado los intereses del pueblo y sólo atender los propios.

3ª. Si se piensa que el pueblo está equivocado o engañado en lo que son sus verdaderos intereses, surgen "sabios y virtuosos" que tratarán, en su nombre, de gobernar en tiranía. 373.

El Profesor Rey termina este capítulo de su libro "El problema de la creación de un orden democrático", con una conclusión que denomina "La 'Condición de Bolívar' y el 'Teorema de la imposibilidad". Esta es:

> *La mayor parte del pueblo ha de conocer,*
> *la mayor parte del tiempo y en relación con*
> *la mayor parte de los asuntos públicos,*
> *cuál es su verdadero interés.*

Hagamos para finalizar este último capítulo del libro, una síntesis puntualizada de dicha conclusión en su relación con las posibilidades e imposibilidades antes referidas: 374

---

[372] Idem.

[373] Idem, pg 58

[374] Idem, pgs 59-65.

1) En circunstancias empíricas favorables es muy difícil satisfacer, simultáneamente, las tres condiciones de deseabilidad y en circunstancias adversas es imposible.

2) ¿Cuáles han de ser las circunstancias para que un orden sea posible?

3) Las de la llamada "Condición de Bolívar".

4) Según J.C. Rey, si se admite que la anterior condición, en la práctica, se puede obtener en principio la compatibilidad entre los criterios de deseabilidad, así como las de todos ellos ya compatibles, con el criterio de posibilidad lo que, de otra manera, es imposible.

Veamos las alternativas:

1ª HIPÓTESIS: El pueblo no conoce cuáles son sus verdaderos intereses. Por tanto: Su voluntad expresa sólo un interés particular (y no uno general).

Primera posibilidad:: Satisfacer la Condición II (Consentimiento ó no-despotismo).

Efecto:

—No se le impone un orden justo y equitativo.

Consecuencia:

—Se viola la Condición I (equidad ó no tiranía).

Resultado:

—No hay compatibilidad entre las condiciones.

Segunda posibilidad: Satisfacer la Condición I (equidad ó no tiranía).

Efecto:

—Se le impone contra su voluntad un orden justo y equitativo.

Consecuencia:

—Se viola la Condición II (Consentimiento ó no-despotismo).

Resultado:

—No hay compatibilidad entre las condiciones.

2ª HIPOTESIS: Suponer que para un decisión <u>concreta</u> el pueblo conozca su verdadero interés y llegue a un acuerdo justo y equitativo.

Primera posibilidad:: Se satisfacen, al mismo tiempo, las Condiciones I y II.

Efecto: Se establece, conforme a su voluntad, una decisión justa y equitativa

Consecuencia:

—Se viola la Condición III (institucionalidad ó no-ocasionalidad).

3ª HIPOTESIS: Suponer que el pueblo acepta a una decisión justa y equitativa, no ocasional, sino para la mayoría de los asuntos.

Primera posibilidad:: Se satisfacen, al mismo tiempo, las Condiciones I , II y III.

Efecto: Se establece, conforme a su voluntad, una decisión justa y equitativa e institucional y no ocasional.

Consecuencia:

—No se viola ninguna de las tres Condiciones, es decir, se cumple *"La Condición de Bolívar"*.

—Es viable y no utópica, conforme a la condición de viabilidad.

Este análisis condujo a Rey a formular el siguiente Teorema de la Imposibilidad:

"Es imposible (por ser lógicamente contradictorio) construir un orden político que sea, simultáneamente, equitativo o no-tiránico, libremente aceptado o no despótico, institucional o no ocasional y viable y no utópico, <u>si la mayor parte del pueblo, la ma-</u>

yor parte del tiempo y para la mayor parte de los asuntos públicos no conoce cuál es su verdadero interes."

Rey expresa luego, que para escapar a este Teorema hay solamente dos formas:

1ª Suponer que se da la "Condición de Bolívar", es decir, que el pueblo si conoce sus verdaderos intereses, podríamos añadir, "en la mayoría de los casos". Esto es perfectamente aceptable, si se piensa que la "Condición de Bolívar" supone un pueblo ideal, ausente de egoismos y en comunidad total y compartida de intereses y, además, que todos las naciones de la tierra tienen pueblos imperfectos, como corresponde a la condición humana y, en esas naciones, existen –también con sus imperfecciones- sistemas políticos democráticos que funcionan de manera fundamentalmente satisfactoria y siempre perfectible.

2ª. Adoptar una actitud utilitaria y no normativa y, así, no enfrentar el Teorema y, para ello, "no definir la equidad como 'eticidad' sino como 'racionalidad' "para evitar contradicciones lógicas".

Concluye el Prof. Rey este capítulo de su libro, reseñando las consecuencias o alternativas que se presentarían cuando no se puede escapar del "Teorema de la Imposibilidad":

1, Rechazar la política como "impura". Se trata de una actitud de evasión.

2. Acudir al utopismo "ingenuo" pero es crear "repúblicas aéreas".

3. Asumir actitud de cinismo "realista", abandonándose a la facticidad de la realidad, como la de Vallenilla Lanz con su tesis del gendarme necesario.

4. Rechazar la lógica para combinar, en desconectados planos paralelos, al utopismo "excelso" expresado en el papel de una Constitución, con una práctica política cínica y abyecta.

5. Intentar vanamente conciliar condiciones de deseabilidad y posibilidad, atenuando o mutilando parcialmente las primeras (todas igualmente indispensables y no degradables) y forzando las segundas para la propia justificación personal.

Sobre este punto, aclara Rey que, si se admite que la deseabilidad es "cuestión de grados", entonces se puede llegar a niveles "satisfactorios" pero no óptimos de deseabilidad, lo que supone que los juicios de valor sobre las condiciones de deseabilidad no sean básicos, pues de serlo, "la contradicción es irresoluble". Pero el orden político que resulte no será estrictamente democrático, ni permanente, pero probablemente será "parcialmente despótico o tiránico".[375] Tendremos así, que habrá diversas situaciones según las limitaciones que se impongan: Por ejemplo, si se limita la Condición III (Institucionalidad- no Ocasionalidad) la democracia no existirá de manera permanente, sino accidental en algunos momentos (Venezuela 1959-1973); si se limita o elima la Condición II (Consentimiento – no Despotismo) pero se mantiene la Condición I (Equidad – no Tiranía) se tendrá despotismo "ilustrado" de pocos o de uno solo (Venezuela 1948-1958); si se elimina la Condición I, se puede llegar al populismo demagógico y, en su límite extremo, a la oclocracia o al totalitarismo. (Venezuela 1945-1948 y 1999-2009).

Termino este capítulo con la expresión del Profesor Rey para términar el suyo que, hasta aquí, hemos venido siguiendo. Volveremos sobre estas conclusiones, cuando ensayemos hacer un diagnóstico del presente y la prospectiva sobre cercano futuro político de Venezuela:

"Esto es todo lo que la argumentación racional puede decirnos, lo demás es cuestión de decisión y responsabilidad personal de cada uno de nosotros. **376**

---

[375] Idem. Pg 61.

[376] Ibidem. Pg 62.

PARTE I:

Síntesis histórico-política de Venezuela. 1830-1899

Este anexo, en sus tres partes, tiene como propósito mostrar a quien lo requiera, acontecimientos, situaciones, conflictos, actitudes, etc., relacionados con ciertos conceptos o conclusiones que han sido expuestos en la parte anterior del presente trabajo. La idea es apoyar al lector a fin de que pueda encontar explicaciones sobre elementos del texto principal, que necesite conocer, aclarar o considerar para mejor aprovechar y juzgar los contenidos temáticos del trabajo principal, con el objeto de poder sacar sus propias y personales conclusiones

Cuarta República [377]
Gobiernos de las oligarquías

Sugerencia:

Esta síntesis es indispensable para ayudar el alcance de los objetivos del presente trabajo. Se trata de realizar, sintéticamente, el recuerdo de los acontecimientos políticos vividos en Venezuela desde su definitiva definición como República, esto es, a partir de 1830, cuando ocurrió la desintegración de la Gran Colombia. Aunque sin dudas hay otras maneras de hacerlo, pero quizás por conocida y en obsequio de la brevedad, mejor podría hacerse el recorrido si se toma, como criterio referencial de orientación, el seguir cronológicamente la historia del poder en Venezuela. Sugiero al amable lector leer esta resumida síntesis de nuestra vida política, con atención comparativa con el presente que vivimos en nuestra Patria.

El ejercicio del poder político en la Venezuela del siglo XIX puede dividirse en dos grandes etapas las que, a su vez, contienen sub-etapas

---

[377] Un error de cálculo en la sucesión de las Repúblicas habidas en Venezuela, hizo que se entendiera como IV República el período 1958-1999. La Cuarta República se inició en 1830 y terminó el 28 de mayo de 1864, cuando la Nación fue denominada Estados Unidos de Venezuela por la Constitución sancionada ese día por el Congreso.

particulares. Las dos etapas mayores son: la anterior a la Guerra Federal y la posterior a la misma. El período histórico que ahora nos ocupa es un todo que transcurre entre 1830 y 1899, formalmente interrumpido por la Guerra Federal que ocurrió entre el alzamiento del cuartel de Coro, el 23 de febrero de 1859 y la firma del "Tratado de Coche" el 23 de abril de 1863 y tiene, por tanto, dos grandes etapas: una antes y otra después de ese tiempo de guerra. La etapa anterior a la Guerra se conoce como de las Oligarquías y se distinguen en ella las subetapas de la Oligarquía Conservadora y de la Oligarquía Liberal.

La Constitución del Estado de Venezuela vigente al comienzo de la primera etapa, era la tercera de nuestras constituciones, (descontadas las Constituciones Provinciales y la Constitución de Cúcuta que fue de la Gran Colombia) que fue aprobada el 22 de setiembre de 1830 por el Congreso Constituyente reunido en Valencia el 6 de mayo de ese año, cuyo presidente fue el Lic. Miguel Peña. El Congreso fue convocado conforme a lo dispuesto en Decreto dictado por el general Páez el 13 de enero del mismo año. Páez había sido legitimado por el Libertador, en 1827, como Jefe Civil y Militar de Venezuela. En noviembre de 1829 fue Encargado del Poder Ejecutivo por una Asamblea Popular que se reunió ese mes en Caracas.

La etapa anterior a la Guerra Federal tiene, pues, dos sub-etapas que corresponden a dos períodos: la primera –que los historiadores han designado como "Hegemonía de la Oligarquía Conservadora"– ejercida entre 1830 y 1846; y la segunda que fue llamada de la "Hegemonía de la Oligarquía Liberal", cuyo desarrollo ocurrió entre 1847 y 1858. Comparto que el término "oligarquía" –como bien lo expresa Rafael Arráiz Lucca[378]– no parece que, en estos casos venezolanos, pueda ser usar usado conforme a su significado clásico, pero es sabido que la

---

[378] Arráiz Lucca, Rafael. "Venezuela: 1830 a nuestros días". Ed. Alfa, Caracas 2008.pg 25.

"Teoría Elitista" sostiene que todo gobierno es minoritario por definición.[379]

Debemos señalar que, en el presente, hay un error importante sobre la Cuarta República pues, la Asamblea Nacional Constituyente que, después de la firma de Coche, se instaló en Caracas el 24 de diciembre de 1863 y que, por cierto, presidía Antonio Guzmán Blanco, cambió en el texto de la Constitución que aprobó en sus sesiones –sancionada en fecha 28 de marzo de 1864– la denominación de República de Venezuela por la de Estados Unidos de Venezuela, en correspondencia con la figura de Federación que había sido asumida en el texto aprobado y también, sin duda, debido al ambiente federalista que predominaba en el país político de entonces. La Quinta República venezolana comienza en 1953, bajo el gobierno de Pérez Jiménez que volvió a la denominción de República para nuestra Nación.

El cambio no fue razonable. En efecto, si aceptamos como buena una síntesis definitoria del concepto de Estado que se basa en fuentes tan reconocidas como lo son la Teoría, eminentemente jurídica, del Prof. Georg Jellinek y la preponderantemente sociológica del Prof Hermann Heller, [380] para entender al Estado como *estructura de la Sociedad cuya finalidad es la organizción de la cooperación social- territorial de un pueblo, en un espacio o territorio definido y demarcado por límites; que constituye una dominación independiente en lo interno y en lo externo; que actúa legítimamente y de modo continuo con medios de poder propios pero públicos, claramente delimitados en lo personal y en lo territorial; independiente política y económicamente como unidad de decisión jurídica universal y sometida a los límites y controles que establezca el ordenamiento legal que sea vigente,* hemos de convenir en que cada Estado de la Federación habría de responder por separado a esta definición, lo que no ocurrió en el caso de la IV República. Pero, en todo caso, la IV Re-

---

[379] Para Platón, en la *República*, se entiende como gobierno de ricos en el que pueden participar los pobres, al igual que Aristóteles lo expresa en su *Política*, si bien éste lo hace con la expresión adicional *"en general los pobres son muchos y los ricos pocos"*, lo que abre puertas para que la Teoría Elitista, con Roberto Michels, pueda explicar que todo gobierno, por su conformación, es necesariamente de minorías.

[380] Ver Jellinek, Georg. *"Teoría General del Estado"*. Ed. Continental S.A. México, 1958 y Heller Hermann. *"Teoría del Estado"* FCE., México 1955.

pública quedó interrumpida el 28 de marzo de 1864, día cuando fue sancionada, por la Asamblea Constituyente, la quinta Constitución de Venezuela (la cuarta fue la de 1857) con la que José Tadeo Monagas sustituyó la de 1830 porque impedía su reelección inmediata.

Pero más allá de lo formal, lo que importa recordar es que, en esa primera sub-etapa "conservadora", la Presidencia de la República fue ejercida por las siguientes personas: José Antonio Páez (24 de marzo 1831-1835) elegido por el Congreso reunido en Valencia; José María Vargas (9 de febrero 1835- 24 abril 1836), pero hubo el intento, por parte de la llamada "Revolución de las Reformas" encabezada por Mariño, de derrocar a Vargas el 8 de julio 1835. Participó en esa conspiración Julian Castro –quien fuera después Presidente de Venezuela– y uno de los comprometidos era Pedro Carujo, el mismo que ordenó detener a Vargas y sostuvo un famoso y conocido diálogo con el Presidente. Vargas fue expulsado y con el Vicepresidente Andrés Narvarte abandonó el país inmediatamente. Recuperado su poder por obra de Páez, General en Jefe de las Fuerzas Armadas, vino Vargas de regreso y reasumió la presidencia el 20 de agosto, aunque la insurrección continuó mientras Vargas y Páez no llegaban a acordarse sobre el destino de los sublevados. Vargas renunció definitivamente el 24 de abril de 1836. El Vicepresidente Andrés Narvarte asumió la presidencia provisional ese mismo día y estuvo en el cargo hasta el 20 de enero de 1837, cuando lo reemplazó el general José María Carreño, a la sazón Vicepresidente.

Luego, el siguiente 11 de abril, asumió el poder el electo Presidente Carlos Soublette, quien ejerció el cargo hasta el 1º de febrero de 1839, fecha en la que José Antonio Páez inició su segunda presidencia, siendo Soublette su Vicepresidente. El 28 de enero de 1843, terminado el mandato de Páez, electo por el Congreso, asumió su segunda presidencia el general Carlos Soublette. Esta presidencia de cuatro años, conforme a la Constitución, terminó en 1847. El 20 de enero de ese año el Congreso contó los votos de los tres candidatos más favorecidos en los Colegios Electorales y el vencedor fue el gral. José Tadeo Monagas quien tomó posesión el 1º de marzo de 1847 y se inició, en esa fecha, el período o sub-etapa de la llamada "Oligarquía Liberal".

No es este un trabajo de historia, pero sí pretende presentar lo que hemos sido a fin de que probemos entender nuestro "cómo somos" de hoy. Para resumir lo que significó el período llamado conservador, es muy apropiada la síntesis que hace el Profesor Arellano al resumirlo:

"En resumen, fue aquel un gobierno de equipo, en el que Páez se reserva funciones protocolares, dejando actuar al elemento civil con plena autonomía y a militares como Soublette, Urdaneta, Carreño, Montilla, Sistiaga, Smith y otros que colocaron la Ley por encima de sus personales ambiciones. La Separación de Poderes marchó como en las grandes democracias. El Ejecutivo, sin menoscabar su autoridad, consultó opiniones, oyó consejos y respetó a los otros poderes. El Congreso se opuso a toda sugestión o ingerencia que estimó inoportuna, a veces sin razón, pero colaborando con el Ejecutivo en todo caso. Este mecanismo se rompió en enero de 1848 y el Ejecutivo lo absorbió todo." [381]

La segunda sub-etapa de la etapa anterior a la Guerra Federal fue la del período "Liberal" que, como antes señalábamos, se inició con la primera presidencia del gral. José Tadeo Monagas. Importa recordar que, en esa primera sub-etapa "conservadora", la Presidencia de la República fue ejercida por las siguientes personas: José Antonio Páez (24 de marzo 1831-1835) elegido por el Congreso reunido en Valencia; José María Vargas (9 de febrero 1835- 24 abril 1836), pero hubo el intento, por parte de la llamada "Revolución de las Reformas" encabezada por Mariño, de derrocar a Vargas el 8 de julio 1835. Participó en esa conspiración Julian Castro –quien fuera después Presidente de Venezuela– y uno de los comprometidos era Pedro Carujo, el mismo que ordenó detener a Vargas y sostuvo un famoso y conocido diálogo con el Presidente. Vargas fue expulsado y con el Vicepresidente Andrés Narvarte abandonó el país inmediatamente. Recuperado su poder por obra de Páez, General en Jefe de las Fuerzas Armadas, vino Vargas de regreso y reasumió la presidencia el 20 de agosto, aunque la insurrección continuó mientras Vargas y Páez no llegaban a acordarse sobre el destino de los sublevados. Vargas renunció definitivamente el 24 de abril de 1836. El Vicepresidente Andrés Narvarte asumió la presidencia provisional ese mismo día y estuvo en el cargo hasta el 20 de enero de 1837, cuando lo reemplazó el general José María Carreño, a la sazón Vicepresidente.

---

[381] Arellano Moreno. A. Op. cit., pg 282.

Luego, el siguiente 11 de abril, asumió el poder el electo Presidente Carlos Soublette, quien ejerció el cargo hasta el 1º de febrero de 1839, fecha en la que José Antonio Páez inició su segunda presidencia, siendo Soublette su Vicepresidente. El 28 de enero de 1843, terminado el mandato de Páez, electo por el Congreso, asumió su segunda presidencia el general Carlos Soublette. Esta presidencia de cuatro años, conforme a la Constitución, terminó en 1847. El 20 de enero de ese año el Congreso contó los votos de los tres candidatos más favorecidos en los Colegios Electorales y el vencedor fue el gral. José Tadeo Monagas quien tomó posesión el 1º de marzo de 1847 y se inició, en esa fecha, el período o sub-etapa de la llamada "Oligarquía Liberal".

En esta sub-etapa van a cambiar, de manera radical, ambiente y comportamientos cívicos asi como la vigencia de una democracia suficiente para su tiempo, lo que sobre la primera sub-etapa se percibe en la citada descripción de Antonio Arellano Moreno. Con el primer gobierno de los llamados liberales, ejercido por José Tadeo Monagas, hombre de reconocida riqueza, *"Prócer de la Independencia, en cuyas luchas obtuvo sus bienes materiales que aumentaron con el trabajo esclavista, al igual que los de Páez"[382]*, se conformó un primer gabinete con figuras provenientes del páecismo, tenido por conservador. Pero el país fue separado de la orientación republicana que caracterizó los años transcurridos de marzo de 1830 a marzo de 1847 para iniciar el estilo violento y perverso que, con aisladas excepciones, caracterizó al ejercicio del poder político en los posteriores tiempos de Venezuela. Una vez que Monagas desplazó de sus cargos a los primeros designados, su estrategia consistió en ocupar con fieles seguidores todas las instancias del poder nacional y regional.

Apenas iniciado en año de 1848, el 24 de enero, Monagas sometió con fuerza tan brutal al Congreso –pues la mayoría conservadora le iba a acusar por violaciones de la Ley– que el atropello, por el que murieron cuatro parlamentarios, sentó fatal precedente en el país: desde entonces, la mayoría de nuestros parlamentos se vieron normalmente sometidos a la voluntad omnímoda del caudillo de turno en la presidencia.

---

[382] Idem, pg 287 a lo que añade el autor: *"La Hacienda de la cual era mayordomo en los tiempos coloniales, paó a ser de su propiedad cuando se confiscaron los bienes a los realistas, con lo que fomentó su fortuna material considerada una de las más grandes de Oriente"*

El hecho provocó la ira de Páez quien, la semana siguiente, se fue a los llanos para alzarse en Apure. Fue derrotado en marzo, en el sitio llamado Los Araguatos, pero se refugió en Colombia y de allí pasó a Curazao para invadir por Coro el 2 de julio de 1849. Apresado, Páez fue llevado a Valencia donde se le pusieron grillos y, así, fue pasado a Caracas como preso bajo la autoridad de Ezequiel Zamora y también la de Guzmán Blanco, quien ese año fue nombrado Ministro del Interior y Justicia y después Vicepresidente.

Sentenciado a muerte Páez, la pena le fue conmutada por Monagas. La figura militar después del Libertador más importante de nuestra Independencia, fue vejada públicamente en calles de ciudades del país. Finalmente, de Cumana, que fue su última prisión, Páez fue expulsado de Venezuela y totalmente despojado de sus bienes de fortuna. El golpe para el partido conservador fue brutal, pero fue mucho peor para el futuro político de Venezuela, pues le fueron sembradas fatales semillas de perversas conductas, como lo son el irrespeto y la negación de todo valor del adversario

Las elecciones de 1850 establecieron otro funesto precedente político en Venezuela: el nepotismo. En efecto, el candidato victorioso, electo por dócil Congreso para el período 1851-1855, fue José Gregorio Monagas, hermano menor del Presidente en ejercicio. Como elemento positivo destaca, en su período de gobierno, que decretó la abolición de la esclavitud el 24 de marzo de 1854, aunque la mayoría de los libertos engrosó una población que quedó, por décadas, viviendo en extrema pobreza al carecer totalmente de independencia económica.

Como ejemplar manifestación de ese mal político llegado hasta nuestros días, que es el continuismo, en la siguiente elección de 1854 el Congreso dio a José Tadeo Monagas 397 votos y a Fermín Toro, heroe del 24 de enero y esclarecida figura del país, un solo voto. José Tadeo tomó posesión del poder el 31 de enero de 1855 y lo mantuvo hasta 1859. La Constitución de 1830, que continuaba vigente, establecía que el mandato presidencial era de 4 años, sin permitir la reelección inmediata del Presidente, por lo que el Congreso, sometido a la voluntad de Monagas, aprobó una nueva Constitución que si lo permitiera: fue la Constitución de 1857, cuarta de Venezuela, aprobada el 16 de abril de

1857 la que, además, extendió el período de gobierno que pasó a ser de 6 años. Como nuevo aporte de José Tadeo Monagas, desde entonces, muchos de nuestros Presidentes han podido cínicamente decir y proceder como él: "*la Constitución sirve para todo*".

También, antes de terminar este período presidencial y haciendo uso del contenido de su frase, José Tadeo Monagas hizo aprobar una nueva Ley de División Territorial por la que el país se conformó con 21 Provincias. Este hecho le permitió elegir a su gusto, y con autorización del Congreso, nuevos Gobernadores provinciales. De la misma forma, los Congresantes fueron sustituidos por aquellos que, conforme a la voluntad del caudillo, fueron designados por Colegios Electorales.

El discurso del obispo de Coro, que disentía de todos los de los aduladores, presentó el cuadro de la realidad de la Venezuela de entonces: "*Los males físicos, morales y políticos se han confederado para oprimir esta desgraciada república*". Y añadió el Obispo citado: "*Carestía de la subsistencia, atraso de la agricultura, amargo malestar, reclamos de potencias extranjeras, epidemias, terremotos, silencio sepulcral de la prensa, erario exhausto, agio, justicia envilecida, garantías violadas, robos, asesinatos, odios, ciudadanos expulsados, etc., ...* "[383] Tal discurso merece ser grabado para que sea repetido cada vez que la Patria, como ahora, sufra las mismas penas y calamidades.

Apoyado en la nueva Constitución, el Congreso eligió a José Tadeo para completar el período con dos años más en el ejercicio de la presidencia, es decir, hasta 1861. Era ya obvia, para todos los ciudadanos, la pretensión de Monagas de eternizarse en el poder. ¡Otro mal que se hizo repetitivo! Sin embargo, la pésima situación política del país, una fuerte depresión económica mundial, el descarado nepotismo (Monagas nombró Vicepresidente a su hijo político Francisco Oriach), la supuesta entrega de Guayana a los ingleses fueron, entre otros, factores que alimentaban la insurrección. Ante la evidencia del movimiento que se gestaba y la aceptación del gral. Julián Castro –el mismo que participó en la Revolución de las Reformas para derrocar a Vargas y quien lo apresó– para comandar la que se llamó "Revolución de Marzo", Monagas, después de que 10 días antes, el 5 de marzo, aquél se hubo alzado en Valencia y

---

[383] Idem. Ver Pg., 298.

viéndose perdido al constatar que sus seguidores lo habían abandonado, decidió asilarse en la Legación francesa el 15 de marzo de 1858. Comenta al respecto Arraiz Lucca:

"Es sorprendente la manera expedita como fue obligado a abandonar el poder. Ello prueba que aquel 'hombre fuerte' no lo era tanto, y que la trama de poder que había tejido en su respaldo no funcionó, ya que se vino abajo en una semana, como un castillo de arena. Todo indica que su mismo personalismo le condujo a perder el apoyo de sus seguidores. Había llegado muy lejos en sus pretensiones hegemónicas y de permanencia en el poder. La reforma constitucional a su favor dejaba desnudas sus aspiraciones de eternizarse al mando de la República, y la alternabilidad había sido norma consagrada, y respetada, desde la Constitución Nacional de 1830." [384] Como lo observará el propio lector, nada es nuevo bajo el sol de nuestro país.

José Gregorio Monagas fue apresado y destinado al Castillo de San Carlos en el Zulia pero, enfermo con cáncer, falleció al poco tiempo. El fracaso del partido liberal fue inmenso; los gobiernos de los Monagas *"habían enfurecido a espíritus dormidos que desenterraron el hacha de la guerra. Venezuela estaba a punto de sumergirse en un pleito largo, del que emergió destruida"*. Esta cita de Rafael Arráiz Lucca[385] llama a que todos los venezolanos, a la luz de nuestra historia, reflexionemos profundamente sobre nuestro presente.

El Congreso designó un gobierno provisiorio que integraron Pedro Gual, Manuel Quintero y Manuel Echandía, pero a los dos días se produjo la entrada en Caracas del gral. Julián Castro, a quien el Congreso declaró Presidente provisional, lo que después ratificó una Convención Nacional instalada en la ciudad de Valencia, que había sido declarada capital provisional, el 5 de julio de 1858. La Convención la presidió Fermín Toro. El gabinete que designó Castro fue de signo conservador y dejó de lado a liberales que también habían apoyado la salida de Monagas. Este gobierno conservador tuvo severos conflictos diplomáticos por el asilo de Monagas y actuó contra los jefes liberales, al punto de que casi al iniciar su gestión ya había expulsado del país a varios de ellos, como Zamora, Falcón y Guzmán, lo que iba a encender de nuevo la

---

[384] Arráiz Lucca, Op. cit., pgs. 52-53.

[385] Idem, op. cit. pg 53.

subversión, pero que esta vez se convertiría en guerra. La Convención de Valencia aprobó una nueva Constitución, la de 1858, quinta de Venezuela, promulgada el 31 de diciembre de ese año. Ese texto estableció el voto directo aunque no universal para elegir Presidente, diputados y gobernadores, lo que significó un primer intento constitucional de descentralización del poder en Venezuela. También restableció el período de cuatro años, la no reelección inmediata y proscribió el nepotismo.

Cuarta República
La Guerra Federal

Entre 1859 y 1863 iba a desarrollarse la larga guerra que, teniendo como abanderados federalistas a Ezequiel Zamora y Juan Crisóstomo Falcón, duró más de cuatro años despues de derrocado el presidente Julián Castro, cuyo gobierno ocurrió entre marzo de 1858 y julio de 1859. La Guerra Federal se inició –si como tal se acepta la fecha de su primer alzamiento– el 20 de febrero de 1859, cuando el Cuartel de Coro fue tomado por el comandante Tirso Salavarría –quien actuaba en combinación con Ezequiel Zamora, expulsado del país por Castro, quien dos días después pudo desembarcar en La Vela para asumir la dirección de la guerra. En ese mismo cuartel, Salavarría proclamó por vez primera la Federación al grito: *"¡Corianos! ¡No temáis. La federación es el gobierno de los libres y Venezuela obtendrá el lauro de la federación. No hay un solo venezolano, con excepción del reducido club que hasta ahora nos ha dominado, cuyo corazón no lata de entusiasmo al impacto de esa voz mágica y arrolladora!* Con este hecho se abrió esa larga contienda, cuyo término fue el Tratado de Coche, firmado el 23 de abril de 1863 en la hacienda de ese nombre, cercana a la vieja Caracas y propiedad de la familia Madriz.

Durante la guerra ejercieron de manera sucesiva la presidencia interina, como Designados, Pedro Gual, del 2 de agosto al 29 de setiembre de 1859 y, luego, como Vicepresidente que asumió la presidencia provisional, Manuel Felipe de Tovar designado el 29 de setiembre. Pero Gual ganó la presidencia en las elecciones populares del 10 de abril de 1860, quedando en esa fecha Gual como Vicepresidente y León Febres Cordero como Designado. Por conflictos con el Secretario de Guerra, José Antonio Páez, quien se había autoproclamado General en Jefe de todas las tropas, Tovar renunció ante el Congreso el 20 de mayo de 1861. El mismo día, Gual, como Vicepresidente, se encargó nuevamente del Gobierno hasta el 29 de agosto, cuando fue apresado en su casa por el Coronel José Echezurería, paecista jefe de la guarinición de Caracas, a quien acompañó el también paecista Pedro José Rojas.

Después de Gual, tal como se venía preparando, Páez pasó sobre la Constitución y esgrimió la guerra como razón para asumir el gobierno y declararse dictador el 10 de setiembre de 1861, siendo Pedro José Rojas su Secretario de Relaciones Interiores y posteriormente el Designado, y como Secretario de Guerra y Marina nombró al coronel Echezurría. El 15 de octubre de ese año, un grupo de revolucionarios encabezados por Félix María Alonso y Antonio Leocadio Guzman, constituyeron en Saint Thomas una "Junta Patriótica" que redactó el programa de la Federación, consistente en una serie de garantías y derechos recogidos de la Constitución de 1858 que fue aprobada en Valencia.

Negociaciones de paz que, en 1861, el gobierno intentó con los federalistas en tiempos de la dictadura de Páez, fracasaron a fines del año y Páez decidió continuar en la guerra. Pero su gobierno se vió muy debilitado por problemas económicos suscitados por la misma guerra, mientras que las fuerzas federalistas siguieron progresando en los frentes, con victorias como las de Santa Inés en Barinas (10 de diciembre de 1859) y continuaron avanzando, a pesar de la derrota en campo de Coplé en Cojedes (17 de febrero de 1860) –que determinó la decisión tomada por Falcón de disolver su ejército– hasta la última importante batalla de Buchivacoa (27 de diciembre de 1862).

El movimiento final provino de Guzmán Blanco, quien había sido designado por Falcón como jefe de los ejércitos centrales y se acercó sobre Caracas, la que rodeó, produciendo el avenimiento con la ya impotente dictadura de Páez. El acuerdo se concretó en Coche, el 23 de abril de 1863. Con este Tratado, como lo expresa Arellano, *"Lo que se quiso fue evitar la fuga apresurada del caído y la entrada aparatosa del triunfador, adoptando una forma[386] más elegante y más digna de la nobleza de los dos próceres; un procedi-*

---

[386] Google. Analitica."*Biblioteca.com*"

miento práctico entre dos grandes caballeros de la política que, aunque reconocía el éxito de la Federación y la derrota de Páez, no humillaba a nadie".[387]

El Tratado de Coche contemplaba, en el primer punto de su versión original firmada por los representantes de los jefes de las fuerzas actoras, que *"el ejército federal reconoce el gobierno del jefe supremo de la República y de su sustituto"* y establecía, en el segundo, la convocatoria de una Asamblea dentro de los 30 días de los canjes de su ratificación, conformada por ochenta (cuatro por cada Provincia) miembros designados paritariamente por Falcón y Páez, cuyo primer acto, una vez recibido del Jefe Supremo (Páez) el mando de la República, habría de ser *"el nombramiento del gobierno que ha de presidir la República mientras ésta se organiza"*. Esa versión original del 24 de abril de 1863, fue luego modificada en fecha 22 de mayo de 1863 por los mismos representantes de los principales actores: Pedro José Rojas por Páez y Antonio Guzmán Blanco por Falcón, manteniéndose el punto original segundo pero como primero y siendo suprimido el primero original, aparte de otras modificaciones que pueden verse en detalle mediante la simple confrontación de ambos textos.[388]

Evaluación de la Guerra

Durante de Guerra de Independencia, la unificación de los ejércitos patriotas bajo el mando único del Libertador y, de manera particular, la participación en la lucha de amplios sectores de los estamentos oprimidos en la sociedad colonial y opuestos durante los primeros años de la guerra contra los realistas, significó no sólo vencer en la contienda, sino aminorar, durante esos años de lucha, la tensión y conflictividad social en Venezuela. Pero terminada la guerra con España y separada, en 1830, Venezuela de la Gran Colombia para restablecer su autonomía republicana, no fueron importantes los cambios operados en el país en orden a satisfacer las expectativas de bienestar, superación y progreso que alentaban esos sectores largamente mayoritarios en el país. En efecto, en la República ya independiente, como en el texto principal lo con-

---

[387] Arellano Moreno. A. . Op. cit, pg 327.

[388] Ver: http://www.analitica.com/bitblio/venezuela/coche.asp

sideramos, los generales victoriosos convertidos en héroes, acapararon tierras y, amparados tras el poder político propio o de amigos, accedieron a los privilegios y beneficios antes reservados a los mantuanos. Un grupo minoritario de excombatientes de bajo rango logró mejorar sus condiciones de vida, pero para la gran mayoría lo único que quedó fue frustración y apenas, los más audaces de entre ellos, lograron medrar a la sombra de algún caudillo que por alguna razón les resultó cercano.

El gral Páez, convertido en héroe máximo de la Nación, se rodeó de la oligarquía criolla de Caracas y Valencia y con ellas ejerció un poder fuertemente centralizado, si bien cuidadoso de mantener una conducta republicana y respetuosa de lo civil. De ese entorno social, que aspiraba a mantener sus privilegios como lo hicieron los privilegiados en la Colonia, emergió la corriente política que formó el partido conservador. Frente a ellos, otro sector del mismo viejo estamento –pero alejado del poder y, sobre todo, engrosado por nuevos ricos emergidos de la guerra, cuya riqueza se fundaba básicamente en tierras habidas con ocasión del conflicto y, también, quienes se habían dedicado al comercio pero no pertenecían al entorno privilegiado de las capitales– pretendía que el poder se descentralizase y no se concentrase en Caracas, con lo que, aparte de abrir nuevas y más amplias oportunidades de participación política y económica, fuera posible proteger haciendas y combatir bandoleros que saqueaban, robaban y atropellaban en el interior de las Provincias. De allí surgió el federalismo.

Las tensiones sociales fueron acentuándose con causa en la crisis económica que surgió en los primeros años de la década de los 40. La Guerra Federal surgió, entonces, como resultado de específicos intereses políticos y económicos que enfrentaron a conservadores y federalistas y de la frustración de un gran sector de población desprovista de toda suerte de riquezas y privilegios, con el agravante de que, al desamparo que quedó de la lucha por la independencia, se sumaron más de dos décadas vividas sin esperanzas. Mientras, por otra parte, un caso como ejemplo que corresponde a inicios del tercer gobierno de Monagas: *"la riqueza territorial se fue acumulando en pocas manos, porque se vendieron 281 leguas cuadradas de tierras baldías a precios irrisorios, en lotes de 10 a 60 leguas cuadradas. El titular de Hacienda, con certero criterio, señaló que éste era el camino de la esclavitud y de la miseria campesina y que 'la desigualdad entre humildes colonos y*

opulentos y soberbios propietarios influiría en las instituciones políticas y en el retro-
ceso de la sociedad'. Era lo contrario de lo que pedían los campesinos desde los días de
la Independencia y de lo que convenía hacer para democratizar al gobierno''. [389]

Los primeros levantamientos que, a modo de guerrillas, se presentaron contra el gobierno de Páez ocurrieron principalmente en Oriente,
pero la situación se fue agravando, hasta hacerse crítica, cuando José
Tadeo Monagas asumió su tecera presidencia en abril de 1857 para
nuevamente atropellar la Constitución y establecer su despotismo absoluto. El periodico "El Venezolano", vocero del partido liberal que fue
fundado y dirigido por Antonio Leocadio Guzmán, se convirtió inmediatamente en órgano político de acerba y feroz crítica contra los gobiernos conservadores.

Mientras duró la guerra, el acontecer político se concentró en Caracas, escenario de la confrontación entre conservadores y liberales. Sin
embargo, la polémica entre centralismo y federalismo, más que de convicciones políticas, tuvo que ver con intereses y forcejeos por posiciones
de poder y razones económicas. Es famosa la frase de increíble cinismo
que se atribuye a Antonio Leocadio Guzmán, según la cual éste habría
expresado que los liberales eran federalistas porque los conservadores se
habían definido centralistas, pero que si éstos hubiesen adoptado el federalismo los liberales habrían asumido el centralismo. Prueba de esto
puede ser la conducta de Julián Castro quien, para mantenerse en el
poder, buscó apoyos de uno y otro bando para lograr su propósito.
Igualmente, a la hora de deponer a Monagas en 1858, coincidieron en
ese objetivo tanto conservadores como liberales, quienes juntos enarbo-
laron la consigna "Unión de los venezolanos y olvido del pasado". A la
caída de Castro asumió el poder un gobierno liberal que duró apenas un
día, después de que en Caracas se desataron violentos combates entre el
Calvario y la plaza San Pablo, hecho conocido popularmente como "la
Sampablera". [390]

---

[389] Arellano Moreno, A. Op cit. pg 303.

[390] Vocablo que dio origen a la popular expresión criolla "se formó la sampablera".

Lamentablemente para los ilusos afectados, las razones del sector liberal-federal no se orientaban, como se hacía parecer, al alcance de profundas modificaciones en la estructura de la Sociedad sino a los intereses particulares de los propietarios de tierras. Cuando al fin el federalismo resultó triunfante, quienes habían alentado esperanzas de cambios favorables vieron hechos como los que ejemplificó el gral Falcón, victorioso de la guerra, quien entre sus amigos y allegados repartió pródigamente beneficios materiales obtenidos en los combates. Los historiadores han recogido la indignada expresión del federalista general José Loreto Arismendi, descendiente del héroe margariteño Juan Bautista Arismendi: *"Luchamos cinco años para sustituir ladrones por ladrones, tiranos por tiranos"* [391].

Por lo demás, la guerra no se extendió a todo el territorio venezolano sino que tuvo lugar, básicamente, en los llamados altos y bajos llanos: los hoy Estados Apure, Barinas, Portuguesa, Cojedes y Guárico, aunque tuvo manifestaciones de menor importancia en Falcón (donde se iniciaron los combates), y alcances en Oriente, en los hoy Estados Anzoátegui, Monagas y Sucre; también en Lara, asi como en la zona centro-norte del país, en Yaracuy, Carabobo, Aragua y expresión final en Caracas que, como antes se apuntó, siempre fue el principal centro de confrontación política.

En lo económico, la Guerra Federal tuvo efectos desastrosos. Refiere Arellano Moreno que más de 7 millones de cabezas de ganado se perdieron sacrificadas para alimentar los combatientes, o simplemente robadas. Igualmente, anota que los derechos ad valorem subieron del 34% que significaban en 1830 a 110%, y que la deuda pública ascendió, para 1863, a 58 millones de pesos. Las víctimas superaron la cifra de 350 mil, muertos en combates, en prisiones o en los caminos y calles del país."[392] *"Era una sociedad huérfana de ética y de sentido humano. Una multitud desenfrenada, sin capacidad discursiva, donde los instintos y las pasiones más bajas eran los que*

---

[391] Fundación Polar. *"Diccionario de Historia"*. Caracas, 1997.

[392] Arellano Moreno, A. Op. cit. pg 328.

más predominaban. Este es el rasgo común de la turba, que ve diluir en el conjunto su libertad, su razón y sus sentimientos".[393]

Luego de una paz cuyo único significado fue marcar el término de la guerra larga, la nación venezolana continuó sometida a la anarquía, a la vorágine criminal de los alzamientos y al ejercicio personalista y fatuo del poder que, en sus turnos, ejercían caudillos que ajustaban la Constitución a su gusto, siempre fieles a la histórica –por impúdica– frase de José Tadeo Monagas.

Es importante el comentario del doctor Domingo Alberto Rangel B referida a la influencia que tuvo esta guerra sobre el ya, en su tiempo, muy desarrollado fenómeno caudillista: *"Sobre las tierras abandonadas por los oligárcas fugitivos (aquéllos que no se entendieron con los federales) cayeron los caciques del bando vencedor. El peón iracundo, el bachiller sin horizontes, el deudor fallido, la turba de hombres que fue a los campamentos federales salió de la guerra luciendo las charreteras del rango militar y el prestigio de la bravura. Generales y coroneles fueron los títulos que iban a ostentar quienes habían sido hombres del pueblo. La victoria los convirtió en amos de regiones enteras del país. En un régimen distinto, de efectiva capacidad creadora, hubieran sido los Emiliano Zapata de una reivindicación popular. La Federación ya estaba falsificada desde Coche. Y el peón hecho general por la gloria de un combate no deseó ser el brazo ejecutor, en el gobierno, de la voluntad de justicia de las masas. Prefirió despojar a los oligárcas, sustituyéndoilos en el vértice de la absurda estructura social de la época. Una nueva capa de terratenientes afloró a la dirección de la economía agraria del país."*[394] Se repetía el fenómeno de la terrofagia: Cada cambio de gobierno implicó, casi siempre, cambios en la propiedad de la tierra.

La nueva parte de nuestra historia política va, entonces, a registrar el continuo sucederse de gobernantes cuyo pasar acelerado apenas detenía el llegar de los grandes autócratas, en caso inmediato y de manera particular Antonio Guzmás Blanco, cuya larga presencia en el poder iba a romper la espera de una larga sucesión de caudillos, pese a que mu-

---

[393] Idem.

[394] Rangel, Domingo Alberto. *"El proceso del capitalismo contemporáneo en Venezuela"*. Colección Humanismo y Ciencia. Dirección de Cultura. Universidad Central de Venezuela, Caracas 1968, pgs. 22-23.

471

chos entre ellos eran próceres de prestigios bautizados en aguas sacrali-
zadas por la Independencia.

CAPÍTULO TERCERO

Estados Unidos de Venezuela:

Gobiernos federalistas. Gobierno constitucional de Juan Crisóstomo Falcón

A la firma del Tratado de Coche sucedió la instalación de una Nueva Asamblea Nacional. Esta vez la sede fue La Victoria y se instaló el 15 de junio de 1863. La Asamblea se conformó con representaciones en igual número de diputados para federalistas y conservadores, aceptó la renuncia de Páez a la presidencia y proclamó, con carácter provisiorio en tanto se convocase a una Constituyente, a Juan Crisóstomo Falcón como Presidente de la Federación de Venezuela. El 13 de agosto, Páez salió de Venezuela para no regresar jamás. Esa fecha marca el final de la prolongada influencia política que por 42 años, desde 1821, ejerciera el héroe de Carabobo en la República de Venezuela. La salida definitiva de Páez simbolizaba la despedida de la generación política que se hizo del poder por 33 años, hasta 1863, así como también la entrada en el poder de la nueva generación, que igualmente lo iba a ejercer por 33 años, hasta 1899.

La Asamblea Constituyente fue convocada para el 10 de diciembre de 1863 y la nueva Constitución −la sexta de Venezuela− quedó sancionada el 28 de marzo de 1864. Como antes se mencionó, con esta Constución se interrumpió nuestra denominación de República para sustituirla por la de Estados Unidos de Venezuela. Sobre esa base federal, el país quedó dividido en Estados Federales en número de veinte.[395] La nueva Carta reforzó los rasgos democráticos de la inmediatamente antecedente pues, con la federalización, profundizó la descentralización. Además, creó la Alta Corte Federal, eliminó la pena de muerte y redujo a cuatro años el mandato constitucional sin abrir la posibilidad de reelección inmediata.

Una nueva generación política estaba llegando al poder en Venezuela: Falcón contaba con 43 años, Guzmán Blanco tenía 34 y Joaquín Crespo apenas tenía 23. El primer gobierno federal, bajo la Constitución de 1864 va a ser el de Falcón. El Mariscal asumió el poder el 7 de junio de 1865. Fue un presidente apartado de la capital, pues prefería irse al interior del país para combatir los alzamientos que por doquier se presentaban y que se habían generalizado, precisamente, como consecuencia de la estructuración federal del país, ya que surgían muchos conflictos en razón de límites y de intereses políticos. Normalmente, el Presidente Falcón era sustituído por su mano derecha, Antonio Guzmán Blanco quien, con mucha frecuencia y tiempo actuó como Presidente Encargado. Era precisamente tal subversión permanente en la que no estaría nunca en juego el interés común de una población determinada –fuese de la nación, de provincia o estado, de distrito, municipio o caserío– sino el de una particular y pequeña expresión de ambiciones personales, secundadas por reducidos grupos que compartían como cosa propia el poder en su nuda manifestación como dominio. Así, tal fue la particular forma venezolana y latinoamericana de reproducir, en nuestros territorios, patrones de comportamientos similares –aunque distintos en sus realidades propias– a los que significó la etapa feudal del desarrollo europeo. En Venezuela, sin duda el país más profunda y largamente

---

[395] Eran los 20 Estados tradicionales que hemos tenido si contar los antigüos departamentos. La sóla diferencia es la de algunos nombres de fechas posteriores: Barcelona luego Anzoátegui; Barquisimeto luego Lara; Caracas, luego, en parte, Miranda (y con Guzmásn "Estado Guzmán Blanco") y, por la misma Constituyente, la propia parte de la ciudad de Caracas fue Distrito Federal; Coro luego Falcón; Cumaná luego Sucre; Guayana luego Bolívar; Maracaibo, luego Zulia; Maturín, luego Monagas y Margarita luego Nueva Esparta.

afectado por tal fenómeno, la proliferación fraccionada del poder se dio en toda su extensión territorial y en cada división de ese espacio. Sus orígenes se remontan a tiempos de la Conquista. La presencia del fenómeno es clara durante la Colonia y hasta la Segunda República. A partir de la Tercera República y hasta la fundación de la Gran Colombia, esa presencia bajó en su intensidad, tal vez porque la guerra, sometida a la unidad de mando que logró consolidar el Libertador, obligó a reducir tales expresiones. Pero se desbordó a partir de la Cuarta República y, sobre todo, de la Guerra Federal –con moderada interrupción con Guzmán Blanco– y se renovó con más fuerza hasta que Gómez, desde tiempos de Cipriano Castro, lograra liquidar radicalmente al caudillismo y, en su propio gobierno pudo levantar las estructuras que definieron al Estado Moderno como unidad de dirección y mando en Venezuela.

Como antes ya se señaló, Juan Crisóstomo Falcón ejerció la presidencia a distancia. Constantemente la dejaba a cargo de su Designado de confianza, Antonio Guzmán Blanco. Tanto fue así que, de los 37 meses de su presidencia contados del 18 de marzo de 1865 cuando el Congreso lo eligió Presidente de la República, hasta que realmente asumió, el 7 de junio, la investidura –para ausentarse el día siguiente 8 de junio a fin de sofocar en Maracaibo una sublevación que allí encabezaba el gral. Pulgar –quien luchaba por el poder contra el gral. Jorge Sutherland– sólo estuvo al frente del país unos 20 meses. El tiempo restante el poder estuvo, de manera principal, en manos de Guzmán Blanco aunque también en las de los otros Designados, generales Manuel Ezequiel Bruzual y Miguel Gil. Pronto asomó Falcón la intención de reelegirse para lo que trató de modificar la Constitución como lo aprendería, quizás, de la hazaña fundadora de Monagas y, de él mismo lo copiaría quien iba a sucederle muy pronto en el cargo, como luego lo harían, de tan exitosos maestros, muchos otros "aprendices" que hasta en el siglo XXI continuarían haciédolo: ¡*La Constitución sirve para todo*!

Los abandonos por Falcón de la presidencia se explican porque constantemente salía para combatir las muchas insurreciones que brotaban en todo el territorio nacional. Los alzamientos se multiplicaban: Gonzalo Cárdenas en Carabobo; Miguel Rojas en Villa de Cura, mientras en Oriente se alzó de nuevo la vieja figura de José Tadeo Monagas. El Presidente Falcón salió una vez más en combate. Pero "*de pronto resol-*

vió irse a Coro el 4 de mayo y retirarse para siempre de la escena pública. Lo hizo con una proclama que, dado su contenido, revela que no entendía cabalmente lo que estaba ocurriendo, ya que creía que la revolución que estaba en marcha estaba dominada por las fuerzas del gobierno, y que su retirada servía para despejar los caminos del entendimiento. Era al revés: las revoluciones dominaban cada vez más territorio, y el gobierno cada vez estaba más acorralado por las fuerzas enemigas".[396]

Así terminó la etapa de los federalistas. Una nueva etapa, pero muy efímera y sumamente anárquica se iba a abrir cuando Monagas regresó a Caracas. El designado Bruzual trató de llegar a un acuerdo pero no pudo evitar el combate que se dio en las inmediaciones de la Capital. Venció Monagas. El 25 de junio de 1868 había triunfado la Revolución Azul, así llamada por el color del estandarte que portaba su tropa. Esa fecha inició un período de casi dos años que marcó el regreso del nepotismo y del autoritarismo. A los dos días, a semejanza de Falcón, Monagas salió en campaña y encargó de la presidencia, hasta su regreso en Marzo, a Guillermo Tell Villegas. Sin embargo, su malograda salud le impidió ejercerlo por mucho tiempo: murió antes de cumplir cinco meses en el poder, el día 18 de noviembre.

Destaca Arráiz Lucca: *"Imposible no anotar la paradoja según la cual toma el poder José Tadeo Monagas después de Falcón, y este se ve obligado a abandonar el poder por pretender lo mismo que condujo a Monagas a perderlo en 1858: la reforma constitucional con miras a hacerse reelegir indefinidamente. Para colmo de simetrías históricas: Monagas alcanza el poder y desarrolla la misma política magnánima que Falcón adelantó cuando llegó al mando. A veces la historia de Venezuela se asemeja a la desesperante experiencia del tiovivo".*[397]

¿Por qué será que no se aprende?......

José Ruperto, el hijo de José Tadeo Monagas, asumió la presidencia provisional en febrero de 1869. Antes, y mientras Guzmán Blanco, en una suerte de autoexilio estratégico tras el asalto a su casa realizado por una banda de foragidos autollamada "sociedad de lincheros", en momentos cuando recibía a sus partidarios, se refugió en la Legación de los

---

[396] Arráiz Luca, R. Op. cit., pg. 78.

[397] Idem, pg 82

Estados Unidos y, lurgo, se trasladó a Curazao donde estuvo hasta que regresó a Venezuela para invadirla. Mientras tanto, el monaguismo conservador se había fraccionado en dos bandos que apoyaban, uno a José Ruperto y otro al sobrino José Domingo, al mismo tiempo que la insurrección había seguido proliferando. En efecto, los generales guzmancistas Salazar y Pulido estaban en armas. Al desembarcar Guzmán Blanco en Curamichate de Falcón, el 14 de febrero de 1870, y avanzar sobre Caracas, el débil gobierno de José Ruperto Monagas se derrumbó. Terminaba la brevísima etapa de la Revolución Azul.

A la cabeza de la "Revolución de Abril", Antonio Guzmán Blanco entró triunfante en Caracas el 27 de ese mes de 1870. Había nacido en esta ciudad, el 20 de febrero de 1829 (30 años antes del inicio de la Guerra Federal), hijo de quien podría ser considerado como el primer líder populista de Venezuela, Antonio Leocadio Guzmán y de Carlota Ibarra de Aristiguieta, pariente del Libertador. Entre los caudillos del siglo XIX fue el más importante, si se deja de lado a José Antonio Páez cuya influencia cubrió toda la primera parte de nuestra vida como República, entre 1830 y 1863, fecha cuando se suscribió el Tratado de Coche y se reconoció el triunfo federal.

CAPÍTULO CUARTO

Estados Unidos de Venezuela:

La etapa de Antonio Guzmán Blanco

Guzmán Blanco ejerció tres períodos presidenciales: los llamados "Septenio", "Quinquenio" y "La Aclamación". El primero entre 1870 y 1877; el segundo entre 1879 y 1884 y el tercero entre 1886 y 1888. Fueron en total 14 años de gobierno, aunque durante el último mandato, el de "La Aclamación", estuvo realmente al frente del poder sólo un año, entre 1886 y 1887, pues el segundo año lo pasó entre París y España, mientras como Encargado ejercía la presidencia el gral. Hermógenes López. Sin embargo, su influencia se extendió a todo lo largo de 18 años, pues los gobernantes que ejercieron el poder durante los interinatos de 1877-1878 y 1884-1886, lo hicieron por su decisión y poder pese a que, durante el primero, el Presidente en ejercicio Francisco Linares Alcántara, caudillo de Aragua, le dio la espalda y trató de hacerse un presidente autónomo y democrático. A los pocos días de salir Guzmán de Venezuela con París como destino, el Congreso proclamó a Linares como "El Gran Demócrata".

Guzmán era abogado de la Universidad Central y tenía amplia experiencia política habida en su casa, con escuela en su padre, pero también en el campo de la guerra por su muy importante participación al lado del gral. Falcón, durante el ejercicio de la Guerra Federal. Luego reforzó esa experiencia, como Designado varias veces encargado de la

Presidencia y como comisionado en el extranjero. Pese a su condición de abogado, Guzmán no iba a orientar sus gobiernos por las vías del derecho, sino por las de la violencia propia de la fuerza. Rápidamente, al tomar posesión de la presidencia, ratificó la Constitución de 1864 y encomendó a sus generales Matías Salazar (quien poco después sería su enemigo), Venancio Pulgar, Colina, Urdaneta y Crespo la liquidación de los restos quedantes de los azules.

Sección I. El Septenio.

Una irregular "Asamblea de Plenipotenciarios" que Guzmán convocó en su primera proclama del 27 de abril de 1870, se reunió en Valencia el 11 de julio, bajo la presidencia de su padre Antonio Leocadio para, conforme a lo establecido en un punto de su primera proclama, nombrar al Presidente Interino –quien desde luego era él mismo Guzmán– con poderes extraordinarios, al tiempo que nombró Designados a José Ignacio Pulido y Matías Salazar. Poco después éste último, disgustado con Guzmán, de quien dijo haberlo humillado, intentó asesinarlo por lo que fue expulsado a Europa, pero Salazar, regresado, invadió por Cúcuta. El propio Guzmán lo derrotó en Tinaquillo; fue apresado y un Tribunal Militar ordenó su fusilamiento.

Matías Salazar, alias el Encarbonado, fue fusilado el 17 de mayo de 1872. Su muerte sembró pánico entre los caudillos regionales y produjo paz forzada. Escribe Arellano que *"si en 1780 se libraron 78 acciones de guerra y 39 en 1871, en los años que siguen se reducirán a dos o cuatro escaramuzas bélicas. La sangre de Salazar consolidó la dictadura del 'Sol de Abril'."*[398] Sin embargo, en 1874 León Colina se sublevó en Coro y Pulido en Oriente. Guzmán respondió a estas insurrecciones con una frase que entonces se hizo famosa: *"En Occidente hay un ejército sin general y en Oriente un General sin ejército"* y, en efecto, rápidamente los derrotó, mientras que otros opositores morían en las cárceles.

La dictadura de Guzmán se fue haciendo cada vez más poderosa y temible. Abrió muchos espacios de confrontación contra la Iglesia Cató-

---

[398] Idem. Pg. 354.

lica y países extranjeros: Por problemas limítrofes no reconoció, en 1879, al gobierno de Colombia y en 1887 hubo conflictos con Inglaterra por Guayana. A los Estados Unidos, porque no le quiso pagar una deuda, le emplazó a que sacara sus cañones y, en 1877, expulsó al Embajador por denigrar de Venezuela y también al de España. Con Chile querelló porque se había criticado su título de "Ilustre Americano"; con Holanda se negó pagar a Curazao indemnizaciones derivadas de la presencia en la isla de exilados venezolanos y cerró a los holandeses puertos venezolanos; con Francia rompió relaciones en 1882, también por pagos de obligaciones.

Con la Iglesia Católica estuvo Guzmán en permanente guerra desde el mismo 1870, cuando exigió que el Arzobispo Guevara y Lira cantara un Te Deum, pero al condicionar éste su participación a cambio de la libertad de los presos políticos, lo expulsó del país y le impidió luego retornar a pesar de haberlo autorizado. Al Nuncio o Vicario del Papa no le permitió que entrara a Venezuela; tuvo conflictos con diferentes sacerdotes. Al Obispo Bosset de Mérida también lo desterró y dejó que impunemente lo asesinaran. Trató de imponer Obispo en Guayana contra la voluntad del Papa Pío IX. Intentó fundar una Iglesia Venezolana. Cerró y disolvió todos los Conventos de religiosas y también los seminarios. Abolió el fuero eclesiástico. Confiscó bienes e inmuebles de todas las comunidades de religiosos y religiosas. Demolió templos como los de San Pablo y San Jacinto. Hizo de la Capilla de la Santísima Trinidad el Panteón Nacional. El templo de San Felipe Neri lo rebautizó con los nombres de su esposa, Ana y Teresa. Insultaba con frecuencia a prelados y sacerdotes de cualquier rango.

Como realizaciones positivas de este primer período destacan: Modernizó la adminstración pública; realizó el acueducto de Caracas, construyó carreteras y el ferrocarril de Caracas a La Guaira. Reorganizó la Universidad Central, fiscalizó la educación primaria, creo el Instituto de Bellas Artes y el Museo de Historia Natural. Concentró su interés de transformación urbanística en Caracas, pero también realizó obras en otras ciudades como Valencia, San Cristobal, Mérida, San Carlos, Maturín, etc. En Caracas destacan el paseo del Calvario, la Universidad, el Capitolio Federal, puentes, mejoró calles, colocó monumentos como los de Washington y la India (aparte de sus variadas estatuas) y la ecuestre del Libertador que colocó en la Plaza Bolívar de Caracas.[399] Realizó el primer censo moderno de la República en junio de 1873. Estableció, por Decreto del 27 de junio de 1870 (a instancia del Ministro Martín Sanabria) como obligatoria y gratuita la educación primaria e hizo edificar colegios nacionales en varias ciudades del país al tiempo que estableció la Dirección Nacional de Instrucción Primaria.

Por otra parte, permitió la inmigración: entre 1874 y 1877 ingresaron 15 mil inmigrantes.[400] Hizo redactar nuevos Códigos: en lo Civil, Penal, Comercial, Militar y Hacienda. Estableció la Compañía de Crédito Público

Muy hábil político y abogado, para mantenerse en el poder modificó la Constitución de 1864 por la nueva del 27 de mayo de 1874 (séptima de la República), pero lo hizo de manera que no se revelaran sus intenciones: en la misma primera proclama del 27 de abril estaba incluída la convocatoria, por parte de un Congreso de Plenipotenciarios, a elecciones populares para elegir presidente conforme a la Constitución de 1864, en cuya modificación incorporó los siguientes puntos: "*1°,establecimiento del sufragio público, escrito y firmado*[401]*; 2°,responsabilidad de los funcionarios públicos; 3°, supresión de los Designados, supliéndose las faltas temporales del presidente con un ministro; 4°,reducción a dos años del período constitucional; 5°, prohibición reelectiva del presidente y electiva de sus parientes; 6°,aumento del situado de los Estados y 7°,elección directa de los funcionarios de la Alta Corte Federal.*"[402] Entonces, hecho todo esto con la Constitución, declaró que su período estaba incluido en la reforma, por lo que, iniciado en 1873 (10 de julio, después de 2 años y 3 meses de su interinato) debía terminar en 1875, pero el Congreso "decidió" que las presidencias bianuales comenzarían a partir de 1877, es decir, luego de que Guzmán cumpliera el período constitucional de 4 años establecido en la Constitución antecedente. Con estas reformas, cuya intención era calmar a los generales belicosos, provocó no obstante la reacción armada de varios de ellos, especialmen-

---

399 N del A. Réplica de la de Taiolini que está en Lima.

400 Arellano Moreno, A, Op. cit. pg 361.

401 N.del A. Suprimía el secreto del voto.

402 Tomado de Morón G. Op. cit., pg. 428.

te en Coro y en Oriente. Entre los primeros Colina, Riera y Romualdo Falcón y en Oriente Pulido. Sofocadas las insurgencias se firmó entre todos, el 3 de febrero, un acuerdo en Coro, pero los insurgentes tuvieron que exilarse. No caben dudas de que, en el "Septenio", Guzmán supo aprovechar la paz forzada, a la que obligó con su gobierno despótico, para realizar la más importante obra de modernización y desarrollo material e institucional alcanzada, hasta entonces, por el país en toda su vida independiente y republicana. Resumamos esto en palabras de Santiago Key Ayala [403]: *"Rehizo y organizó la hacienda nacional; resucitó el crédito público; extendió la instrucción primaria fundando numerosas escuelas, y para sostenerlas dispuso rentas especiales. Acometió asimismo* (sic) *transformaciones edilicias que cambiaron el aspecto de las poblaciones, facilitando la evolución de las costumbres hacia una vida civil más amplia, tolerante y libre"*.

Sin embargo, no deja de resultar trágico, como balance y perspectiva histórico-nacionales, el que hasta la etapa democrática que vivió Venezuela en la segunda parte del siglo XX, sólo tres fuertes dictaduras hubiesen podido exhibir logros semejantes: las de Guzmán Blanco, Juan Vicente Gómez y Marcos Pérez Jiménez. Tal habría de ser, indudablemente, el concreto punto de apoyo de los positivistas partidarios de la teoría del "gendarme necesario".

Sección II. Gobierno constitucional de Francisco Linares Alcántara

Guzmán Blanco apoyó, en principio, al gral. Hermenegildo Zavarce para sucederle en la presidencia, pero luego, por el escaso apoyo político y popular de éste, se decidió por Francisco Linares Alcántara. Desde que Guzmán Blanco desembarcó en Curamichate lo acompañó Linares, conocido caudillo que cerraba filas entre los llamados "liberales de Guzmán". Cuando el 27 de febrero se produjo la decisión favorable del Congreso, Guzmán le deseó al nuevo Presidente, *"una presidencia muy pa-*

---

[403] Citado por Morón, G., Op. cit., pg 427..

cífica y gloriosa", a lo que éste respondió prometiéndole *"ser el verdadero centinela que cuide sus glorias".*[404]

Pero nuestra historia enseña que, muchas veces en la política, las palabras que se dicen obran cual imborrables testimonios de infidencias: También antes de su designación por el Congreso como Presidente, Linares había escrito a Laureano Villanueva, director del periódico "El Demócrata" que apoyaba su candidatura: *"Si mi nombre resultase favorecido en la próxima lucha eleccionaria, mi regla de conducta estará conocida de antemano. Yo continuaría la Administración del Ilustre Americano, tal como la recibiese, en todos los ramos del Gobierno. Recibiría sus consejos y las inspiraciones de su genio, con el mismo respeto con que recibo y he recibido siempre sus indicaciones, y sería un centinela de la gloria inmortal que ha conquistado. Nadie, sin atentar contra mi autoridad, podría tocar ninguna de las preciosas conquistas de la Revolución de Abril".*[405] Según una anécdota, un "bastón con puño de oro" obsequiado pocos días antes por Linares a Guzmán, tenía inscrito *"Guzmán, dejarás de tener amigos que te admiren cuando la gratitud se extinga".*[406]

Tal vez tanta zalamería no era del todo falsa y había algo de sinceridad en la zalama. En todo caso, el zalamero actuó cual político práctico cuando estalló la violencia de la poderosa reacción antiguzmancista que lo fue, tanto, que su propio padre, Antonio Leocadio, le dio espaldas y apenas Joaquín Crespo y Juan Pablo Rojas Paúl salieron en pública defensa del supuesto "caído"....Pero una vieja conseja criolla reza que, en Venezuela, *"en política no está caído sino el que está muerto".* En todo caso, la reacción contra Guzmán, que se expresó de la manera más acerba en reuniones y en la prensa, por bocas y plumas de quienes habían sus más fieles y cercanos partidarios, y que le hizo a éste decir a su esposa: *"Arregla los baúles, que nos vamos a Europa, porque las gallinas están cantando como gallos"*, no sólo se concretó en insultos que le acusaban desde asesino hasta ladrón, sino que fueron derribadas las tres famosas estatuas que sus anteriormente aúlicos habían erigido y loado en la Capital. Pero ello arrastró también al nuevo Presidente y a su gobierno, mientras el Con-

---

[404] Arellano Moreno, op. cit., pg 360

[405] Moron, G. Op. cit. Pg. 430.

[406] Citado por Arellano Moreno, A. Op. cit., pg 363.

greso, antes guzmancista, no vacilaba en bautizarle *"El Gran Demócrata"*. Parece ser que si el diablo paga mal, peor pagan los servidores cuando les llega la hora del desquite.

Linares Alcántara, efectivamente trató de revertir el estilo despótico de Guzmán y abrir el país hacia un clima más democrático. Su mando, sin ser tiránico, no dejó de ser firme: destaca que liberó los presos políticos; permitió el ingreso de los exilados, entre ellos el Arzobispo Guevara y Lira, León Colina y los útimos expatriados; abrió instituciones que habían sido cerradas; abrió los puertos que Guzmán había clausurado en Occidente; hizo paces con la Iglesia y permitió la construcción de Templos católicos.

La violenta reacción contra Guzmán propició la convocatoria a una Asamblea Constituyente, cuyo principal propósito habría de ser volver al período presidencial de cuatro años que la Constitución de 1874, siguiendo el interés de Guzmán, había rebajado a dos. Esto suscitó fuertes polémicas y debates y hasta alzamientos en algunos Estados, pues los interesados (Andueza Palacio, Crespo, Urbaneja, candidatos todos de Guzmán Blanco) en la sucesión –que ya asomaban– calificaron como "golpe de Estado" la convocatoria a la Constituyente. El gobierno declaró desiertas las elecciones que habían sido ya convocadas, lo que provocó renuncias de Ministros y nuevos alzamientos. Sin embargo, Linares Alcántara no sólo no pudo lograr los cuatro años de gobierno, sino ni siquiera el bienio original pues, el 30 de noviembre de 1878, la muerte lo sorprendió en La Guaira, lugar al que fue por quebrantos en su salud, aunque en las consejas callejeras se hablaba de asesinato por envenenamiento. Jacinto Gutierrez, que era Presidente de la Alta Corte, asumió la presidencia conforme al mandato constitucional y mantuvo la convocatoria a Asamblea Constituyente, la que se reunió el 11 de diciembre de 1878 pero, pocos días después, el 19, se alzó el guzmacista gral. Gregorio Cedeño, apoyado después por Crespo y otros generales, en lo que se llamó "Revolución Reivindicadora", cuya finalidad era reponer a Guzmán Blanco en la presidencia.

Sección III. El quinquenio

Triunfó la "Reivindicadora". El 25 de febrero de 1879 llegó Guzmán a Venezuela y al día siguiente asumió el mando. De nuevo, un "Congreso de Plenipotenciarios", esta vez formado por los Presidentes de Estado, se reunió en abril, puso en vigencia la Constitución del 74 y designó a Guzmán Presidente Provisional. Además, este Congreso estableció la Corte de Casación que fue unida a la existente Corte Federal; disminuyó a siete el número de Estados y constituyó un Consejo Federal integrado por un senador y dos diputados en representación de cada Estado, organismo al que se dio la facultad de elegir al Presidente de la República para períodos de dos años, sin reelección. Todo lo anterior es parte del contenido de la Constitución de 1881 (octava de la República, llamada "la Suiza").

El 13 de marzo de 1880, por medio de elecciones directas, Guzmán Blanco fue designado Presidente Constitucional para el período 1880-1882. Cuando se acercó el final del bienio constitucional, Guzmán expresó que no deseaba continuar en el poder, pero sus partidarios "lo obligaron" a continuar en el mando, por lo que fue electo por el Consejo Federal, el 17 de marzo de 1882 para un nuevo bienio hasta 1884. Durante este irregular quinquenio, con su estilo represivo, Guzmán continuó y acentuó su obra modernizadora que se expresó en ferrocarriles, telégrafos, teléfonos, iluminación del centro de Caracas; fundó la Academia de la Lengua, hizo un segundo Censo General, fueron construídos los templos de Antímano y la Santa Capilla y el de Macuto, fue celebrada la conmemoración del primer centenario del nacimiento de Simón Bolívar y reinstaladas las derribadas estatuas. Llegado al término del nuevo bienio, Guzmán propuso como su candidato al gral. Joaquín Crespo quien, por supuesto, en el Consejo Federal resultó electo por unanimidad.

Sección IV. Gobierno constitucional de Joaquín Crespo

El 27 de abril de 1884 prestó juramento ante el Congreso el Gral. Joaquín Crespo, fiel seguidor de Guzmán Blanco. Era natural del Estado

Guárico, nacido en la población de San Francisco de Cara y había sido Primer Jefe Militar y Presidente de ese Estado. Su mandato se caracterizó por su permanente lealtad hacia su jefe y mentor, lo que no indica que fuese débil o sumiso, sino temible en el campo de batalla. Su presidencia fue discreta, aunque hubo de enfrentar muchas sublevaciones en los dos años de su mandato. También confrontó severa crisis económica determinada por bajas en la producción, ataques de langostas a plantaciones y bajas en precios de productos básicos de exportación, especialmente el café. Igualmente, tuvo problemas con los estudiantes de la Universidad que generaron una situación pintoresca. Llegado el tiempo del término de su mandato, el Consejo Federal designó el 27 de abril de 1886 -como era de esperarse- a Guzmán Blanco como Presidente, pero éste, gran histrión, simuló que no le interesaba el cargo, por lo que una delegación designada para que lo "convenciera –lo que, por supuesto no resultó difícil– hubo de trasladarse hasta París, donde normalmente residía. Cuando al fin regresó, en el mes de agosto, fue aclamado en La Guaira por sus seguidores adulantes, por lo que a este bienio se le denominó "La Aclamación".

Sección V. La aclamación

Fue el 15 de setiembre cuando Guzmán se juramentó como Presidente para el período 1886-1888. Como en sus anteriores mandatos, Guzmán continuó su obra de modernización en Venezuela: avanzó lo ya iniciado en ferrocarriles y educación, así como en ornato y desarrollo urbano. Su presencia en Venezuela fue muy corta esta vez: antes de cumplirse el primer año del bienio en la Presidencia, volvió a París en agosto de 1887 y ya no regresaría más. Quedó encargado de la presidencia el gral. Hermógenes López, hasta julio de 1888. Sin embargo y a pesar de la fidelidad de Crespo, las relaciones entre ambos se enfriaron hasta el punto de la ruptura, de modo que Crespo no retornó a la presidencia después de Guzmán, ni éste aceptó la propuesta que el llanero le hiciera de alternarse ambos, cada dos años, en la Presidencia de Venezuela. De Guzmán se sabe que acrecentó notablemente su fortuna mediante ventajas que obtuvo a lo largo de su prolongada presencia en el mando de la Nación. Falleció en París, el 28 de julio de 1889.

Diez años, casi todos muy intensos, van a transcurrir entre la desaparición de Guzmán Blanco de la escena política venezolana y el inicio de una nueva etapa en nuestra vida política. En efecto, en 1887 Guzmán dejó de ser el jefe supremo del país que abandonó definitivamente para irse a vivir en París y, al año siguiente, en julio de 1888, su sucesor designado, Hermógenes López, terminó el bienio que había iniciado el llamado "Ilustre Americano". Cuando murió Guzmán, su definitiva desaparición abrió un compás o transición no comprometida bajo hegemonía alguna, en la conducción de los destinos de Venezuela. El gral. Crespo intentó asumirla, por lo que trató de invadir desde Trinidad en junio de 1888. El Presidente López convocó presuroso al Consejo Federal el día 2 de julio e, inmediatamente, resultó designado Juan Pablo Rojas Paúl como Presidente de Venezuela.

CAPÍTULO QUINTO

Estados Unidos de Venezuela:

Transición de gobiernos civiles.

Sección I. Gobierno constitucional de Juan Pablo Rojas Paúl

Desde el tiempo del Dr. José María Vargas y descontados los gobiernos provisionales o interinos ejercidos por Pedro Gual y Manuel Felipe de Tovar entre 1859 y 1860 y la breve presidencia constitucional de éste último entre abril de 1860 y mayo 1861, así como la provisional de Guillermo Tell Villegas en 1868, no hubo presidencias de civiles en Venezuela hasta que, el 2 de julio de 1888 fue designado como Presidente Constitucional, para el período 1888-1890, el Dr. Juan Pablo Rojas Paúl.

Sin embargo, esto no impidió que, frustrado, Joaquín Crespo intentara tomar el poder apoyado, según la rutina tradicional, en la fuerza de las armas. Crespo se había alzado en junio de ese año, al conocer que la inclinación del Consejo Federal era favorable al ilustre civil escogido. Rojas Paúl, abogado, reconocido por Guzmán como "leal e inteligente", era sin dudas la persona adecuada para calmar agitaciones y turbulencias en las entonces menos agitadas, pero nuncas tranquilas aguas de la política venezolana. Ello surgió como consecuencia de la separación de un caudillo de la talla y el poder que tuvo Antonio Guzmán Blanco. Pero Crespo fue controlado y apresado el 2 de diciembre por el gral. Francisco de Paula Páez. En la tristemente célebre Rotunda de Caracas recibió la visita del nuevo Presidente de la República: gesto humano y democrático que evidenció la calidad personal de Juan Pablo Rojas Paúl. Del encuentro salió Crespo indultado y con el compromiso de no volver a esgrimir las armas: ¡por poco tiempo lo iba a respetar! El Presidente Rojas Paúl hizo valer, entonces, la voluntad expresada en su lema de gobierno: "Paz, legalidad y concordia".

El nuevo estilo de gobierno marcó la diferencia −y por tanto la distancia− entre la conducción del país que se iniciaba y el despotismo opresivo que le antecedía. Las palabras poco después dirigidas por el Presidente Rojas al Cuerpo Diplomático, al iniciarse el año 1889, no hicieron sino confirmar la orientación civilista de sus propósitos: *"A la Renegeneración guerrera y combatiente debía suceder y ha sucedido, la Regeneración civil, pacífica, educadora y tolerante."*[407] Estas diferencias y otras definidas por Rojas Paúl entre los propósitos de su gobierno y los del régimen que le antecedió, determinaron que Guzmán Blanco renunciara al cargo de Ministro Plenipotenciario de Venezuela que, ante las naciones europeas desempeñaba desde su salida del país. El nuevo gobierno reanudó relaciones de armonía con la Iglesia Católica, favoreció el regreso de órdenes religiosas y la edificación de nuevos templos. Construyó el Hospital Vargas y el monumento del campo de Carabobo; realizó acueductos, escuelas y teatros. Tambié, la Academia Nacional de la Historia fue fundada. Como no hubo guerras pero si organización administrativa, la economía prosperó y el país vivió, durante 2 años, una paz olvidada que duró hasta que Rojas Paúl entregó el mando a un sucesor. Este era, también, un civil designado por el Consejo Federal: Raimundo Andueza Palacio, hasta entonces Ministro de Relaciones Interiores. Andueza asumió la presidencia el 19 de marzo de 1890.

Rojas Paúl, *"Con su buena administración y tacto político, desmintió a quienes aseguraban que los civiles estaban condenados a fracasar como Poder Civil y que sólo un gobierno basado en la fuerza física podía gobernar al país, olvidando que el éxito depende más de su capacidad política y adminsitrativa que del rango militar o de la represión que ejerza"*.[408]

---

[407] Arráiz Lucca, R. Op. cit., pg 100.

[408] Arellano Moreno, A. Op cit., pg 384.

Sección II. Gobierno constitucional de Raimundo Andueza Palacio

El gobierno de Andueza retomó, en sus inicios, la gestión que venía avanzando su antecesor. Guzmán Blanco, en sus frecuentes tiempos de residencia en Europa con sede en París, desempeñó la representación de Venezuela como Ministro Plenipotenciario ante las principales naciones europeas. Entre sus funciones tuvo, en particular, la responsabilidad de manejar el problema limítrofe con Inglaterra a propósito de las violaciones territoriales inglesas en límites de Venezuela con la Guayana Inglesa. Otro problema limítrofe también se conducía desde 1883: los límites con Colombia, asunto que iba a alcanzar punto crítico culminante en 1891, cuando a la muerte de Alfonso XII de España, quien era el Arbitro, su esposa viuda, la Regente María Cristina, hizo conocer un fallo sumamente injusto y desfavorable a Venezuela. No es este sitio para tratar el tema en cuestión, pero las actuaciones de Guzmán en estos asuntos, dejaron mucho que desear y perjudicaron gravemente los intereses de nuestra República. El Presidente Andueza y el Congreso lo acusaron formalmente por su indolencia, que fue calificada como responsabilidad de alta traición. La ruptura con Guzmán fue entonces definitiva.

En los dos años durante los cuales el Presidente Andueza ejerció su mandato constitucional –quiso prolongarlo a cuatro años, pero no lo logró– se mantuvo el crecimiento económico del país. Las exportaciones en rubros como café, cacao, ganado, cuero, maderas, etc. alcanzaron su más altas cifras históricas. Sin embargo, en lo político, como el Presidente también trató de reformar la Constitución que dejó Guzmám –pues el mandato era por sólo dos años y pretendía llevarlo a cuatro– la situación de se tornó nuevo convulsiva.

La reforma que proponía Andueza eliminaba también al Consejo Federal, que era el gran elector, para que la elección del Presidente, en 1894, se hiciera mediante sufragio popular directo. Andueza no contaba con mayoría en el Congreso que se dividió entre "continuistas" partidarios de Andueza y "legalistas" que negaban la reforma. No se alcanzó acuerdo y los parlamentarios partidarios de Andueza abandonaron el Congreso y éste se disolvió, por lo que el mandato del Presidente continuó como de facto. La Corte de Casación lo declaró reo de traición a la

Patria y, después, los Magistrados de la Alta Corte Federal y la de Casación renunciaron a sus investiduras. En tales circunstancias, la Nación quedó sin Poderes Públicos.

Joaquín Crespo, quien había amenazado con alzarse si Andueza continuaba con sus propósitos continuistas, al rechazar una proposición conciliatoria de Guillermo Tell Villegas que consistía en elegir a un civil como Presidente, cumplió su palabra y encabezó una "revolución" que bautizo "Legalista". El gral. Urdaneta respaldó la propuesta de Villegas, pero el Jefe Militar, que era el gral. Luciano Mendoza, se opuso por lo que Urdaneta fue al Estado Falcón para combatir a los revolucionarios legalistas pero fue derrotado por León Colina. El sobrino de Villegas, Guillermo Tell Villegas Pulido, asumió la situación, pero se vió obligado al exilio por lo que una Junta Cívica asumió la conducción del país. Mientras, Crespo –único poder real– estaba ya a las puertas de Caracas. El país se vió de nuevo inmerso en larga guerra, que fue de siete meses, con saldo de más de 4 mil quinientos muertos. La guerra duró hasta que Crespo entró en la Capital (7 de octubre de 1892) y tomó definitivamente el poder. Una vez más, como le ocurrió a Monagas y luego a Linares Alcántara, fracasaba el intento continuista y, con ello, también el primer intento civilista en el país: Había surgido un nuevo gran caudillo en Venezuela que iba a ejercer el poder por siete años, hasta que una bala anónima le diera muerte en la Mata Carmelera, el 16 de abril de 1898.[409]

---

[409] Ver: Arellano Moreno, A. Op. cit., pgs 386-399.

CAPÍTULO SEXTO

Estados Unidos de Venezuela:

Auge y caída del legalismo liberal. Segundo Gobierno constitucional de Joaquín Crespo.

Por segunda vez, el gral. Joaquín Crespo se hizo de la Presidencia de la República. Quien a la sombra de Guzmán Blanco lo había ya sido entre 1884 y 1886, esta vez era el Jefe de la "Revolución Legalista" liberal y constituyó el llamado "Partido Republicano Liberal" que, a la postre, no se distinguió del liberalismo amarillo fundado por Guzmán.

Crespo inaguró su gobierno el 7 de octubre de 1892. Sometió a Andueza y a sus principales gobernantes a quienes persiguió y despojó de sus bienes. Convocó, el 1° de enero de 1893, una Asamblea Constituyente que, designada por votación popular, se instaló el 4 de mayo. Su cometido –como acostumbrado— fue el de aprobar una nueva Constitución, la que fue promulgada el 12 de junio de 1893, la novena de Venezuela (pues la de 1891 propuesta por Andueza nunca fue sancionada). La nueva Constitución, que se ha conocido como la tercera democrática de Venezuela, ciertamente incorporó progresos formales para el ejercicio de la democracia tales como sufragio directo y universal para la elección de Presidente de la República y Presidentes de Estados y, además, mantuvo limitado el período de gobierno a cuatro años, sin derecho a reelección inmediata. La elección presidencial se realizó en diciembre de 1893 y el Congreso hizo el escrutinio de los votos en febrero, cuyo resultado, estadísticamente inconcebible, fue de 349.447 votos para el gral. Crespo y 428 votos compartidos entre 17 otros candidatos. El 14 de marzo, el Jefe Legalista asumió la Presidencia de Venezuela. Crespo, con Páez y Guzmán Blanco, va a completar el triunvirato de más importantes caudillos históricos de la República durante el siglo XIX.

En cierta manera, la crisis y posterior derrumbe del gobierno de Andueza, lograron –como ocurrió en tiempos primeros de Falcón y cuando triunfó la Revolución Azul– fusionar en favor de Crespo voluntades que se orientaron juntas, a pesar de haber intereses opuestos en uno y otro bando. Pero, como en aquellas, tal fusión tampoco resultó duradera. Del lado conservador destacó, con gran importancia, la popular y mítica figura del gral. José Manuel Hernández, "El Mocho", quien había apoyado al legalismo de Crespo pero luego se le opuso y fundó el Partido Liberal Nacionalista. Curiosamente tuvo el calificativo de liberal, contradictorio con la orientación conservadora de Hernández. Otro caudillo que ya asomaba, sin ser aún percibido, fue Cipriano Castro, quien no era ningún advenedizo o aventurero en la política, sino muy experimentado en trajines y afanes que cumplió en Caracas y en el Táchira, en larga experiencia de más de 13 años, fuese como Diputado al Congreso Nacional, levantamientos subversivos, Jefe Civil del Distrito Bolívar, en 1888 Gobernador de la Sección Táchira del Estado Los Andes o Jefe Expedicionario contra la Revolución Legalista en 1892 y por este motivo exilado, hasta 1898.[410]

A poco tiempo de iniciado su nuevo gobierno ya tuvo Crespo un primer alzamiento proveniente del bando liberal que se había separado de los conservadores. Conocedor de las apiraciones presidenciales que animaban al jefe de esta rebelión, Crespo lo neutralizó –y de paso liquidó políticamente– con un ministerio, el de Hacienda, y otros más para sus amigos. Después, los problemas fueron de naturaleza económica. En efecto, en 1896, en buena parte como consecuencia de su guerra y tam-

---

[410] Ver: Velásquez, Ramón J. "Prólogo. Archivo Político de Zoilo Bello Rodríguez" Ed. Ministerio de la Secretaría de la Presidencia de la República y Min. Defensa. Caracas 1979, pg.s. XVIII-XIX.

bién por los contratos hechos por Guzmán con las ferrocarrileras, la deuda alcanzaba un déficit cercano a los 100 millones de bolívares, al tiempo que los precios de los productos de exportación descendían brúscamente. Para superar la dificultad adquirió nuevo préstamo con un banco alemán, hecho que desató fuertes y negativas reacciones. Como complemento de los problemas del país, se presentó otra vez el conflicto con Inglaterra por los límtes de su Guayana, cuando soldados venezolanos rechazaron la invasión de soldados ingleses que trataban de desplazar los límites al río Yuruari. Entonces, ante la prepotente actitud inglesa, fue cuando el Presidente Glover Cleveland invocó la doctrina Monroe en defensa de Venezuela. Luego, en 1899, un tribunal sin representación venezolana aceptó un arbitraje que nos despojó de casi 160 mil kilómentros cuadrados, asunto que aún no se ha cerrado.

Cuando terminaba el período de Crespo, la campaña electoral se había complicado mucho, pues el número de aspirantes gubernamentales era muy alto y sus orígenes e intenciones políticas muy diversas. El 1º de setiembre se fue a las urnas en Venezuela para elegir al nuevo Presidente. El candidato vencedor, cuyo apoyo disimuló Crespo, fue Ignacio Andrade, merideño e hijo del Prócer Escolástico Andrade. Andrade, de 60 años, tuvo vida militar que se inició con el caudillo del Zulia Venancio Pulgar cuando éste, en la Guerra Federal, enfrentó al gobierno de Páez. El nuevo Presidente, con el saliente gobierno de Crespo, había sido Presidente del Gran Estado Miranda (que entonces, conforme a la Constitución vigente, cubría los actuales Estados Miranda, Aragua, Guárico y Nueva Esparta). A su vez, Crespo, en las nuevas elecciones, venció como candidato a la Presidencia en ese Estado que era el más importante del país y se hizo nombrar por Andrade como Jefe de la Primera Circunscripción Militar, lo que severamente limitaba en ese campo al poder presidencial.

CAPÍTULO SÉPTIMO

Estados Unidos de Venezuela:

Decadencia y caída del liberalismo amarillo Gobierno constitucional de Ignacio Andrade.

El rival principal de Andrade fue el gral. José Manuel Hernández, "el Mocho", quien luchó por el legalismo en Guayana y cuya popularidad era grande y notoria. Algo muy particular del apoyo que tenía fue el tener partidarios conservadores y populares en gran cantidad, los primeros para derrotar al liberalismo amarillo y los segundos con la espeanza de mejorar sus condiciones de vida. El resultado de los comicios (406.610 votos contra 2.203) despertó justificadas sospechas, pues El Mocho Hernández alcanzó una popularidad comparable a la de Antonio Leocadio Guzmán en su tiempo. Escribe al respecto Arellano Moreno: "*Lo lanzan como candidato presidencial para el lapso de 1898 a 1902 y recorre el país en campaña electoral, cosa desconocida en Venezuela, imitando lo que vio durante su permanencia en los Estados Unidos, pero fracasa porque el gran elector era Crespo, debido a que el país seguía, en lo económico y social, siendo el mismo de siempre.*"[411]

---

[411] Op. cit. pg. 393

Escribe Don Ramón Velásquez en el Prólogo citado: "*Los meses que transcurren entre setiembre de 1897 y marzo de 1898, mes en el cual se iniciaba el período presidencial de Andrade, fueron de grandes dudas para Crespo y de sobresalto para Andrade. Comenzaba Crespo a tener celos de la influencia que en el ánimo de Andrade tenían Bello Rodríguez y Villanueva, [412] especialmente de Bello Rodríguez, quien apenas había cumplido los cuarenta años de edad, cuando ya surgía como la figura predominante del régimen que se iba a iniciar. Crespo aspiraba volver al ejercicio de la Presidencia de la República en las elecciones de 1902, y veía en la popularidad de Bello Rodríguez, en su juventud y en su habilidad política, un obstáculo que debía eliminar cuanto antes, para no tener que enfrentarlo años más tarde, en condiciones difíciles para su retorno.* [413]

Descontento por resultados que no aceptó, el gral. Hernández convocó a todos sus partidarios a rebelarse. La primera manifestación subversiva fue en Queipa, hacienda en el Estado Carabobo, cercana a Valencia. Hacia allí partió Hernández el 1° de marzo de 1898. Su intención era concentrar partidarios suyos en la zona a fin de conformar guerrillas. La primera batalla importante fue la de la Mata Carmelera, el 16 de abril, en la que 750 hombres (400 infantes y 360 a caballo) derrotaron una fuerza de 1.600 hombres comandada por el propio Joaquín Crespo, quien murió en la batalla. Luego, el 5 de junio, se presentó otra batalla, en Churuguara, en la que las fuerzas del gobierno al mando de Antonio Fernández derrotaron duramente a los subversivos, lo que preparó, el 12 de junio, la captura de Hernández por acción de Ramón Guerra en el sitio El Hacha, en Yaracuy. "*La indudable incapacidad militar del Mocho Hernández facilitó la victoria de Ramón Guerra y el poderoso levantamiento nacionalista concluyó con el triunfo de Guerra y la aparente consolidación del gobierno*". [414]

Ramón Guerra había sido Ministro de Guerra de Crespo y era considerado "*el más famoso guerrillero del país*". A la muerte de Crespo, los crespistas al quedarse sin Jefe y sentirse desplazados del gobierno, encontraron en Guerra un nuevo Jefe quien, además, había sido el factor

---

[412] N del A. Se trata de Laureano Villanueva.

[413] Velásquez, Ramón. Op. cit, pg IX.

[414] Idem, pg XI

militar fundamental para el triunfo del legalismo. Aparte del vacío dejado entre sus seguidores por la muerte de Crespo, había otros dos vacíos de naturaleza política que eran sumamente importantes: la Presidencia del Gran Estado Miranda y la Jefatura de la Primera Circunscripción Militar. Tales dos vacíos le presentaron al Presidente Andrade una situación conflictiva, sobre las que no pueden caber dudas de la importancia que alcanzaron como factor principal del posterior debilitamiento del gobierno y de su ulterior derrumbe. Efectivamente y como era natural, Ramón Guerra habría de haberse sentido, entre los demás actores políticos y eventuales competidores suyos, como el heredero natural de la gloria y de la fuerza política de Crespo. Andrade era muy sagaz y esa realidad no pudo habérsele escapado; tampoco pudo no considerar que habiendo sido Crespo el único factor de poder que le permitió alcanzar la elección en setiembre de 1897, su muerte, ocurrida antes de qué el mismo hubiese consolidado su poder con apoyo en bases propias y, por tanto, liberado de ese vínculo originario, lo debilitó extremadamente. Por eso se apoyó en Bello y Villanueva, especialmente en el primero, quien pese a lealtad de su amistad, no podía ocultar su fuerza en rápido crecimiento que, además, era indispensable para detener la inmediata amenaza que significaba Guerra, en cuyos cálculos estaba ser el Presidente designado para el Gran Estado Miranda. Sin embargo, con Guerra rivalizaba –y con la misma intención– el gral Antonio Fernández, cuyos antecedentes militares y prestigio político no le eran inferiores y había sido también Presidente del Estado Los Andes bajo el gobierno de Crespo.

Con los mencionados apoyos, que también garantizaban los del Congreso y la mayoría del Partido, Andrade ejecutó un par de inteligentes movimientos orientados a la neutralización de Ramón Guerra:

1er Movimiento: Activar una disposición de la Constitución de 1893 vigente que, en su artículo 4° (prevista ya en la Constitución de 1864 en su artículo 4°), permitía a los Estados que habían sido declarados secciones de Estados mayores unificados, el recuperar su condición de Estados independientes:

Artículo 4.- Los Estados a que se refiere el Artículo 1 de esta Constitución se reservan la facultad de unirse dos o más para formar uno solo, siempre que así lo acuerden sus respectivas Asambleas Legislativas; y los Estados que la Constitución de 28 de marzo de 1864 declaró independientes y que fueron convertidos en Secciones por la de 27 de abril de 1881, tienen el derecho de recuperar la categoría de Estados, siempre que así lo pidan las dos terceras partes de sus Distritos por el órgano de quienes los representen en el seno de la Asamblea Legislativa y que su población exceda de cien mil habitantes. Si no tuvieren esta población, pueden pedir en la misma forma su separación de un Estado para anexarse a otro, con tal de que aquél de que se segregue quede con la base requerida de cien mil habitantes. En uno y otro caso se dará parte al Congreso, al Ejecutivo Nacional y a los demás Estados de la Federación....

El propósito –que se cumplió– fue dividir al Gran Estado Miranda en tres Estados: Miranda, Aragua y Guárico, con lo que la Federación del Gran Estado Miranda anterior dejó de existir y las secciones, tranformadas en Estados, no tuvieron ya la importancia política de aquélla.

2do. Movimiento: Designar, autorizado por el Congreso, Presidentes de los nuevos Estados, anteriormente Secciones, a las siguientes personas: gral. García Fuentes para Miranda; gral. Antonio Fernández para Aragua; gral. Ramón Guerra para Guárico.

El gral. Ramón Guerra aceptó la designación y se fue al Estado Guárico, pero el 19 de febrero de 1899 se sublevó en Calabozo, siendo aplastantemente derrotado por un ejército de 3 mil hombres enviado desde Caracas bajo el mando del gral. Augusto Lutowsky, reforzado desde el Oriente por dos batallones del gobierno al mando de los generales Gumán Álvarez y Guevara.

Estos éxitos entusiasmaron al Presidente Andrade, quien consideró vencidas las dificultades y se dispuso a desarrollar un importante plan gubernamental de reformas y modernización del país que presentó al Congreso. Tal plan incluía reformas militares, penales y penitenciarias, así como importantes esfuerzos para desarrollar más la educación, especialmente la universitaria, e institucionalizar la agricultura, además de traer inmigraciones europeas para que, organizadas en colonias, desarrollaran nuevos cultivos y mejoraran los tradicionales. Pero a las grandes dificultades económicas, sanitarias y productivas que se vivían entonces, se sumaron más y mayores conflictos políticos. Sin embargo, había uno en particular que significaba el mayor peligro:

Escribe el Dr. Velásquez: *"Los liberales continuistas de Andueza Palacio y José Ignacio Pulido, derrotados en 1892 por los liberales legalistas de Crespo y Bello Rodríguez, habían regresado al país después de la muerte de Crespo y no estaban dispuestos a continuar en la situación de desterrados en la propia patria. Ellos se consideraban como los verdaderos depositarios de la pureza liberal amarilla, de la tradición liberal amarilla, del prestigio liberal amarillo.... Y el liberalismo continuista o anduezista decidió lanzarse por los caminos de la conspiración y la guerra. Una de las más calificadas figuras del liberalismo amarillo continuista o anduezista era el joven General tachirense Cipriano Castro. El 1892 el diputado Castro formó parte en la fracción parlamentaria que apoyó los planes del Presidente Andueza Palacio de continuar en el poder y al estallar la rebelión de Crespo, que contó con apoyo en Los Andes, Andueza Palacio confió al General Cipriano Castro la defensa militar de su gobierno en la región andina. Andueza Palacio al considerar perdido el apoyo militar de Domingo Monagas y de Luciano Mendoza, abandonó el poder y el país y para Castro comenzó un destierro que debía durar cuatro años".*[415] Sin embargo, en sus planes, Castro pensaba en el poder...

La fórmula que encontró el gobierno de Andrade para contener el fraccionamiento liberal fue el válido pero, al momento, no adecuado recurso de modificar la división territorial del país, impuesta por Guzmán y conservada por Crespo, según las conveniencias de ambos. El mecanismo fue la vuelta a la divisón territorial del país en veinte Estados que había establecido la Constitución de 1864. Pero la propuesta del gobierno sostenía que podía hacerse dicho retorno sin necesidad de someter la Constitución vigente a una reforma. La tesis no era equivocada, pues tanto en la Constitución de 1864 como en la vigente de 1893, como puede observarse en la página anterior, se contemplaba que el anexarse a otro Estado para formar uno mayor, o el separarse para recuperar su original singularidad. Eran facultades que se *reservaban* los Estados, cuyo logro sólo dependía de la expresión de las dos terceras partes de sus Distritos, por órgano de sus representantes en las Asambleas Legislativas. De manera que el Presidente Andrade y el propulsor de la propuesta que era su Ministro Zoilo Bello Rodríguez, actuaban en verdadero derecho. Sin embargo, una minoría de veinte diputados entre anduezistas, crespitas con expectativas y el guzmancista González Gui-

---

[415] Idem. Pgs. XIII y XIV.

nán, quienes, en palabras del propio Andrade, sólo *"querían soliviantar los ánimos, avivar las pasiones y alarmar el país"*[416], se las arregló para alcanzar sus propósitos. La propuesta fue aprobada como la presentó el gobierno el 22 de abril de 1899; un mes después, el 23 de mayo, Cipriano Castro estaría invadiendo desde Colombia, para llegar a Caracas el 22 de octubre de 1899, después de una campaña que no fue admirable sino en entregas, complicidades y traiciones,.

Lo que pasó entonces son historias de la Historia.

---

[416] Idem. Pg XV.

PARTE II:

SÍNTESIS POLÍTICA DE VENEZUELA

SIGLO XX
1899-1945

CAPÍTULO PRIMERO

Estados Unidos de Venezuela:

Hegemonía de Los Andes
Gobierno constitucional de Cipriano
Castro.

En tiempos de mortecino liberalismo amarillo, la confundida Venezuela vió entrar la Revolución Restauradora de Cipriano Castro –como en el decir criollo– "como rio en conuco": sin resistencia alguna por parte de fuerzas que, en lo militar, eran inmensamente superiores. El Presidente Andrade, prisionero de sus dudas y desconfianzas, prefirió refugiarse en la calidez de afectos familiares y amistosos, que podrían consolarlo, pero que nada le aportarían a la muy comprometida salud de su gobierno. Cuando se dio cuenta de ello era ya muy tarde y optó por abandonarlo todo.

Sesenta hombres, se dice, cruzaron el río Táchira en 1899, en día 23 de mayo de 1889, con el propósito de "tomar el poder", frase ritual de la historia política venezolana. Logro, al parecer, absurdo y desproporcionado. Pero la política y el teatro tienen muchas veces en común el realizar lo irrealizable; sólo que en éste se lo prepara de antemano y en aquélla se lo encuentra al final.

La primera batalla fue en las proximidades de Capacho y de San Cristóbal. Después del encuentro, el reducido grupo inicial ya se había triplicado. Al comienzo de junio, el gobierno envió a Los Andes un ejército de 5 mil hombres al mando del gral. Antonio Fernández, para que liquidara la invasión de Castro. Como el propósito de Castro parecía ilusorio, en el fondo, la intención del Presidente Andrade parece haber sido el distraer una figura cuya presencia en el centro de la vida política le preocupaba. Consciente de ello, el gral. Fernández evitó confrontar la minúscula fuerza invasora y decidió reservar su ejército para hechos que vislumbraba como muy probables. Esto permitió que, para agosto, Castro hubiera controlado Mérida sin la menor resistencia, gracias a conflictos entre liberales y nacionalistas; lo mismo ocurrió en Trujillo, pues al ejército que iba a enfrentársele, comandado por el gral. González Pacheco, se le suministraron balas que no servían para los fusiles que utilizaban. Así, Castro estuvo el 22 de ese mes en Lara con un ejército de unos 2 mil combatientes, pero en Barquisimeto las fuerzas allí atrincheradas no le presentaron combate. Tampoco en Parapara y en Nirgua, en las que obtuvo fáciles victorias. Al fin llegó el día 14 de setiembre de 1899 cuando debía enfrentar, en Tocuyito, la mayor fuerza del gobierno comandada por dos generales que tenían enemistad política: Diego Bautista Ferrer y Antonio Fernández. La batalla fue un desastre para el gobierno. Los jefes militares abandonaron el campo de batalla y Castro fue invitado por políticos y la alta sociedad de Valencia a entrar en la ciudad.

La comedia había terminado. Andrade dejó la Presidencia y el 20 de octubre también el país, pues se fue a Puerto Rico. Castro, el día 22, entró en Caracas acompañado por representantes de la oligarquía valenciana y, entre aclamaciones, fue recibido por la de la Capital.

Los hacedores de la vieja política veían con desdén al joven personaje, pequeño de estatura; raro y extravagante su porte; petulante e irreverente su verbo. No imaginaban que ese campesino andino, de feo aspecto y malos modales, pudiese entender los arcanos de sus políticas y menos aún participar en ellas. Ignoraban que ese hijo de campesinos había alcanzado una formación superior al promedio de lo acostumbrado en aquellos tiempos, no solamente respecto a medios rurales como en el que había nacido, sino en las muy orgullosas "grandes" ciudades del país.

Refiere Tomás Polanco, en la breve pero muy completa biografía que hizo de Cipriano Castro en su obra "Venezuela y sus Personajes", cómo *"el niño Cipriano es enviado a la escuela inmediatamente que tiene uso de razón"*.[417] Allí tuvo la fortuna de encontrar excelentes guías en virtuosos educadores, quienes lo condujeron a ser *"ilustrado por la lectura de obras históricas, escribía en estilo claro y preciso, con capacidad de orador y fortuna para expresar sentimientos y modos de pensar"*.[418] Estudió música y, cuando murió su madre, ingresó al Seminario de Pamplona, el que dejó por un incidente después de tres años de estudios y decidió a dedicarse al comercio en San Cristóbal.

En Los Andes, Castro desarrolló importante labor política de oposición al conservatismo llamado liberal, popularmente "lagartijos", que ejercía allí impenetrable hegemonía. Cual Crespo que se apoyó en los liberales, el joven Cipriano optó por alinearse con el legalismo crespista. Cuando Carlos Rangel Garbiras fue electo Presidente del Estado, designó a Castro Gobernador de la Sección Táchira y fue electo, también, diputado al Congreso. Como tal, fue muy activo e independiente entre 1888 y 1892. Como parlamentario le hizo oposición al gobierno de Rojas Paúl y se identificó con el continuismo de Andueza Palacio; como Jefe Militar tachirense derrotó las tropas de Crespo. Por eso, cuando éste asumió la Presidencia de la República, Castro se vió obligado a exilarse en Cúcuta, Bucaramanga, Curazao y nuevamente Cúcuta, donde compró la hacienda "Los Vados", vecina a la de su viejo amigo desde tiempos de Capacho Viejo, Juan Vicente Gómez. Sin embargo, cuando Castro estaba en Curazao, el propio Crespo lo invitó para que viniera a Caracas a fin de que, cual neutral, colaborara con su gobierno.[419] No obstante, esa entrevista no se pudo lograr hasta 1895 y, en ese año, a pesar de que Castro fue a Caracas con tal propósito, tampoco tuvo lugar por enfermedad suya. Al ser designado Andrade como Presidente, Castro

---

[417] Polanco Alcántara, Tomás. *"Venezuela y sus Personajes"*.Ediciones GE, Caracas 1998, pg. 178.

[418] Idem, pg. 180.

[419] Idem, pg. 187.

reaccionó violentamente y le escribió a Crespo, pero sin obtener respuesta.[420]

Con nueva consigna Cipriano Castro inició su gobierno: *"Nuevos hombres, nuevos ideales, nuevos procedimientos"*. Si algo es característica común a toda revolución es la aparición de "nuevos hombres", en el sentido de que sus gobiernos son ejercidos por personas que no habían tenido sobresaliente participación en el pasado politico de la realidad nacional en la que ocurre el cambio revolucionario. Entre las llamadas "revoluciones" del pasado venezolano, quizás sea la Restauradora la única sublevación que, una vez vencedora, haya parcialmente presentado esa particularidad. Sin embargo, en lo referente a ideales y procedimientos, podemos afirmar que se trataba de "más de lo mismo". Aún en tiempos de Andrade, Castro habia vuelto a Caracas para hablar con el Presidente, pero después de soportar larga espera, se enardeció cuando se le dijo que no podría ser recibido: regresó a "El Vado", ya con la decisión de sublevarse para derrocar al gobierno.

El Consejo de Gobierno que, desde la fuga de Andrade, presidía el gral. Víctor Rodríguez, entregó formalmente el mando de los Estados Unidos de Venezuela, el 23 de octubre, al victorioso general nacido en Las Lomas, o Capacho Viejo, del Estado Táchira. Cipriano Castro contaba, a la sazón, 41 años. Como se ha visto, tenía importante experiencia política, y hasta había sido asomado en la prensa, por Domingo Olavarría, como candidato a la presidencia. Designó su primer gabinete de gobierno en el que no hubo muchos nuevos hombres, pues viejos ya conocidos formaban parte, entre otros, el ex Presidente Andueza Palacio como Ministro de Obras Públicas y el famoso Mocho Hernández, Jefe del Partido Liberal Nacionalista como Ministro de Fomento. El "Mocho" muy poco después renunció para alzarse y declararse en campaña por los Estados centrales, hasta que fue apresado y confinado en la Rotunda. Peor suerte le cupo al gral. Antonio Paredes quien, en Puerto Cabello, trató de defender el gobierno de Andrade. Fue apresado pero, liberado, se asiló en Trinidad. Indomable enemigo de Castro: "*Yo correré a Venezuela armado con una espada, con un fusil, con una lanza. No tengo con qué comprarlos, pero me los regalarán, y si no hay quien me regale nada, iré armado con*

---

[420] Idem, pg. 190.

una pica de madera que fabricaré yo mismo con la madera de los bosques de Dios, y si no hay buque que me lleve de balde, me iré a nado con la pica en la boca, cruzaré el mar a nado para estar con mis compatriotas en ese día de la grandeza y de la dignidad". Siete años después invadió por Guayana y, de nuevo apresado, fue asesinado en una playa del Orinoco por orden de Castro transmitida por telegrama en cifra, en el cual, una vez descifrado, se leía: *"La culebra se mata por la cabeza"*.

Durante los primeros tiempos de su gobierno, Castro no pudo descansar de alzamientos que se le presentaban de manera contínua: Poco después de derrotado el Mocho Hernández en octubre, en Oriente se alzó Nicolás Rolando; luego, casi por mes, fueron los turnos de Celestino Peraza, en el Táchira; Pedro Julián Acosta en Oriente; Juan Pietri en Carabobo; Carlos Mendoza en La Victoria; Carlos Rangel Garbiras en el Táchira. El gral. Juan Vicente Gómez, Vicepresidente de la República, compadre y financista de Castro, enfrentó y derrotó casi todas estas subversiones fracasadas, en parte por su desorganización e improvisación y, también, por la enorme superioridad estratégica y de combate de las fuerzas del gobierno, así como por la superior calidad y alcance de sus armas.

Pero la más grave e importante de todas las sublevaciones, que con el apoyo fundamental de Gómez pudo derrotar el gobierno de Cipriano Castro, fue la llamada "Revolución Libertadora", que concitó todo el caudillaje del país y concentró todas las subversiones que aisladamente se preparaban en cada rincón de Venezuela, para liberarse del déspota en que había devenido el Jefe Restaurador. Esa Revolución, cuyo mando se confió a su promotor Gral. Manuel Antonio Matos y que financiaban la petrolera "New York and Bermúdez Company" y el Ferrocarril Alemán, *"descartaba la posibilidad de cualquier otra empresa semejante y obligaba a quienes pensaban en la solución de la guerra civil a sumar sus fuerzas a Matos, o a apartarse para que sus planes avanzaran"*.[421] Juan Vicente Gómez fue artífice fundamental de las derrotas sufridas por las fuerzas de la Revolución Libertadora.

---

[421] Velásquez, Ramón. Prólogo cit. pg XXI.

Con el fracaso de la Revolución Libertadora podemos entender que se marcó el fin histórico del liberalismo amarillo fundado por Guzmán Blanco y se abrieron 45 años de nueva hegemonía política en el poder por parte del grupo que, iniciado con 60 hombres al punto de cerrarse el siglo XIX, desde Cúcuta hasta Caracas encabezó y condujo Cipriano Castro. Hasta ese momento, Venezuela había sido una caricatura de país pues no se había generado un Pueblo, ni una Nación ni un Estado. ¡Todavía hoy, en la segunda década del siglo XXI, podemos preguntarnos y dudar, con razón, si es que lo hemos logrado! Y no es que Castro, en nueve años de gobierno lo hubiese hecho, pero a pesar del fracaso y sobre todo de la amargura que hubieron de vivir sus opositores, derivada de la conciencia de absoluta imposibilidad para salir de ese funesto régimen –que seguramente abrió para ellos un porvenir muy oscuro– sin embargo, los efectos históricos de ese hecho iban, en el desarrollo futuro de tiempo no muy largo, a construir las bases esenciales para levantar una Sociedad que pudiera avanzar como realidad política con posibilidades de insertarse en la modernidad. Es verdad que nos perdimos el siglo XIX: siglo de la consolidación –en los países más avanzados de Europa y en el nuevo de América del Norte– de la identidad de pueblos; de la vivencia de nacionalidades; de la Revolución Industrial; de la expansión del comercio internacional; del crecimiento urbano y de la evolución democrática.

¿Qué fue Venezuela hasta entonces? ¿No fuímos y acaso somos aún una Nación invertebrada? Acá, como bien lo expresó Brewer Carías[422] *"...lo que teníamos eran entidades políticas disgregadas, con centros urbanos paralizados, analfabetismo generalizado, industrias inexistentes, desocupación incluso en el campo y un esquema de gobierno central endeble, con una deuda externa que lo agobiaba y sin un liderazgo que lo condujera, entre otros factores, por el deterioro terminal de los partidos políticos.*[423] *En definitiva, lo que teníamos realmente era un país de montoneras rurales y caudillos terratenientes que formaban el Partido Liberal; un país de hacendados con pobres cosechas, que no producían más de lo que un siglo atrás, a finales de la época colonial, ya se producía. En fin la caricatura de una sociedad feu-*

---

[422] Op. cit., pgs 79-80.

[423] N del A. Preocupa leer lo anterior y comparar con lo presente

dal ". Sin embargo, según lo expresa el Presidente Caldera[424], *"En 1936 el señor Dario Saint Marie, me comentó que la generación venezolana de 1908 era quizás la más brillante o una de las más brillantes en la América Latina de su época. Los jóvenes que empezaron a añorar la libertad cuando eran estudiantes y lucharon por ella contra la dictadura de Guzmán, ya después de experimentar las de Crespo y Castro llegaron rendidos a aceptar el gobierno del 'Jefe Único' como una realidad inevitable"*.

El resultado de la derrota de la Revolución Libertadora fue lo único realmente importante que quedó del gobierno de Cipriano Castro, cuya irrelevancia no es era distinta a las de casi todos los gobiernos que ejercieron el poder desde el inicio de la IV República en 1830. Al menos, sin embargo, en los primeros gobiernos de la llamada Oligarquía Conservadora hubo un espíritu republicano, una suerte de civilidad incipiente que podría haberse desarrollado, pero que Pedro Carujo y José Tadeo Monagas se encargaron de asesinar.

Y allí comenzó la caotización que hemos visto ahora renacer ante nuestros propios ojos.

La derrota de la Libertadora, apoyada por intereses extranjeros, determinó el bloqueo que decidieron Inglaterra, Alemania e Italia, supuestamente para subsanar daños producidos a sus intereses por nuestras guerras civiles y por pagos de deudas acumuladas correspondientes a empréstitos para el ferrocarril. Como se sabe, el conflicto fue superado por mediación de los Estados Unidos, cuyo Presidente, Theodore Roosvelt, hizo uso de la doctrina de Monroe. Al final, el asunto fue remitido a un arbitraje en el Tribunal de la Haya, ante la negativa de Castro de sólo reconocer deudas generadas a partir del inicio de su Revolución.

La política internacional de la Venezuela de tiempos de Cipriano Castro, orientada por la conducta de éste, fue de pugna y confrontación, especialmente en sus relaciones con los principales países de Europa y también con el vecino de Colombia. Apunta al respecto el historiador Arellano Moreno: *"Castro era el centro de las miradas de todo un continente que venía sufriendo el latigazo indiscriminado de las grandes potencias sin tomar en cuenta*

---

[424] Caldera, Rafael. *"Los Causahabientes. De Carabobo a Puntofijo"*. Ed.Panapo, Caracas, 1ª- Edición, 1999. Pg. 74.

el derecho de gentes, ni la soberanía. El caudillo venezolano, como en los días precursores de la Restauración volvía a ser la rosa de los vientos de densos sectores de opinión. Desafortunadamente, su pedestal era el de un país subdesarrollado, débil y poblado por pastores heroícos a quienes el hambre y la explotación convertía en espantapájaros."[425]

Historia, ésta, del desprestigio internacional cuyo sino culposo no hemos superado definitivamente todavía, cuando ya avanzamos en la segunda década del siglo XXI.

Castro rompió relaciones con Francia en 1906 y también tuvo su gobierno larga ruptura de relaciones con el gobierno conservador de Colombia. Cuando trató de mediar el Ministro norteamericano destacado en Caracas, *"Castro le pide armas para derrocar al régimen conservador y le promete gestionar con el nuevo gobierno, que será liberal, el permiso para construir el Canal de Panamá"*[426], y ante una mediación mexicana en el contexto de la Conferencia Internacional Americana celebrada en México, respondió que ese gobierno *"vive del terror, de la miseria y del oscurantismo."*[427] Poco antes de retirarse del gobierno por razones de salud en 1908, interrumpió relaciones con los Estados Unidos y con Francia y Holanda. Escribe Arellano que Castro era considerado *"como la mayor molestia internacional de comienzos del siglo XX"*.[428]

¿Será que, después de la Independencia, estaremos condenados a molestar al mundo en cada nuevo comienzo de siglo?

Por lo demás, Castro no escatimó conflictos con la Iglesia: entre otras situaciones, expulsó a Mons. Jáuregui fundador, en La Grita del famoso Colegio Corazón de Jesús; cerró en 1901 la Universidad Central y en 1903 las Universidades de Carabobo, Zulia y Guayana.

Queda por señalar el manejo constitucional del gobierno de Castro.

---

[425] Arellano Moreno, A. Op. cit. pg. 411.

[426] Idem. Pg, 413.

[427] Idem.. Pg. 414.

[428] Idem, pg 417.

Apenas instalado en la Casa Amarilla de Caracas, el 27 de octubre, Castro ratificó como vigente la Constitución de 1893, pero luego convocó a una Asamblea Constituyente, la que aprobó una nueva Constitución de Venezuela (la décima) el 29 de marzo de 1901 y designó a Castro como Presidente Interino hasta 1902. Entre los cambios incorporados en ese texto está el aumento del período presidencial a seis años y el regreso a la elección indirecta del Presidente a través de los Concejos Municipales. En 1902, dicho sistema le hizo Presidente Constitucional hasta 1907, pero en 1904 Castro obligó al Congreso, convertido en Constituyente, a realizar una nueva reforma constitucional (Constitución de 1904, undécima de la República) para que prorrogara su mandato hasta 1911. Esta nueva Constitución, en su artículo 3°, redujo el número de Estados de veinte, establecidos por la Constitución de 1864 y confirmados hasta en la Constitución de 1901, a sólo trece, con lo que se eliminaron, para refundirlos en otros, los anteriores Estados Apure, Cojedes, Yaracuy, Barcelona, Sucre, Maturin y Nueva Esparta.

Conclusión sobre el tiempo de Castro.

Si bien el mandato de Cipriano Castro, iniciado con su asombrosa invasión del 23 el de mayo de 1899 como Jefe de la Revolución Restauradora y victorioso el 24 de ocubre del mismo año, puede entenderse como un eslabón más del proceso político vivido por Venezuela a partir de nuestra definitiva Constitución como República autónoma, separada e independiente en 1830. El análisis de la realidad de entonces nos muestra que, tanto esa increíble toma del poder como los hechos que posteriormente se desarrollaron hasta 1908, cuando el aún Presidente Castro dejó el país para ir a Alemania por razones de salud, ignorante de que jamás regresaría a su patria –pero tal vez no tanto del riesgo que para su destino político significaba la presencia de su Compadre en el poder– lo que en realidad vivía este país era una crisis que consistia en real agotamiento de las posibilidades sociales, económicas y políticas de continuar el modelo que había mantenido continuidad, en relativa estabilidad, desde 1830 hasta las condiciones de extrema precariedad que alcanzó al término del siglo XIX y, en especial, a partir de la muerte de Joaquín Crespo y la implosión del gobierno de Ignacio Andrade.

Hemos considerado, en el texto principal en su conjunto, y en esta síntesis, rasgos resaltantes de los gruesos períodos que se marcan en el acontecer de nuestra Venezuela, siempre guiados por el propósito de reconocer causas y razones que expliquen su desarrollo hasta nuestros días. Pero no escapará al lector, por cierto, el sorprendente paralelismo de los procesos políticos ocurridos en la Venezuela de 1899 y en la de 1999. ¿Casualidad o causalidad?

CAPÍTULO SEGUNDO

Estados Unidos de Venezuela:

Hegemonía de Los Andes
La etapa de Juan Vicente Gómez.

Juan Vicente Gómez dejó su hacienda "La Mulera" y se marchó a Caracas acompañando al compadre Castro, para ayudarle en lo que pudiera serle útil. Viejos vínculos de amistad personal nacidos de la vecindad de sus respectivas actividades campesinas de producción, fueron atadas por el compadrazgo y confirmadas por el generoso apoyo brindado en lo económico, pero sobre todo en lo militar y político, por el tosco Juan Vicente al más ilustrado Cipriano. Pues, si útil fue Gómez a Castro en los avatares de los predios andinos, más lo fue como Jefe Militar y como Vicepresidente, hasta cuando celos y dudas nublaron la confianza y oscurecieron la amistad.

Las dudas, especialmente la que Castro tuvo sobre la fidelidad del compadre, interpusieron distancias entre los dos principales hombres del gobierno. Tanto fue así que, apoyado en la nueva Constitución de 1904, Castro simuló en 1906 retirarse de la Presidencia con lo que dejaba el poder en manos del primer Vicepresidente, que era Gómez, cuya fidelidad quiso probar. Éste no mordió el anzuelo. Al poco tiempo ocurrió de nuevo "La Aclamación" que, a semejanza de Guzmán Blanco, había preparado Castro a través de sus amigos del Congreso. Este episodio sólo sirvió para que la desconfianza se hiciese recíproca y para que, preocupado por el descrédito derivado del desenfreno que, en su vida personal, no ocultaba el Presidente, Gómez hiciese sus propios planes para el inmediato futuro. No hubo de esperar mucho el zamarro dueño de La Mulera: El 24 de noviembre de 1908 Castro estaba a bordo de un barco que zarpó de La Guaira con Alemania por destino. Allí habría de ser operado de una fístula cuyos primeros efectos le habían obligado a cirugía en febrero de 1907, pero que a lo largo de casi dos años se habían agravado. El Compadre quedó al mando del país y el 19 de diciembre de 1908, a 25 días de la partida de Cipriano Castro, sin resistencia de parte del Ejército gubernamental, única fuerza armada que quedaba en Venezuela, Juan Vicente Gómez dio el golpe de Estado que lo llevó al poder por 27 años, hasta su muerte el 17 de diciembre de 1935.

En esos días, Pedro María Cárdenas, Gobernador de Caracas, recibió un cable, supuestamente enviado de Berlín, con el mismo texto que Castro envió cifrado al ordenar el asesinato de Antonio Paredes, esta vez para ordenar el asesinato de Gómez. No fue autoría de Castro sino de sus enemigos que no querían su regreso, pero sirvió de mucho a Gómez para justificar ante la comunidad de países la legitimidad de su proceder.

Señala Arráiz Lucca que *"A diferencia de la práctica de sus antecesores, (Gómez) no disuelve el Congreso Nacional y convoca a la elección de una Asamblea Nacional Constituyente, sino que le pide al Congreso constituido que redacte un nuevo texto constitucional. En algunos sectores del país la asunción de Gómez fue tan bien recibida que, incluso, el grupo literario La Alborada, integrado por los jóvenes Rómulo Gallegos, Salustio González Rincones, Henrique Soublette, Julio Planchart y Julio H. Rosales, acuñó el nombre del grupo con base en el entusiasmo que les despertaba la ausencia de Castro y la llegada de Gómez"*.[429]

El propio 19 de diciembre, a través del Ministro de Relaciones Exteriores que había tenido Castro, Gómez pidió apoyo militar a los Estados Unidos que lo hizo efectivo el 27 del mismo mes, cuando llegaron acorazados de ese país al puerto de La Guaira. Gómez, que conocía el descontento que en el seno del gobierno norteamericano despertó la ruptura de relaciones del gobierno de Castro con ese país, tuvo la precaución

---

[429] Arráiz Lucca, R. Op. cit. pg 120.

de anticipar a ese gobierno, y lograr su apoyo, para su plan de deshacerse de Castro y sustituirlo en el poder. Mientras esto hacía, el mismo día, altos personeros y amigos del gobierno castrista estaban ingresando en las cárceles. Parece ser que, con anterioridad a esta fecha, Castro se había dirigido al Gobernador Cárdenas, otra vez con la orden de asesinar a Juan Vicente Gómez. Para su golpe, Gómez contó con el apoyo de importantes jefes militares del siglo anterior, como el doctor y gral. Juan Pietri, el gral Leopoldo Baptista, el ex -Presidente Linares Alcántara, Félix Galavís, Eliseo Sarmiento, así como personalidades civiles como Aquiles Iturbe que fue gobernador de Caracas y otros más, al tiempo que abrió las prisiones para dar libertad a los presos políticos de Castro, entre ellos el Mocho Hernández.

La consigna del prolongado ejercicio del poder por parte de Gómez fue "Paz, Unión y Trabajo". Cuando se hizo clara la tiranía, la reacción popular la desarrolló así: "Paz en los cementerios, unión en las cárceles y trabajo en las carreteras".

El logro positivo más importante del régimen gomecista fue la efectiva constitución del Estado Moderno en Venezuela que, hasta entonces, no había existido como tal; sus elementos fueron los clásicos: institucionalización de un Estado independiente en lo interno y externo, con poderes y medios propios; la institucionalización de la Hacienda Pública – creada por obra del Ministro Román Cárdenas– y su indispensable burocracia, lo que permitió centralizar la recaudación de impuestos y establecer la unidad del Tesoro, disponiendo, para el funcionamiento de los Estados, la figura del Situado Constitucional; finalmente, logró la institucionalización de la defensa interna y externa mediante la creación de una fuerza armada propia, profesionalmente especializada y exclusiva del poder central.

Así, *"Con la élite que lo rodeó, deslastrada de tanto guerrillero rural, inició el proceso de centralización política del país que en definitiva se configuró como un proyecto político de consolidación del Estado Nacional. Para ello, constitucionalmente se habían revertido las tendencias disgregadoras, al eliminarle a los Estados la posibilidad de acceso alguno a fuerzas militares, por lo que el centralismo político estuvo acompañado del centralismo militar. Gómez, como Comandante en Jefe del Ejército Nacional, quedó convertido en el amo del Poder y de la guerra hasta su muerte, con lo que impuso la estabilidad política y la paz, muchas veces en los sepúlcros"....* *"La* *centralización del Estado culminó con la reforma constitucional de 1925, con que* *concluyó el diseño del Estado Centralizado Autocrático que caracterizó el período go-* *mecista, y cuyos principios rigieron hasta la Revolución de Octubre de 1945"* [430]

El paso previo, pero fundamental para lograr la formación del Esta-do Moderno, fue liquidar el sistema neofeudal establecido por el caci-quismo-coronelismo-caudillismo a lo largo del siglo XIX. Ese proceso de liquidación se había iniciado ya en tiempos de Cipriano Castro, cuando entonces fue el mismo Gómez su principal ejecutor, realización obtenida por sus victorias militares –en especial sobre la Revolución Libertadora– en las que fue definitivamente liquidada la expresión más importante del caudillismo criollo. Los caudillos liberados de las cárceles castristas, así como quienes se incorporaron en apoyo del nuevo gobernante, queda-ron sin fuerzas militares para continuar la guerra permanente que se había establecido en todo el territorio nacional. Como estaban absolu-tamente neutralizados, el Presidente Gómez, con gran astucia, les dió a estos caudillos –como papel importante de aparentes participación e influencia– señalada ubicación en el Consejo de Gobierno, organismo que tuvo nulo significado a lo largo de su mandato, al punto de ser bau-tizado por la aguda expresión popular como "el pesebre". Muchos de los viejos militares del siglo anterior se vieron obligados a optar por el exilio, ante la imposibilidad real de conmover en lo más mínimo el po-der de Gómez; de ellos destacan nombres, entre otros, como los de José Manuel Hernández, el famoso "Mocho", Leopoldo Baptista, Juan Pablo Peñaloza o Ramón Ayala.

Sobre lo militar, recoge don Ramón Velasquez en su denso trabajo "Aspectos de la Evolución Política de Venezuela en el último Medio Si-glo" algo que Gómez escribió al gral. Pedro Murillo, Presidente del Es-tado Táchira: *"estoy formando un nuevo Ejército sin generales amarillos, ni azules,* *sino con una nueva oficialidad que va a hacer méritos y constituir el nuevo*

---

[430] Brewer Carías, Allan. Op. cit. pg. 85-86.

Ejército."[431] Y luego añade Velásquez: "*Ese ejército sería la base de su definitivo poder y a su formación iba a dedicar los nueve años que señaló como los de la segunda etapa de su gobierno: 1913-1922. Ese ejército tendría una base y un comando predominantemente regionalista, pues tachirenses eran sus jefes, tachirenses las tropas escogidas para los sitios de mayor peligrosidad y confianza. En el Congreso, en los Ministerios, en las Presidencias de Estado, en las misiones diplomáticas, Gómez utilizaría personalidades de todas las regiones del país como se comprueba al leer las nóminas de los integrantes de los poderes públicos a lo largo de su gestión dictatorial, pero el partido armado que era su ejército estaba organizado sobre la base de la confianza que inspiraban los nexos que crea el común origen provinciano. Creó al mismo tiempo una Escuela Militar bajo la dirección de un militar chileno, Mc Gill, pero en esta oportunidad solicitó que de cada Estado de la República se enviaran dos aspirantes a cursar la carrera militar para abrir los primeros cursos a una representación de todo el país*".[432]

Por lo demás, el desarrollo de vías de comunicación, como carreteras y ferrocarriles de larga duración y adecuada planificación y construcción, sirvió de apoyo para el progreso económico de regiones del país antes preteridas e ignoradas en su abandono. Algo de esto se hizo bajo los gobiernos directos o de influencia dc Guzmán Blanco, pero lo más importante quedó limitado a la Capital.

En lo político, no cabe duda de que se impuso la paz; una paz forzada, si se quiere, pero que –con raras y breves excepciones– había desaparecido para los venezolanos desde la declaración de la Independencia. Hubo muchos pero aislados levantamientos todos los cuales fracasaron, porque el sólido poder de Gómez funcionaba como férrea unidad sin fracturas. Resaltan, de manera principal, los repetidos intentos para derrotar la tiranía del noble venezolano Emilio Arévalo Cedeño entre los años 1914 y 1921, así como los del legendario José Rafael Gabaldón en 1928 y los intentos del gral. Román Delgado Chalbaud, especialmen-

---

[431] Velásquez, Ramón J. "Aspectos de la Evolución Política de Venezuela en el último Medio Siglo" en "*Venezuela Moderna*" (Medio siglo de la historia 1926-1976) Ramón J. Velásquez, Arístides Calvani y otros. Fundación Eugenio Mendoza, Editorial Ariel, Caracas 1979, pg 15.

[432] Idem.

te el de la fracasada aventura de invasión por Oriente con el barco El Falke.

Las otras realizaciones alcanzadas en los 27 años de poder gomecista son bastante conocidas. Destaca principalmente la organización económica del país derivada de la institucionalización de las funciones propias de la hacienda, así como la apertura a las economías extranjeras mediante garantías a las inversiones externas en agricultura y ganadería, no más sujetas, como en el pasado, a los avatares de la vida política nacional. Cuando en la década de los años veinte, la renta derivada del petróleo comenzó a tener importancia, la solidez y solvencia de la economía venezolana ocupó sitiales nunca antes imaginados. El tema del petróleo está considerado en capítulo de la parte principal.

Características del modo de gobernar de Juan Vicente Gómez.

a. Manejo constitucional

En lo constitucional Gómez hizo aprobar las siguientes Constituciones: La de 1909 (12ª), el Estatuto Constitucional Provisorio de 1914 (13ª), la Constitución de 1922 (14ª) y la Constitución de 1925 (15ª).

En la Constitución de 1909 volvió a la división territorial en veinte Estados que estableció la Constitución de 1864 que, en la de 1904, Castro había hecho reducir a trece; mantuvo la elección indirecta del Presidente de la República, pero como función del Congreso Nacional cuyos diputados debían ser elegidos con el sistema de segundo grado; además creó el Consejo de Gobierno. Con esta Constitución fue electo por cuatro años para el período 1910-1914, pero antes fue designado por el Congreso como General Comandante en Jefe del Ejército Nacional.

Mediante el Estatuto Constitucional Provisional de 1914, suspendió las elecciones previstas por la vigente Constitución de 1909 para el año 1913, pues había una supuesta invasión de Castro, en realidad inventada por el propio Gómez. Así, se constituyó un Congreso Nacional de Plenipotenciarios que lo designó Presidente Provisional y Comandante en

Jefe del Ejército. La verdadera razón de fondo era que la Constitución vigente obligaba la permanencia del Presidente en Caracas como Capital, pero él prefería vivir en Maracay y por ello hizo que el Congreso designara al Dr. Victorino Márquez Bustillos como Presidente Provisional. El Estatuto o Constitución de 1914 preveía la designación de un primer y un segundo Vicepresidentes de la República.

Este Estatuto, que fue promulgado como Constitución el 13 de junio de 1914, contenía una Sección incluída como "Sección Cuarta del Título V", cuyo contenido era "Del Ejército Nacional", que se resumía en un solo artículo, el número 43, de texto: "El Comandante en Jefe del Ejército Nacional dirigirá la guerra, mandará el Ejército y la Armada y organizará el Ejército y la Milicia Nacionales durante el período provisorio". El gral. Gómez fue, por supuesto, el designado como Comandante, pero el 3 de mayo de 1915 el Congreso lo eligió como Presidente Constitucional para el período 1915-1921, ya que el nuevo texto constitucional había ampliado el mandato a siete años. Pero Gómez prefirió seguir en Maracay y el Congreso designó a Márquez Bustillos para el mismo cargo de Presidente Provisional, dándose el extraño caso de que en esos momentos Venezuela tuvo dos Presidentes: uno Provisional y otro Electo y así hasta 1921.

La Constitución de 1922 se creó y promulgó el 19 de junio de 1922, antes de finalizar el período constitucional en ejercicio. Bajo su vigencia, Gómez fue electo por el Congreso como Presidente de la República para el período 1922-1929. Como Primer Vicepresidente Gómez escogió a su hermano Juan Crisóstomo Gómez, "Juancho" (quien fue asesinado en el Palacio de Miraflores en 1923); para segundo Vicepresidente a su hijo el gral. José Vicente Gómez. En 1922 los frutos de la explotación petrolera comenzaban a mostrar su importancia y la economía nacional sufrió –para bien y para mal– una radical transformación. Sus beneficios impulsaron al Dictador para escoger a personas entre las más preparadas del país para ejercer los Ministerios. Destacan los nombres de Román Cárdenas como Ministro de Hacienda y de Gumersindo Torres en Fomento, pero fue notable la presencia de Pedro Manuel Arcaya en la Corte Federal y de Casación y otros nombres no menos significativos como los de Laureano Vallenilla Lanz, César Zumeta, Manuel Díaz Rodriguez, José Gil Fortoul entre muchos otros de la misma talla. Sin dudas que en este período el Estado Venezolano comenzó a vivir una época de oro por lo que se refiere al muy alto nivel de preparación de buen número de sus dirigentes.

La última Constitución promulgada en el mandato de Juan Vicente Gómez fue la de 1925, sancionada el 24 de junio de ese año. Esta fue la décimo quinta Constitución de Venezuela, si no se toma en cuenta la Constitución de Cúcuta. El propósito del nuevo texto, que en realidad fue una reforma, consistía en eliminar la segunda Vicepresidencia para dejar solamente una, para la que se desigó al gral. José Vicente Gómez quien debía suplir al Presidente en sus ausencias temporales del cargo, para lo que la anterior Constitución establecía la designación de un Ministro; al mismo tiempo, se eliminó una disposición que contenía la Constitución de 1922 por la cual el Presidente de la República no podía ausentarse de Venezuela por un tiempo mayor de venticinco días. Esta Constitución sufrió varias enmiendas en los años 1928 y 1929.

Como se desprende de lo anterior, las Constituciones promulgadas durante los 27 años del mando que ejerció Juan Vicente Gómez, obedecieron principalmente a caprichos personales que se reflejaban de su vida y chocaban con su condición de gobernante.

b. Manejo político.

En lo político, el gral. Gómez hizo permanente uso de su natural astucia. De poco hablar, jamás revelaba sus verdaderas intenciones. Era maestro en el manejo silencioso de la intriga que utilizaba para lograr sus propósitos: En tiempos del gobierno de Cipriano Castro, cuando los celos de éste hacían su trabajo de zapa para separar a los compadres, Gómez inició oculto acercamiento al gobierno norteamericano, que tenía problemas con Castro. De manera callada, fue asegurando ese apoyo para cuando llegara la ocasión. Supo descargarse de pesados asuntos de Estado con recurso a la designación como Presidentes de personas que pudieran asumir esas responsabilidades con competencia, pero absolutamente dependientes de su voluntad. Fue el caso, en 1914, de la designación del Dr. Victorino Márquez Bustillos, hombre de gran experiencia política que había sido Presidente del Estado Los Andes y enfrentado con éxito el difícil caudillismo de la Región, y quien actuó a modo de Primer Ministro, al decir del Dr. Velásquez, pero siempre en estrecha colaboración con el Presidente Electo y Jefe del Ejército establecido en Maracay. Luego, hacia 1922, volvió a la Presidencia, pero utilizó otro "Primer Ministro", éste de actuación muy discreta pero igualmente efectiva, el Dr. Francisco Baptista Galindo, quien hizo una gran política de conciliación, paréntesis importante en aquellos tiempos cuando se multiplicaban las conspiraciones, que eran sólo vanos esfuerzos para librarse del férreo dominio gomecista.

En noviembre 1918 el gobierno gomecista por primera vez se vió retado por la protesta estudiantil. El ambiente mundial tuvo mucho que ver en esta ocurrencia: acababa de producirse la Revolución Soviética; terminaba la Primera Guerra Mundial con la derrota de Alemania, cuyo Kaiser Guillermo II parece ser que Gómez admiraba y se decía que en la neutralidad de Venezuela había cierta simpatía por los germanos; se derrumbó el Imperio Austro-húngaro; triunfaba la Revolución Mexicana. ¿Por qué no pensar que, también para Venezuela, llegaba la hora de libertad?

La Universidad Central ardía en esperanzas. Estudiantes de la Facultad de Derecho salieron a la calle con el pretexto de felicitar al Rey de Bélgica en su día. La manifestación con banderas se transformó en protesta contra el gobierno y mueras a Gómez. Poco después, en enero de 1919 iba a estallar un movimiento de subversión militar constituído por jóvenes capitanes y tenientes graduados en la Academia Militar y encabezados por Luis Rafael Pimentel, Francisco Angarita y los hermanos Entrena, pero había también civiles, entre ellos José Rafael Pocaterra y Francisco Pimentel "Job Pim". Entre sus planes, el Presidente Márquez Bustillos sería detenido. Pero todo fracasó y los comprometidos fueron los detenidos al haber sido delatados. La mayoría murió en las mazmorras de la tiranía en las que fueron vilmente torturados.

En febrero de 1928, con diferentes actores, iba a repetirse la historia. De nuevo, insurgieron los estudiantes de la Universidad Central. Como señala el doctor Velásquez: *"Es otra generación, un nuevo estilo. Es una generación que no ha conocido la guerra civil, ni la división del país en liberales amarillos y godos o nacionalistas. Y va a protagonizar el movimiento estudiantil y político más importante de toda la primera mitad del siglo XX venezolano*".[433] Al frente de estos jóvenes, que tenían mentalidad democrática, pero tal vez, la mayoría, escasa formación política, los nombres de Jóvito Villalba, Rómulo Betancourt, Raúl Leoni, Miguel Otero Silva y Armando Zuloaga Blanco quien iba a perecer en la aventura del Falke de 1929. *"Nombres que continuarán repitiéndose cuarenta años después, cuando de la vida política se trate*"[434]. El resultado fue el mismo, excepto por lo de la delación: *"Cárcel y destierro que los pondrán en contacto con las nuevas doctrinas políticas y sociales, nuevas en Venezuela aislada del mundo y viejas para el resto del universo civilizado*".[435]

Los estudiantes mantendrían su espíritu de rebeldía hasta la muerte de Gómez. En el mismo año de 1928 hicieron en Maracaibo una protesta pública por la prisión de Isidro Vallés, causada por un discurso suyo que no aceptó el gobierno, siendo encarcelados en el Castillo de San Carlos los organizadores de dicha protesta, entre ellos Valomore Rodríguez. El 17 de diciembre de 1930, en ocasión del centenario de la muerte del Libertador, tomaron la Universidad Central para protestar e impedir una programada visita de Gómez con tal motivo; el mismo día realizaron una gran manifestación ante la cárcel de La Rotunda, cuyo objetivo era pedir la libertad de los presos políticos. Tal manifestación fue violentamente reprimida por la dictadura, con resultado de varios muertos y heridos.

¿Se repetiría la historia? Si. Entonces, de manera curiosa pero ocurrió también. El propio Dr. Velásquez señala cómo si se repitió, en la historia de entonces, lo que había ocurrido diez años antes, en 1918: al movimiento estudiantil siguió inmediatamente otro militar, el 7 de abril de 1928. Quedó la duda de si "Vicentico", como se le llamaba al Vicepresidente José Vicente, hijo de Gómez, estaba de alguna manera comprometido con los estudiantes, muchos de los cuales eran de las familias de altos personeros del gomecismo. En todo caso, Gómez ordenó suprimir en la Constitución la Vicepresidencia y fijar como sede del Poder

---

[433] Idem. Pg. 26.

[434] Idem.

[435] Idem.

Ejecutivo el lugar en el que se encontrare el Presidente, a fin de quedarse definitivamente en Maracay para no volver más a Caracas.

No caben dudas de que el grupo de estudiantes que desde 1918 había abrazado, con gran fervor, el compromiso político de luchar para deslastrar a Venezuela de la opresión gomecista, estaba poco preparado en sus conocimientos sobre la política, si bien con el entendimieto y la imaginación abiertos para satisfacer la aguda sed que de ello les devoraba. Quienes obligatoriamente tuvieron que aceptar el exilio, con gran rapidez fueron captados en el extranjero por quienes representaban en México, Chile, Perú, Colombia, América Central (especialmente en Costa Rica), Curazao y las Antillas, la expresión de la ideología comunista, en tiempos cuando en Rusia se iniciaba el gobierno soviético o, luego, dentro de la primera década de su desarrollo. En este sentido, es de mucho interés el trabajo realizado por el investigador Naudy Suárez Figueroa, "El jóven Rómulo Betancourt" (De la Semana del Estudiante al Plan de Barranquilla), para profundizar en un conocimiento más cercano sobre aquella época de nuestra historia vivida por una juventud dispuesta a todo, en aras de ideales supremos de dignidad y libertad para su patria.[436]

Esa influencia aportó su característico lenguaje, cargado de lugares comunes, alejado de todo contacto con la realidad verdadera que constituye la vivencia de los pueblos. El denominador común que hace culpable a los Estados Unidos de todos los males que padecemos los latinoamericanos, invadió el verbo de la mayoría de aquella juventud que se entregaba, con generosidad insólita, a sacrificarse en aras de la libertad. Denominador de trágica y recurrente actitud que es la del culpar a otros de nuestros males y calamidades, cual ardid único para conservar "buena conciencia" y acallar nuestras faltas y deberes no cumplidos, en vez de, como pueblo, asumir nuestras responsabilidades en conciencia y con honestidad.

---

[436] Suárez Figueroa, Naudy. "*El joven Rómulo Betancourt-De la Semana del Estudiante al Plan de Barranquilla (1928-1931)*".Fundación Rómulo Betancourt, Caracas, 2008.

c. Últimos tiempos.

El año 1929 era electoral, pues en él concluía el mandato constitucional del Presidente Gómez. Éste simuló no interesarle continuar en la Presidencia. En tal sentido, es famosa su expresión como respuesta a los Congresantes: *"Encontré a este país como una casa de escombros y dejo una casa sólida. Ahora ¿qué se necesita para mantener una casa? Un hombre que la cuide pero no mi presencia para cuidarla"*.[437] Luego les preguntó ¿Quieren un candidato? La respuesta a coro unánime fue: Si! Si! Si! [438]... Y les designó como candidato al Dr. Juan Bautista Pérez, quien asumió la Presidencia Constitucional para el período 1930-37, pero sólo llegó hasta el mes de junio de 1931 porque, en el Congreso, el senador Aurelio Beroes pidió –con instrucciones del propio abogado de Gómez– que fuera destituído para que el Benemérito General volviese a la Presidencia. En realidad, Gómez sabía que entre sus más fieles amigos del Táchira, encabezados precisamente por el colombiano abogado personal de Gómez, que era José Rosario García, había mucha inquietud pues era notorio que la salud del Jefe decaía y temían perder sus posiciones en caso de que su muerte sobreviniera si ellos no tenían ubicaciones fuertes en el poder, sobre todo porque algún miembro poderoso de la familia de Gómez, como Eustóquio que era el más temido y odiado, podría quedarse en la silla presidencial. En realidad, ni el abogado García ni el grupo tachirense querían que Gómez sustituyera a Pérez, sino que el nuevo Presidente fuera un primo de García quien era, también amigo y pariente de Gómez: el gral José María García.

Relata Ramón Velásquez que Gómez descubrió el plan y lo dejó avanzar para que el abogado García pudiera ser sancionado, como lo fue con el "ostracismo" y, también, para destituir al gral. García del Gabinete Ejecutivo. Así que, por última vez y quizás contradiciendo sus deseos, Juan Vicente Gómez regresó formalmente a la Presidencia hasta su muerte, el 17 de diciembre de 1935.

---

[437] Idem, pg. 28.

[438] N. del A. Que generó, como burla y expresión criolla de entonces, la palabra síismo.

d. ¿Por qué duró Gómez tanto tiempo en el poder?

Es una pregunta que, en este punto, debe estar en la mente de cada lector. Hemos considerado algunas realidades que concurren a formar un complejo de hechos y condiciones que permiten acercar razones para, en su conjunto, utilizar a manera de respuesta:

1) La formación en Venezuela del Estado Moderno como estructura fundamental que constituyera en todo el territorio nacional una dominación independiente en lo interno y en lo externo, con capacidad de actuar de manera de garantizar la gobernabilidad del país, era una necesidad inexistente en el pasado histórico nacional. Pero esa criatura estatal se mantenía íntegra, pero dependiente de su padre: Sobre Gómez y su poder se cimentaba el Estado que él había creado y resultaba difícil entender que pudiera funcionar de otra manera, es decir, sin Gómez.

2) La mejora considerable de la situación económica del país, derivada del incremento de los ingresos producidos por el gradual pero firme desarrollo de la actividad productiva del petróleo, refuerza la conclusión del punto anterior.

3) La fundación y puesta en funcionamiento de una institución de formación militar, que dio lugar a un ejército nacional independiente puesto a la orden del gobierno, es decir de Gómez, para garantizar el respeto a sus decisiones y orientaciones.

4) La total derrota y definitiva liquidación del caudillismo revolucionario que había prevalecido desde la constitución de la República, que hasta entonces era formalmente la única manera concebible para cambiar de gobierno en Venezuela.

5) La ingenua percepción que sobre la realidad del país conservaba la oposición al gomecismo, creyendo que:

a. que el único objetivo era "salir de Gómez" en cualquier forma;

b. invadir Venezuela mediante aventuras originadas en el exterior por militares, estudiantes y viejos políticos exilados;

c. el carácter "elitesco" de la dirigencia opositora, carente de todo apoyo en sectores laborales, campesinos y de la población en general, quienes permanecían con conciencia ausente de los problemas y situaciones políticas;

d. carecer de conocimientos, por parte de los opositores al régimen, sobre los cambios institucionales que se habían producido en el país y de la determinante incidencia de los mismos, tanto en la política como en la guerra.

6) El miedo, internalizado por más de un siglo vivido entre ruinas, atropellos, persecuciones, cárceles y muerte por una población agotada por la guerra y mendicante de paz, aumentado ese miedo por el feroz dominio represivo, establecido, sin límites, por un sistema político que obedecía ciegamente a la voluntad omnímoda del tirano.

Será indispensable ejercicio en el tiempo presente, el analizar la realidad actual en vista de similar pregunta en la Venezuela de hoy.

CAPÍTULO TERCERO

Estados Unidos de Venezuela:

Hegemonía de Los Andes
Transición hacia la democracia

Sección I. Gobierno constitucional del General Eleazar López Contreras.

El gral. Eleazar López Contreras, por disposición del art. 97 de la Constitución entonces vigente, enmendado por la eliminación, en 1929, de la Vicepresidencia de la República, fue encargado por el Congreso para completar el mandato de Gómez hasta el 19 de abril de 1936.

Asumía la Presidencia de Venezuela el gral. López en un ambiente sumamente difícil en lo político, si bien favorable en lo económico pues, gracias a los ingresos petroleros, el país había pasado de algo más de 268 millones de bolívares percibidos en el ejercicio del año 1924-1925 a más de 682 millones en el año de 1934-1935.

Este país, después de un régimen tiránico de 27 años, que se había endurecido desde el año 1914, tenía gran parte de su población sumida en ignorancia y abandono ausente de toda conciencia política, pues estaba acostumbrada a obedecer ciegamente la voluntad omnímoda del Jefe o de sus designados en las distintas instancias del poder. Era tanta esa inconciencia, que es bien conocida la reacción de muchos sectores populares que pedían a López Contreras el asumir la dictadura y mantener el *status quo*.

Muy lejos, sin embargo, se encontraban la voluntad y las convicciones del nuevo mandatario, hombre formado en la Academía Militar, moderno en relación a su tiempo y consciente de que era indispensable menester el que Venezuela superara el tormentoso pasado y se dispusiera a vivir en la paz que garantiza el orden del derecho y el desarrollo de las instituciones inspiradas en la democracia. Pero el gobierno debía ser reconstituido con esa nueva mentalidad, lo que implicaba enfrentar privilegios e intereses de muy antigua data, cuyos beneficiarios se sentían con derechos para disfrutarlos de manera impretermitible y para conservarlos eternamente. Por otra parte, López Contreras se encontraba al frente de un país carente de reales instituciones, pues, a pesar de que en beneficio de su gobierno funcionaba el nuevo Estado, las formales instituciones que señalaba el texto constitucional no eran más que eso: formas vacías de contenido, pues la única institución que existía era la persona y voluntad del propio Juan Vicente Gómez. De manera que era tarea prioritaria dar contenido y vida a tales instituciones hasta entonces meros fantasmas.

Además, el nuevo Presidente debía atender una realidad política sin partidos, pero en la que había aparecido, en tiempos todavía muy cercanos, una real oposición que –aunque algunos lo quisieran y probaran– no combatía con armas como las del pasado, sino con ideas vigorosamente sostenidas y defendidas por los estudiantes de 1928, a quienes se añadió, en 1934, otra generación universitaria con ideas políticas de inspiración cristiana, distintas a las concepciones de extrema izquierda que predominaban en la primera. Son "...*las nuevas generaciones* –señala Velásquez– *que eran el material vírgen para las modernas empresas políticas* (que) *no estaban enteradas de que hasta 1908 existieron en Venezuela, cuando menos los vestigios de dos viejos partidos políticos, dueños del poder en el siglo XIX y que la vieja gente venezolana iba a la guerra civil que era otra forma de comicios populares...*"[439], aunque, en verdad y como lo recuerda el mismo autor, en 1926 se había fundado en México el Partido Revolucionario Venezolano (PRV) que fue el origen del Partido Comunista de Venezuela (PCV) y en los Estados

---

[439] Idem, pg. 31.

Unidos se fundaron dos movimientos opositores a la dictadura: la Unión Obrera Venezolana y la Unión Cívica Venezolana. Por lo demás, en el mundo obrero recién nacido asomaba otro horizonte de conflictos, al tomar los trabajadores cierta conciencia y ejercer presiones a favor de sus derechos laborales, especialmente en el caso de los sectores ligados a la industria petrolera.

Pero tal vez el problema más difícil, por delicado, que tuvo que enfrentar el Presidente López, fue el de los gomecistas, de manera particular los familiares del difunto Gómez, cuyas aspiraciones más radicales y peligrosas encarnaba su temible primo hermano Eustoquio Gómez, Presidente del Estado Lara y serio aspirante a continuar con el poder. Después del entierro del gral. Gómez, su primo Eustoquio regresó a Barquisimeto y el día 20 de diciembre recibió un telegrama del gral. López Contreras en el que le solicitaba que regresara a Caracas: *"Juzgo conveniente que usted no regrese a Barquisimeto sino que venga mañana a hablar conmigo en esta ciudad. Su amigo. Eleazar López Contreras".*[440] Eustoquio fue a Barquisimeto pero inmediatamente vino a Caracas; se entrevistó durante una hora con López Contreras y visitó en el Palacio de la Gobernación al gral. Félix Galavís, quien había sido designado Gobernador. Mientras, un grupo numeroso de personas lo abucheaba y gritaba consignas en su contra desde la Plaza Bolívar. Eustoquio Gómez salió a la calle para regresar a su carro, pero éste había sido quemado. Entró de nuevo en la Gobernación y conversó con el gral. Galavís. De pronto se oyó un disparo y una persona, que se dice fue Manuel Corao, apareció en el balcón gritando que había muerto Eustoquio Gómez. Era el 20 de diciembre de 1935.

Al margen de la discusión y de las contradictorias informaciones sobre la autoría de ese crimen, lo que es importante señalar es que ese acontecimiento marcó para Venezuela el inicio de una nueva etapa de su vida política. En efecto, si Eustoquio Gómez hubiese conservado la vida, ciertamente el desenvolvimiento del gobierno de López Contreras hubiese sido muy diferente de cómo en la realidad fue. Este Gómez hubiera encabezado todo un partido gomecista, entendido "partido" más

---

[440] Otálvora, Edgar C. "Eustoquio Gómez". Página Web:
www.geocities.com/otalvora/index/htm

como grupo de presión que como organización política convencional. Pero hubiese sido un grupo de presión muy fuerte en aquellos momentos pues, prácticamente, todo el aparato del Estado formado por Juan Vicente Gómez, habría estado en sus manos y bajo su control. Desde meses antes del 17 de diciembre de 1935, en el futuro del panorama político venezolano habia sólo dos nombres: Eustoquio Gómez y Eleazar López Contreras. El primero representaba la continuidad del régimen establecido 27 años atrás y, al parecer, Eustoquio conspiraba con el inefable guardaespaldas-edecán de Gómez, Eloy Tarazona, para apoderarse del poder; el segundo era como una puerta nueva que se abría a todos los otros venezolanos.

Ni se puede, ni es serio lucubrar sobre lo que no existió, pero es muy probable que, en tales circunstancias, la confrontación armada pudo, de nuevo, haber actuado como frustrante mecanismo para la resolución del conflicto. O quizás, como variante posible de ello, el país, ya domesticado, pudo haber sido sometido al sufrimiento de padecer un nuevo despotismo. En todo caso, mientras apenas se preparaban los funerales del difunto Presidente, López, en su condición de Ministro de Guerra, se adelantó a las posibilidades y arrestó a Tarazona y a oficiales de algunas guarniciones comprometidos en la conspiración de Eustoquio Gómez, mientras éste, que había sido "invitado" por el Consejo de Ministros a salir del país, debió enfrentarse con la muerte. Poco después, el 18 de diciembre y en el propio despacho del Ministerio de Guerra, el Consejo de Ministros aprobó la designación de López Contreras como Encargado del Poder Ejecutivo y, el 31 de diciembre, el Congreso lo designó como Presidente de la República para completar el período presidencial constitucional hasta el 19 de abril de 1936.

El mismo día de su designación como Presidente, 18 de diciembre, López Contreras ordenó abrir las cárceles para que salieran en libertad los presos políticos del gomecismo, así como las fronteras para que regresaran libremente los exilados. Por su parte, el pueblo, al convencerse de que era verdadera la noticia de la muerte del dictador, salió a las calles y algunos grupos procedieron a saquear las casas y propiedades de familiares y personeros más significativos del gomecismo, hechos que, a juicio de muchos de los afectados, no contaron con medidas inmediatas del gobierno para impedirlos. La situación de orden público se tornó difícil, por lo que el gobierno se vió obligado a suspender las garantías constitucionales el 5 de enero de 1936.

Posteriormente, el 14 de febrero de 1936, posiblemente por acción de la Federación de Estudiantes cuyos antigüos dirigentes ya estaban en el país, el gobierno tuvo que enfrentar una manifestación numerosa que llenó la Plaza Bolívar de Caracas para protestar contra la suspensión de las garantías, así como contra disposiciones de censura a la prensa dictadas por el Gobernador Galavís . El saldo fue de varios muertos y heridos, por lo que la protesta se extendió por la Capital contando con unas 40 mil personas movilizadas, algo insólito en una ciudad que no alcanzaba los 300 mil habitantes. El Presidente López recibió una Comisión de los protestantes encabezada por el Rector de la Universidad, el Doctor Francisco Antonio Rísquez, ante quienes se comprometió en restituir las garantías suspendidas, mientras el Gobernador Félix Galavís fue destituido, enjuiciado y algo después absuelto.

El Programa de febrero.

Como tuvo que haberlo imaginado el Presidente, no fue fácil el inicio de su gobierno provisional. Como hábil reacción ante tan tormentoso comienzo, López Contreras presentó inmediatamente, el 21 de febrero, un programa de acción de gobierno, que fue bautizado con el apellido del mes cuando fue conocido por el país. Pero no fue lo único conocido ese día, sino también los nombres de los nuevos integrantes del Gabinete Ejecutivo, todos rostros de personas nuevas para el país pero de alto prestigio intelectual.

El Programa se puede resumir en los siguientes puntos:

a. Un régimen de legalidad: La Ley posee una majestad suprema y debe ser respetada tanto por los ciudadanos como por los funcionarios.

b. Los Consejos Municipales "que casi habían dejado de existir" serían reactivados.

c. Con el propósito de asegurar una justicia rápida, eficaz y poco onerosa, la administración de justicia sería reorganizada, reformadas las leyes y escogidos los magistrados mediante cuidadosas elecciones.

d. En materia de trabajo, se mantendría la libertad de trabajar y se suprimían los monopolios. Se establecía que los derechos de los patronos y de los obreros concurren a un fin común, que es el de crear la mayor suma de riqueza pública y de bienestar individual. La función esencial del gobierno sería la de proteger por igual esos derechos, privilegiando a los más olvidados que son los trabajadores

e. Para Higiene Pública y Asistencia Social
se propuso poblar al país, mediante un plan de higiene para combatir las enfermedades que aniquilaban al pueblo venezolano, de manera de preservar la salud.

f. En materia de víalidad y comunicaciones, el Programa
planteaba la ejecución metódica de un sistema nacional de carreteras para enlazar centros de producción y consumo; reconstruir y mejorar los puertos; fomentar la Marina Mercante; desarrollar ferrocarriles; mejorar de los servicios postales telegráficos, radiotelegráficos y telefónicos.

g. En cuanto a los problemas de la Educación Nacional
se proponía como tareas fundamentales: la lucha contra el analfabetismo, reorganizar la Educación Primaria y Normal; reorganizar los Liceos; crear un Instituto Pedagógico para preparar el profesorado de los Liceos; crear la Escuelas de Artes y Oficios; reorganizar las Universidades, ampliadas con Facultades de Ciencias Económicas y Sociales; ayudar a las sociedades científicas y educacionales; crear un Instituto Politécnico y un Consejo Nacional de Investigaciones en Ciencia y Tecnología.

h. En materia de Agricultura y Cría, se declaraban prioritarias
las actividades relacionadas con la agricultura, la ganadería y las explotaciones forestales y mineras en el país En consecuencia: se

procedería a reorganizar el Ministerio de Agricultura y Cría; inventariar los recursos naturales y realizar un estudio de las condiciones actuales de la agricultura; crear de una Escuela Superior de Agricultura y Veterinaria; realizar un catastro de tierras baldías y formular una política de venta y distribución de tierras.

i. En materias de Política Fiscal y Política Comercial
    Se planteaba la necesidad de instaurar una sabia política fiscal para favorecer el desarrollo de las energías privadas y encontrar prosperidad en el aumento de la riqueza disponible. Se declaraba necesario reformar el sistema tributario y aliviar las clases trabajadoras con la reducción de los impuestos al consumo. En materia de minería se perfeccionaría su fiscalización. Se reformaría la organización bancaria mediante la adopción de un plan de política comercial para poner al país en condiciones de igualdad con la generalidad de los países del mundo, que ya habían abandonado las del liberalismo económico.

j. Se decretaba una política intensa de Inmigración y Colonización, primero con elementos nacionales y luego, cuando, el país hubiera alcanzado pleno goce de las libertades fundamentales y se comenzara a recibir solución metódica de los problemas de higiene pública, del trabajo, de las comunicaciones, de la educación nacional se emprendería con extranjeros.

k. En materia militar, el gobierno dedicaría atención especial a la eficiencia de las Fuerzas Armadas en todas sus ramas a fin de resguardar la integridad del territorio y la soberanía nacional.

l. En política exterior el gobierno proveería el incremento de la amistad y cooperación de los países con los cuales se mantenían relaciones.

m. En cuanto a la industrialización, el Plan establecía que se velaría por la conservación de las industrias fabriles existentes y se daría protección a otras nuevas, siempre que tuvieran en Venezuela la posibilidad de desarrollo y permitieran la utilización más conveniente del capital y del trabajo nacional.

El Programa de Febrero fue completado, en 1938, con un Plan Trienal y, en el contexto de ambos, el gobierno realizó una muy notable obra de modernización del Estado venezolano mediante la creación de importantes instituciones, algunas de las cuales han perdurado hasta el presente, así como actuar en el campo del desarrollo humano y social de la vida en Venezuela. Entre las principales instituciones entonces creadas están: en 1936, el Consejo Venezolano del Niño; la primera Ley del Trabajo; Ley de Arancel de Aduanas; Ley de Censo Electoral y Elecciones y se creó el Ministerio de Sanidad y Asistencia Social que, en relativo poco tiempo, liquidó las principales enfermedades endémicas que azotaban la población del país, especialmente en el medio rural; en 1937, Plan Monumental de Caracas; el Instituto Pedagógico Nacional; Comisión Permanente de Vías de Comunicación y el Instituto Técnico de Inmigración y Colonización; en 1938, la Contraloría General de la República; en 1939, el Banco Central de Venezuela y firma del Tratado Comercial con los Estados Unidos; en 1940, la Ley del Seguro Social Obligatorio y reorganización de la Biblioteca Nacional.

El gobierno de López Contreras confrontó muchos problemas políticos entre los que destaca, a finales de 1936, la huelga petrolera que se inició el 11 de diciembre y duró 43 días, siendo abortada por decreto presidencial y detenidos 47 dirigentes laborales. Pero, en definitiva, su resultado significó el reconocimiento de los derechos obreros. La Confederación de Trabajadores de Venezuela (C.T.V.) había sido fundada ese mismo año.

Se formaron varias organizaciones o partidos políticos que fueron base inicial de los posteriores Partidos que rigieron la vida de la Nación durante más de 50 años: ORVE o Movimiento de Organización Venezolana, fundado en marzo de 1936, por Mariano Picón Salas y Alberto Adriani, en el que participó Rómulo Betancourt; el PAN o Partido Nacional, de tendencia pro-gobierno, formado entre otros por Arturo Uslar, Manuel Egaña; la Unión Nacional de Estudiantes, UNE, fundada por Rafael Caldera y Pedro José Lara Peña como movimiento estudiantil de inspiración cristiana, que oponía sus ideas a las tendencias marxistas de la existente Federación de Estudiantes de Venezuela, cuyos líderes principales eran Jóvito Villalba y Rómulo Betancourt; el Partido Revolucionario Progresista, PRP, comunista.

Posteriormente, el Partido Democrático Nacional (PDN), que apareció el 14 de febrero de 1937, reunió al ORVE con el PRP y otros frentes de orígenes estudiantiles y de trabajadores, cuya legalización, solicitada en 1936, no fue autorizada con base en el Inciso 6° de la Constitución que prohibía las organizaciones de signo comunista, pero cuyos candidatos se presentaron para las elecciones municipales. Sus victorias fueron anuladas y expulsados los dirigentes partidistas en marzo de 1937. Con raíz en esto, los dirigentes del Partido del Pueblo –como originalmente lo bautizó Betancourt– no tuvieron más opción que la clandestinidad para la acción política subterránea, pero también para profundizar en la tarea de aclarar el propio pensamiento y así deslindarlo del radicalismo marxista. Fueron tiempos de una suerte de hibernación que permitió la adaptación del grupo político a las nuevas condiciones que, desde la muerte de Gómez, se habían abierto en el país. En el año 1939, más asentado López Contreras en el poder y probado que el Estado podía funcionar sin Gómez, el Presidente abrió puertas a una política de convivencia, lo que hizo posible que el PDN pudiera actuar aunque no estuviera legalizado. Ese último paso sólo se iba a dar en julio de 1941. Pero de toda esa experiencia surgieron partidos políticos muy diferentes de lo que fueron los Partidos venezolanos del siglo XIX.

Reforma Constitucional de 1936.

El 20 de julio de 1936 fue reformada la entonces vigentes Constitución Nacional de 1925, que ya había sido reformada por Gómez en 1928 y 1929, para eliminar la Vicepresidencia y para llevar el período presidencial a 5 años. Con esta reforma, como lo escribe Brewer Carías[441], "…. *se inició el lento proceso de transición de la autocracia a la democracia, siendo el período de López testigo del nacimiento de los movimientos obreros y de masas, y de las organizaciones que desembocaron en los partidos políticos contemporáneos..*". El período presidencial fue reducido a 5 años, pero es de destacar que el Presidente López, elegido para 7 años dentro de la vigencia de la Constitución de 1925, reformada en 1929, renunció a ese privilegio y

---

[441] Brewe Carías, A. Op. cit pg 88.

concluyó su mandato en 1941, en cumplimiento del lapso previsto en esa nueva reforma constitucional de 1936.

"Las realizaciones administrativas del presidente López Contreras fueron múltiples y todas de valor trascendental, desde luego que constituyeron las bases del nuevo país. Pero con ser tan importante este aspecto de su obra, tiene mayor valor en la historia de la democracia venezolana el hecho de haber iniciado el combate contra la tradición de abuso y personalismo que venía, no del régimen de Gómez, sino que remontaba sus orígenes a los días mismos de la fundación de la República; el haber podido mantener y consolidar la paz que se había logrado durante el gobierno de Gómez pero transforrmada la imagen y el concepto de Jefe de Estado, de amo y señor de la Nación en el representante del pueblo y el garante de las instituciones democráticas. Y su empeño en devolver la dignidad al hombre y los derechos al ciudadano".[442]

El 2 de mayo de 1941, el Senado de la República le confirió al Presidente López Contreras el grado de General en Jefe.

Sección II. Gobierno constitucional del General Isaías Medina Angarita.

El nuevo Congreso Nacional elegido conforme a la Constitución, por las Asambleas Legislativas de los Estados y los Concejos Municipales de todo el país, designó como nuevo Presidente de la República al gral. Isaías Medina Angarita, Ministro de Guerra y Marina del gobierno saliente, escogido por el Presidente en ejercicio según la tradición reinante. Antes de tomar esa decisión, el Presidente López Contreras había tenido en mente al prestigioso diplomático Diógenes Escalante, quien fue su primer Ministro del Interior y luego Secretario de la Presidencia; tachirense y amigo de López desde los bancos del Colegio de La Grita. Durante largos años, Escalante había estado en el exterior conduciendo las representaciones diplomáticas de Venezuela en Inglaterra, Francia y Suiza. Además, la escogencia por parte de López de un civil para sucederle, pese a que le era tan afín que podría pensarse, intencionadamente mal en la idea que, a través suyo, el Presidente pretendía seguir mandando, era un mensaje de López Contreras que afirmaba su voluntad

---

[442] Velásquez, R. "Venezuela Moderna", op. cit. pg 47.

civilista. Sin embargo, una figura tan importante del gomecismo como el Dr. Victorino Márquez Bustillos quien, por voluntad de Gómez había sido Presidente en 1914, no ocultaba sus aspiraciones de sustituir a López Contreras en la Presidencia de la República, para lo que contaba con amplio apoyo del gomecismo todavía existente y, de manera particular, ese apoyo se concretaba en el Ejército en el que la mayoría de los Jefes militares eran oficiales de tradición gomera. Por otra parte, de manera algo sorpresiva, el movimiento Cívico Bolivariano de Cojedes proclamo a Isaías Medina Angarita, Ministro de Guerra en ejercicio, como su candidato presidencial. La idea fue rápidamente acogida en toda la Nación. En tales circunstancias, López optó por un candidato militar, por supuesto tachirense que, como Medina, contara con el apoyo castrense y le fuera una persona allegada pero, al mismo tiempo, desligada del gomecismo militar, con lo que se neutralizaba la posible reacción de una intentona golpista de parte de ese sector. Sin embargo, el Presidente Caldera tiene otra versión que incluye en su ya citada obra. Según ésta, que el mismo ex Presidente expresó, en su obra, que le merece fe *"porque me la refirió uno de los conjurados, que era persona muy correcta"*[443], viejos oficiales gomecistas, apoyados por civiles importantes, habían constituído un movimiento para impedir –seguramente mediante la fuerza– que fuera designado el doctor Escalante y no el candidato de ellos quien era el gomecista gral. León Jurado. Los conjurados habrían hablado con el propio Medina para manifestarle que no aceptarían a Escalante, alegando que ¡era comunista! y no conocía la realidad de Venezuela. Enterado de esta situación, López no tuvo inconvenientes en respaldar a Isaías Medina.

Si tal vez pensó López que Medina, una vez que terminara su mandato como Presidente, podría hacerle fácil el camino hacia una segunda presidencia, lo cierto era que ese aún joven Oficial, que habia nacido en 7 de julio de 1897, que no tenía 2 años cuando invadió Castro con su Revolución Restauradora, que egresó de la Academia Militar como Sub-Teniente en 1914 y que tenía 38 años cuando murió Gómez y 39 cuando, Coronel, López Contreras lo designó Ministro de Guerra, lógi-

---

[443] Caldera, R. Op. Cit. Pg. 99.

camente carecía de ataduras con la Revolución de Castro[444] y apenas tendría vínculos superficiales con el viejo gomecismo militar que ya las nuevas generaciones de oficiales, de las que era más cercano, ponían en entredicho y no estaban dispuestos a aceptar.

El 24 de abril de 1941, el Congreso de la República lo eligió Presidente Constitucional de los Estados Unidos de Venezuela para el período 1941-1946. Era el primer general egresado de la Academia Militar que alcanzaba ese cargo. Sencillo, de carácter afable, abierto y popular, el nuevo Presidente gozó rápidamente de gran simpatía entre los venezolanos.

Aunque, como también señala el Dr. Velásquez,[445] el Presidente Medina, que designó en su primer gabinete a figuras muy significativas del gobierno de López, como Tulio Chiossoni y Luis Gerónimo Pietri, rápidamente rompió esa tradición con designaciones como la de Arturo Uslar Pietri de Secretario de la Presidencia, quien sería poco después la figura política más importante de su gobierno. También indica el mismo ilustre historiador, que desde su venida a Caracas para sus estudios en la Academia Militar, Isaías Medina se relacionó y estableció amistad con jóvenes caraqueños o de otras regiones de Venezuela quienes, como él, vinieron a la Capital en razón de sus estudios, o en búsqueda de orientaciones de vida diferentes a las que les ofrecían sus sitios de origen. En Caracas *"no había oportunidad para la aventura guerrillera, ni para sentir el encono del regionalismo cerril y si muchas horas para el entendimiento y la sencilla confraternidad"*.[446] Entre esas amistades caraqueñas, adquiridas en su juventud, el Presidente Medina escogería muchos de quienes fueron Ministros, como Diego Nucete Sardi, Manuel Silveira, Félix Lairet, etc., o también altos funcionarios de su gobierno. El políticamente más importante de ellos sin dudas fue el Dr. Arturo Uslar Pietri, quien ya tenía experiencia ministerial desde que ocupó el cargo de Ministro de Educación en el gobierno presidido por el gral. López Contreras, y que, desig-

---

[444] Escribe Ramón Velásquez, Op. cit., pg 50, que, *"Medina no podía sentirse heredero de la Revolución Liberal Restauradora......pues su padre, Rosendo Medina, fue figura destacada del liberalismo amarillo y combatió contra Castro en la batalla de Nirgua"*.

[445] Idem, pg 51.

[446] Idem.

nado como Secretario General de la Presidencia en el gobierno de Medina (luego Ministro del Interior), fue quien más tarde organizaría y presidiría el Partido Democrático Venezolano (P.D.V.)

Desde que, apenas a un año de iniciado su gobierno, Medina se desligó políticamente del andinismo tradicional, quedó claro para el país el oculto mensaje de tal hecho: el Presidente se desvinculaba de toda dependencia con respecto a quien había sido su verdadero Elector, el gral. López Contreras y, con ello, rompía también con la tradición "Restauradora" que inició la llegada de Castro con sus sesenta, en 1899. Señala el Presidente Velásquez, en su antes citado trabajo, que López Contreras se equivocó al señalar como causa de su distanciamiento con Medina Angarita *"la preponderancia de los extremistas de izquierda"*[447] en el gobierno de éste, sino que, por las razones anteriormente citadas (ref. n°. 176), Medina no podía ser heredero de la Revolución Restauradora. Sin embargo, Rafael Arráiz Lucca, en su obra "Colonia y República", revela un diálogo del Presidente Medina con el doctor Arturo Uslar Pietri en el que aquél le dice a éste, en los difíciles momentos posteriores a la enfermedad del doctor Escalante, que ello le obligaba a escoger un nuevo candidato presidencial: *"Tu deberías ser el Presidente de Venezuela, tienes todas las condiciones para serlo, pero desgraciadamente en las circunstancias actuales yo soy el heredero de Cipriano Castro, a pesar de que mi padre murió peleando contra él, y no sería posible que yo rompiera esa tradición".*[448] Obviamente, Medina se refería a su condición de andino tachirense, que no lo era Uslar como si lo era Escalante. Como siempre ocurre, queda una pregunta inútil en el tiempo: ¿De haber sido Uslar el candidato y sucesor de Medina como Presidente, se habría dado el golpe del 18 de octubre de 1945?

a. *Hechos resaltantes de la gestión de gobierno.*

Aunque lo político alcanzó dimensiones preponderantes durante el gobierno de Medina Angarita, importantes realizaciones del mismo destacan en orden a la institucionalización y la modernización física del país. El gobierno presentó un Plan Quinquenal de Obras Públicas fun-

---

[447] Idem, pg 50.

[448] Arráiz Lucca, Rafael. *"Colonia y República"*. Ed. Alfa, Caracas, noviembre de 2009, pg. 165.

damentales para mejorar el hábitat de las personas y la conservación del ambiente; la generación de obras de infraestructura necesarias para el crecimiento económico y, también, un conjunto de leyes orientadas a desarrollar la Administración Pública y a mejorar los ingresos fiscales.

Entre las obras públicas realizadas, destaca por su importancia el esfuerzo de poner en marcha el Plan Monumental de Caracas de 1939 (conocido como Plan Rotival), con la modificación del desarrollo de la Reurbanización de El Silencio bajo la dirección del Arq. Carlos Raúl Villanueva. Igualmente, en enero de 1945, se inició la edificación de la Ciudad Universitaria, obra del mismo Arquitecto, con la construcción del edificio para el Instituto Anatómico Patológico y luego, en 1946, la construcción del edificio para la Escuela Técnica Industrial.

Quizás lo que más destaca del gobierno del Presidente Medina, aparte de su natural talante democrático refejado en la legislación y actitud política de su gobierno, haya sido la promulgación de la nueva Ley de Hidrocarburos, conocida también como "Reforma Petrolera" de 1943. Esta Ley, elaborada con la dirección del entonces Procurador General de la República Gustavo Manrique Pacanins y con el Dr. Ángel Demetrio Aguerrevere, unificó, en 1943, las legislaciones anteriores desde la de 1920 hasta la Ley de 1938; aumento las contribuciones por "royalty" y, con la Ley de Impuesto sobre la Renta, estableció equilibrio de paridad entre la participación de las empresas extranjeras explotadoras de petróleo y la correspondiente al Estado venezolano. La participación del Estado, que en el año 1943 alcanzó apenas 6,2 millones de bolívares por concepto de renta, se elevó para 1944 a 43,9 mill.; en 1949 a 580,55 mill.; en 1955 llegó a 792,7 mill. y para 1958 fue de 1.614,1 mill., sólo como i.s.l.r. Por su parte, el ingreso total nacional que era de 340,2 mill. de Bs. para 1943, ascendió a 541,9 mill. en 1944 y a 659,6 mill. en 1945, para alcanzar en 1947 1.281,4 mill.; en 1951 2.266,5 mill. y en 1.957 5.396,6 mill. de bolívares

También se abrió la declaración y otorgamiento de concesiones de explotación petrolera por un plazo de vigencia de 40 años, es decir, hasta 1983 cuando habría de producirse la reversión de las mismas. Esto significó que la cantidad de Hectáreas explotadas en 1943, que era de 4.700.000 Has., pasara para 1945 a 11.800.000 Has., lo que dio un impresionante impulso al ingreso nacional. Sin embargo, en el Congreso no fue satisfecha la exigencia de la oposición para que los ingresos derivados de la explotación del crudo fueran divididos en partes iguales (50%-50%) entre la Nación venezolana y las Compañías petroleras.

En lo político, una Ley de Partidos abrió el país a la participación democrática de todos los grupos políticos que se fundaran, sin limitaciones, pues se eliminó el famoso Inciso 6° de la Constitución que impedía la existencia de organizaciones comunistas. También fue establecido el voto popular para elección, de manera uninominal, de los Senadores y Diputados al Congreso Nacional. El país vivió una gran paz democrática. Fue restablecida en su total dimensión la libertad de expresión y, tanto en la prensa escrita como en la radio, opiniones políticas de diferentes orientaciones se manifestaba sin limitaciones.

Los partidos políticos existentes eran el PDN que se transformó en 1941 en Acción Democrática, pues se le impuso la condición de cambiar de nombre; Acción Electoral; luego Acción Nacional, que derivaba de la Unión Nacional de Estudiantes (UNE) y que fue después Copei y las Agrupaciones Cívicas Bolivarianas, constituidas en torno al gral. López Contreras, cuyas aspiraciones de retornar a la presidencia no se ocultaban. Estos partidos fueron los ejes principales de la discusión política de entonces, pues enfrentaban los intereses oficiales identificados en el Partido Democrático Venezolano (PDV), cuyo jefe visible era Uslar Pietri. Pero la gran confrontación era entre el medinismo representado por el PDV y el lopecismo representado por las ACB. Sin embargo, en la población del país crecía, a grandes pasos, la identificación con el partido nacido de los estudiantes del 28, que recorría todos los caserios, barrios y pequeñas aldeas de la provincia venezolana.

Venezuela, por otra parte, abandonaba su encierro secular y se abría al mundo. La visita del Presidente Medina a los Estados Unidos, donde fue recibido por Fanklin Delano Roosvelt, significó acontecimiento de la mayor trascendencia nacional. Lo mismo significaron las repetidas visitas de Presidentes de otros países del Continente a Venezuela, las que dieron base a importantes apoyos y convenios diplomáticos.

La primera visita presidencial a Venezuela en estos tiempos ocurrió el 25 de mayo de 1942, cuando el Presidente Medina recibió al Presidente Manuel Prado Ugarteche del Perú. Los temas tratados fueron las relaciones bilaterales y la cooperación de ambos países, así como el problema de la guerra mundial que se encontraba en su primera y peor fase. Ese mismo año, en noviembre, el Canciller venezolano Caracciolo Parra Pérez fue a Lima para firmar un mecanismo de consulta sobre mutua cooperación; un convenio para fomentar estudios históricos, así como nuevas consideraciones sobre la guerra mundial. En marzo de 1943, el Presidente de Bolivia, Enrique Peñaranda, visitó al Presidente Medina y éste devolvió la visita el 3 de agosto del mismo año. El empeño de ambos mandatarios fue renovar relaciones entre los países que, por largo tiempo, se habían mantenido en cierta forma alejados. Al poco tiempo de la visita de Medina a La Paz, el Presidente Peñaranda fue derrocado por un golpe de Estado comandado por el Mayor Gilberto Villaroel, apoyado en una Logia Militar de la misma escuela de la venezolana Unión Patriótica Militar que derrocaría a Medida en 1945. Las siguientes visitas fueron las de los Presidentes Iginio Moriñigo de Paraguay y Elié Lescot de Haiti.

En el año 1945 la diplomacia venezolana, que había mantenido una cierta neutralidad en la Guerra Mundial ya próxima a terminar con la derrota nazi, se vió ante la presión ejercida por los Estados Unidos de tener que declarar guerra el Eje. Esa presión consistía en que no serían invitados a una próxima Conferencia de Paz aquellos países que se mantuviesen neutrales o se limitasen a una simple ruptura de relaciones diplomáticas, como era el caso venezolano. El Presidente Rómulo Betancourt, en su muy conocido libro "Venezuela, Política y Petróleo"[449], expresó que, el entonces Embajador de Venezuela en Washington, Diógenes Escalante, conversó con él en una visita que hiciera a Caracas precisamente relacionada con ese asunto. Según le relató, la presión provenía de la Unión Soviética y la única solución era la declaración formal de guerra. *"El Presidente Medina vacilaba para tomar esa medida, y en concepto del doctor Escalante esa vacilación nacía en gran parte de la idea de que A.D. iba a aprovechar la coyuntura para decir cómo se había llegado a tal situación por ausencia de una política internacional más enérgica y que era un gesto desairado declarar la guerra a Hitler, cuando los ejércitos ruso y norteamericano estaban ya en las calles de Ber-*

---

[449] Betancourt, Rómulo. "Venezuela, Política y Petróleo". Ed Senderos. Caracas, 1967, pg 215.

lín." Relata Betancourt que respondió asegurándole a Escalante que la actitud de su Partido sería muy distinta pues, como venezolanos, reaccionaban solidariamente ante los problemas de política internacional, lo que fue aceptado luego por el Comité Ejecutivo de Acción Democrática que pidió al gobierno declarar la guerra.

En 1944, tanto el PDV como los partidos de oposición entraron en campaña para elecciones municipales que se realizarían en el mes de setiembre. Sin embargo, es útil destacar una anécdota que puede parecer folclórica, pero no lo es. Era tal el ardor de los venezolanos por expresarse democráticamente que, en octubre de ese año, se realizaría en Caracas la Novena Serie Mundial de beisbol amateur, en la que el equipo venezolano se enfrentaría con su eterno rival, el de Cuba, al que había vencido en 1941 en La Habana (Estadio La Tropical) en serie en la que resultó campeón. En esa oportunidad, los organizadores del evento decidieron elegir una Reina de la Serie. Dos jóvenes venezolanas fueron presentadas como candidatas y la población se entusiasmó de tal manera que prácticamente dos partidos, no políticos sino deportivos, se declararon en campaña nacional siguiendo los nombres de las candidatas Oly Clemente y Yolanda Leal, quien fue la vencedora. Un buen observador político, que haya observado en profundidad este fenómeno, pudo haber detectado, allí, la profundidad y alcance de esa aspiración, tan profundamente arraigada e históricamente frustrada en el sentir de nuestro pueblo. Su consejo hubiese sido de oro para el Congreso de entonces, así como para el Presidente, lo que podría haber evitado una nueva emergencia del gendarme que es siempre innecesario.

El partido del gobierno (PDV) apoyó, en varias parroquias de Caracas, a los candidatos postulados por la comunista Unión Patriótica, de cuya autoría se señaló a Uslar Pietri. Por esto, el gobierno fue duramente atacado por la oposición aunque, en general, la izquierda intelectual apoyaba a Medina Angarita. Por esas casualidades de la historia, el 18 de octubre de 1944 (un año exacto antes del golpe de Estado que derrocó al gral. Medina), las fuerzas políticas gubernamentales realizaron un mítin en el que participaron, como exponentes principales, figuras de la generación del 28 que apoyaban al gobierno, como Inocente Palacios y Antonio Arraiz. El día 23 de ese mes se conocieron los resultados de las elecciones municipales en Caracas: el gobierno ganó 19 de las 22 parroquias del Distrito Federal; las tres faltantes correspondieron a Acción Democrática. Posteriormente, el 5 de mayo de 1945, fue aprobada una reforma constitucional que defraudó al país, pues el esperado voto directo y universal para eligir Presidente de la República no fue incluído, sino que se mantuvo la elección indirecta pero, en cambio y como ya vimos, si fue anulado el Inciso 6° del artículo 32° constitucional que prohibia la legalización y funcionamiento de agrupaciones políticas comunistas. Eso fortaleció una campaña que ya se había levantado con críticas al señalado apoyo pedevista a candidatos comunistas para las elecciones municipales, según la cual se propagaba un supuesto pro-comunismo desde el gobierno.

Llegaba ya el año electoral de 1945, cuando debían definirse las candidaturas para la próxima presidencia que se iniciaría en abril de 1946. El ambiente político del país se recalentó demasiado, especialmente al quedar descartada la candidatura de consenso nacional que había surgido en torno al Doctor Diógenes Escalante, prestigioso diplomático venezolano que, para ese tiempo, era nuestro Embajador en Washington y concitaba el apoyo de todas las fuerzas y sectores políticos del país.

El descontento militar se hacía cada vez más grave y extenso. El Presidente Betancourt relató en su citado libro, hasta qué punto habia alcanzado esa situación conocida por él y por dirigentes de su Partido que le acompañaron a reuniones que, con la aprobación del Comité Ejecutivo de Acción Democrática, tuvo con oficiales que le habían invitado y que estaban comprometidos en una conspiración para derrocar al gobierno. Entre sus acompañantes mencionó a Raúl Leoni y a Gonzalo Barrios, así como a quien los invito para que asistieran a la reunión pues sería en su propia casa, el médico Edmundo Fernandez. Señala Betancourt que con o sin la participación de A.D., el golpe de Estado era un hecho dada la alta proporción y nivel de cargos de comando que significaban los oficiales comprometidos. Después de escuchar la propuesta que, en la primera reunión, salió de la boca del lider del movimiento subversivo, el entonces mayor Marcos Pérez Jiménez, quien le había solicitado su participación en el mismo, diciéndole : *"Y usted, señor Betancourt, es la persona que creemos debe encargarse del gobierno"*[450] a lo que res-

---

[450] Idem, pg . 224.

pondió Betancourt que ellos, Raúl Leoni y él, eran sólo representantes de un Partido que le había fijado, taxativamente, la misón de escucharlos, porque no se debían a ellos mismos sino a su colectividad política. [451]

Para esos días álgidos, la única salida pacífica era la candidatura presidencial del doctor Diógenes Escalante. De hecho, Betancourt lo destaca en su libro como *"salida pacífica de la crisis nacional."*.[452] Por eso, su acuerdo con los militares se caracterizó por ser condicionado: *"Hasta la última hora quisimos evitar el vuelco violento en la situación del país"*.[453] Esto se tradujo en agotar esfuerzos para convencer al Embajador Escalante, tantos, que Betancourt y Leoni viajaron a Washington a fin de entrevistarse con él: *"Con franqueza le dijimos que si no surgía en los elencos del oficialismo un presidenciable dispuesto a impulsar una reforma de la Constitución pautando el sistema de sufragio directo, universal y secreto para la elección de los personeros del poder público, resultaba inevitable el estallido de una insurrección cívico-militar"*.[454] El Dr. Escalante, después de un silencio largo –que parecia acostumbrar ante decisiones graves– les participó su asentimiento y su voluntad de reformar, en tal sentido más democrático, la Constitución Nacional. Aclara Betancourt en su libro que lo que él afirmaba antes, no era mera expresión acomodaticia *a posteriori*, puesto que lo había citado, para así demostrarlo, en su Mensaje a la Asamblea Nacional Constituyente como Presidente de la Junta Revolucionaria de Gobierno, el 20 de enero de 1947.[455] Pero como lo sabemos, infortunadamente poco después de esa entervista, la candidatura de Escalante habría de ser puesta fuera de la contienda electoral por su inesperada y repentina enfermedad cerebral.

En aquellos días, algunos periódicos como La Esfera que dirigía Ramón David León, estaciones de radio y medios escritos humorísticos, desataban violentas acusaciones contra el gobierno, con señalamientos de peculado atribuidos a altos personeros del poder y daban estímulos al

---

[451] Ibid, pg 225.

[452] Idem, pg 227.

[453] Idem.

[454] Idem, pg. 228

[455] Idem.

descontento que se conocía reinaba entre los integrantes de las Fuerzas Armadas.

No era secreto que muchos oficiales de las últimas promociones militares no ocultaban su descontento porque, en las posiciones de comando de las Fuerzas Armadas, continuaban viejos militares de procedencia gomecista que, para resaltar su atraso profesional recibieron de parte de los oficiales jóvenes el calificativo de "chopo e' piedra". En los corrillos y mentideros de la política se hablaba de conspiraciones, especialmente atribuidas al lopecismo. Para sustituir la descartada candidatura de Escalante, se hablaba de nombres como Rafael Vegas, Nucete Sardi o el Gobernador de Caracas, el gral. Juan de Dios Celis Paredes, gran amigo desde tiempos de la Academia Militar del Presidente Medina.

La escogencia hecha por el Presidente Medina del candidato que sustituiría la malograda candidatura presidencial del Dr. Escalante no fue afortunada, no por el candidato escogido, el Dr. Ángel Biaggini, que era el Ministro de Agricultura, abogado, ex Senador y ex Secretario de la Presidencia de la República y cuyas capacidades y honorabilidad eran indudables. Pero carecía de proyección política, de "ángel" político, pese a su nombre. En torno a otras figuras del mundo político se habían tejido expectativas, de manera particular en el caso del gral. Celis Paredes. Tiempo atrás, el Presidente Medina hizo un movimiento de Ministros en el que quedó vacante el Ministerio de Guerra y Marina. Sorprendentemente, designó al gral. Celis Paredes como Ministro de Fomento, comentándose en la calle que la razón por la que no hizo a Celis Paredes Ministro de Guerra fue por su gran ascendencia entre la joven oficialidad, lo que podía proyectar más su candidatura.

Definitivamente, el 10 de setiembre de 1945, el Presidente hizo saber, públicamente, que su candidato era el Dr. Biaggini y el día 12 ello fue hecho del conocimiento de la prensa. Pese al indudable avance democrático del país, logrado desde la muerte de Gómez, aún no se había superado la, por inveterada, normal costumbre por la cual el Presidente de la República era el gran Elector en Venezuela. Cuatro días después, en acto solemne, el Presidente firmó el Ejecútese de la Ley de Reforma Agraria, firma que acompañó la del Ministro de Agricultura, Dr.

Biaggini, después oficialmente declarado candidato a la Presidencia, el 1° de octubre, por el partido de gobierno PDV. La suerte estaba echada.

b. La Revolución de Octubre.

En el referido libro, el Presidente Betancourt relata detalles relativos a la participación de Acción Democrática en el golpe de Estado que derrocó al gobierno del Presidente Medina[456], así como al desarrollo del mismo; algunos de ellos ya citados anteriormente. No es fácil, aún después de 55 años, juzgar la razón y sinrazón de las diferentes personas que, de una u otra parte, fueron actores directos e indirectos en esos acontecimientos. Elementos que en aquellos momentos pudieron parecer de mucha importancia y reclamar ser urgentes, en la distancia pueden parecer menos significativos y descartables, porque las acciones tomadas en procura del bien se hayan revelado ineficaces o causas de peores males imprevistos. Se puede, por tanto, comprender las buenas razones, tanto de los oficiales que encabezaron la conspiración militar que dio lugar a los acontecimientos del 18 de octubre de 1945, como de los civiles, políticos jóvenes de indudables antecentes y heroicas luchas en busca de realizar en Venezuela ideales democráticos, de mucho tiempo atrás prevalecientes en las naciones del mundo civilizado y, también de quienes, del lado del gobierno, sinceramente pensaban que los tiempos no eran aún propicios para los pretendidos cambios.

No obstante, la aceptación de lo que se puede entender como "aspiraciones desesperadas de democracia", no ocultará jamás el profundo error que, en términos de retroceso, significó el golpe de Estado que se impuso en Venezuela el 18 de octubre de 1945. No había argumento moral que justificara ese hecho. Antes, en y después del golpe, había plena unanimidad de opinión en calificar al Presidente Medina y a su gobierno como cabalmente democráticos y era, por lo menos, ingénuo suponer que *todos* los oficiales comprometidos tenían intenciones democráticas y, al mismo tiempo, desconocer que el año anterior en América Latina, logias militares similares a la venezolana de entonces habían derribado tres gobiernos: En 1944, en Argentina, el "Grupo de Oficiales Unidos" orientados por Perón; en Ecuador, otro grupo conducido por

---

[456] Idem. Ver pgs. 222 a 241

Velazco Ibarra y en Bolivia, como antes vimos, en diciembre, la alianza de un grupo de oficiales junto con el MNR, movimiento de izquierda de Paz Estensoro, habia expulsado al Presidente Peñaranda.

En aquel tiempo de la presidencia de Medina Angarita, en los corrillos se hablaba de una conspiración que alentaria el ex Presidente López Contreras, cuyo grupo político era calificado por sus adversarios de izquierda como "la reacción". El mismo día 18 de octubre, se especulaba en calles y casas de familias que el golpe era obra del lopecismo. Olvidaban, seguramente, todas esas personas, que si López Contreras hubiese tenido ambiciones y espíritu de autócrata en el país no hubiera desplegado una muy aceptable vida política democrática, como la que se vivió durante su gobierno y en el gobierno de Isaías Medina: En diciembre de 1935, le habría bastado a López con rodearse de la familia y allegados políticos y militares del gral. Gómez para haberse instalado en el poder, tal vez hasta su muerte. El error de los civiles que participaron en el golpe de 1945 fue haber carecido, en ese momento, de visión de futuro. No se dieron cuenta de que el golpe, al abrir de nuevo la solución política al arbitrio de la nuda fuerza de las armas, enajenaba otra vez la Nación al trágico factor originario de su reciente pasado secular. Llegar al poder por la violencia, implicaba por la violencia salir. Apenas a tres años de la "gloriosa" revolución que —una vez más en la historia— pretendía haber refundado a Venezuela, el zarpazo armado destrozó las ingénuas ilusiones.

Error de una generación política —todavía joven— que tampoco respetó el normal fluir histórico del tiempo, que tanto el Eclesiastés como la naturaleza recogen. El cambio de actitud y proceder que, 14 años después, hubo de demostrar esa misma generación y, de manera particular, su principal conductor Rómulo Betancourt es, del anterior aserto, palmaria demostración de validez. Un poco de comprensión requiere también la actitud de los militares; al menos de la mayoría entre quienes se involucraron en la conspiración. El Dr. Escalante había establecido y comprometido ante los principales políticos del país, y con dirigentes de Acción Democrática, que su mandato presidencial sería transitorio; que su presidencia sólo duraría dos años, tiempo para que una nueva Constitución estableciera el sufragio universal y secreto para elegir el Presidente, y otros cambios que modernizaran el funcionamiento del Estado.

Podían esperar dos años la mayoría de los militares para que en su institución, adaptada a los nuevos tiempos, los viejos "chopo e' piedra" cedieran el paso a jefes oficiales de moderna formación y nuevos procedimientos. No fue así como sabemos, pero también el candidato Biaggini nada ofrecía en tal sentido. Es de importancia señalar que, en la misma obra ya citada, Arráiz Lucca expresa que, en una entrevista que él mismo recogió, Uslar Pietri le reveló que el Presidente Medina "*le dijo que él se debía al Ejército y que éste no quería que se diese el último paso hacia la democratización.*"[457]

En verdad, el Presidente Medina, después del fracaso de la candidatura escogida, por trágica pérdida de razón del candidato unánime Diógenes Escalante, no acertó en la escogencia de una persona que diera confianza a las nuevas promociones militares sobre su futuro y que adecuara la institución a nuevas técnicas y pensamientos militares propios de ese tiempo. Muchos pensaron, entonces, que el mejor candidato para satisfacer aspiraciones de civiles y militares era el gral. Juan de Dios Celis Paredes, hombre moderno y de amable trato, quien había realizado una gestión de gobierno muy positiva en la Gobernación de Caracas. Medina, como antes se expresó, en vez de aprovechar un movimiento de su gabinete ejecutivo que liberó el Ministerio de Guerra y Marina y designar a Celis Paredes como Ministro, prefirió destinarlo al Ministerio de Fomento. Pese a que los egresados del curso que siguieron en el Perú entre quienes estaban el Mayor Marcos Pérez Jiménez y el Mayor Julio César Vargas, así como los Tenientes Horacio López Conde y Martìn Màrquez Añez, quienes con otros fundadores de la Unión Patriótica Militar atizaban la insurrección, era muy posible que una candidatura presidencial que había estado ya en la calle antes de la decisión de apoyar a Escalante, como la del gral. Célis Paredes, haya podido haber evitado el golpe de Estado de 1945.

Un nuevo cambio político de dimensiones profundas se había consumado en Venezuela. Otra vez, como en 1863 y 1899, una nueva generación desplazaba la anterior que había estado al frente de la Nación, en esta ocasión por 45 años, aunque la muerte de Gómez, que está en el origen de este cambio, ocurrió 36 años después de iniciado por Cipriano

---

[457] Op. Cit., pg. 164.

Castro el cambio antecedente. Pero, en esta nueva ocasión, fue interrumpida y confiada a otras nuevas voluntades la, por diez años, esperada transición hacia la democracia.

Síntesis histórico-política de Venezuela. 1945-1958

Parte III

De una democracia inmadura a una nueva autocracia progresista

CAPITULO PRIMERO

Estados Unidos de Venezuela: Una democracia inmadura I

El Trienio 1945-1948

Junta Revolucionaria de Gobierno (1945-1947).

El notable historiador y ex Presidente de la República, Doctor Ramón J. Velásquez, apunta –al referirse al golpe de Estado del 18 de octubre de 1945, en su trabajo incluído en el libro "Venezuela Moderna", cuya realización él mismo coordinara– *"Se liquidaba así un régimen que se mantuvo en el poder a lo largo de casi medio siglo y se conmovía la estructura social y económica que se había forjado durante esas décadas para dar paso a nuevos grupos que, fuera del control de los viejos apellidos, habían venido construyendo nuevos intereses"*.[458] El mismo autor señala: *"Ya en 1931, Rómulo Betancourt desde las Juntas de Abangares, en Costa Rica, había insistido ante sus compañeros de generación en la necesidad de liquidar el viejo estilo de la oposición antigomecista de las invasiones y de los asaltos a cuarteles, para dedicar todas las energías a la fundación de un partido en el que cupieran como en un gran frente nacional todas las clases sociales y todos los sectores que estaban empeñados en la liquicación del gomecismo y que de-*

---

[458] Op. cit. pg 82.

seaban transformar a Venezuela en un país moderno y sustituir las tradicionales tiranías por un gobierno democrático".[459]

Ciertamente, en Venezuela, lo acontecido ese día y a partir de él fue una suerte de derrumbe de un particular *"ancien régime"*, muy distinto al que reinó en Europa, pues eran muchas las diferencias de tipo humano, cultural y propiamente históricas entre aquella realidad y ésta que se desarrolló en nuestra Iberoamérica, pero en la que, sin embargo, pueden ser encontradas algunas semejanzas o curiosas similitudes –¿casualidades?– que no dejan de asombrar al observador perspicaz. Como ejemplos:

1º La realidad europea venía de larga dependencia de Roma, una potencia imperial cuyo dominio se extendió por más de cuatrocientos años en casi todo el mundo entonces conocido; pero el Imperio que fundó Carlos V (Carlos I de España), en el que *"no se ponía el sol"*, dominó sobre América por algo más de tres siglos.

2º A la caída del Imperio Romano (de Occidente), la realidad social, antes dominada por Roma, se organizó en ciudades de las que se generó el feudalismo; pero las realidades sociales de iberoamérica, siguiendo modelos de origen europeo, trataron de organizarse en naciones, pero antes de lograrlo vivieron, por décadas, situaciones muy semejantes al feudalismo.

3º Por último, en el mundo más desarrollado de Europa y posteriormente en los Estados Unidos, el gran paso hacia el desarrollo en el pensamiento, las ciencias, las técnicas, la economía y una nueva estructuración política que culminó en la democracia, fue la constitución del Estado Moderno; pero en América, la modernización y la democracia sòlo se produjeron –con sus propias peculiaridades, por supuesto– después de que, en las aún incipientes realidades nacionales iberoaméricanas, se había logrado alcanzar también -y según sus modos– la fundación de ese Estado, el cual, en vez de ser, como en Europa, resultado de previa evolución y desarrollo histórico modernizante, en su punto de partida fue, contrariamente, el propio Estado, elemento generador de correspondientes –aunque diferentes– desarrollo y evolución.

---

[459] Idem, pg 77.

En Venezuela, el petróleo comenzó a tener valor significativo a partir del inicio de los años veinte del siglo pasado pero, ya antes, Gómez había configurado en el país la forma moderna del Estado cuyo surgimiento en el Continente europeo ocurrió cuando el *primo inter pares* o Rey, logró liberarse de la dependencia que, por siglos, tuvo respecto a las fuerzas militares de sus pares feudales y pudo, también, al apoyarse en los burgueses enriquecidos por el comercio, financiar su propio ejército y constituir una burocracia administrativa pagada de la misma manera, que facilitó la recolección, el control y la organización de los impuestos, todo ello en el contexto de un territorio definido y delimitado dentro del cual podía ejercer libremente su *imperium*.

Desde 1903, como jefe de los ejercitos de Cipriano Castro, Gómez había comenzado la reducción de los caudillos —nuestros señores feudales— y cuando tomó el poder en 1908 el país estaba bastante pacificado en comparación con el pasado. En 1912 Gómez constituyó la Academia Militar que, un lustro más tarde, inició el refuerzo del Ejército con la graduación de oficiales debidamente formados y entrenados como profesionales castrenses. Paralelamente, su ininterrumpido gobierno se caracterizó por desarrollar la Hacienda Pública, tarea al frente de la cual designó a eminentes venezolanos conocedores de la materia.

Finalmente, el gomecismo, entendido como régimen, no cerró también sus ojos el 17 de diciembre de 1935 sino que, poderosa al inicio, mantuvo vida latente que definitivamente se extinguió el 18 de octubre de 1945. Cuando la tarde del día después, 19 de octubre, fue constituida bajo la Presidencia de Rómulo Betancourt la Junta Revolucionaria de Gobierno, ni tan siquiera uno de los venezolanos que, en pasado próximo o lejano, había participado en altos o medios niveles de gobierno nacional o estadal, obtuvo posición de poder. En ese sentido, el golpe de Estado cívico-militar del 18 de octubre adquirió esa característica que es una de las propias de los auténticos movimientos revolucionarios: Los sectores sociales que hasta la Revolución habían detentado el poder, quedaron aíslados del mismo, pues la gran mayoría de los ciudadanos, que de una u otra manera tenía relaciones con los desplazados, desconocía los nombres de los nuevos gobernantes o dirigentes del poder en la Nación. Así ocurrió ese octubre, como en 1899 cuando Castro asumió el poder. Esto se repitió en 1999 como única expresión de que sea esto, que ahora vivimos, revolución en el sentido honesto de la palabra.

Mientras se desarrollaban los acontecimientos y acciones del golpe de Estado del día 18 de octubre, la población de Caracas –que fue la única conmovida del país pues sólo en la Capital se produjeron combates por los alzamientos de los Cuarteles San Carlos y de Miraflores– carecía de toda información verdadera sobre lo que estaba ocurriendo. Circulaba toda suerte de noticia o rumor falso. La mayoría creía que se trataba de un golpe de partidarios del ex Presidente López Contreras; un diario de Caracas anunció, en la mañana del 19, que la sublevación la encabezaba el gral. Esteban Chalbaud Cardona, seguramente por confundirlo con el Tte. Cnel. Carlos Delgado Gómez quien usaba como segundo apellido el mismo de su padre el gral. Román Delgado Chalbaud, amigo de gran confianza que fue de Juan Vicente Gómez y que intentó, en 1929, después de haber sido su prisionero y exilado, invadir por Oriente en la famosa aventura del barco "Falke". Fue sólo en la noche del 19 o mediante la prensa del 20 de octubre, cuando el país conoció la verdad de lo que había ocurrido el jueves 18: la oficialidad intermedia del Ejército que, como se ha visto, estaba muy incómoda por la permanencia en los altos mandos de militares que no habían pasado por la Academia –sino que eran los mismos que vinieron jóvenes con Cipriano Castro en 1899 o que se incorporaron algo después– habia consumado el golpe de Estado que desde 1944 venía preparando el grupo de oficiales agrupados en la "Unión Patriótica Militar".

En las primeras horas del día y de manera precipitada, pues los comprometidos se sabían delatados, el golpe comenzó en la Escuela Militar fácilmente tomada por el Capitán Marìo Ricardo Vargas, quien instaló allì el comando del movimiento subversivo. Inmediatamente fue turno del Cuartel de Miraflores y quedó tomado el Palacio. Hacia la diez de la mañana, la población del centro de Caracas se alarmó por disparos de fusiles y fuegos de ametralladoras que resonaban por todas partes. Era la sublevación del Cuartel San Carlos, al norte del viejo casco de la ciudad. La dirigencia de Acción Democràtica comenzó a enviar militantes a los Cuarteles sublevados para que se hicieran de fusiles y salieran a las calles a combatir.

Pese a la contundencia del alzamiento, el gobierno contaba con fuerzas suficientes para controlarlo, entre ellas la Policia de Caracas, y el ex Gobernador Celis Paredes se propuso a Medina para dirigirla personalmente en su defensa, así como había Cuarteles de la ciudad que permanecían leales. Sin embargo, el Presidente, en virtud de su generosa manera de ser, rechazó esa oferta y prefirió entregar el poder antes de librar combates que causarían muertes y desolación en la República.

La Junta Revolucionario de Gobierno quedó constituida, además del joven de 37 años y Presidente Rómulo Betancourt, por los Doctores Raúl Leoni, Gonzalo Barrios, Luis Beltrán Prieto Figueroa, el Mayor Carlos Delgado Chalbaud y el Capitán Mario Ricardo Vargas. Delgado Chalbaud fue designado Ministro de Guerra y Marina, Gonzalo Barrios fue Canciller de la República y Raúl Leoni Ministro del Trabajo. El Secretario de la Junta fue el Dr. Leonardo Ruiz Pineda, pero enviado luego al Táchira como Gobernador lo sustituyó en ese cargo el Dr. Prieto Figueroa. Para el Ministerio de Relaciones Interiores fue nombrado el Dr. Valmore Rodríguez. Como Ministro de Fomento, cuyo despacho entonces tenía la responsabilidad del negocio petrolero, fue nombrado del Dr. Juan Pablo Pérez Alfonso quien, a la vez, era Consultor Jurídico de la Junta. Poco después fue designado como Procurador General de la República, el joven abogado de 29 años Rafael Caldera Rodríguez, quien hubo de renunciar a ese cargo por discrepar de los procesos y decisiones tomadas en juicios del Jurado de Responsabilidad Civil y Administrativa, constituido el 27 de noviembre de 1946. Su tarea era la de establecer responsabilidades administrativas y verificar posibles peculados de más de 150 imputados, que habían ejercido altas funciones en gobiernos anteriores de los Presidentes Medina Angarita, López Contreras y Juan Vicente Gómez. El Mayor Marcos Pérez Jiménez, quien fue apresado la mañana del 18 de octubre y era el original cerebro conductor del golpe, quedó fuera del gobierno pero con el cargo Jefe del Estado Mayor General... esperaría su momento. [460]

---

[460] Ver, Anexo 4°, documento 1°, escrito de Rómulo Betancourt sobre los Juicios del Jurado de Responsabilidad Civil y Administrativa, creado el 27 de noviembre de 1945.

Es de reconocer que se cumplió, cabalmente, lo que expresara Rómulo Betancourt en el mitin de su Partido convocado para la noche anterior al golpe, el 17 de octubre: Acción Democrática *"no iría jamás a un gobierno como el pariente pobre que entra por la puerta del servicio doméstico, a ocupar dos o tres de esos llamados 'Ministerios Técnicos' "*, así como también que gobernaría cuando tuviera *"en las manos las posiciones-clave del Estado, ésas donde se decide la vida política, económica y social del país"* [461]. Así ocurrió.

El programa del nuevo gobierno tenía por eje central el pleno ejercicio, por parte de todos los venezolanos habilitados por la Ley, de la democracia representativa mediante elecciones por sufragios libres, universales, directos y secretos, que se celebrarían para designar al Presidente de la República y a los candidatos a Senadores y Diputados al Congreso Nacional. La elección directa de Gobernadores de Estados, prevista originalmente por la dirigencia de la Revolución, no fue incluida sino dejada, como parte de la elaboración de nueva Constitución, a la Asamblea Nacional Constituyente que fue convocada de inmediato.

El 27 de octubre de 1946, día domingo como acostumbrado en Venezuela, se realizó la consulta electoral para Asamblea Constituyente. El Censo de electores fue de más de 1 millón 600 mil personas de ambos sexos y mayores de 18 años. Concurrieron cuatro partidos principales: Acción Democrática (AD), como partido de gobierno que había nacido del ORVE el 13 de setiembre de 1941; Copei, partido de oposición dirigido por Rafael Caldera, que provenía de Acción Nacional y fue fundado el 13 de enero de 1946; Unión Republicana Democrática (URD), fundado el 17 de febrero de 1946, que recogía partes del medinismo y cuyo lider era Jóvito Villalba y el Partido Comunista de Venezuela, antes representado por Unión Municipal y Unión Popular, pero legalizado después de la supresión del Inciso 6° del art. 32 de la Constitución, con jefatura de Gustavo Machado. Los resultados de esos comicios fueron, en números redondos:

AD: 1 millón 100 mil votos (78,43%), 137 diputados; Copei: 185 mil votos (13,22%), 19 diputados; URD 59 mil votos (4,26%), 2 diputados y PCV: 50 mil votos (3,62%), 2 diputados.

---

[461] Betancourt, Rómulo. Op. cit pg. 236.

Constitución de 1947.

La Asamblea Nacional Constituyente de 1947 habría de sustituir la hasta entonces vigente Constitución de 1925, con las reformas que le hiciera Gómez, la efectuada por López Contreras para recortar a cinco años el periodo del mandato presidencial y las últimas, del 23 de abril de 1945, realizadas en el gobierno de Medina Angarita, cuando el Congreso Nacional, cumplidas las disposiciones constitucionales, introdujo varias modificaciones, entre ellas la denominación definitiva como Estado Barinas al anterior Estado Zamora y el voto femenino para Concejos Municipales.

Muy lamentablemente, el Congreso de 1945 no acertó a interpretar un sentimiento nacional muy profundo como era la aspiración de elegir directa y universalmente al Presidente y al propio Congreso. Ese sentimiento se generó tras tantos engaños y frustraciones experimentados desde el anterior siglo, cuando el país que siguió candidatos –porque los creía capaces de modificar el estado de cosas, como fue el caso del popular "Mocho" Hernández– sólo tuvo la frustrante amargura de fraudes electorales fraguados por los gobiernos. Era entonces comprensible el legítimo anhelo nacional de concurrir los ciudadanos directamente a las urnas y, así, no hacer depender la elección de gobernantes y representantes de artimañas urdidas en las oficinas públicas de los gobiernos. También una decisión en ese sentido del Congreso Nacional de 1945, hubiese bastado para quitarle sustento político a las razones de quienes propiciaban el golpe de Estado militar, lo que no asegura que se hubiese evitado.

El primer acto de la Asamblea Nacional Constituyente fue legitimar el poder colegiado *de facto* de la Junta Revolucionaria de Gobierno. El nuevo texto, aprobado el 5 de julio de 1947, actualizaba al país con las realidades que estaba viviendo y con los objetivos de la así llamada "Revolución de Octubre". Ciertamente, los debates que en esa Asamblea Nacional Constituyente de 1946 tuvieron lugar y que fueron transmitidos diariamente por la Radio, así como sintetizados por la Prensa y discutidos por articulistas de diferentes tendencias políticas, sirvieron de auténtica escuela de formación en la democracia para un pueblo que siempre, hasta entonces, había permanecido ajeno a lo que decidía el

Congreso de la República y llevado a ciegas para participar en elecciones ya decididas por el supremo mandatario de turno. De manera principal, esos debates escuchados por mucha gente, tuvieron la virtud de desarrollar en el país, con todo y las deformaciones que hayan aportado las diferencias tendencias políticas en función de sus particulares intereses, una conciencia ciudadana que permitió a los venezolanos formarse juicios propios sobre los partidos y sus dirigentes, más allá de las masificaciones inducidas por la demagogia, fuese en mitines de plazas públicas o mediante propagandas deformantes.

En el Hemiciclo de la Cámara de Diputados, donde en el Capitolio Federal se reunía la Constituyente, la concurrencia diaria agotaba la capacidad de las barras y la pasión política se encendía con intervenciones de diputados de una u otra bandería, que los había muy duchos en el manejo del verbo y sólidos así como vehementes en sus convicciones. En la modesta experiencia de quien escribe, quizá por haberla vivido niño de once años, se ha formado la opinión de que esos logros tuvieron aún más importancia, para la naciente democracia venezolana, que el propio texto constitucional que entonces fue aprobado.

La Asamblea se instaló el 17 de diciembre de 1946. Su directiva fue: Presidente el poeta diputado Andrés Eloy Blanco, Primer Vicepresidente el diputado Jesús González Cabrera; Segundo Vicepresidente el diputado Augusto Malavé Villalba y Secretario José Toro Alayón. La Comisión Preparatoria de la Constituyente la integraron Andrés Eloy Blanco como Presidente, y los diputados Jesús Enrique Lossada, Nicomedes Zuloaga, Lorenzo Fernández, Germán Suárez Flamerich, Ambrosio Oropeza, Martín Pérez Guevara, Luis Eduardo Moncada y Luis Hernández Solís como secretario. La Comisón redactora del proyecto de Constitución quedó integrada por los diputados Gustavo Machado, Juan Bautista Fuenmayor, Lorenzo Fernández, Miguel Ángel Landáez, Desiderio Gómez Mora, Cecilio Terife, Jesús Enrique Heredia, Panchita Soublette Saluzzo, Mercedes Carvajal de Arocha, Luis Augusto Dubuc, Simón Gómez Malaret, Octavio Andrade Delgado, Ramón Quijada, Alcides Rondón, César Morales Carrero e Isaura Saavedra. La nueva Constitución de 1947 fue sancionada el 5 de julio del mismo año.

Contenido de la Constitución:

Esta Constitución modificó el estilo que había sido de los anteriores textos constitucionales, dándole al Estado un sentido u orientación más social, que no contenían esos textos de naturaleza predominantemente liberal. Hasta su promulgación, había predominado en Venezuela, por lo menos en los textos constitucionales, la concepción liberal del Estado. Sin prescindir de valores liberales, la Constitución se vió inspirada en la concepción aplicada por Roosvelt del *"wellfare state"* o Estado de bienestar que, por lo mismo, interviene más activamente en temas como promoción del desarrollo, cuestión social y orientación económica con tendencia al desarrollo de la idea de capitalismo de Estado.

En lo político, el texto cumplió con satisfacer la ansiada aspiración del país que buscaba la elección directa de sus autoridades de gobierno, en este caso el Presidente de la República y los Senadores y Diputados del Congreso Nacional, mediante elecciones universales que dieron derecho de voto a la mujer en las mismas condiciones que el hombre, y que fueron también secretas. Se estableció la representantción proporcional de las minorías para la integración de los órganos colegiados y deliberantes del Estado, con alcance a los Estados federados y a las Municipalidades. De la misma manera, manteniendo el principio de separación de los Poderes Públicos, se reforzó el sistema de controles, en especial en lo que se refiere al voto de censura que, con mayoría calificada, podía decidir el Congreso para los Ministros del Ejecutivo, así como también la interpelación de éstos por parte del Congreso.

Introdujo también el *habeas corpus* para garantizar la libertad personal de los ciudadanos pero, igualmente, un artículo que fue sumamente polémico, pues daba al Ejecutivo poderes extraordinarios para detener a las personas hasta de por 60 días, en casos de peligro, sin suspender las garantías y derechos constitucionales aunque sí con sometimiento a vigilancia del Congreso. Se trataba del artículo el n° 77, qué la oposición bautizó "Inciso Alfaro Ucero", para recordar de esa manera el polémico Inciso 6° de la reforma constitucional de López Contreras que prohibía organizaciones políticas comunistas y se le dio el apellido del diputado proponente. Ese artículo 77 rezaba: *"Si las circunstancias no exigiesen la restricción o la suspensión de las garantías, pero hubiere fundados indicios de la existen-*

cia de planes o actividades que tengan por objeto derrocar los Poderes constituidos, por golpe de estado u otros medios violentos, el Presidente de la República en Consejo de Ministros, podrá ordenar la detención preventiva de las personas contra quienes obren graves motivos para considerárselas (sic) comprometidas en dichos planes o actividades. Estas medidas serán sometidas, dentro de los diez días siguientes a su ejecución, a la consideración del Congreso Nacional o, durante el receso de éste, a la Comisión Permanente, para su aprobación o improbación; y serán suspendidas al cesar las causas que las motivaron. Si fueren aprobadas por el Congreso Nacional o por la Comisión Permanente y no fueren suspendidas dentro de los 60 días siguientes a dicha aprobación, el Presidente de la República cumplido este último plazo, las someterá al conocimiento de la Corte Suprema de Justicia, la cual decidirá sobre su mantenimiento o suspensión tomando en cuenta, además de las disposiciones legales, la seguridad del Estado, y la preservación del orden público".

Gestión de gobierno.

La gestión de gobierno de la Junta Revolucionaria, se inició bajo optimistas auspicios derivados de la gran mayoría que le apoyaba y que, conocida, se hizo notoría cuando se hicieron públicos los resultados de las elecciones para eligir la Asamblea Nacional Constituyente, el 27 de octubre de 1946, en la que Acción Democrática obtuvo casi el ochenta por ciento de los votos. El Partido Acción Democrática asimiló muchas características y aspectos propios de la corriente política que se identifica con lo que se denomina como populismo latinoamericano, que es una manera de hacer política y de gobernar propia de países de nuestro subcontinente, en los cuales se había agotado el Estado Tradicional posterior a la Independencia. En efecto, se atribuyó entonces a influencias del APRA partido peruano.

Pese a haber sido la primera en independizarse, Venezuela fue una de las naciones latinoamericanas que más tardiamente se incorporó al grupo de países que superaron ese primer modelo de Estado y en las cuales, iniciada la industrialización y en presencia de negativas consecuencias económicas de la Primera Guerra Mundial, se dificultaron las exportaciones de bienes primarios a los mercados europeos, en los que el consumo de esos bienes cayó abrutamente en los países afectadas por la guerra. En tales circunstancias, la mayoría de los gobiernos tradicionales, conformados por élites sociales, no encontraron modos de resolver las nuevas situaciones que se presentaron en sus países. La salida fue conformar una alianza de sectores sociales de las diferentes clases para, asumida por esa alianza la dirección del Estado, sustituir las importaciones que ya no llegaban del extranjero, así como atender las necesidades de los propios pueblos.

Aunque en el subcontinente hubo casos de gobiernos populistas autocráticos, también los hubo de gobiernos democráticos, como fue el caso del gobierno de la Junta Revolucionaria que, en Venezuela, accedió al poder en octubre de 1945, así como lo fue el inmediatamente posterior gobierno constitucional de Don Rómulo Gallegos.

No obstante, es también característico de nuestro populismo latinoamericano, el que sus primeros gobiernos tiendan a excluir las fuerzas políticas que provienen del pasado reciente o, simplemente, las que no son de tipo populista. Así, es frecuente la descalificación de esos sectores políticos diferentes con vocablos peyorativos como "reaccionarios", "oligárquicos", "imperialistas", "latifundistas", "antiobreros", "antinacionales", etc. Sin embargo, no se impide el ejercicio democrático de derechos políticos constitucionales, ni libertades de reunión o de expresión. Al mismo tiempo, en paralelo se presenta otra tendencia que es hacia la hipertrofia del Poder Ejecutivo y al "personalismo" presidencial cuando el mandatario es una persona "carismática". Así mismo, son frecuentes constantes movilizaciones de masas obreras y campesinas identificadas como "pueblo", así como el diseño de un modelo de poder sobre el eje Gobierno-Partido-Sindicato, lo que induce comportamientos sectarios.

Con el nuevo gobierno de Acción Democrática, algunos decretos muy apresurados para el tiempo, otros francamente repudiables por muchos y la sectarización de partidarios del oficialismo, fueron descomponiendo lo que, al inicio, había generado un clima cordial de entendimiento y armonía. Así, por ejemplo, cuando se inició en el país la organización de los partidos políticos que nacían al calor de la democracia recientemente instalada, la reacción de sectores de partidarios del gobierno y de dirigentes del propio partido oficial, fue acudir al uso de violencias y ataques contra mítines y actos de la oposición. A lo largo del trienio, el sectarismo político fue creciendo, tanto desde el gobierno como desde la oposición, situación que no careció de importancia en los hechos que desembocaron en el derrocamiento de ese ensayo democrático. Por otra parte, decretos como el número 321, de mayo de 1946, sobre "Calificaciónes Promociones y Exámenes en Educación Primaria, Secundaria y Normal", propiciado por el Ministerio de Educación Nacional, que instituciones con mayoría oficialista, como el Colegio de Profesores de Venezuela y la Federación Venezolana de Maestros respaldaron, tuvo gran rechazo en la naturalmente igualitaria población venezolana, pues se imponían, en dicho instrumento, disposiciones discriminatorias de los alumnos del país según fuera su participación en planteles privados o en planteles oficiales, pues a los primeros se les desfavorecía notable e inexplicablemente. La protesta de rechazo, que colmó por semanas las calles de las principales ciudades venezolanas, terminó por hacer anular dicho decreto, pero las pasiones enfrentadas, las sospechas de comunización que despertó la actitud rígida de funcionarios y partidos aliados del gobierno, como el Partido Comunista, a las que fueron sumándose acusaciones falsas o deformadas sobre violaciones de derechos humanos y frecuentes enfrentamientos en el interior de la República entre partidarios de una u otra posición, fueron creando tal clima de tensiones que llegaron hasta la exasperación en sus momentos culminantes.

Otra medida que inquietó mucho y mereció gran rechazo, derivó del decreto de la Junta Revolucionaria del 27 de noviembre de 1945 que creó el Jurado de Responsabilidad Civil y Administrativa para enjuiciar las personas que se hubiesen *"enriquecido sin causa"* *"prevalidos de la influencia indebida de quienes ejercieron funciones públicas"*.[462] La lista de los "indiciados" fue muy larga. La encabezaban los ex Presidentes López Contreras y Medina Angarita, sus Ministros y altos funcionarios, los Presidentes de Estados de sus gobiernos y de quienes lo fueron en los gobiernos de Gómez, así como los inmediatos familiares de éste. Si los acusados eran sentenciados como culpables, sus bienes serían confiscados aún cuando fueran poseídos por terceras personas. Entre las críticas que entonces se hicieron a este enjuiciamiento, hubo la de la ligereza con la que se decidió imputar a las personas sin recabar pruebas suficientes de las responsabilidades que tenían en los hechos que se les atribuían. Con motivo de

---

[462] Velásquez, Ramón., Op. cit. pg 88.

tales juicios, el Procurador General de la República, Dr. Rafael Caldera, renunció al cargo.[463] Rómulo Betancourt, en honesta y valiente autocrítica sobre tales juicios, escribió parte de la motivación de Caldera, en expresión de Betancourt *"con palabras mensuradas y convincentes"*, de sus declaraciones a la radio sobre su renuncia: *"La necesidad de dar una sanción a los hechos de peculado es algo que nadie puede discutir…Pero con el aparato de las leyes vigentes, el camino es largo y difícil. Ellas sancionan, en verdad, el delito de peculado, y vale decir, la sustracción de los dineros públicos y las diversas formas de aprovechamiento del poder para hacer fortunas, aunque en forma muy genérica y bastante vaga; pero también dejan el camino sembrado de obstáculos procesales, echando sobre el Fisco la carga de probar las circunstancias delictuosas y lo someten a largos procesos de dudosos resultados. Entiendo que, por estas razones, la Junta Revolucionaria de Gobierno ha pensado en la necesidad de elaborar un estatuto especial y crear un tribunal especial para que juzgue esos hechos, mediante un nuevo procedimiento, sometiéndose lo actuado a la aprobación de la Asamblea Nacional Constituyente. En el nuevo procedimiento, quedarían parcialmente descartados el principio de la irretroactividad de las leyes y la eficacia de la prescripción extintiva, y se invertiría la carga de la prueba, echando sobre cada imputado la responsabilidad de demostrar el carácter lícito de sus enriquecimientos pecunarios"*.

Como complemento contradictorio respecto a los juicios por responsabilidad civil y administrativa que se habían incoado contra las referidas personas, el gobierno decidió, a fines de noviembre de ese año, extrañar del territorio venezolano una buena parte de los acusados entre los cuales estaban los ex Presidentes, miembros del Ejército y varios entre los principales Ministros acusados, como Arturo Uslar Pietri, Manuel Silveira, Luis Gerónimo Pietri. La supuesta razón para expulsarlos era por "contrarevolucionarios" que tramaban una conspiración desde la cárcel en la que se encontraban, cuyos líderes sería López Contreras y Medina Angarita.

Comenzado el año 1946, el 13 de enero, fue fundado en Caracas el "Comité de Organización Política Electoral Independiente", organización política cuyo objetivo inmediato era participar en las elecciones para la Constituyente que se realizarían ese mismo año. El largo nombre

---

[463] Rómulo Betancourt, en *"Golpes Militares en Venezuela. 1945-1992"*. Colecc. Papeles de Archivo. Ed. Centauro, Caracas, 1998, pgs. 28-28

fue sintetizado en las siglas C.O.P.E.I, o simplemente Copei, como siempre fue conocido ese movimiento formado por la gente de Acción Nacional, que procedía de la Unión Nacional de Estudiantes (UNE) de inspiración cristiana, formada en 1935 en la Universidad Central. Copei fue –como en tiempos estudiantiles– corriente antagónica a los movimientos de inspiración marxista. El principal lider fundador fue Rafael Caldera, quien no se incorporó a la primera Directiva pues era Procurador General de la República. Lo acompañaron desde la dirección del movimiento el Dr. Pedro del Corral, Lorenzo Fernández, José Antonio Pérez Díaz, Henrique Castillo Pinto, Mauro Paéz Pumar, entre otros.

En el país surgieron otras organizaciones políticas formadas también en 1946. Fueron Unión Republicana Democrática (URD) cuyo conductor, Jóvito Villalba, no fue de los fundadores pero se incorporó poco después de fundado el Partido. También se fundó un Partido Socialista Venezolano (PSV), cuyas cabezas fueron José Rojas Contreras y Rafael Naranjo Osty.

Los resultados de los comicios para elegir la Asamblea Nacional Constituyente, demostraron que la mayor parte de los Estados de la República se habían inclinado ampliamente a favor de Acción Democrática. Fueron excepción los Estados andinos Táchira y Mérida que se convirtieron en baluartes de Copei; también Trujillo pero en menor proporción. En Nueva Esparta prevaleció URD, que tuvo buena votación también en Sucre, aunque no ganó en ese Estado.

Durante la campaña electoral se hizo más profunda la controversia política entre oficialismo (representado por AD) y la oposición, en la que destacaba Copei. Los epítetos iban y venían y también las agresiones provocadas, en especial, por partidarios del gobierno revolucionario. En los corrillos callejeros se multiplicaban rumores y en ciudades, especialmente en Caracas, no era infrecuente ver militares armados en plan de alerta, a pié o sobre transportes, pues el gobierno parecía obsesionado con la posibilidad de golpes de Estado. De hecho hubo dos de ellos en un mismo mes; en diciembre de 1946; el del día 11 fueron apresados varios militares y dirigentes políticos entre éstos Jóvito Villalba y otros líderes de URD. También en setiembre del mismo año, poco antes de las elecciones, se sublevó el Cuartel de Caballería Ambrosio Plaza, muriendo en las acciones el Tte. Dávila Célis. A medida que se acercaba la fecha electoral, la lucha política se endurecía y hasta rebasaba límites normales. El saboteo de actos de oposición se hizo muy frecuente, pero tampoco escasearon respuestas opocisionistas.

En el año 1947, después de instalada la Asamblea, no disminuyeron las tensiones ni la conflictividad política que caracterizó al año 1946. Los debates en la Asamblea, a pesar de la extraordinaria capacidad de dirección y distensión de su Presidente Andrés Eloy Blanco, adquirían con mucha frecuencia tonalidades incandescentes. El Ministerio de Educación Nacional insistió en aplicar el Decreto 321 y esta vez, sin retroceder, hizo que perdieran el año escolar la mayoría de los estudiantes de planteles privados. Pasada la mitad del año, se inició campaña electoral para elegir, en diciembre, el nuevo Presidente de la República, lo que radicalizó el antagonismo partidista. Continuaron las alarmas por conspiraciones reales o supuestas. En Maracay, en julio de ese año, fue debelado un movimiento subversivo en el Cuartel Páez, muriendo en las acciones el Mayor Prato. En setiembre el gobierno hizo saber que había sido descubierta otra conspiración en la que participaban políticos medinistas que fueron detenidos.

Recuerda el Dr. Velásquez, que las elecciones de diciembre de 1947, en las que la población venezolana eligio Presidente, tenían como antecendentes únicos las celebradas un siglo atrás, en 1847, en la oportunidad en que fue elegido José Tadeo Monagas y otra, con medio siglo de separación, que fueron las de 1897, en la que resultó electo Ignacio Andrade frente a José Manuel Hernández, "El Mocho". Y hace notar nuestro autor que, en ambas "..*los candidatos de las mayorías eran respectivamente, Antonio Leocadio Guzmán y José Manuel Hernández. Pero en ambas ocasiones el gobierno impidió que en la hora comicial, estas candidaturas pudieran llevar el poder de sus votos a las urnas.*"[464]

La elección presidencial, como la anterior para Asamblea Constituyente, se caracterizó por el respeto del gobierno hacia sus desarrollos y resultados. Los tres candidatos que compitieron para la Presidencia fueron: Rómulo Gallegos, quien obtuvo 871.752 votos blancos (color de

---

[464] Idem. Op. cit., pg 100.

AD); Rafael Caldera, con 264.204 votos verdes (color de Copei) y Gustavo Machado, 36.564 votos rojos (color del PCV). El total de votos fue 1.183.764, cifra inferior en más de 400 mil votos respecto a las elecciones para Asamblea Constituyente. En un año, la tarjeta blanca de AD descendió del 78,43% al 76,64%; Copei ascendió del 13,22% al 22,32% y el PCV bajó del 3,62% al 3,00%.

Pese a los problemas políticos que abundaron durante el Trienio, el gobierno de la Junta Revolucionaria realizó importantes esfuerzos en el camino hacia la modernización del país, especialmente en los que se refiere a la creación y funcionamiento de nuevas instituciones orientadas con tales propósitos. De manera breve, destaquemos algunas entre las más importantes: Sin dudas, la más trascendental fue la introducción del concepto y funcionamiento institucional de la planificación, cuya concreción fue la definición de un sistema nacional de coordinación y planificación cuya posterior institución fue Cordiplan. Otro logro muy importante provino, como el anterior, del equipo del Ministerio de Fomento encabezado por el doctor Juan Pablo Pérez Alfonso: establecer el sistema de paridad (llamado popularmente "fifty-fifty) entre el Estado venezolano y las compañías explotadoras de petróleo. En materia de salud pública continuó el progreso de la lucha contra las enfermedades endémicas que, por siglos, asolaron la población venezolana en general y la rural en particular. Hubo importantes avances en el campo agrícola y pecuario, en particular en lo que se refiere a la organización y profesionalización del Ministerio de Agricultura y Cría y el fortalecimiento institucional para favorecer la inmigración europea en nuestro país. Igualmente, se realizaron importantes esfuerzo con logros en materias de vivienda, vialidad y urbanismo, destacando mucho la iniciativa del gobierno, en 1947, para crear la Ciudad Universitaria.

CAPITULO SEGUNDO

Estados Unidos de Venezuela: Una democracia inmadura II

Gobierno constitucional de Don Rómulo Gallegos

El 15 de febrero de 1948, el Presidente del Congreso, Dr. Valmore Rodríguez, tomo el juramento de Ley e impuso la banda presidencial al Presidente Electo Rómulo Gallegos, como nuevo Presidente Constitucional de los Estados Unidos de Venezuela. No hay duda de que fue de orgullo patrio el contar en la Presidencia de la Nación con la figura egregia del eminente escritor venezolano y educador de juventudes que fue Gallegos. En su hermosa pieza oratoria de toma de posesión, en la que resaltó el hecho de recibir la Presidencia de manos de Rómulo Betancourt, quien fuera discípulo suyo en el Liceo Caracas, destacan muchas líneas, entre ellas: *"De manos estremecidas por emoción generosa, he recibido el símbolo del poder presidencial. Manos amigas, compañeras de las mías en la conducción de recta empresa ciudadana"*.....*"No se haga nadie a sí mismo el agravio de malgastar la hora de la fe, que es el más hermoso de los movimientos del corazón humano, en las mezquindades de la malicia para desconfiar de la sinceridad de las palabras que se acaba de oir"*.[465]

Pero el ambiente pugnaz y violento que prevaleció durante el mando de la Junta Revolucionaria de Gobierno, no se hizo más distendido y amigable después de la elección presidencial. La pugnacidad se mantuvo y, mientras el año avanzaba, más grave se presentaba. Para no extender demasiado este recuento, citemos a Arellano Moreno:

---

[465] Idem. Op. Cit. pg 105.

"La oposición que había tenido la Junta continuó contra Gallegos. Éste, más hombre de letras que político, no dio oportunidad en su gobierno a representantes de otros sectores de la vida nacional por considerarlo innecesario o por no dar un paso atrás lo que hacía más endeble su gobierno. Tampoco inició obra alguna capaz de justificar y asentar el gobierno que presidía. Los alzamientos cuartelarios siguieron. En noviembre, al visitar varias guarniciones, recibe seguridades de que será respetado el orden constitucional. Al acentuarse los rumores golpistas declara que 'son totalmente infundados', suspende las garantías constitucionale y al día siguiente, el 24 de noviembre, el alto mando militar, compuesto de ocho militares, informa que 'Las Fuerzas Armadas han asumido el control de la República' y nombra una Junta Militar de Gobierno integrada por el Ministro de la Defensa, Mayor (sic) Carlos Delgado Chalbaud quien la preside, y los tenientes coroneles Marcos Pérez Jiménez y Luis Felipe Llovera Páez, quienes asumen los Ministerios de Defensa y Relaciones Interiores, respectivamente'. "[466]

La exacerbación desbordada de las pasiones políticas que llegó a traducirse en términos de crímen, como asaltos a concentraciones partidistas –caso en Tovar, cuando en una gira de Caldera por el Estado dio lugar a cinco muertos y varios heridos– o, simplemente, rivalidades resueltas con armas –caso del asesinato de Víctor Baptista, dirigente de Copei en el Estado Miranda– no contribuyeron sino en aumentar la gravedad de la situación general que se vivía en el país.

Balance de Trienio.

A más de 64 años de aquel 28 de noviembre, es posible alcanzar una visión objetiva de su significación medida en términos de resultados importantes para el desarrollo de la democracia en Venezuela:

1) Dejando de lado el considerar las muy escasas oportunidades cuando, en el pasado, fueron intentadas en Venezuela elecciones con votación directa de los ciudadanos habilitados para hacerlo, pues sus resultados siempre fueron alterados por los gobiernos, el Trienio, con las dos elecciones celebradas, fue el primer ejemplo nacional de verdadero ejercicio democrático del sufragi

---

[466] Arellano Moreno, A. Op. cit. pg 470.

2) Por ser esas las dos primeras experiencias democráticas de ejercicio del voto en el país, se convirtieron en inolvidable hito en las mentes venezolanas que, durante los diez posteriores años de dictadura militarista, no dejaron de recordar y de anhelar aquellos procesos civiles, así como también de valorar la importancia del disfrute de la libertad, pese a sus naturales riesgos y al acecho de sus tradicionales enemigos.

3) Otro factor fundamental fue el haber podido conocer, en toda la extensión del territorio nacional y desde afuera, así como participar adentro, la experiencia de la vida partidista, su dinámica interna, sus conflictos y sus ventajas: primera oportunidad efectiva de nuestro pueblo de participar, por lejano que pudiera ser, en las decisiones que atañen a su propia vida personal y familiar.

4) Muy importante fue —a pesar de injusticias y malos recuerdos— lo que hubieron de vivir las juventudes de los años 1946 y 1947, con ocasión de la aplicación y protestas relativas al Decreto 321 de la Junta de Gobierno. Esos jóvenes aprendieron aquel principio fundamental que, sobre la libertad, se aplica en el orden de los político: el libre albedrío (o libertad interna) es un dato natural de la existencia del ser humano, regalo del Creador; pero la libertad de independencia (o libertad externa) debe ser conquistada en el seno de la Sociedad, muchas veces a contracorriente frente a los intereses de sus poderes.

5) Los partidos que ocuparon la arena política durante el Trienio fundaron su diferentes expresiones que los involucraron en distintos niveles de la organización social: jóvenes en las Universidades; mujeres en sus múltiples maneras de organizarse; profesionales de las diferentes disciplinas y actividades; trabajadores y campesinos que se organizaron en muchos Sindicatos y Confederaciones para proteger sus intereses, todo lo cual definió organizaciones partidistas con ramas o apéndices representativos provenientes de las organizaciones de actividades ciudadanas.

El 24 de noviembre marcó el fin de aquel ensayo democrático de tres años cuya expresión constitucional duró apenas 10 meses. Fue una experiencia muy breve, pero no así la esperanza de democracia que

siempre había animado y anima aún hoy a los venezolanos. El breve
período, con todo el sectarismo y los errores en que gobernantes y opositores hayan incurrido, fue para los ciudadanos como ansiado regalo que
se da a niño y poco después se le arrebata. La democracia reapareció,
vigorosa como nunca, el 23 de enero de 1958, y cada vez que se nos
arrebate por la fuerza, no dejará, como Ave Fénix, de levantarse más
poderosa de entre sus cenizas.

CAPITULO TERCERO

Estados Unidos de Venezuela:
Una autocracia progresista

Junta Militar de Gobierno. Gobierno de facto.

El 24 de noviembre se constituyó una Junta Militar de Gobierno presidida por los ttes. cnls. Carlos Delgado Chalbaud, Marcos Pérez Jiménez y Luis Felipe Llovera Páez, siendo Delgado Chalbaud el Presidente de la Junta; Pérez Jiménez Ministro de la Defensa y Llovera Páez Ministro de Relaciones Interiores. Como Secretario de la Junta fue designado el Dr. Miguel Moreno. En su declaración inicial, los componentes de la Junta Militar afirmaron que si bien la Constitución de 1947 contenía aspectos progresistas, sin embargo, tenía *"vicios encaminados al ejercicio abusivo del poder"*. Sin embargo, aunque la Constitución de 1947 fue derrogada y se puso en vigencia la Constitución de 1936, el gobierno militar decidió, con una muy particular y vaga frase, que de la Constitución de 1947 podrían ser adoptadas *"disposiciones de carácter progresista"*.

La mayor parte de la dirigencia política ligada al derrocado gobierno fue apresada. Algunos se fueron al exterior. El Presidente Gallegos fue detenido y se le permitió salir hacia La Habana el 5 de diciembre de 1948. Rómulo Betancourt pudo eludir la persecución que se organizó para apresarlo. El día 1° del mismo mes de diciembre se asiló en la Embajada de Colombia y, paradójicamente, el día 23 de enero de 1949 dejaba el país para exilarse. Nueve años después se preparaba para regresar a la Patria una vez derrocada la dictadura. Los Partidos Acción Democrática y Comunista fueron ilegalizados; sus dirigentes perseguidos y encarcelados. El diario El País, órgano de AD, fue cerrado. Posteriormente, al inicio del siguiente año, fueron disueltas la CTV y las organizaciones sindicales de trabajadores del petróleo.

Cuando de explicar razones para este golpe de Estado se trata, ha habido quienes, de una u otra manera, con intereses o cercanías con el mismo, adujeron que el Presidente Gallegos era simple instrumento de poder del partido Acción Democrática, al cual "estaba absolutamente subordinado" y en particular a Rómulo Betancourt; que los militares habían tratado que el Presidente modificara su Gabinete con la inclusión de personas de prestigio e independientes, así como otros argumentos semejantes. No obstante, pese a toda esa argumentación, la verdad era que desde su regreso del Perú, oficiales como Marcos Pérez Jiménez, Julio César Vargas y Martín Márquez Añez, primeros enviados por López Contreras a Chorrillos, ya venían "hablando de reformas"[467]; que en 1944 habían organizado en Venezuela una Logia Militar semejante a las que en otros países latinoamericanos, en especial en Sur América, habían fundado militares que habían derrocado sus respectivos gobiernos. La Logia venezolana "Unión Patriótica Militar" (UPM), fundada en 1944, no era de finalidad distinta. Quizás el único argumento que, con base real, concurría entre los factores que determinaron el golpe de Estado de 1948, sea el de la expectativa largos años sostenida por oficiales de la institución castrense, aunque también subalternos como sargentos y cabos,[468] de ascender en ella y mejorar sus condiciones profesionales y económicas. Pero, desde luego, la posibilidad de alcanzar el poder era más sugerente. Ya lo revelaba el Presidente Gallegos en mensaje al país escrito poco antes de salir al exilio: "*Es necesario reconocer que el proceso que acaba de culminar comenzó desde la misma noche del 19 de octubre de 1945, cuando se organizó la Junta Revolucionaria de Gobierno con mayoría de hombres de Acción Democrática.*"... "*Cuando ya nadie podía acariciar la esperanza de que yo fuese un juguete en manos voluntariosas, se produjo, una vez más, el atentado de la fuerza contra el derecho*".[469]

---

[467] Velásquez, Ramón. Op. cit, pg . 72.

[468] Una subversión planificada por subalternos fue debelada el 11 de noviembre de 1944. Ver: idem, pg. 73.

[469] Idem, pgs 141-142.

Junta Militar de Gobierno. Presidencia del Tte. Cnel. Carlos Delgado Chalbaud

El nuevo gobierno debía ser encabezado por una Junta Militar, de acuerdo al parecer del principal conspirador Tte. Cnel Marcos Pérez Jiménez, conforme a lo expresado por el Tte. Cnel. Mario Ricardo Vargas[470]. La misma fuente destaca que Pérez Jiménez dijo: "el gobierno debe ser una Junta Militar de tres, de los cuales dos seremos el Comandante Llovera Páez y yo", al tiempo que le indicó a Delgado Chalbaud que el tercero debía ser él. Pero Delgado, que hasta ese día era el Ministro de la Defensa del gobierno de Gallegos, inicialmente rechazó la proposición que le hizo Pérez Jiménez. Éste, al responderle, le recordó que había sido él quien había dado la orden para que el ejército se encargara de la situación, observación que le indujo a aceptar su participación en la Junta, pero condicionada a que fuese como Presidente, pues entre los tres oficiales él era el de mayor rango.

Al mediodía del 24 de noviembre, en una cadena radiofónica encabezada por la Radio Nacional de Venezuela, habló al país el Ministro de la Defensa y dijo que las Fuerzas Armadas respaldaban al Presidente Constitucional de la República y que había total normalidad y control de la situación en todas las guarniciones del país. Hacia las dos de la tarde, el mismo Comandante Delgado Chalbaud se dirigió a la Nación en su condición de Presidente de la Junta Militar de Gobierno y destacó las razones por las cuales la institución militar se había visto en la "imperiosa obligación de derribar al gobierno". En las primeras horas de la noche, como ya hemos visto, en el Palacio de Miraflores se instaló formalmente el nuevo gobierno. Poco más de 37 meses había durado el primer ensayo verdaderamente democrático de Venezuela.

Recuerda el Presidente Velásquez que la Junta Militar invitó a los jefes de los dos únicos partidos políticos que se mantenían legalizados, Rafael Caldera y Jóvito Villalba, a quienes *se les garantizó que el movimiento triunfante el 24 de noviembre no se orientaba 'de ninguna manera hacia la instalación de una dictadura militar, ni abierta ni disimulada' ";* que se convocaría pronto a elecciones con participación igualitaria de todos los ciudadanos

---

[470] Idem, pg. 136.

y que *"las elecciones no se realizarían bajo el control exclusivo de la Administración Pública por un partido político pues deseaban asegurar así al pueblo venezolano una oportunidad de manifestar su voluntad con entera independencia"*.[471]

En el lapso de un año, los altos funcionarios y dirigentes políticos del gobierno derrocado y de Acción Democrática, fueron siendo paulatinamente liberados y extrañados del país. Las principales garantías constitucionales estuvieron suprimidas hasta el 24 de noviembre de 1949, mateniédose suspendidas las de libertad de reunión y de opinión "mientras se reglamentaban". Esa misma semana fue instalada una comisión redactora de un nuevo Estatuto Electoral. El año siguiente se inició el regreso clandestino de muchos de los dirigentes políticos de AD, que se hallaban en el exilio, para que reorganizaran el partido y conformaran la resistencia. Fueron los jefes de éstas tareas Leonardo Ruíz Pineda y Alberto Carnevali. También ingresaron exilados del Partido Comunista. Los periódicos de los partidos que continuaban legalizados, Copei y URD, fueron clausurados con frecuencia, así como perseguido el clandestino "Tribuna Popular" del PCV. Como el gobierno matenía conducta autocrática, el ambiente político se enrarecía rápidamente; la población hacía mofa de los triunviros llamándolos despectivamente los "tres cochinitos", nombre perteneciente a una marca de manteca para la cocina que, a veces, aparecía como caricaturas en carteles clandestinos que se colocaban en partes diferentes de las ciudades. El diario El Nacional se veía con frecuencia suspendido. Estallaron, a mitad del año 1950, huelgas de trabajadores en los Estados petroleros del país. La más extensa de ellas, en mayo, provocó la renuncia del Ministro del Trabajo Rubén Corredor. La Junta disolvió sindicatos petroleros en todo el país. En mayo, en la Base Aérea de Boca del Río hubo un intento de subversión que fue controlado, mientras los estudiantes insurgían con protestas por las calles. El PCV fue definitivamente clausurado.

Señala el Dr. Velásquez, que la juventud venezolana de entonces, fiel a la tradición histórica de nuestros estudiantes, al ver limitadas y ser perseguidas sus manifestaciones políticas se replegó para estudiar las doctrinas políticas que se disputaban el mundo de entonces, por lo que el interés por el marxismo creció enormemente en los sectores juveniles,

---

[471] Idem. Pg. 139.

hecho que se iba a reflejar, años más tarde, en las décadas de los 60 y los 70 y con influencia del fenómeno castrista de Cuba, en partidos como Acción Democrática, URD, PCV y hasta Copei, que sufrieron, entonces, crisis divisionistas en importantes sectores de sus juventudes y dirigencias.[472]

Los partidos políticos legalizados, cuyas actividades estaban seriamente limitadas y restringidas, se quejaban sistemáticamente del retraso en elaborar el Estatuto Electoral y del incumplimiento, por parte de la Junta Militar, de la promesa de convocar a elecciones parlamentarias. Pese a la clara actitud autocrática del gobierno militar, se dibujaban diferencias entre el modo de ser del Presidente de la Junta Militar, Carlos Delgado Chalbaud y los otros dos miembros, uno de los cuales, cerrado en sí mismo, poco comunicativo, el Ministro de la Defensa Pérez Jiménez, era sabido que desde siempre ambicionaba para si el poder, mientras el Ministro del Interior Llovera Paéz, más "deportivo" parecía tener otros intereses personales. El Presidente Delgado hacía gala de una gran seriedad y adustez, participaba en salones y reuniones con gran cordialidad y educación y concurría con frecuencia a actos de públicos gobierno como inaguraciones de obras públicas en Caracas y el interior de la República. En el país, al menos en un sector del mismo con importancia en lo económico y empresaríal, se extendía una imagen positiva favorable a Carlos Delgado Chalbaud, a quien se le calificaba de "civilizado", tal vez por su formación militar francesa y por sus orígenes familares.

Por otra parte, era notorio que en el seno de la Junta había tres posiciones distintas que se reducían a dos: una, la del Presidente, seguramente más abierta y patriótica y otra, la de Pérez Jimenez, que no ocultaba sus ambiciones ni su papel de principal actor del golpe de Estado que derrocó al Presidente Gallegos. Al perecer, Llovera, más despreocupado de lo político, parecía seguir la ruta que marcaba el Ministro de la Defensa. Anota el historiador Ramón Velásquez que a *"mediados de 1950 y con motivo de la presencia del embajador Norman Armour en Venezuela se afirmó que antes de finalizar el año se disolvería la Junta Militar para encargar a un civil independiente, probablemente el doctor Arnoldo Gabaldón, de la Presidencia de un gobierno provisional que convocaría al pueblo a elecciones, en las cuales figuraría como*

---

[472] Idem. Pg. 152.

candidato presidencial el Teniente Coronel Delgado Chalbaud. Y algo más importante:
dentro de los cuadros militares había surgido "el delgadismo" y eran 'delgadistas'
oficiales muy distinguidos e influyentes".[473] ¿Alguna relación con el magnicidio?

Asesinato del Tte. Cnel. Carlos Delgado Chalbaud.

El 13 de noviembre de 1950, en horas de la mañana y en una quinta denominada Maritza, situada en la urbanización Bello Monte de Caracas, fue asesinado el Presidente de la Junta Militar de Gobierno, Tte. Cnel. Carlos Delgado Chalbaud. El Presidente, a la salida de su casa de habitación situada en la urbanización El Pedregal, había sido interceptado y secuestrado por ocho personas traidas de la Sierra de Coro, entre ellas Domingo José Urbina Rojas, Carlos Mijares y Pedro Antonio Díaz Rojas, parte de un grupo que comandaba Rafael Simón Urbina, legendario aventurero que, en el pasado, había asaltado la Isla holandesa de Curazao y tomado Coro en acción subversiva contra el gobierno de Gómez. La acción de secuestro al Presidente de la Junta Militar se realizó en una calle contigua a la residencia del Presidente Delgado, cuando esté salió para dirigirse a su despacho en Miraflores. Como era usual, sólo lo acompañaban su edecán, Capitán de Navío Carlos Bacalao Lara, el chofer y un motorizado que precedía el vehiculo presidencial. Los conjurados actuaron en dos carros y estaban armados. Sometieron al Presidente y al edecán; los llevaron, ocultos en el piso de un vehículo, directamente a la quinta en cuestión. Durante el recorrido, al parecer se disparó una de las armas que portaba el propio Rafael Simón Urbina o alguno de los integrantes del grupo, la que hirió a Urbina en un pie por lo que, llegados a la quinta, se habría separado del grupo que quedó, entonces, bajo el comando de uno de los participantes en el secuestro, al parecer Domingo Urbina. Estas personas, según un expediente que el gobierno hizo circular, habrían decidido asesinar al Presidente. El edecán habría tratado de defenderlo por lo que cayó herido, pero con vida. Delgado Chalbaud recibió varios impactos de balas que le produjeron la muerte. A lo largo de las calles de Caracas recorrida por el feretro, una

---

[473] Idem. Pg. 153.

silenciosa multitud le acompañó el día de su inhumación. El Comandante Delgado fue ascendido, post mortem, al grado de Coronel.

En voluminoso expediente[474] que hizo circular el gobierno –y que, recibido en préstamo pudo entonces leer quien escribe este trabajo– en varias ocasiones se expone que Rafael Simón Urbina insistió en comunicarse con el Ministro de la Defensa, aduciendo "él sabe". Luego el expediente fue recogido, aunque algunos ejemplares han de haber quedado en manos de quienes los recibieron. Rafael Simón Urbina se refugió en la Embajada de Nicaragua donde habría intentado suicidarse. Fue entregado y apresado en alguna dependencia policial –presumiblemente la cárcel El Obispo– en la que le tomaron las primeras declaraciones que recogió el mencionado expediente. De allí, cuando, en la noche de ese mismo día era trasladado a otra dependencia, al parecer en la carretera el Atlántico, fue muerto en dicha operación supuestamente porque se habría rebelado. Con su desaparición, lo único que quedó claro de la muerte de Carlos Delgado Chalbaud es que el autor material del crimen fue Rafael Simón Urbina, pues planificó y realizó el secuestro. Nada se supo de alguna autoría intelectual que, de haber existido, es secreto que se llevó Urbina al silencio de su tumba. Los indiciados de haber participado en estos hechos, en número mayor de veinte, fueron juzgados y condenados

---

[474] REF: Sumario del Juicio seguido a las personas indiciadas de haber cometido el asesinato del Coronel Carlos Delgado Chalbaud Presidente de la Junta Militar de Gobierno. Editado por la Oficina Nacional de Información y Publicaciones en Caracas en 1951. Internet. Ver:
http://articulo.mercadolibre.com.ve/MLV-12882937-sumario-del-juicio-por-as
esinato-de-carlos-delgado-chalbaud-_JM

CAPITULO CUARTO

Estados Unidos de Venezuela:
Una autocracia progresista

Junta de Gobierno. Presidencia de Germán Suárez Flamerich

Los Comandantes Pérez Jiménez y Llovera Paéz, miembros que permanecieron formando la Junta Militar, decidieron incorporar otro miembro que sustituyera al asesinado Coronel Delgado Chalbaud. Descartada la opción militar, optaron por convocar un civil para que desempeñara esas funciones. Fue escogido un respetable venezolano que hasta ese momento era Embajador de Venezuela en el Perú: el doctor Germán Suárez Flamerich. El doctor Suárez Flamerich participó en los hechos de los estudiantes de febrero 1928 por lo que entonces fue apresado, era abogado y profesor universitario, fue diputado a la Asamblea Nacional Constituyente de 1947 y estuvo Encargado del Ministerio de Relaciones Exteriores.

La Junta, que pasó a denominarse Junta de Gobierno, modificó el Estatuto Electoral elaborado por la Comisión que presidió el doctor Luis Gerónimo Pietri, limitando las facultades de la Asamblea Constituyente que sería electa para la única función de dictar una nueva Constitución. Dicho Estatuto fue promulgado el 18 de abril de 1951. Igualmente, en esa fecha emitió un decreto que prohibía que los partidos clausurados, Acción Democrática y Partido Comunista, tomaran parte en esa consulta electoral.

El año 1951 fue muy conflictivo en lo político. El gobierno constituyó un Movimiento llamado Frente Electoral Independiente (FEI) para participar en las elecciones para la Asamblea Constituyente y anuló otro movimiento opositor, el Bloque Democrático Nacional (BDN) formado por personalidades destacadas de la vida política venezolana, con el argumento de que representaban a AD. Hubo diversos intentos subversivos, ataques a puestos militares y policiales en diferentes poblaciones del país, especialmente en Oriente; intensa agitación y protestas en la Universidad Central cuyas autoridades legítimas fueron susituídas por un Consejo de Reforma; detención y posterior fuga de Alberto Carnevali; apertura del campo de concentración de Guasina, isla del Orinoco en Delta Amacuro, inagurado con unos 500 venezolanos presos, pero que llegaron a sumar más de mil como prisioneros sometidos a terribles condiciones de penurias e insalubridad, muchos de los cuales murieron en prisión.

El año 1952 resultó peor aún: se inició con la renovación potenciada del conflicto universitario que se extendió a lo largo de los dos primeros meses del año, hasta que a fines de febrero fue cerrada la Universidad Central y apresados muchos profesores y estudiantes. En marzo comenzó la campaña electoral con un gran mítin de Unión Republicana Democrática (URD), que fue sumando el apoyo de los partidos disueltos hasta culminar con la rotunda victoria de noviembre, la que dio lugar al golpe de Estado del 2 de diciembre. Agentes del gobierno apalearon cuatro importantes dirigentes políticos y periodistas: Mario Briceño Iragorry (URD), Edecio La Riva Araujo (Copei), José González Gonzáles (El Universal) y Julio Ramos. El gobierno manejaba la tesis de atentados que se forjaban contra Pérez Jimenez: No hay tirano que no diga que lo quieren matar.

Próxima la fecha de las elecciones, algunos partidos y la población en general discutían las alternativas de concurrir a los comicios o de abstenerse ante las evidencias de ventajismo y fraude gubernamental. Los dirigentes de AD que estaban en el destierro y algunos de la clandestinidad, entre ellos Ruíz Pineda, preferían la abstención; el mismo debate existía en URD. Los comunistas y copeyanos se inclinaban a concurrir. En setiembre se develó otro intento subversivo en la Base de Boca del Río, Maracay. Lo comandaban el Capitán Wilfredo Omaña y el Tte. Navarro Torres. El primero fue muerto en 1953 cuando lo perseguían. En Portuguesa hubo sublevaciones campesinas. En Maturín, el 2 de octubre, se sublevó el Cuartel José Gregorio Monagas y fueron tomadas varias posiciones pero la rebelión fue dominada, muriendo su principal actor el Capitán Juan Bautista Rojas.

Trágica y dolorosamente, fue asesinado en San Agustín de Caracas, el 22 de octubre de 1952, el dirigente en la lucha clandestina de Acción Democrática, de 35 años, Leonardo Ruíz Pineda, a quien buscaba afanosamente la Seguridad Nacional. En su trabajo que facilita esta síntesis, el doctor Velásquez trae una cita de Ruíz Pineda que tiene singular importancia actual: *"Quienes se preguntan por qué antes de sacrificar vidas y esfuerzos, no promovemos una acción de violencia, algo así como 'tirar la parada', a lo venezolano, esos no han logrado asimilar el sentido de nuestra lucha, ni se han templado para la resistencia indefinida. Y es que los movimientos políticos de honda perspectiva, no están programados contra reloj, ni sometidos a rígidos itinerarios de etapa, ni pautados contra calendario"*.[475].... *"Nuestra abstención* -afirma LRP- *por lo tanto no es una simbólica actitud de desdén por el proceso electoral, sino una activa conducta orientada hacia las salidas extraordinarias que propicien el retorno al libre ejercicio de la soberanía"*. Se evidencian allí la garra, la fortaleza y las profundas convicciones democráticas de este gran dirigente venezolano fatalmente desaparecido.

Dictadura de Marcos Pérez Jiménez

Las elecciones para Asamblea Constituyente se realizaron el 30 de noviembre de 1952. La concurrencia a las urnas fue masiva. *"Los venezolanos han aprendido la lección de 1947 y tienen confianza en el voto"*, apunta Ramón J. Velásquez.[476] Cuatro partidos políticos presentaron candidatos: URD, Copei, FEI, Partido Socialista Venezolado (fundado por J.T. Rojas Contreras). Las informaciones que provenían de los centros de votación, tanto en la Capital como en las principales ciudades de la Nación, pronosticaban contundente victoria de Unión Republicana Demo-

---

[475] Velásquez, Ramón. Op. cit,, pg. 164. Tomado del documento de Ruíz Pineda *"Libro Negro de la Dictadura"* que, apunta Velásquez, "Podría calificarse de su testamento doctrinal" que "descarta el camino putchista y aventurero para recobrar la legalidad perdida".

[476] Idem. Pg 167.

crática, partido que militantes y simpatizantes de Acción Democrática habían escogido preferencialmente para favorecer con sus votos. Después de un primer resultado, emitido en la noche de ese día electoral por el Consejo Supremo Electoral, y otro la mañana del día siguiente, cesó toda información electoral. La oposición tenía cifras que mostraban amplia ventaja de URD, seguido de Copei y el FEI. Cálculos hechos con base en dichas cifras le daban al primero 65% de los votos, para 67 diputados sobre 103 elegidos para la Asamblea; 18,5% para Copei que totalizaría 19 diputados y 16,5% para el FEI con 17 diputados. El gobierno presionó al CSE para que alterara las cifras. Su Presidente, el doctor Vicente Grisanti, con gran valor se negó hacerlo y renunció con todos los miembros del Cuerpo, excepto tres. El gobierno designó nuevas autoridades del CSE, nombrando como Presidente al doctor José Salazar Domínguez. El Alto Mando apoyó a Pérez Jiménez. Vallenilla Lanz maniobró y convenció a Pérez Jiménez para que aceptara asumir la Presidencia Provisional de la República, idea que, antes de las elecciones, se había hecho circular en pancartas distribuidas en todo el país. Todo quedó dispuesto para anunciar el golpe el 2 de diciembre. El Jefe Militar del Táchira, Rafael Arráez Morles, fue el único alto oficial que no aceptó la maniobra. El día 2 de diciembre, el CSE comenzó a cambiar lentamente las primeras cifras emitidas, mientras voceros del gobierno proclamaban su triunfo. Al final de la noche, las nuevas cifras fueron: FEI 60 diputados; URD 29 diputados y Copei 14 diputados. Los partidos de oposición no aceptaron los resultados. Valenilla Lanz convocó a la dirección urredista a una reunión en su despacho y, cuando estaban todos los siete miembros de la dirección del partido reunidos en su oficina, los hizo detener y conducir de inmediato al Aeropuerto de Maiquetía, en el que un avión los esperaba para llevarlos a Panamá. Mario Briceño Iragorry, quien permaneció en Caracas y no asistió a la convocatoria de Vallenilla, asumió valiente actitud de protesta en vibrante mensaje a la Nación que se hizo público esos días: fue perseguido, apresado y exilado. Mientras, el 2 de diciembre, el pequeño napoleón perezjimenista que habitaba en el dictador, había consumado el sueño de su propia coronación.

En enero de 1953 se reunió la Asamblea Constituyente. El gobierno trató inultimente de negociar con URD y Copei la participación de esos partidos en esa Asamblea que resultaba de un descarado fraude. Como fracasó, trató de comprar suplentes de los partidos para lograr su incorporación, pero obtuvo muy poco éxito. Una vez instalada, la primera disposición de la Asamblea fue ratificar a Pérez Jiménez como Presidente Provisional. En abril, sustituyó por República la denominación de Estados Unidos de Venezuela que tuvo el país por 89 años, desde que fue aprobada la sexta Constitución Nacional el 28 de marzo de 1864. Fue en esta fecha cuando históricamente comenzó la Quinta República, que prevalece hasta el presente, pues en nada modificó la definición de República el añadido de "Bolivariana" que incorporó la Constitución de 1999.

La nueva Constitución de 1953 fue sancionada el 15 de abril y dos días después, la Asamblea eligió por unanimidad al Coronel Marcos Pérez Jiménez como Presidente Constitucional; a la nueva Cámara del Senado; a la Cámara de Diputados; a la Corte Federal y demás Cortes; pues la Segunda de sus Disposiciones Transitorias establecía que la Asamblea Constituyente procedería "*a organizar el Poder Público para el periodo constitucional que comienza el 19 de abril de 1953.. En consecuencia, la Asamblea Constituyente elegirá por mayoría absoluta: a) El Presidente de la República; b) La Cámara de Diputados, a razón de uno por cada 50.000 habitantes y uno más por toda fracción no menor de 25.000 en los Estados y en el Distrito Federal, y uno por cada Territorio Federal. También igual número de suplentes. En el Estado cuya población no alcance para elegir dos Diputados se elegirá este número en todo caso; c) La Cámara del Senado a razón de dos Senadores por cada Estado y por el Distrito Federal. También igual número de suplentes; d) La Corte Federal, compuesta de cinco vocales. También igual número de suplentes.*"

Venezuela retornaba a la arbitrariedad constitucional que obedecía al nudo poder del Presidente de turno. La sombra reinante de José Tadeo Monagas había regresado al Capitolio.

Así se iniciaba, de manera formal, el tiempo de la dictadura de Pérez Jiménez. El recorrido histórico abreviado que, siguiendo libros, trabajos y opiniones de varios entre nuestros grandes historiadores nacionales hemos hasta aquí cumplido, alcanza así la meta propuesta. En efecto, desde 1953, la historia del acontecer político venezolano, que podemos llamar reciente, es bastante conocida por la mayoría de los ciudadanos. Muchos de ellos fueron testigos o conocieron los hechos de boca de informantes de primera mano. Mal que bien, nuestros contactos humanos asi como los distintos medios de comunicación han ido refrescando situaciones y sucesos de ese pasado que aún no ha sido borrado por el tiempo.

Terminaremos esta parte del trabajo completando, con breves menciones, los principales acontecimientos que ocurrieron en los cinco años que transcurrieron hasta enero de 1958 desde enero de 1953 cuando, por efecto del golpe de Estado del 2 de diciembre de 1952, pudo formalmente instalarse en el poder el régimen dictatorial que tenía una década en gestación, desde 1942 cuando, con sus compañeros de curso militar, regresó del Perú su principal inspirador: Marcos Pérez Jiménez.

Limitación de libertades y persecuciones

El gobierno de Pérez Jiménez fue una dictadura. No constituyó un régimen totalitario pues, pese a que copó y controló los Poderes Públicos del Estado e instituciones públicas o privadas; no despojó ni invadió propiedades, espacios de vida, actividades económicas, comerciales o de cualquier otro orden, propias de particulares.

La libertad de expresión estuvo severamente limitada en lo político mediante instrumentos estatales de control y censura, pero no sólo de medios escritos como prensa y revistas, sino también de expresiones de naturaleza artística en general y literaria en particular. Cualesquiera ciudadanos o instituciones privadas que transgrediesen las normas de dichos controles y censura caía, inmediatamente, en procedimientos de investigación y sanción por parte de los organismos represivos especialmente constituídos.

Las actividades sindicales se vieron seriamente limitadas. Los líderes obreros fueron perseguidos, encarcelados o deportados. Los sindicatos fueron disueltos y se constituyo una central obrera gubernamental que dirigía Escarrá Quintana. Venezuela se retiró de la Oficina Internacional del Trabajo (OIT) en mayo de 1955. El Director Laboral de dicha oficina, Adrianus Vermeulen, fue expulsado del país como consecuencia de una intervención suya en la Conferencia del Comité Industrial para el Petróleo, organizada por la OIT en Caracas, en la que señaló los atropellos del gobierno a los sindicatos, la disolución de la CTV y la prisión de cientos de trabajadores. La Conferencia fue suspendida y Venezuela se retiró de la OIT.

Las actividades educativas y las manifestaciones de cultos religiosos eran respetadas y el gobierno no intervenía en los respectivos desarrollos. Sin embargo, cuando planteles de educación hacían públicas expresiones de protestas, aunque no fuesen expresamente políticas, eran duramente reprimidos. Caso especial, por supuesto, era el de las Universidades del país cuyas manifestaciones públicas normalmente tienen orientaciones políticas.

En lo propiamente político, la represión contra los partidos políticos, en particular AD y PCV, se intensificó a partir del asesinato del cnel. Delgado Chalbaud: se hizo más dura. El organismo de policía política, llamado Oficina de Seguridad Nacional, se convirtió en instrumento represivo con métodos y procedimientos que recordaban los utilizados en Alemania y en la Unión Soviética por las policías políticas de esos regímenes. Después del asesinato de Ruíz Pineda, los dirigentes de Acción Democrática fueron perseguidos en todo el territorio nacional. El 20 de enero de 1953 fue capturado su Secretario General Alberto Carnevali, quien moriría en la Penitenciaría de San Juan de los Morros en mayo, negando el gobierno que fuese trasladado a clínicas, pese a tener un diagnóstico de cáncer. El nuevo Secretario General, Eligio Anzola Anzola fue apresado ese mismo mes de mayo; en la Penitenciaria de San Juan de los Morros había más de 100 presos de partidos políticos. En junio fue asesinado Antonio Pinto Salinas en un "enfrentamiento" con la Seguridad Nacional. En 1954, el 10 de junio, en Barranquilla de Colombia, fue asesinado el tte. Droz Blanco, excelente tirador a quien el dictador temía. También fue asesinado el Capitán del Ejército Jesús Alberto Blanco.

A lo largo de ese tiempo, hacia 1956, *"la crónica de la vida política es monocolor; gris: los secuestrados se eternizan en las cárceles hasta que la gestión de algún familiar influyente, logra la libertad como un favor*"[477]. El país adormecido parecía conformado a vivir otra vez en dictadura: habían ya pasado ocho años del derrocamiento de Rómulo Gallegos y el régimen del Nuevo Ideal Nacional parecía muy consolidado.

No es extraña tal respuesta colectiva de una población que padece sometida bajo el rigor de una dictadura. El tiempo de asimilación es largo porque las restricciones son muy fuertes y los riesgos grandes. Poco a poco el miedo se va controlando. Llega un momento cuando la rabia supera al temor y la pérdida de libertades se hace insoportable para las almas libres. Comienza allí la pendiente por la que, inevitablemente, se deslizan las tiranías y se sepultan en el mismo infierno que ellas crearon. Es cuestión de esperanza y paciencia. La libertad es como el Ave Fénix: Siempre, de sus propias cenizas renace.

Una concepción del desarrollo

Entre 1950 y 1957 hubo cambios socioeconómicos de gran importancia en Venezuela. El mercado interno, cuya formación y crecimiento incipiente asomó en los años 40, creció con fortaleza como consecuencia de un acelerado proceso de urbanización, cuyo inicio se encuentra también en los mismos años, en especial desde 1945, en razón de la fuerte inmigración rural-urbana que entonces comenzó a crecer enormemente, dadas las pésimas condiciones que la vida rural ofrecía al campesinado venezolano.

La población campesina que había migrado a las ciudades, especialmente a la Capital, se concentró en las áreas periféricas de las mismas pero, al mismo tiempo, contribuyó al crecimiento de un mercado interno que antes era apenas incipiente. En la medida en que se hacia real el auge petrolero, tanto la urbanización como el crecimiento de los mercados internos se dinamizaron. En efecto, fue factor principalísimo de ello la inversión de divisas que generaba la actividad petrolera en la comercialización del producto, lo que se reforzaba en el tiempo gracias a las transferencias tecnológicas a favor de es sector. Factores dinamiza-

---

[477] Veásquez, Ramón. Op. cit., pg 181.

dores muy importantes de los nuevos cambios fueron, sin dudas, los programas de inmigración que se habían iniciado en los años 40, pero que el gobiernó organizó, de manera sistematica y selectiva, en función de las necesidades de población y producción en beneficio del país.

Sin dudas, eficiente en cuanto a realizaciones físicas, el gobierno dictatorial desarrollaba y cumplía metódicamente con las fechas previamente anunciadas para terminar las obras que emprendía. Venezuela se fue llenando de nuevas carreteras y variantes mejoradas de las viejas existentes; el puerto de La Guaira estaba a poco más de 15 minutos gracias a la flamante autopista y sus viaductos obra de La Empresa francesa Freyssenet. Se iniciaba la construcción del ferrocarril en los Estados centrales. También se avanzaba en la construcción de la Autopista que uniría la Capital con Maracay, Valencia y Puerto Cabello. Se había inagurado Represas. Avanzaban aceleradamente las obras para instalar un complejo industrial en Guayana: Siderúgica (ya prevista y en vías de realización por parte del gobierno de Rómulo Gallegos)[478]; Ferrominera; la Iron Mines extraía el mineral del Cerro El Pao para ser exportado; la Orinoco Mining Co. lo hacía en el Cerro Bolívar y generaría las nuevas ciudades de Puerto Ordaz y Ciudad Piar. Mientras, se instalaban otras empresas para la transformación de materias primas que, como el aluminio, existen en la región. Nacía Ciudad Guayana. En Morón se instaló la Petroquímica Nacional. Se fundó la Comisión de Estudios para la electrificación del Caroní y al año siguiente se iniciaba la construcción de la Central Hidroeléctrica Macagua I. La inversión privada generó empresas cuyo número para 1953 era de 16.045 establecimientos, que habían dado lugar a cerca de 150 mil empleos. El país avanzaba tecnológicamente guiado por un concepto válido de gobierno que tenía por fundamento la diversificación de las exportaciones para lograr que Venezuela no dependiera solamente del petróleo, sino que fortificara una sólida base de producción de bienes fundamentales de desarrollo industrial, a fin de entrar, con ellos, a competir en los mercados internacionales. Simultáneamente, hubo expansión notable del sector productivo. Las industrias fueron protegidas desde el Ministerio de Fomento, cuya Dirección de Planificación Industrial y Comercial fue creada en 1955

---

[478] Betancourt Rómulo. Op. cit, pg. 761.

para dar protección a las industrias de mayor consumo de materias primas nacionales y, también, a las que producían bienes esenciales y de primera necesidad. Las cifras económicas del quinquenio 1952-1957 fueron muy positivas: Incremento total del P.I.B 9,3%, correspondiendo a la industria manufacturera un incremento del 11,3%, a las textiles 15,5%; cauchos 18,9%, productos metálicos 29,2%, en tanto que las industrias básicas del hierro y el acero crecieron entre 1955 y 1957 en un 80,5%.

En todo el país reinaba un clima de seguridad para los ciudadanos. En Caracas la expansión urbana asombraba a propios y extranjeros. Nuevas avenidas y autopistas surgían en el espacio capitalino. Urbanizaciones bien concebidas se extendían hacia el este de la Capital. La circulación de vehículos fluía tranquilamente; la congestión de tráfico en el casco viejo de la ciudad había desaparecido gracias a las nuevas avenidas que lo descargaban. Los conductores y peatones respetaban los semáforos; con la rigurosa prohibición de tocar cornetas y claxons de los carros había desaparecido la polución sonora antes dominante. La prensa, la radio y la TV que se iniciaba no transmitían noticias inquietantes, pero estaban sometidas a férrea censura política. Todo hacía ver que se vivía al amparo de una paz octaviana.... Sin embargo, "la procesión iba por dentro"....

Año 1957

EL 21 de noviembre de 1957 estalló la huelga nacional universitaria en protesta contra el régimen dictatorial de Marcos Pérez Jiménez. Los antecedentes de esta huelga se remontan a la Pastoral de Mons. Rafael Arias Blanco, Arzobispo de Caracas, dada el 1° de Mayo del mismo año, en la que el Prelado puso en relieve las injustas condiciones laborales a las que estaban sometidos los trabajadores venezolanos, así como el cuadro general de limitaciones establecidas desde el poder político contra la libertad y los derechos de los ciudadanos. Desde el mes de setiembre, en diferentes planteles educativos de la Capital, como los Liceos Fermín Toro, Andrés Bello, Juan Vicente Gonzalez, Razzeti y Luis Espelozin, la Escuela Miguel Antonio Caro y otros, así como también en las principales ciudades del país, los estudiantes manifestaban sus protestas contra la situación reinante. En el día 26 del mes de junio, el espúreo Congreso designado a raíz del golpe de Estado del 2 de diciembre de 1952, aprobó un acuerdo que regiría las elecciones que fueron fijadas para el 15 de diciembre del mismo año. Luego, el propio Pérez Jiménez anunció que en vez de elecciones se realizaría un plebiscito en el que venezolanos mayores de 18 años y extranjeros con dos años de residencia en Venezuela serían los participantes, lo que aprobó el día 17 de noviembre el Consejo Supremo Electoral sometido, como siempre ocurre en dictaduras, a los dictados del régimen.

Fue esa, sin dudas, la gota que rebasó el envase. Cuatro días después, las Universidades Central de Venezuela y Católica Andrés Bello declararon huelga indefinida a la que se sumaron casi todas las Universidades existentes en el país. Entre los principales dirigentes de la huelga estaban los estudiantes Antonio José «Caraquita» Urbina, Chela Vargas, Hilarión Cardozo, Ramón Espinoza, Alejandro Arratia, Héctor Rodríguez Bauza, Leticia Bruzual, Enver Cordido, Julio Escalona, Emilio Santana. Los estudiantes iniciaban entonces la etapa final de la resistencia nacional contra el régimen dictatorial. En la Católica Andrés Bello fue quemado un ejemplar de la Ley Electoral, junto a un ejemplar del oficialista "El Heraldo" que manejaba el Ministro Vallenilla, así como un retrato de Pérez Jiménez. La población de Caracas despertó y acompañó a los estudiantes en las diversas manifestaciones múltiplicadas secretamente por toda la ciudad. En muchas iglesias de las ciudades se celebraban actos religiosos que culminaban en calles y plazas adyacentes con manifestaciones de protesta. Los manifiestos de la clandestina Junta Patriótica circulaban por todas partes, la mayoría de ellos redactados e impresos por ciudadanos particulares. La Seguridad Nacional tomó inmediatamente la UCV, detuvo a más de 200 estudiantes y profesores. Un grupo de estudiantes irrumpió en un Congreso de Medicina que se realizaba en la Universidad Central, con el propósito de denunciar los atropellos de la dictadura. Las manifestaciones se hacían violentas por la represión policial. Los barrios se sumaron a la protesta: Propatria, Catia, Capuchinos, El Silencio, El Guarataro, La Vega, Antímano, Petare. En la etapa final, bombas molotov fueron hechas y utilizadas para enfrentar las fuerzas represivas del gobierno. El régimen parecía muy sólido por estar apoyado en las FFAA. Sin embargo, consumado el fraude plebiscitario, el 1º de enero se levantó la Fuerza Aérea y lo demás es historia. Como curiosidad, casual o causal, apunto que, como antes vimos, también en 1918 y en 1928, a pocos días de las protestas estudiantiles, el gobierno gomecista tuvo que enfrentar y sofocar alzamientos provenientes de la Academia Militar.

23 de Enero de 1958.

Luego del alzamiento de la Fuerza Aérea el 1º de enero de 1958[479], el aparente sólido apoyo militar que se suponía tenía el gobierno, quedó evidenciado en su realidad absolutamente contraria: La rebelión militar no se produjo sólo en la Fuerza Aérea. Ese mismo día y en vista de la insurreción de la Aviación, el Coronel Hugo Trejo precipitó un alzamiento que se venía gestando, bajo su promoción, desde 1955 y que, acelerado por el grotesco montaje del Plebiscito de diciembre 1957, había sido preparado para estallar el 6 de enero, pero, dada la insurrección de la Fuerza Aérea, dos unidades blindadas de tanques salieron del Cuartel Urdaneta de Caracas pero en vez de ir a Miraflores tomaron camino hacia Maracay donde se había sublevado la Guarnición y había sido tomada una estación de radio. Ambos movimientos fueron sofocados. Sin embargo, el día 9 varios destructores de la Armada dejaron el puerto de La Guaira y se emplazaron amenazantes en lo que era un alzamiento de la Fuerza Naval. No hubo enfrentamientos porque el Jefe del Estado Mayor General, gral. Rómulo Fernández, llegó a un acuerdo con la Fuerza sublevada.

Sobre esa base, el propio gral. Fernández encabezó la entrevista que Pérez Jiménez sostuvo con un grupo de altos oficiales de todas las Fuerzas, quienes le entregaron un pliego de demandas, de cuya aceptación iba a depender su apoyo al régimen. Entre tales exigencias estaba la de sustituir a los dos personajes emblemáticos del gobierno a quienes se

---

[479] El respaldo del movimiento de la Fuerza Aérea, había sido el Jefe del intento subversivo debelado en 1952 despues del golpe de Estado del 2 de diciembre, muchos de cuyos oficiales participantes fueron apresados por varios años, pero mantuvieron en secreto el nombre del Jefe: Jesús María Castro León, en 1958 Comandante de la Fuerza Aérea.

señalaba como responsables de la represión: el Ministro del Interior Laureano Vallenilla Lanz, y el Jefe de la Seguridad Nacional Pedro Estrada. Pérez Jiménez aceptó las condiciones de los militares. Los dos funcionarios señalados fueron destituídos de sus cargos y abandonaron el país. Se constituyó un nuevo Gabinete integrado casi totalmente por militares y con el gral. Fernández como Ministro de la Defensa. El día 13 del mismo mes, en la noche, circularon rumores en todo el país según los cuales había una grave situación con las Fuerzas Armadas y el régimen, o habría caído o ese hecho sería inminente. No se trataba de falsos rumores. Sólo que, esta vez, era Pérez Jiménez quien había tomado la iniciativa: detuvo al gral. Fernández y asumió personalmente el Ministerio de Defensa, al tiempo que, en la madrugada del día 14, se dirigió al país por radio y TV para anunciar que había sofocado las insurrecciones y que todo estaba bajo control del gobierno.

Pero también la Sociedad Civil se había insubordinado y a través de manifiestos de todos los gremios, protestas estudiantiles de universitarios y liceístas y acciones violentas de pobladores de los barrios de Caracas hacia ver su rechazo a la dictadura. La Junta Patriótica convocó a una huelga general indefinida para el día 21 de enero. No se publicó la prensa y el comercio cerró sus puertas aunque las fuerzas represivas del gobierno trataron de obligar la apertura. La violencia tomó la ciudad de Caracas ese día. El día 22 transcurrió bajo una pesada calma. En la noche se conoció la decisión de la Armada de sublevarse en respaldo al clamor popular, así como también actuó en el mismo sentido la Guarnición de Caracas. Pérez Jiménez contactó sus jefes militares y, al percatarse de la situación, decidió no combatir y salió en avión desde La Carlota, para la República Dominicana, en la madrugada del 23 de enero.

El doctor Ramón Velásquez escribe algo muy interesante y verdadero: *"Si el movimiento del 1° de enero triunfa el mismo día de su estallido, distinto hubiera sido el rumbo del proceso histórico iniciado en el año de 1958, pues sorprendidos dictador y pueblo con el regalo de las libertades, la participación de los demás sectores nacionales habría sido nula. Los ventiún días que van de uno a otro acontecimiento, les permiten a las clases dirigentes de la nación tomar conciencia de la crisis y asumir su dirección."*[480] ¡A veces lo malo que ocurre es lo bueno que conviene!

Al anochecer del día 23 se constituyó en el Palacio de Miraflores una Junta Militar de Gobierno integrada por las Fuerzas Navales representadas por el Contralmirante Wolfgang Larrazabal Ugueto; el Comandante de las Fuerzas Armadas de Cooperación Coronel Carlos Luis Araque, el Director de la Escuela Superior de Guerra Coronel Pedro José Quevedo y los Coroneles Roberto Casanova y Abel Romero Villate quienes habían sofocado en Maracay la insurrección del 1º de enero. Al día siguiente, 24 de enero, se produjo enorme concentración de la población de Caracas en torno a los alrededores de Miraflores y hasta El Silencio, para protestar la presencia en la Junta de los Coroneles Casanova y Romero Villate señalados de Pérezjimenistas. Dichos Coroneles se vieron obligados a renunciar y a salir inmediatamente del país en avión militar hacia Curazao. Fueron sustituidos en la Junta por el Sr. Eugenio Mendoza y el doctor Blas Lamberti y fue designado Secretario el doctor Edgar Sanabria, quien, en ocasión de las elecciones presidenciales de diciembre del mismo año, en las que fue candidato el Contralmirante Larrazabal, pasó a ser el Presidente de la Junta de Gobierno. Los acontecimientos posteriores al 23 de enero, el proceso electoral del 7 de diciembre de ese año y las incidencias anteriores y posteriores a esa fecha, que son historia más reciente del país, han sido considerados en los capítulos finales del texto principal.

---

[480] Veásquez, Ramón. Op. cit., pg s. 198-199.

ANEXOS

ANEXO Nº 1

Documentos

Documento escrito por Rómulo Betancourt sobre los juicios del Jurado de Responsabilidad Civil y Administrativa creado el 27 de Noviembre de 1945.
(Entrevista de la Revista Resumen).

"Procuramos, sin éxito, que integraran ese Jurado abogados en ejercicio de su profesión, no militantes de partido. Fracasamos en el empeño. No había, o cuando menos no los encontramos para ese momento, juristas dispuestos a asumir tan comprometedora tarea. Tuvimos que seleccionar el jurado entre militantes de AD y militares subalternos, gente toda muy joven, con un promedio de edad girando entre los 25 años, todas versiones en el trópico del intransigente Saint Just, el jacobino competidor de Robespierre en cuanto al rigor en el proceder. Fueron los abogados Fernando Peñalver y Antonio Sotillo Arreaza, el Presbítero José Ignacio Olivares; el doctor Salvador de la Plaza (marxista independiente quien declinó el cargo y fue substituido por el doctor Eduardo Gallegos Mancera, comunista con una fidelidad por décadas a sus ideas políticas y una honradez personal ejemplar, que se han conquistado mi respeto); el sindicalista tachirense Luis Hurtado (asesinado en forma horrenda por la policiía de la dictadura perejimenista), el Alférez de Navío Luis Ramírez (en la actualidad contralmirante en situación de retiro), y el Teniente Francisco Gutiérrez (en la actualidad General de Brigada en situación de retiro). Gutiérrez fue uno de los militares de mayor limpieza de propósitos y de mejor formación democrática entre los insurrectos de octubre. Había sido maestro de escuela y lector ávido antes de ingresar a la Escuela Militar. Recibió un balazo de fusil en el abdomen. Lo visité en la clínica donde los médicos luchaban por disputárselo a la muerte. Durante el ejercicio por mí de la Presidencia de la Junta fue persona en la que deposité total confianza. Estaba haciendo curso de Estado Mayor en Norteamérica cuando fue derrocado Gallegos. Me visitó en mi modesta casa de exilado en Washington. Persona emotiva, me abrazó en silencio, llorando lágrimas coléricas. Ya en Caracas increpó con los más duros epítetos a Pérez Jiménez. Fue pasado a retiro sin fórmula de juicio. Vivió con altiva dignidad durante el "tiempo del desprecio". Retornó al servicio activo de las armas en 1958, ascendiendo por riguroso escalafón, al rango de General de Brigada. Con la complicidad del General Antonio Briceño Linares, entonces Ministro de la Defensa, procuré darle marco especial a la imposición de sus presillas de General. Fue realizado ese acto durante la celebración de uno de los aniversarios del Día del Ejército.En la tribuna presidencial, rodeados del Alto Mando, los Ministros, los Jefes de Misiones Diplomáticas y sus Agregados Militares, numeroso público castrense y civil, coloqué sobre sus hombros las insignias del generalato. Ninguno de los dos teníamos los ojos secos.

Críticas y reparos al tribunal

Los acusados tuvieron amplio derecho a la defensa. Designaron cuantos abogados quisieron, para que demostraran su inocencia. Sistema más ajustado a la equidad y a normas de jurídicas que la fórmula *confiscatoria* que teóricamente rigió la Constitución de 1936 hasta 1944. Es decir, durante todo el quinquenio de gobirno del Presidente López Contreras y hasta el año anterior a la brusca ruptura del período del Presidente Medina-

Se criticó que no se llevaran los juicios de peculado a la jurisdicción de los tribunales ordinarios y de que la llamada en derecho "carga de la prueba" se asignara al acusado y no al acusador.

Las sentencias del tribunal de excepción creado –muy similar a los jurados que sentencian dentro del sistema judicial anglosajón– se publicaban con ritmo acelerado. Unas eran justas; otras estaban las revoluciones que nunca se han inspirado en el "Manual de Urbanidad" de Carreño. Ninguno de los miembros de la junta intervinieron para que las sentencias fueran absolutorias o condenatorias. Todos los que inte-

graron ese tribunal están vivos, con la sóla excepción de aquel fiel discípulo de Cristo: el presbítero Olivares. Ellos no me dejarían mentir. Asi
como tampoco me permitirían faltar a la verdad cuando digo que especial empeño puso en entonces Comandante Pérez Jiménez en que se
condenara a los militares encausados. El resentimiento en una de las
facetas acusadas de su personalidad poco compleja, sobre la cual bien
pudo escribir juicios asertados el doctor Gregorio Marañon, quien a
fondo analizó esa deformación de la sicología humana. Esa especie de
tribunal de alzada que iba a ser la Asamblea Nacional Constituyente sobre
lo sentenciado por el Jurado –a que hizo referencia el doctor Caldera–
no había sido incluído en el Ddcreto que lo creó. Signo de los tiempos.
Hubo una concentración popular en El Silencio, una de las muchas rea-
liadas en aquellos agitados días, en los que el pueblo se había adueñado
de la calle. Hablé allí. Hablaba yo entonces demasiado en los mítines.
No había adquirido aún conciencia de que un Jefe de Estado debía des-
pojarse de los arreos de líder popular. Pero yo tenía –lo digo sin alarde
de vanidad, sino como hecho real– capacidad para discernir entre lo
que era justo y lo que no lo era. Así, propuse que la Asamblea Nacional
Constituyente, en vísperas de ser electa, nombrara una comisión integrada por los partidos con representación parlamentaria, para que a ella
apelaran quienes se consideraban condenados injustamente. Cité una
frase del esclarecido repúblico venezolano del siglo XIX, Fermín Toro:
"Pido el manto de la clemencia, no para cobijarme con él, sino para
lanzarlo sobre los hombros de nuestros adversarios". Caricaturas, urti-
cantes chistes callejeros, críticas duras de los *cabezas calientes* ubicados
dentro del partido que había fundado, cayeron sobre mi persona por eso
del "manto de la clemencia". Pero eso no es lo importante desde el punto de vista histórico. La proposición cuajó en hecho cumplido. La primera Asamblea deliberante surgida en la República del sufragio universal, directo y secreto, nombró la comisión propuesta. Esta rectificó o ratificó –escuchando los alegatos de los abogados de los sentenciados– los
dictámenes del Jurado.

Dos recuerdos personales añadiré a esta parte de la entrevista para
"*Resumen*". Uno de ellos me lo ha reavivado en fecha reciente el Presi-
dente Pérez. Cuando llegué a Miraflores y encontré sobre la mesa de mi
Despacho el montón de expedientes elaborado (sic) por la Junta sustan-

ciadora, le di un manotazo colérico. Los papeles se expandieron en el suelo, y comenté con mi entonces Secretario Privado.

−*Te das cuenta Carlos Andrés, de que este material escrito está signado por una combinación de apresuramiento e injusticia. Se expone al escarnio público a bastante gente que sirvió a esos gobiernos sin lucrarse ilícitamente. Además, la mayoría de los condenados son hijos, hermanos o parientes cercanos de paisanos tuyos con charreteras. Ha debido sancionarse a una docena de los más aprovechadores de los dineros públicos para el enriquecimiento ilícito. Y no a esta lista de lavandería china.*

El otro recuerdo lo he refrescado releyendo una de mis numerosas libretas. Llegaron al Despacho el capitán Mario Vargas y una persona aún viva, a quien no quiero nombrar. Traían un paquete. Contenía los zarcillos y otras prendas requisadas en el aeropuerto de Maiquetía a la esposa del General López Contreras. Reaccioné indignado.

−¿Cómo se ha cometido ese desafuero? Lleven eso lejos de mi presencia. Lancé unos cuantos venezolanísimos términos. (Mario Vargas, cuando llegó a ser entrañable amigo mío, me expresó su creencia de que acaso nunca se habían proferido tantas palabras de muy criolla raigambre en la oficina presidencial).

La lista de los enjuiciados como reos de peculado fue entregada con premura a la Gaceta Oficial. Apenas le habían dado un ligero vistazo los miembros de la Junta. Es que dos días antes se había publicado un Decreto de inconveniente contenido. Obligaba a los Bancos a congelar las cuentas de quienes habían sido funcionarios en los últimos cuatro gobiernos. (Castro, Gómez, López Contreras y Medina Angarita). Me pidió audiencia urgente el Consejo Bancario Nacional. Los recibí. Me plantearon que estaban en absoluta imposibilidad de que sus empleados detectaran tantos nombres. Preferían cerrar las taquillas. El argumento era de una irrefutable lógica. Les prometí que en la noche posterior a esa visita saldría en el diario oficial la lista completa de los enjuiciables. Así sucedió.

Los golpes a la constitucionalidad en Venezuela

DR. ASDRÚBAL AGUIAR
Octubre 2002

I

El día de su toma de posesión (2 de febrero de 1999) y al momento de jurar ante el Congreso de la República su deber de cumplir y hacer cumplir la Constitución, el Teniente Coronel (Ejército) Hugo Chávez Frías declaró ante el país y en presencia de los mandatarios extranjeros asistentes: "Juro ante esta Constitución moribunda...."; en directa alusión al texto fundamental de 1961, que le permitió incorporarse a la vida democrática y ser electo Presidente luego de dirigir el golpe de Estado del 4 de febrero de 1992.

Tal acción, en apariencia intrascendente, fracturó el respeto que por la idea de la supremacía constitucional y su acatamiento por los gobernantes y los gobernados venía fraguando en la conciencia colectiva de los 40 años precedentes, no sin severas dificultades o resistencias de naturaleza cultural. El tiempo republicano trascurrido desde 1811 y salvo en muy breves paréntesis, no dejó de ser el de los gendarmes y el de las reformas constitucionales que éstos dictaron en serie hasta cuando, en 1958, se inició a la experiencia de gobierno civil de más largo aliento conocida por Venezuela.

Chávez Frías abre su mandato "democrático" incitando al desconocimiento de la Constitución entonces vigente, violando impunemente y de modo particular sus artículos 4 (residencia de la soberanía en el pueblo), 52 (deber de acatamiento de la Constitución), 117 (sujeción de los poderes públicos a la Constitución) y 250 (intangibilidad del orden constitucional).

II

El mismo día de su toma de posesión, con uso distorsionado de las sentencias dictadas por la Sala Político Administrativa de la antigua Corte Suprema de Justicia (Casos Referendo Consultivo de 19-01-99) y que abrieron la posibilidad de "consultarle" al pueblo su opinión acerca de la convocatoria de una Asamblea Constituyente, Hugo Chávez, sin esperar una eventual iniciativa al respecto por el parlamento recién electo, dictó el Decreto N° 3 (2-2-99) ordenando la realización del referendo en cuestión con carácter decisorio o plebiscitario; y pidiéndole al pueblo le otorgase a él la autoridad para fijar "las bases del proceso comicial" correspondiente, por una parte y, por la otra, permitiese a la Asamblea que fuese electa no sólo redactar una nueva Constitución sino "transformar el Estado y crear un nuevo orden jurídico fundado en la idea de otro modelo democrático: el participativo y directo.

En suma, se pretendió ejecutar un "fraude constitucional" al crear un instrumento para desconocer las bases constitucionales vigentes <u>sin que se hubiese producido, aún, la sustitución de las mismas por otras nuevas y a través de los medios constitucionales admitidos</u>.

Tal acto de Presidente, de rango sublegal por apoyado en la entonces vigente Ley Orgánica del Sufragio y no en la Constitución de 1961, <u>pero violando incluso aquélla pues sólo establecía referendos de consulta y no decisorios</u>, contrarió los mandatos de los artículos 3 (cláusula "pétrea" sobre el carácter democrático y representativo del Gobierno) y 4 (residencia de la soberanía en el pueblo y su ejercicio a través de los poderes públicos constituídos) de la Constitución de 1961, amén del derecho a la participación política, derivado del artículo 50 ejusdem por "inherente" a la persona humana.

En todo caso, mediando las reformulaciones ordenadas por la Corte Suprema de Justicia a propósito del debate sobre el Decreto presidencial en cuestión y los actos sucesivos que, para su ejecución, dictó el Consejo Supremo Electoral, el referendo consultivo se efectuó el 25 de abril de 1999 con una abstención del 62.2 % de los electores[481].

III

Luego de realizada la elección de los miembros de la Asamblea Nacional Constituyente, el 25 de julio de 1999 y en una jornada en la que se abstuvo el 53.7% de los electores[482] inscritos (25 de julio de 1999), el Teniente Coronel (Ejército) Hugo Chávez - contando con el apoyo de un 65% del voto afirmativo de los electores concurrentes[483] - se hizo del 98% de los escaños en la naciente Asamblea Nacional Constituyente (125 constituyentes oficiales y 6 constituyentes de la oposición). Había quedado de lado, por obra de las bases electorales dictadas para tal oportunidad, el principio de representación proporcional de las minorías, que es vertebral en toda democracia de representación.

Así, el 7 de agosto de 1999, al aprobar su propio Estatuto la Asamblea Constituyente declaró que la totalidad de los organismos del Poder Público le quedaban subordinados y que la Constitución de 1961 mantendría su vigencia en todo cuanto no contrariase sus dictados supraconstitucionales.

La Asamblea de marras se situaba, por consiguiente, de espaldas a la misma doctrina fijada por la antigua Corte Suprema de Justicia que hizo posible el constitucionalmente inédito "mecanismo constituyente" y que, de modo terminante, excluyó el carácter "originario" de la Asamblea Nacional Constituyente que sería electa sujetándola al respeto de las "garantías democráticas" (Sentencias del 13 de abril y del 18 de marzo de 1999). Hizo caso omiso, además, de los límites que le fueran esta-

---

[481] EN TODO MOMENTO EL PRESIDENTE Y TODO EL SECTOR OFICIAL RECHAZARON LA IDEA DE FIJAR UN QUORUM PARA EL REFERENDO.

[482] IDEM

[483] EQUIVALE AL 30.09% DE LA POBLACIÓN ELECTORAL

blecidos por las Bases Comiciales aprobadas el pueblo durante la referida consulta del 25 de abril de 1999 y que le obligaban tanto al acatamiento del orden constitucional en vigor como de sus señaladas garantías democráticas.

IV

La Constitución de 1999 fue sancionada y firmada por la Asamblea el 19 de noviembre de 1999 y luego aprobada, mediante referendum, con el voto afirmativo de apenas el 72% sobre el 42% de los electores que acudieron a las urnas[484]. La abstención se situó en 57.7%. Empero, el 22 de diciembre de 1999, es decir, una semana antes de la publicación de la Constitución en la Gaceta Oficial de 30 de diciembre de 1999 (GO # 36.860), la Asamblea Nacional Constituyente dictó un Decreto sobre el Régimen de Transición del Poder Público e hizo cesar en sus funciones, por obra propia, al Congreso de la República que fuera electo durante la misma jornada quinquenal que, a finales de 1998, escogió a Chávez Frías como Presidente de Venezuela.

Otro tanto dispuso con las Asambleas Legislativas de todos los Estados, y con los titulares de los distintos poderes públicos (Corte Suprema de Justicia, Fiscalía y Contraloría Generales de la República, Consejo Nacional Electoral) en ejercicio.

Luego, de espaldas a las Disposiciones Transitorias de la nueva Constitución y arguyendo que no había entrado en vigor por falta de su publicación mas obviando a la Constitución precedente por las razones anotadas, la Constituyente designó motu propio a los titulares provisorios de los poderes públicos viejos y nacientes. En defecto del Congreso estableció una Comisión Legislativa Nacional integrada por Diputados nombrados sin mediar una elección popular; designó a los titulares provisionales del Tribunal Supremo de Justicia y de la Defensoría del Pueblo, creados - tales órganos - por la Constitución de 1999 y a pesar del acusado alegato sobre la pendencia de su vigor. Ocupó, además, con titulares interinos, próximos al régimen y de su libre escogencia, la Fiscalía y Contraloría de la República y el Consejo Nacional Electoral. Los

---

[484] EQUIVALE AL 30.24% DE LA POBLACIÓN ELECTORAL

miembros de este último órgano del poder público, aún hoy continúan en ejercicio[485].

Finalmente, el 8 de septiembre de 1999 designó una Comisión de Emergencia del Poder Judicial que procedió a remover sin fórmula de juicio a todos los jueces de la República, incorporando en su lugar a jueces provisorios. En la actualidad, casi el 90 % de los jueces venezolanos se encuentra en la señalada situación de provisionalidad, con mengua de sus respectivas autonomías.

Así, por consiguiente, se violó el orden constitucional de 1961 vigente hasta la entrada en vigor de la nueva Constitución y asumió, una vez más, el carácter de "poder constituyente originario" que le fuera negado por la Corte Suprema de Justicia (Sentencias del 19 de enero, 18 dee marzo, y 13 de abril de 1999) y por las bases del referendo consultivo del 24 de abril de 1999, que preservaban el imperio de la Constitución de 1961 y el respeto a la garantías democráticas. Y admitida, en hipótesis negada, la no vigencia de la Constitución precedente, entonces fueron violadas las normas transitorias de la Constitución de 1999 y sus artículos 49 (sobre el debido proceso); 62 (sobre participación ciudadana en los asuntos públicos); 270, 279 y 295, respectivamente (relacionados con la designación de las autoridades del Tribunal Supremo de Justicia, el Poder Ciudadano, y el Poder Electoral, y que preven, al efecto, el establecimiento previo de comités de postulación con miembros de la sociedad civil); 3 (sobre ejercicio democrático de la voluntad popular); 186 y 162 (que mandan la elección de diputados por votación universal); 5 (sobre la residencia de la soberanía en el pueblo); 254 y 255 (sobre la autonomía judicial y sobre la participación ciudadana en la elección de los jueces).

V

Habiéndose impugnado, mediante un recurso de nulidad por inconstitucionalidad, el acto de la Asamblea Nacional Constituyente (23

---

[485] HUELGA DECIR QUE TODOS ESTOS ÓRGANOS DE PODER FUERON CONSTITUIDOS, EN SU TOTALIDAD, CON PERSONAS AFECTAS Y COMPROMETIDAS CON EL PROYECTO DEL PRESIDENTE.

de diciembre de 1999) con el que nombrara a los Magistrados del Tribunal Supremo de Justicia, a los directivos del Consejo Nacional Electoral y a los miembros del "Congresillo" o Comisión Legislativa Nacional, la Sala Constitucional que nació y que fuera beneficiaria directa del mismo acto constitucionalmente cuestionado, decidiendo en causa propia declaró improcedente la acción de inconstitucionalidad mencionada (Sentencia de 26 de enero de 2.000). Al efecto, desvirtuó el contenido y el sentido de la sentencia dictada por el pleno de la antigua Corte Suprema de Justicia cuando afirmara que la "soberanía popular se convierte, a través de la Constituyente, como mecanismo jurídico de producción originaria del nuevo régimen constitucional..." (14-10-99), para así sostener "la no sujeción de este poder [es decir, de la Asamblea Nacional Constituyente] al texto constitucional vigente para la época". La Asamblea, en suma, antes que productora, como en efecto lo era, de un nuevo régimen constitucional que, a todo evento, debía someter al pueblo para su aprobación mediante referendum [tal y como ocurrio, finalmente, con la Constitución de 1999), asumió ser y encarnar en sí misma - con el acto cuestionado - la propia soberanía y la Constitución.

Por ende, no sólo se violentó el ordenamiento constitucional en vigor, en lo particular, sus artículos 4 (sobre la residencia de la soberanía en el pueblo y su ejercicio por medio de los poderes constituídos), 119 (que declara la ineficacia de toda autoridad usurpada y la nulidad de sus actos) y 250 (que impide la derogatoria del texto constitucional por medios distintos a los que ella misma establece); antes bien, se trastocaron - con tal acto de la Constituyente y la sentencia que lo validó - las Bases Comiciales aprobadas por el pueblo (25 de abril de 1999) y que aseguraban, durante la permanencia de la Asamblea Nacional Constituyente, la autoridad de la Constitución de 1961 y la preservación de sus garantías democráticas.

VI

Luego de publicada en la Gaceta Oficial de 30 de diciembre de 1999, la Constitución de 1999 fue objeto de correcciones unilaterales - no pocas de fondo, como la relativa a las competencias de la Sala Constitucional - por orden de la Presidencia de la Asamblea Nacional Constituyente. Se alegaron razones de estilo y supuestos errores de copia y fue reimpresa y publicada, el 24 de marzo de 2000, añadiéndosele una Exposición de Motivos que no conoció el pueblo en el referendum aprobatorio y que nunca aprobó el plenario de la Asamblea. Otro tanto ocurrió con anterioridad, tal y como lo demuestra la comparación entre el texto aprobado por la Asamblea, aquél que se envió al Consejo Nacional Electoral para la consulta popular, y el publicado en 1999. Son emblemáticas, en este orden, los cambios arbitrario que se hicieron en el texto de la norma que regula las atribuciones de la Sala Constitucional del TSJ (artículos 334 y 336).

Huelga observar, por lo mismo, que fueron violentados así los artículos 5 (sobre la residencia intransferible de la soberanía en el pueblo) y los artículos 340 a 346 (sobre enmienda y reforma) de la Constitución de 1999.

VII

El 30 de enero de 2000, la Asamblea Nacional Constituyente sancionó el Estatuto Electoral del Poder Público, derogando la Ley Orgánica del Sufragio y Participación Política, y fijó por propia iniciativa la fecha de realización de las elecciones nacionales, estadales y municipales, y para representantes ante el Parlamento Andino y el Parlamento Latinoamericano (28 de mayo de 2000). Con ocasión de sus mencionados decretos, en lo formal, la Constituyente asumió para sí potestades legislativas reservadas a la Asamblea Nacional según la Constitución de 1999, ya en vigor, y se abrogó competencias propias del Consejo Nacional Electoral. En lo material, deterioró el peso y equilibrio del principio democrático de representación proporcional de las minorías en beneficio dominante de la mayoría electoral; señaló que las candidaturas se determinan según lo que manden los estatutos de cada partido; limitó el período de ejercicio de los concejales a 4 años; fijó un sistema de listas cerradas y bloqueadas para la determinación de la representación proporcional de las minorías, postergándose el principio del voto personalizado, entre otras disposiciones.

La Sala Constitucional del Tribunal Supremo de Justicia, en sentencia de 28 de marzo de 2000 redactada por el Juez Jesús Eduardo Cabrera Romero declaró sin lugar la acción de nulidad y el amparo constitucional ejercidos en contra de los citados decretos de la Asamblea Nacional Constituyente, por los constituyentes de la oposición, al reconocer que aquélla se encontraba "detentando todo el poder" y desconociendo así los límites fijados a tal Asamblea por las Bases Comiciales que aprobó el pueblo mediante referendum y la interpretración establecida al respecto por la antigua Corte Suprema de Justicia en Sala Político Administrativa, que preciso sobre el carácter no originario ni supraconstitucional de la mencionada Constituyente (Sentencia del 18 de marzo de 1999).

Fueron violentados de tal modo los siguientes artículos constitucionales: 63 (sobre personalización del voto y representación proporcional) y 186 (sobre integración de la Asamblea Nacional mediante voto personalizado y representación proporcional); 67 (sobre la elección interna y democrática de los candidatos de las asociaciones políticas); 156, ordinal 32 (sobre las competencias del poder público para legislar en materia de elecciones); 169, 173 y 175 (sobre reserva de la organización municipal y sobre condiciones de elección de los concejales a las leyes orgánicas y ordinarias); 187, ordinal 1° (sobre la competencia de la Asamblea Nacional para legislar en las materias de la competencia nacional); 202 y 203 (que determina como ley sólo los actos de la Asamblea Nacional y exige el carácter orgánico de las leyes que organicen poderes públicos o desarrollen derechos constitucionales); 293, ordinal 5 (sobre reserva al poder electoral de la organización de las elecciones a cargos de representación popular), y la disposición transitoria octava de la Constitución, que encomendaba al Consejo Nacional Electoral la convocatoria, organización, dirección y supervisión de los procesos electorales hasta tanto se promulgasen las leyes electorales previstas por el novísimo texto fundamental.

De igual modo, se contrarió la primacia de los tratados internacionales de derechos humanos (artículo 23 ejusdem), al desconocerse la previsiones de los artículos 23 y 30 de la Convención Americana de Derechos Humanos, que reservan a la ley la reglamentación del ejercicio de los derechos políticos y, en general, del goce y ejercicio de los derechos y libertades reconocidos por tal Convención.

VIII

El 31 de mayo de 2.000, la Defensora Provisoria del Pueblo, Dilia Parra, solicitó de la Sala Constitucional del Tribunal Supremo de Justicia impidiese, por vía de amparo, la juramentación de los miembros provisorios del Consejo Nacional Electoral designados por la llamada Comisión Legislativa Nacional. Dicha Comisión Legislativa, en efecto, hizo tales nombramientos fuera de las previsiones de la Constitución de 1999 en vigor.

La Sala Constitucional, en fallo del 30 de junio de 2.000, redactado por el Juez Jesús Eduardo Cabrera Romero, admitió que la citada Comisión Legislativa - dado su origen supraconstitucional - "no tendría que ceñirse a las disposiciones de la Constitución de la República Bolivariana de Venezuela", aun estando vigente y siempre y cuando las designaciones fuesen "provisionales".

Empero, amén de la acusada violación constitucional, la provisionalidad del Consejo Nacional Electoral no ha cesado a la presente fecha.

Se violaron abiertamente, pues, los artículos 62 (derecho a la participación), 70 (medios de participación), 293 en su último aparte (confiabilidad y transparencia del poder electoral), 294 (participación ciudadana en el poder electoral) y 296 (apoliticismo del poder electoral y su postulación por la sociedad civil) de la Constitución.

IX

El 1° de junio de 2000 se aprobó, en la Asamblea Nacional, una Ley Orgánica de Telecomunicaciones, cuyas disposiciones transitorias autorizaron al Ejecutivo Nacional para dictar las "regulaciones que considere necesarias" sobre el contenido de las transmisiones y comunicaciones de radio y televisión", hasta tanto se apruebe la ley sobre la materia, así como ordenar la suspensión de éstas "cuando lo juzgue conveniente a los intereses de la Nación".

Fueron violados, de esta forma, los artículos constitucionales 57 (libertad de expresión) y 58 (derecho a la información); en lo particular, el artículo 23 ejusdem (primacía de los tratados internacionales sobre derechos humanos), en razón de contrariar dicha ley las disposiciones de los artículos 13, numeral 3 (prohibición de restricciones del derecho a la libertad de expresión mediante el abuso de controles oficiales de frencuencias radioeléctricas), y 30 (reserva legislativa de las restricciones) de la Convención Americana de Derechos Humanos.

X

La Sala Constitucional del Tribunal Supremo de Justicia, con sendas ponencias del Juez Jesús Eduardo Cabrera Romero (Caso Defensoría del Pueblo vs. Comisión Legislativa Nacional, n° 656 del 30 de junio de 2000; y Caso Gobernadores vs. Ministro de Finanzas, n° 1395 del 21 de noviembre de 2000), decidió establecer por vía jurisprudencial el régimen de las llamadas organizaciones de la sociedad civil (ONG's), <u>excluyendo de tal concepto y negándoles su representatitivad para los fines del ejercicio del derecho de participación o de representación de intereses difusos o colectivos</u>, a las asociaciones integradas por <u>religiosos</u>; a aquéllas formadas por <u>extranjeros</u>; las que reciban subsidios externos o financiamientos directos o indirectos del presupuesto público; las que puedan tener algún fin de tipo político, económico, transnacional o mundial; y lo serán sólo aquellas que, al margen de las señaladas, sean reconocidas como tales ONG's dada su "representatividad", por estar reguladas mediante ley, y por realizar elecciones de sus autoridades bajo la dirección del Consejo Nacional Electoral.

<u>Fue violada, en tales oportunidades la Constitución de 1999</u>, en particular los derechos y garantías que en favor de "toda" persona prescriben sus artículos 26 (derecho de acceso a la justicia para la defensa de derechos intereses propios, incluso los colectivos o difusos) y 52 (derecho de asociación), así como todas las normas constitucionales que aseguran el derecho de toda persona a la participación (Preámbulo y artículos 6,18, 55, 62, 70, 78, 79, 80, 81, 83, 84, 86, 102, 118, 120, 123, 125, 128, 132, 141, 166, 168, 171, 173, 178, 184, 185, 187, 197, 203, 205, 206, 253, 255, 270, 294, 299).

Huelga mencionar la igual <u>violación del mandato constitucional contenido en el artículo 23 ejusdem</u> (primacia de los tratados internacionales de derechos humanos), en tanto y en cuanto las sentencias en cuestión son contrarias a las obligaciones que tiene el Estado según los artículos 1 (obligación de respeto y garantía de los derechos humanos sin discriminaciones) y 16 (libertad de asociación) de la Convención Americana de Derechos Humanos.

XI

La Asamblea Nacional, bajo el imperio de la Constitución de 1999, aprobó una Ley Especial para la Ratificación y Designación de los Funcionarios y Funcionarias del Poder Ciudadano y Magistrados del Tribunal Supremo de Justicia para su Primer Período Constitucional (14 de noviembre de 2000), obviando los mecanismos de participación de la sociedad civil dispuestos por el señalado texto fundamental.

La Defensora del Pueblo, Dilia Parra, al demandar la nulidad por inconstitucionalidad de dicha legislación situó en sus extremos la gravedad de la decisión legislativa correspondiente al prevenir al Supremo Tribunal acerca del "riesgo de que se materialice una lesión de carácter definitivo a las Instituciones Democráticas producto de la designación de las autoridades que las conforman sin el debido acatamiento y en envidente contravención del procedimiento establecido en nuestra Constitución".

El 12 de diciembre de 2000 la Sala Constitucional del TSJ, con ponencia del Juez Jesús Eduardo Cabrera Romero, admitió la demanda para su conocimiento y posterior decisión en cuanto al fondo; lo que no ha ocurrido hasta la presente fecha. Sin embargo, en otra decisión paralela y del mismo día, en la que declara sin lugar la solicitud de amparo anexa a la citada demanda de nulidad y que pedía la suspensión provisoria de los efectos de la Ley Especial en cuestión, los magistrados "provisorios" de la Sala Constitucional, decidiendo en interés propio y avanzando sobre el fondo de la materia cuya decisión dejaron pendiente, declararon la no aplicación - para sus "ratificaciones" respectivas como miembros del Tribunal Supremo - de lo dispuesto en el artículo 263 de la Constitución de 1999: relativo a los requisitos que deben cumplir quienes aspiren ser magistrados del dicho Alto Tribunal.

De consiguiente, fueron violentados los mandatos de los artículos constitucionales 270 y 279 (relativos al establecimiento de los señalados comités de postulación de la sociedad civil, previos a la designación del Tribunal Supremo, Fiscal, Contralor, Defensor del Pueblo) y se operó, como era previsible, una irregular cooptación totalizante de los poderes públicos constituídos por parte del sector político gubernamental, siendo la más grave, la que afectó a la naciente Sala Constitucional del TSJ por ser la máxima responsable de garantizar la supremacía y efectividad de las normas y principios constitucionales.

XII

El Presidente de la República, a pocos meses de iniciar su mandato (30 de diciembre de 1999), en uso indiscriminado y sistemático de las cadenas de radio y televisión por espacio de largas horas y casi todas las semanas, fijó un sistema coactivo de unidireccionalidad informativa que ha usado, de modo preferente, para agredir y descalificar en lo personal a sus adversarios políticos, a los editores y periodistas, a los dignatarios de la Iglesia, exponiéndolos al desprecio público y transformándolos en objetivos de la "guerra" revolucionaria.

De manera particular, pide al pueblo no comprar la prensa opositora ni encender los programas de la televisión privada, hasta cuando, entre el 1° de julio y el 13 de septiembre de 2001, declara sistemáticamente que su conflicto con los medios de comunicación tenía que asumirlo el mismo pueblo en sus manos. De modo que, entre los días 9 y 17 de diciembre de 2001, ordena a su Ministro de la Secretaría, Diosdano Cabello, organizar al pueblo para la "revolución" y su confrontación directa con los medios, estableciéndose, en efecto y bajo supervisión presidencial, los llamados Círculos Bolivarianos. Las agresiones físicas a los periodistas y los daños a bienes de los medios de comunicación social pasaron a ser una constante hasta el presente. El 11 de abril pasado, in extremis, el Jefe del Estado ordenó la clausura de facto de las señales de la televisión privada, previa la realización, durante los dos días precedentes de unas veinte cadenas presidenciales.

Quedaron postergados en su vigencia y efectividad, mediante su violación sistemática, los mandatos contenidos en la Constitución de

1999, en sus artículos 2 (preeminencia de los derechos humanos, de la ética y del pluralismo político); 6 (carácter democrático, participativo y pluralista del gobierno); 21 (prohibición de trato discriminatorio); 23 (sobre primacia constitucional de los tratados sobre derechos humanos), 57 (sobre libertad de expresión y prohibición de mensajes discriminatorios o promotores de la intolerancia), 58 (sobre el derecho a la información plural), 60 (sobre protección del honor), 67 (sobre prohibición de financiamiento de asociaciones políticas con dineros del Estado), 115 (sobre el derecho de propiedad), 139 (sobre responsabilidad de los funcionarios por abuso o desviación de poder); 19 y 232 (procura por el Estado del respeto y de la garantía de los derechos humanos en favor de todos). En especial, se violaron los numeral 3 y 5 del artículo 13 de la Convención Americana de Derechos Humanos, que prohíben, respectivamente, restringir el derecho de expresión por vías directas o indirectas como el control de las frecuencias radioeléctricas e incitar al odio nacional y a la violencia contra personas o grupos de personas por ningún motivo.

XIII

En Diciembre de 2000 se realizó un referendum nacional, convocado por el Presidente de la República, a objeto de que el pueblo decidiese sobre la celebración general de elecciones en todos los sindicatos de trabajadores del país y el cual concluyó con el 80% de abstención en los votantes. El Jefe de Estado, a su vez, intervino activamente la vida sindical del país, promoviendo una candidatura oficial para la Presidencia de la CTV: la de su actual Ministro de Educación, Aristóbulo Istúriz. Mas, unas vez realizadas las respectivas elecciones y derrotada la candidatura oficial, el Presidente intimó al Consejo Nacional Electoral a objeto de que declarasen nulas las elecciones en las que venció el sindicalista de la oposición Carlos Ortega. El Poder Electoral, en contravención de disposiciones expresas y en contrario de los tratados internacionales que obligan a la República, había asumido, por su parte y directamente, la realización de los comicios sindicales respectivos.

De tal modo se violó el artículo 95 (sobre libertad sindical y prohibición de injerencias contrarias a dicho derecho) de la Constitución de 1999. También se violó el artículo 23 constitucional, que dispone la primacía de los tratados internacionales sobre derechos humanos: El artículo 16 de la Convención Americana, en efecto, asegura la libertad de asociación y sólo admite su restricción mediante ley y sin perjuicio de lo dispuesto en el artículo 29 de la misma Convención; que impide limitar el goce y ejercicio de cualquier derecho o libertad reconocido en otra Convención en que sea parte el Estado (v.g. los Convenios de la OIT, que son contrarios a todo cuanto ocurrió en Venezuela).

XIV

En septiembre de 2001, la Sala Constitucional del Tribunal Supremo de Justicia, con ponencia del Juez Jesús Eduarco Cabrera Romero dictó la Sentencia 1013 que interpretó de manera restrictiva - con carácter vinculante para todos los jueces de la República - el ejercicio de la libertad de expresión (artículo 57 de la Constitución) y del derecho a la información (artículo 58 ejusdem) en Venezuela. Estableció postulados sobre la materia, que es componente fundamental de la democracia (Carta Democrática Interamericana), incompatibles tanto con la Convención Americana de Derechos Humanos como con la Declaración de Principios sobre Libertad de Expresión adoptada por la CIDH. Entre sus dictados, aparte de señalar la forma en que los periodistas deben redactar o expresar sus conceptos o ideas en modo de que no atenten contra la "información veraz" declaran, a renglón seguido, que los editores, periodistas y columnistas de los medios de comunicación no tienen el "derecho a réplica" que garantiza la Constitución en favor de toda persona.

Luego, mediante Acuerdo de Sala Plena de 25 de julio de 2001 y a propósito de mencionada sentencia, el Tribunal Supremo de Justicia declaró que sus sentencias no podrán ser objeto de revisión o cuestionamiento por parte de los órganos del Sistema Interamericano de Derechos Humanos (Comisión y Corte), por cuanto son dictadas en nombre de la soberanía popular.

De tal manera, pues, se violaron los artículos 23 (primacía constitucional de los tratados internacionales sobre derechos humanos) y 31 de la Constitución de 1999; que consagra, este último, el derecho de toda persona a dirigir peticiones o quejas ante los órganos internacionales correspondientes para el amparo a sus derechos humanos, así como la obligación del Estado de adoptar las medidas necesarias para el cumplimiento de las decisiones emanadas de tales órganos.

XV

En septiembre de 2001 el Presidente de la República sancionó, en menos de una semana, 49 Decretos-Leyes, con fundamento en una habilitación parlamentaria abierta que incorporó, inclusive, materias que son de estricta reserva del órgano legislativo. La ley de tierras dictada por Chávez, que autoriza la confiscación administrativa y sin mediación judicial de los fundos de propiedad privada cuyas actividades agrícolas o pecuarias no se ajusten a las políticas del Estado es una de las más emblemáticas.

Al legislar como lo hizo, por lo demás, el Jefe de Estado hizo caso omiso de los principios constitucionales de participación ciudadana en el debate de las leyes, de consulta a los Estados en las materias que los afecten, de calificación como "orgánicas" de las leyes que desarrollen o limiten derechos fundamentales y su consulta previa con la Sala Constitucional del Tribunal Supremo de Justicia. Se violaron, de este modo, los artículos 62, 70, 187 numeral 4, y 211 (sobre participación de los ciudadanos en los asuntos públicos y en el debate de las leyes), 115 y 116 (sobre proscripción de confiscaciones), 206 (sobre consulta a los Estados) y 203 (sobre las leyes orgánicas que afecten derechos humanos) de la Constitución; siendo de observar que buena parte de dichas legislaciones, por si fuese poco, violentaron el principio de reserva legal establecido en el la Convención Americana de Derechos Humanos.

XVI

En 8 de noviembre de 2001, un mes antes del paro nacional convocado por la Confederación de Trabajadores de Venezuela, FEDECAMARAS, los partidos políticos de oposición, y la sociedad civil organizada, los miembros del Alto Mando Militar - con excepción del Comandante del Ejército - declararon su apoyo público y expreso al proceso político liderado por el Teniente Coronel (Ejército) Hugo Chávez Frías, Presidente de la República; a lo que siguió la apreciación de uno de los ideólogos del régimen, Norberto Ceresole, quien consideró "legítimo" el comunicado del "partido militar" (11 de noviembre de 2001).

Se dió, por consiguiente, una violación manifiesta del mandato contenido en el artículo 328 de la Constitución, que dispone que la Fuerza Armada está al servicio exclusivo de la Nación y no de persona o parcialidad política alguna.

XVII

A partir del supuesto diálogo sostenido por Carlos Ortega con el ex Presidente Carlos Andrés Pérez, previo al paro nacional del 10 de diciembre de 2001, los diputados del Gobierno en la Asamblea Nacional han hecho y siguen haciendo difusión y utilización públicas y reiteradas y como apoyo de sus debates políticos, de grabaciones telefónicas. Luego de los sucesos del 11 de abril de 2002, fueron ejemplares las grabaciones ilícitas de las conversaciones presuntas entre la periodista Patricia Poleo y oficiales de la Fuerza Armada descontentos con el régimen, y entre el ex Ministro Carmelo Lauría y el empresario Tobías Carrero.

De nuevo y por acto de parlamentarios fueron violadas las normas constitucionales, en particular las que garantizan el secreto e inviolabilidad de las comunicaciones privadas (artículo 48); provocando así, además, la autocensura en quienes hacen uso de los servicios telefónicos y limitándoles en el ejercicio de sus correspondientes libertades de expresión (artículo 57).

XVIII

El 10 de diciembre de 2001, como reacción al paro nacional que se realizaba por convocatoria de los sectores laboral y empresarial del país, el Jefe del Estado convocó a dos actos públicos sucesivos, uno en el Aeropuerto de La Carlota y otro en la Plaza Caracas. Y, en el último, a saludar a los asistentes y precisar a quienes defendía y quienes eran sus seguidores, dijo sin ambages:

"¿dónde están los indios, nosotros los indios? ¿dónde estamos nosotros los negros? ¿dónde estamos nosotros los alzaos?".

Antes y luego, había prevenido públicamente, en dichos actos, sobre lo siguiente:

"Y como soldado, y entre soldados responsables de gerenciar y manejar las armas de la República, que son las armas del pueblo, lo vuelvo a repetir para los que pretenden chantajear a este Gobierno".

"La revolución va a entrar en una fase mucho más exigente y difícil. Dije: vamos a apretarnos los cinturones y a amarrarnos las botas de combate porque vamos a entrar en una situación más profunda y llamé aquél día a la organización popular y llamé aquél día y lancé como meta para finales de año el relanzamiento del Movimiento Bolivariano Revolucionario 200 que es el pueblo en revolución, organizado por todas partes".

Tratándose de la palabra del Jefe del Estado, en acto oficial y luego en acto popular transmitido por las emisoras del Estado, sus afirmaciones violentaron mandatos constitucionales expresos, a saber: el preámbulo (que declara el carácter multiétnico y pluricultural de Venezuela) y los artículos 2 (sobre el pluralismo político); 3 (que obliga a la construcción de una sociedad amante de la paz); 21, numeral 1 (que prohibe las discriminaciones de trato); 23 (sobre primacia de los tratados internacionales de derechos humanos); 145 (obligación de los funcionarios públicos de servir a los ciudadanos y no a parcialidades políticas); 324 (sobre monopolio de las armas por el Estado); y 325 (sobre la obligación de la Fuerza Armada de estar al servicio exclusivo de la Nación y no de persona o parcialidad política alguna); todos de la Constitución de 1999. Quedó a un lado, en fin, la norma del artículo 13, numeral 5 de la Convención Americana de Derechos Humanos, que prohibe toda propaganda en favor de la guerra y toda apología del odio nacional y racial constitutivos de incitaciones a la violencia contra cualquier persona o grupos de personas, por ningún motivo.

XIX

El Presidente de la República, luego de los sucesos del 11 de abril, profirió amenazas públicas e intimidaciones abiertas y promovió manifestaciones populares amén de anunciar un eventual alzamiento militar contra el Tribunal Supremo de Justicia, antes y luego de que hubiesen decidido sus magistrados - como lo hicieron - no autorizar el antejuicio de mérito contra los Generales y Almirantes que el propio Gobierno señaló de "golpistas" y de responsables de la inflexión constitucional que se sucedió para tal momento.

Acto seguido, el Presidente hizo petición pública a sus seguidores en la Asamblea Nacional de que investigasen y sancionasen con destitución a los magistrados que apoyaron la sentencia de marras. En el mismo orden deben ser mencionadas las felicitaciones que extendiera el Jefe del Estado a los miembros del TSJ, en fecha precedente y a través de los medios de comunicación social, por haber decidido éstos en contra de la banca privada nacional en el asunto de los <<créditos indexados>>.

En consecuencia, se violaron los principios constitucionales sobre división de los poderes públicos (artículo 136), y de autonomía e independencia del Poder Judicial (artículo 254).

XX

El Presidente de la República dictó en septiembre de 2002 un Decreto estableciendo zonas militares de seguridad en la capital de la República, afectando extensas porciones de su geografía y próximas a los Despachos gubernamentales, instalaciones militares, televisora y radio del Estado, aeropuerto, oficinas públicas; entre otras finalidades, para impedir el derecho al libre tránsito y, de manera particular, el desarrollo de las manifestaciones públicas anunciadas por la oposición en el día precedente a la firma de dicho acto ejecutivo. Tal declaratoria afectó, asimismo, el ejercicio pleno del derecho de propiedad y los demás derechos reales de los extranjeros sobre los inmuebles residenciales y comerciales situados en tales areas, en particular su libre disposición, que quedó sujeta, en lo adelante, al previo conocimieto y autorización de las autoridades militares.

Tal decreto se dictó con fundamento en una ley de contenido castrense (Ley Orgánica de Seguridad y Defensa de 1976) y que debía ser consultado, previamente, con el Consejo Nacional de Seguridad y Defensa; pero cuyo contenido, el de la ley referida, quedó derogado por las normas del Título VII de la Constitución de 1999 sobre Seguridad de la Nación.

De manera particular, en consecuencia, fueron violados los artículos 50 (derecho al tránsito: sólo restringible mediante ley); 68 (derecho de manifestación: no restringible y sólo sujeto a los requisitos de una ley); 323 (que establece el Consejo de Defensa de la Nación y ordena a una ley orgánica - todavía no sancionada - delimitar sus competencias); 327 (que sólo prevé las llamadas franjas de seguridad fronteriza); 337 a 339 (que fijan las condiciones y requisitos para el establecimiento de los estados de excepción); y el 23, que dispone la jerarquía constitucional y prevalencia en el orden interno de los tratados internacionales sobre derechos humanos.

La Convención Americana, a tal propósito, establece en su artículo 29 que en la interpretación de las normas sobre derechos humanos y sus posibles limitaciones no cabe ninguna interpretación que tenga como propósito enervar derechos inherentes al ejercicio democrático (v.gr. derecho de manifestación). Y, en su artículo 22, referido al derecho de circulación, observa que sólo puede ser restringido en determinadas zonas, en la medida indispensable en una sociedad democrática y por razones de seguridad y orden públicos, pero mediante ley.

XXI

El Defensor del Pueblo adhirió públicamente y sin reservas a la legalidad del Decreto presidencial de septiembre de 2002, predicada por el Gobierno y que declara zonas de seguridad militar en la capital de la República a objeto de impedir en ellas el ejercicio de los derechos humanos al libre tránsito, a la reunión y a la manifestación.

Violó, por consiguiente, las disposiciones de los artículos 280 y 281 de la Constitución de 1999, que le encarga como misión fundamental la promoción, defensa y vigilancia de los derechos humanos y el ejercicio de las acciones necesarias "frente" a los poderes públicos del Estado para el respeto y protección de los mismos; aparte de que desconoce el contenido del artículo 139 ejusdem, que fija la responsabilidad del funcionario público por desviación de poder o violación de la Constitución.

XXII

El Estado y, de manera particular, el Jefe del Estado como director de las relaciones internacionales de la República, se ha negado sistemáticamente al cumplimiento de las diversas medidas cautelares de protección ordenadas por la Comisión Interamericana de Derechos Humanos desde el mes de enero de 2002, en favor de periodistas y editores de los medios de comunicación social, para garantizarles sus derechos a la vida, a la integridad personal, a la libertad de expresión, y al amparo judicial de sus derechos, entre otros.

Se han violado, así y de un modo flagrante, los artículos 23 (primacia de los tratados internacionales sobre derechos humanos) y 31 (cumplimiento de las decisiones emanadas de los órganos internacionales) de la Constitución de 1999.

XXIII

Desde la entrada en vigor del nuevo ordenamiento constitucional pocas son las elecciones internas realizadas por los partidos políticos venezolanos, destacando la debilidad institucional y la dura circunstancia que, además, acusan aquéllos que son parte de la oposición. Sin embargo, en el Movimiento V República y su otra cara, el Movimiento Bolivariano Revolucionario (MBR-200), partido oficial - el primero - que fue responsable fundamental de la redacción de la Constitución de 1999, no tiene lugar la renovación interna y democrática de su directiva pues su Presidente es el propio Presidente de la República y las directivas nacionales y regionales de tal movimiento están compuestas por funcionarios del Estado escogidos por éste de manera discrecional. En tal orden es también manifiesto el financiamiento de las actividades proselitistas del régimen con recursos públicos y el respaldo dinerario que reciben sus apéndices, los llamados Círculos Bolivarianos, que operan bajo la igual autoridad del Jefe del Estado y tienen como sede organizativa principal al Palacio de Miraflores.

De tal manera se ha violado flagrantemente la Constitución de 1999, en sus artículos 19 (garantía de trato no discriminatorio por el Estado para el ejercicio de los derechos: v.g. el derecho a la participación); 67 (elección democrática de las autoridades partidistas y prohibición de financiamiento de asociaciones con fines políticos con dineros del Estado); y 145 (prohibición a los funcionarios públicos de estar al servicio de parcialidad política alguna).

Asdrúbal Aguiar es Profesor Titular de la Facultad de Derecho de la Universidad Católica Andrés Bello
12 de octubre de 2002.

El Pacto de Punto Fijo
(Texto Completo)

Después del Acta de la Independencia, documento máximo de la República, el Pacto de Punto Fijo es el tratado político que generó las mayores trascendencias en la vida nacional. A través de los siglos, ningún otro ha tenido tanta relevancia en nuestra historia. Su fruto ha sido la Revolución Democrática de la República Civil. Es el pacto de gobernabilidad más inteligente y civilizado que se haya firmado entre nosotros, el primer ejercicio moderno de entendimiento entre adversarios políticos, uno de los pocos ejercicios sensatos de modernidad política venezolana. Su objetivo central era la defensa de la democracia, personificada en la estabilidad constitucional. En él, todos los partidos de influencia nacional se comprometían a respaldar al ganador de las elecciones de 1958, quien haría una gobierno de coalición. Con un programa mínimo común. He aquí el texto histórico:

"Los partidos Acción Democrática, Social Cristiano COPEI, y Unión Republicana Democrática, previa detenida y ponderada consideración de todos los elementos que integran la realidad histórica nacional y la problemática electoral del país, y ante la responsabilidad de orientar la opinión pública para la consolidación de los principios democráticos, han llegado a un pleno acuerdo de unidad y cooperación sobre las bases y mediante las consideraciones siguientes:

Primera:

Como es del conocimiento público, durante varios meses las distintas fuerzas políticas que han participado en las acciones unitarias para la defensa del régimen democrático, han mantenido conversaciones destinadas a asegurar la inteligencia, mutuo respeto, y cooperación entre ellas, interesadas por igual en la consolidación de la unidad y la garantía de la tregua política, sin perjuicio de la autonomía organizativa y caracterización ideológica de cada uno, conforme se declaró expresamente en el acta de ampliación de la Junta Patriótica firmada el 25 de enero de 1958, por los partidos políticos que la integraban inicialmente. El resultado obtenido es favorable, toda vez que las naturales divergencias entre partidos, tan distintas al unanimismo impuesto por el despotismo, se han canalizado dentro de pautas de convivencia que hoy más que nunca es menester ampliar y garantizar. El análisis cabal de los antecedentes, de las características actuales, y de las perspectivas de nuestro movimiento democrático; la ponderación comprensiva de los intereses legítimamente representados por los partidos a nombre de centenares de miles de sus militantes; el reconocimiento de la existencia de amplios sectores independientes que constituyen factor importante de la vida nacional; el respaldo de las Fuerzas Armadas al proceso de afirmación de la República como elemento institucional del Estado sometido al control de las autoridades constitucionales, y el firme propósito de auspiciar la unión de todas las fuerzas ciudadanas en el esfuerzo de lograr la organización de la Nación venezolana, han estado presentes en el estudio de las diferentes fórmulas propuestas. La sincera definición y defensa de los derechos que asisten a los partidos como representantes de los grandes núcleos nacionales y la preocupación común de atender en conjunto a los intereses perdurables de la nación, si bien han podido en forma ocasional provocar la generosa impaciencia de calificados valores de la opinión, son la garantía de que las deliberaciones han respondido a un serio y responsable enfoque de las urgencias del país.

Segunda:

Las minuciosas y largas conversaciones han servido para comprometer a las organizaciones unitarias en una política nacional de largo alcance, cuyos dos polos podemos definir así:

a. Seguridad de que el proceso electoral y los poderes públicos que de él van a surgir respondan a las pautas democráticas de la libertad efectiva del sufragio.

b. Garantía de que el proceso electoral no solamente evite la ruptura del frente unitario, sino que lo fortalezca mediante la prolongación de la tregua política, la despersonalización del debate, la erradicación de la violencia interpartidista y la definición de normas que faciliten la formación del Gobierno y de los cuerpos deliberantes de modo que ambos agrupen equitativamente a todos los sectores de la sociedad venezolana interesados en la estabilidad de la República como sistema popular de Gobierno.

Tercera:

Establecidos esos principios de carácter general, Copei, AD y URD, comprometen su acción y responsabilidad en los términos siguientes:

a. *Defensa de la constitucionalidad y del derecho a gobernar conforme al resultado electoral.* Las elecciones determinarán la responsabilidad en el ejercicio de los Poderes Públicos, durante el período constitucional 1959-1964. La intervención de la fuerza contra las autoridades surgidas de las votaciones es delito contra la Patria. Todas las organizaciones políticas están obligadas a actuar en defensa de las autoridades constitucionales en caso de intentarse o producirse un golpe de Estado, aun cuando en el transcurso de los cinco años las circunstancias de la autonomía que se reservan dichas organizaciones haya podido colocar a cualquiera de ellas en la posición legal y democrática al gobierno. Se declara el cumplimiento de un deber patriótico la resistencia permanente contra cualquier situación que pudiese surgir un hecho subversivo y su colaboración con ella también como delito de lesa patria.

b. *Gobierno de unidad nacional.* Si bien el ejercicio del Poder por un partido es consecuencia legítima de una mayoría electoral, la suerte de la democracia venezolana y la estabilidad del estado de derecho entre nosotros imponen convertir la unidad popular defensiva en gobierno unitario, cuando menos por tanto tiempo como perduren los factores que amenazan el ensayo republicano iniciado el 23 de enero. El gobierno de unidad nacional es el camino para canalizar las energías partidistas y evitar una oposición sistemática que debilitaría el movimiento democrático. Se deja claramente sentado que ninguna de las organizaciones signatarias aspira ni acepta hegemonía en el Gabinete Ejecutivo, en el cual deben estar representadas las corrientes políticas nacionales y los sectores independientes del país, mediante una leal selección de capacidades.

c. *Programa mínimo común:* Para facilitar la cooperación entre las organizaciones políticas durante el proceso electoral y su colaboración en el dicho Gobierno Constitucional, los partidos signatarios acuerdan concurrir a dicho proceso sosteniendo un programa mínimo común, cuya ejecución sea el punto de partida de una administración nacional patriótica y del afianzamiento de la democracia como sistema. Dicho programa se redactará por separado, sobre las bases generales ya convenidas, y se considerará un anexo del presente acuerdo. Como este programa no excluye el derecho de las organizaciones políticas a defender otros puntos no comprometidos en él, se acuerda para estos casos la norma siguiente: ningún partido unitario incluirá en su programa particular puntos contrarios a los comunes del programa mínimo y, en todo caso, la discusión pública en los puntos no comunes se mantendrá dentro de los límites de la tolerancia y del respeto a que obligan los intereses superiores de la unidad popular y de la tregua política.

Cuarta:

El ideal de la unidad como instrumento de lucha contra la tiranía y contra las fuerzas en actitud de reagruparse para auspiciar otra aventura despótica, sería la selección de un candidato presidencial democrático único, la formación de planchas únicas para los cuerpos colegiados y la formación de un frente único a base de un solo programa integral de Gobierno.

En la práctica se ha evidenciado que diversos factores reales contradicen esa perspectiva histórica. Afortunadamente hay otro medios idóneos de preservar la unidad nacional. Por consiguiente, lejos de considerar comprometida la unidad por la comprobación de naturales contradicciones interpartidistas que se corresponden con la esencia de la actividad democrática, las organizaciones signatarias, después de consultar sus distintas opiniones entre sí, y con las emitidas por voceros independientes autorizados, la prensa, y de otros factores nacionales, define:

1) Los requerimientos de la unidad son compatibles con la eventualidad de diversas candidaturas y planchas legislativas.

2) Para que la presentación de varias candidaturas presidenciales y diversas planchas legislativas pueda verificarse sin menoscabo de la unidad y sin ruptura de la tregua interpartidista, es indispensable fortalecer el sentimiento de común interés patriótico y la tolerancia y mutuo respeto entre las fuerzas unitarias, base de lo cual debe ser la sincera y solemne adhesión de todas las fuerzas democráticas a los puntos contenidos en esta declaración, y al espíritu que la anima, tal como hoy se consagra con la firma de este documento.

3) Para garantizar la tregua política y la convivencia unitaria de las organizaciones democráticas, se crea una Comisión Interpartidista de Unidad encargada de vigilar el cumplimiento de este acuerdo. Dicha Comisión estará encargada de orientar la convivencia interpartidista, de conocer las quejas que se produzcan contra las desviaciones personalistas o sectarias de la campaña electoral, y de diligenciar ante cualquiera de los signatarios, y a nombre de todos, la morigeración y control de lo que pudiera comprometer la convivencia democrática.

4) Para garantizar que varias postulaciones presidenciales y varias planchas legislativas sean en todo momento expresiones de la voluntad nacional de celebrar elecciones que en definitiva se traduzcan en fortalecimiento de la democracia, se proclama:

I. Cada organización queda en libertad de sustentar su propio candidato presidencial y sus propias planchas para los cuerpos colegiados dentro del concepto de unidad aquí consagrado y en el sentido de que garanticen la tolerancia mutua durante la campaña y el cumplimiento de los compromisos generales convenidos en esta declaración cualquiera sea la candidatura o plancha que obtuviera mayor número de votos.

II. Todos los votos emitidos a favor de las diversas candidaturas democráticas serán considerados como votos unitarios y la suma de los votos por los distintos colores como una afirmación de la voluntad popular a favor del régimen constitucional y de la consolidación del Estado de derecho.

III. La postulación de los candidatos presidenciales y de las planchas legislativas es de responsabilidad de cada partido o coalición. Será el pueblo elector a quien le corresponda calificar con el voto cualquier postulación. Los partidos que suscriben este documento garantizan la adhesión de los principios y normas aquí consagrados de sus respectivos candidatos a la Presidencia de la República.

IV. Los partidos signatarios se comprometen a realizar una campaña positiva de afirmación de sus candidatos y programas dentro del espíritu de unidad, evitando planteamientos y discusiones que puedan precipitar la pugna interpartidista, la desviación personalista del debate, y divisiones profundas que luego pudieran comprometer la formación del gobierno, de unidad nacional.

V. Después de publicado el resultado final de las elecciones tendrá en Caracas un gran acto popular encargado de ratificar los siguientes principios:

a. Pública adhesión de todas las organizaciones y candidatos participantes al resultado de las elecciones, como expresión de la soberana voluntad popular.

b. Ratificación por parte de las organizaciones signatarias de su sincero propósito de respaldar al gobierno de unidad nacional al cual prestarán leal y democrática colaboración.

Consideran las organizaciones signatarias que la adhesión de todas las fuerzas políticas a los principios y puntos fijados en esta declaración es una garantía eficaz para el ejercicio del derecho electoral democrático dentro de un clima de unidad. La cooperación de los organismos profesionales, gremiales, cívicos, y culturales, de la prensa, y de personalidades independientes, con los fines así precisados, consideran la conveniencia nacional y permitirán el desarrollo de una constitucionalidad estable que tenga en sus bases la sinceridad política, el equilibrio democrático, la honestidad administrativa, y la norma constitucional, que son la esencia de la voluntad patriótica del pueblo venezolano. Como este acuerdo no fija principio o condición contrarios al derecho de las otras organizaciones existentes en el país, y su leal cumplimiento no limita ni condiciona el natural ejercicio por ellas de cuantas facultades pueden y quieren poner al servicio de las altas finalidades perseguidas, se invita a todos los organismos democráticos a respaldar, sin perjuicio de sus concepciones específicas, el esfuerzo comprometido en pro de la celebración del proceso electoral en un clima que demuestre la aptitud de Venezuela para la práctica ordenada y pacífica de la democracia. Caracas 31 de octubre de 1958. Por URD, Jóvito Villalba, Ignacio Luis Arcaya, Manuel López Rivas. Por el Partido Socialcristiano COPEI, Rafael Caldera, Pedro del Corral, Lorenzo Fernández. Por Acción Demcrática, Rómulo Betancourt, Raúl Leoni, Gonzalo Barrios."

Bibliografía citada

A

Acosta, Cecilio. *Obras Completas.* Ed. Casa de Bello, Caracas 1982.

Acosta Saignes, Miguel. *"Vida de los esclavos negros en Venezuela".* Ed. Distribución, Caracas, 1967.

Älvarez, Tulio. *La Reeledción Indefinida. Camino a la Violencia.* Ed. Libros Marcados. Caracas, 2007.

Arellano Moreno, Antonio. *"Breve Historia de Venezuela (1492-1958)".*Italgráfica s.r.l., Caracas 1974.

Arendt, Hannah. *"Le Systéme totalitaire.* Editions du Seuil, Paris, 1972.

Arráiz Lucca, Rafael. *"Venezuela: 1830 a nuestros días".* Ed. Alfa, Caracas 2008.pg 25.

Aveledo, Ramón G. *"La IV República. La Virtud y el Pecado".*Ed. Libros Marcados, Caracas, Oct. 2007.

B

Baptista Asdrúbal y Mommer Bernardo. *"El petróleo en el pensamiento económico venezolano".* Ed. IESA, Caracas, ediciones 1987 y 1992.

Baptista, Asdrúbal. *Capitalismo Rentístico.* Cuadernos del Cendes, el correspondiente al N° 60, Tercera Época, de Septiembre-Diciembre de 2005.

Banfield, E.C. *"The Moral Basic of a Backward Society"*. Chicago, The Free Press of Glencee, 1968.

Baralt Rafael M. y Díaz, R. *"Resumen de la Historia de Venezuela, desde el año de 1797 hasta el de 1830"* Desclée de Brouwer, Brujas-Paris, 1939.

Belisario, Alejandro, Edgar Loyo, Francisco Manzanilla, Catherine Martínez, Elisabeth Di Pasquale. *"Modalidades de participación del BCV en el mercado cambiario. Febrero 1983-Diciembre 1999"*. Cuadernos del BCV, Serie Técnica, N° 10, Caracas, 2000.

Bentham, Jeremy. *Morals and Legislation* (1789).

Betancourt, Rómulo. *"Venezuela, Política y Petróleo"*. Ed Senderos. Caracas, 1967.

Betancourt, Rómulo .en *"Golpes Militares en Venezuela. 1945-1992"*. Colecc. Papeles de Archivo. Ed. Centauro, Caracas, 1998.

Blanco Fombona, Rufino. *"El Conquistador Español"*, Ed. Edime, Madrid, 1956.

Bobbio, Norberto; Matteucci Nicola; Pasquino Gianfranco. *"Il Dizionario di Politica"*. UTET Librería, Torino, 2004

Briceño Iragorry, Mario. *Mensaje sin Destino*. Obras Selectas. Ediciones EDIME, Madrid-Caracas, 1954.

Briceño Iragorry, Mario. *Pequeño Tratado de la Presunción*. Obras Selectas. Ed. Edime,Caracas Madrid-Caracas, 1954.

Briceño Iragorry, Mario. "El Caballo de Ledesma" . Obras escogidas. Ed. EDIME. Caracas 1954.

Brewer Carías, Allan R. *"La Constitución de 1999"*. Ed. Arte, Caracas 2000.

Brewer C., Allan R. *"Cinco Siglos de Historia y un País en Crisis"*. Academia de Ciencias Políticas y Sociales; Comisión Presidencial V Centenario de Venezuela. Ed. Arte, Caracas julio 1998.

C

Caballero, Manuel. Las Crisis de la Venezuela Contemporánea (1903-1992). Alafadil Ediciones, Caracas 2004-

Caldera Rodríguez, Rafael A. *"Los Causahabientes. De Carabobo a Punto Fijo"*. Ed. Panapo, Caracas, 1999.

Caldera, "Rafael Tomás. Mentalidad Colonial" en Nuevo Mundo y Mentalidad Colonial. Ed. Centauro, Caracas, 2000.

Calvani, Arístides. *"Curso de formación política"* IFEDEC, Caracas, 1967.

Carías, Rafel E. *"El Latinoamericano y el Tiempo"*, Mimeo, UCAB, 1970.

Carrera Damas, Germán. *"Una Nación llamada Venezuela"*. Mote Avila Ed., Caracas, 1998.

Castro Leiva, Luis. *Obras de Luis Castro Leiva*, Ediciones Fundación Polar, primera edición, Caracas, 2005.

Cazenueve, Jean y Victoroff, David « La Sociología » Ed. Mensajero, Bilbao, 1974.

Comellas, José Luis. *Historia de España Moderna y Contemporánea"*. Ed Rialp S.A., 11ª edición, Madrid 1990.

Combellas, Ricardo. Acto Apertura de Seminario, en *"Gobernabilidad y Sistemas Políticos"*. Ed. COPRE-Fundación Konrad Adenauer. Caracas, 1996.

Crozier M. « *Le phenomène burocratique* >> Ed. Le Seuil, Paris, 1963.

CH

Chitty La Roche, Nelson. *"Expediente 001"*. Ed. Esmeralda, Caracas, 2002.

Chiossone, Tulio. *"Formación Jurídica de Venezuela en la Colonia y la República"*. Ed. UCV, Instituto de Ciencias Penales y Criminológicas, Caracas, 1980.

D

De la Croix, Louis Peru. *Diario de Bucaramanga*. Biblioteca virtual Luis Ángel Arango.

Desiato, Máximo, De Viana Mikel, De Diego, Luis. "El Hombre. Reto, Dimensiones y Trascendencia". Caracas, UCAB, 1993.

Desiato, Massimo; De Viana, Mikel y De Diego, Luis. *"Ethos y valores en el proceso histórico-político de Venezuela"* Ed. UCAB, Caracas, 1993.

Di Tella, Torcuato. *"Reformismo y Populismo"* en Populismo y contradicciones de clase en Latino América. Ed. Era, Serie Popular, México, 1973.

Duverger, Maurice. " *Los Partidos Políticos*" Fondo de Cultura Económica. México, 1987.

Duverger, Maurice. "Las dos caras de Occidente". Ed. Ariel, Barcelona, 1974.

F

Filippi, Alberto. *"Instituciones económicas y políticas en la formación de los Estados hispanoamericanos en el siglo XIX: especificidad del caso venezolano"*. Boletín de la Academia Nacional de la Historia. Caracas, 1981.

Forsthoff, E. *Stato di diritto in trasformazione*. Giuffré, Milano, 1973.

Fuentes Figueroa Rodríguez , Julián.*"La Creación de la República de Venezuela (1810-1812)"*, OCI, Ed. De la Presidencia de la República, Caracas, 1995

Fundación Polar. *"Diccionario de Historia"*. Caracas, 1997.

G

García Pelayo, Manuel: *"El estamento de la nobleza en el despotismo ilustrado español"*, Obras Completas, Centro de Estudios Constitucionales, Madrid, 2009.

García Pelayo, Manuel. *"Burocracia y Tecnocracia"*. Ed Alianza Editorial, Madrid 1988.

Garrido, Alberto. *"De la Guerrilla al Militarismo"*.Ed del Autor, Imp. Karol, Mérida, 2000.

Garrido, Alberto. *"MiAmigo Chávez"*. Ed. del Autor, Imp. Karol, Mérida, 2001.

Garrido, Alberto.*"Guerrilla y Conspiración M ilitar en Venezuela"*. Ed. Venezolana, Mérida. Noviembre 1999.

Garrido R. Juan. *"Independencia República y Estado en Venezuela"*. Ed Torino, Caracas, 2000.

González Fabre S.J., Raúl. *"La Cultura Pública en Venezuela"* en Programa de Formación Política. Ciudadana, Centro Gumilla Caracas, 2005.

Guerra, José; Pineda, Julio. *"Temas de Política Cambiaria en Venezuela"* B.C.V. 2004

H

Heller Hermann. *"Teoría del Estado"* FCE., México 1955.

Hirschman, A.O. *"Las Pasiones y los Intereses"*. FCE, México, 1978.

Hurtado, Samuel. *"Cultura matrisocial y sociedad popular en América Latina"* Fondo Editorial Tropykos, 1995.

I

Izard, Miguel. *"El Miedo a la Revolución. La Lucha por la libertad en Venezuela"*. Ediciones Tecnós, Madrid 1979.

J

Jellinek, Georg. *"Teoría General del Estado"*. Ed. Continental S.A. México, 1958.

K

Kornblith, Miriam. *"Las Crisis de la Democracia"*. Ed.IESA-UCV-Caracas, 1998.

L

Liévano Aguirre, Indalecio. *"Bolívar"*. Ed. Italgráfica. Caracas 1988

La Fuente, Sandra y Meza Alfredo. *"El Acerijo de Abril"*. Ed. Melvin. Caracas, Nov. 2003

M

Maritain, Jacques. *"El Hombre y el Estado"*, Ed. Guillermo Kraft, B. Aires, 1952.

Mendoza Goiticoa, Pedro. *"La Subestimación 2"*. El Universal 21 dic 2007.

Moreno, Alejandro. *"La familia popular venezolana"* Publicaciones UCAB (Serie: Temas de formación sociopolítica), 3ª Edición, Caracas, 2007.

Moreno, Alejando. *"El aro y La trama"*. Ed. Universidad de Carabobo. Valencia, 2005.

Morón, Guillermo. *"Historia de Venezuela"* Ed. Rialp, S.A., IV Edición, Madrid, 1967.

Mounier, Emmanuel. « *Qu'est-ce que le Personnalisme* » Editions Du Seuil, Paris, 1962.

N

Naim, Moisés y Piñango, Ramón. *"Caso Venezuela: una ilusión de armonía"* . Ediciones Iesa, Caracas, 1984.

O

OCEI-PNUD-FNUAP. *"Informe sobre Desarrollo Humano en Venezuela."* OCEI- Caracas, 1995.

Otálvora, Edgar C. "Eustoquio Gómez". Página Web: www.geocities.com/otalvora/index/htm

P

Paúl Bello, Pedro. *"El Populismo Latinoamericano."*Ed. Equinoccio, Univ. Simón Bolívar, Caracas, 1996.

Paúl Bello, Pedro. *"Lo Humano. Ensayo sobre el Personalismo Cristiano"*. Ed. UCAB, Caracas, 2005.

Paz, . Octavio ."Sor *Juana Inés de la Cruz o las trampas de la fe"*. Seix Barral, Barcelona 1982

Peña Esclusa, Alejandro. *"Cómo salvar a Venezuela"*. Ed. Fuerza Productiva. Caracas, 2005.

Pérez Alfonso, J.P. *"Hundiéndonos en excremento del diablo"*. Ed. Lisbona, Caracas 1976.

Pérez Tenreiro, Tomás. *"Boves, José Tomás"*. Cit. Internet.

Picón Salas, Mariano. *"Viejos y Nuevos Mundos"*. Obras Selectas. Ed. Edime, Caracas 1962.

Pino Iturrieta, Elías. *"La Mentalidad Venezolana de la Emancipación.1810-1812"*. Ed. El Dorado, Caracas, 1991.

Pino Iturrieta, Elías. *"País Archipiélago. Venezuela 1830-1858"* Fund. Biggot, Caracas 2004.

Polanco Alcántara, Tomás. *"Venezuela y sus Personajes"*.Ediciones GE, Caracas 1998.

Polanco Alcántara, Tomás. *"Francisco de Miranda (¿Don Juasn o Don Quijore?)"*.Ed. Ge C.A.,Caracas 1997.

Purroy Ignacio. *"El 27 de* febrero". Revista SIC N° 513. 1989.

R

Rangel, Domingo Alberto. *"El proceso del capitalismo contemporáneo en Venezuela"*. Colección Humanismo y Ciencia. Dirección de Cultura. Universidad Central de Venezuela, Caracas 1968.

Renouvin, Pierre. *"Historia de las Relaciones Internacionales"*, Aguilar S.A. Ediciones, Madrid-B. Aires-México

Rey, Juan Carlos. *"El Futuro de la Democracia en Venezuela"*. Ed. IDEA, Caracas 1989.

Rey, Juan C. *"La democracia venezolana y la crisis del sistema populista de conciliación"*.Revista de Estudios Políticos, N° 74, Madrid

S

Siso, Carlos. *"La Formación del Pueblo Venezolano"*. Ed. Ensiso, Madrid 1953

Soriano de García Pelayo, Graciela. *"Venezuela 1810-1830: Aspectos desatendidos de dos décadas"*. Cuadernos Lagoven., Caracas,1988.

Suárez Figueroa, Naudy. *"El joven Rómulo Betancourt-De la Semana del Estudiante al Plan de Barranquilla (1928-1931)*.Fundación Rómulo Betancourt, Caracas, 2008.

U

Uslar Pietri, Arturo. *"Godos, Insurgentes y Visionarios."* Ed. Seix Barral, 3ª edición, Barcelona, 1986.

Usalr Pietri, Arturo. *"Venezuela en el Petróleo"*. Urbina y Fuentes Editores Asociados, Caracas, 1948.

V

Vallenilla Lanz, Laureano .*"Disgregación e integración"*, Ed. Instituto de Estudios Políticos, Madrid, 1962.

Velásquez, Ramón J. *"Aspectos de la Evolución Política de Venezuela en el último Medio Siglo"* en *"Venezuela Moderna"* (Medio siglo de la historia 1926-1976)

Ramón J. Velásquez, Arístides Calvani y otros. Fundación Eugenio Mendoza, Editorial Ariel, Caracas 1979.

Velásquez, Ramón J. *"Prólogo. Archivo Político de Zoilo Bello Rodríguez"* Ed. Ministerio de la Secretaría de la Presidencia de la República y Min. Defensa. Caracas 1979.

W

Weber, Max. *"Economía y Sociedad".* . Economía y Sociedad. FCE México, 1944.

Wiener, N. *"Cibernética y Sociedad"*, Ed. Sudamericana, B. Aires, 1969.

Z

Zapata, Juan Carlos. *"Plomo más Plomo es Guerra".* Alfadil Ed. Caracas, abril 2000.

Earth | edition

www.EarthEdition.org

www.ingramcontent.com/pod-product-compliance
Lightning Source LLC
Chambersburg PA
CBHW020446270326
41926CB00008B/504